Le Routard

Guadeloupe
Les Saintes, Marie-Galante, La Désirade, Saint-Martin, Saint-Barthélémy

Directeur de collection et auteur
Philippe GLOAGUEN

Cofondateurs
Philippe GLOAGUEN
et Michel DUVAL

Rédacteur en chef
Pierre JOSSE

Rédacteurs en chef adjoints
Amanda KERAVEL
et Benoît LUCCHINI

Directrice de la coordination
Florence CHARMETANT

Directrice administrative
Bénédicte GLOAGUEN

Direction éditoriale
Catherine JULHE

Rédaction
Isabelle AL SUBAIHI
Mathilde de BOISGROLLIER
Thierry BROUARD
Marie BURIN des ROZIERS
Véronique de CHARDON
Gavin's CLEMENTE-RUÏZ
Fiona DEBRABANDER
Anne-Caroline DUMAS
Géraldine LEMAUF-BEAUVOIS
Olivier PAGE
Alain PALLIER
Anne POINSOT
André PONCELET

Administration
Carole BORDES
Éléonore FRIESS

2015

hache

Remarque importante aux hôteliers et restaurateurs

Les enquêteurs du *Routard* travaillent dans le plus strict anonymat. Aucune réduction, aucun avantage quelconque, aucune rétribution n'est jamais demandé en contrepartie. Face aux aigrefins, la loi autorise les hôteliers et restaurateurs à porter plainte.

Avis aux lecteurs

Le *Routard*, ce n'est pas comme le bon vin, il vieillit mal. On ne veut pas pousser à la consommation, mais évitez de partir avec une édition ancienne. Les modifications sont souvent importantes.
Les réductions accordées à nos lecteurs ne sont jamais demandées par nos rédacteurs afin de préserver leur indépendance. Les hôteliers et restaurateurs sont sollicités par une société de mailing, totalement indépendante de la rédaction, qui reste donc libre de ses choix. De même pour les autocollants et plaques émaillées.

Avec routard.com choisissez, organisez, réservez et partagez vos voyages !

✓ Rejoignez la plus grande communauté francophone de voyageurs : plus de **2 millions** de visiteurs !

✓ Échangez avec les routarnautes : forums, photos, avis d'hôtels.

✓ Retrouvez aussi toutes les informations actualisées pour choisir et préparer vos voyages : plus de 200 fiches pays, une centaine de dossiers pratiques et un magazine en ligne pour découvrir tous les secrets de votre destination.

✓ Enfin, comparez les offres pour organiser et réserver votre voyage au meilleur prix.

Pictogrammes du *Routard*

Établissements

- Hôtel, auberge, chambres d'hôtes
- Camping
- Restaurant
- Boulangerie, sandwicherie
- Glacier
- Café, salon de thé
- Café, bar
- Bar musical
- Club, boîte de nuit
- Salle de spectacle
- Office de tourisme
- Poste
- Boutique, magasin, marché
- Accès internet
- Hôpitaux, urgences

Sites

- Plage
- Site de plongée
- Piste cyclable, parcours à vélo

Transports

- Aéroport
- Gare ferroviaire
- Gare routière, arrêt de bus
- Station de métro
- Station de tramway
- Parking
- Taxi
- Taxi collectif
- Bateau
- Bateau fluvial

Attraits et équipements

- Présente un intérêt touristique
- Recommandé pour les enfants
- Adapté aux personnes handicapées
- Ordinateur à disposition
- Connexion wifi
- Inscrit au Patrimoine mondial de l'Unesco

Le *Routard* est imprimé sur un papier issu de forêts gérées.

I.S.B.N. 978-2-01-245898-7

TABLE DES MATIÈRES

COMMENT ALLER AUX ANTILLES ?

GUADELOUPE UTILE

HOMMES, CULTURE, ENVIRONNEMENT

LA GUADELOUPE

LA GRANDE-TERRE

LA BASSE-TERRE

LES ÎLES DE LA GUADELOUPE

LES SAINTES

MARIE-GALANTE

LA DÉSIRADE

SAINT-MARTIN

SAINT-BARTHÉLEMY

☎ **112** : voici le numéro d'urgence commun à la France et à tous les pays de l'UE, à composer en cas d'accident, agression ou détresse. Il permet de se faire localiser et aider en français, tout en améliorant les délais d'intervention des services de secours.

Recommandation à ceux qui souhaitent profiter des réductions et avantages proposés dans le *Routard* par les hôteliers et les restaurateurs

À l'hôtel, pensez à les demander au moment de la réservation ou, si vous n'avez pas réservé, **à l'arrivée.** Ils ne sont valables que pour les réservations en direct et non cumulables avec d'autres offres promotionnelles (notamment sur Internet). Au restaurant, parlez-en **au moment** de la commande et surtout **avant** que l'addition ne soit établie. Poser votre *Routard* sur la table ne suffit pas : le personnel de salle n'est pas toujours au courant et une fois le ticket de caisse imprimé, il est difficile de modifier le total. En cas de doute, montrez la notice relative à l'établissement dans le *Routard* de l'année, bien sûr, et ne manquez pas de nous faire part de toute difficulté rencontrée.

IMPORTANT : DERNIÈRE MINUTE

Sauf rare exception, le *Routard* bénéficie d'une parution annuelle à date fixe. Entre deux dates, des événements fortuits (formalités, taux de change, catastrophes naturelles, conditions d'accès aux sites, fermetures inopinées, etc.) peuvent intervenir et modifier vos projets de voyage. Pour éviter les déconvenues, nous vous recommandons de consulter la rubrique « Guide » par pays de notre site • *routard.com* • et plus particulièrement les dernières ***Actus voyageurs.***

??? LES QUESTIONS QU'ON SE POSE LE PLUS SOUVENT

Quels sont les papiers indispensables pour y aller ?
La carte d'identité suffit. Se munir toutefois de votre passeport si vous devez aller sur des îles hors Caraïbes françaises.

Quel est le temps de vol ?
Environ 8h30 à l'aller, un peu moins au retour.

Quel est le décalage horaire ?
Quand il est 12h en métropole, en Guadeloupe il est 7h en hiver (- 5h) et 6h en été (- 6h).

Quels sont les vaccins indispensables ?
Être à jour dans ses vaccins traditionnels suffit. Ne pas négliger la prévention contre la dengue et même le chikungunya (maladies transmises par les moustiques) !

Quel est le coût de la vie ?
Un peu plus cher qu'en métropole, sauf pour les produits locaux. En se faisant soi-même la cuisine, dans les gîtes, ou en mangeant dans les *lolos,* on réduit les dépenses. Attention, sur les îles de Saint-Martin et de Saint-Barthélemy, le coût de la vie est bien plus élevé.

Quelle est la meilleure saison pour y aller ?
La saison sèche, entre décembre et avril, est la période idéale. Température de l'air : autour de 27 °C, et celle de l'eau ne descend pas en dessous de 24 °C. Un conseil : début décembre (avant Noël) ou début mai, vous profitez encore des tarifs basse saison.

Quel est le mode de séjour le plus pratique ?
La solution la plus adaptée consiste à louer un bungalow ou un gîte et d'y séjourner à la semaine. Des forfaits avion/hôtel peuvent s'avérer attractifs à certaines périodes.

Quel est le mode de transport le plus pratique ?
La voiture de location, sans hésitation (sauf aux Saintes, où la marche et le scooter sont de rigueur). Les bus, eux, sont loin d'aller partout, et leur fréquence laisse souvent à désirer.

Peut-on faire des randonnées et de la plongée sous-marine ?
Oui, et plutôt deux fois qu'une ! Les plus belles « traces » (sentiers de randonnée) se trouvent dans les montagnes boisées de la Basse-Terre. Pour les plongeurs, la Guadeloupe est un petit paradis et les sites sont nombreux et variés.

Est-ce une destination pour les enfants ?
La Guadeloupe leur propose de nombreuses activités, entre mer, montagne et culture. La sécurité médicale à l'hôpital est maximale, en particulier pour eux.

La Guadeloupe est-elle sûre ?
Oui, bien qu'on signale des cas d'agression dans certains quartiers de Pointe-à-Pitre la nuit et, à certaines heures, sur les plages de Sainte-Anne et de Saint-François. Même problème à Saint-Martin. La vigilance habituelle est requise.

Les habitants sont-ils accueillants ?
Tout à fait, à condition de se montrer courtois envers eux et d'éviter tout comportement hautain. Les Guadeloupéens, en général, supportent mal la prétention de certains touristes de métropole, et on peut les comprendre quand on connaît l'histoire des Antilles.

♥ LES COUPS DE CŒUR DU ROUTARD

- **Se prélasser sur les plages de Sainte-Anne et de Saint-François** et s'adonner aux joies des sports nautiques....... p. 130, 142
- Au nord de la Grande-Terre, **randonner jusqu'à la Porte d'Enfer** et admirer la pointe de la Grande-Vigie..... p. 153, 154
- **À Vieux-Bourg, entreprendre une excursion en VTT des mers** dans la mangrove, tout en se protégeant des moustiques. .... p. 161
- **Visiter les belles plantations de café** de Bel-Air, Morin, La Grivelière ou Vanibel afin de comprendre ce qui fit la richesse de ces terres fertiles.................. p. 167, 188, 197, 198
- **Randonner autour de la Soufrière,** entre amis ou en famille, à son rythme..... p. 191
- **Traverser... la route de la Traversée,** pour découvrir la forêt primaire, sa faune et sa flore....................................... p. 214
- **Passer une soirée romantique dans un écogîte** à Deshaies ou à Grande-Anse, après avoir déjeuné le midi dans un *lolo,* les pieds dans l'eau. .... p. 229, 233
- **Visiter l'ancienne propriété de Coluche à Deshaies,** transformée en jardin botanique.................................... p. 230
- **S'offrir des plongées inoubliables** à la recherche des tortues et des poissons-perroquets. .... p. 206, 212
- **Choisir de passer Noël** au soleil, et assister aux concerts de *Chanté Nwel,* aussi pittoresques que populaires.
- **Faire la tournée des distilleries de rhum** et rapporter quelques bouteilles pour affronter (avec modération !) les jours gris, au retour. ...... p. 165, 167, 241
- **Partir à la découverte de la mangrove et des îlets** du Parc national du Grand Cul-de-Sac Marin en kayak de mer, sans faire de bruit................................ p. 355
- **Passer une nuit aux Saintes,** pour retrouver l'ambiance d'un village de pêcheurs, quand ne restent plus sur l'île que ses habitants et quelques amoureux........... p. 247
- **Profiter des plages de Marie-Galante,** dont la tranquillité rappelle la Guadeloupe d'il y a 30 ou 40 ans..... p. 286, 292
- **Faire une balade matinale entre mer et montagne,** au milieu des cabris et des cactus, à La Désirade. Une île encore préservée du tourisme de masse....... p. 300
- **S'offrir de bons restos à Grand-Case,** sur l'île de Saint-Martin................ p. 320
- **Profiter d'une journée de détente sur le paradisiaque îlet Pinel,** à Saint-Martin.. p. 325
- Avant de quitter Saint-Martin, **guetter à Maho Beach l'atterrissage des gros porteurs,** dont les roues font s'envoler chapeaux et serviettes !................ p. 335
- **Lézarder sur les plages de Saint-Barth,** toutes plus belles ou plus charmantes les unes que les autres ! .. p. 337
- **Fêter le Nouvel An dans la baie de Gustavia** à Saint-Barth, juste pour entendre les sirènes des bateaux qui hurlent toutes ensemble à minuit. .... p. 346

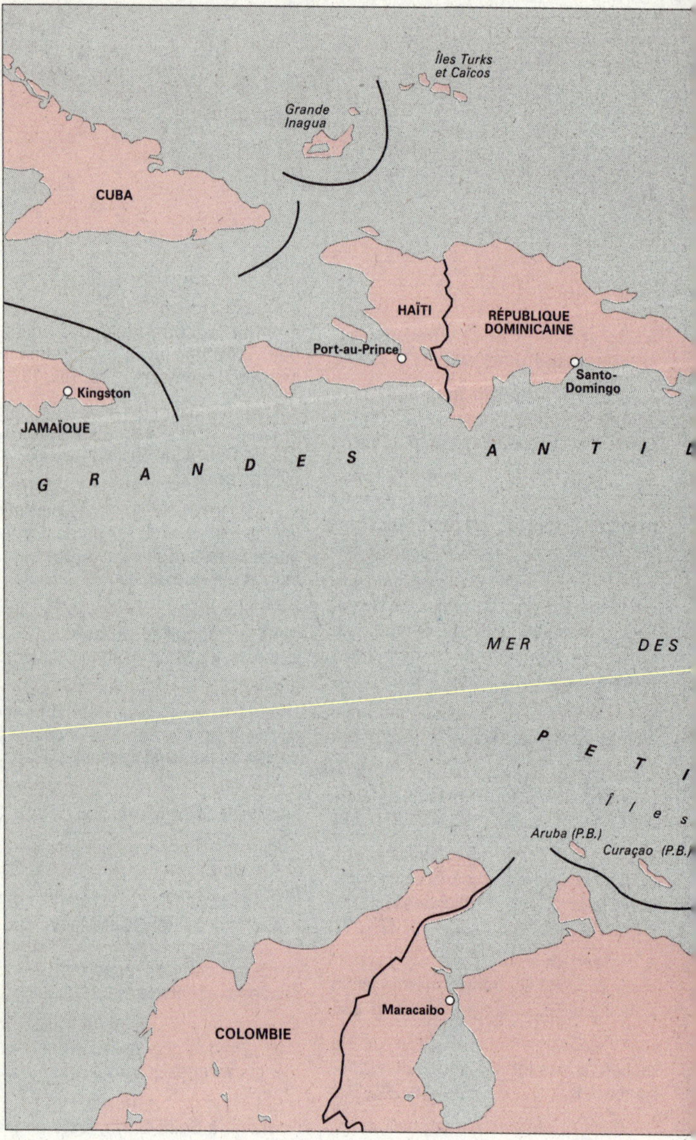
Îles Turks
et Caïcos
Grande
Inagua
CUBA
HAÏTI
RÉPUBLIQUE
DOMINICAINE
Port-au-Prince
Santo-
Domingo
Kingston
JAMAÏQUE
G R A N D E S A N T I L
MER DES
P E T I
Îles
Aruba (P.B.)
Curaçao (P.B.)
Maracaibo
COLOMBIE

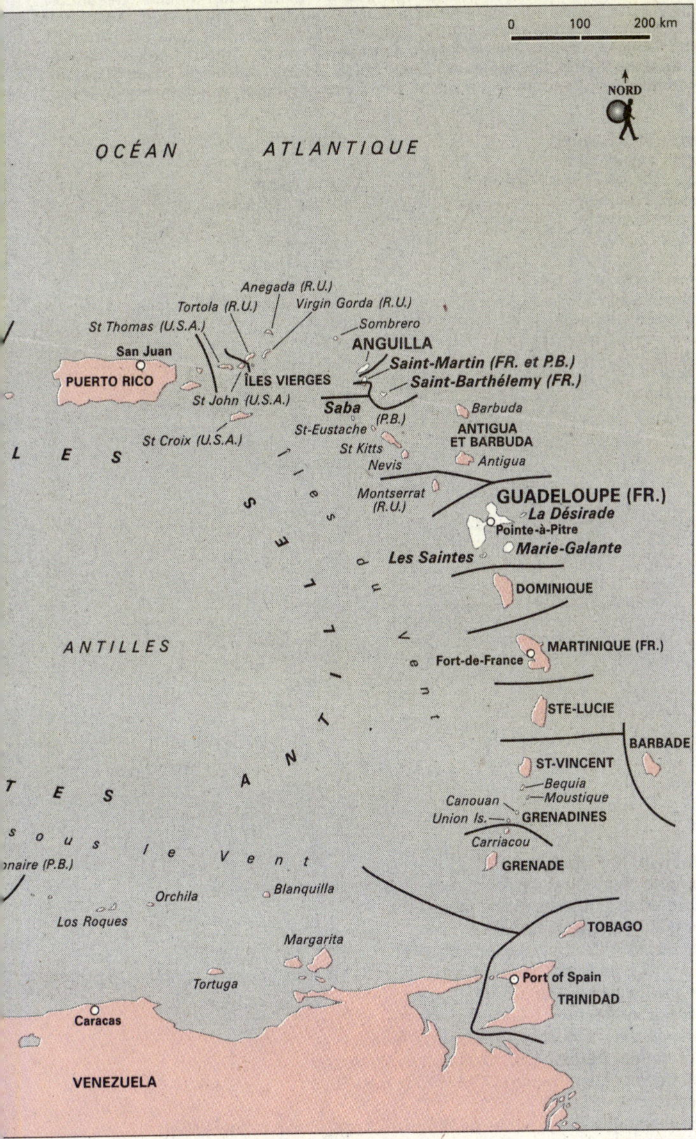

LES ANTILLES

Nous tenons à remercier tout particulièrement Loup-Maëlle Besançon, Thierry Bessou, Gérard Bouchu, François Chauvin, Grégory Dalex, Stéphanie Déro, Fabrice Doumergue, Cédric Fischer, Carole Fouque, Michelle Georget, David Giason, Claude Hervé-Bazin, Emmanuel Juste, Dimitri Lefèvre, Fabrice de Lestang, Romain Meynier, Éric Milet, Pierre Mitrano, Jean-Sébastien Petitdemange, Thomas Rivallain et Dominique Roland pour leur collaboration régulière.

Emmanuelle Bauquis
Mathilde Blanchard
Jean-Jacques Bordier-Chêne
Michèle Boucher
Mathilde Bouron
Sophie Cachard
Jeanne Cochin
Agnès Debiage
Jérôme Denoix
Joséphine Desfougères
Tovi et Ahmet Diler
Clélie Dudon
Sophie Duval
Alain Fisch
Bérénice Glanger
Adrien et Clément Gloaguen
Bernard Hilaire
Sébastien Jauffret
Blanche-Flore Laize
Virginie Leibel
Jacques Lemoine
Julien Léopold
Jacques Muller
Caroline Ollion
Martine Partrat
Odile Paugam et Didier Jehanno
Julia Pouyet
Émile Pujol
Anaïs Rougale
Prakit Saiporn
Jean-Luc et Antigone Schilling
Alicia Tawil
Caroline Vallano
Juliana Verdier

Direction : Nathalie Bloch-Pujo
Contrôle de gestion : Jérôme Boulingre et Virginie Laurent-Arnaud
Secrétariat : Catherine Maîtrepierre
Direction éditoriale : Catherine Julhe
Édition : Matthieu Devaux, Géraldine Péron, Olga Krokhina, Gia-Quy Tran, Julie Dupré, Pauline Fiot, Camille Loiseau, Béatrice Macé de Lépinay, Emmanuelle Michon, Martine Schmitt et Marion Sergent
Préparation-lecture : Élisabeth Bernard
Cartographie : Frédéric Clémençon et Aurélie Huot
Fabrication : Nathalie Lautout et Audrey Detournay
Relations presse France : COM'PROD, Fred Papet. ☎ 01-70-69-04-69. • *info@comprod.fr* •
Direction marketing : Adrien de Bizemont, Lydie Firmin et Laure Illand
Contacts partenariats : André Magniez (EMD). • *andremagniez@gmail.com* •
Édition des partenariats : Élise Ernest
Informatique éditoriale : Lionel Barth
Couverture : Clément Gloaguen et Seenk
Maquette intérieure : le-bureau-des-affaires-graphiques.com, Thibault Reumaux et npeg.fr
Relations presse : Martine Levens (Belgique) et Maureen Browne (Suisse)
Régie publicitaire : Florence Brunel-Jars

Remerciements

- Henrie Marie, du bureau des guides de randonnées pédestres à Saint-Claude.
- Wilfrid Demonio, du parc national de Guadeloupe.
- Acée et Olivier pour leurs bons tuyaux, leur aide précieuse et leur bonne humeur.
- Toute l'équipe de l'office de tourisme de Saint-François.
- L'office de tourisme du Moule.
- L'office de tourisme de Pointe-Noire.
- L'équipe de l'office de tourisme des Saintes et les Saintois(es) qui nous aident tous les ans.
- Jean-Louis et Michelle, à Terre-de-Bas.
- Sophia Dinane, directrice de l'office de tourisme de La Désirade.
- Les dynamiques hôtesses d'accueil de l'office de tourisme de Marie-Galante.
- Kate Richardson, de l'office de tourisme de Saint-Martin à Marigot.
- Victoria Magras, du Comité de Tourisme de Saint-Barthélemy.
- Marie Saint-Auray, responsable du Babou One.
- Et tous les offices de tourisme qui, année après année, nous apportent leur aide précieuse.

NOS NOUVEAUTÉS

CANARIES (septembre 2014)

Un air de perpétuel printemps, du sable blond et des criques anthracite, quatre parcs nationaux somptueux... Voici à peine les hors-d'œuvre qu'offrent les sept îles des Canaries. Du soleil (même en hiver) et, bien plus encore, une riche palette de couleurs, d'odeurs et de paysages, née de l'activité volcanique. La nature se pare ici de tous les visages : aridité sauvage et dunes solaires de Fuerteventura, forêts humides alimentées par les alizés sur La Palma et La Gomera, majestueux sommet du Teide à Ténérife, côtes déchiquetées et profonds ravins à Gran Canaria, délires de couleurs sur El Hierro... La main de l'homme a parsemé le tout de multiples sentiers, de villes coloniales et d'églises baroques. Sans compter les étonnantes fantaisies architecturales de César Manrique à Lanzarote. Loin des clichés et si proche de nous, un univers à part entière, à la croisée de l'Europe et de l'Afrique, où le farniente se savoure entre randonnées et plongées.

MADÈRE (mai 2015)

Madère réunit, au milieu de l'océan, un climat à la douceur légendaire et une flore exubérante – bougainvillées, mimosas, amaryllis, oiseaux de paradis (symboles de l'île), flamboyants, jacarandas – qui lui vaut son surnom bien mérité d'« île aux fleurs ». Et aussi des montagnes volcaniques déchirées par l'érosion et de vertigineux à-pics. Le paradis des randonneurs, le long de l'ingénieux système d'irrigation des *levadas,* ces canaux récupérant les eaux de pluie. L'île de Madère est une citadelle entaillée de toutes parts, avec ses parcelles de vigne indomptables accrochées aux pentes et travaillées à la main. À Funchal, capitale anglophile, on se rue dans les églises et les musées, entre deux arrivées de paquebots venus goûter aux tropiques et aux barriques. Au-delà des vagues s'ancre le reste de l'archipel : la petite Porto Santo, réputée pour sa longue plage de sable clair. L'avènement du tourisme, puis l'entrée du Portugal dans l'Union européenne ont toutefois modifié bien des choses et, surtout, inversé la tendance à l'émigration. On vient désormais de toute l'Europe à la recherche d'une vie aussi douce que l'air.

ALORS, MARTINIQUE OU GUADELOUPE ?

Beaucoup de voyageurs pensent que les Antilles françaises ont à peu près le même charme. Rien n'est plus faux ! Voici quelques éléments qui permettront de mieux choisir. Encore une fois, on ne va pas se faire que des amis, mais seul l'intérêt de nos lecteurs compte !

	Martinique	Guadeloupe
Points forts	– Accueil sympathique de façon générale. – Très grande diversité des paysages (végétation luxuriante dans le Nord et belles plages). – Habitat traditionnel encore bien préservé. – Hôtellerie et locations de bon niveau. – Retour à la cuisine créole vraiment authentique. – Riche patrimoine historique et nombreuses visites possibles (jardins, musées, distilleries). – Route de la Trace toujours magique. – Très bon réseau routier. – Randonnées pédestres sur la presqu'île de La Caravelle.	– Petites îles proches et pleines de charme : Les Saintes, La Désirade, Marie-Galante. – Parc national de la Basse-Terre : randonnées dans la forêt tropicale et sur le volcan de la Soufrière. – Plongées organisées et fonds marins exceptionnels accessibles à tous. – Réseau routier en amélioration. – Écosystèmes à découvrir (forêt, mangrove). – Dans le sud de la Basse-Terre, une nature authentique et omniprésente. – Mise en valeur des artisanats locaux. – Des gîtes de plus en plus accueillants.
Points faibles	– Végétation sèche dans le Sud, mais attention, ce n'est pas un désert pour autant ! – Fort-de-France : en pleine mutation, la capitale de la Martinique est toujours embouteillée.	– Grande-Terre : hormis la Pointe-des-Châteaux et la Pointe de la Grande-Vigie, paysages sans grande surprise. – Habitat plus bétonné qu'en Martinique. – Des mouvements autonomistes parfois inhospitaliers. – Grèves soudaines qui peuvent tout paralyser.
Points forts communs aux 2 îles	**– On y parle le français. – Des médecins très compétents et des CHU d'excellente qualité, en particulier pour les enfants. Carte vitale qui fonctionne également. – On paie en euros. – Contrôles d'hygiène dans les restos. – Pour les Français, la carte d'identité suffit. – Il y fait beau toute l'année.**	

COMMENT ALLER AUX ANTILLES ?

LES LIGNES RÉGULIÈRES

▲ AIR FRANCE

Rens et résas : ☎ 36-54 (0,34 €/mn ; tlj 6h30-22h), sur • airfrance.fr •, dans les agences Air France (fermées dim) et dans ttes les agences de voyages.

➢ Au départ de Paris-Orly Ouest, jusqu'à 2 vols/j. (directs) à destination de Pointe-à-Pitre. Pour le même prix, vous pouvez vous rendre à Pointe-à-Pitre et revenir par Fort-de-France.

Air France propose toute l'année une gamme de tarifs accessibles à tous. Pour les moins de 25 ans, Air France offre des tarifs spécifiques, ainsi qu'une carte de fidélité *(Flying Blue Jeune)* gratuite et valable sur l'ensemble des compagnies membres de *Skyteam*. Cette carte permet de cumuler des *miles*.

Sur Internet, possibilité de consulter les meilleurs tarifs du moment directement sur la page « Meilleures offres et promotions ».

▲ CORSAIR INTERNATIONAL

Résas au ☎ 39-19 (0,12 €/mn) et dans ttes les agences de voyages. • corsairfly.fr • (achat en ligne, paiement sécurisé).

➢ Relie Paris-Orly Sud à Pointe-à-Pitre avec 1 vol/j. et également à l'île de Saint-Martin avec 2 vols/sem. Également des vols avec Saint-Barthélemy en *code share* avec *Air Antilles Express*.

▲ XL AIRWAYS

Résas au ☎ 0892-692-123 (0,34 €/mn) et sur • xl.com • ou dans les agences de voyage.

➢ XL Airways relie Paris-Charles-de-Gaulle à Pointe-à-Pitre avec 2 vols/sem. La compagnie aérienne française relie Paris-Roissy à Pointe-à-Pitre jusqu'à quatre fois par semaine toute l'année. À bord, un repas chaud, eau, thé et café gratuit pendant le service.

LES ORGANISMES DE VOYAGES

– Ne pas croire que les vols à tarif réduit sont tous au même prix pour une même destination à une même époque : loin de là. On a déjà vu, dans un même avion partagé par deux organismes, des passagers qui avaient payé 40 % plus cher que les autres. De plus, une agence bon marché ne l'est pas forcément toute l'année (elle peut n'être compétitive qu'à certaines dates bien précises). Donc, contactez tous les organismes et jugez vous-même.
– Les organismes cités sont classés par ordre alphabétique, pour éviter les jalousies et les grincements de dents.

EN FRANCE

▲ ANTILLES EXCEPTION

– Rivière Salée : 4,rue Pasteur, 97215. Lun-sam 15h-22h (heure métropole). ☎ 05-96-784-784. • antillesexception.com •

Basé aux Antilles, ce tour-opérateur en ligne propose une sélection de plus de 80 villas, hôtels et résidences en Guadeloupe. Leur site présente de manière très détaillée (géolocalisation, photos, plages proches, services...) plus de 60 villas de différents standings. Leur équipe 100 % antillaise peut organiser l'ensemble de votre voyage : billets d'avion, location de voiture, hébergement, restauration et services à domicile... Possibilité de combinés avec la Martinique.

▲ DES HÔTELS & DES ÎLES

– Paris : 120, rue La Boëtie, 75008. ☎ 01-42-56-46-98. • deshotelsetdesiles.com • Ⓜ Saint-Philippe-du-Roule ou Franklin-Roosevelt.

Des Hôtels & des Îles est une chaîne hôtelière implantée dans les Caraïbes françaises depuis plus de 25 ans, qui a ouvert un département tour-opérateur spécialisé dans les destinations « îles ». La connaissance et la maîtrise de ses destinations est un atout considérable et permet d'élaborer des offres sur mesure, aux meilleurs prix et dans les meilleures conditions pour proposer aux voyageurs des séjours thématiques, des idées de voyages, etc., avec une technologie avancée, à l'ère de l'e-tourisme. Des devis immédiats, *on-line* reprenant les meilleures offres aériennes et hôtelières sont disponibles en temps réel.

▲ NOUVELLES FRONTIÈRES

Toutes les brochures Nouvelles Frontières sont disponibles dans les 300 agences expertes du réseau. Rens par tél au ☎ 0825-000-825 (0,15 €/mn) et sur • nouvelles-frontieres.fr •

Nouvelles Frontières, un savoir-faire incomparable depuis plus de quatre décennies. Des propositions de circuits, d'itinéraires à la carte, des séjours balnéaires et d'escapades imaginés et construits par des spécialistes de chaque destination. Vols au départ de Paris et de province.

▲ PASSION DES ÎLES BY TOURINTER

Rens et brochures sur demande en agence de voyages, par tél au ☎ 0825-16-15-02 ou sur • passiondesiles.com •

Le spécialiste des îles et des lagons depuis bientôt 40 ans. On trouve chez ce tour-opérateur tous les voyages sur mesure, combinés inter-îles et croisières aux Antilles. Définissez les dates de votre séjour et votre ville de départ, sélectionnez vos activités favorites (farniente, spa, découverte culturelle, aventure, plongée, golf...) et votre choix d'hôtellerie, l'équipe de Passion des Îles vous préparera « votre programme » cousu main... le tout au juste prix. Tous les types d'hébergement, de charme, de luxe ou pour les familles, sont proposés.

▲ VOYAGES-SNCF.COM

– Infos et résas depuis la France : • voyages-sncf.com •

– Réserver un vol, un hôtel, une voiture : ☎ 0899-500-500 (1,35 € l'appel puis 0,34 €/mn).

– Une question sur le site ou sur votre commande : ☎ 09-70-60-99-60 (nº non surtaxé).

Voyages-sncf.com, distributeur de voyages en ligne de SNCF, accessible sur internet, sur tablette et sur mobile, vous propose ses meilleurs prix d'avion, de chambres d'hôtel, de séjours et de location de voitures dans le monde entier. Vous avez également accès à des services exclusifs : l'envoi des billets à domicile, mais aussi des offres de dernière minute et de nombreuses promotions...

▲ VOYAGEURS DU MONDE

Le spécialiste du voyage en individuel sur mesure. Voyageurs dans les Îles (Caraïbes, Méditerranée, océan Indien). ☎ 01-42-86-16-39. • voyageursdumonde.fr •

– Paris : La Cité des Voyageurs, 55, rue Sainte-Anne, 75002. ☎ 01-42-86-16-00. Ⓜ Opéra ou Pyramides. Lun-sam 9h30-19h. Avec une librairie spécialisée sur les voyages.

– Également des agences à Bordeaux, Grenoble, Lille, Lyon, Marseille, Montpellier, Nantes, Nice, Rennes, Rouen, Strasbourg et Toulouse. Également à Bruxelles et à Genève.

Parce que chaque voyageur est différent, que chacun a ses rêves et ses idées pour les réaliser, Voyageurs du Monde conçoit, depuis plus de 30 ans, des projets sur mesure. Les séjours proposés sur 120 destinations sont élaborés par leurs 180 conseillers voyageurs. Spécialistes par pays et même par région, ils vous aideront à personnaliser les voyages présentés à travers une trentaine de brochures d'un nouveau type et sur le site internet où vous pourrez également découvrir les hébergements exclusifs et consulter votre espace personnalisé. Au cours de votre séjour, vous bénéficiez des services personnalisés Voyageurs du Monde, dont la possibilité de modifier à

tout moment votre voyage, l'assistance d'un concierge local, la mise en place de rencontres et de visites privées et l'accès à votre carnet de voyage via une application iPhone et Androïd.
Chacune des 15 Cités des Voyageurs est une invitation au voyage : accessoires de voyage, expositions-ventes d'artisanat et conférences. Voyageurs du Monde est membre de l'association ATR (Agir pour un Tourisme Responsable) et a obtenu sa certification Tourisme Responsable AFAQ AFNOR.

Comment aller à Roissy et à Orly ?

Bon à savoir :
- le ***pass Navigo*** est valable pour Roissy-Rail (RER B, zones 1-5) et Orly-Rail (RER C, zones 1-4). Les week-ends et j. fériés, le *pass Navigo* est dézoné, ce qui permet à ceux qui n'ont que les zones 1 à 3 d'aller tout de même jusqu'aux aéroports sans frais supplémentaires ;
- le ***billet Orly-Rail*** permet d'accéder sans supplément aux réseaux métro et RER.

À Roissy-Charles-de-Gaulle 1, 2 et 3

Attention : si vous partez de Roissy, pensez à vérifier de quelle aérogare votre avion décolle, car la durée du trajet peut considérablement varier en fonction de cette donnée.

En transports collectifs

Les cars Air France : ☎ *0892-350-820 (0,34 €/mn).* • *lescarsair france.com* • *Paiement par CB possible à bord.*
Le site internet diffuse les informations essentielles sur le réseau (lignes, horaires, tarifs...) permettant de connaître en temps réel le trafic afin de mieux planifier son départ. Il permet d'acheter et d'imprimer les billets électroniques pour accéder aux bus.
➢ *Paris-Roissy :* départs pl. de l'Étoile (1, av. Carnot), avec un arrêt pl. de la Porte-Maillot (bd Gouvion-Saint-Cyr). Départs ttes les 30 mn, 5h45-23h. Durée du trajet : 1h env. Tarifs : 17 € l'aller simple, 29 € l'A/R ; réduc enfants 2-11 ans.
Autres départs depuis la gare Montparnasse (arrêt rue du Commandant-Mouchotte, face à l'hôtel *Pullman*), ttes les 30 mn, 6h-22, avec un arrêt gare de Lyon (20 bis, bd Diderot). Tarifs : 17 € l'aller simple, 28,50 € l'A/R ; réduc enfants 2-11 ans.
➢ *Roissy-Paris :* les cars *Air France* desservent la pl. de la Porte-Maillot, avec un arrêt bd Gouvion-Saint-Cyr, et se rendent ensuite au terminus de l'av. Carnot. Départs ttes les 20-30 mn, 5h45-23h, des terminaux 2A et 2C (porte C2), 2E et 2F (niveau « Arrivées », porte 3 de la galerie), 2B et 2D (porte B1), et du terminal 1 (porte 34, niveau « Arrivées »).
À destination de la gare de Lyon et de la gare Montparnasse, départs ttes les 30 mn, 6h-22h, des mêmes terminaux. Durée du trajet : env 1h15.

Roissybus : ☎ *32-46 (0,34 €/mn).* • *ratp.fr* • Départs de la pl. de l'Opéra (angle rues Scribe et Auber) ttes les 15 mn (20 mn à partir de 20h, 30 mn à partir de 22h), 5h15-00h30. Durée du trajet : 1h. De Roissy, départs 6h-00h30 des terminaux 1, 2A, 2B, 2C, 2D et 2F, et à la sortie du hall d'arrivée du terminal 3. Tarif : 10,50 €.

Bus RATP nº 351 : départs de la pl. de la Nation, 5h35-20h20. Solution la moins chère mais la plus lente. Compter 3 tickets ou 5,70 € et 1h40 de trajet. Ou ***bus nº 350,*** de la gare de l'Est (1h15 de trajet). Arrivée Roissypôle-gare RER.

RER ligne B + navette : ☎ *32-46 (0,34 €/mn).* Départs ttes les 15 mn, 4h53-0h20 depuis la gare du Nord et à partir de 5h26 depuis Châtelet. À Roissy-Charles-de-Gaulle, descendre à la station (il y en a 2) qui dessert le bon terminal. De là, prendre la navette adéquate. Compter 50 mn de la gare du Nord à l'aéroport (navette comprise), mais mieux vaut prendre de la marge. Tarif : 10,90 €.

Pass Navigo valable sans frais supplémentaires pour les aéroports.

Si vous venez du Nord, de l'Ouest ou du Sud de la France en train, vous pouvez rejoindre les aéroports de Roissy sans passer par Paris, la gare SNCF Paris-Charles-de-Gaulle étant reliée aux réseaux TGV.

En taxi

Pensez aussi nouveaux services de transport de personnes qui se développent dans la capitale, et qui pourraient être adaptés à vos besoins.
– **WeCab :** ☎ *01-41-27-66-77.* Une formule de taxi partagé (avoir un peu de souplesse horaire donc, max 2 arrêts), uniquement entre les aéroports parisiens et Paris/proche banlieue (ainsi qu'une quarantaine de villes en Île-de-France), tarifs forfaitaires (paiement à l'avance en ligne)... • *wecab.com* • *Remise de 10 % pour nos lecteurs avec le code « routard2015 » au paiement.*
– **LeCab :** ☎ *01-76-49-76-49.* • *lecab.fr* • Tarifs forfaitaires (paiement à l'avance en ligne), pas de facturation des bagages, réservation gratuite sur Internet, payante par téléphone. Le chauffeur vient vous chercher dans l'aéroport...
Maintenant, à vous de voir !

En voiture

Chaque terminal a son propre parking. Compter 36 € par tranche de 24h. Également des parkings longue durée (PR et PX), plus éloignés des terminaux, qui proposent des tarifs plus avantageux (forfait 24h 26 €, forfait 7 j. 158 €). Possibilité de réserver sa place de parking via le site • *aeroportsdeparis.fr* • Stationnement au parking Vacances (longue durée) dans le P3 Résa (terminaux 1 et 3) situé à 2 mn du terminal 3 à pied, ou dans le PAB (terminal 2). Formules de stationnement 1-30 j. (115-230 €) pour le P3 Résa. Forfait w-e 4 j. au PAB : 49 €. Réservation sur Internet uniquement. Les P1, PAB et PEF accueillent les deux-roues : 15 € pour 24h.

Comment se déplacer entre Roissy-Charles-de-Gaulle 1, 2 et 3 ?

Les rames du CDG-VAL font le lien entre les 3 terminaux en 8 mn. Fonctionne tlj, 24h/24. Gratuit. Accessible aux personnes à mobilité réduite. Départs ttes les 4 mn, et ttes les 20 mn minuit-4h. Desserte gratuite vers certains hôtels, parkings, gares RER et gares TGV. *Infos au ☎ 39-50.*

À Orly-Sud et Orly-Ouest

En transports collectifs

🚌 **Les cars Air France :** ☎ *0892-350-820 (0,34 €/mn).* • *lescarsairfrance.com* • *Tarifs : 12,50 € l'aller simple, 21 € l'A/R ; réduc 2-11 ans. Paiement par CB possible dans le bus.*
➢ *Paris-Orly :* départs de l'Étoile, 1, av. Carnot, ttes les 30 mn, 5h-22h40. Arrêts au terminal des Invalides, rue Esnault-Pelterie (Ⓜ Invalides), gare Montparnasse (rue du Commandant-Mouchotte, face à l'hôtel *Pullman ;* Ⓜ Montparnasse-Bienvenüe, sortie « Gare SNCF ») et porte d'Orléans (arrêt facultatif uniquement dans le sens Orly-Paris). Compter env 1h.
➢ *Orly-Paris :* départs ttes les 20 mn, 6h30-23h40, d'Orly-Sud, porte L, et d'Orly-Ouest, porte H, niveau « Arrivées ».

🚆 **RER C + navette :** ☎ *01-60-11-46-20.* • *transdev-idf.com* • Prendre le RER C jusqu'à Pont-de-Rungis (un RER ttes les 15-30 mn). Compter 25 mn depuis la gare d'Austerlitz. Ensuite, navette pdt 15-20 mn pour Orly-Sud et Orly-Ouest. Compter 6,60 €. Très recommandé les jours où l'on piétine sur l'autoroute du Sud (w-e et jours de grands départs) : on ne sera jamais en retard. Pour le retour, départs de la navette ttes les 15 mn depuis la porte G à Orly-Ouest (5h40-23h14) et la porte F à Orly-Sud (4h45-0h55).

🚌 **Orlybus :** • *ratp.fr* • Compter 20-30 mn pour rejoindre Orly (Ouest ou Sud) et 7,50 € l'aller simple.
➢ *Paris-Orly :* départs ttes les 15-20 mn

Profitez de nos remises !
sur hertzantilles.com
20%
DE REDUCTION*

de la pl. Denfert-Rochereau. Orlybus fonctionne tlj 5h35-23h, jusqu'à minuit ven, sam et veilles de fêtes.

➢ *Orly-Paris :* départs d'Orly-Sud, porte H, quai 4, ou d'Orly-Ouest, porte J, niveau « Arrivées ». Fonctionne tlj 6h-23h30, jusqu'à 0h20 ven, sam et veilles de fêtes.

Orlyval : ☎ *32-46 (0,34 €/mn).* • *ratp.fr* • Compter 11,65 € l'aller simple entre Orly et Paris. La jonction se fait à Antony (ligne B du RER) sans aucune attente. Permet d'aller d'Orly à Châtelet et vice versa en 40 mn env, sans se soucier de la densité de la circulation automobile.

➢ *Paris-Orly :* départs pour Orly-Sud et Ouest ttes les 6-8 mn, 6h-23h.

➢ *Orly-Paris :* départs d'Orly-Sud, porte K, zone livraison des bagages, ou d'Orly-Ouest, porte A, niveau 1.

En taxi

Pensez aussi aux nouveaux services de transport de personnes qui se développent dans la capitale et pourraient être adaptés à vos besoins (voir plus haut les solutions en taxi proposées pour se rendre à Roissy).

En voiture

– ***Parkings aéroports :*** à proximité d'Orly-Ouest, parkings P0 et P2. À proximité d'Orly-Sud, P1, P2 et P3 (à 50 m du terminal, accessible par tapis roulant). Compter 28,50 € pour 24h de stationnement. Les parkings P0 et P2 (Orly-Ouest) et P6 (Orly-Sud), à proximité immédiate des terminaux, proposent des forfaits intéressants, dont le « Week-end ». Forfaits disponibles aussi pour les P4 et P5 pour 24h (éloignés) : 24-27 €. Il existe des forfaits Vacances intéressants à partir de 6 j. et jusqu'à 45 j. (100-300 €) aux P2 et P6. Les P4, P7 (en extérieur) et P5 (couvert) sont des parkings longue durée, plus excentrés, reliés en 10 mn par navettes gratuites aux terminaux. *Rens :* ☎ *01-49-75-56-50.* Comme à Roissy, possibilité de réserver en ligne sa place de parking (P0 et P7) sur • *aeroportsdeparis.fr* • Les frais de résa (en sus du parking) sont de 8 € pour 1 j., de 12 € pour 2-3 j. et de 20 € pour 4-10 j. de stationnement pour le P0. Les parkings P0-P2 à Orly-Ouest et P1-P3 à Orly-Sud accueillent les deux-roues : 6,20 € pour 24h.

– À proximité, ***Econopark*** : possibilité de laisser sa voiture à Chilly-Mazarin *(13, rue Denis-Papin, ZA La Vigne-aux-Loups, 91380 ; à env 10 mn d'Orly ; proche A6 et A10).* De 1 à 28 j., compter 30-166 €. Trajet A/R vers Orly en minibus (sans supplément). Option parking couvert possible. Réservation et paiement en ligne • *econopark.fr* • ou par tél ☎ *01-60-14-85-62.*

Liaisons entre Orly et Roissy-Charles-de-Gaulle

Les cars Air France : ☎ *0892-350-820 (0,34 €/mn).* • *lescarsairfrance.com* • Départs de Roissy-Charles-de-Gaulle depuis les terminaux 1 (porte 32), 2A et 2C, 2B et 2D, 2E et 2F (galerie de liaison entre les terminaux 2E et 2F) vers Orly 5h55-22h30. Départs d'Orly-Sud (porte K) et d'Orly-Ouest (porte H) vers Roissy-Charles-de-Gaulle 6h30 (7h le w-e)-22h30. Ttes les 30-45 mn (dans les 2 sens). Durée du trajet : env 1h30. Tarif : 21 €, 35,50 € A/R ; réduc.

RER B + Orlyval : ☎ *32-46 (0,34 €/mn).* Depuis Roissy, navette puis RER B jusqu'à Antony et enfin Orlyval entre Antony et Orly, 6h-22h15. Tarif : 19,50 €.

EN BELGIQUE

▲ AIRSTOP

Pour toutes les adresses Airstop, un seul numéro de tél : ☎ *070-233-188.* • *airstop.be* • *Lun-ven 9h-18h30, sam 10h-17h.*

– Bruxelles : bd E.-Jacquemain, 76, 1000.
– Anvers : Jezusstraat, 16, 2000.
– Bruges : Dweersstraat, 2, 8000.
– Gand : Maria-Hendrikaplein, 65, 9000.
– Louvain : Mgr Ladeuzeplein 33, 5, 3000.

Airstop offre une large gamme de prestations, du vol sec au séjour tout compris à travers le monde.

Des Hôtels & Des Îles
LES ÎLES DE GUADELOUPE
MAHOGANY HÔTEL
RÉSIDENCE & SPA
LA CRÉOLE BEACH
HÔTEL & SPA
LA TOUBANA
HÔTEL & SPA
LE JARDIN
MALANGA
BWA CHIK
HÔTEL & GOLF
HABITATION
GRANDE ANSE
Des Hôtels & Des Îles
Tel : 01 42 56 46 98 - info@deshotelsetdesiles.com
www.deshotelsetdesiles.com

▲ NOUVELLES FRONTIÈRES

• nouvelles-frontieres.be •
– Nombreuses agences dans le pays dont Bruxelles, Charleroi, Liège, Mons, Namur, Waterloo, Wavre et au Luxembourg.
Voir texte dans la partie « En France ».

▲ SERVICE VOYAGES ULB

– Bruxelles : campus ULB, av. Paul-Héger, 22, CP 166, 1000. ☎ 02-650-40-20
– Bruxelles : pl. Saint-Lambert, 1200. ☎ 02-742-28-80.
– Bruxelles : chaussée d'Alsemberg, 815, 1180. ☎ 02-332-29-60.
• servicevoyages.be • 25 agences dont 12 à Bruxelles.
Service Voyages ULB, c'est le voyage à l'université. Billets d'avion sur vols charters et sur compagnies régulières à des prix compétitifs.

▲ VOYAGEURS DU MONDE

• voyageursdumonde.com •
– Bruxelles : chaussée de Charleroi, 23, 1060. ☎ 02-543-95-50.
Le spécialiste du voyage en individuel sur mesure.
Voir texte dans la partie « En France ».

EN SUISSE

▲ STA TRAVEL

Rens et résas : ☎ 058-450-49-49.
• statravel.ch •
– Fribourg : rue de Lausanne, 24, 1701. ☎ 058-450-49-80.
– Genève : rue de Rive, 10, 1204. ☎ 058-450-48-00.
– Genève : rue Vignier, 3, 1205. ☎ 058-450-48-30.
– Lausanne : bd de Grancy, 20, 1006. ☎ 058-450-48-50.
– Lausanne : à l'université, Anthropole, 1015. ☎ 058-450-49-20.
Agences spécialisées notamment dans les voyages pour jeunes et étudiants. 150 bureaux STA et plus de 700 agents du même groupe répartis dans le monde entier sont là pour donner un coup de main *(Travel Help)*.
STA propose des tarifs avantageux : vols secs *(Blue Ticket)*, hôtels, écoles de langues, Work & Travel, circuits d'aventure, voitures de location, etc. Délivre la carte internationale d'étudiant et la carte Jeune.

▲ TUI - NOUVELLES FRONTIÈRES

– Genève : rue Chantepoulet, 25, 1201. ☎ 022-716-15-70.
– Lausanne : bd de Grancy, 19, 1006. ☎ 021-616-88-91.
Voir texte dans la partie « En France ».

AU QUÉBEC

▲ INTAIR VACANCES

Intair Vacances propose un vaste choix de prestations à la carte incluant vols, hébergements et locations de voitures en Europe, aux États-Unis ainsi qu'aux Antilles et au Mexique. Également au menu, des courts ou longs séjours, en Espagne (Costa del Sol) et en France (Côte d'Azur). Également un choix d'achat/rachat de voiture en France et dans la péninsule Ibérique.

▲ VACANCES AIR CANADA

• vacancesaircanada.com •
Vacances Air Canada propose des forfaits loisirs (golf, croisières, voyages d'aventure, ski et excursions diverses) flexibles vers les destinations les plus populaires des Antilles, de l'Amérique centrale et du Sud, de l'Asie, de l'Europe, et des États-Unis. Vaste sélection de forfaits incluant vol aller-retour et hébergement. Également des forfaits vol + hôtel/vol + voiture.

▲ VACANCES TOURS MONT ROYAL

• vacancestmr.com •
Le voyagiste propose une offre complète sur les destinations et les styles de voyages suivants : Europe, destinations soleils d'hiver et d'été, forfaits tout compris, circuits accompagnés ou en liberté. Au programme Europe, tout ce qu'il faut pour les voyageurs indépendants : locations de voitures, cartes de train, bonne sélection d'hôtels, excursions à la carte, forfaits à Paris, etc. À signaler : l'option achat/rachat de voiture (17 jours minimum, avec prise en France et remise en France ou ailleurs en Europe. Également : vols entre Montréal et Londres, Bruxelles, Bâle, Madrid, Málaga, Barcelone et Vienne avec *Air Transat* ; les vols à destination de Paris sont assurés par la compagnie *Corsair* au départ de Montréal, d'Halifax et de Québec.

▲ **VOYAGES CAMPUS / TRAVEL CUTS**
• voyagescampus.com •
Voyages Campus / Travel Cuts est un réseau national d'agences de voyages spécialisées pour les étudiants et les voyageurs qui disposent de petits budgets. Le réseau existe depuis 40 ans et compte plus de 50 agences, dont 6 au Québec. Voyages Campus propose des produits exclusifs comme l'assurance « Bon voyage » le programme de Vacances-Travail (SWAP), la carte d'étudiant internationale (ISIC) et plus. Ils peuvent aider à planifier un séjour autant à l'étranger qu'au Canada et même au Québec.

LES LIAISONS INTER-ÎLES

EN AVION

▲ **AIR ANTILLES EXPRESS**
Rens et résas : ☎ 0890-648-648 (prix d'un appel local). • airantilles.com •
➢ Plusieurs liaisons/j. de Pointe-à-Pitre vers Fort-de-France, Saint-Martin et Saint-Barthélemy, mais également vers Sainte-Lucie, Antigua, la République dominicaine ou encore La Barbade.

▲ **AIR FRANCE**
Rens et résas : ☎ 36-54 (0,34 €/mn) et dans les agences de voyages.
➢ Air France assure 1 à 2 vols/j. entre Fort-de-France et Pointe-à-Pitre.

EN BATEAU

▲ **L'EXPRESS DES ÎLES**
• express-des-iles.com •
Pour la Martinique et la Guadeloupe : ☎ 0825-359-000 (0,15 €/mn ; tlj 24h/24 ; slt depuis les Antilles) ou ☎ 05-96-42-04-05. Vente des billets également à la gare maritime de Bergevin, à Pointe-à-Pitre et au Terminal inter-îles, Quai Ouest, à Fort-de-France.
➢ *L'Express des Îles* assure des liaisons par bateau rapide plusieurs fois/sem au départ de et pour Pointe-à-Pitre, Fort-de-France, Castries, Roseau, Marie-Galante et Les Saintes. Possibilité d'embarquer la voiture sur certaines traversées (Pointe-à-Pitre et Fort-de-France seulement). Réduction intéressante pour les moins de 12 ans, les moins de 26 ans et les plus de 60 ans.

UNITAID

UNITAID a été créé pour lutter contre le VIH/sida, le paludisme et la tuberculose, les trois principales maladies meurtrières dans les pays en développement. UNITAID intervient dans 94 pays en facilitant l'accès aux médicaments et aux diagnostics, et en en baissant les prix dans les pays en développement. Le financement d'UNITAID provient principalement d'une contribution de solidarité sur les billets d'avion mise en place par six pays membres, dont la France. Les financements ont permis à près d'un million de personnes atteintes du VIH/sida de bénéficier d'un traitement, et de délivrer plus de 19 millions de traitements contre le paludisme. Moins de 5 % des fonds servent au fonctionnement du programme, 95 % sont utilisés directement pour les médicaments et les tests. Pour en savoir plus : *• unitaid.eu •*

GUADELOUPE UTILE

ABC DE LA GUADELOUPE

- *Superficie :* 1 704 km² (Guadeloupe et dépendances).
- *Préfecture :* Basse-Terre.
- *Population :* 463 000 hab. (estimation 2011).
- *Densité :* 271 hab./km² (moyenne française : 117).
- *Statut :* département et région d'outre-mer.
- *Point culminant :* la Soufrière (1 467 m), le plus haut sommet des Petites Antilles.
- *Signe particulier :* compte 6 îles habitées (Grande-Terre, Basse-Terre, Terre-de-Haut, Terre-de-Bas, Marie-Galante et La Désirade).
- *Température de la mer :* 25 °C.
- *Température de l'air :* 30 °C.
- *Température du punch :* 55°.

AVANT LE DÉPART

Adresse utile

Comité du tourisme des îles de Guadeloupe : *23-25, rue du Champ-de-l'Alouette, 75013 Paris. ☎ 01-40-62-99-07. • infoeurope@lesilesdeguadeloupe.com • lesilesdeguadeloupe.com • Lun-ven 10h-12h, 14h-17h.* Toute la doc nécessaire, sur place, par courrier ou consultable sur le site internet.

Formalités

– Nous sommes dans un département français ; une ***carte d'identité*** suffit aux Européens qui se limitent au territoire français. Un ***passeport*** en cours de validité est parfois nécessaire si vous voulez vous rendre dans les îles hors Caraïbes françaises, et dans ce cas, il vous faudra, théoriquement, avoir avec vous un billet de retour ou de continuation de voyage.
– Pour les Belges, carte d'identité belge ou passeport en cours de validité. Pour les Suisses, passeport valide. Pour les Canadiens, la carte d'identité est suffisante pour un séjour de moins de 3 mois ; sinon, passeport obligatoire.
– ***Douanes :*** attention, contrôles fréquents, mais nettement plus pour ceux revenant des ports francs, comme Saint-Martin et Saint-Barthélemy (attention aux appareils photo et autres gadgets électroniques). Des lecteurs nous ont même rapporté des cas de fouille au corps au retour de Saint-Martin pour la Guadeloupe. Pour les contrôles, au retour vers la métropole, il arrive que des chiens-renifleurs des douanes viennent vous rendre visite quand vous êtes dans la salle d'embarquement.

NOS NOUVEAUTÉS

HONG KONG, MACAO, CANTON (avril 2014)

Hong Kong : un nom légendaire signifiant « Port aux Parfums », où les aventuriers anglais faisaient transiter leurs cargaisons d'opium, avant de laisser la place à tous les businessmen de la planète… et aux amateurs de shopping. Macao s'oppose à Hong Kong, sa turbulente voisine, par le charme de ses petites rues pavées, par le cachet portugais de ses balcons, sans oublier le baroque de ses églises, témoins d'un passé d'exception. Ce sont aussi les centres commerciaux, les casinos gigantesques, comme le *Venetian*, copie conforme de son aîné du Strip de Las Vegas. Quant à Canton, c'est le berceau de la gastronomie chinoise. Ici, on grignote sans cesse, du petit déj au « thé de nuit », en dégustant ces fameuses bouchées à la vapeur, les *dim sum*, la fierté de Canton, dont le nom signifie très poétiquement « toucher le cœur ».

Pensez à scanner passeport, visa, carte bancaire, billet d'avion et vouchers d'hôtel. Ensuite, adressez-les-vous par mail, en pièces jointes. En cas de perte ou de vol, rien de plus facile pour les récupérer dans un cybercafé. Les démarches administratives en seront bien plus rapides. Merci tonton Routard !

IMPORTANT : pour des raisons de sécurité, les contrôles sont désormais très stricts au niveau du poids des bagages, notamment du bagage cabine (pour des consignes précises, voir auprès de votre compagnie aérienne). Et pour votre valise en soute, attention à ne pas dépasser les 20-23 kg (mine de rien, ça va vite, surtout si vous rapportez un peu trop de rhum).

Assurances voyage

Routard Assurance : *c/o AVI International : 40-44, rue Washington, 75008 Paris.* ☎ *01-44-63-51-00.* • *avi-international.com* • Ⓜ *Georges V.* Depuis 20 ans, Routard Assurance en collaboration avec *AVI International,* spécialiste de l'assurance voyage, propose aux voyageurs un contrat d'assurance complet à la semaine qui inclut le rapatriement, l'hospitalisation, les frais médicaux, le retour anticipé et les bagages. Ce contrat se décline en différentes formules : individuelle, senior, famille, light et annulation. Pour les séjours longs (2 mois à 1 an), consultez notre site. L'inscription se fait en ligne et vous recevrez dès la souscription, tous vos documents d'assurance par e-mail.

■ ***AVA :*** *25, rue de Maubeuge, 75009 Paris.* ☎ *01-53-20-44-20.* • *ava.fr* • Ⓜ *Cadet.* Un autre courtier fiable pour ceux qui souhaitent s'assurer en cas de décès-invalidité-accident lors d'un voyage à l'étranger, mais surtout pour bénéficier d'une assistance rapatriement, perte de bagages et annulation. Attention, franchises pour leurs contrats d'assurance voyage.

■ ***Pixel Assur :*** *18, rue des Plantes, BP35, 78601 Maisons-Laffitte.* ☎ *01-39-62-28-63.* • *pixel-assur.com* • *RER A : Maisons-Laffitte.* Assurance de matériel photo et vidéo tous risques dans le monde entier. Devis basé sur le prix d'achat de votre matériel. Avantage : garantie à l'année.

ARGENT, BANQUES

Monnaie

La monnaie est bien sûr ***l'euro*** (€). Prévoir du liquide pour tous les petits achats dans les magasins, sur les marchés et les notes des restaurants sur la plage, entre autres ! Car vous réglerez de toute façon beaucoup de vos achats en espèces...

Banques

Généralement ouvertes de 8h à 12h et de 14h à 16h, sauf les samedi et dimanche. Selon les agences, elles ferment également le lundi ou le mercredi après-midi. Pendant les vacances estivales, de juin à septembre, les horaires peuvent changer : souvent ouvertes de 7h30 à 15h et certaines banques, comme la *Caisse d'Épargne* ou le *Crédit Agricole,* sont parfois ouvertes le samedi matin à Pointe-à-Pitre et au Gosier. Et surtout, un conseil : prenez votre mal en patience si vous devez faire la queue. Allez même acheter le journal auparavant, ou emportez votre guide préféré pour le lire en détail !

Moyens de paiement

Les **cartes de paiement** sont acceptées dans la plupart des commerces, sauf dans certains petits restos, hôtels et magasins. Mais attention, ce n'est pratiquement jamais le cas dans les

LŌok!
Le guide du routard
Disponible sur iPhone
Pour vous faire comprendre partout dans le monde !
Achetez l'application sur l'App Store
2,99 €

gîtes et les chambres d'hôtes. **Les chèques de voyage** sont plutôt bien acceptés dans les hôtels et restaurants de catégorie supérieure, mais mieux vaut se renseigner avant. Il est préférable d'avoir des **espèces** et, petit conseil d'ami, de prendre la précaution de répartir son argent car on entend toujours parler de vols sur les plages comme dans certaines résidences non surveillées... Enfin, beaucoup de métropolitains qui gèrent des gîtes ou des restos sur place acceptent les règlements par **chèque.**

– ***Distributeurs automatiques :*** très nombreux et pas de commission de retrait (maximum autorisé variable selon votre carte). On en trouve facilement dans les principales localités. Prendre ses précautions en début de week-end (surtout lors des week-ends prolongés), et encore plus avant de gagner les îles de la Guadeloupe, car les distributeurs se vident à la vitesse grand V.

– Quelques établissements acceptent les **chèques-vacances,** les **chèques-déjeuner** et les **tickets-restaurant.** Une bonne occasion de les « écouler » les pieds dans l'eau.

ATTENTION, quelle que soit la carte que vous possédez, chaque banque gère elle-même le processus d'opposition et le numéro de téléphone correspondant ! Avant de partir, notez donc bien le numéro d'opposition propre à votre banque (il figure souvent au dos des tickets de retrait, sur votre contrat, ou à côté des distributeurs de billets), ainsi que le numéro à seize chiffres de votre carte. Bien entendu, conservez ces informations en lieu sûr et séparément de votre carte. Par ailleurs, l'assistance médicale se limite aux 90 premiers jours du voyage et l'assistance véhicule aux cartes haut de gamme (renseignez-vous auprès de votre banque). N'oubliez pas aussi de VÉRIFIER LA DATE D'EXPIRATION DE VOTRE CARTE BANCAIRE avant votre départ !

– ***Carte Visa :*** *assistance médicale incluse ; numéro d'urgence (Europ Assistance) : ☎ (00-33) 1-41-85-85-85 (24/24). • visa-europe.fr • Pour faire opposition, contactez le numéro communiqué par votre banque.*

– ***Carte MasterCard :*** *assistance médicale incluse ; numéro d'urgence : ☎ (00-33) 1-45-16-65-65. • mastercardfrance.com • En cas de perte ou de vol, composez le numéro communiqué par votre banque pour faire opposition.*

– ***Carte American Express :*** *tél en cas de pépin au ☎ (00-33) 1-47-77-72-00. Numéro accessible tlj 24h/24 • americanexpress.com •*

– ***Pour toutes les cartes émises par La Banque Postale :*** *☎ 0825-809-803 (0,15 €/mn) depuis la France métropolitaine et les DOM-TOM. Ou ☎ (00-33) 5-55-42-51-96 depuis l'étranger. • labanquepostale.fr •*

– *Également un numéro d'appel valable* ***pour faire opposition quelle que soit votre carte de paiement*** *: ☎ 0892-705-705 (serveur vocal à 0,34 €/mn). Ne fonctionne ni en PCV, ni depuis l'étranger.*

– ***Petite mesure de précaution :*** si vous retirez de l'argent dans un distributeur, utilisez de préférence les distributeurs attenants à une agence bancaire. En cas de pépin avec votre carte (carte avalée, erreur de numéro...), vous aurez un interlocuteur à portée de tongs, pendant les heures ouvrables du moins. Et si vous avez été débité sans que de l'argent ait été distribué (ce qui arrive parfois pour de trop grosses sommes, les billets étant gonflés par l'humidité, si, si !), votre interlocuteur n'aura plus qu'à vérifier ses comptes...

Western Union Money Transfer

En cas de besoin urgent d'argent liquide (perte ou vol de billets, chèques de voyage, carte de paiement), vous pouvez être dépanné en quelques minutes grâce au système *Western Union Money Transfer.* Pour cela, demandez à quelqu'un de déposer pour vous de l'argent en euros dans l'un des bureaux *Western Union* ; les correspondants en France de *Western Union* sont *La Banque postale (fermée sam ap-m, n'oubliez pas ! ☎ 0825-00-98-98 ; 0,15 €/mn)* et la *Société financière de paiements (SFDP ; ☎ 0825-825-842 ; 0,15 €/mn).* L'argent vous

est transféré en moins d'un quart d'heure. La commission, assez élevée, est payée par l'expéditeur. Possibilité d'effectuer un transfert en ligne 24h/24 par carte de paiement (*Visa* ou *MasterCard* émise en France). • *western union.com* •

BUDGET

Il faut bien le reconnaître, les Antilles peuvent coûter assez cher si l'on ne fait pas attention. Grosso modo, un séjour de 15 jours pour 2 personnes, tout compris (vol, voiture de location, hébergement et nourriture), oscille autour de 3 000 € (sans trop se priver). Les tarifs aériens varient de 450 à 600 € pour un billet aller-retour, selon la saison, sauf aux périodes de pointe où ils flambent. Autre poste onéreux, la location de voiture : compter 250 € minimum la semaine, sans compter les éventuelles assurances en option (mais la multiplication des loueurs permet à chacun de choisir au mieux selon ses besoins).
Côté hébergement, aujourd'hui la tendance est aux locations à la semaine, en chambre d'hôtes, en gîte, mais aussi, bien sûr, en hôtel-résidence. D'où l'importance de bien choisir votre lieu de séjour. La plupart des gîtes et des appartements dans les résidences hôtelières sont équipés d'une kitchenette, ce qui vous reviendra moins cher au bout du compte. Et la location de voitures est vivement conseillée dans tous les cas de figure pour sillonner l'île (les hébergements proposent parfois des forfaits séjour + voiture).
Vos dépenses dépendront de la saison à laquelle vous voyagez et de vos choix. Si vous allez au resto midi et soir, si vous multipliez les planteurs et achetez dans les boutiques après la visite des grands sites ou des jardins, si vous vous offrez les sorties en mer, la plongée sous-marine ou le petit tour en avion aux Grenadines, l'addition sera salée !
Nous vous donnons ci-après une fourchette de prix pour les locations, mais elle ne peut être qu'approximative. À ce sujet, le temps d'écrire et d'imprimer le guide, les prix auront certainement déjà un peu augmenté lorsque vous serez sur place. Ne soyez donc pas surpris par un décalage oscillant entre 5 et 10 %.

Hébergement

Si vous optez pour l'hôtellerie classique, les tarifs demeurent assez élevés, sauf pour les forfaits tout compris (mais bien étudier ce que cela comprend ou pas). Heureusement, la fermeture des grands complexes hôteliers, autant du fait de la crise que de l'évolution des goûts des visiteurs (de moins en moins adeptes des cases en béton et des petits déjeuners servis à la queue leu leu) a permis à de nouvelles structures de se mettre en place : gîtes, petits hôtels de charme... Nous vous indiquons des hébergements très corrects à partir de 250 € environ la semaine, pour deux, même si en général cela démarre plutôt à 300 € (ou 50 € la nuit), avec un minimum demandé de 2 ou 3 nuits le plus souvent (la semaine étant souvent obligatoire en haute saison). Un conseil : réservez, c'est plus sûr.
IMPORTANT : les différences de prix entre haute et basse saison ! S'agissant des restos et surtout de l'hébergement, elles sont parfois importantes, avec des pics souvent exorbitants pendant les fêtes de fin d'année. À vérifier donc...
Voici les fourchettes de prix pour nos différentes catégories, par nuit ou pour une semaine de location, en gîte ou en hôtel-résidence, pour 2 personnes, selon la saison.
– ***Bon marché :*** moins de 50 € la nuit pour 2 personnes ; 250-300 €/sem.
– ***Prix moyens :*** de 50 à 80 € la nuit pour 2 personnes ; 300-500 €/sem.
– ***Plus chic :*** 80-120 € la nuit pour 2 personnes ; 500-800 €/sem.
– ***Très chic :*** plus de 120 € la nuit pour 2 personnes ; plus de 800 €/sem.

Promotions sur Internet

De plus en plus d'hôtels modulent les tarifs de leurs chambres sur Internet en fonction du taux d'occupation. Il y a donc les prix de base (ceux que nous indiquons) et les promos proposées sur le Net. À certaines périodes, le prix des chambres évolue en permanence, ce qui permet d'optimiser le chiffre d'affaires (comme le font les compagnies aériennes). Ces promotions sont extrêmement variables d'une semaine à l'autre, voire d'un jour à l'autre. Elles sont particulièrement intéressantes pour les hôtels de gamme supérieure (3 étoiles). Exemple : un établissement qui annonce des prix officiels de 90 à 130 € proposera les mêmes chambres entre 60 et 80 € sur son site, à certaines périodes. Bref, lorsque vous avez choisi votre hôtel dans votre guide préféré, allez donc faire un tour sur son site pour voir ce qu'il propose. De vraies bonnes affaires en perspective !

Restauration

Il faut savoir que les restaurants traditionnels sont souvent assez chers et avec un service vraiment longuet, sauf exception (compter au minimum 12 à 15 € pour un plat). Le plus économique est de faire ses courses et de cuisiner dans le gîte qu'on a loué à la semaine. Sinon, on trouve assez souvent des camions-bars ou de petits vendeurs de sandwichs sur les plages. Et puis il y a les fameux *lolos,* les petits restos locaux où l'on peut manger correctement pour 10-15 € : acras, poulet boucané, fruits frais... Voici nos fourchettes de tarifs, sur la base d'un repas complet sans la boisson. Dans nos textes, nous indiquons souvent le prix des plats pour ceux qui ne prennent pas forcément un menu ou un repas complet. Et c'est souvent très suffisant :

- ***Très bon marché*** (souvent des sandwichs, des petits plats ou des pâtisseries à emporter) ***:*** moins de 10 €.
- ***Bon marché :*** de 10 à 15 €.
- ***Prix moyens :*** de 15 à 25 €.
- ***Chic :*** de 25 à 35 €.
- ***Plus chic :*** de 35 à 50 €.
- ***Beaucoup plus chic :*** plus de 50 €.

Et puis il y a aussi la solution du pique-nique, tradition bien ancrée chez les Guadeloupéens, particulièrement le week-end et au moment des vacances, en famille ou entre amis. Faites de même, d'autant plus que de nombreuses aires ont été aménagées dans la forêt, près des sites naturels, ou sur les plages avec des tables protégées du soleil par un carbet (abri en bois sans murs) et pour certains un barbecue en brique. Bien agréable dans tous les cas. On conseille de ne laisser aucun détritus et de ne rien laver dans les rivières afin de ne pas polluer l'eau.

Pour les produits de consommation courante, sachez qu'ils sont en général plus chers qu'en métropole (sauf les parfums et le rhum), notamment les produits laitiers et la viande. Il suffit de s'adapter : on va au marché pour le poisson et pour les fruits et les légumes du pays, on mange des œufs et du riz plus souvent que d'habitude. Puis on s'offre la bouteille de punch coco maison, à siroter dans le hamac de la terrasse en regardant la mer.

LE YAOURT QUI TUE !

Beaucoup de produits viennent de métropole et sont donc chers, sans compter la concurrence bien plus faible. Un édito devenu célèbre de Destination Guadeloupe laissait songeur, début 2010 : les huit yaourts nature de 125 g valant 2,50 € dans une grande surface parisienne, se sont retrouvés vendus 10,19 € en Guadeloupe... soit 407 % de plus qu'en métropole.

– ***Bon à savoir*** **:** il existe une brochure disponible un peu partout, l'*€konomiz,* qui contient un tas de coupons de réductions (petites, mais c'est toujours ça !) émis par toutes sortes de prestataires, des clubs de plongée aux sites et musées en passant par les compagnies de bateaux et même certains restos. N'hésitez pas à vous la procurer !
– ***Boutiques hors taxes*** **:** on les trouve à l'aéroport et elles sont assez bien fournies (rhum, parfums...). Vous pourrez y faire des achats à l'aller comme au retour (y compris pour les ressortissants français, après la douane). C'est d'ailleurs le seul endroit où vous pourrez acheter quelques produits liquides, au vu des restrictions douanières.

Sites et musées

Enfin, une hausse scandaleuse qu'on ne peut passer sous silence est celle des ***musées*** et ***sites touristiques.*** Les entrées coûtent bien souvent entre 6 et 14 € pour des « attractions » (privées pour la plupart) qui ne présentent finalement, en dehors de quelques sites majeurs développés dans nos pages, qu'un intérêt limité ou qui ne s'adressent qu'à un public motivé (bien lire nos commentaires pour savoir si vous avez vraiment envie de faire telle ou telle visite). Si vous avez décidé de profiter des après-midi de pluie pour vous distraire en famille ou vous cultiver, cela risque de vous coûter cher !

CLIMAT ET TEMPÉRATURES

Beaucoup de soleil, de la pluie aussi, du vent, des crépuscules tièdes et des nuits suaves : il fait bon vivre aux Antilles. Si la tradition antillaise a retenu le chapeau de paille, c'est que le soleil tape fort. Ça tombe bien, la mer est tiède : elle peut dépasser 29 °C de juillet à octobre et ne descend jamais au-dessous de 24 °C durant la saison sèche. Pourtant, la fraîcheur existe dans les hauteurs. En gravissant la Soufrière, vous découvrirez plusieurs étages climatiques, chacun avec ses fruits et sa végétation spécifiques. Battu par les vents, le sommet est frisquet. Là-haut, l'humidité se condense en nuages, lesquels partent arroser les plaines...
– ***La nuit tombe tôt*** **:** toute l'année, le soleil se lève entre 5h et 6h, pour se coucher entre 17h30 et 18h30. D'un coup ou presque, le soleil disparaît à l'ouest comme une énorme boule rouge avalée par les flots (c'est notre moment de poésie et c'est aussi le moment d'observer le fameux rayon vert !).
– On compte principalement ***deux saisons*** : ***de décembre à avril,*** la saison sèche, appelée ***le carême.*** C'est la HAUTE SAISON et c'est la plus agréable. Le thermomètre avoisine les 27 °C. Le temps est au beau fixe malgré quelques averses orageuses, et les hôtels sont (normalement !) complets. ***De mi-juin à novembre*** (les vacances scolaires d'été), c'est la BASSE SAISON, également appelée ***l'hivernage.*** L'air (30 °C) est lourd, voire étouffant, ne rafraîchit pas l'atmosphère, et les après-midi sont pluvieux. À cette période de l'année, il y a moins de touristes, principalement des Antillais expatriés en métropole passant l'été en famille, et dans les hôtels, le personnel est de meilleure humeur, les prix sont plus doux. On voit alors les familles se retrouver sur la plage autour de gigantesques pique-niques avec Cocotte-Minute, bâche et sono pour fêter les retrouvailles.
Si vous partez aux Antilles pendant la saison humide, sachez que les côtes orientales sont plus arrosées que les côtes occidentales, dites « sous le vent ». Cela étant, là aussi, vous savez bien – y'a plus d'saisons ! – que vous pouvez avoir une relative sécheresse en « été » et des grains fréquents en « hiver ». De plus, la présence de microclimats peut donner un temps resplendissant au nord de la Grande-Terre ou à Saint-François tandis qu'il pleut à Pointe-à-Pitre, rien que pour embêter ceux qui s'y trouvent !
– ***Mai, juin et novembre*** sont des mois plutôt agréables, pas trop chauds, pas trop chers et surtout peu fréquentés. De plus, mai et juin sont vraiment propices pour découvrir la Guadeloupe en fleurs. Magnifique !

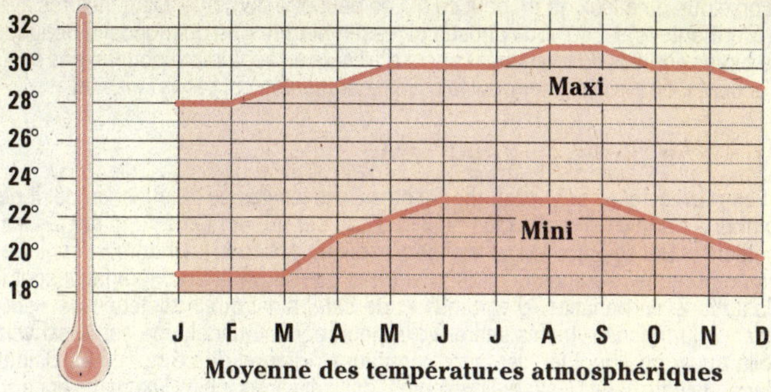

Moyenne des températures atmosphériques

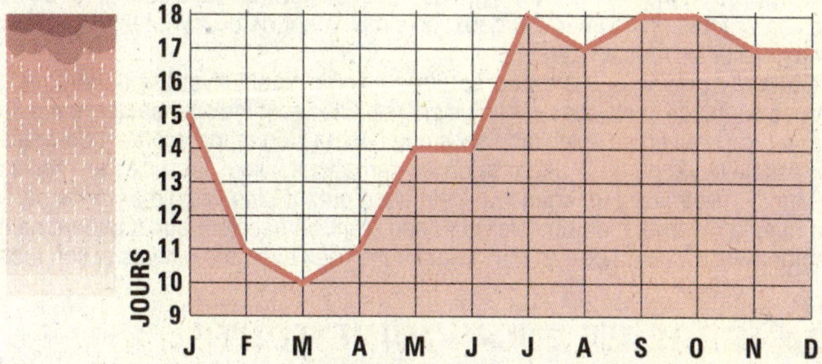

Nombre de jours de pluie

GUADELOUPE (Pointe-à-Pitre)

Ces cyclones qui font de l'œil à tout moment

– ***Août et septembre*** sont les mois préférés des ***cyclones,*** mais leurs dates ne sont jamais fixées d'avance ! Celui de 1928 (à l'époque, les cyclones n'avaient pas encore de prénom) qui fit entre 12 000 et 15 000 morts, *Hugo* (1989), *Luis* (1995) et *Jeanne* (2004) ont tous fondu en septembre sur la Guadeloupe. *Lenny* (1999) a frappé très tardivement, à la mi-novembre, surprenant les habitants. Aujourd'hui, le cyclone est repéré très tôt, au moment de sa formation, souvent au large des îles du Cap-Vert, 4 000 km plus à l'est, et sa progression est surveillée de près par les services de la météo. À priori, pas de surprise à redouter ! Quand il s'approche, le ciel se fait soudain limpide, et la mer d'huile : il est temps pour les bateaux de trouver un abri sûr, généralement dans la mangrove, véritable cocon naturel. Dans les cases, on démonte le toit de tôle pendant que les animaux geignent, on emballe les affaires dans des sacs-poubelle,

LES NOMS DES CYCLONES

Depuis le XVIIIe s, on donne un nom aux cyclones. Façon de conjurer le sort ? Certainement misogyne, le météorologue Wragge prenait des prénoms de femmes... ou de politiciens qu'il n'aimait pas. Depuis 1979, face aux critiques féministes, les cyclones sont baptisés alternativement par des prénoms masculins et féminins. Les listes sont d'ailleurs établies à l'avance.

et on cloue du mieux qu'on peut ce qui ne peut être démonté. Cinq minutes avant la tourmente, c'est quelque chose qui ressemble à la « fin du monde ». Beaucoup de professionnels du tourisme ferment d'ailleurs en septembre pour ne pas avoir à s'occuper, en plus, de métropolitains inexpérimentés qui paniquent vite.

Après la pluie, le beau temps !

– ***Les pluies :*** elles sont plus abondantes dans les îles au relief accentué. Il peut tomber à certains endroits plus de 8 m d'eau par an, et même 12 m sur les sommets de la Basse-Terre ! Mais la pluie n'explique pas tout. La nature volcanique et les nombreuses sources qui ruissellent des pentes de la Soufrière favorisent les plantations de bananes, d'agrumes et de café, ainsi que l'existence de « sous-bois » à la fraîcheur bienfaisante. Voilà pourquoi la Guadeloupe est aussi verte. Voilà aussi pourquoi les îles sans montagnes dignes de ce nom (Les Saintes, Marie-Galante et La Désirade) présentent des paysages moins luxuriants et parfois secs. Toute l'année encore, les « grains » peuvent tomber sans crier gare. Ce sont des cataractes d'une heure ou deux, ou simplement de dix minutes, capables de transformer les rues en torrents.
– ***Conseil :*** prévoir des ***crèmes solaires*** « écran total » avant le départ ; on en trouve sur place, mais elles sont plus chères. Elles sont indispensables, car même par temps couvert, le soleil tape sans que l'on ne s'en rende vraiment compte, et on rissole (au 2e ou au 3e degré selon les carnations !) sous les alizés en moins de 30 mn. Prévoir aussi un chapeau. Cela est d'autant plus valable pour les sorties en mer, la réverbération du soleil sur l'eau étant un accélérateur ! On peut même rapidement rougir du dos en musardant dans l'eau avec ses palmes et son tuba.

DANGERS ET ENQUIQUINEMENTS

– ***Vols et agressions :*** on a beaucoup parlé ces derniers temps de la délinquance, de la criminalité et du taux d'armement à la Guadeloupe avec des chiffres battant tous les records en France (« pire qu'à Marseille ! » annonçaient les titres de presse). Une publicité dont l'île se serait bien passée, il va sans dire. Pour les touristes, il s'agit avant tout de respecter quelques règles élémentaires et de redoubler d'attention dans certaines parties de l'île, notamment dans la région la plus visitée par les amateurs de plages, entre Pointe-à-Pitre et Saint-François. Méfiez-vous en sortant des restaurants le soir et évitez les plages la nuit.
Ne laissez rien dans votre voiture, de façon générale. De même, nous vous déconseillons de vous retrouver seul – de jour comme de nuit – dans des coins trop isolés : les quartiers périphériques de Pointe-à-Pitre, les plages (naturistes ou non) et certains secteurs du Gosier et de Sainte-Anne. Évitez aussi de partir seul sur les sentiers de randonnée en Basse-Terre (de toute manière, il est toujours prudent de bien préparer ses sorties, de prévenir de ses absences et du lieu où l'on se rend). Enfin, sans jouer les machos, on recommande une certaine prudence aux femmes non accompagnées.
– ***Photo :*** évitez de prendre les habitants en photo ou de les filmer sans le leur avoir demandé au préalable. C'est vraiment la base de toute relation. Les doudous, les vieux qui jouent aux dominos, les enfants des écoles ou les coupeurs de canne sont peut-être patients, gentils, mais en général, ils n'aiment pas du tout ça. Normal !
– ***Le bruit :*** les nuits tropicales sont sonores. Le cri des grenouilles se joint au chant des crapauds (encore plus fort). Les vaches assoiffées se mêlent parfois au concert, et les chiens, errants ou non, continuent la sérénade. Quant au coq antillais (ou « réveil-à plumes »), il doit être insomniaque ou déréglé, car il chante même avant le lever du jour, suivi par ses congénères. Le jour, à son tour, l'homme entre dans la partie : radios à tue-tête, moteurs pétaradants (à échappement libre),

klaxons en liberté, tout devient une obsédante cacophonie. L'Antillais le plus placide se sent seul au monde devant sa chaîne stéréo ou au volant. Solutions pour la nuit : soyez indifférent ou, si vous êtes trop sensible, mettez des bouchons d'oreilles. Le décalage horaire amplifie toutes ces perceptions. Le soleil (ainsi qu'une bonne sieste) les fera disparaître.

– ***Les scolopendres :*** appelées plus communément les mille-pattes. Ces petits carnassiers, fréquents en Guadeloupe, sortent souvent les jours de pluie. Leur morsure venimeuse, mais pas mortelle (on vous rassure !), est douloureuse. Si la bête est petite (5 cm), des corticoïdes en comprimés suffiront. Si c'est une grosse, appeler le toubib, car il y a une possibilité de choc allergique. En tout cas, penser à « baygonner » la chambre, et à vérifier lit, draps et taies d'oreiller avant de dormir. On le redit, ça fait mal et la morsure nécessite parfois une courte hospitalisation.

– ***Les mancenilliers :*** attention à ces arbres à l'aspect trompeur, qui ressemblent un peu aux pommiers et peuvent vous conduire tout droit à l'hôpital si vous vous abritez dessous ou les touchez (voir la rubrique « Santé »). Pas de psychose car il n'y en a presque plus, mais une question de prudence, surtout à Saint-Barthélemy, on ne veut pas que vous gâchiez vos vacances !

– ***Randonnées par temps pluvieux :*** du fait de pluies violentes, ponctuelles et locales, le moindre petit cours d'eau peut s'enfler en quelques secondes, quand bien même le soleil brille au-dessus de votre tête ! Donc prudence, là aussi : si les eaux sont boueuses, mieux vaut rebrousser chemin. Voir plus loin la rubrique « Randonnées pédestres » au chapitre « Sports et loisirs » dans « Hommes, culture, environnement ».

– ***Baignades :*** à chaque passage en Guadeloupe, nous constatons avec effarement l'absence de poste de secours et de maîtres-nageurs sur les plages les plus fréquentées. Même si la plupart offrent des conditions de baignade plutôt sans danger, cette question mérite d'être considérée avec sérieux par les maires qui sont responsables des plages. En attendant, soyez très prudent et renseignez-vous quand vous avez un doute ou quand la plage est peu fréquentée.

– Se reporter également à la rubrique « Santé », plus loin.

DÉCALAGE HORAIRE

Le décalage entre la métropole et les Antilles est de 5h en hiver et de 6h en été. Quand il est 12h à Paris, il est 7h en hiver et 6h en été aux Antilles.

Pour savoir à quelle heure précise se lève et se couche le soleil en Guadeloupe (et partout dans le monde), un site bien utile : ● *horlogeparlante.com* ●

FÊTES ET JOURS FÉRIÉS

Même si la campagne vous semble endormie, soyez sûr qu'il existe quelque part une fête patronale. À tour de rôle, chaque bourgade a la sienne. Les Antillaises, qui adorent s'habiller, sortent leurs plus beaux bijoux, leurs maris lavent les 4x4 et s'efforcent d'être à la hauteur de leur réputation. Les enfants sont sur leur trente et un et les anciens épinglent leurs médailles. Tout le village défile ainsi après la messe, accompagné par des choristes, puis s'égaille dans les buvettes, les concours de blagues et les régates (une fiesta du feu de Dieu, à ne pas manquer) jusqu'au bal zouk du soir.

Les grands rendez-vous à ne pas manquer !

– ***Le carnaval :*** c'est la grande fête des Antilles. Il commence le dimanche de l'Épiphanie (1er dimanche de janvier) pour se terminer, 2 mois plus tard, par le mercredi des Cendres. Il donne lieu chaque fin de semaine, dans tous les villages, à des concours de danses, de costumes et de beauté (on y élit des reines, des mini-reines, mais aussi des reines mères !). Les festivités les plus importantes se situent à Pointe-à-Pitre, mais le carnaval de Basse-Terre est peut-être plus authentique (attention, à cette occasion, beaucoup de commerces sont fermés, notamment le Mardi gras, férié, mais aussi le mercredi des Cendres, le lendemain). Le dimanche, les masques (jeunes et moins jeunes, déguisés et méconnaissables) circulent en ville et dans les campagnes, faisant claquer leur fouet et rançonnant les automobilistes d'une pièce ou deux, cela, bien sûr, dans un esprit de fête (pas de panique !). Puis commencent les trois « jours gras », apothéose du carnaval. Le lundi, jour des Mariages burlesques, dans les groupes ou « vidés » qui défilent, on aperçoit des couples curieusement assortis. Le Mardi gras est le jour des Diables rouges qui accompagnent les chars où se trouvent les effigies du carnaval, Vaval, autrement dit le « roi carnaval », et Bœuf Gras. Le mercredi des Cendres, jour du grand « vidé », les Diablesses vêtues de noir et de blanc brûlent Vaval. Et durant cette période de carnaval, les bals du dimanche soir durent souvent toute la nuit. Surveillez les colonnes des journaux locaux pour ne pas rater ces festivités hautes en couleur, car la plupart des offices de tourisme n'apprennent les dates qu'au dernier moment.

– ***Pâques :*** le Vendredi saint voit défiler une multitude de processions vers la majorité des calvaires de la Guadeloupe. Le *rara,* instrument en bois qu'on fait tourner avec un bâton, convie les fidèles aux vêpres. Jadis, le samedi, le chant des cloches réveillait les populations qui se lavaient le visage (ou se jetaient carrément à l'eau !) et arrosaient leurs maisons pour porter chance tout au long de l'année. Rien de particulier le dimanche, mais le lundi, c'est l'éclate ! Le punch coule à flots, on se baigne, la musique retentit à tous les coins de rue et l'on déguste tout un tas de mets succulents, dont la chiquetaille de morue, le féroce et le matété de crabe (mélange de riz et de crabe de terre).

Des familles entières déménagent sur les plages de l'île pendant les vacances de Pâques. Dur de profiter alors du doux murmure des vagues : les dominos claquent sur les tables de camping, des barbecues de fortune naissent un peu partout, les parasols fleurissent, abritant la grand-mère ou le petit dernier. Le tout dans un joyeux brouhaha mâtiné de créole. Les plages les plus réputées se trouvent autour de Sainte-Anne et à l'Anse à la Gourde, ainsi qu'à la pointe des Châteaux.

– ***La fête de l'Anniversaire de l'abolition de l'esclavage*** (ou plutôt de l'application effective du décret en Guadeloupe) ***:*** le 27 mai. Tout est fermé !

– ***La fête Victor-Schœlcher :*** le 21 juillet, jour férié, on rend hommage à ce député guadeloupéen d'origine alsacienne qui contribua à l'abolition de l'esclavage.

– ***La fête des Cuisinières :*** à Pointe-à-Pitre, le samedi le plus proche du 10 août (le jour de la Saint-Laurent, leur saint patron), les cuisinières de l'île vont assister à la messe à la cathédrale, vêtues de leurs plus belles robes traditionnelles, coiffes et madras, parées de leurs plus beaux bijoux et portant un tablier sur lequel est brodé leur emblème : le gril de saint Laurent. Elles vont faire bénir leurs plats, soigneusement alignés au pied de l'autel dans des paniers agrémentés de fleurs et d'ustensiles de cuisine. Ensuite, c'est une longue procession dans les rues de la ville, paniers au bras ou sur la tête. Un grand repas suivi d'un bal conclut les réjouissances. Acheter la carte d'entrée directement à la *Maison des cuisinières,* rue d'Ennery. Assez cher toutefois, et de plus en plus touristique.

– ***La fête de la Saint-Barthélemy :*** le 24 août. De nombreuses manifestations nautiques et folkloriques sont organisées.

– ***La Toussaint :*** les cimetières sont illuminés par des bougies placées autour des tombes fleuries sur lesquelles s'assoient et trinquent les familles en mémoire des morts. Bien évidemment, demandez comme toujours l'autorisation pour prendre des photos.

– ***En décembre :*** tout au long du mois, dans presque chaque commune, les villageois se retrouvent les soirs de week-end pour des ***Chanté Nwel*** vraiment mémorables. Dans les magasins de Pointe-à-Pitre, la radio diffuse aussi des chants de

Noël version zouk. Également de grandes fêtes nommées ***Nwel kakado*** qui font revivre les vieilles traditions. Celle de Vieux-Habitants est la plus réputée de toute la Guadeloupe.

Les fêtes patronales

En dehors du carnaval, ces fêtes permettent également de mieux comprendre et d'apprécier la Guadeloupe. En voici quelques-unes, généralement à dates à peu près fixes, mais renseignez-vous auprès des offices de tourisme et autres syndicats d'initiative. Dans la plupart des cas, les fêtes patronales durent 3 ou 4 jours, autour de la date indiquée.
– *1er mai :* à Petit-Canal.
– *4 mai :* à Vieux-Habitants.
– *12 juin :* au Lamentin.
– *24 juin :* à Baie-Mahault et au Moule.
– *25 juin :* à Deshaies.
– *4 juillet :* à Port-Louis.
– *16 juillet :* à Basse-Terre.
– *26 juillet :* à Sainte-Anne, à Capesterre (de Marie-Galante) et à Goyave.
– *7 août :* à Vieux-Fort.
– *15 août :* à Trois-Rivières, à Pointe-Noire, à Petit-Bourg, à Grande-Anse (de La Désirade) et à Terre-de-Haut (des Saintes).
– *17 août :* à Capesterre-Belle-Eau.
– *25 août :* à Bouillante, au Gosier et à Saint-Louis (de Marie-Galante).
– *28 août :* à Saint-Claude.
– *30 août :* à Sainte-Rose.
– *4 octobre :* à Saint-François.
– *9 octobre :* à Anse-Bertrand.
– *4 novembre :* à Gourbeyre.
– *30 novembre :* à Morne-à-l'Eau et Vieux-Bourg.
– *6 décembre :* à Terre-de-Bas (aux Saintes).
– *8 décembre :* à Grand-Bourg (de Marie-Galante) et aux Abymes.
– *La dernière semaine de décembre :* aux Grands-Fonds (Grande-Terre) se déroule la fête (patronale et conviviale) des Grands-Fonds (voir détails dans ce chapitre).
– D'autres fêtes encore, qui plairont à tous ceux qui aiment goûter aux spécialités du pays : la *fête du Poisson et de la Mer* à Saint-François, à la mi-avril, ainsi que la *fête des Marins,* également à Saint-François, le 15 août, sans oublier le *festival du Crabe,* en avril, à Morne-à-l'Eau, qui revendique le titre de « capitale » de ce crustacé, et la *foire* consacrée *à l'écrevisse,* autrement dit « le ouassou sous toutes ses formes », à Pointe-Noire, fin février.

Événements sportifs

– ***Le Tour de la Guadeloupe :*** grands amateurs de cyclisme, les Guadeloupéens se passionnent pour cette compétition qui a lieu en août. Le jour de l'arrivée à Pointe-à-Pitre, c'est le délire. Gros embouteillages et énorme fête.
– ***Les courses à la voile :*** tous les 4 ans, depuis 1978, la ***Route du rhum,*** la plus célèbre des transatlantiques en solitaire, relie Saint-Malo à Pointe-à-Pitre. Certaines des plus belles pages de la course au large y furent écrites. En 1990, c'est Florence Arthaud qui aborda les côtes guadeloupéennes en tête, puis on assista à un doublé victorieux de Laurent Bourgnon en 1994 et 1998. En 2002, la jeune Anglaise Ellen McArthur s'imposa sur la ligne d'arrivée à la barre de son monocoque, pourtant moins rapide que la flotte des multicoques nouvelle génération. En 2006, en revanche, c'est Lionel Lemonchois qui a pulvérisé à bord de son multicoque le record de la course (alors détenu par Laurent Bourgnon) en 7 jours, 17h, 19 mn et 6 secondes, soit plus de 4 jours d'avance sur Bourgnon ! En 2010, ce

fut au tour de Franck Cammas de déguster la première gorgée de rhum à Pointe-à-Pitre. En tout cas, assister à l'arrivée d'une *Route du rhum* est un sacré événement. Si vous avez manqué celui de novembre 2014, il va vous falloir patienter. Et puis, pour les amoureux de la célèbre chanson de Laurent Voulzy, signalons les deux éditions, en 2007 et 2009, de la ***Transat Belle-Île-en-Mer – Marie-Galante,*** parrainée par le chanteur, première course au monde reliant une île à une autre. En 2013, elle a été remplacée par la ***Transat Bretagne – Martinique.***
Enfin, l'archipel de la Guadeloupe accueille encore d'autres courses, comme la ***Transat Lorient – Saint-Barth,*** la ***Minitransat*** et la ***Transat des Alizés.*** Il existe également des régates annuelles comme le ***Trophée des Caraïbes,*** compétition d'une dizaine de jours autour de la Guadeloupe et de ses dépendances, dans le cadre d'une formule originale qui associe des étudiants à des skippers professionnels, ainsi que bien d'autres compétitions pour différentes catégories de bateaux (Optimist, Hobie Cat, etc.).

HÉBERGEMENT

La baisse des tarifs aériens sur les Antilles françaises a permis à un nouveau type de clientèle de fréquenter les Caraïbes. Après s'être élargi avec les *packages tours* (avion + séjour à prix abordable), et drainant de ce fait un tourisme de masse, le parc hôtelier a commencé à souffrir tout autant des grèves, de la crise que du réveil écologique. Les grandes structures ont, petit à petit, fermé leurs portes, transformant en locations longue durée leurs cases en béton. Si les petits hôtels de charme tirent leur épingle du jeu, la tendance actuelle s'accentue largement au profit des gîtes touristiques (chambres ou bungalows avec kitchenette), d'autant qu'aujourd'hui on trouve aussi bien des gîtes tout simples que de très luxueux.
Seul bémol : durant la saison touristique (principalement de mi-décembre à avril), la grande réticence des propriétaires de bungalows et de gîtes à louer leurs logements à la nuitée, voire pour de courts séjours. La règle générale demeure la location à la semaine. Tant pis pour les voyageurs itinérants, qui se rabattront, du moins durant cette période, sur les chambres d'hôtes (pas si nombreuses) ou les petites structures hôtelières (souvent assez chères). Hors saison, cela dit, la location de gîtes pour 2-3 jours ne pose généralement pas de problème.
Nous nous efforçons toujours de vous indiquer nos meilleures adresses, cela va de soi, et, le cas échéant, d'en préciser les inconvénients. Cependant, nous pouvons nous tromper – nul n'est parfait ! –, et il arrive que les gîtes sélectionnés soient déjà loués et que leur propriétaire loge les vacanciers ailleurs, dans d'autres gîtes, par exemple, ou chez des amis, etc. On peut ainsi avoir de mauvaises surprises. Demandez toujours qu'on vous confirme la nature de la location, par écrit si possible. Et merci de nous signaler les problèmes de cet ordre, si vous en rencontrez. Enfin, prenez toujours la précaution de réserver longtemps à l'avance, surtout en pleine saison.

Gîtes de France

Au bureau des *Gîtes de France* de Pointe-à-Pitre ou sur leur site internet, vous trouverez une liste de quelque 400 gîtes de la Guadeloupe avec descriptif assez précis, photos, coordonnées et tarifs. Toutefois, ne vous fiez pas aveuglément aux écussons jaune et vert (très nombreux) que vous verrez sur les routes, car ils ne vous garantissent pas toujours la qualité censée correspondre à ce label. Un certain nombre de nos adresses sont affiliées à l'association, mais gardez toujours à l'esprit que beaucoup d'établissements non membres proposent des hébergements identiques et souvent supérieurs à ceux-ci. Des lieux plébiscités par nombre de lecteurs autant pour le contact humain que pour le souci de travailler en plein accord avec la nature et le pays en général.

La Guadeloupe étant assez étendue et variée, nous vous recommandons de changer d'hébergement durant votre séjour. Trois jours ici, une semaine là, etc. Ça vous permettra de voir du pays et, sait-on jamais, de limiter le plus possible le risque de tomber sur une mauvaise adresse qui gâcherait vos vacances.

L'écotourisme en vedette

À noter, les efforts de plus en plus nombreux en faveur d'un tourisme « écologique » et durable.

Guadeloupe Autrement (voir plus bas) fut dans les premières associations à recenser et récompenser les professionnels de l'écotourisme. Un label, marque de confiance du parc national, est attribué aux gîtes et hébergements qui garantissent un bon niveau de qualité et le respect de l'environnement. Nous signalons ces adresses. Sinon, il existe aussi l'association *Guadeloupe Écotourisme* (voir plus loin), qui rassemble également de bons professionnels (gîtes, hôtels, chambres d'hôtes, clubs de plongée, agences de randonnées, musées...) motivés par l'écotourisme. Nous vous les signalons également dans les textes. Tous ses membres s'engagent à vous accompagner pour faciliter votre découverte de l'île et la rencontre avec ceux qui y vivent.

Campings

Le camping sauvage est interdit et il n'y a plus de réel camping officiel. En revanche, il est théoriquement possible de camper dans tous les villages en demandant l'autorisation soit à la mairie, soit à l'Office national des forêts (allez plutôt dans les mairies). Un emplacement gratuit et adéquat est normalement prévu pour ceux qui le demandent. Les emplacements changeant régulièrement, il nous est impossible de les décrire.

Cependant, nous ne pouvons que vous mettre en garde contre les risques de vol ou d'agression si vous campez dans un lieu isolé. Cela arrive malheureusement régulièrement...

Adresses utiles

■ ***Gîtes de France :*** *pl. de la Victoire, juste à côté du comité du tourisme ; adresse postale : BP 759, 97171 Pointe-à-Pitre Cedex.* ☎ *05-90-91-64-33.* • *gitedefrance.gpe@wanadoo.fr* • *gitesdefrance-guadeloupe.com* • *Infos et résas lun-ven 7h30-16h.*

■ ***Guadeloupe Autrement :*** *domaine de Vanibel, Cousinière-Caféière, 97119 Vieux-Habitants.* ☎ *05-90-00-00-00.* • *info@guadeloupe-ecotourisme.fr* • *guadeloupe-ecotourisme.fr* • En partenariat avec le parc, cette association est la seule à pouvoir attribuer la marque du parc national aux prestataires touristiques (hébergements et activités) qui se sont engagés dans une démarche de respect et de valorisation du patrimoine naturel et culturel de Guadeloupe.

■ ***Association Guadeloupe Écotourisme (AGE) :*** *Plage Caraïbes, 97116 Pointe-Noire.* ☎ *05-90-99-90-95.* • *ecotourisme-guadeloupe.org* •

■ ***Bienvenue à la ferme :*** *à la chambre d'agriculture de la Guadeloupe, Convenance, 97122 Baie-Mahault.* ☎ *05-90-25-17-17.* • *bienvenue-a-la-ferme.com/guadeloupe* • Liste complète des gîtes à la ferme (une dizaine seulement). Une formule originale et souvent de qualité pour plonger dans la Guadeloupe profonde.

■ ***Échanges de maisons :*** • *bovile.com* • et • *echangedemaison.com* • Une autre façon d'aborder la vie locale.

LANGUE

Tout le charme des Antilles. Chuintant, chantant, tout en voyelles et sans aspérité, en remplaçant les « r » par des « w », avec des finales un peu traînées comme un hamac qui se balance : l'accent créole, c'est déjà les îles. Les békés pure souche parlent aussi avec l'accent créole, et cela peut parfois paraître insolite aux visiteurs de l'île peu habitués.

Et pour ponctuer tout cela, des gestes, des rires rocailleux, des expressions imagées qui évoquent la vieille France d'outre-mer. Ainsi, on se donne à tout propos du « mon cher », « ma chère », beaucoup de « d'accord » et de « voilà », et quand la maraîchère vous dit « mon doudou », on lui achèterait volontiers tous ses fruits. L'écrivain martiniquais Raphaël Confiant fait remarquer que « le créole est un fantastique conservatoire à la fois d'ancien français et d'expressions normandes, poitevines et picardes », estimant que le français enrichi par ces expressions retrouve « la vitalité qui était la sienne à l'époque de Rabelais ».

Avec la langue créole, vous risquez d'en rester longtemps au B.A.-BA. L'étranger n'entend goutte à ce français nasalisé (exemple : « zanmis », les amis ; « lanmé », la mer), émaillé de mots anglais, espagnols, caraïbes, africains et d'idiotismes purs. De La Réunion jusqu'à Haïti (où il est cependant très différent de celui des Antilles), il est le trait d'union entre les îles. Le créole passait autrefois (il suffit de relire certains romans !) pour du « petit nègre » ; aujourd'hui, les linguistes les plus reconnus affirment haut et fort que chaque créole (puisqu'il en existe autant que de lieux distincts) est une langue à part entière, née de la nécessité pour les esclaves de communiquer entre eux. En effet, le brassage des esclaves, voulu par les négriers, les isolait de leurs communautés d'origine. Les Africains venaient d'ethnies différentes et ne se comprenaient donc pas entre eux. On pense qu'en une ou deux générations le créole est né ainsi, sur la base de langues africaines, avec un vocabulaire emprunté en grande partie à la langue des maîtres et des contremaîtres. Aujourd'hui, on l'enseigne, on l'édite, on le diffuse avec la fierté d'une langue nationale.

Pour ceux qui voudraient en savoir un peu plus, deux dictionnaires : le *Dictionnaire élémentaire français-créole* de Pierre Pinalie (éd. L'Harmattan) et le *Dictionnaire créole-français (Guadeloupe)* de R. Ludwig, D. Montbrand, S. Telchid et H. Poullet (éd. Maisonneuve et Larose). Il existe même *Le Créole guadeloupéen de poche* (éd. Assimil).

Leçon de créole guadeloupéen : vocabulaire

Môn	petite montagne isolée
Kaz	récif (en mer), maison (sur terre)
Yen-yen	moustique minuscule
Ouassou	grosse crevette d'eau douce
Zabitan	petite écrevisse (les z'habitants des rivières)
Chomé	s'amuser
Ti-bo	petit baiser
Pa mannyé mwen	laisse-moi tranquille (littéralement, ne me touche pas)
Pani pwoblém	pas de problème
Ka ou fé ?	comment ça va ? ou salut !
O-là ou kalé ?	où es-tu allé ?
Ou sa ou ka alé ?	où vas-tu ?
Ban mwen on ti-punch	fais-moi un ti-punch
An kay dômi	je vais au lit
Ban mwen on ti favè	fais-moi plaisir
Manman kochon	urne
Fé mannèv	se presser
La pli ka tonbé	il pleut
On moun	une personne
On pété-pyé	le dernier punch, celui qui « casse les jambes »
To, to, to	onomatopée typiquement créole pour annoncer son arrivée ou entrer chez quelqu'un
Lolo	minuscule épicerie

Proverbes créoles

– *Avan ou mayé sé chè doudou, apwè mayé sé si mwen té savé :* « Avant de te marier c'est chérie, après c'est si j'avais su. »
– *Fam enmé kankan con mouch-an-miel enmé siwo :* « Les femmes aiment les commérages comme les abeilles le sirop. »
– *Ravèt pa janmé ni wézon douvan poul :* « Le ravet (cafard) n'a jamais raison devant une poule. »

LIVRES DE ROUTE

Littérature antillaise

Voir aussi la rubrique « Personnages célèbres » dans « Hommes, culture, environnement ».
– ***Pluie et vent sur Télumée Miracle** (1973),* de Simone Schwarz-Bart ; Le Seuil, coll. Points (1995). Née à Pointe-à-Pitre en 1938, elle fit ses études à Pointe-à-Pitre, puis à Paris et à Dakar. Elle rencontra André Schwarz-Bart en 1957 et écrivit avec lui *Un plat de porc aux bananes vertes* (1967). Son livre suivant, *Pluie et vent sur Télumée Miracle,* est un véritable chef-d'œuvre poétique, original et pittoresque. Il sera suivi en 1979 de *Ti Jean l'horizon.*
– ***Traversée de la Mangrove,*** de Maryse Condé ; Folio (1989). Une vingtaine de personnes, toutes très différentes, se retrouvent à veiller un homme dont on ne sait pas grand-chose. En fonction de son origine et de son statut social, chacun révèlera une facette de la personnalité du défunt. Un joli roman, à la fois habile et onirique, qui dépeint la quête identitaire de la société guadeloupéenne, ses contradictions et ses tensions.
– ***Désirada,*** de Maryse Condé ; Pocket, n° 10506 (1999). Maryse Condé suit le destin de trois générations de femmes marquées par l'exil et le déracinement. Marie-Noëlle, abandonnée à sa naissance, se met en quête de ses origines et, à travers la recherche de sa mère installée en métropole, remonte jusqu'à sa grand-mère, originaire de La Désirade. Un beau roman, sensible, qui s'interroge sur la condition de la femme guadeloupéenne.
– ***Amers** (1957),* de Saint-John Perse ; Gallimard, coll. Poésie/Gallimard, n° 53. Odes maritimes du grand Guadeloupéen.
– ***Rékòt** (1986),* de Max Rippon ; éd. Jasor (Pointe-à-Pitre). Poète guadeloupéen natif de Marie-Galante, Max Rippon marie la saveur du créole au français pour dire toute la Guadeloupe « j'habite un papillon rouillé par les vents salés », ses cyclones « siklòn Igò », ses habitants « ami Saturnin et Manmzelle Magritte », et ses bêtes « waw-waw-waw, mheu mheu ». Mieux vaut le chercher sur place qu'en métropole, où il semble difficile à trouver.
– ***Tambour-Babel,*** d'Ernest Pépin ; Gallimard, coll. Blanche (1996). Cet ouvrage de l'auteur (né au Lamentin) de *L'Homme-au-bâton, Noir des îles* et *Coulée d'or, Toxic Island, Le Soleil pleurait...* a reçu le prix RFO du livre 1997. C'est le récit du *léwoz,* le rassemblement traditionnel des joueurs de tambour virtuoses qu'on surnomme les *tanbouyés.* Héritée de l'Afrique, cette tradition rappelle l'époque où les esclaves n'avaient que ce canal sonore pour exprimer la pulsation de leurs cœurs. Ici, la langue française se tord et se transmue en mélopées créoles, envoûtantes, obsédantes, endiablées.
– ***L'Île et une nuit,*** de Daniel Maximin ; Le Seuil, coll. Points, n° 1044 (2002). Un cyclone se dirige vers la Guadeloupe. Marie-Gabriel, jeune Antillaise, est seule, barricadée dans sa maison. Pour apprivoiser sa peur, elle parle pendant sept heures et sept chapitres.
– ***Le Siècle des Lumières** (1962),* d'Alejo Carpentier ; Gallimard, coll. Folio, n° 981 (1977). Si le mot baroque a un sens, il s'applique à cet ouvrage du grand romancier

cubain d'ascendance bretonne, juteux comme un fruit tropical, évocation inattendue de la Révolution française vue des Caraïbes, construit autour de la figure fascinante et inquiétante du révolutionnaire Victor Hugues.

Et pour ne pas bronzer idiot...

- ***Petite Histoire de la Guadeloupe** (1993),* de Lucien-René Abenon ; L'Harmattan (2004). Des origines à nos jours, les événements, les dynamismes et pesanteurs qui ont présidé à l'évolution de la Guadeloupe. Un ouvrage de base pour mieux la comprendre.
- ***Introduction à la sociologie et au développement de la Guadeloupe** (1995),* de Rosan Rauzduel ; Publisud. Pour une introduction, elle est assez poussée. Prenant en compte les plans économiques (notamment la dépendance politique et économique) et culturels (la difficile question de l'identité guadeloupéenne), une vue pertinente sur l'évolution sociale de la Guadeloupe. Et l'ambition d'aller de l'avant. Très intéressant.
- ***15 mòis et 5 jours entre faux gentils et vrais méchants** (2009),* d'Yves Jégo et Muriel Gremillet ; Grasset. L'ancien secrétaire d'État à l'Outre-Mer confie son expérience ministérielle, de sa prise de fonction jusqu'à son départ « précipité ».
- L'incontournable ***Dictionnaire créole-français,*** de Ludwig, Montbrand, Poullet et Telchid ; éd. Maisonneuve et Larose. Le créole s'affirme aujourd'hui comme langue à part entière, et le voici mis en forme et défini précisément.
- ***Les Meilleures recettes de la cuisine antillaise,*** de Christiane Roy-Camille et Annick Marie ; Fleurus (1999). Après avoir parcouru ce recueil gourmand, la cuisine antillaise n'aura plus de secrets pour vous.
- ***L'Île fauve** (2005) et **Deux ou trois jours aux Saintes** (2011),* de Pierre Séguret ; éd. Orphie. Dédiés aux Saintes, deux romans qui restituent à leur manière, par petites touches, l'histoire, la géographie et l'imaginaire de cette partie du monde.
- ***Désirade, ô serpente** (2006),* de Fortuné Chalumeau ; éd. Hoëbeke, coll. Étonnants Voyageurs. Un de ces polars qui vous font revivre le passé proche d'une île qu'on aurait aimé connaître comme son auteur. Un polar qui vous la fait aimer, de toute façon...

PERSONNES HANDICAPÉES

Le label Tourisme et Handicaps

Ce label national, créé par le secrétariat d'État à la Consommation et au Tourisme en partenariat avec les professionnels du tourisme et les associations représentant les personnes handicapées, permet d'identifier les lieux de vacances (hôtels, campings, sites naturels, etc.), de loisirs (parcs d'attractions, etc.) ou de culture (musées, monuments, etc.) accessibles aux personnes handicapées. Il apporte aux touristes en situation de handicap une information fiable sur l'accessibilité des lieux. Cette accessibilité, visualisée par un pictogramme correspondant aux quatre types de handicaps (moteur, visuel, auditif et mental), garantit un accueil et une utilisation des services proposés avec un maximum d'autonomie dans un environnement sécurisant.

Pour connaître la liste des sites labellisés : • *rendezvousenfrance.com* • (rubrique « Tourisme et handicaps »).

TOURISME & HANDICAP

Par ailleurs, dans notre guide, nous indiquons par le logo ♿ les établissements qui possèdent un accès ou des chambres pouvant accueillir des personnes handicapées. Certaines adresses sont parfaitement équipées selon les critères les plus modernes. D'autres, plus simples, plus anciennes aussi, sans répondre aux normes les plus récentes, favorisent l'accueil des personnes handicapées en facilitant l'accès à leur établissement, tant sur le plan matériel que sur le plan humain. Évidemment, les handicaps étant très divers, des lieux accessibles à certaines personnes ne le seront pas pour d'autres. Appelez donc auparavant pour savoir si l'équipement de l'hôtel ou du resto est compatible avec votre niveau de mobilité.
Malgré les combats menés par les nombreuses associations, l'intégration des personnes handicapées à la vie de tous les jours est encore balbutiante en France. Il tient à chacun de nous de faire changer les choses. Une prise de conscience est nécessaire, nous sommes tous concernés.

POSTE

On trouve des bureaux de poste dans tous les villages.
- ***Code postal :*** 971.
- ***Horaires :*** les bureaux ferment généralement vers 16h. Ils sont ouverts le samedi matin mais ferment souvent le mercredi après-midi. Prenez votre mal en patience, et emportez ce guide pour relire toute l'introduction, en faisant la queue (souvent longue), comme tout le monde... La plupart sont équipées de DAB (distributeurs automatiques de billets).
- ***Affranchissement :*** tarif identique à celui de la métropole (jusqu'à 20 g). Les timbres se vendent non seulement dans les bureaux de poste, mais aussi dans la plupart des boutiques de souvenirs, où vous ferez peut-être un peu moins la queue.

SANTÉ

Département français, la Guadeloupe est soumise aux mêmes normes et réglementations sanitaires que la métropole. En conséquence, n'oubliez pas d'apporter votre carte Vitale au cas où vous devriez être hospitalisé sur place (même topo pour les ressortissants belges). De plus, l'infrastructure médicale et hospitalière y est assez comparable (pour certains cas très spécialisés, rapatriement recommandé, mais à l'initiative des médecins locaux). Ainsi, les Antilles françaises sont à l'évidence l'endroit le plus sûr de la région à plusieurs milliers de kilomètres à la ronde. En cas de pépin, le numéro du SAMU est le ☎ *15.*
Les maladies infectieuses et parasitaires, autrefois redoutées, ont disparu dans cette zone, pourtant tout à fait tropicale. On retiendra néanmoins un chiffre grave : les Antilles peuvent, les statistiques l'affirment, être considérées comme une des régions françaises les plus touchées par le virus du ***sida,*** juste avant l'Île-de-France. Malgré cela, les campagnes de prévention sont encore mal perçues, et l'usage du préservatif n'est pas vraiment banalisé. Pensez-y et n'oubliez pas votre imperméable.

La dengue, les moustiques et les *yen-yens*

- Des épidémies de ***dengue*** surviennent régulièrement, comme dans toutes les zones humides et chaudes du globe. Spécifiquement pendant la saison humide. Il s'agit d'une infection virale qui se traduit par les mêmes signes que la grippe, mais généralement en plus cogné (très forte fièvre). Il ne faut pas la prendre à la légère et la convalescence est longue. Cette maladie est transmise par un ***moustique*** qui a la particularité de ne piquer que le jour. Pour se protéger, il est donc indispensable d'utiliser, en cas de risque au moment de votre séjour, les répulsifs *Insect Écran* vêtements et *Insect Écran* peau qui sont les seuls efficaces (voir plus loin).

Les voyageurs en partance pour la Guadeloupe et Saint-Martin ont découvert par ailleurs, en 2014, que le ***chikungunya,*** après La Réunion, avait fait son apparition aux Antilles. Une campagne de prévention a été affichée sur les murs des établissements publics afin d'inciter la population, notamment dans les zones à risque (mangrove, etc.) à réagir au plus vite. Les visiteurs étant invités quant à eux à porter des vêtements longs et à multiplier les précautions vis-à-vis des moustiques porteurs ou non du virus.

– Les ***yen-yens,*** de minuscules moucherons qui ressemblent à de tout petits moustiques, sont devenus un véritable fléau transformant les pattes blanches des nouveaux arrivants peu méfiants en une masse rougeâtre peu appétissante. Ils piquent non-stop et sont très pénibles. Méfiance, donc, dès que le temps change ou quand la nuit tombe, l'attaque risque de se déclencher sans prévenir.

– Pour combattre toutes ces bestioles, Il est recommandé de s'enduire les parties découvertes du corps, de jour comme de nuit, et de renouveler l'application, comme indiqué sur le flacon. Il faut savoir que la quasi-totalité des répulsifs vendus en grande surface ou en pharmacie sont peu ou insuffisamment efficaces contre ces moustiques. Il existe une gamme conforme (OMS, ministère de la Santé) et fiable : *Insect Écran* (adulte, enfant, vaporisation, imprégnation des tissus). Disponible en pharmacie et sur ● *astrium.com* ● (voir ci-après). Il est recommandé, aussi, de dormir sous une moustiquaire imprégnée, dans les endroits sans brasseur d'air ni AC. Et si l'on a un bébé, l'idéal est de le faire dormir également sous une moustiquaire imprégnée de produit.

– Ces produits et matériels, ainsi que beaucoup d'autres utiles aux voyageurs et souvent difficiles à trouver, peuvent être achetés par correspondance, sur le site de *Santé Voyages* ● *astrium.com* ● Infos complètes sur toutes destinations, consultation, boutique web, téléchargement du catalogue. Commandes et paiement en ligne sécurisés. Expéditions en France, DOM-TOM et à l'étranger, en Colissimo Expert ou Chronopost. ☎ *01-45-86-41-91 (lun-ven 14h-19h).*

Mais aussi

– Certains ***poissons*** contiennent des toxines qui peuvent entraîner, en cas de consommation, quelle que soit la cuisson, des troubles parfois graves (paralysie, chute de tension) et toujours désagréables (démangeaisons, fourmillements, vertiges, etc.). C'est ce que l'on appelle la ***ciguatera*** ou « gratte ». Éviter de manger des poissons avant de les avoir montrés à quelqu'un du coin, surtout si vous les avez pêchés vous-même.

– Les ***plages*** autrefois fréquentées par des chiens, le sont de moins en moins, mais il est préférable de porter des sandales pour marcher sur le sable, et de s'allonger sur une natte ou une serviette. Ces chiens peuvent laisser des parasites qui en pénétrant la peau développent une petite larve sous-cutanée qui donne de fortes démangeaisons *(Larva migrans).*

– Évitez de vous rafraîchir les pieds dans des ***étangs*** d'eau douce ou de marcher dans la ***boue*** : si la bilharziose a disparu des îles, l'ankylostomiase et l'anguillulose peuvent encore s'attraper.

– Il n'y a pas de serpents venimeux en Guadeloupe.

– On n'observe plus guère de ***mancenilliers*** (de l'espagnol *manzana,* qui signifie « pomme »), sauf peut-être encore à Saint-Barthélemy. On en trouvait autrefois partout et principalement au bord des plages. Tout est toxique dans ce végétal redoutable – qui ressemble au pommier, fruits compris (mais ses « pommes » sont plus petites) –, de l'écorce à la sève, en passant par les fruits et même les feuilles. Si, en Guadeloupe et en Martinique, la plupart des rares mancenilliers restants sont bien signalés (pancarte ou tronc peint en rouge), rien ne les distingue dans les autres îles, et notamment à Saint-Barthélemy.

Et enfin quelques conseils en plus…

– Il est recommandé d'être à jour de ses vaccinations « universelles » : diphtérie, tétanos, polio, hépatite B, et pour les séjours un peu longs, l'hépatite A.

■ ***Centres de vaccinations :*** pour les centres de vaccination partout en France, dans les DOM-TOM, en Belgique et en Suisse, consulter le site internet ● *astrium.com/centres-de-vaccinations-internationales.html* ●

– Puis également d'être prudent avec tout ce qui fait le charme de ces îles : les boissons alcoolisées un peu raides (le *ti-sec,* rhum blanc que l'on boit dès le matin pour le « décollage », et les punchs que l'on vous propose tout le reste de la journée), évidemment, le soleil, qui tape fort (pensez à la *Biafine*®, excellent remède pour apaiser brûlures et coups de soleil), les sports en chambre (préservatifs absolument obligatoires, comme partout du reste)…
À part ça, pas de raison de vous inquiéter outre mesure ; ce sont de simples recommandations d'usage.

Carte européenne d'assurance maladie

Pour les ressortissants de l'Union européenne non français, pensez à vous procurer la carte européenne d'assurance maladie. Cette carte fonctionne dans tous les pays membres de l'Union européenne (y compris les 12 petits derniers), ainsi qu'en Islande, au Lichtenstein, en Norvège et en Suisse. C'est une carte plastifiée bleue, valable un an, gratuite et personnelle (chaque membre de la famille doit avoir la sienne, y compris les enfants).

SITES INTERNET

● ***routard.com*** ● Rejoignez la plus grande communauté francophone de voyageurs ! Échangez avec les routarnautes : forums, photos, avis d'hôtels. Retrouvez aussi toutes les informations actualisées pour choisir et préparer vos voyages : plus de 200 fiches pays, une centaine de dossiers pratiques et un magazine en ligne pour découvrir tous les secrets de votre destination. Enfin, comparez les offres pour organiser et réserver votre voyage au meilleur prix. Routard.com, le voyage à portée de clics !
● ***lesilesdeguadeloupe.com*** ● Site officiel du comité du tourisme. Présentation des îles et des sites touristiques, infos pratiques, activités sur terre et sur mer, documents à télécharger, agenda, etc. Bien conçu.
● ***guadeloupe-parcnational.com*** ● Le site officiel du parc national de la Guadeloupe. Pour tout savoir sur les randos, les sites (la réserve de Grand Cul-de-Sac Marin, les chutes du Carbet, la Soufrière, etc.) et les adresses labellisées par le parc. Vivant et bien illustré.
● ***terredavenir.org*** ● Le portail écologique des Caraïbes. Traite du développement durable en Guadeloupe, mais aussi en Martinique et dans les Antilles en général. Nombreuses rubriques : *econews* (les infos), biodiversité, énergies, culture, etc. Pour que la Guadeloupe demeure un jardin d'Éden.
● ***guadeloupe-info.com*** ● Une mine d'infos en tout genre sur l'archipel. Propose des rubriques complètes sur la pratique de la voile et du surf. Fournit également une liste d'hébergements et prestataires, ainsi que des prévisions météo détaillées.
● ***kkfet.com*** ● Un site sur les sorties en Guadeloupe : actualités artistiques, culturelles et événementielles. Possibilité de s'abonner à la newsletter.
● ***sailpilot.com*** ● Indispensable pour tous les routards navigateurs, ce site actualisé régulièrement par une association de marins recense les plus belles escales, les ports et les points de mouillage, les clubs et les spots de plongée des

Antilles. Il offre aussi de nombreuses infos très pratiques comme les formalités de douanes maritimes, les cartes satellites, les fréquences radio, la météo...

• ***gastronomiecreole.chez.com*** • Le site officiel des *Cahiers de la gastronomie créole* propose toutes les recettes de ti-punch et l'ensemble des plats traditionnels antillais, des entrées aux desserts.

TÉLÉCOMMUNICATIONS

Téléphone

– Les ***numéros*** comportent 10 chiffres, comme en métropole. Les téléphones fixes commencent par 05-90 et les portables par 06-90. Ils peuvent être composés directement de métropole. Mais depuis l'étranger, composer le 00-590 suivi de 9 chiffres (sans le 0 donc).

– Depuis ou vers la métropole, avec les formules d'abonnements illimités sur les postes fixes, la gratuité est normalement de mise chez les opérateurs.

– ***Les télécartes prépayées à code*** permettent d'appeler à partir de tous les téléphones à touches sonores, tant en France que dans de nombreux pays étrangers. Elles offrent des tarifs très intéressants.

– Évitez d'appeler depuis les hôtels : c'est surtaxé et hors de prix ! Et ne cherchez plus les cabines téléphoniques, elles se font rares ou sont hors d'usage...

Les portables en voyage

Le routard peut utiliser son propre téléphone portable en Guadeloupe avec l'option « Europe » ou « Monde », mais gare à la note salée en rentrant ! Renseignez-vous auprès de votre opérateur sur les conditions d'utilisation de votre portable outre-mer, ainsi que sur les tarifs. Les opérateurs proposent de plus en plus de forfaits intéressants, entre autres pour les DOM-TOM.

– ***Activer l'option « international » :*** pour les abonnés récents, elle est en général activée par défaut. En revanche, si vous avez souscrit à un contrat depuis plus de 3 ans, pensez à contacter votre opérateur pour souscrire à l'option (gratuite). Attention toutefois à le faire au moins 48h avant le départ.

– ***Le « roaming » :*** c'est un système d'accords internationaux entre opérateurs. Concrètement, cela signifie que lorsque vous arrivez dans un pays, au bout de quelques minutes, le nouveau réseau s'affiche automatiquement sur l'écran de votre téléphone.

– Vous recevez rapidement un SMS de votre opérateur qui propose un ***pack voyageurs*** plus ou moins avantageux, incluant un forfait limité de consommations téléphoniques et de connexion Internet. À vous de voir...

– ***Tarifs :*** ils sont propres à chaque opérateur et varient en fonction des pays (le globe est découpé en plusieurs zones tarifaires). N'oubliez pas qu'à l'international, vous êtes facturé aussi bien pour les appels sortants que les appels entrants. Ne papotez donc pas des heures en imaginant que c'est votre interlocuteur qui paiera !

– ***Internet mobile :*** utiliser le wifi à l'étranger et non les réseaux 3 G ou 4 G. Sinon on peut faire exploser les compteurs, avec au retour de voyage des factures de plusieurs centaines d'euros ! Le plus sage consiste à ***désactiver la connexion*** « données à l'étranger » (dans « Réseau cellulaire »). Il faut également penser à ***supprimer la mise à jour automatique de votre messagerie*** qui consomme elle aussi des octets sans vous avertir (option « Push mail »). Opter pour le mode manuel.

DEPUIS L'EUROPE ET LES DOM,
PROFITEZ DE VOTRE SMARTPHONE
COMME EN FRANCE.
Depuis l'Europe et les DOM
• APPELS ET SMS ILLIMITÉS VERS LA FRANCE
• 3Go D'INTERNET TOUS LES MOIS
Inclus dans les nouveaux forfaits Sensation 35 jours par an
Offre au 24/02/14. France métropolitaine. Illimités (hors nos spéciaux) vers 199 nos différents. Engagement 12 mois minimum. 35 jours par année civile. 1 jour = de la 1re communication à minuit.
Conditions et validité de l'offre sur bouyguestelecom.fr
Bouygues Telecom · S.A. au capital de 712 588 399,56 € · Siège social : 37-39, rue Boissière · 75116 PARIS · 397 480 930 R.C.S. PARIS · © Corbis · DDB
Bouygues
Telecom

Bons plans pour utiliser son téléphone à l'étranger

– ***Acheter une carte SIM/puce sur place :*** une option très avantageuse. Il suffit d'acheter à l'arrivée une carte SIM locale prépayée chez l'un des opérateurs locaux *(Orange ou Digitel)* qui se partagent le marché des Antilles et qui sont représentés dans les boutiques de téléphonie mobile des principales villes de Guadeloupe et à l'aéroport. On vous attribue alors un numéro de téléphone local et un petit crédit de communication. Avant de signer le contrat et de payer, essayez donc, si possible, la carte SIM du vendeur dans votre téléphone – préalablement débloqué – afin de vérifier si celui-ci est compatible. Ensuite, les cartes permettant de recharger votre crédit de communication s'achètent facilement dans ces mêmes boutiques, ou dans les supermarchés, stations-service, tabac-journaux, etc. C'est toujours plus pratique pour trouver son chemin vers un *B & B* paumé, réserver un hôtel, un resto ou une visite guidée, et bien moins cher que si vous appeliez avec votre carte SIM personnelle.

– ***Se brancher sur les réseaux wifi*** est le meilleur moyen de se connecter au web gratuitement ou à moindre coût. De plus en plus d'hôtels, restos et bars disposent d'un réseau, la plupart du temps gratuit pour les clients.

– Une fois connecté grâce au wifi, à vous les joies de la ***téléphonie par Internet*** ! Le logiciel ***Skype,*** le plus répandu, vous permet d'appeler vos correspondants gratuitement s'ils sont eux aussi connectés, ou à coût très réduit si vous voulez les joindre sur leur téléphone. Autre application qui connaît un succès grandissant, ***Viber*** permet d'appeler et d'envoyer des SMS, des photos et des vidéos aux quatre coins de la planète, sans frais. Il suffit de télécharger – gratuitement – l'appli sur son smartphone, celle-ci se synchronise avec votre liste de contacts et détecte automatiquement ceux qui ont *Viber*. Même principe, mais sans la possibilité de passer un coup de fil, ***Whatsapp Messenger*** est une messagerie pour smartphone qui permet de recevoir ou envoyer des messages photos, notes vocales et vidéos. La première année d'utilisation est gratuite, ensuite elle coûte 0,99 US$/an.

– ***Nouveauté :*** depuis janvier 2014, possibilité pour les abonnés *Free Mobile,* sans surcoût, d'utiliser leur forfait lors de leurs déplacements dans les Antilles françaises. *Free* est le premier opérateur à pratiquer cette technologie innovante, dite de « roaming gratuit » à raison de 35 jours par an.

Urgence : en cas de perte ou de vol de votre téléphone portable

Suspendre aussitôt sa ligne permet d'éviter de douloureuses surprises au retour du voyage ! Voici les numéros des quatre opérateurs français, accessibles depuis la France et l'étranger :

– ***SFR :*** *depuis la France, ☎ 10-23 ; depuis l'étranger, 📱 + 33-6-1000-1023.*

– ***Bouygues Télécom :*** *depuis la France comme depuis l'étranger, ☎ 0-800-29-1000 (remplacer le « 0 » initial par « + 33 » depuis l'étranger).*

– ***Orange :*** *depuis la France comme depuis l'étranger, 📱 + 33-6-07-62-64-64.*

– ***Free :*** *depuis la France, ☎ 32-44 ; depuis l'étranger, ☎ + 33-1-78-56-95-60.*

Vous pouvez aussi demander la suspension de votre ligne depuis le site internet de votre opérateur.

Internet

On trouve encore des cybercafés dans les villes moyennes même si leur nombre a tendance à se réduire puisque le wifi est quasiment toujours présent (et gratuit) dans les hôtels et les gîtes, et de plus en plus dans les restos et les bars. Bien pratique quand on a son ordinateur portable avec soi.

TRANSPORTS

Autobus et auto-stop

Grand chambardement dans les transports lancé en 2007 par les autorités dont le but était de réorganiser le réseau et de le rendre plus efficace. Au programme : régularité des horaires, plus de bus le soir et le week-end, construction d'abribus (fini le « coucou, c'est moi ! » au bord de la route), etc. Surtout, la signalétique est en place dans toute l'île désormais, avec l'implantation au long des routes de panneaux indiquant clairement, à défaut des heures et des jours, le nom des bus et leur destination. Bien sûr, cela ne va pas sans problèmes, car jusqu'à aujourd'hui les transporteurs se sont toujours débrouillés seuls (sur fonds privés) et certains se sentent propriétaires des lignes.
Et en pratique ? Dans un certain nombre de cas, les fréquences imposées par les autorités locales sont déjà en vigueur. Mais, beaucoup de bus circulent encore peu, voire pas du tout, les samedi après-midi, dimanche et jours fériés. Et cela est valable pour toute l'île. Nous vous donnons les fréquences des principales lignes dans ce guide, mais seulement à titre indicatif : l'idéal est vraiment d'aller les vérifier, au besoin, dans les offices de tourisme (quand ils ont le renseignement !) et les gares de départ, ou directement auprès des chauffeurs.
Pour finir sur une note un peu plus gaie, notez que ce transport, pratique, bon marché et vivant est quand même un moyen sympa et économique pour découvrir l'île et sa population, à condition d'avoir du temps devant soi.
– ***L'auto-stop*** fonctionne assez bien, en général, sauf le dimanche, évidemment, à moins que vous ne reveniez des plages.

Location de voitures quasi obligatoire

C'est bien sûr la meilleure solution, quand on veut découvrir les secrets de l'île, surtout si l'on voyage à plusieurs. Attention, en haute saison, il est recommandé de réserver longtemps à l'avance.
Nombreux loueurs et grosse concurrence sur le marché des voitures de location, on s'en doute. En effet, on peut dire que la voiture est quasiment indispensable ici. Les prix débutent, avec les grosses agences, autour de 30-40 € par jour, kilométrage illimité. Faites jouer la concurrence. Prévoir des frais de surcharge d'aéroport (env 25 €) avec certaines.
En plus des loueurs classiques, on trouve des particuliers ou de petites entreprises qui proposent des locations meilleur marché.
Gare aux surprises : les témoignages de nos lecteurs vont de la super affaire à la grosse arnaque ! Une solution est de passer par votre hôtel ou votre hôte qui réservera la voiture dans une agence avec laquelle il a l'habitude de travailler, et donc facilement joignable en cas de pépin ou de vandalisme (ça arrive). Dans ce cas, essayez de négocier le transfert aéroport/hébergement gratuitement, et louez le véhicule le lendemain matin ou un peu plus tard selon vos besoins.
De nombreux loueurs disposent d'agences en divers points de l'île. Les voitures, même les bas de gamme, sont très souvent climatisées. Si possible, essayez de louer une voiture un peu haute de caisse, ça vous évitera d'arracher la plaque d'immatriculation dès que vous quitterez la route principale à Basse-Terre (où ça grimpe dur !), ou encore de vous retrouver dans le fossé parce que la voiture, une fois chargée, ne peut plus repartir en première.
L'essence est un peu plus chère qu'en métropole (un vrai sujet de tension, comme les grèves de début 2014 l'ont encore rappelé) mais son prix est le même dans toute la Guadeloupe (alors pas besoin de comparer). Autre point : certains recommandent d'enlever les enjoliveurs afin d'éviter tout vol, et donc facturation de la part du loueur. N'oubliez pas que les dommages causés aux ***pneumatiques*** sont toujours à la charge de celui qui loue, de même que le ***bas***

de caisse, quelle que soit l'assurance souscrite. Il peut être intéressant de louer un petit 4x4. En tout cas, bien faire attention à l'état du bitume et rouler au pas sur les chemins caillouteux. Et vérifier que la voiture qu'on loue a bien sa roue de secours (en bon état).
ATTENTION : n'oubliez jamais dans vos calculs du temps de trajet le facteur ***embouteillages !*** Vous pourriez, selon les heures de la journée, mettre plus de 1h30 pour aller de l'aéroport au Gosier, alors qu'en réalité il n'y a qu'une quinzaine de kilomètres ; idem dans l'autre sens et pire de Saint-François, ou encore pour traverser Pointe-à-Pitre vers Basse-Terre. Bref, ici les embouteillages font partie du paysage et ce n'est pas parce que vous êtes en vacances que vous y échapperez. Alors, prenez bien vos dispositions quand il y a un avion à prendre !
– Procurez-vous gratuitement la ***carte routière*** de la Guadeloupe au 1/100 000 (chez les loueurs, dans certains offices de tourisme et certaines stations-service), vous y trouverez tous les noms des bourgs que nous citons, et cela facilitera vos déplacements.

■ ***Hertz Antilles :*** *central de résa pour les Antilles-Guyane au ☎ 05-90-89-28-05. • reservation@hertzantilles.com • hertzantilles.com •* *Hertz,* nº 1 de la location de véhicules aux Antilles-Guyane, offre aux lecteurs du *Routard* des tarifs allant jusqu'à 20 % de réduc sur son site internet : taper le code promo « routard » afin de bénéficier de 10 % spécial *Routard* et 10 % supplémentaires en prépaiement. Offres non cumulables avec toute autre promotion. *Hertz* propose une large gamme de véhicules récents (voitures économiques, écologiques, familiales, 4x4, véhicules sans permis, etc.) pour découvrir les îles en toute quiétude ! Les 13 agences de l'île apportent assistance 24h/24.

■ ***Auto Escape :*** *☎ 0892-46-46-10 (0,34 €/mn). • autoescape.com • Vous trouverez également les services d'Auto Escape sur • routard.com • Auto Escape offre 5 % de remise sur la location de voiture aux lecteurs du Routard pour toute réservation par Internet avec le code de réduction « GDR15 ». Résa à l'avance conseillée.* L'agence *Auto Escape* réserve auprès des loueurs de véhicules de gros volumes d'affaires, ce qui garantit des tarifs très compétitifs.

■ ***BSP Auto :*** *☎ 01-43-46-20-74 (tlj 9h-21h30). • bsp-auto.com •* Les prix proposés sont attractifs et comprennent le kilométrage illimité et les assurances. *BSP Auto* vous propose exclusivement les grandes compagnies de location sur place, vous assurant un très bon niveau de services. Les plus : vous ne payez votre location que 5 jours avant le départ + réduction spéciale aux lecteurs de ce guide avec le code « routard ».

■ ***Avis :*** *☎ 05-90-21-13-54 ou 0821-230-760 (0,08 €/mn). • avis.fr •* Nombreuses formules de location et catégories de véhicules. Les cartes de fidélité *Club* permettent à leurs détenteurs de cumuler des *mercis* et d'obtenir jusqu'à 25 % de remise sur les locations.

■ ***Europcar :*** *☎ 0825-358-358 (0,15 €/mn). • europcar-guadeloupe.com •* De nombreuses offres pour les détenteurs d'une carte de fidélité aérienne ou de transport.

■ ***Jumbo Car Guadeloupe :*** *aéroport Pôle Caraïbes. ☎ 0820-220-230 (0,08 €/mn). • jumbocar.com • Remise de 10 % sur des locations au comptoir des 7 agences sur présentation de ce guide. Location à partir de 13 €/j. selon saison avec le code « RTOD » sur le site internet.* Véhicules récents, clim, kilométrage illimité et assistance 24h/24.

■ ***Voitures des Îles :*** *☎ 05-90-89-22-10 (lun-ven 7h30-17h). • voituresdesiles.com •* Servent d'intermédiaire pour réserver des voitures aux Antilles et travaillent avec différents loueurs nationaux et locaux, chez qui ils obtiennent parfois de meilleurs tarifs que si vous réservez en direct.

■ Mais, bien sûr, de nombreux autres loueurs sont présents en Guadeloupe (voir aussi « Arrivée à l'aéroport Pôle-Caraïbes » à Pointe-à-Pitre). Citons simplement ***Ada*** : *☎ 05-90-21-13-64 ou 0820-20-80-20 (0,12 €/mn), • ada.fr •* ; ***Budget*** : *☎ 05-90-21-13-49 ou*

Distances entre les communes

Vieux-Habitants	Trois-Rivières	Sainte-Rose	Saint-François	Sainte-Anne	Pointe-à-Pitre	Pointe-Noire	Port-Louis	Petit-Bourg	Le Moule	Le Gosier	Deshaies	Capesterre-Belle-Eau	Bouillante	Anse-Bertrand	Les Abymes	Distances en km
61	51	25	30	24	5	45	26	18	22	12	44	37	49	28		LES ABYMES
89	79	53	41	40	33	73	9	47	27	40	72	66	77		28	ANSE-BERTRAND
11	36	48	81	66	47	16	75	39	71	54	30	48		77	49	BOUILLANTE
36	13	43	69	54	35	53	63	19	59	42	61		48	66	37	CAPESTERRE-BELLE-EAU
42	66	17	75	60	41	14	69	41	65	48		61	30	72	44	DESHAIES
65	55	31	29	14	9	49	37	23	33		48	42	54	40	12	LE GOSIER
82	72	48	14	15	27	66	26	40		33	65	59	71	27	22	LE MOULE
61	32	25	50	35	16	35	44		40	23	41	19	39	47	18	PETIT-BOURG
86	76	52	40	37	30	70		44	26	37	69	63	75	9	26	PORT-LOUIS
27	52	32	77	61	42		70	35	66	49	14	53	16	73	45	POINTE-NOIRE
58	48	24	35	20		42	30	16	27	9	41	35	47	33	5	POINTE-À-PITRE
77	67	43	15		20	61	37	35	15	14	60	54	66	40	24	SAINTE-ANNE
92	82	58		15	35	77	40	50	14	29	75	69	81	41	30	SAINT-FRANÇOIS
59	56		58	43	24	32	52	25	48	31	17	43	48	53	25	SAINTE-ROSE
25		56	82	67	48	52	76	32	72	55	66	13	36	79	51	TROIS-RIVIÈRES
	25	59	92	77	58	27	86	61	82	65	42	36	11	89	61	VIEUX-HABITANTS

0820-228-529 (0,12 €/mn). • bubget-guadeloupe.com •
– Également sur Marie-Galante, ***Magauto*** *(☎ 05-90-97-98-75 et 15-97. • mag auto.sarl.location@wanadoo.fr •).*

Location de motos

Très peu développée. On ne vous conseille pas cette formule, à moins que vous ne soyez un as du deux-roues. Les bonnes routes incitent à aller un peu vite, un peu trop même. Sable dans les virages, rétrécissements soudains, conducteurs ivres venant en face, dos-d'âne non matérialisés... Les dangers sont partout. Malgré ces avertissements, si vous louez un scooter, pensez à prendre votre permis. À partir de 80 cc, il est obligatoire, et comme cette cylindrée est de plus en plus présente (notamment aux Saintes)...
Bien vérifier l'éclairage (on n'y pense jamais quand on loue la bécane de jour), l'efficacité des freins et l'état des pneus.

Route

– La Guadeloupe se place dans le peloton de tête des départements les plus dangereux quant aux accidents de la route. Connaître les habitudes locales en matière de conduite peut s'avérer utile. En effet, malgré un tempérament paisible, les Antillais se métamorphosent parfois derrière un volant. Conduite pied au plancher, dépassement « aspiration ». À cela, il faut ajouter les surprises du réseau routier : une double voie qui se resserre en plein virage, des routes de montagne n'offrant la place qu'à un véhicule, des fossés profonds sur les côtés pour évacuer l'eau des pluies, des panneaux de signalisation trop peu nombreux et des routes secondaires dans un état souvent lamentable (nids-de-poule et autres joyeusetés du même acabit). Malgré tout, la voiture est encore de loin le meilleur moyen pour découvrir la Guadeloupe. Rouler doucement, ouvrir l'œil et avoir de bons réflexes. Respecter le slogan affiché « *Si on pwan la gout', pa pwen la wout'* », traduction créole du « Boire ou conduire, il faut choisir. » Savoir aussi que de nombreux automobilistes conduisent sans assurance (quand ce n'est pas sans permis), et que la majorité ne mettent pas leur ceinture sans que personne ne sourcille (il fait chaud !...).
– Évitez de vous garer dans des recoins sombres, voire sur des places de parking d'hôtel mal ou peu éclairées, afin d'écarter tout risque de vandalisme.
– Au fait, un conseil qui risque bien de nous faire passer pour des cinglés (mais on assume) : rappelez-vous qu'il ne faut jamais garer la voiture sous... un cocotier ! Ni même sous un manguier... ou sous tout arbre fruitier pourtant beau. Certains loueurs vous le signalent lors de la remise des clés. Les arbres sont hauts et les carrosseries plutôt délicates. Imaginez un peu le tableau... et les histoires avec l'assurance !

Liaisons maritimes

– N'oubliez pas de vérifier toujours si le départ annoncé est bien maintenu ! Il est préférable de prendre son billet la veille ou d'arriver à l'ouverture du guichet. Les derniers servis courent le risque de se retrouver debout, coincés à l'arrière du pont, là où c'est le moins confortable. Pour les Saintes, faire jouer la concurrence, le prix du billet peut varier.
– Même s'il n'y paraît pas, la mer est souvent agitée au large. Éviter les aliments difficiles à digérer avant toute traversée... et, éventuellement, remettre à plus tard si la météo est mauvaise. On conseille à ceux qui sont sujets au mal de mer de prendre de la *Nautamine*® (ou équivalent) avant la traversée. Et si vous voyez que les locaux ont mis un K-way, ne souriez pas ; même si le soleil tape, vous risquez vite de comprendre pourquoi au premier grain (en regrettant de ne pas avoir pris un T-shirt de rechange !).

HOMMES, CULTURE, ENVIRONNEMENT

Posée sur l'arc des Petites Antilles, la Guadeloupe reste, vue d'avion, l'île la plus étendue, la plus belle aussi peut-être de l'archipel, à la fois battue par l'Atlantique et bercée par la mer des Caraïbes. Mais la Guadeloupe, c'est en réalité plusieurs îles (7 en tout), à commencer par *Karukera,* comme on la nomme en créole, la partie principale, qui a la forme d'un curieux et gigantesque papillon végétal, à laquelle se sont adjointes Les Saintes, Marie-Galante et La Désirade. Les alizés l'auraient portée là, sous les tropiques, et cette indolente s'y serait plu – ne pouvant d'ailleurs plus bouger ses vastes ailes chargées de gommiers, de fougères, d'acomats-boucan et de palmistes-montagnes. Un vrai rêve de peintre obnubilé par le vert. Avec des touches d'orchidées...

Guadeloupe si douce, abandonnée : longues plages blanches de Sainte-Anne, plages noires de Trois-Rivières, anses bordées de mangroves et de cocotiers. Une île tropicale, grouillante et sonore de vie. Voici la pluie brève et brutale, et le vent qui monte – s'arrêtera-t-il ? Le cyclone, ici, est un monstre qui fait des ravages.

Des plages, des cocotiers, du soleil, oui, bien sûr, sans oublier la plongée sous-marine. Les côtes guadeloupéennes offrent en effet de superbes fonds, des Saintes à Marie-Galante en passant par La Désirade ou encore la côte « Sous-le-Vent », on veut dire la Basse-Terre. Cette dernière, l'aile ouest du papillon, est définitivement tournée vers le coucher de soleil, 365 jours par an. Et les amateurs de montagne et de randonnée apprécieront les 300 km de « traces » (pistes) qui parcourent la Guadeloupe intérieure, principalement sur la Basse-Terre, couverte aux trois quarts de forêt tropicale.

Le volcan domine le paysage, Soufrière qui bouillonne, totem menaçant de la Guadeloupe, qui semble dormir pour l'éternité.

La Guadeloupe se serait peut-être bien passée de certaines images la montrant elle aussi bouillonnante de colère, volcan humain dont certains redoutent les explosions à venir sans chercher à profiter du temps présent. Ce pays, il vous faudra prendre le temps de l'apprécier au contact de ses habitants, dont vous apprendrez à partager les joies et les peines, en séjournant dans ces gîtes qui sont aujourd'hui la valeur refuge par excellence, surtout si vous avez la chance d'arriver chez des hôtes ayant à cœur de vous faire partager le quotidien de l'île.

ANTILLES, NOUS, VOUS, ÎLES

Démythifier les Antilles, voir en elles autre chose qu'une bande de sable blanc frangée de cocotiers et surmontée d'un soleil accrocheur, ce n'est plus seulement un rêve de routards nostalgiques, c'est une question d'urgence. C'est vouloir les sauver que de prendre leur défense tout en incitant à la découverte de leur vraie personnalité. Une personnalité attachante et secrète, qui cache, sous les traits de l'insouciance, les traces d'une actualité parfois difficile.

– Bien s'assurer que l'on monte dans le bon bateau : rien n'est indiqué, bien souvent, et les bateaux se suivent parfois à quelques minutes.

Liaisons aériennes

Air Caraïbes propose des liaisons avec certaines îles des Antilles, mais pour l'heure, il n'y a plus de vols avec les îles de l'archipel guadeloupéen (Marie-Galante, Les Saintes et La Désirade).

■ ***Air Caraïbes :*** *☎ 0820-835-835 (0,12 €/mn). • aircaraibes.com •* Liaisons, entre autres, vers Saint-Martin (Grand-Case), Saint-Barthélemy, la Martinique et Sainte-Lucie. Également des liaisons avec Cayenne (Guyane), la République dominicaine et Haïti. Attention au surbooking et pensez à confirmer votre vol de retour.

URGENCES

■ ***SAMU :*** *☎ 15 ou ☎ 05-90-91-39-39.*
✚ ***Centre hospitalier régional universitaire*** *(plan couleur Pointe-à-Pitre C-D3)* ***:*** *bd de l'Hôpital. ☎ 05-90-89-10-10 et 79. À la sortie de Pointe-à-Pitre, direction Le Gosier.*
■ ***Association des médecins de garde (ADGUPS) :*** *129, route de Chauvel,* ***Les Abymes.*** *☎ 05-90-90-13-13.* Liste des médecins de garde.
■ ***Centre médical de l'aéroport Pôle-Caraïbes :*** *☎ 05-90-21-71-41. Tlj 9h-23h.*

Le charme des îles consiste à marier à tout instant l'inconciliable : sucre et rhum, grimaces et sourires, alizés et cyclones, volcans et végétation paradisiaque, souvenirs d'époques fastueuses et péché originel de l'esclavage... Mais aussi l'indolence, les klaxons de bienvenue, la tchatche charmeuse et l'orgueil sourcilleux, les bouffées imprévisibles de violence, les rivalités mortelles entre communautés et le clan ressoudé en un instant face à l'incompréhension des « métros », c'est-à-dire les métropolitains.

À LA RECHERCHE DES Z'ANTILLES

Les Antilles, quel joli nom ! Pendant longtemps, on crut que Christophe Colomb débarqua sur les petites îles caraïbes avant la grande île américaine et qu'il les nomma « avant l'île », soit ante insulae *en latin, devenu les « Antilles ». C'est l'explication la plus jolie mais, en réalité, le nom viendrait d'Antilia, une île que les cosmographes du Moyen Âge situaient dans l'Atlantique et dont on découvrit plus tard... qu'elle n'existait pas !*

Ceux-ci sont parfois frappés par la misère visible à leur arrivée à Pointe-à-Pitre. Quartiers glauques et insalubres dans une fournaise saturée de gaz d'échappement. Patience, la Guadeloupe, pour y goûter vraiment, il va vous falloir attendre un jour ou deux.

Le mode de vie guadeloupéen ? Une façon de ne pas se presser, une espèce de détachement. Mais pourquoi voulez-vous vous presser, être préoccupé ? La nature, le climat vous prennent et les vieilles notions européennes sont oubliées. Le temps coule différemment. Vous cherchez votre route : « – Petit-Havre ? – C'est là, juste là... – Loin ? – Oh, non, là-bas, passé le morne (le mont). – Et je vais par où ? – Il faut suivre la route comme elle vient. – Merci ! » Bon, vous suivez la route qui se divise bientôt en deux ou trois routes « comme elles viennent », et des mornes, il y en a partout ! Mais *pani pwoblem,* « pas de problème », il sera toujours temps de trouver Petit-Havre. On redemandera...

Les Guadeloupéens, pour peu qu'on ne les regarde pas d'un œil méfiant ou irrespectueux – ce qui est trop souvent le cas –, se montrent les gens les plus naturellement doux. Ils vous indiqueront, vous accompagneront. Chemin faisant, on découvre un peuple aimable, digne et doué pour le bonheur, et on se dit qu'il a des raisons de l'être.

Et puis, vous changez de pays, de latitude, de climat : cela pousse à l'indolence et à la sieste. Certes, il arrive (fréquemment) d'attendre au restaurant, mais cela prouve qu'on ne vous sert pas du surgelé « micro-ondé ». Alors relax... allez siroter un ti-punch à l'ombre des cocotiers, tout en écoutant le clapotis des vagues et le murmure des alizés, chassez votre stress, vous êtes en vacances ! Apportez juste votre sourire, soyez toujours courtois et on vous le rendra au centuple.

BOISSONS

Tous les chemins mènent au rhum

Attention : le rhum est un alcool auquel il faut s'habituer, surtout sous une chaleur tropicale. Les vieux Antillais en boivent une gorgée chaque matin à jeun. Ils appellent cela le « décollage » ou la « mise à feu » et c'est, disent-ils, très bon pour le sang. Certains avalent un verre d'eau dans la foulée, c'est « l'amortisseur ». À noter que les Guadeloupéens consomment 65 % du rhum fabriqué sur place.

Depuis que la betterave a pris le pas sur le sucre roux, le rhum demeure le seul débouché pour les plantations de canne à sucre, qui datent de l'époque coloniale et de la monoculture. Riches en arômes complexes, les rhums vieux des Antilles comptent pourtant parmi les meilleurs au monde. En les perdant, les îles perdraient leur âme.

– ***La récolte de la canne à sucre :*** dans les campagnes, c'est le moment le plus important de l'année agricole. Malgré les machines et les camions, on voit encore (surtout à Marie-Galante), de janvier à juin, les haies de coupeurs dans les champs et les *cabrouets* (charrettes) tirés par des bœufs vers les distilleries branlantes, qui dressent leurs toits rouillés dans la végétation. La canne y est pressée. Tandis que ses déchets (la *bagasse*) partent alimenter les chaudières, le jus *(vesou)* est tamisé, décanté, filtré et mis à fermenter. Deux jours après, les alambics entrent en action. À 68°, il en sort un rhum incolore. Un peu d'eau pour le ramener à 50° ou 55° (59° à Marie-Galante !), un petit repos de 3 mois en cuve d'inox, on le vendra alors sous l'appellation de ***rhum blanc.*** Dans le cas contraire, il part séjourner au moins 3 ans dans un fût de chêne et devient le ***rhum vieux*** dégusté en digestif. Pour obtenir l'appellation ***rhum paille,*** le rhum blanc passe également en foudre pendant un certain temps. Il prend alors une teinte dorée et des arômes vanillés. En jouant sur les levures, la pureté de l'eau et le maniement de l'alambic, chaque distillateur aura pu imposer sa griffe gustative.

– ***Le rhum servi dans les bars :*** c'est souvent la bouteille entière qu'on vous apporte, avec du sucre, quelques morceaux de citron vert coupé et un verre d'eau. Vous ne payez que ce que vous buvez. Le sucre et le citron vert servent à préparer le ti-punch. L'eau, c'est pour épargner à votre estomac les brûlures du rhum. Bien sûr, vu ainsi, on a un peu l'impression d'être à la maison. Mais au bout du troisième verre, la chaleur aidant, on sent bien que le retour va être difficile...

– ***Rapporter du rhum de Guadeloupe :*** il est possible d'acheter directement dans les distilleries des cartons très bien emballés. Vous y trouverez également de très vieux rhums assez chers mais fabuleux. Autre solution : le supermarché, peu romantique mais économique. Le choix est énorme et le rhum est parfois moins cher que dans les distilleries. Attention néanmoins à la réglementation aérienne concernant les produits liquides en cabine. N'oubliez pas qu'il vous faudra donc mettre vos achats en soute, alors pensez à bien les emballer. Et faites attention à l'excédent de bagages... De plus, on ne peut rapporter en franchise douanière que 1,5 l par adulte (tolérance jusqu'à 5 l, mais il faut en principe les déclarer à l'arrivée). Nos amis canadiens n'ont droit qu'à 1 l par personne, et pas de tolérance pour eux ! Enfin, certains lecteurs ont dû s'acquitter de frais de douane lors du retrait (en métropole) du colis qui leur avait été envoyé par le vendeur en Guadeloupe. Bien se faire préciser les conditions d'expédition dans tous les cas.

Et le ti-punch mène à tout !

– ***La préparation :*** il n'y a pas une recette, mais autant de préparations que d'amateurs. À chacun son petit secret ! Si vous êtes invité, c'est le maître de maison qui mélange les composants selon le goût de chacun de ses invités. Rhum blanc ou vieux ? Peu ou très sucré ? Glace ou non ? Citron ou pas ? Le mélange est réalisé avec la même cuillère à long manche pour tous. L'hôte se doit de commencer et terminer par son propre verre afin de montrer l'innocuité de la préparation. En revanche, dans les bars ou restos dignes de ce nom, chacun se sert. Ainsi, vous ne pourrez pas dire qu'on vous a forcé la main !

DE L'INDE AUX ANTILLES

L'histoire du ti-punch commence en Inde. Le mot est anglais, il vient du sanscrit panch *qui signifie « cinq ». Il désignait autrefois une boisson composée de cinq éléments : thé, citron vert, cannelle, sirop de sucre et alcool (en général, le jus fermenté de la canne à sucre). Au XVII*e *s, les militaires français limitèrent les composantes à trois : citron vert, sucre de canne et rhum.*

– ***Au fil des heures :*** dès 5h, c'est le « décollage » (ou la « mise à feu »), suivi à 11h d'un *ti-lagoute.* Midi marque l'heure du *ti-punch* ou du *CRS* (citron, rhum, sucre) et, à 12h30, c'est au tour du *ti-5 %* (rhum blanc nature). Le *ti-pape* est consommé à 17h, à l'occasion de parties de domino, et fait l'objet d'une tournée avec les amis. Le coucher se profile avec la « partante » ou « pété-pied », qui aide à passer une bonne nuit... jusqu'au lendemain 5h. Si vous commencez à sentir des brûlures d'estomac, n'insistez pas et allez-y de toute manière en douceur. Les amateurs éviteront de boire du rhum dans la journée et attendront plutôt la nuit tombée, quand ils n'auront pas à prendre le volant ensuite. Vous risqueriez de tomber sur les gendarmes à un rond-point ou le long des routes, désormais sous haute surveillance... CRS ou gendarme, il faut choisir !

Jus de fruits

Les Antilles nous régalent de ***jus de fruits*** frais, succulents et bon marché : corossol, mangue, maracuja, canne, goyave, coco, prune de Cythère, etc., souvent pressés par des marchands ambulants. On trouve aussi d'extraordinaires punchs aux fruits (sapotille, carambole...) qu'on peut laisser macérer jusqu'à quelques mois (pas plus, n'en faites pas des objets de collection). Notez qu'on trouve les mêmes sur certains marchés de métropole, pour quelques centimes d'euros de plus.
Par curiosité, goûtez aussi le ***mabi,*** sorte de boisson gazeuse que les Antillais ont héritée des Indiens caraïbes. Elle est composée de liane, de gingembre, de muscade et d'anis, et est mélangée à des fruits et à du sucre de canne.

CUISINE

La cuisine créole prône, à elle seule le métissage. Le mariage des saveurs africaines, des parfums de l'Inde et du savoir-faire hérité des grands-mères, ajouté à celui de quelques parents ayant vécu en métropole, a donné une cuisine originale, et les produits locaux – poissons, langouste, ouassou et légumes –, bien travaillés, sont excellents.
On parle d'une cuisine « musclée » : dans son volume (plats souvent copieux) et dans ses goûts (sauces relevées). Il ne s'agit pas d'une cuisine raffinée. Sauf pour quelques restaurateurs qui jonglent avec les ingrédients locaux et créent de subtiles recettes façon « nouvelle cuisine créole » à prix choc (on les signale dans la rubrique « Plus chic »).

LE PIMENT, CET INCONNU

Le « piquant » n'est pas une saveur car il n'agit pas sur les papilles mais sur les nerfs. La sensation est donc une douleur dont l'intensité est graduée de 1 à 10 selon l'échelle de Scoville. Il est fort utilisé dans les cuisines tropicales car c'est un bactéricide et il réduit les infections intestinales. Pour l'atténuer, ni eau, ni pain mais... du lait.

Poissons, fruits de la mer et des rivières

– ***Le vivaneau :*** excellent poisson rouge, en court-bouillon (au rocou, par exemple, délicieux condiment rouge orangé), en blaff (macéré au citron vert, puis juste saisi au court-bouillon) ou en grillade.
– ***Le thazar, le marlin*** ou ***le requin :*** ils se mangent plus volontiers en darnes grillées et steaks bien saisis qui révèlent toute leur saveur, ou encore fumés.
– ***La langouste :*** excellente ou sans saveur. Dans ce dernier cas, il s'agit bien souvent de langouste congelée. Mais les bons restaurateurs ne s'amusent pas (trop !) à ça, et vous pouvez demander à voir la future victime (conservée sur place dans un vivier) avant de la manger.

– ***Le chatrou*** (poulpe) **:** souvent servi en fricassée. C'est plus ou moins bon selon la finesse de la préparation.
– ***Les lambis*** (gros escargots de mer) **:** également en fricassée. Excellents quand ils sont frais, mais d'une consistance un peu caoutchouteuse quand ils ont été congelés (ce qui arrive, hélas, très souvent).
– ***Les palourdes* :** délicieuses en gratin ou salade.
– Enfin, n'oublions pas le ***ouassou,*** grosse crevette d'eau douce, appelée parfois « chevrette » ou « écrevisse » (ce qui ne facilite pas la compréhension !). Son nom est, en fait, la version créole de « roi des sources »... Lui aussi se fait rare dans les eaux intérieures guadeloupéennes, où il est aujourd'hui interdit de le pêcher. Il faut donc se consoler avec les ouassous d'élevage, par ailleurs très bons. Évitez, si vous le pouvez, les ouassous congelés, en provenance d'Asie ; seulement, on ne vous le dira pas. Sachez tout de même que les ouassous d'élevage ne couvrent qu'un très faible pourcentage de la consommation sur l'île...
De manière générale, ne fantasmez pas trop sur le cachet local des produits de la mer ; les fonds proches s'étant beaucoup épuisés, la plupart proviennent des îles voisines et des côtes sud-américaines (langoustes, lambis...).

Acras, *bokits,* colombos : l'abc de la cuisine guadeloupéenne

– Quasiment tous les menus guadeloupéens proposent des ***acras*** en entrée, et souvent le ***boudin créole...*** délicieux avec le ti-punch !
– On trouve aussi des ***crabes farcis,*** en particulier les crabes blancs de terre (nourris 15 jours de mangue et de banane, ou de noix de coco et de piment si l'on souhaite qu'ils soient naturellement épicés).

L'ORIGINE DES ACRAS

D'abord la morue vient des mers froides, donc introuvable dans les eaux antillaises. En fait, les marins bretons venaient avec leur morue séchée et salée. Bien des poissons tropicaux sont en effet immangeables. En y ajoutant de la farine et des œufs, les Antillaises en firent des boules frites dans l'huile, vieille recette africaine.

– Autre grand classique des restaurants : le ***colombo de poulet*** (curry de poulet, recette en provenance d'Inde).
– Également le délicieux ***calalou*** (purée de légumes) originaire du Dahomey, le ***féroce*** (purée d'avocat à la morue hachée avec de la farine de manioc, le tout « férocement » pimenté), et le ***bébélé,*** une spécialité de Marie-Galante. Ce plat d'origine africaine consiste en une sorte de soupe épaisse dans laquelle on met du fruit à pain, des tripes, des légumes du pays, comme l'igname et le malanga, et des bananes-figues, dites *poyos.* Copieux et original !
– N'oublions pas non plus le ***matété,*** plat traditionnel de la Pentecôte hérité des Espagnols (un équivalent antillais de la paella, avec des crabes de terre accompagnés de riz).
– On peut aussi goûter au ***cabri,*** qui ressemble à de l'agneau, cuisiné en ragoût, en fricassée ou servi en colombo.
– Enfin, si vous voulez manger sur le pouce, laissez-vous tenter par un ***bokit,*** sandwich local bon marché, contenant au choix viande, poisson, crudités, etc., fermé comme un beignet, puis frit.

Les épices partout !

Elles prennent une place prépondérante dans la cuisine guadeloupéenne, mais elles ne viennent pas de l'île, pour la plupart (nombre de vendeurs prétendent le contraire, évidemment). Pour en acheter, les marchés de Saint-François et de Sainte-Anne, moins touristiques que celui de Pointe-à-Pitre, sont à préférer. Noter que les épices sont bien moins chères qu'en métropole, mais leur conditionnement laisse parfois à désirer : les sachets en plastique sont très fragiles et peuvent parfois se déchirer. Prévoir un emballage.

Deux bonnes raisons de s'attarder sur le sujet : la première étant de rappeler que le mot est féminin, la seconde étant la découverte des multiples déclinaisons de la cuisine antillaise. Bien qu'envoûtantes, captivantes, colorées, les épices peuvent aussi dérouter si on ne les connaît pas : l'initiation passera alors par la case « marché », où les doudous s'empresseront de vous familiariser avec ces condiments tout aussi exotiques que leurs noms.

Florilège mâtiné de saveurs raffinées :

– ***L'anis étoilé, la badiane*** ou encore ***l'anis star :*** puissamment parfumé, l'anis étoilé aromatise surtout les préparations de poisson. Évitez cependant de le mastiquer (fort goût de pastis) !

– ***La cannelle :*** prélevée deux fois par an sur l'écorce du cannelier, elle se roule en copeaux lorsqu'elle sèche au soleil. Il est aussi possible de l'acheter sous forme de poudre. Trop souvent cantonnée aux préparations sucrées (tartes, compotes, confitures), la cannelle embaume de façon discrète les recettes de porc ou de canard en sauce, le civet, le couscous ou la soupe de moules.

QUI FAIT DU LOLO ?

On entend parler partout des lolos, mais souvent à tort et à travers. Un lolo est une petite boutique de proximité, où l'on vient chercher une mesure de farine, de lessive, de rhum ou de tout autre produit de nécessité, en achetant souvent à crédit. Tout est disponible à petite échelle. Puis, au fur et à mesure, les gens ont parlé des lolos pour mentionner ces cabanons (ou camionnettes) qui ont poussé aux quatre coins des rues et des plages et font office de snacks.

– ***Le bois d'Inde :*** une drôle d'épice, dont la saveur se rapproche de la cannelle. Et qui sert à tout, aussi bien à aromatiser les sorbets coco qu'à relever un plat mijoté (utilisée comme les feuilles de laurier-sauce). D'ailleurs, rien ne vous empêche de rapporter quelques feuilles cueillies au hasard d'un chemin pour épater vos invités lors d'un repas.

– ***Les clous de girofle :*** ces fameux clous sont en fait les boutons floraux séchés du giroflier dont l'odeur rappellera à certains les visites autrefois chez le dentiste (l'essence de girofle étant utilisée comme désinfectant). Le parfum enivrant ne doit pas faire oublier l'usage parcimonieux de l'épice (piquée dans l'oignon ou l'ail du pot-au-feu)...

– ***Le colombo :*** c'est un mélange d'épices broyées en poudre à base de coriandre, de cumin, de curcuma (qui lui donne sa couleur), de fenugrec, de piment et de gingembre, mais qui connaît de multiples variations. Les Antillais le doivent aux Indiens venus de Ceylan dans la seconde moitié du XIXe s. Par extension, « colombo » désigne aussi le plat de viande dans lequel il est utilisé. Il sert à la préparation du curry antillais (le curry indien utilisant davantage le « massala », auquel manque le curcuma).

– ***La coriandre :*** c'est elle qui, avec le genièvre, donne son goût au gin. Ses graines, enrobées de sucre, constituaient déjà une friandise de choix au Moyen Âge. Achetées en vrac, elles doivent être concassées avant d'être incorporées aux viandes en sauce, aux marinades, aux pâtés ou encore à la choucroute. Moulues, elles parfument délicatement les pâtisseries, à commencer par le pain (dit très justement) d'épice.

– ***Le fenugrec :*** présenté sous forme de graines écrasées, le fenugrec libère un parfum amer qui se mêle aussi bien aux courts-bouillons qu'aux soupes de poisson.

– ***Le gingembre :*** ce rhizome blanchâtre, vendu frais ou déjà moulu, s'utilise le plus souvent combiné avec d'autres épices comme le safran (poulet au riz), le girofle (cakes) ou encore la cannelle (génoises). Idéal pour relever les marinades ou les poissons en sauce.

– ***La noix de muscade :*** c'est une amande issue d'une bogue fibreuse. L'île de Grenade, toute proche, en est le deuxième producteur mondial. Achetez-la de préférence entière, plus goûteuse que déjà moulue, pour parfumer omelettes, purées, sangrias, punchs, béchamel...

– ***Le quatre-épices :*** son parfum explique son nom puisqu'il réunit les arômes du clou de girofle, de la cannelle, du poivre et de la muscade. On l'utilise, entre autres, pour aromatiser les poissons.

– ***Le safran :*** l'épice la plus chère du monde ! Il est issu du séchage des stigmates (où se dépose le pollen) d'une variété de crocus. Il faut compter 5 kg de stigmates (récoltés à la main, provenant de plus de 100 000 fleurs) pour constituer 1 kg de safran. Heureusement, il en faut très peu pour aromatiser la bouillabaisse, la paella, le riz, le poulet et les plats de poisson. Mais le safran vendu en Guadeloupe est généralement du « safran pays », du curcuma en fait, un rhizome orangé qui entre dans la composition des curries en Inde et des colombos aux Caraïbes. Rien à voir donc avec les stigmates du crocus, si ce n'est la couleur. Cela dit, il ne s'agit pas d'une arnaque, simplement une appellation différente (on dit aussi safran *péyi*), le tout est de le savoir !

Fruits et légumes

Faire son marché aux Antilles permet de découvrir avec délice près de 75 variétés de fruits et légumes. Voici quelques petits trucs pour apprendre à les reconnaître :

– ***Les gombos :*** couleur verte, aspect de piment, en plus gros. Cuits, ils deviennent gluants (si vous voulez briller, dites plutôt qu'ils deviennent mucilagineux).

LE SECRET DE L'ANANAS

Ce fruit contient de la broméline, une enzyme qui attaque les protéines. Voilà pourquoi les récoltants sont obligés de porter des gants sinon la peau des mains (composé de chair donc de protéines) serait agressée.

– ***L'igname :*** tiges grimpantes dont on fait bouillir les racines. Il en existe diverses variétés. On la sert en purée ou en pain.

– ***Le manioc :*** grosses racines épluchées, râpées, pressées, séchées au four et broyées en farine dans les manioqueries communautaires des villages (à visiter absolument ; quelques-unes d'entre elles sont indiquées dans le guide à Sainte-Anne et à Petit-Bourg). Plus de goût que l'igname. On en fait de grosses crêpes appelées *kassav* en créole, et ça zouke ! C'est d'ailleurs le « pain » traditionnel guadeloupéen depuis la période des Indiens caraïbes. Plus modestement, nous en avons tous consommé sous forme de tapioca, la fécule produite par le manioc.

– ***La canne :*** sucer la pulpe comme un bâton de réglisse. On trouve aussi sur les bords de route des étals où l'on propose du *jus de canne.*

– ***La christophine :*** aspect d'une poire un peu bosselée, jaune pâle ou vert clair. Un des légumes les plus délicats. Verte, elle se mange en salade ; mûre, en gratin. Elle est aussi cultivée en métropole, où elle prend le nom de *chayotte* (son nom d'origine en fait, mais aux Antilles, un certain Christophe Colomb est passé par là...), ainsi qu'à La Réunion où elle devient le *chouchou.* Certains seront heureux d'apprendre que ce légume est quasiment sans calories !

– ***Le giraumon :*** couleur laiteuse, évoque une pita gonflée. Léger goût de potiron. Excellent en purée. Existe aussi en métropole.

– ***La carambole :*** joli petit fruit jaune à la forme curieuse (cinq côtes saillantes ; quand on la coupe en largeur, on obtient ces fameuses étoiles à cinq branches longtemps à la mode en guise de déco dans les assiettes de dessert). Se consomme essentiellement en jus, un bon goût d'agrume, un peu acidulée quand elle est bien mûre.

– ***La patate douce :*** couleur rose, goût légèrement sucré. Se mange en légume, bien sûr, mais sert aussi pour la préparation des desserts.

– ***Le corossol :*** une panse verte hérissée d'épines. La chair laiteuse, un peu déliquescente, est pleine de noyaux, mais aucun fruit n'est plus suave. On dit qu'il préserve de la grippe, et même des coups de soleil (en en glissant quelques feuilles sous son chapeau !). Comme la carambole, on le consomme surtout en jus.

– ***La goyave*** (prononcer « goiyave » aux Antilles) ***:*** petit fruit rose, au goût douceâtre et farineux. Excellent en jus. Très riche en vitamine C (deux fois plus que le kiwi, donc quatre fois plus que l'orange !).

– ***Le fruit de la Passion*** ou ***maracuja :*** fruit de la passiflore, ovoïde et lisse quand il est frais, qui renferme d'incroyables saveurs.

– Les nombreuses variétés de ***bananes.*** De la *banane-légume* (la *ti-nain* cuite à l'eau, et c'est alors l'équivalent d'une pomme de terre) à la *banane-fruit* (les figues-dessert, les figues-rose au petit format, ainsi nommées parce qu'aux Antilles on avait appelé les bananiers des « figuiers d'Adam »), avec des noms évocateurs : « rhabillez-vous, jeune homme », « passe encore », « Dieu m'en garde », « doigts de fée », etc.

BIZARRE, LE BANANIER

D'abord, ce n'est pas un arbre mais une herbe. La preuve, si vous coupez le tronc, vous ne trouverez pas de bois. Cette plante contient 90 % d'eau. Donc, elle ne peut vivre que dans les zones tropicales. Quand le bananier aura fleuri une fois, il mourra comme toutes les herbacées. Souvent comparée au sexe masculin, la banane est en fait... un ovaire.

– Et aussi : papayes (vertes, coupées en lamelles pour la salade ou en gratin), oranges (décevantes, rien à voir avec celles consommées en métropole), litchis, citrons verts, pamplemousses (les *chadèques*), fruits à pain, choux-pays, mangues (riches en vitamines), pommes-cannelle, sapotilles (à goût de caramel, en salade de fruits ou en glace), ananas, noix de coco, etc.

Péchés de gourmandise

– ***Les confitures :*** les fruits tropicaux peuvent aussi se déguster par le biais des confitures, délicieusement sucrées (parfois trop) et parfumées : maracuja (fruit de la Passion), goyave, mangue, papaye, coco, banane... Plus faciles à conditionner dans ses bagages que les fruits eux-mêmes, les pots de confiture ont aussi l'avantage de se conserver plus longtemps. Possibilité de s'en procurer dans les supermarchés à des prix raisonnables ; bien vérifier la date de péremption.

– N'oubliez pas non plus les ***sorbets coco,*** vendus et préparés par des marchands ambulants. Les prix peuvent varier : de 2 à 4 € environ. On soupçonne certains de se fournir au supermarché *Écomax* du coin ! Mais gare aux estomacs fragiles, risques d'intoxication alimentaire (les bactéries adorent les glaces).

– Enfin, les gourmands se délecteront des ***tourments d'amour,*** de savoureux gâteaux à la confiture de coco (ou de goyaves, de bananes, etc.) agrémentés de génoise. On en trouve jusqu'à Pointe-à-Pitre, mais c'est aux Saintes, leur lieu d'origine, qu'ils sont les meilleurs. S'ils sont secs, il y a du souci à se faire sur leur fraîcheur ! Où encore le ***« caca bœuf »,*** gâteau typique de Marie-Galante, fait de pain d'épice et de sirop de jus de canne, fourré à la noix de coco, il a la forme... d'une bouse de vache !

ÉCONOMIE... POLITIQUE ET SOCIALE

Jadis, la culture de la canne à sucre (transformée en rhum et en sucre) et de la banane faisait la richesse de la Guadeloupe. Aujourd'hui, ces deux filières

traditionnelles – non compétitives sur les marchés mondiaux – sont à bout de souffle et continuellement perfusées par des subventions publiques.
La canne à sucre ne s'est jamais remise de la grande crise sucrière vieille de plus d'un siècle, qui s'est soldée par la suprématie de la betterave à sucre.
L'île ne compte d'ailleurs plus que deux usines sucrières encore en activité : *Gardel* au Moule et *Grande-Anse* à Marie-Galante. Si la canne à sucre fait encore vivre 30 000 personnes en Guadeloupe, dont environ 4 000 planteurs, la filière doit faire face à une baisse d'un tiers du prix du sucre depuis 2009, conformément aux directives de l'OMC. Même constat pour le rhum. Une dizaine de distilleries subsistent bon an, mal an, dont trois à Marie-Galante (où le rhum titre à 59° !)... Enfin, la banane, « découverte », du moins en métropole, après la Première Guerre mondiale, semble perpétuellement en sursis face à la « banane-dollar » des compagnies américaines ; d'autant que la France métropolitaine est l'unique marché pour écouler sa production et que le scandale du chlordécone révélé dans les années 2000 n'a rien arrangé à l'affaire (voir la rubrique « Environnement »)...
Reste le tourisme, seul vecteur de recettes, qui représente toujours, malgré une notable érosion durant les années 2000, l'activité économique majeure de la Guadeloupe, avec 400 000 à 500 000 visiteurs, métropolitains pour la plupart, puis italiens et belges.

LA BETTERAVE, CRUELLE CONCURRENTE DE LA CANNE !

En 1806, le blocus maritime imposé par les Anglais empêche toute importation de sucre de canne vers la France. En 1811, l'ingénieur Delessert présente à Napoléon des pains de sucre extraits de la betterave. Cette découverte considérable sera à l'origine du déclin économique des Antilles.

Un tourisme en pleine évolution

Le tourisme est – bien évidemment – l'avenir de la Guadeloupe, tant son potentiel est encore considérable (488 000 touristes en 2012). D'ailleurs, les retombées du secteur sont nombreuses : bâtiment, services, et même production agricole via la restauration... Seulement, depuis le début du XXIe s, il cumule les handicaps : concurrence des îles voisines (Cuba, Saint-Domingue), saisons cycloniques de plus en plus longues, un parc hôtelier en mutation, l'augmentation des prix au moment du passage à l'euro. Sans parler des grèves à répétition (prix des carburants, électricité, docks) et des chiffres record liés à l'insécurité qui affolent régulièrement l'île et lui donnent mauvaise presse en métropole.
Même si un développement durable lié au tourisme peut réellement s'accroître en Guadeloupe, la situation économique n'est guère reluisante. Malgré un PIB honorable d'environ 19 000 € par habitant, les 22,9 % de chômeurs recensés en 2012 vous diraient que cela ne suffit pas. Ce taux dépasse 30 % au nord de la Grande-Terre et atteint 46 % en moyenne chez les jeunes (63 % chez les non diplômés !). Quand on sait que 32 % de la population a moins de 20 ans et 60 % moins de 40 ans... Pour vivre, beaucoup se contentent du RMI. Cette allocation concerne plus de 20 % de la population guadeloupéenne qui s'en arrange... avec un travail au noir à côté ! De même, les allocations familiales, appelées ici « argent-braguette », alimentent les foyers... Bref, loin d'être autosuffisante, l'économie de la Guadeloupe se retrouve largement assistée par la métropole.

Début 2009, la révolte générale contre la « pwofitasyon »

La Guadeloupe lance, en janvier 2009, un mouvement repris ensuite en Martinique, qui a son collectif, le LKP *(Liyannaj kont pwofitasyon)*, soit la Ligue contre la profitation. Ce nouveau mot de « profitation », qui métisse « profit » et « exploitation », est largement diffusé par Élie Domota, tonitruant leader du LKP, mais aussi par une très grande partie de la population antillaise. La Guadeloupe, dont l'évolution sociale repose sur un système de *rangs*, voit certains détenir la majeure partie des richesses commerciales de l'île. Avec un taux de chômage trois fois plus important qu'en métropole et des augmentations du SMIC dérisoires, cet épineux sujet apparaissait jusqu'ici en trompe l'œil, mais une braise semble avoir toujours couvé sous les cendres...

Au centre des débats (et ils sont nombreux) : la vie chère, bien sûr, avec un octroi de mer contesté (37 à 48 % des rentrées fiscales des communes locales) et des frais d'intermédiaires et de transport élevés pour les produits venant de métropole. Résultat : les Antillais paient les produits manufacturés en moyenne 30 % de plus qu'en métropole. Certains accusent les grands distributeurs de prendre la population en otage. Et puis, cette « dépendance » des produits métropolitains est elle-même en question : pourquoi ne pas commercer plus souvent avec les îles caribéennes et les États sud-américains ? Parce que certaines grandes familles locales, connectées à la métropole, tissent les fils et tiennent les réseaux du commerce antillais.

Mais c'est le prix du baril de pétrole brut, en décembre 2008, qui a ravivé la flamme. C'est à Pointe-à-Pitre que les manifestants se sont d'abord exprimés. Très tôt, le LKP a appelé à la grève générale, qui allait amener, de manifestation en manifestation, au bout de plusieurs semaines, à un engourdissement total de l'île. Dans cet état de grève générale, la société des DOM avance par convulsions, entre coups de colère et révoltes. Près d'un mois après la paralysie de l'île, les affrontements ont pris une autre ampleur. Les arrestations « musclées », selon les manifestants, et le silence de la métropole ont, de semaine en semaine, nourri l'explosion sociale. Des coups de feu se font même entendre, faisant un mort parmi les syndicalistes...

Alors comment le conflit social a-t-il pu en arriver là ? Certains prétendent que le point de départ économique des revendications ainsi que les propos du chef de file du LKP, Élie Domota, ont aidé à faire ressurgir le ras-le-bol social de tous. Dans les discours et les diverses réactions, d'autres évoquent directement un problème racial. Le mot est lancé. Tandis que la majorité des « békés » sort progressivement de son isolement social, quelques membres du LKP pointent du doigt l'esprit colonial dont la Guadeloupe serait, selon eux, encore trop imprégnée. Ce mouvement contestataire est plutôt indépendantiste, alors qu'une grande partie de la population ne veut pas entendre parler... d'indépendance.

Au sortir de la grève sont prévues : une hausse des bas salaires de 200 € par mois, une revalorisation du SMIC horaire, une diminution des prix sur un ensemble de produits de première nécessité, mais aussi les produits bancaires, les carburants ou l'eau. Un effort est également prévu pour les loyers (gelés) et les transports dans l'île et depuis la métropole. Malheureusement, la plupart des mesures ont été contournées.

Question d'indépendance

Il peut paraître étrange que, contrairement à certaines îles de la région qui sont devenues indépendantes, comme Sainte-Lucie ou la Dominique, la Guadeloupe, elle, ne le soit pas. La montée de l'idée d'indépendance pourrait paraître dans l'ordre des choses, s'inscrivant dans le mouvement global de l'émancipation des peuples. Mais le mouvement indépendantiste guadeloupéen, qui fut assez virulent dans les années 1980 (en se signalant par des attentats), semble avoir acquis une maturité et une sagesse nouvelles. L'indépendantisme se manifeste plutôt comme prise de conscience d'une identité guadeloupéenne qui cherche à s'affirmer sans rompre les amarres avec la France, amarres trop solides et vitales.

D'abord, l'État a habilement tissé un système de dépendance économique quasi totale avec la métropole, et instauré une politique d'assistanat qui aliène bon nombre de Guadeloupéens et les empêche de répondre aux sirènes indépendantistes. Face aux difficultés de la Dominique, la petite voisine indépendante, et de bien d'autres, voilà qui ne donne guère envie de s'émanciper pour de bon. Les résultats du référendum de décembre 2003 ont montré que les Guadeloupéens, dans leur grande majorité, ont refusé un statut qui aurait pu, éventuellement, permettre à la France de desserrer les liens avec l'île (même si beaucoup d'autres considérations sont venues interférer lors de ce vote).

MAI 67 : LA RÉVOLUTION OUBLIÉE !

On a oublié les émeutes de « Mé 67 » dont la répression a été d'une violence inouïe. Huit morts seulement avaient été recensés à l'époque, avant que leur nombre ne soit réévalué à 87 ! Les partis de l'époque n'ayant jamais voulu se prononcer clairement sur ces troubles, la peur du « gendarme blanc », capable de tirer sur ordre, a fait beaucoup dans l'esprit revanchard des jeunes Guadeloupéens des années 1960... Mai 68 a moins marqué les esprits, ici, du moins...

Toutefois, si un calme relatif s'est installé sur le front purement politique, il semble que les conflits se soient déplacés sur le plan social, où l'UGTG, syndicat pourtant minoritaire, cherche toujours à paralyser régulièrement l'île, avec pour ambition de « faire respecter le droit du travail, s'approprier les moyens de production et enfin préparer l'indépendance ! »

Beaucoup en ont assez et rappellent que la France n'est pas seulement ce monstre impérialiste qui tiendrait la Guadeloupe. Elle est aussi celle qui lui a apporté son aide massive après les cyclones Hugo, Luis, Marilyn et Lenny et elle a, bien sûr, répondu présente après le séisme de novembre 2004. Enfin, et c'est peut-être le plus important, elle est la plus attachée du monde à ce petit bout de terre des Caraïbes. Il y a là des siècles d'histoire commune, de haines, de passions et – malgré tout – d'amour. Les Guadeloupéens parlent le français, ont tous de la famille en métropole. Ils sont patriotes aussi – voir les monuments aux morts qui rendent hommage aux 1 500 victimes guadeloupéennes de la guerre 1914-1918. Non, la France et la Guadeloupe forment un trop vieux couple pour tirer un trait. Actuellement, l'urgence ou le souhait de la Guadeloupe, ce n'est pas l'indépendance au sens strict. Il faut réduire les clivages sociaux – souvent raciaux en parallèle –, résorber le chômage et parvenir à davantage d'autosuffisance. Il faut aussi que la Guadeloupe réussisse enfin à s'insérer dans l'espace caraïbe. L'identité caribéenne ne devrait pas rester une notion creuse et abstraite mais se traduire par davantage d'échanges commerciaux et culturels entre les îles. Pour les clivages raciaux, faisons-lui confiance : elle n'a pas attendu pour se métisser et continue de le faire. Pour le reste, les atouts sont là...

ENVIRONNEMENT ET PARC NATIONAL

Parc national de la Guadeloupe

Avec son Parc national, la Guadeloupe dispose d'un argument majeur pour le développement raisonné d'un tourisme « intelligent », tourné vers les richesses du patrimoine, qu'elles soient naturelles ou mises en valeur par l'homme. Créé en 1989, le Parc est longtemps resté le seul parc national français d'outre-mer.

Quelques chiffres pour planter le décor. Le cœur du Parc couvre environ 40 % (soit 17 300 ha) du massif forestier de la Basse-Terre, des Deux Mamelles au nord aux contreforts de la Soufrière au sud. Il englobe aussi 3 200 ha dans le Parc national

du Grand Cul-de-Sac Marin, une zone de 981 ha couvrant les îlets Pigeon et la zone maritime alentour, ainsi que les parties terrestres des îlets Kahouanne et Tête à l'Anglais...
Les richesses naturelles du Parc peuvent aussi s'énumérer en chiffres, soit 300 espèces d'arbres et d'arbustes, 270 espèces de fougères, une centaine d'espèces d'orchidées, une quarantaine d'espèces nicheuses d'oiseaux, une dizaine d'espèces de chauves-souris, dont deux uniques au monde, sans oublier, pour partir à leur découverte, plus de 200 km de « traces », les sentiers entretenus par le parc.
Le Parc dispose d'ailleurs d'une vitrine pour familiariser les visiteurs à la forêt tropicale humide, la ***Maison de la forêt,*** à mi-chemin de la route de la Traversée. Mais plus que les indications précises fournies sur la faune et la flore, ce sont sans doute les conseils prodigués par les gardes qui en font une étape obligée pour les amateurs. Idéalement située, elle constitue par essence un très bon point de départ pour des randos dans la forêt.
Quant au Grand Cul-de-Sac Marin, il est classé en zone humide d'importance internationale pour les oiseaux d'eau (convention de Ramsar).
Les zones protégées du Grand Cul-de-Sac sont à la fois terrestres (1 622 ha) et marines (2 085 ha). Elles sont au nombre de six, bien délimitées, et représentent un quart de cette grande baie fermée par un long récif corallien. Plusieurs îlets sont concernés (tels que l'îlet à Christophe, l'îlet du Carénage, l'îlet de la Biche et l'îlet à Fajou), ainsi que l'estuaire de la Grande-Rivière à Goyave, entre Lamentin et Sainte-Rose, et des zones de mangrove aux Abymes. De nombreuses espèces d'algues, d'éponges, de phanérogames (herbiers marins) et de bien d'autres organismes y sont recensées, tout comme de nombreuses espèces animales.
Enfin, devant la plage de Malendure, à Bouillante, les îlets Pigeon, haut lieu de la plongée sous-marine, sont connus sous le nom de « réserve Cousteau », où le célèbre commandant aurait tourné quelques scènes de son film *Le Monde du silence* dans les années 1950. Fonds riches et magnifiques, dont la fréquentation est heureusement réglementée depuis qu'elle fait partie du Parc national (pêche et chasse sous-marine interdites, mouillage interdit en dehors des points prévus, etc.). Compte tenu de ce pedigree, on s'étonne qu'un projet de téléphérique dans le Parc même pour se rendre au sommet de la Soufrière soit sérieusement à l'étude. Pour plus de détails, voir nos pages sur « Le volcan de la Soufrière », dans le chapitre « La Basse-Terre ».
En plus du travail de conservation du patrimoine naturel, le Parc a aussi pour mission de mener des actions de sensibilisation à la protection de la nature afin de promouvoir l'écotourisme. Le Parc recommande donc, sous le label « Marque de confiance du Parc », un certain nombre d'adresses (hébergements, activités et sites) allant dans le bon sens.
Pour l'instant, l'essentiel de ces adresses se limite à la Basse-Terre, qui offrait au départ un potentiel plus important. Nous vous en indiquons bon nombre, ainsi que celles d'une association « dissidente » et dynamique, l'association Guadeloupe Écotourisme, tout à fait complémentaire à nos yeux...

Réserves naturelles

– Depuis l'intégration du Grand Cul-de-Sac Marin au Parc national de Guadeloupe, les ***îlets de Petite-Terre,*** au sud-est de Saint-François, demeurent la seule réserve naturelle guadeloupéenne, créée en 1998 et gérée par l'Office national des forêts. Sa superficie est de 990 ha (dont seulement 148 ha terrestres). Les deux îles de Petite-Terre – Terre-de-Haut et Terre-de-Bas – ont été habitées autrefois (une trentaine de personnes au milieu du XIXe s). Aujourd'hui, ces îles sont intéressantes pour leur biotope. Les ***iguanes*** – *Iguana delicatissima* – constituent la particularité de la faune de Petite-Terre, alors que la flore compte un arbre magnifique, le ***gaïac,*** dont il ne reste qu'une centaine de spécimens.

– On trouve également une réserve naturelle de 1 200 ha à Saint-Barthélemy, et une autre de 3 060 ha à Saint-Martin, créée en 1998.
– Enfin, le Conservatoire du littoral a acquis, pour les protéger, quelques zones à la pointe des Châteaux, dans le nord de la Grande-Terre et dans le sud de la Basse-Terre, à proximité des monts Caraïbes.
Ces classements imposent un certain nombre de contraintes comme le respect, pour les visiteurs, de la réglementation en vigueur (interdiction de pêcher et de chasser, de camper, de déranger les animaux, de faire du feu...). Tout professionnel du tourisme pénétrant avec des clients dans une zone classée Réserve doit aussi posséder une autorisation délivrée par l'autorité gestionnaire.

PRISE DE BEC

La frégate est l'un des plus grands oiseaux de mer. Appelé malfini en créole, ses ailes noires et anguleuses rappellent celles des bestioles préhistoriques. Gros handicap pour un oiseau vivant au-dessus des océans : il ne sait pas nager ! Il vole donc les poissons dans le bec des autres espèces. Pas étonnant que les bateaux rapides des pirates s'appellaient aussi frégates : leur apparition à l'horizon annonçait en général un pillage en règle !

Le scandale du chlordécone (le bien nommé !)

Malheureusement, ce pesticide de « première génération » porte bien son nom. Élaboré aux États-Unis dans les années 1950, il a finalement été interdit en 1976. Mais, curieusement, il fut autorisé dans les Antilles françaises et largement utilisé entre 1972 et 1993 pour lutter contre le charançon du bananier alors que sa nocivité pour l'homme (il est cancérigène) était déjà établie... Le charançon s'était, en effet, multiplié suite à plusieurs cyclones ayant mis à mal de nombreuses bananeraies. Il semblerait que les producteurs et les politiciens locaux aient tardé à interdire l'usage de ce produit afin de maintenir la production et les parts de marché de la banane antillaise.
C'est finalement un député martiniquais, Philippe Edmond-Mariette, qui est allé porter un rapport parlementaire à l'Assemblée nationale en 2005, trouvant enfin un écho en France métropolitaine et dans les médias, jusque-là étonnamment muets. Aujourd'hui interdit, le chlordécone a néanmoins contaminé à cette époque 4 000 ha dans le sud de la Basse-Terre, région de production des bananes, sans parler des rivières et de leurs habitants (ouassous, poissons, etc.). Il mettrait plus de 500 ans avant de disparaître complètement. Même problème en Martinique, évidemment. L'affaire n'est sortie dans les médias qu'au début des années 2000, mais elle continue d'alimenter une polémique très vive sur place, et fait l'effet d'une vraie petite bombe à retardement.
Paradoxalement, le chlordécone ne se retrouve pas dans la banane que nous mangeons, mais contamine les fruits et légumes, les sols, les rivières et finalement la mer. Une des victimes collatérales de cet empoisonnement est le ouassou, qu'il soit sauvage ou d'élevage. La pauvre bestiole concentre 20 000 fois la dose de chlordécone mesurée dans l'eau ! De ce fait, la pêche est interdite dans les rivières de nombreuses communes. Seules quelques fermes sont encore autorisées à élever les fameuses crevettes, ce qui explique pourquoi près de 90 % de ceux que l'on trouve à la carte des restaurants sont sains, mais importés d'Asie, et surgelés. Autant le savoir.

Pollution : « peut mieux faire »

– ***Eau potable :*** le réseau d'eau potable est régulièrement contaminé par l'utilisation abusive des pesticides (lire ci-dessus) ou endommagé par les cyclones à répétition (comme en 2004 en Basse-Terre), et il est arrivé que certaines communes soient privées d'eau durant plusieurs semaines.

– ***Plages et rivières :*** l'eau de mer reste globalement de bonne qualité sur la plupart des côtes. En revanche, évitez la plupart des rivières proches des habitations, elles sont souvent polluées (particulièrement sur la Basse-Terre) et polluent à leur tour la mer après de fortes pluies. Évitez également la baignade dans les ports et près des grands hôtels (en dehors des piscines, bien sûr !).

– ***Déchets :*** ce qui choque toujours beaucoup les visiteurs de passage, c'est une certaine négligence concernant les ordures. Sacs-poubelles éventrés par des chiens errants, vieux appareils électroménagers et carcasses de véhicules abandonnés le long des routes... Comme toute île qui se respecte, la Guadeloupe doit faire face à un énorme problème de gestion de ses déchets qui doivent être traités sur place. Sans parler des négligences comportementales, mais là, on s'embarque dans de longs débats. L'abominable décharge de Baillif (près de Basse-Terre ville) est fermée mais continue à se déverser dans la mer. On parle d'un incinérateur, mais avec une implantation à Basse-Terre ou en Grande-Terre ? Les spéculations vont bon train, une histoire de gros sous avant tout ! Quant au tri sélectif, il en est fortement question même si, pour le moment, seuls certains gîtes privés et associations locales donnent l'exemple... en attendant sa généralisation aux professionnels, comme les agriculteurs par exemple (300 exploitants en moyenne sur 8 000 ont adopté une pratique agricole durable).

Informations, sites internet

■ ***Parc national de la Guadeloupe :*** ☎ *05-90-41-55-55.* • *guadeloupe-parcnational.fr* •

■ ***Association des amis du Parc national et de l'environnement :*** *BP 286, 97105 Basse-Terre Cedex.* ☎ *05-90-89-71-98.* • *lesamisduparc guadeloupe.e-monsite.com* • Cette association n'a pas vocation à renseigner le grand public mais à rassembler les défenseurs du Parc et de l'environnement en Guadeloupe.

■ ***Guadeloupe Autrement :*** *domaine de Vanibel, Cousinière-Caféière, 97119 Vieux-Habitants.* ☎ *05-90-00-00-00.* • *guadeloupe-ecotourisme.fr* • Cette association a été fondée pour promouvoir l'écotourisme. Elle est aujourd'hui la seule habilitée à attribuer la marque de confiance du Parc national (signalée pour les adresses de ce guide), réservée aux prestataires touristiques qui se sont engagés dans une démarche de respect et de valorisation du patrimoine naturel et culturel de la Guadeloupe.

■ ***Association Guadeloupe Écotourisme (AGE) :*** *Plage Caraïbes, 97116 Pointe-Noire.* ☎ *05-90-99-90-95.* • *christine.jasor@orange.fr* • *ecotourisme-guadeloupe.org* • Association de petites structures familiales (hébergement, sites et prestations touristiques) proposant d'allier la découverte du patrimoine de l'île et le respect de son identité et de sa nature. Ses membres respectent les critères de l'écotourisme et du développement durable dans leur fonctionnement quotidien.

• ***terredavenir.org*** • Portail écologique de la Caraïbe. Traite de l'écologie en Guadeloupe, mais aussi en Martinique et dans les Antilles en général. Nombreuses rubriques : *econews* (les infos), santé, biodiversité, énergies, etc.

FAUNE ET FLORE

Les cocotiers, et après ? Après, il y a les petites routes enveloppées de flamboyants, l'océan argenté des cannes en fleur, les cases enfouies dans les hibiscus et les bougainvillées, les jardins créoles débordant de plantes utiles, enfin, l'immense opéra végétal des forêts des tropiques. Si l'on devait trouver une bonne illustration du jardin d'Éden, ce serait à coup sûr en Guadeloupe, et aux Antilles en général. Une terre volcanique, des pluies, du soleil : plantez un bout de canne dans le sol, le lendemain il prend racine. La nature donne jusqu'à plus faim, chacun peut se nourrir de fruits sauvages ou tombés à terre (enfin, mieux vaut éviter ces derniers, à cause des vilains petits parasites qui risquent d'y avoir élu domicile...). C'est pourquoi les colons ont fait de ces îles leurs sources nourricières. Voyage après voyage, ils ont rapporté d'Inde la papaye et le coco, de Chine le litchi, d'Indonésie la carambole, du Brésil la goyave et l'avocat, de La Réunion le manguier, de Polynésie la prune de Cythère et l'arbre à pain (dans les cales du *Bounty*) et de Madagascar les filaos, le ravenala (dit « arbre du voyageur », car la base de ses feuilles récolte la précieuse rosée qui permit de désaltérer les premiers routards) et les flamboyants. Chaque île a son cachet particulier. Mais quoi de commun, nous direz-vous, entre les montagnes volcaniques aux forêts sombres de la Basse-Terre, le bocage à zébus de la Grande-Terre, les maquis tropicaux des Saintes et les champs de canne à sucre de Marie-Galante ?

LA VACHE BRAHMANE

Cette vache à la robe blanchâtre est issue d'un croisement avec le zébu indien. Particulièrement adaptée à la chaleur antillaise, sa bosse graisseuse sur le garrot lui permet de ne pas boire pendant plusieurs jours. Et sa peau résiste bien aux piqûres d'insectes.

La mangrove, un « monument végétal »

Sur le littoral, depuis Port-Louis (en Grande-Terre) jusqu'à la pointe Latanier (en Basse-Terre), s'étend une frange végétale qu'on appelle la mangrove. Il s'agit d'une végétation apparemment impénétrable qui semble flotter sur l'eau. Celle-ci ressemble à un inextricable buisson d'arbustes emmêlés, où les mangliers, plus connus sous le nom de palétuviers, hissent leurs racines par-dessus la vase. Vase crissante de crabes, grouillante de poissons venus frayer et bourdonnante de moustiques. La mangrove, monde végétal étrange, étalée comme une ceinture entre la terre et la mer, est soumise au rythme des marées. Les palétuviers, ces arbres qui semblent être montés sur échasses, y prospèrent : leurs racines aériennes, ou pneumatophores, plongent dans un sol gorgé d'eau salée. Par son aspect marécageux et insalubre, la mangrove a rebuté les premiers colons au XVIIe s. C'était un terrain favorable aux maladies tropicales : le paludisme, la fièvre jaune. Au fil des siècles, l'intervention de l'homme a permis de drainer et d'exploiter les essences de cet écosystème particulier. Résultat : des espèces ornithologiques ont déserté, tels le flamant rose ou le petit héron bleu, qui a disparu.
Aujourd'hui, les mangroves, haut lieu de reproduction pour la faune et la flore endémiques, sont sans cesse plus polluées. On y retrouve de vieilles carcasses de voitures, des frigos, mais aussi – plus grave – des traces de plomb, de mercure, de nitrates et de pesticides. Il faut dire que des décharges ont été installées aux abords des mangroves et qu'avec l'action de la pluie de nombreux polluants s'infiltrent par les sols. La question du tri sélectif et du recyclage se pose en milieu insulaire plus qu'ailleurs et, dans ce domaine, la multiplication des installations en cours semble encore insuffisante. La protection est donc urgente. Certaines parties de la mangrove de Grand Cul-de-Sac Marin bénéficient du statut de Parc national et sont protégées. Tant mieux, au moins l'extension de Pointe-à-Pitre sera-t-elle bloquée de ce côté-là.

La forêt tropicale humide

Après la mangrove littorale vient l'étage des cultures. Puis la forêt, elle aussi étagée en fonction des précipitations, avec des arbres dont les plus grands spécimens peuvent atteindre les 45 m de hauteur, entortillés d'épiphytes (végétal fixé à un autre mais non parasite) et de lianes, et certains, comme le ***mahogani*** (autre nom de l'acajou) ou l'***acomat-boucan,*** le gommier dans lequel on taillait autrefois les pirogues, des bois précieux comme le bois de rose ou le courbaril, 270 espèces de fougères (comme dans *Jurassic Park,* certaines sont de véritables arbres) et des fleurs irréelles, comme celles du balisier. Mille végétaux font corps et emplissent l'air moite. Hélas, comme tous les milieux naturels, la forêt est menacée.

Des espèces ont disparu

Pour la faune, les chasseurs d'images feront mieux d'aller au Venezuela. Pour une fois, le paradis tropical n'est pas une arche de Noé. La faune existe, bien sûr, mais reste discrète. Rares sont les animaux du continent qui ont pu gagner la Guadeloupe, en sautant d'île en île. Plus rares encore sont ceux qui ont survécu aux flèches indiennes et aux fusils créoles. Voyez le ***lamantin*** (ou *manati*), qui est en fait une vache de mer très enveloppée, qu'Ulysse et un bon nombre des navigateurs suivants prirent pour une sirène à cause de son chant mélodieux (ce qui prouve qu'après des mois de navigation sans femme, la vue baisse...) : aujourd'hui seule une commune de l'île en a conservé le nom, car ce brave mammifère marin, dont chaque capture assurait 300 à 400 kg de viande, a été exterminé dans les eaux des Petites Antilles. L'***agouti*** (petit rongeur) a, lui aussi, quasiment disparu, sauf à La Désirade où on l'appelle « lièvre doré ».

FEU LE LAMENTIN

Exterminé le lamantin ! Cette grosse vache de mer n'a pas résisté aux hommes. Il faut dire que 300 à 400 kg de viande facile à attraper, ça n'est pas si fréquent. Aujourd'hui, seule une commune de l'île a conservé le nom. La bestiole, avec sa queue de poisson, est à l'origine du mythe des sirènes. Les lamentins existent toujours en Floride. Ils ont su les protéger !

Une faune tropicale à observer

Mais il serait injuste de dire que la faune guadeloupéenne est pauvre. En effet, il n'y a pas beaucoup d'autres endroits au monde où vous verrez autant d'***iguanes,*** charmants bestiaux qui peuvent atteindre, avec leur longue queue, jusqu'à 1,60 m de longueur. Pas besoin d'aller sur les îlets de Petite-Terre pour en voir (si vous y allez, sachez tout de même que la colonie de 10 000 *Iguana delicatissima* qui s'y trouve, beaucoup plus rare que l'espèce commune *Iguana iguana,* est la plus importante des Caraïbes) ; on en rencontre à La Désirade, aux Saintes et dans le sud de la Basse-Terre, notamment dans le secteur des monts Caraïbes. Il faut aussi mentionner des ***chauves-souris,*** des légions chantantes de crapauds « fofo », et l'***anoli,*** un ravissant petit lézard vert (enfin, pas toujours car cet animal est mimétique, comme les caméléons) qui se trouve partout chez lui... À voir aussi, les ***mabouyas*** (petits geckos) et les ***tortues Molokoy,*** qui se dorent la pilule aux abords de certaines rivières.

Le ***racoon*** (ou petit raton laveur guadeloupéen), quant à lui, est sans doute arrivé par accident sur l'île à la suite du naufrage d'un navire américain au XVIIIe s. Animal protégé, il est de moins en moins victime des braconniers. Mais compte tenu de ses origines peu locales, le rongeur pourrait bien céder sa place, en tant que symbole de la protection de l'environnement sur l'île et mascotte du Parc national, au ***pic de Guadeloupe,*** encore appelé ***tapeur,*** une espèce 100 % du cru.

Les forêts luxuriantes sont assez calmes. De temps en temps, quelques oiseaux poussent la chansonnette et les grenouilles coassent dès la nuit tombée. En remplacement des perroquets décimés par la mangouste, ***merles piailleurs, colibris*** ou ***oiseaux-mouches*** et ***sucriers*** viendront se disputer les miettes de votre petit

déjeuner, le matin sur la terrasse. La plupart d'entre eux reviennent en fait de loin : après le passage du cyclone Hugo en 1989, compte tenu de la baisse dramatique du nombre d'oiseaux sur l'île, les autorités avaient invité la population à nourrir les volatiles pour assurer la pollinisation des plantes l'année suivante. Pari plus que gagné pour les sucriers : ils n'ont depuis pas perdu leurs mauvaises habitudes ! Pour échapper au silence, il vous reste la stridulation des ***grillons*** dans les champs ou le crissement des ***crabes à barbe,*** dans la vase de la mangrove. L'un de ces crustacés porte une croix sur le dos et se frappe continûment de sa grosse pince ; on l'appelle ici « cé ma fôt »...
Le bon côté de la chose, c'est que les bêtes à bobos sont rares, elles aussi. Débusquer un ***scorpion*** ou une ***scolopendre*** n'est pas donné à tout le monde. Il arrive tout de même parfois qu'une scolopendre vous pique, et là, il faut reconnaître que c'est très douloureux (voir plus haut « Dangers et enquiquinements » dans « Guadeloupe utile »). Fait notable, il n'y a guère de serpents (la ***mangouste,*** importée pour se débarrasser des rats qui décimaient les champs de canne, a bien rempli son contrat) sauf à Terre-de-Bas où la rare ***couresse des Saintes*** est sans danger. En revanche, les ***moustiques*** se portent bien, merci. Grands comme des moucherons – les ***yens-yens*** (qui sont presque invisibles et gâchent vos couchers de soleil romantiques !) – ou de taille respectable, ils sont chez eux dans la mangrove. Alors, vérifiez que la superbe plage de l'hôtel ne débouche pas sur des arbustes suspects...

Une faune marine riche

La faune marine présente un grand intérêt. Les plongeurs auront certainement la chance de rencontrer des ***tortues,*** sur la côte Sous-le-Vent ou dans le Grand Cul-de-Sac Marin, par exemple. Trois des cinq espèces recensées en Guadeloupe sont le plus fréquemment observées : la tortue verte *(Chelonia mydas),* la tortue imbriquée (*karet* en créole) et la tortue luth, plus rare. Il n'y a pas si longtemps, l'île comptait des dizaines de milliers de ces animaux marins, mais leur population a dramatiquement baissé au cours des cinquante dernières années à cause de la chasse et, depuis que les cinq espèces connues dans l'archipel guadeloupéen sont protégées, du braconnage, encore trop souvent pratiqué, notamment à La Désirade. Une prise de conscience générale a provoqué la mise en place d'un programme de protection de l'espèce.
On ignore assez souvent que les eaux de la Guadeloupe abritent une population relativement importante de ***cétacés.*** Au total, une bonne quinzaine d'espèces de mammifères marins ont été recensées dans les eaux guadeloupéennes.
– Un conseil aux ***ornithos*** : procurez-vous avant de partir le guide *A Guide of the Birds of the West Indies* (éd. Princeton University Press, en anglais uniquement), la bible de ceux qui s'intéressent aux oiseaux des Antilles (plus de 500 pages). Sinon, il existe une version en français, *Les Oiseaux des Antilles* (éd. Michel Quintin, traduit de l'anglais par Philippe Blain).

Quelques conseils

Toute cristalline qu'elle soit, la mer a ses dangers. S'il y a vraiment très peu de risques qu'un requin vienne happer votre gambette, méfiez-vous des brûlures occasionnées par le ***corail de feu*** ou d'autres animaux marins, ainsi que des ***piques d'oursins*** (dans ce cas, le jus de citron vert aide à dissoudre le calcaire des épines). Et gare aux ***méduses*** ! Un petit conseil pour soulager les brûlures : frottez-vous avec des feuilles d'olivier des Antilles, que l'on trouve souvent près des plages (ça tombe bien !). Un autre conseil : frottez-vous très doucement avec du sable fin ou une carte, genre carte de paiement, afin d'enlever les filaments urticants qui restent toujours, puis lavez-vous à grande eau, salée ou non. Enfin, attention aux courants traîtres et invisibles, surtout à marée basse.

GÉOGRAPHIE

Suspendues entre ciel et mer, les îles jouent les funambules. Ce sont des « caractérielles ». L'arc caraïbe dessine une fracture entre deux plaques tectoniques. Des séismes dévastateurs ont d'ailleurs lieu à la Guadeloupe tous les 150 ans environ. La question vous brûle les lèvres : « Quand a eu lieu le dernier gros tremblement de terre ? » Eh bien, en 1843. Faites les comptes et... croisez les doigts, comme en Californie ou dans la région de Nice. Le séisme de novembre 2004 qui a touché essentiellement les Saintes n'était apparemment qu'une « répétition ». Celui de janvier 2010, qui a ravagé Port-au-Prince, a relancé le débat et les peurs au sein de la population...
Les Grandes Antilles, au nord (Jamaïque, Cuba, Porto Rico), ont le calibre de nations. Mais la poussière des Petites Antilles – où la Martinique et la Guadeloupe, longues d'à peine 100 km, passent pour de grandes îles – est une tentation perpétuelle à la dérive.
La Guadeloupe comprend deux îles principales : la Grande-Terre et la Basse-Terre qui, ensemble, dessinent les deux ailes immenses d'un papillon exotique. Ces deux terres peuvent sembler solidaires, mais elles sont en fait séparées par un très étroit bras de mer, la rivière Salée. Jusqu'au début du XIXe s, on passait d'une île à l'autre en gabare. Il y a des antagonismes entre les deux parties de la Guadeloupe dite « continentale ». Située sur la Grande-Terre, presque à la conjonction de la Basse-Terre, Pointe-à-Pitre a le titre de capitale économique de la Guadeloupe. La préfecture est la ville de Basse-Terre.

La Grande-Terre

Située à l'est, elle est en réalité la partie la moins étendue. Elle fut nommée ainsi par les colons européens, car elle leur semblait plus étendue, plus plane et donc plus propice à la culture. Elle forme un triangle d'environ 40 km de côté. La Grande-Terre possède un relief beaucoup plus plat que la Basse-Terre, avec quelques parties un peu accidentées.
Au nord, la campagne est occupée par les champs de canne à sucre et bordée par un littoral escarpé qui se termine par des falaises abruptes et quelques anses sableuses. Entre Le Moule et la pointe de la Grande-Vigie, les paysages façonnés dans le sous-sol calcaire rappellent une « côte normande tropicale ».
À l'extrême est, la pointe des Châteaux forme une avancée rocheuse battue par les flots de l'océan : on dirait parfois un coin de la côte bretonne.
Les bourgs et les cultures vivrières se concentrent dans des vallons intérieurs.
Au sud, du Gosier à Saint-François, la côte s'appelle *la Riviera,* et aligne des stations balnéaires et de belles plages.
Microrégion discrète et peu fréquentée dans l'arrière-pays de Sainte-Anne, les *Grands-Fonds* forment un labyrinthe étrange de mornes cultivés et de vallées encaissées. On dit que certaines vallées seraient au-dessous du niveau de la mer.

La Basse-Terre

À l'ouest, c'est la partie montagneuse, boisée et volcanique de la Guadeloupe. Elle consiste en un massif ovale d'environ 45 km sur 20. Bien qu'ayant été colonisée avant la Grande-Terre, elle est plus longue à sortir de son isolement. Au temps de la marine à voiles, on nommait « basse terre » les endroits situés sous le vent. Dans les Caraïbes, on trouve d'autres lieux ainsi nommés (les terres aux vents étaient appelées *capesterre*). L'activité volcanique se manifeste épisodiquement par les réveils du volcan de la Soufrière, la Vieille Dame, qui culmine à 1 467 m. Cette île-montagne possède des volcans d'âges différents (de moins 25 millions d'années à 35 000 ans), alignés du nord au sud sur la crête montagneuse. En

période de somnolence volcanique, seules quelques sources chaudes jaillissent dans la région de Bouillante, sur la côte Sous-le-Vent.
La forêt domaniale couvre la Basse-Terre aux trois quarts, incluant le Parc national dans sa moitié sud-ouest. Sur les versants des volcans, les paysans font pousser des arbres fruitiers, des bananes et un peu de café. Au sud et à l'ouest, la montagne couverte de forêts descend vers la mer où se trouvent quelques plages, dont l'une des plus belles – Grande-Anse – est située au nord de Deshaies.
Sur la Côte-au-Vent de la Basse-Terre, du côté de Saint-Claude et de Trois-Rivières, il pleut souvent et plus qu'ailleurs. Les précipitations y sont bien plus importantes qu'en Grande-Terre, et augmentent considérablement avec l'altitude (jusqu'à 12 m par an au sommet de la Soufrière !). La route côtière, longtemps sinueuse et assez dangereuse, a pris désormais des allures moins critiques (d'autant que les embouteillages n'incitent guère à faire des prouesses).

Les Saintes, Marie-Galante, La Désirade, Saint-Martin et Saint-Barthélemy

Au sud-est de la Guadeloupe, dans un rayon de 10 à 25 km et à 1h de traversée maximum avec les bateaux rapides, *Les Saintes, Marie-Galante* et *La Désirade* lui sont rattachées administrativement. Ces îles ont cette particularité d'être plus sèches mais de proposer des reliefs variés. La Désirade dessine une courte crête émergée. Marie-Galante consiste en un plateau circulaire bosselé. Les Saintes se présentent comme un petit chapelet d'îlets arides et escarpés.
À 200 km au nord-ouest de la Guadeloupe se situent l'île de *Saint-Barthélemy* et la partie française de *Saint-Martin,* indépendantes de la Guadeloupe depuis 2007 mais qui sont également traitées dans ce guide. Pour info, la Martinique se trouve à 150 km au sud de la Guadeloupe, séparée d'elle par la Dominique.

HISTOIRE

Les origines amérindiennes de l'île *Karukera*

Les premiers habitants présents en Guadeloupe, originaires du Venezuela, étaient là... vers 3500 av. J.-C. (on trouve le long des côtes des outils en pierre ayant pu leur appartenir). Ensuite, autour de 700 av. J.-C., viennent les ***Huécoïdes,*** en provenance des Andes précolombiennes (un collier précolombien se trouve au musée Edgar-Clerc, au Moule). Ils importent le manioc dans l'île, puis partent vers Porto Rico. Entre 300 et 700 de notre ère arrive une nouvelle vague de migration, très importante en nombre, les ***Arawaks,*** en provenance du delta de l'Orénoque (auxquels se mêle, autour de 700, une autre migration venue du Surinam). Les Arawaks sont de nature paisible, vivent d'agriculture et de pêche, utilisent l'argile pour faire des poteries et gravent les rochers (on visite de nos jours le magnifique parc des Roches gravées à Trois-Rivières, qui témoigne de leur talent). Ils utilisent les hamacs (excellente habitude sud-américaine) et le tabac (une moins bonne habitude).
Et puis arrivent à la fin du VIIIe s de nouveaux Indiens en provenance de la région amazonienne, les ***Caraïbes*** ou ***Kalinas,*** qui colonisent les Petites Antilles au XIVe s. Excellents navigateurs (ils viennent avec leurs embarcations, de longues pirogues de haute mer appelées *canoas,* qu'ils utilisent pour la pêche), fins chasseurs, vivant dans des villages de cases (carbets), ils sont également une civilisation guerrière, vivant dans une société très hiérarchisée, et ne font qu'une bouchée (dans tous les sens du terme, crut-on longtemps !) des Arawaks. Ils baptisent l'île du nom de ***Karukera*** qui signifie « l'île aux belles eaux ».

4 novembre 1493 : Karukera devient Guadel(o)upe

À la recherche des Indes, ***Christophe Colomb,*** ayant traversé l'Atlantique, découvre les îles des Petites Antilles. Il avait auparavant débarqué à Marie-Galante, qu'il baptisa du nom de son navire amiral. Avec son *Invincible Armada,* le grand découvreur arrive le 4 novembre 1493 à Sainte-Marie (sur la Basse-Terre, entre Goyave et Capesterre-Belle-Eau). Les Espagnols se retrouvent en face de créatures d'aspect sauvage, entièrement peintes en rouge au *rocou* (plante actuellement utilisée plutôt pour la cuisine) et de sexe féminin. Les hommes sont absents. Farouches guerriers, ils ont fui le village pour préparer une attaque contre les envahisseurs blancs. Christophe Colomb nomme sa nouvelle découverte « Guadel(o)upe », en hommage au monastère de Santa-Maria-de-Guadalupe en Estrémadure (sud-ouest de l'Espagne). Les Caraïbes combattent donc les Espagnols (qui quittent la Guadeloupe en 1604), puis ce sont les Français qui pointent le bout de leur nez.

L'AURIEZ-VOUS CRU ?

En débarquant à la Guadeloupe, Christophe Colomb et ses sbires espagnols tombent nez à nez avec un peuple grégaire que les Taïnos appellent Canibas. *La présence d'ossements humains au fond de jarres suggère qu'ils ont peut-être affaire à des anthropophages. Cette rumeur forge le mot « cannibale » et il perdurera dans le vocabulaire courant.*

Les Français débarquent en 1635

Ils arrivent de Saint-Christophe, qui est alors la base d'où partent les colons pour la Martinique et la Guadeloupe. Sous contrat avec la *Compagnie des Isles d'Amérique,* **Charles Liénard de l'Olive** et **Jean Duplessis d'Ossonville** débarquent en 1635. Le second meurt rapidement, mais le premier s'attaque sans ménagement aux Indiens caraïbes. Ceux-ci sont soit exterminés, soit chassés de l'île. En 1660, un traité de « paix » est signé entre Français, Anglais et Caraïbes, lequel attribue à ces derniers la Dominique et Saint-Vincent, mais les Français ont déjà fait couler beaucoup de sang.
Charles Houël, un gentilhomme normand, est nommé gouverneur de la *Compagnie des Isles d'Amérique,* de 1643 à 1656. Celle-ci aura une brève existence, car elle ne tarde pas à faire faillite et doit vendre la Guadeloupe pour éponger ses dettes. Houël en devient alors propriétaire, ainsi que de ses îles satellites. Il se partage le pouvoir avec son beau-frère.

Canne à sucre et début de l'esclavage

Soucieux du développement économique engendré principalement par la canne à sucre, Houël fait venir en 1654 des colons hollandais chassés du Brésil par les Portugais, qui présentent l'avantage de connaître les techniques de raffinage du sucre. Mais il faut de la main-d'œuvre. Aussi Houël profite-t-il du ***commerce triangulaire*** (entre l'Europe, l'Afrique et le continent américain) pour fournir des esclaves africains aux

LE CODE NOIR

Créé par Louis XIV, ce texte abject réglementait la vie des esclaves dans les « îles à sucre ». Il s'agissait notamment d'éviter le métissage. En effet, les enfants nés de l'union d'une esclave avec un maître blanc sortaient de leur statut d'esclave pour devenir libres. Aucun mariage entre esclaves ne pouvait se faire sans le consentement du maître. Ils étaient considérés comme des « biens meubles » : on se répartissait donc les esclaves lors des successions comme n'importe quel objet.

planteurs blancs. Ce commerce consiste à échanger des marchandises locales contre du bois d'ébène. Les esclaves sont capturés de force ou livrés comme prisonniers par des tribus ennemies, puis vendus par des négriers qui remplissent les bateaux en partance pour les Antilles. En fait, beaucoup d'esclaves meurent dans les cales des navires négriers durant les épouvantables traversées (la Traversée du Milieu, c'est-à-dire de l'océan Atlantique). Une première « livraison » se fait en Martinique, mais pour les autres le voyage n'est pas encore fini. Certains captifs affamés se suicident à l'arrivée en Guadeloupe en mangeant de la terre ! En 1656, on compte déjà 3 000 esclaves en Guadeloupe sur une population de 15 000 personnes. En 1664, l'île passe sous la tutelle de la *Compagnie des Indes occidentales,* créée par Colbert, qui veut que les Antilles françaises *(French West Indies)* soient contrôlées d'une manière plus stricte par la métropole. Elle est par la suite rattachée, en 1676, au pouvoir royal et devient colonie du royaume.

Au XVIIIe s, flibustiers du roy contre Anglais

Dès cette époque, la Guadeloupe souffre, aux yeux des Français, d'un déficit d'image par rapport à la Martinique. Siège du gouvernement général du Vent (joli nom !), cette dernière concentre l'essentiel du trafic maritime et, dit-on même, s'accapare les esclaves de meilleure qualité. La réputation qu'a la Guadeloupe d'être un repaire de flibustiers n'incite pas à venir s'y établir.
Sa réussite économique, toutefois, attire la convoitise des Anglais, qui passent à l'attaque dès 1693, et reviennent par la suite régulièrement à la charge. La guerre de Sept ans (de 1756 à 1763) leur permet d'occuper l'île de 1759 à 1763 et d'y importer 18 000 esclaves pour sa mise en valeur. Pendant ce temps, les ***flibustiers*** (ou « preneurs de butin » en allemand – d'ailleurs, le mot *butin* signifie « propriété » en créole !) organisent des « chasse-parties » pour bouter les ennemis hors de France « au nom du Roy ». Quelques dissidents en profitent pour s'enrichir en changeant leur pavillon contre le *Jolly Roger* : vous savez, le pavillon pirate avec la tête de mort entre deux tibias... C'est bien tentant de ramener à terre or, femmes et rhum.

BOUCLES D'OREILLES DES PIRATES

Ce n'est pas une légende, les pirates portaient bien des boucles d'oreilles. Ces anneaux avaient la réputation d'éviter la noyade et d'améliorer la vue. De plus, si les matelots mouraient loin de chez eux, ces boucles en or étaient destinées au prêtre, afin de payer leurs funérailles.

La Guadeloupe redevient française de 1763 à 1794 (administrativement détachée de la Martinique qui, elle, reste anglaise), et se dote, en 1787, d'une assemblée coloniale. À cette époque, on recense environ 90 000 esclaves pour... 14 000 Blancs, les affranchis et « libres de couleur » dépassant à peine les 3 000, ce qui montre, entre autres, à quel point l'ascenseur social ne fonctionnait pas.

Napoléon rétablit l'esclavage aboli par la République

La Révolution française éclate. L'abolition de l'esclavage est décrétée par la Convention le 4 février 1794. Profitant du désordre causé par une révolte d'esclaves et du refus de la part de certains membres de l'assemblée coloniale de se rallier à la République, les Anglais occupent à nouveau la Guadeloupe – oui, encore ! – en avril 1794, et en sont chassés en décembre de la même année par le conventionnel pur et dur ***Victor Hugues,*** marseillais d'origine et ancien corsaire. Un régime de terreur s'installe avec l'arrivée de la guillotine. Les colons français d'origine aristocratique prennent la poudre d'escampette vers la Martinique (toujours anglaise), et leurs descendants, les fameux *békés,* y sont encore bien plus nombreux à l'heure actuelle qu'en Guadeloupe.

À la fin de la Terreur, Napoléon Bonaparte dirige la France et veille sur l'empire colonial. Influencé par son épouse Joséphine de Beauharnais (originaire de Martinique et favorable à l'esclavage), il nomme en 1802 le gouverneur Lacrosse. Celui-ci est un bon réactionnaire : il cherche à faire quitter l'île aux officiers de couleur intégrés dans l'armée après l'abolition de l'esclavage. L'un d'entre eux, ***Louis Delgrès,*** fomente une révolte contre ce retour de l'ordre ancien. Vaincu à Matouba (commune de Saint-Claude), il se suicide avec 300 de ses fidèles. Bonaparte triomphe : l'esclavage est rétabli. La Guadeloupe perd alors le statut de département que lui avait donné la République. Les colons reprennent leurs habitations et leurs plantations. Les anciens (et nouveaux) esclaves sont pourchassés. De 1808 à 1810, les Anglais (pas fous !) s'emparent de la Grande-Terre, de Marie-Galante, des Saintes et de La Désirade, jusqu'en 1814. Le traité de Paris les rend à la France qui ne les récupère vraiment qu'en 1816.

NAPOLÉON ESCLAVAGISTE !

En 1792, la Révolution française abolit l'esclavage. Mais les beaux-parents de Bonaparte étaient de riches planteurs qui exploitaient 300 esclaves. En 1802, il décida de rétablir l'esclavage afin de reconquérir le cœur de sa femme, Joséphine de Beauharnais. Il était cocu. Il le restera.

27 avril 1848 : l'abolition définitive de l'esclavage

Par ses écrits et son action, l'Alsacien ***Victor Schœlcher,*** riche héritier et néanmoins militant antiesclavagiste, lutte pour la liberté et les Droits de l'homme aux Antilles. Il parvient à convaincre le gouvernement français d'abolir l'esclavage dans les colonies françaises le 27 avril 1848. Élu à l'Assemblée législative, il devient député de la Guadeloupe en 1849 et continuera à se battre contre la peine de mort. À propos, saviez-vous que ses cendres ne furent transférées au Panthéon qu'en 1949 ?

ET ON INDEMNISA LES ESCLAVAGISTES !

En 1848, l'État indemnisa les planteurs qui perdaient leurs esclaves avec l'abolition. Avec cette nouvelle fortune, les propriétaires en profitèrent pour créer une banque prospère, le Crédit Foncier Colonial *et ils purent se lancer dans le commerce et l'importation.*

Sous le Second Empire, le gouvernement de Napoléon III remplace l'esclavage – on était toujours à court de main-d'œuvre – par un ***régime de travail coercitif*** faisant appel aux travailleurs africains. Donc, malgré l'officielle suppression de la traite, on recourt dès 1852 à l'***immigration des Congos*** (6 000 en Guadeloupe), puis à partir de 1854 l'***immigration indienne*** prend le relais (45 000 en Guadeloupe). En 30 ans, la Guadeloupe « accueillera » 45 000 Indiens, venant des anciens comptoirs de l'Inde, dont environ 20 000 mourront à la tâche (les conditions de travail devaient être excellentes !) et 8 000 retourneront aux Indes. Leurs descendants vivent actuellement dans les zones d'anciennes activités sucrières (Saint-François, Sainte-Anne, Le Moule, Port-Louis). À la fin du XIXe s, Chinois, Libanais et Syriens, majoritairement commerçants, viendront compléter cette mosaïque de populations. Sous la IIIe République (1871), la Guadeloupe et la Martinique se voient attribuer à nouveau une représentation à l'Assemblée nationale. La période est marquée par de fortes tensions. La crise sucrière entraîne des restructurations (déjà !) dans le domaine agricole et industriel.

Incroyable mais vrai : pour rendre hommage à la mémoire des esclaves et saluer le courage de ceux qui menèrent le combat contre leur sort, il faudra attendre... le 10 mai 2001 pour qu'une loi soit adoptée, à laquelle Christiane Taubira, ministre de la Justice du gouvernement Ayrault depuis 2012, a donné son nom. Elle reconnaît l'esclavage comme un crime contre l'humanité et instaure dans les départements d'outre-mer une date anniversaire (le 27 mai) pour la commémoration annuelle de l'abolition de l'esclavage.

LA VRAIE VIE DES ESCLAVES

La découverte récente de cimetières d'esclaves (Le Moule, Saint-François...) prouve que les conditions de vie étaient encore plus rudes qu'on ne croyait. Les cadavres montrent qu'ils sont tous morts avant 30 ans. Sous-alimentés, les esclaves rongeaient la canne à sucre. La perte de quasiment toutes leurs dents l'atteste. Sur chaque corps, on décèle de l'arthrose et de la tuberculose, maladies particulièrement douloureuses. Enfin, 80 % des enfants d'esclaves mouraient dans les 10 jours : trop fastidieux à élever pour une rentabilité trop lointaine.

Une autre date, celle du 10 mai, a récemment été retenue afin que cette célébration s'étende à tout le territoire français. Cette volonté nouvelle d'élargir un tel acte de mémoire à la métropole coïncide avec l'affaire épineuse de la loi du 23 février 2005. Cet amendement visait purement et simplement à vanter la colonisation, en soulignant « le rôle positif de la présence française outre-mer ». C'est après le cataclysme qu'a provoqué un tel texte (finalement abrogé) que le gouvernement a décidé d'arrêter une nouvelle date pour que soient honorées les victimes de l'esclavage partout en France.

Une région française des Caraïbes

Comme la Martinique, la Guadeloupe devient un département français d'outre-mer en 1946. La départementalisation fait naître de grands espoirs, mais ne résout rien dans l'immédiat. Il faudra attendre 1996 pour que le SMIC soit aligné sur celui de la métropole...

Les Antilles françaises montent d'un rang en acquérant, en 1982, le statut de région. Aujourd'hui, ce statut institutionnel semble avoir montré ses limites, et les trois régions françaises de la Caraïbe (Guadeloupe, Martinique et Guyane) se sont mises d'accord pour signer, le 1er décembre 1999, la déclaration de Basse-Terre, réclamant au gouvernement une plus grande autonomie interne. Mais le référendum organisé en décembre 2003 dans le but de doter la Guadeloupe et la Martinique d'une collectivité unique s'est soldé par un refus massif en Guadeloupe (73 % de « non »). Les scrutins favorables de Saint-Martin et Saint-Barthélemy, devenues « collectivités d'outre-mer » en 2007, n'ont rien changé à la donne. Un sérieux camouflet pour « la Dame », la présidente historique du conseil régional de Guadeloupe, Lucette Michaux-Chevry, qui avait fait de son combat pour le « oui » une affaire personnelle. Mais beaucoup ont craint de lui donner trop de pouvoirs, et sans contrepartie... Il faut dire que l'avenir institutionnel de l'île, en cas de « oui », n'était pas très clairement défini, les adversaires de la réforme profitant de ce flou pour attiser les peurs au sujet d'un possible « largage » de la Guadeloupe par Paris... Premier résultat en 2004 : les élections régionales voient « la Dame » définitivement écartée du jeu politique et remplacée par Victorin Lurel, son opposant de gauche.

Le temps des séismes

Les Guadeloupéens n'ont pas gardé le meilleur souvenir de 2004, « année de tous les excès ». Le ciel tout d'abord : les pluies ne laissèrent guère de répit à l'archipel et novembre est resté dans les annales car, le 21 de ce mois, il était déjà tombé 500 mm à Sainte-Rose (moyenne mensuelle habituelle : environ 210 mm). La succession de cyclones sur la Floride, ces phénomènes à répétition n'ont pas épargné la Guadeloupe : *Jeanne* n'y est pas allée de main morte dans la région de Pointe-Noire (en septembre) et les orages n'ont jamais été aussi nombreux. Qui a dit « changement climatique » ?

La terre ensuite : un séisme d'une magnitude de 6,3 sur l'échelle de Richter secoue l'archipel toujours le 21 novembre. Triste loi des séries. L'épicentre se situant entre Les Saintes et la Dominique, à 10 km de profondeur, ce sont les îles de Terre-de-Haut et de Terre-de-Bas, ainsi que Trois-Rivières, Gourbeyre et Capesterre (sur la Basse-Terre) qui sont les plus touchées : un mort, des dizaines d'habitations détruites ou fissurées et de nombreuses routes emportées... par les trombes d'eau incessantes !

Alors que les répliques durent plusieurs semaines après le tremblement de terre (plusieurs milliers en tout, fortement ressenties aux Saintes), fin novembre, les dockers de Pointe-à-Pitre continuent tête baissée une grève entreprise 2 mois plus tôt, bloquant entièrement l'économie de l'île : pas un seul conteneur ne peut entrer ou sortir du port, vidant les rayons des supermarchés (premières victimes, les petites îles comme... Les Saintes, évidemment !), ruinant bon nombre de petites entreprises (adieu les exportations juteuses de rhum pour Noël, par exemple) et retardant tous les travaux de réparation des dégâts de *Jeanne*.

Un autre séisme (de 7,3 sur l'échelle de Richter) a frappé les Antilles et notamment la Guadeloupe, en 2007, mais c'est surtout la Martinique qui en a le plus souffert. Depuis, d'autres événements ont secoué ce petit paradis du bout du monde : après les grèves de 2009 (suivies par d'autres, comme début 2014, au sujet notamment du prix des carburants), qui ont fait remonter rancœurs et rancunes (voir plus haut le chapitre « Économie... politique et sociale »), c'est au tour d'un nouveau séisme de venir frapper Haïti en 2010, et de susciter d'autres inquiétudes dans l'île même.

MÉDIAS, PRESSE

Les médias effectuent un réel service local et reflètent l'ambiance musicale et politique des îles.

Votre TV en français : TV5MONDE partout avec vous

TV5MONDE est reçue partout dans le monde par câble, satellite et sur IPTV. Dépaysement assuré au pays de la francophonie avec du cinéma, du divertissement, du sport, des informations internationales et du documentaire.

En voyage ou au retour, restez connecté ! Le site internet • *tv5monde.com* • et son application iPhone, sa déclinaison mobile *(• m.tv5monde.com •)*, offrent de nombreux services pratiques pour préparer son séjour, le vivre intensément et le prolonger à travers des blogs et des visites multimédia.

Demandez à votre hôtel le canal de diffusion de TV5MONDE et n'hésitez pas à faire part de vos remarques sur le site • *tv5monde.com/contact* •

Radio

Quelques fréquences parmi la bonne quarantaine de radios qui occupent la bande FM :

- ***RFO :*** 88.9, 97.0 et 97.4 FM. Bien pour écouter les infos locales.
- ***Radio Caraïbe Internationale :*** 91.5 et 106.6 FM. Utile pour connaître les bons plans qui occuperont vos soirées (clubs, bars, discothèques...).
- Nombreuses ***radios*** dites ***« libres » :*** Zouk Radio (94.6 et 103.0 FM), Sun FM (92.1 et 94.1 FM), MFM (92.5 et 92.9 FM), Radyo Tanbou (105.0 FM).
- ***France Inter :*** 95.0 et 95.4 FM. Les mêmes émissions, aux mêmes horaires de la journée qu'en métropole.

MUSIQUE ET DANSE CRÉOLES

Des enfants se déchaînent sous la véranda d'une case. Bidons, casseroles, balustrades, tout ce qu'ils trouvent est percuté en rythme. Et aucun passant ne se plaint du fracas.

Tandis que chez les colons on dansait le menuet et le quadrille, chez les esclaves on attachait plus d'importance au son du tambour et des percussions pour accompagner les danses rituelles : le *léwoz,* rythme guerrier (sur lequel on attaquait les plantations) ; le *kaladja,* symbole de la lutte en amour ; le *pajyanbel,* quand on coupe la canne ; le *toumblak,* danse d'amour, de fertilité, danse de la terre ; le *graj,* pour accompagner les travaux agricoles ; le *woulé* (ou valse créole) ; le *mendé* – après l'abolition de l'esclavage – qui accompagne le carnaval et le fameux *gwo-ka* (ou « la voix de l'esclave ») ; on pense avoir retrouvé ses traces vers le golfe de Guinée ou dans le haut Dahomey. Symbole de chants incantatoires et de danses rituelles, son rythme reste très prisé – avec quelques variantes – en Haïti, à Cuba, au Brésil et aux îles Vierges.

Mais les danses à orchestre, plus gaies et plus profanes, tiennent le haut du pavé : valse, mazurka, polka (souvenirs des colons). Tonique et lascive, la *biguine* est même devenue le sport national des Antilles françaises. Le *zouk,* surtout, fait le régal des radios, le *zouk-love,* un zouk langoureux et moite, à danser « collé-serré ». Un des jeux favoris étant de réussir à danser avec sa ou son partenaire sur le même carreau et de surtout ne pas en sortir... ça crée des liens. Au début du XXe s, le mot *zouk* désignait un bal campagnard plutôt chaud, déconseillé aux femmes de la bonne bourgeoisie... on comprend pourquoi ! Le groupe de zouk qui fut le plus populaire reste *Zouk Machine* avec ses séduisantes créatures et ses mélodies sexy bien sucrées. Malgré un retour aux racines – le *gwo-ka* –, l'influence des Grandes Antilles (salsa, reggae) domine la création musicale. *Malavoi, Difé :* dans l'Hexagone, la nouvelle musique antillaise est montée en puissance. Des groupes comme *Kassav* et *Zouk Machine* remplissent encore les salles et les stades (jusqu'en Afrique pour *Kassav* !). Tant mieux !

LE TÉLÉPHONE DES ESCLAVES

Le gwo-ka fut le premier moyen d'expression et de communication des esclaves débarqués aux Antilles au XVIIIe s. Il s'agissait d'un tambour fabriqué à partir d'un quart de tonneau servant à transporter les salaisons, le « gros-quart », qui donnera... gwo-ka. *Ce « tam-tam » devint le témoin vital de tous les actes importants de la vie quotidienne : naissances, travail, révoltes, veillées mortuaires...*

PERSONNAGES CÉLÈBRES

Écrivains d'aujourd'hui

Il existe une littérature antillaise spécifique, écrite dans un français savoureux, car « créolisé » par des écrivains de talent. En Guadeloupe, ce sont les femmes qui tiennent le devant de la scène littéraire. ***Maryse Condé, Dany Bébel-Gisler*** et ***Simone Schwarz-Bart*** (respectivement nées en 1937, 1935 et 1938) sont les représentantes de la première génération des romancières guadeloupéennes, et ***Gisèle Pineau*** (née en 1956) illustre la seconde génération. Parmi les hommes, on compte ***Daniel Maximin, Ernest Pépin*** et ***Max Rippon*** (voir les détails sur certains d'entre eux dans la rubrique « Livres de route »).

Outre les thèmes qu'ils (elles) abordent – comme l'identité antillaise, le rapport à l'histoire, et en particulier l'époque de l'esclavage, les relations familiales très complexes –, les auteurs guadeloupéens se distinguent par leur langue. Maryse Condé a déclaré : « Quand je parle français, c'est un français que j'ai cannibalisé, réinterprété avec mon histoire, avec mon ethnicité, mon expérience particulière, ce n'est pas la langue coloniale, c'est devenu la mienne. » Beaucoup d'écrivains antillais peuvent souscrire à ces propos, et c'est aussi ce qui fait le plaisir de les lire.

– ***Maryse Condé*** *(née en 1937)* **:** enseignante à l'université de Columbia (New York), elle a pas mal bourlingué, notamment en Afrique (Guinée, Ghana), mais son île natale reste un sujet d'inspiration essentiel, notamment dans *Traversée de la mangrove* (Gallimard, coll. Folio, n° 2411, 1989), roman construit autour de la personnalité énigmatique d'un homme arrivé mystérieusement dans un village de la Basse-Terre, ou encore dans *Désirada* (coll. Pocket, n° 10506, 1999). Dans *Hugo le Terrible* (Sépias, coll. Poche, 2010), elle livre une description bouleversante du cyclone qui a ravagé la Guadeloupe en 1989, à travers le regard d'un enfant de 11 ans. Elle raconte d'une manière détaillée son enfance et sa jeunesse à Pointe-à-Pitre dans les années 1940-1950, au fil d'un court récit intitulé *Le Cœur à rire et à pleurer* (Pocket, 1999). Auteur prolifique, elle obtient en 1987 le Grand Prix littéraire de la Femme pour *Moi, Tituba sorcière* (Gallimard, coll. Folio, n° 1929, 1988)... Figure de la conscience noire et antillaise, elle a proposé en 2006 à Jacques Chirac la date du 10 mai pour fixer désormais la Journée de commémoration de l'esclavage.

– ***Dany Bébel-Gisler*** *(1935-2003)* **:** a travaillé ardemment à la reconnaissance de la langue créole, à travers ses activités de sociologue au CNRS, mais aussi au sein de l'Unesco. L'enseignement de son centre d'éducation populaire *Bwadoubout* est d'ailleurs dispensé entièrement en créole. Parmi ses œuvres les plus représentatives, on trouve *Léonora : l'histoire enfouie de la Guadeloupe* (Seghers, 1985) et *Grand'mère, ça commence où la route de l'esclave ?* (Jasor, 1998), un texte illustré pour enfants.

– ***Simone Schwarz-Bart*** *(née en 1938)* **:** a raconté, dans *Pluie et vent sur Télumée Miracle* (Seuil, Points roman, 1995), la vie d'une descendante d'esclaves, Télumée, et retracé la vie dans la Guadeloupe rurale du début du XXe s.

– ***Gisèle Pineau*** *(née en 1956)* **:** née en métropole, elle s'est installée en Guadeloupe pour des raisons professionnelles en 1980. Dans son roman *L'Espérance-macadam* (LGF, coll. Le Livre de Poche, n° 14496, 1995), elle montre notamment l'envers du décor guadeloupéen, sans complaisance (la misère, l'inceste, les cyclones), loin des clichés des catalogues de voyages. En 2000, elle s'est établie à Paris et a publié depuis de nombreux romans.

Personnages historiques

– ***Saint-John Perse*** *(1887-1975)* **:** celui qui allait devenir Prix Nobel de littérature en 1960 est né Alexis Léger. Mais il utilisa également comme pseudonyme de « plume » Alexis Saint-Léger Léger. Son père est avocat, mais la famille, installée aux îles depuis le XVIIIe s, possède une caféière et une habitation sucrière. Le futur poète naît sur un îlet au large de Pointe-à-Pitre, lui aussi propriété de famille, et non au 54 de la rue Achille-René-Boisneuf, où il passa seulement une partie de son enfance. En 1899, les Léger, jugeant irréversible le déclin économique de la Guadeloupe, rentrent en métropole. Alexis Léger entame en 1914 une carrière dans la diplomatie, qui le conduira d'abord en Chine puis à des postes de plus en plus élevés au Quai d'Orsay, où il devient notamment le bras droit d'Aristide Briand, puis le secrétaire général du ministère jusqu'en 1940. Cet héritier d'une famille aristocratique (du côté maternel, un d'Ormoy avait carrément perdu sa particule pour avoir combattu contre les Anglais aux côtés de l'armée révolutionnaire), poète au style hiératique, au lyrisme assez hautain, était un homme de gauche, un des principaux artisans de la politique étrangère du Front populaire, ce qui le rapprocha fortement de Léon Blum. Après les accords de Munich, en 1938, il s'oppose à la capitulation annoncée, se voyant traiter de « belliciste ». Démis de ses fonctions en 1940, il s'exile aux États-Unis, quasiment sans ressources matérielles, pendant que Vichy le déchoit de la nationalité française et que la Gestapo pille son appartement... Il trouve des soutiens là-bas, est même reçu par Roosevelt et, après la guerre, s'offrira le luxe de refuser une proposition du général de Gaulle avec qui il se sent en désaccord dans « sa démarche politique » ! À partir de cette époque, il ne se consacre plus qu'à son œuvre. Jamais Saint-John Perse n'est retourné en Guadeloupe après 1899. On devine pourtant dans ses vers une nostalgie de l'enfance (*Éloges*, 1911), une attention particulière portée aux éléments (*Vents*, 1946, et *Amers*, 1957), par ce passionné d'ornithologie.

– ***Victor Hugues** (1762-1826)* **:** voilà un fervent révolutionnaire qui a laissé sa « trace » en Guadeloupe puisqu'un sentier de randonnée en Basse-Terre porte son nom ! Il est le premier, 54 ans avant Victor Schœlcher, à avoir proclamé l'abolition de l'esclavage en Guadeloupe. Né à Marseille, on le retrouve marin (corsaire ?) à Saint-Domingue puis boulanger à Port-au-Prince, avant que n'éclate la Révolution. Revenu en métropole, il devient accusateur public au tribunal de Rochefort où il se fait remarquer pour sa fougue révolutionnaire. On l'envoie en Guadeloupe en 1794, en tant que commissaire de la République chargé d'appliquer l'abolition de l'esclavage votée en février 1794. Mais, surprise, lorsqu'il arrive début juin en vue de la Guadeloupe, l'île, entre-temps, a été prise par les Anglais. Il débarque au Gosier et déloge ces derniers en quelques semaines de la Grande-Terre. Il rallie des esclaves et s'attaque à Basse-Terre, faisant au passage de nombreux prisonniers parmi les royalistes qui étaient passés du côté anglais. Hugues avait apporté dans ses bagages la guillotine mais, avant même de l'installer place de la Victoire de Pointe-à-Pitre, fraîchement rebaptisée ainsi à la suite de son succès militaire, il fait fusiller 865 « collaborateurs » de l'ennemi, pour l'essentiel des planteurs. Ceux qui s'en sortirent filèrent en Martinique ou se réfugièrent dans les Grands-Fonds. Fin 1794, Hugues est maître absolu de la Guadeloupe. La guillotine ne reste pas un privilège des Pointois, mais fait aussi le tour des villages. Les plantations sont mises sous séquestre, et Hugues, pour y maintenir les anciens esclaves, invente l'étrange notion de travail libre, étendue à tous, anciens esclaves ou anciens libres. Dans la ferveur patriotique, au rythme des chants révolutionnaires, chacun doit donner sa sueur pour la jeune République. Malgré la terreur qu'il fait régner, Hugues bénéficie d'une certaine confiance de la part de la population, constituant même une armée de couleur de 10 000 hommes qui impressionne les Anglais. Ces derniers encerclent l'île, tout en laissant Hugues faire des sorties (la guerre de course) pour desserrer l'étau. Mais le vent tourne bientôt. À Paris, on trouve ce Robespierre des colonies un peu trop à l'aise dans ses fonctions, et le Directoire, fin 1798, le rappelle en métropole. Pas vraiment une disgrâce puisque Hugues rebondit, nommé « agent particulier » en Guyane, chargé d'y rétablir l'esclavage (!) et de développer cette colonie ingrate. Il y développe surtout sa propre fortune et passe en jugement à Paris pour avoir trop vite cédé face aux Portugais. Il finira ses jours en Guyane, retournant s'y établir comme simple colon.

– ***Victor Schœlcher** (1804-1893)* **:** a consacré de nombreuses années de sa vie à dénoncer inlassablement l'esclavage. Sensibilisé à cette injustice par un voyage aux Amériques en 1829-1830, il mène une campagne d'opinion dans la presse, puis écrit plusieurs ouvrages consacrés à cette question. Il se

QUAND C'EST ÉCRIT NOIR SUR BLANC...

En vendant de la porcelaine dans les îles, Schœlcher se rendit compte de l'horreur de l'esclavage. Ce riche bourgeois alsacien fit beaucoup de recherches pour prouver l'égalité des Noirs et des Blancs. Il réussit à convaincre les députés en écrivant un livre sur les civilisations éthiopiennes dirigées par des Noirs, ainsi que les nombreux pharaons tenant des empires et dont la peau était foncée. Encore fallait-il y penser, surtout à l'époque...

prononce en faveur de l'abolition immédiate de l'esclavage, alors que d'autres, acquis au principe, préféreraient une abolition progressive. Sous-secrétaire d'État aux Colonies dans le gouvernement issu de la révolution de 1848, il réussit à arracher l'abolition le 27 avril de la même année, malgré l'opposition des planteurs et le peu d'enthousiasme de certains membres du gouvernement qui craignent l'effondrement économique des îles. Les Guadeloupéens, au même titre que les Martiniquais et les Guyanais, lui en seront reconnaissants, puisqu'il sera élu dans les trois colonies à la fois. Il choisit de représenter la Martinique, pas pour longtemps, car il s'exile à Londres de 1852 à 1870, en tant que républicain opposé à Napoléon III. Réélu député en 1871, puis sénateur inamovible, il lègue à la Guadeloupe, de son vivant, une partie de sa collection d'objets d'art qui est abritée dans le musée construit dans ce but à Pointe-à-Pitre, en 1883. Schœlcher est enterré en 1893 au Père-Lachaise et ses cendres sont transférées au Panthéon en 1949. Il reste la conscience morale blanche qui a su mettre fin, grâce à un travail acharné, à un système dont beaucoup à l'époque refusaient d'admettre la barbarie. En Guadeloupe, on célèbre sa mémoire chaque année le 11 juillet, date anniversaire de sa naissance.

– ***Le chevalier de Saint-Georges** (1739-1799) :* un artiste si doué qu'on le surnomma le Watteau de la musique. Mulâtre guadeloupéen, il est le fils d'une esclave sénégalaise et d'un planteur aristocrate. Reconnu par son père, fait rare à l'époque, il reçut la meilleure des éducations dans l'esprit du Siècle des lumières. Il passa sa jeunesse sur l'île puis alla à Versailles. Violoniste exceptionnel, il fut le professeur de musique attitré de la reine Marie-Antoinette, composa de nombreux morceaux (on lui doit deux recueils de quatuors et dix symphonies concertantes) et faillit succéder à Lully à la direction de l'Opéra royal. Mais Louis XVI dut céder aux chantages de deux cantatrices qui refusaient d'être « dirigées par un Nègre »... Il fut proche de Danton, s'engagea dans la Révolution et créa la légion de Saint-Georges, composée d'un millier de hussards, en majorité des métis et des Noirs. Pour saluer sa mémoire, la rue Richepanse (Paris Ier) a été rebaptisée il y a quelques années rue du Chevalier-de-Saint-Georges. Le « Mozart noir » remplace ainsi un illustre général napoléonien envoyé en Guadeloupe en 1802 pour rétablir l'esclavage et mater dans le sang la rébellion des abolitionnistes.

Les autres célébrités guadeloupéennes

– Les athlètes et les champions : ***Roger Bambuck*** (Pointe-à-Pitre, 1945) fut champion olympique d'athlétisme, puis ministre des Sports. On ne présente plus ***Marie-Jo Pérec,*** née en 1968 à Basse-Terre, championne hors catégorie qui a remporté trois titres olympiques, dont le fameux doublé 200-400 m aux J.O. d'Atlanta en 1996... Son héritière spirituelle, ***Christine Arron*** (Les Abymes, 1973), qui a connu quelques déboires, reste néanmoins une référence dans les annales du 100 m et du 200 m. ***Laura Flessel,*** née en 1972 à Petit-Bourg, a été championne olympique d'escrime en 1996. Tenace et audacieuse, elle fut championne de France 4 mois après avoir accouché. ***Jean-Pierre Mormeck*** a réussi l'exploit de devenir le premier boxeur français à unifier le titre mondial des lourds-légers WBA-WBC.

– Les footballeurs : ***Marius Trésor*** (né à Sainte-Anne en 1950) est un grand footballeur des années 1970. ***Thierry Henry*** est né en banlieue parisienne le 17 août 1977, mais ses parents viennent de Guadeloupe et une partie de sa famille vit à La Désirade. Il a gagné la Coupe du Monde 1998 et participé à celles de 2002, 2006 et 2010 en équipe de France. ***Lilian Thuram,*** né le 1er janvier 1972 à Pointe-à-Pitre, est aussi un joueur de classe internationale et vainqueur de la Coupe du Monde 1998. Sa famille habite Anse-Bertrand. Il a publié en 2010, afin de rendre hommage à ceux à qui il doit sa fierté identitaire, *Mes étoiles noires* (éd. Philippe Rey). Quant à ***William Gallas,*** étoile montante de la nouvelle génération, il est originaire de Sainte-Anne.

– Les vedettes du show-biz : ***Corinne Coman,*** authentique « beauté black », était déjà reine de beauté sur son île avant d'être élue miss France 2003. Chanteuse et « zoukeuse » de la nouvelle génération, ***Tanya Saint-Val*** a fait partie des valeurs sûres de la variété antillaise, tout comme les jolies filles de ***Zouk Machine.*** Et puis, citons le lion ***Henri Salvador*** (1917-2008) qui, même s'il est né en Guyane, était le rejeton d'un couple natif de Guadeloupe (papa de Morne-à-l'Eau et maman de Port-Louis, fille d'une Indienne caraïbe). Il est parti rejoindre son jardin d'hiver en 2008 après avoir connu la consécration telle qu'il la rêvait avec l'album *Chambre avec vue,* victoire de la musique en 2001.
Quant à ***Pascal Légitimus,*** comédien et comique, membre du trio des *Inconnus,* il est l'arrière-petit-fils d'Hégésippe Légitimus, homme politique guadeloupéen (socialiste) de la fin du XIXe s.
– Les politiques : ***Lucette Michaux-Chevry*** (née le 5 mars 1929) fut longtemps l'indéboulonnable présidente du conseil régional de Guadeloupe, avant d'être remplacée par ***Victorin Lurel*** (1951, Vieux-Habitants). Celui-ci deviendra ministre des Outre-Mer en 2012 dans le gouvernement Ayrault (succédant à ***Marie-Luce Penchard,*** née en 1959 à Gourbeyre et fille de Lucette Michaux-Chevry). Également au même gouvernement et celui de Manuel Valls, la Guadeloupéenne George Pau-Langevin (1948, Pointe-à-Pitre). Issu d'une famille indienne, enseignant et auteur de nombreux livres dont un sur l'« indianité », ***Ernest Moutoussamy*** (né le 7 novembre 1941) est quant à lui entré en politique comme maire de Saint-François et député.

POPULATION, HABITAT, VÊTEMENT TRADITIONNEL

Population

Un siècle et demi après l'abolition de l'esclavage, les poisons de l'intolérance ne se sont pas tout à fait dissipés. Subtiles distinctions de métissage (métis, mulâtre, quarteron, chabin, etc.), méfiance à l'égard des Indiens ou des Chinois... Les différentes communautés doivent encore apprendre à se connaître.

> **POURQUOI DES *BÉKÉS* EN MARTINIQUE ET TRÈS PEU EN GUADELOUPE ?**
>
> *La Révolution française arriva en Guadeloupe et institua la Terreur. La guillotine fonctionna alors à plein régime, éliminant les békés, descendants d'aristocrates. En revanche, la guillotine ne vint jamais en Martinique, puisque l'île fut anglaise de 1794 à 1802. Quand la France récupéra la Martinique, la Terreur était terminée. Ouf !*

– ***Grands Blancs, Blancs créoles*** ou **békés** *:* descendants des anciens planteurs, ils forment une véritable caste ; la plupart s'enorgueillissent d'être arrivés avant les Noirs. Et pour cause... Chassés ou décimés par la Révolution en Guadeloupe, ils sont plus nombreux à la Martinique, où leur pouvoir est décisif. Grands propriétaires ou gros commerçants, certaines familles ont acquis au fil des siècles des fortunes considérables et contrôlent toujours en grands seigneurs une partie essentielle de l'économie (banane, sucre de canne, rhum) et la grande distribution. Les *békés* de la Martinique sont les ***Blancs pays*** à la Guadeloupe, bien que le terme de *békés* y soit également utilisé.
– ***Petits Blancs :*** à Saint-Barthélemy, aux Saintes, à Marie-Galante et à La Désirade. Ils venaient de Bretagne et de Normandie, marins, flibustiers et colons. Ils ont préservé leur blancheur, garantie de leur identité culturelle (ce qui fait qu'ils se ressemblent tous comme des cousins). On les a longtemps appelés les

« békés goyaves », c'est-à-dire les *békés* pauvres.

– ***Noirs :*** d'origine africaine, la population noire demeure la principale communauté de Guadeloupe. Elle s'est toutefois largement métissée avec le temps, comme en témoigne la richesse du vocabulaire censé distinguer les nuances de couleurs de peau et de statut social. Le ***quarteron,*** par exemple, est un métis qui ne compte qu'un seul Noir parmi ses grands-parents. À ne pas confondre avec les ***mulâtres,*** descendants d'une union « domino ». Ils furent à l'avant-garde du combat contre l'esclavage et représentent aujourd'hui la population la plus dynamique. Appelés « libres de couleur », ils auraient dû bénéficier, dès le XVIIIe s, de droits égaux à ceux des Blancs, mais, en réalité, les mesures discriminatoires furent maintenues jusqu'à l'abolition.

LES HOMMES DE MATIGNON

Dépossédée de ses esclaves par l'abolition (la première en date, en 1794), une communauté de paysans à peau claire et à cheveux blonds trouva refuge dans la région des Grands-Fonds, près de Gosier. Ruinés, rejetés par les Blancs et par les Noirs, ils se replièrent sur eux-mêmes et depuis, vivent toujours en autarcie. ils seraient d'origine aristocratique, car ils s'appellent fréquemment Matignon, comme les comtes du même nom. On les appelle les Blancs-Matignon.

– ***Indiens*** ou ***coolies :*** arrivés sous contrat, près de 45 000 Indiens débarquèrent de 92 bateaux entre 1854 et 1889. Pour des raisons économiques, ils remplacèrent les esclaves noirs dans les plantations. La moitié d'entre eux (environ 20 000) moururent ; 8 000 repartirent aux Indes. Venus pour travailler la terre, les Indiens apportèrent leur culture, leurs coutumes et aussi leur cuisine. Aujourd'hui, ils forment environ 13 % de la population totale. Ils sont très présents dans le commerce, les professions libérales, la fonction publique et la politique. Malgré de gros efforts d'assimilation, ils restent un peu à l'écart. Sous l'égide de prêtres hindous venus de l'île de Trinidad, la religion suit une tendance libérale, où les sacrifices des animaux disparaissent petit à petit du culte.

– ***Libanais*** et ***Syriens :*** ils composent une grande partie du petit négoce et de l'import-export (magasins de bijoux, vêtements et tissus), surtout à Pointe-à-Pitre.

Modes de vie (petits conseils à un nouvel arrivant !)

Si vous visitez les îles pour la première fois, vous serez peut-être surpris de ne pas trouver le tempérament créole plus avenant. Plutôt pudique et renfermé, un Antillais n'est, en général, pas du genre à vous raconter sa vie, à vous confier facilement ses sentiments ou à vous inviter à dîner chez lui dès la première rencontre. Le passé esclavagiste, et aujourd'hui le tourisme, ne facilitent pas les élans de générosité envers le Blanc. Aussi, ne vous attendez pas à être accueilli à bras ouverts pour la seule raison que vous venez de loin. C'est, hélas, parfois même le contraire.

L'avantage, c'est qu'on vous fiche la paix et qu'à la différence d'autres pays, on ne vous accoste pas à tout moment pour vous demander d'où vous venez, comment vous vous appelez et si, accessoirement, vous ne voudriez pas visiter la boutique d'un ami. L'inconvénient, c'est bien sûr qu'on ne se sent pas toujours

CAS D'ÉCOLE

Les Antilles sont les seuls départements français où la plupart des écoles publiques imposent l'uniforme. Il s'agit évidemment de masquer les différences sociales et de permettre aux parents d'économiser en interdisant les vêtements de marques. En effet, un uniforme complet coûte seulement 70 €.

bien accepté. Mais puisque l'intégration n'est pas gagnée d'avance, des efforts d'humilité ne font pas de mal et la confiance gagnée a plus de saveur.

Habitat

Cases branlantes et crevassées de la Guadeloupe, églises rouillées aux rosaces d'acier, maisonnettes pastel des Saintes, sous ces tropiques humides, les architectures en bois font rarement belle figure. Et pourtant, les intérieurs sont toujours superbement astiqués. Un œil observateur aura tôt fait de remarquer les curieux découpages qui ornent l'extérieur de certaines cases comme aux Saintes ou à Saint-François : les lambrequins (sorte de frise qui semble pendre du toit) finement ciselés s'appellent *gingerbread* (pain d'épice), qu'ils soient en bois ou en tôle.

À côté du type d'habitat traditionnel privé, le plus souvent construit en bois, existe une infrastructure maçonnée dévolue au service public. Le style Art déco s'est pleinement épanoui en Guadeloupe, répondant dans l'urgence aux reconstructions conséquentes aux différents cyclones qui ont frappé l'île au début du XXe s. Cette révolution architecturale s'est réalisée sous l'impulsion d'Ali Tur, un architecte d'origine tunisienne, surnommé l'architecte des colonies, qui a ainsi façonné un nouveau visage à la ville de Basse-Terre et à l'île de Marie-Galante, notamment à la suite des dégâts occasionnés par le cyclone de 1928. Ses réalisations avec l'utilisation du béton sont marquées par de nombreuses références à l'architecture d'Auguste Perret (le « rebâtisseur » du Havre après la Seconde Guerre mondiale).

ÉLEVER LES ENFANTS

Encore aujourd'hui, dans bien des familles antillaises, les enfants sont souvent élevés par les grands-parents. D'abord, les gamins d'une même fratrie sont fréquemment issus de plusieurs pères (plus qu'en métropole). Ensuite, les parents sont parfois très jeunes et ne peuvent assumer financièrement leur éducation.

Il arrive aussi que les îles se souviennent de leur splendeur. Ici et là, d'antiques maisons coloniales font encore assaut de balustrades, de vérandas, de pignons blancs aux persiennes ajourées, et même d'abreuvoirs en marbre. Quelques vieilles *habitations* en pierre, au centre d'une plantation, font revivre l'enfer de l'esclavage. Voici les longs dortoirs où s'entassaient les Noirs, le moulin à eau, le tamis à café. Au fond, la maison du maître avec ses meubles coloniaux – lits à baldaquin, joséphine (sorte de récamier), etc. – que quelque charpentier de vaisseau tailla, jadis, dans l'acajou. Des cartes marines, des portraits de famille trônent dans les pièces sombres, où de savants jeux d'aération laissent fuser une brise légère. La plupart de ces *habitations* sont privées, d'autres converties en musée ou en hôtel de luxe. Elles constituent les seuls monuments des Antilles. Elles renferment leur mémoire. Dommage qu'elles nous offrent une vision exclusivement coloniale du patrimoine antillais.

Dans les bourgs anciens et dans les campagnes, on peut voir à travers l'évolution de la case antillaise l'adaptation des gens du cru aux nouvelles façons de vivre. Case à deux pièces agrandie d'une terrasse, puis de deux, auxquelles on ajoute au fur et à mesure d'autres pièces. Si la plupart des Antillaises ont aujourd'hui une cuisine dans leur maison, à la campagne elles ont gardé l'habitude d'une cuisine extérieure où elles mitonnent des heures durant des petits plats sur des réchauds de charbon de bois.

Les communes ont en général une superficie assez étendue, en dehors du bourg proprement dit ; on parle de *sections*, là où les métropolitains parlent de quartiers. En campagne, les lieux-dits sont souvent nommés d'après l'*habitation* qui, avant l'abolition de l'esclavage, était l'unité autour de laquelle se regroupaient toutes les activités.

Vêtement traditionnel

Pour être belle, autrefois, il fallait casser sa tirelire : superbe jupon de broderie anglaise, corsage décolleté, jupe ample en *madras* (un tissu mordoré à carreaux, acclimaté ici par les Indiens), foulard triangulaire, grande robe chatoyante pour les fêtes, sans oublier un arsenal de bijoux en or (collier-chou, chaîne-forçat, etc.). Adieu foulards, adieu madras... Ce costume superbe a disparu du paysage, mais se porte toujours pour les cérémonies, les fêtes (comme celle des cuisinières) et le carnaval. Sinon, vous pourrez toujours essayer de photographier les doudous, à vos risques et périls, sur les marchés. Les femmes antillaises, qui adorent s'habiller pour les grandes (et petites) occasions, arborent fréquemment leurs boucles d'oreilles... créoles, comme on les appelle. Autrefois, ces parements étincelants étaient enroulés de fil noir en période de deuil.

LE LANGAGE DES COIFFES

« Antan lontan », les femmes se devaient d'enturbanner leurs cheveux dans un foulard de madras. Un travail d'artiste, où le nœud « à pointes » jouait discrètement les feux de signalisation. Une pointe : cœur à prendre ; deux pointes : cœur pris ; trois pointes : mariée ; et quatre pointes... mariée mais vous pouvez tenter votre chance !

RELIGIONS ET CROYANCES

Adventistes, baptistes, méthodistes, témoins de Jéhovah... Une insularité en appelle une autre. Comme en Polynésie, les micro-églises sont ici chez elles. Pour beaucoup d'Antillais, en effet, la ferveur importe plus que le chemin.
Dans les villages, la messe est suivie avec conviction : femmes en coiffe, messieurs endimanchés – au sens strict – et marmots aux cheveux gominés ont fait place, au fil du temps, à des familles, des couples respectueux, comme partout, des lieux qu'ils fréquentent et qui n'apprécieront pas de vous voir débarquer en short... Chacun prend sa plus belle voix pour chanter les cantiques. Le jour de leur première communion, les jeunes filles portent de magnifiques robes blanches en dentelle.
Les temples hindous, en revanche, vous feront regretter Bénarès. Malgré les tridents et les lingams kitsch et bricolés, le shivaïsme originel s'est corrompu au contact des chrétiens créoles. La grande fête s'appelle tout simplement *Bon Dieu Cooli* (le coolie, c'est l'Indien). Quatre jours de sacrifices (un mouton, un coq) et de danses rituelles en habits bariolés, qui peuvent aller jusqu'aux transes sacrées sur le tranchant d'un sabre.
Les premiers colons ont introduit le catholicisme et l'ont imposé aux esclaves marqués par leurs croyances africaines. Celui-ci, teinté de superstitions, leur a permis de conserver leurs croyances animistes en intégrant la religion des maîtres. Cependant, vos

DES REMÈDES ANTI-ZOMBIES MAIS PAS ANTI-VAMPIRES

Aujourd'hui, on peut croire que le surnaturel se conjugue au passé. Mais les marchés sont toujours bien fournis en philtres et les grand-mères préconisent encore le tulipier contre les zombies, les graines de bambou porte-bonheur, le ravet (cafard) cuit au lait et fourré dans l'oreille en cas d'otite. Leur jardin est une vraie pharmacie : feuilles de cacao contre les dermatoses, feuilles de corrosol contre l'insomnie, vin de kola pour les estomacs chamboulés. Il n'y a que pour les « vampires », ces moustiques suceurs de sang, qu'il n'y a toujours pas de remède efficace !

chances de croiser un *gadédzafé* guadeloupéen ou encore un *quimboiseur* qui pratique le mauvais sort sont minces. Les Guadeloupéens qui ont besoin de leurs services savent où les trouver. On les consulte toujours plus ou moins pour les mêmes raisons : l'argent et l'amour. Les recettes courantes consistent en la confection d'amulettes, de philtres, de tisanes ou de bains corporels à base d'herbes, comme le crésyl qui écarte le mauvais sort. Les pratiques plus noires en appellent à l'aide des morts pour éliminer un rival. Une touffe de cheveux, des rognures d'ongles, un peu de sueur, de salive, une photo ou simplement le nom de la personne sont utilisés pour diriger le sort sur la victime. L'effet psychologique est assuré, et c'est pourquoi certains sorts sont dévoilés. Un petit cercueil contenant un animal mort, un lézard, par exemple, s'il est déposé devant la porte d'une maison, est un cadeau qui aura toutes les chances de terroriser son destinataire.
Les Antillais entretiennent également un rapport étroit avec leurs morts. Pour vous en convaincre, observez l'importance des rubriques nécrologiques dans la presse ou à la radio. Les veillées mortuaires (qui se raréfient) servent à accompagner le mort jusqu'à sa dernière demeure, pour qu'il ne revienne pas, courroucé, tourmenter les vivants. Alors que dans la chambre on pleure le disparu, à l'extérieur de la maison, sous la véranda, la famille et les amis se réunissent pour parler, rappeler la mémoire du défunt et se raconter des histoires, terrifiantes ou drôles. Ils vont parfois rire et chanter. Ils vont manger et aussi boire du rhum. Avec, à chaque verre, une goutte versée à terre pour le mort.

Les esprits de la nuit

Aux Antilles, ils sont encore très présents. Ainsi, le mois de mai est-il celui de la *diablesse*. À la tombée du jour, celle-ci surgit, dressée sur une charrette. Lancée au grand galop, elle fouette son attelage, crie à pleins poumons, frappe sur un tambour et entraîne avec elle l'esprit des hommes qui s'attardent sur sa beauté mulâtre. Il y a aussi ces gentils petits cochons, les *ti-cochons-sianes,* qu'on entend couiner au crépuscule autour de la maison. On ouvre la porte et il n'y a plus de petits cochons, mais seulement un grand type sans tête résolu à vous tordre le cou.
Sur ces îles où les trésors enfouis sont nombreux, il y a, dit-on, « toujours un corps au-dessus de l'or ». Le *gardien de l'argent,* comme on l'appelle, est souvent un ancien esclave qui, ayant creusé le trou, fut remercié d'une balle de plomb pour sceller le secret. Son esprit veille sur le trésor et terrorise ceux qui le convoitent.
Mais les esprits les plus célèbres des nuits tropicales sont sans conteste les *zombis.* Ils ont aux Antilles un sens différent du vaudou haïtien et désignent divers grands diables des îles. Ainsi, les *soucougnans* sont des « engagés » qui possèdent le pouvoir de voler. Ils traversent les ténèbres en tournant comme une boule de feu. Les *morfoisés* (métamorphosés) quittent leur corps pour prendre l'apparence d'un animal : souvent un chien. Les Antillais n'ont pas oublié qu'au temps de l'esclavage les chiens servaient à traquer les « nègres marrons », et ils ne les aiment guère. Pour démasquer un *morfoisé,* il existe un moyen étonnant : le regarder à l'envers, la tête entre les jambes. Le *dorlis* est, quant à lui, une adaptation tropicale de nos incubes. Grâce à des pouvoirs conclus avec le démon, la nuit venue, il se glisse dans les maisons pour abuser des jeunes filles endormies. Celles-ci, pour s'en protéger, doivent revêtir une culotte noire à l'envers, ou y piquer sur le devant deux épingles à nourrice en croix. Durant la journée, on reconnaît, dit-on, un *dorlis* à son allure mélancolique, sa démarche lasse et ses yeux rougis par le manque de sommeil.
Les rencontres avec les esprits ont lieu la nuit. Ceux-ci quittent les cimetières pour se dérouiller les jambes et, accessoirement, terroriser les vivants. La mémoire collective antillaise a perpétué un ensemble de règles à respecter. D'abord, de manière paradoxale, il faut éviter les églises. Elles sont, la nuit, de vrais repaires à esprits. Également tous les endroits sombres, comme les ravins, les bois épais,

les ruelles étroites ou le dessous des ponts. Après minuit, au milieu d'un pont, il n'est pas rare de trouver un cercueil illuminé de bougies. Une odeur subite de vernis à bois (celui dont on enduit les cercueils) indique qu'il vaut mieux décamper au plus vite. Éviter aussi de se promener avec une bouteille de rhum. Si, malgré tout, on croise un revenant, il convient de retrousser ses vêtements, ou d'arracher une touffe d'herbe avec un peu de terre accrochée. En dernier recours, faire un signe de croix.

Les rastas

Le rasta, pour la plupart des gens, est un joueur de reggae portant son bonnet comme un drapeau sur ses cheveux longs entrelacés en tresses très serrées *(dreadlocks)* en forme de lianes et enduites de pâte de cactus ou de cacao. Ce look de baba-cool tropical, popularisé par Bob Marley, Peter Tosh et Jimmy Cliff, cache pourtant une philosophie érigée en culture et en mode de vie par de nombreux Noirs des Caraïbes, en majorité anglophones.

Né à la Jamaïque, ce mouvement religieux a gagné les autres villes anglophones en l'espace d'un demi-siècle. Contraction de *Ras Tafari,* titre de noblesse donné à l'empereur d'Éthiopie Hailé Sélassié, le rasta obéit à la doctrine fondée dans les années 1920 par le « prophète » noir américain Marcus Garvey. Ce leader nationaliste voua sa vie au peuple noir exilé, lui transmettant la connaissance de ses ancêtres et la nécessité de lutter contre l'asservissement. Les descendants de ceux qui furent déportés d'Afrique comme esclaves au XVe s se sont donc mis à potasser la Bible, seul ouvrage autorisé aux Noirs, y puisant toutes les références à la terre de leurs aïeux : l'Éthiopie. C'est ainsi que naquit une nouvelle religion, le « rastafarisme », qui mélange de façon souvent nébuleuse les préceptes hébraïques et d'incroyables extrapolations sur le couronnement du négus. Hailé Sélassié, « roi des rois » et despote éclairé, s'est ainsi retrouvé « Dieu vivant ». À tel point que sa mort, en 1975, fut niée par ses adorateurs !

Cette mystique particulière aux Antilles aura au moins eu l'intérêt de donner à la musique l'un de ses genres les plus originaux : le *reggae.* Et son chanteur-prophète le plus doué, Bob Marley (1945-1981), a naturellement pris la place d'Hailé Sélassié dans le cœur des jeunes *rastamen.* Chantant l'exode de ses ancêtres, prêchant la pauvreté et vilipendant les représentants de Babylone la corruptrice, Marley a permis à des millions de Noirs exilés aux Antilles, en Grande-Bretagne, en France ou en Afrique de comprendre que « Dieu est homme » et qu'« un homme sage ne parle pas trop ».

Les rastas, avant tout non violents, croient donc au pouvoir pacificateur de la musique, observent un régime alimentaire très strict et préfèrent vivre sans travailler. Le *sound system* (gros magnéto portatif) à fond, les dreadlocks au vent, ils mènent leur existence dans une extase permanente, à l'écart de la société de consommation. Vous les verrez (bien qu'ils soient très peu nombreux en Guadeloupe, car le contrôle antidrogue de la police et des douanes françaises les en a chassés !), la plupart du temps assis au bord de la route, l'œil rouge. Leur occupation essentielle consiste à pratiquer un jardinage d'un genre particulier : ils plantent, cultivent et fument la *ganja,* une herbe qui n'a pas grand-chose à voir avec le gazon et qui procure un effet bœuf – du moins, à ce qu'on nous a dit.

Sur ce chapitre, il est utile de préciser que si la marijuana a, aux yeux des rastafaris, de nombreuses vertus (médicinales, aphrodisiaques et autres), elle aura plutôt pour vous celle de causer des problèmes. Car, aux Antilles, entendez les Antilles françaises, donc en Guadeloupe, il est illégal de fumer (et bien sûr de vous procurer) tout dérivé du cannabis... N'appréciant pas que des Blancs s'intègrent au mode de vie rasta, les autorités ne ratent pas l'occasion de surprendre un routard en flagrant délit, le pétard à la main. Le contrevenant écopera donc d'une amende, voire d'une peine de prison...

SPORTS ET LOISIRS

Les Guadeloupéens sont des sportifs accomplis ; que serait, par exemple, l'athlétisme français sans eux (voir plus haut « Personnages célèbres. Les autres célébrités guadeloupéennes ») ?

Randonnées pédestres

Il y a de quoi faire. Tout un choix de marches plus ou moins longues et difficiles (plus de 200 km de traces – c'est-à-dire de sentiers – en Basse-Terre). Mais la chaleur, la déclivité et l'état parfois chaotique du terrain peuvent rendre ces expéditions éprouvantes et dangereuses. Cela dit, certaines sont faciles et tout à fait praticables en famille.
En Grande-Terre, à Marie-Galante, aux Saintes ou à La Désirade, nous vous indiquons aussi quelques balades sympas, le plus souvent accessibles à tous.
– ***Conseils :*** dans tous les cas, ne partez jamais seul ; n'entamez jamais une randonnée après 15h30 ; prévoyez de bonnes chaussures de marche (sandales, nu-pieds, etc. sont à proscrire), un vêtement chaud et imperméable, un couvre-chef et de la crème solaire ; emportez à boire, bien évidemment, et un peu de nourriture. Par ailleurs, la végétation très prolifique et le climat particulier (cyclones, précipitations) modifient et détériorent souvent les traces jusqu'à les rendre impraticables. Le terrible séisme de 2004 en est l'illustration la plus douloureuse (sans parler de l'ouragan Omar de 2007 ou des intempéries de 2009). Les dégâts occasionnés furent si importants que les principaux sites en subissent encore les conséquences : vérifiez bien auprès des organismes agréés ce qu'il est possible ou non de voir, et surtout de faire. Mais le plus sûr est de TOUJOURS SE RENSEIGNER SUR L'ÉTAT DES TRACES AVANT TOUTE EXPÉDITION, auprès du Parc national de la Guadeloupe : ☎ *05-90-41-55-55.* • *guadeloupe-parcnational.fr* •
– ***Pluies :*** attention aussi aux précipitations. Surveillez la météo. *Bulletin de prévision sur répondeur 24h/24 au ☎ 0892-680-808 (0,30 €/mn).* Évitez de partir s'il a beaucoup plu. Se taper quelques kilomètres en terrain glissant, avec de la boue jusqu'aux genoux et des risques de chute grave, n'est pas forcément une partie de plaisir. Si l'eau monte, surtout attendez la décrue. Dernier conseil : essayez de choisir une journée de ciel bien dégagé pour grimper à la Soufrière.
– ***Insécurité :*** on conseille de ne pas laisser d'objets de valeur dans les voitures, d'intégrer plutôt un petit groupe de randonneurs et de ne pas emporter de choses précieuses avec soi.
– ***Cartes IGN :*** avant le départ et sur place, vous pouvez acheter les cartes IGN n° 4602 GT (Nord, Basse-Terre), IGN n° 4605 GT (Basse-Terre, Soufrière, Saintes, PN de la Guadeloupe) qui sont au 1/25 000. Quant à celle de la Guadeloupe, au 1/100 000, on la trouve facilement, et surtout gratuitement, sur place.

Guides professionnels

■ ***Vert-Intense*** *(label Parc national de la Guadeloupe) : route de la Soufrière, Morne Houël, 97120 Saint-Claude.* ☎ *05-90-99-34-73.* 📱 *06-90-55-40-47.* • *info@vert-intense.com* • *vert-intense.com* • Randonnées pédestres, canyoning, VTT.

■ ***Canopée*** *(labels Parc national de la Guadeloupe et Association guadeloupéenne d'écotourisme) : plage de Malendure, 97125 Bouillante.* ☎ *05-90-26-95-59.* • *contact@canopeeguadeloupe.com* • *canopeeguadeloupe.com* • Intéressants parcours de canyoning et randonnées, encadrés et commentés avec passion par des moniteurs diplômés. Voir la rubrique « À faire » à la plage de Malendure.

■ ***Jacky Action Sport*** *(label Parc national de la Guadeloupe) : 14, résidence Toussaint-Louverture, La Jaille, 97122 Baie-Mahault.* ☎ *05-90-26-02-34.* 📱 *06-90-35-57-18.* • *jacky.noc@*

wanadoo.fr • *aventure-guadeloupe.fr* • Selon votre niveau et vos envies, bon cocktail de randonnées pédestres, aquarandos, canyoning et miniraids encadrés par les moniteurs diplômés d'État.

■ ***Zion Trek*** *(label Parc national de la Guadeloupe)* **:** *route de la Soufrière, Morne Houël, 97120 Saint-Claude.* *06-90-55-06-38.* • *ziontrek-guadeloupe.fr* • Découvertes approfondies de la Soufrière et de Marie-Galante. Sérieux et écolo. Propose aussi des bivouacs.

■ ***Club des Montagnards* :** *BP 45, 97120 Saint-Claude.* ☎ *05-90-94-29-11.* • *clubdesmontagnards@wanadoo.fr* • *clubdesmontagnards.com* • Un club qui existe depuis une bonne centaine d'années ! Les randonnées, de différents niveaux, sont gratuites, il suffit de se rendre au lieu de rendez-vous (voir leur programme de sorties) et de se présenter au guide.

Plongée sous-marine

À l'eau, les p'tits canards !

Pourquoi ne pas profiter de votre escapade dans ces régions où la mer est souvent calme, chaude, accueillante, et les fonds riches, pour vous initier à la plongée sous-marine ? Quel bonheur de virevolter librement en compagnie des poissons, animaux les plus chatoyants de notre planète ; de s'extasier devant les couleurs vives de cette vie insoupçonnée... Pour faire vos premières bulles, pas besoin d'être sportif ni bon nageur. Il suffit d'avoir plus de 8 ans et d'être en bonne santé. Sachez que l'usage de certains médicaments est incompatible avec la plongée. De même, les femmes enceintes s'abstiendront formellement de toute incursion sous-marine. Enfin, vérifiez l'état de vos dents, il est toujours désagréable de se retrouver avec un plombage qui saute pendant les vacances. Sauf pour le baptême, un certificat médical vous sera demandé, et c'est dans votre intérêt. L'initiation des enfants requiert un encadrement qualifié dans un environnement approprié (site protégé, sans courant, matériel adapté).

Non, la plongée ne fait pas mal aux oreilles ; il suffit de souffler en se bouchant le nez. Il ne faut pas forcer dans cet étrange « détendeur » que l'on met dans votre bouche, au contraire. Et le fait d'avoir une expiration active est décontractant puisque c'est la base de toute relaxation. Être dans l'eau modifie l'état de conscience, car les paramètres du temps et de l'espace sont changés : on se sent (à juste titre) ailleurs. En contrepartie de cet émerveillement, respectez impérativement les règles de sécurité, expliquées au fur et à mesure par votre moniteur. En vacances, c'est le moment ou jamais de vous jeter à l'eau... de jour comme de nuit !

Attention : pensez à respecter un intervalle de 12 à 24h avant de prendre l'avion, afin de ne pas modifier le déroulement de la désaturation.

En Guadeloupe, sa ka plonjé !

Bienvenue dans « l'île aux belles eaux » ! Baignée par l'océan Atlantique et la mer des Caraïbes, la Guadeloupe livre des fonds marins éclatants de richesse et de vie. Plongeurs débutants et confirmés évoluent dans un univers insolite, tapissé de nombreuses espèces de coraux et d'éponges aux formes étonnantes et variées. Une véritable mosaïque de couleurs vives, où batifolent des quantités de poissons tropicaux : poissons-papillons, anges, trompettes, poissons-perroquets, diodons, coffres, etc. ; mais aussi barracudas, thazars, carangues, mérous, murènes et tortues majestueuses... Certes, un type de corail brûle, quelques poissons (très peu) piquent, et l'on parle (trop) des requins... Mais la crainte des non-plongeurs est disproportionnée par rapport aux dangers réels de ce milieu. Bref, chausser les palmes en Guadeloupe est tout à fait irrésistible !

Bercés par des eaux chaudes (25-28 °C), limpides (visibilité de 15 à 30 m) et souvent peu profondes (souvent moins de 20 m), les spots offrent des conditions de plongée idéales et sécurisantes. La côte Sous-le-Vent (façade ouest), plus abritée, est très prisée des plongeurs, qui se rendent massivement à Malendure – haut lieu incontournable de la plongée en Guadeloupe – réputé pour sa fameuse « réserve Cousteau » (qui n'en est pas une !)... Mais il n'y a pas que Malendure dans la vie ! Et « l'île papillon » offre bien d'autres sites peu fréquentés, assez sauvages et d'une beauté tout aussi exceptionnelle. Le petit paradis sous-marin des Saintes, par exemple, s'impose comme un spot phare des Caraïbes, avec en point d'orgue son célèbre « Sec Pâté ». De même, Marie-Galante offre des sites absolument vierges, aux éponges fardées de couleurs éclatantes. Les arches sous-marines de Port-Louis sont étonnantes, alors que les spots de Saint-François, du Moule et de La Désirade demeurent dopés par les vigueurs de l'Atlantique. Enfin, la grande barrière de corail, au large de Sainte-Rose, permet des plongées sauvages dans le Parc naturel du Grand Cul-de-Sac Marin, désormais intégré au Parc national de la Guadeloupe...

Vous l'avez compris, « l'île aux belles eaux » est une destination plongée par excellence. Sachez aussi qu'elle se prête admirablement au *snorkelling* (exploration des fonds avec palmes, masque et tuba seulement), que l'on conseille de pratiquer, pour plus de sécurité, avec les centres de plongée... Règle d'or : respectez absolument l'environnement fragile qui vous entoure. Ne prélevez rien, et attention où vous mettez vos palmes !

Les clubs de plongée

Ici, comme en métropole, certains clubs sont affiliés à la Fédération française d'études et de sports sous-marins (FFESSM), et d'autres rattachés à l'Association nationale des moniteurs de plongée (ANMP). L'encadrement – équivalent quelle que soit la structure – est assuré par des moniteurs brevetés d'État, véritables professionnels de la mer, qui maîtrisent le cadre des plongées, connaissent tous leurs spots « sur le bout des palmes », et affichent un souci permanent pour la protection des fonds marins. C'est à eux que le plongeur néophyte ou non s'adressera en priorité.

Un bon centre de plongée est un centre qui respecte toutes les règles de sécurité, sans négliger le plaisir. Méfiez-vous d'un club qui vous embarque sans aucune question préalable sur votre niveau ; il n'est pas « sympa », il est dangereux ! Vérifiez si le centre est bien entretenu (rouille, propreté, etc.), si le matériel de sécurité – obligatoire – (oxygène, trousse de secours, téléphone portable, radio, etc.) est à bord. Les diplômes des moniteurs doivent être affichés. N'hésitez pas à vous renseigner, car vous payez pour plonger. En échange, vous devez obtenir les meilleures prestations... Enfin, à vous de voir si vous préférez un centre genre « usine bien huilée » ou une petite structure souple pratiquant la « plongée à la carte et en petit comité », très répandue en Guadeloupe. Prix de la plongée : de 35 à 45 € en moyenne.

C'est la première fois ?

Alors, l'histoire commence par un baptême : une petite demi-heure pendant laquelle le moniteur s'occupe de tout et vous tient la main. Laissez-vous aller au plaisir, tout cet équipement s'oublie complètement une fois dans l'eau. Vous ne devriez pas descendre au-delà de 5 m. Compter 45 € environ pour un baptême (réduction pour les enfants). Puis l'histoire se poursuit par un apprentissage progressif...

Formation et niveaux

Les clubs de plongée délivrent des formations graduées par niveaux. Avec le *Niveau 1* (prévoir environ six plongées), vous descendez à 20 m accompagné d'un moniteur. Avec le *Niveau 2,* vous êtes autonome dans la zone des 20 m, mais encadré jusqu'à la profondeur maxi de 40 m. Passez ensuite le *Niveau 3*, et vous serez totalement autonome, dans la limite des tables de plongée. Pour ces deux derniers niveaux, il faut bien tabler sur une quinzaine de plongées (huit bonnes journées). Enfin, le *Niveau 4* prépare les futurs moniteurs à l'encadrement...

Le passage de ces brevets doit être étalé dans le temps, afin de pouvoir acquérir l'expérience indispensable. Demandez conseil à votre moniteur (il y est passé avant vous !). Tous les clubs délivrent un carnet de plongée indiquant l'expérience du plongeur, ainsi qu'un « passeport » mentionnant ses brevets.

Reconnaissance internationale

Indispensable si vous envisagez de plonger dans les îles des Caraïbes, hors Antilles françaises, ou partout ailleurs à l'étranger. Demandez absolument l'équivalence CMAS (Confédération mondiale des activités subaquatiques) ou CEDIP *(European Committee of Professional Diving Instructions)* de votre diplôme. Le meilleur plan consiste à faire évaluer votre niveau par un instructeur PADI (*Professional Association for Diving Instructors,* d'origine américaine), pour obtenir le brevet le mieux reconnu du monde ! En Guadeloupe, certains moniteurs d'État sont aussi instructeurs PADI, profitez-en. Sachez enfin que les brevets SSI *(Scuba Diving International)* jouissent d'une bonne reconnaissance internationale.
À l'inverse, si vous avez fait vos premières bulles à l'étranger, vos aptitudes à la plongée seront jugées – en Guadeloupe – par un moniteur qui, souvent après quelques exercices supplémentaires, vous délivrera un niveau correspondant...

Quelques lectures

– ***Guide des poissons coralliens des Antilles,*** de Christine et Lionel Parle. PLB Éditions.
– ***Guide des coquillages des Antilles,*** de J.-P. Pointier et D. Lamy. PLB Éditions.
– ***Code Vagnon plongée Niveau 1,*** de Denis Jeant. Éd. du Plaisancier.
– ***Plongée Plaisir : de l'initiation à l'autonomie,*** d'Alain Foret. Éd. Gap. Existe pour tous les niveaux.
– En presse, les magazines ***Océans*** et ***Plongeurs International*** (version en ligne : • *plongeursinternational.com* •).

Tour-opérateurs spécialistes de la plongée en Guadeloupe

■ ***Blue Lagoon :*** *29, rue Mogador, 75009 Paris. ☎ 01-48-74-58-51.* • *blue-lagoon.fr* •
■ ***Fun & Fly :*** *27, bd des Minimes, 31200 Toulouse. ☎ 0820-420-820 (0,12 €/mn).* • *fun-and-fly.com* •
■ ***Nouvelles Frontières Plongée :*** *32, rue Jacques-Ibert, 92300 Levallois-Perret. ☎ 01-73-29-21-00.* • *nouvelles-frontieres.fr* •

Coqs et bœufs : même combat !

La Guadeloupe se caractérise aussi par l'esprit du jeu : d'une île, d'un village ou d'une case à l'autre, il règne sur les Antilles. Matchs de foot ou courses de chevaux, de chars à bœufs (chargés), de vélos, les compétitions chauffent à blanc. Et si quelques vies sont en jeu, les paris deviennent hystériques.
– Mais le summum de la barbarie reste le ***combat de coqs*** (importé aux Antilles par les Espagnols). Des coqs sélectionnés, nourris avec, entre autres, des capsules d'huile de foie de morue, partiellement rasés et massés avec des herbes et du jus de citron pour leur durcir la peau – l'opération en question s'appelant le *taponnage*

UN COMBAT POUR LES COQS

Après le pesage des coqs, la foule s'entasse sur l'arène en bois. Dans les vapeurs de punch, les parieurs jouent souvent beaucoup. Après leur avoir posé des ergots en métal, on lâche les volatiles. On les excite avec des clochettes, des jurons, et bientôt, œil révulsé et chair de poule, les deux champions se volent dans les plumes. La foule hurle : « Ouayayaye ! » Moins de 10 mn après, le sang coule. Un spectacle cruel et inadmissible, à nos yeux.

– et dressés tout un mois à tuer. Comme à Bali ou au Mexique. Ces duels font rage le dimanche, de novembre à fin juillet, à raison d'une vingtaine par jour, dans les nombreux *gallodromes* (ou *pitts*) de Guadeloupe.

– ***Les concours de bœufs tirants :*** moins cruel (encore que...), assez spectaculaires aussi, mais dans un autre genre. Des attelages doivent accomplir un parcours en pente raide sur de courtes distances, 140 m en principe. Selon qu'ils sont minimes ou cadets, ils portent une charge de 1 440 ou 1 680 kg. On chronomètre la performance, et la gloire va au « chauffeur » (ou charretier) qui remporte la compétition. À noter que le bœuf n'a droit qu'à 12 coups de fouet maximum, ce qui est encore beaucoup. Certains voudraient faire évoluer les concours vers une formule qui se passerait de la bride et du fouet, pour réduire la violence et ainsi séduire davantage les métropolitains. La saison, très organisée, se déroule de mai à novembre-décembre (et il y a même des transferts de bœufs, comme au foot !). Certains attelages portent des noms évocateurs : les Enfileurs de Petit-Canal, les Grimpeurs de Saint-François, les Frappeurs du Moule...

LA GUADELOUPE

LA GRANDE-TERRE

◗ Pour la carte de la Grande-Terre et le plan de Pointe-à-Pitre, se reporter au cahier couleur.

Située à l'est, elle est en réalité la partie la moins étendue et forme un triangle d'environ 40 km de côté. La Grande-Terre possède un relief beaucoup plus plat que la Basse-Terre, avec quelques parties un peu accidentées. Au nord, la campagne est occupée par les champs de canne à sucre et bordée par un littoral escarpé qui se termine par des falaises abruptes, rappelant parfois une « côte normande tropicale » ou la côte bretonne à l'extrême est, à la pointe des Châteaux. Au sud, du Gosier à Saint-François, s'étendent le long de la côte des stations balnéaires et de belles plages. Enfin, microrégion discrète et peu fréquentée dans l'arrière-pays de Sainte-Anne, les Grands-Fonds forment un labyrinthe étrange de mornes cultivés et de vallées encaissées.

POINTE-À-PITRE (97110) env 20 000 hab.

Si Basse-Terre est la capitale administrative de la Guadeloupe, Pointe-à-Pitre en est la capitale économique et constitue, avec les communes limitrophes des Abymes et du Gosier, une agglomération de plus de 100 000 habitants. Un ensemble qui ne cesse de s'étendre, vers l'ouest aussi, autour de Baie-Mahault-Jarry, où se regroupent la plupart des entreprises du secteur.
Quand on arrive par la route de l'aéroport, Pointe-à-Pitre (PAP ou « la Pointe », pour les intimes) ne séduit pas au premier abord : banlieues bétonnées qui se succèdent tristement, zone industrielle et commerciale de Jarry surpeuplée en journée, trafic automobile intense aux heures de pointe, etc. Il faut donc gagner la place de la Victoire et le quartier autour du marché Central pour trouver un semblant de tranquillité et croiser quelques belles demeures de style colonial, des bâtiments administratifs en ciment armé signés Ali Tur,

de vieux immeubles créoles intercalés de cases en bois pittoresques ; bref, une architecture hétéroclite qui valut d'ailleurs à la cité pointoise le label Ville d'art et d'histoire, en 2002.
Vous y ferez certainement un court passage, par curiosité peut-être, à l'occasion du festival « Jazz à Pointe-à-Pitre » en décembre, ou pour rejoindre les bateaux-navettes à la gare maritime de Bergevin afin d'embarquer vers les îles ; ou bien encore pour vous rendre à Bas-du-Fort, à 4 km, à mi-chemin du Gosier, où se trouve la marina, si vous prévoyez d'assister à l'arrivée d'une équipe de la *Route du rhum* (prochaine en novembre 2014). Mais ce n'est pas ici que vous résiderez. Quasiment pas de possibilités de logement et, dès la tombée de la nuit, Pointe-à-Pitre se transforme en un véritable désert urbain, fréquenté par une faune interlope pas toujours bien intentionnée.

UN PEU D'HISTOIRE

Lorsque les valeureux Duplessis et de l'Olive débarquèrent en 1635, il n'y avait là qu'un marécage, entouré de quelques mornes. La première fortification, Fort Louis, ne sera édifiée qu'une quinzaine d'années plus tard. Car les navires avaient pris entretemps l'habitude de venir mouiller dans le Petit Cul-de-Sac Marin.
La Guadeloupe fut rattachée à la France en 1674, mais la future ville de Pointe-à-Pitre ne se développera vraiment que lors de l'occupation anglaise en 1759 (pendant la guerre de Sept Ans). Les Anglais créent le port, édifient des magasins sur les quais et assainissent la zone littorale avec l'aide de 35 000 esclaves (18 000 selon des sources non officielles anglophiles). Au traité de Paris, en 1763, la France perd le Canada mais récupère la Guadeloupe. Pointe-à-Pitre connaît alors un grand essor. Avant que la Révolution ne fasse tomber les « statistiques », la Guadeloupe comptait 90 000 esclaves, 14 000 Blancs et environ 3 000 hommes et femmes « libres » de couleur. En 1794, sous le « règne » du tristement célèbre commissaire de la République, Victor Hugues, la guillotine installée en permanence sur la place de la Victoire fait tomber de nombreuses têtes aristocratiques. Pendant cette période, le port voit sans cesse les corsaires de la Guadeloupe partir à la chasse aux navires anglais.

SÉRIEUX COMME UN PAP !

Le nom « Pointe-à-Pitre » est lié à l'histoire de Peter, un pêcheur hollandais débarqué avec les colons hollandais venus du Brésil vers 1654. Il s'installe sur une pointe de la rade, et les gens prennent l'habitude d'appeler l'endroit la « pointe à Peter » (transformé plus tard en Pointe-à-Pitre). Rien de comique à cela.

Une succession de cataclysmes

En 1843, un terrible tremblement de terre, suivi d'un incendie, détruit en partie la ville. À peine reconstruite, elle est ravagée par deux autres incendies en 1850 et 1871, par un nouveau tremblement de terre en 1897, puis par un cyclone en 1928 (un autre ayant eu lieu en 1865) et (encore) un autre incendie en 1931. Tous ces cataclysmes expliquent en grande partie le caractère disparate de l'architecture pointoise, même dans les vieux quartiers, où la peur du feu et des cyclones privilégiait les constructions en dur et la crainte des tremblements de terre celles en bois.

Poumon économique et nœud routier de l'île

Depuis 1976, Pointe-à-Pitre est considérée comme la « capitale », même si Basse-Terre est la préfecture de la Guadeloupe. En effet, à cette date, l'éruption volcanique menaçant Basse-Terre précipite l'exode des populations, des entreprises, et même temporairement de certaines administrations vers Pointe-à-Pitre, accentuant ainsi son importance. Mais les différentes directions départementales restent à Basse-Terre, la région de Pointe-à-Pitre n'ayant guère que le rectorat comme administration. L'importante zone industrielle de Jarry-Houëlbourg et l'aéroport international Pôle-Caraïbes des Abymes font de Pointe-à-Pitre et de ses environs le poumon économique de l'île, mais aussi un goulot d'étranglement routier entre la Grande-Terre et la Basse-Terre.

Et les vieilles demeures créoles, alors ?

Certes, l'aménagement du sentier des Combattants, à Bergevin, est un gage de modernité donné à la ville. Certes, le rond-point à colonnades derrière la marina est utile à la population (même s'il traduit une symbolique qui frise un peu la folie des grandeurs !), tout comme les travaux qui se poursuivent vers la darse – à travers le quartier populaire du Carénage et la plate-forme de l'ancienne sucrerie Darboussier – avec le projet d'une sorte de promenade des Anglais qui longerait la mer... Et, comme l'a prouvé le tragique incendie du bazar de la rue Sadi-Carnot (qui a causé la mort de huit personnes fin 2007), la réhabilitation d'une partie de la ville s'impose sans conteste. Mais dans tout ça, que vont devenir les nombreuses maisons traditionnelles en bois qui tombent en ruine en plein cœur de Pointe-à-Pitre (ville pourtant labellisée « d'art et d'histoire ») et dont les propriétaires, souvent des privés, n'ont pas les moyens d'engager la restauration ? Saluons les guides-conférenciers du Service du patrimoine qui savent justement mettre en valeur cet héritage, mais l'abandon de la maison d'enfance de Saint-John Perse, rue Achille-René-Boisneuf, illustre un peu tristement cet état de fait. Cela dit, ici ou là, on perçoit quelques signes encourageants : l'OPAH Patrimoine (Opération programmée d'amélioration de l'habitat) a restauré, ou est en train de le faire, quelques vieilles demeures en bois.

Arrivée à l'aéroport Pôle-Caraïbes

✈ ***Aéroport Pôle-Caraïbes*** *(hors plan couleur par C1)* ***:*** ***Les Abymes,*** *à env 3 km au nord de Pointe-à-Pitre. ☎ 05-90-21-14-72 ou 00 (rens) ; serveur vocal pour connaître les vols : ☎ 0892-689-755 (0,30 €/mn). • guadeloupe.aeroport.fr •*

ℹ ***Comité du tourisme des îles de Guadeloupe :*** *point d'accueil en face des tapis où l'on récupère ses bagages. ☎ 05-90-21-71-26. Ouv en principe aux heures d'arrivée des longs-courriers.* Résa d'hôtels (sans commission), doc et cartes des îles gratuites.

■ ***Compagnies aériennes :*** *ttes ont un bureau à l'aéroport. Voir leurs coordonnées dans la rubrique suivante « Arriver – Quitter ».*

■ ***Distributeurs de billets, poste, pharmacie :*** *dans le hall des arrivées, au niveau 0.*

■ ***Pôle médical d'urgence :*** *hall des arrivées. ☎ 05-90-21-71-41.*

– Également une ***librairie*** très bien fournie avec de nombreux ouvrages sur la Guadeloupe et les auteurs antillais.

Pour rejoindre Pointe-à-Pitre

L'aéroport devrait être connecté un jour au réseau local de bus. En attendant ce jour béni, vous serez contraint de prendre un taxi, du moins si vous ne louez pas, dès l'arrivée, un véhicule. Sinon, il est possible qu'on vienne vous chercher à l'aéroport : beaucoup d'hébergements proposent ce service à partir d'une semaine de location, même si nous ne le précisons pas toujours. Une sacrée économie si vous ne comptez pas louer de voiture (au départ, du moins) !

– ***Taxis :*** chers, compter 20 € pour le centre de Pointe-à-Pitre, 60 € pour Sainte-Anne et le double si vous comptez aller prendre un bateau à Trois-Rivières. Assurez-vous qu'ils ont un compteur, faute de quoi il peut s'agir d'un taxi « marron » (arnaqueur !). Si vous n'arrivez pas trop tard, une solution moins coûteuse consiste à vous faire conduire à la gare routière (voir « Arriver – Quitter »), d'où vous pouvez prendre un bus (jusqu'à 18h-19h) pour la destination qui vous intéresse. Assez fastidieux toutefois (surtout avec des bagages).

– ***Location de voitures :*** les loueurs sont regroupés à la sortie de l'aérogare, sur la droite. Voir aussi la rubrique « Transports » dans « Guadeloupe utile ».

■ ***Loueurs*** présents à l'aéroport :

– ***Ada :*** ☎ *05-90-21-13-64.* ● *ada.fr* ●

– ***Avis :*** ☎ *05-90-21-13-54 ou 05-90-83-69-00.* ● *avis.fr* ●

– ***Budget :*** ☎ *05-90-21-46-57.* ● *budget.fr* ●

– ***Car Rental System :*** ☎ *0820-38-7000.* ● *car-rental-system.com* ●

– ***Europcar :*** ☎ *05-90-21-13-52.* ● *europcar.fr* ●

– ***Hertz Antilles :*** *central de résa pour les Antilles-Guyane au* ☎ *05-90-89-28-05.* ● *reservation@hertzantilles.com* ● *hertzantilles.com* ● *Hertz*, nº 1 de la location de véhicules aux Antilles-Guyane, offre aux lecteurs du *Routard* des tarifs allant jusqu'à 20 % de réduc sur son site internet : taper le code promo « routard » afin de bénéficier de 10 % spécial *Routard* et 10 % supplémentaires en prépaiement. Offres non cumulables avec toute autre promotion. *Hertz* propose une large gamme de véhicules récents (voitures économiques, écologiques, familiales, 4x4, véhicules sans permis, etc.) pour découvrir les îles en toute quiétude ! Les 13 agences de l'île apportent assistance 24h/24.

– ***Jumbo Car :*** ☎ *05-90-21-13-56.* ● *jumbocar.com* ●

– ***Quickly :*** ☎ *05-90-21-13-60.* ● *quickly.fr* ●

– ***Sixt :*** ☎ *05-90-21-13-44.* ● *sixt.fr* ●

– ***Rent-a-Car :*** ☎ *05-90-21-13-62.* ● *rentacar.fr* ●

– ***Holiday :*** ☎ *05-90-21-13-56.*

Arriver – Quitter

En voiture

Rien à signaler, si ce n'est que le trafic peut être dense à certaines heures de la journée et qu'il est un peu difficile de se garer dans le centre de Pointe-à-Pitre. De plus, il faut alimenter des horodateurs, de 7h30 à 13h et de 14h à 17h (sauf le dimanche). Le mieux est de chercher une place du côté du quai Lefèbvre *(plan couleur A-B2)*, où le stationnement est gratuit.

En bus

Les bus ne circulent pas ou peu les samedi après-midi et dimanche. Le reste du temps, tablez sur une fréquence de 1 à 4 bus par heure, entre 5h et 18h environ. Les arrêts, en dehors de Pointe-à-Pitre, sont signalés au bord des routes et dans les villages par des panneaux visibles de loin, indiquant les destinations. Quant aux billets, ils s'achètent directement auprès du chauffeur.

🚌 ***Pour le sud de la Grande-Terre*** *(plan couleur C3,* ***1****) : gare routière de la darse (Dubouchage), derrière le quai Gâtine.*

➢ ***De/vers Le Gosier :*** ttes les 15 mn env. *Société GT (📱 06-90-56-97-22).*

➢ ***De/vers Sainte-Anne et Saint-François :*** ttes les 20 à 45 mn env. *Société S2AFT (☎ 05-90-28-43-76).*

🚌 Des bus orange du *Syndicat Mixte des Transports Urbains* du Petit-Cul-de-Sac-Marin *(ligne 4, pl. de la Victoire-Fouillole-Bas-du-Fort)* relient aussi ***Bas-du-Fort*** à partir de la darse, devant le comité du tourisme (sf sam ap-m et dim).

🚌 ***Pour le nord de la Grande-Terre et toute la Basse-Terre*** *(plan couleur A1,* ***2****) : gare routière de Bergevin, qui se trouve juste en face de la gare maritime, bd de l'Amitié-des-Peuples-de-la-Caraïbe (env 10-15 mn à pied de la pl. de la Victoire).*

➢ ***De/vers Petit-Canal, Port-Louis et Anse-Bertrand :*** ttes les 20-30 mn env. *Société CODEV (📱 06-90-57-84-25).*

➢ ***De/vers Morne-à-l'Eau et Le Moule :*** ttes les 20-45 mn env. *Société RMT (📱 06-90-50-30-35).*

➢ **De/vers Petit-Bourg, Trois-Rivières et Basse-Terre (ville) :** ttes les 20-40 mn. *Société RTPB* (☎ 05-90-32-06-83) ou *CAVT* (☎ 05-90-86-57-95).
➢ **De/vers Sainte-Rose :** ttes les 20 mn. *Société NB2T* (☎ 05-90-28-13-70). Pour **Deshaies,** il faut changer à Sainte-Rose.
➢ **De/vers Pointe-Noire par les Mamelles (route de la Traversée/Côte sous le vent) :** ttes les 30 à 60 mn. *Société TCSV* (📱 06-90-35-02-68).
➢ **De/vers Vieux-Habitants par les Mamelles (route de la Traversée) :** à peine 5 bus/j. 7h30-17h30. *Société TCSV* (📱 06-90-35-02-68).
➢ **Lamentin/Baie-Mahault/Petit-Bourg :** *Société LBP* (☎ 05-90-92-73-94).

En avion

✈ **Aéroport international Pôle-Caraïbes** *(hors plan couleur par C1)* **:** *Les Abymes, à env 3 km au nord de Pointe-à-Pitre.* ☎ *05-90-21-14-72 ou 00 (rens) ; serveur vocal pour connaître les vols :* ☎ *0892-689-755 (0,30 €/mn).* • *guadeloupe.aeroport.fr* •
■ **Air France :** ☎ *0820-820-820 (0,12 €/mn).* • *airfrance.gp* •
■ **Corsair :** ☎ *0820-042-042 (0,12 €/mn).* • *corsair.fr* •
■ **Air Caraïbes :** ☎ *0820-835-835 (0,12 €/mn).* • *aircaraibes.com* • Liaisons, entre autres, vers Saint-Martin (Grand-Case), Saint-Barthélemy, la Martinique et Sainte-Lucie. Également des liaisons avec Cayenne (Guyane), la République dominicaine et Haïti. Attention au surbooking, et pensez à confirmer votre vol de retour.
■ **LIAT :** ☎ *05-90-21-13-93.* • *liatairline.com* • Dessert surtout les îles Caraïbes anglophones (au départ de Pointe-à-Pitre) : Saint-Vincent, la Dominique, Trinidad, Antigua, Porto Rico, la Grenade, la Barbade, etc.
■ **Air Antilles Express :** ☎ *0890-648-648 (prix d'un appel local).* • *airantilles.com* • Dessert entre autres Fort-de-France (Martinique), Saint-Barthélemy et Saint-Martin. Généralement moins cher qu'*Air Caraïbes*.
■ **Air Canada :** ☎ *05-90-21-12-77.* • *aircanada.com* •

En bateau

Gare maritime de Bergevin *(plan couleur A1-2)* **:** c'est d'ici que partent les bateaux pour les dépendances de la Guadeloupe et pour certaines îles des Antilles. 2 compagnies assurent les liaisons : l'*Express des Îles* et *Jeans for Freedom*, cette dernière, plus récente, étant moins chère que l'autre. Si vous êtes en voiture, on vous conseille d'arriver tôt pour éviter les bouchons du parking. Attention, des cas de vandalisme sont régulièrement signalés sur des véhicules stationnés aux abords de la gare maritime. Pour ceux qui viennent à pied du centre de Pointe-à-Pitre, prévoir 15 mn de marche.

➢ **De/vers Marie-Galante et les Saintes :** compter 45 mn-1h de traversée pour Grand-Bourg ou Saint-Louis (Marie-Galante), idem pour Terre-de-Haut (Les Saintes). Mais sachez que des liaisons existent aussi à partir de Saint-François et, pour Les Saintes, de Trois-Rivières et Basse-Terre : choisissez votre parcours en fonction du lieu de votre séjour, chacun a ses avantages et ses inconvénients (voir nos rubriques correspondantes). Tout dépend en fait du jour, de votre moyen de locomotion, du temps que vous voulez mettre. Pour Les Saintes, la mer est moins agitée depuis Trois-Rivières (quoique !), mais surtout la traversée ne dure que 20 à 25 mn.
■ **L'Express des Îles :** ☎ *0825-359-000 (0,14 €/mn), depuis les Antilles slt, sinon* ☎ *05-96-42-04-05.* • *express-des-iles.com* • Voir le site pour les promos et rotations. Pour Grand-Bourg (Marie-Galante), 3 liaisons/j. Pour Saint-Louis (Marie-Galante), 1 liaison/j. Pour Les Saintes, 2 liaisons/sem. Compter env 43 € l'aller-retour.
■ **Jeans for Freedom :** ☎ *0825-010-125 (0,14 €/mn).* • *jeansforfreedom.com* • Propose des liaisons avec Terre-de-Haut (Les Saintes) lun et jeu. À peine 26 € l'aller-retour, moins cher en réservant sur Internet.

➢ **De/vers la Dominique, la Martinique et Sainte-Lucie :** compter en principe 2h de traversée pour Roseau (la Dominique), 4h pour Fort-de-France (Martinique) et 7h pour Castries (Sainte-Lucie).

■ ***L'Express des Îles :*** voir coordonnées plus haut. Pour ces 3 destinations, 2 à 5 liaisons/sem selon saison et presque tlj pdt les vac scol (possibilité d'embarquer la voiture la plupart du temps). Env 120 € l'aller-retour quelle que soit la destination. Réduc diverses. Attention : chèques hors place refusés.

■ ***Jeans for Freedom :*** voir coordonnées plus haut. Liaisons avec la Martinique 1 fois/sem, le lun. À peine 80 € l'aller-retour.

En taxi

Voir plus loin « Adresses utiles. Transports ».

Adresses utiles

Infos touristiques

Comité du tourisme des îles de Guadeloupe *(plan couleur B3,* ***1****) : 5, sq. de la Banque, BP 555, 97166 Pointe-à-Pitre. ☎ 05-90-82-09-30. • lesilesdeguadeloupe.com • Face à la darse. Lun-ven 8h-16h ; sam 9h-12h.* Hébergements, restos, loisirs, visites... Une mine d'infos sur toute la Guadeloupe, gracieusement fournies avec le sourire.

Syndicat d'initiative de Pointe-à-Pitre *(hors plan couleur par B3,* ***2****) : 1, centre commercial, marina, 97110 Pointe-à-Pitre. ☎ 05-90-90-70-02. • syndicatinitiativedepap@wanadoo.fr • sivap.gp • Lun, mar, jeu et ven 8h30-13h, 14h-17h ; mer 8h-12h, 14h-16h.*

■ ***Service du patrimoine :*** *centre José-Marti. ☎ 05-90-21-68-96. • patrimoine.pap@wanadoo.fr • Visites guidées mer, ven et sam ap-m, mais slt sur résa. Tarif : env 6 €/pers ; réduc.* Visites animées par d'excellents guides-conférenciers agréés par le ministère de la Culture autour de plusieurs thèmes : les places de Pointe-à-Pitre, la ville des bords de quais, la maison traditionnelle pointoise, le quartier de l'Assainissement et l'architecture du XXe s, les secrets du cimetière et, sur demande, le musée Saint-John-Perse.

■ ***Gîtes de France*** *(plan couleur B3) : 5, pl. de la Victoire (à côté du comité du tourisme), BP 759, 97172 Pointe-à-Pitre. ☎ 05-90-91-64-33. • gitesdefrance-guadeloupe.com • Infos et résas lun-ven 7h30-16h.*

■ ***Bienvenue à la ferme :*** *à la chambre d'agriculture de la Guadeloupe, BP 35, Convenance, 97122 Baie-Mahault. ☎ 05-90-25-17-17. • bienvenue-a-la-ferme.com •* Une formule originale et souvent de qualité pour s'immerger dans la Guadeloupe profonde. Une douzaine de gîtes à la ferme seulement, cela dit.

■ ***Agence de voyages Riverain Tours*** *(plan couleur B3,* ***4****) : 3, rue Frébault. ☎ 05-90-91-72-10. • rivtours.com • Lun-ven 8h30-17h (fermé 12h30-14h30 hors saison) ; sam 8h30-12h30 slt (9h-12h hors saison). Agences à Basse-Terre (4, rue Christophe-Colomb ; ☎ 05-90-25-50-14), au Moule (42, rue Saint-Jean ; ☎ 05-90-23-15-74) et à Marie-Galante (3, rue de l'Église, à Grand-Bourg ; ☎ 05-90-97-94-00).* Une agence sérieuse et débrouillarde pour trouver des hôtels à bon prix dans toutes les Antilles. Représente aussi les principales compagnies aériennes et maritimes.

Poste et télécommunications

✉ ***Poste Pointe-à-Pitre Principal*** *(plan couleur B2) : rue René-Wachter. ☎ 05-90-89-47-50. Lun-ven 6h45-17h ; sam 7h-11h.* Distributeur automatique de billets et téléphones au rez-de-chaussée, poste à l'étage.

Internet

@ ***Cyber Ka*** *(plan couleur B3,* ***3****) : 20, rue Alexandre-Isaac. ☎ 05-90-90-27-06. Juste à gauche du resto Bella Vita, pl. de la Victoire. Lun-ven 7h-20h ; sam 8h-18h.*

Argent

Toutes les banques suivantes *(plan couleur B2, B3 et C3,* ***5****)* ont des distributeurs automatiques de billets. Également à la poste principale (agence de *La Banque postale*) et dans le centre commercial Saint-John-Perse.

■ ***BNP :*** *rue Frébault.*

■ ***Banque Populaire :*** *10, rue Achille-René-Boisneuf.*

■ ***BDAF :*** *pl. de la Victoire ; à côté du comité du tourisme.*

■ ***BFC :*** *rue Gambetta.*

■ ***Société Générale :*** *30, rue Frébault.*

■ ***Caisse d'Épargne :*** *21, pl. de la Victoire.*

■ ***Crédit Agricole :*** *bd Faidherbe et 3, rue Achille-René-Boisneuf.*

■ ***Crédit Maritime :*** *36, rue Achille-René-Boisneuf.*

Transports

■ ***Compagnies aériennes :*** voir plus haut « Arriver – Quitter ».

■ ***Liberty Bag :*** *comptoir à l'aéroport, dans la salle d'arrivée des bagages. ☎ 05-90-21-71-97. • libertybag.fr • Compter 50 €, jusqu'à 5 bagages.* Une idée astucieuse pour apprécier votre dernière journée de vacances. On vient chercher vos bagages à domicile avant midi, on vous fait remplir les formalités nécessaires à l'enregistrement (on s'occupe même du choix de votre siège), et vous vous pointez à l'aéroport (où vous n'avez plus qu'à récupérer papiers et carte d'embarquement) les mains dans les poches 1h avant le départ.

Taxis : plus chers qu'en métropole. Un conseil : négociez les tarifs avant le départ, si possible. Il existe deux sortes de taxis : ceux de « grande remise », qui sont chers et n'ont pas forcément de compteur, et les *CDL* (*☎ 05-90-20-74-74*) bleu et jaune, portant un numéro et qui marchent au compteur (mais ils ne vont jusqu'à l'aéroport que s'ils sont prévenus de votre arrivée).

Santé

■ ***SAMU :*** *☎ 15 ou 05-90-91-39-39.*

■ ***Centre hospitalier régional universitaire*** *(plan couleur C-D3)* ***:*** *bd de l'Hôpital. ☎ 05-90-89-10-10 et 79. À la sortie de Pointe-à-Pitre, direction Le Gosier.*

■ ***Association des médecins de garde (ADGUPS) :*** *129, route de Chauvel,* ***Les Abymes.*** *☎ 05-90-90-13-13.* Liste des médecins de garde.

Loisirs

■ ***Librairie générale Jasor*** *(plan couleur B3,* ***6****)* ***:*** *44-46, rue Schœlcher. ☎ 05-90-82-17-70. Lun-ven 8h-17h ; sam 8h-13h.* La plus grande librairie de Guadeloupe, celle où l'on trouve tout sur les Caraïbes : guides de voyage, littérature et ouvrages universitaires. Également presse locale et métropolitaine.

■ ***Le Presse-Papier*** *(plan couleur B3)* ***:*** *pl. de la Victoire, juste à gauche de Délifrance. Tlj sf dim 5h30-15h (13h sam).* Toute la presse française et locale.

Où dormir ?

À moins d'avoir un bateau à prendre tôt le matin, on ne séjourne pas à Pointe-à-Pitre. L'offre hôtelière est, par conséquent, à la hauteur de la demande : quasi nulle et pas donnée. Il y a bien quelques adresses bon marché derrière la gare routière pour le sud de la Grande-Terre *(plan couleur B3)*, mais le quartier est peu sûr le soir, alors prudence... On conseille plutôt d'aller au Gosier (voir plus loin), distant de 7 km seulement, si vous devez dormir à proximité de PAP.

Hôtel Saint-John Perse *(plan couleur B3,* ***10****)* ***:*** *1, quai Ferdinand-de-Lesseps. ☎ 05-90-82-51-57. • direction@saint-john-perse.com • saint-john-perse.com • Doubles 90-100 €. Petit déj-buffet 10 €. Réduc de 10 % sur le prix de la chambre sur présentation de ce guide.* Bien placé, l'unique hôtel convenable de Pointe-à-Pitre a été conçu dans un style moderne et déco façon bateau (hublots, coursives). Chambres correctes (quoique un peu surévaluées) pour 2 à 4 personnes, avec AC et TV, certaines avec balcon. Demandez les chambres d'angle, plus spacieuses et agréables, qui offrent, même à jeun, une double vue.

Où manger ?

Rares sont les restos ouverts le dimanche et surtout le soir ; mais de toute façon, on déconseille de traîner en ville après la sortie des bureaux.

Bon marché

Sur la ***place de la Victoire*** *(plan couleur B-C3)*, le soir, sur le côté du cinéma *Renaissance*, et dans la journée, sur la **darse,** on trouve des camionnettes vendant sandwichs à la morue, jambon-beurre (sic), *bokits*, acras, gâteaux au coco... Signalons simplement la *case Marie-Galante*, sur la darse, accueillante, et également *Ciao Tropical Gelato*, place de la Victoire, qui vend *bokits*, salades et glaces pour pas trop cher.

Dans les ***rues Frébault et Nozières*** *(plan couleur B2-3)*, on trouve croissanteries, saladeries et fast-foods. Employés et secrétaires du quartier s'y donnent rendez-vous le midi. Simple et inégal.

Délifrance *(plan couleur B3,* ***22****) : 8, pl. de la Victoire. ☎ 05-90-83-83-89. Tlj sf dim 6h30-15h (14h sam). Plat à partir de 9,50 €.* Le rejeton d'une chaîne de cafétérias correctes, rendez-vous des collégiens et des employés du quartier. Idéal pour le petit déj. Le midi, petits plats simples, sandwichs et salades de tout gabarit à engloutir en terrasse dans une atmosphère amicale. Kiosque à journaux juste à côté.

Délices Café *(plan couleur B3,* ***21****) : 25, rue Achille-René-Boisneuf. ☎ 05-90-48-93-40. Lun-ven 7h-16h ; sam 7h30-12h30. Sandwich env 3,50 € et plats 8-10 €.* Au cœur du quartier commerçant de PAP, cette cafétéria proprette et climatisée sert de bons cafés et des viennoiseries pour le petit déj ; d'honnêtes sandwichs, snacks et plats du jour pour le midi.

Bella Vita *(plan couleur C3,* ***24****) : pl. de la Victoire. ☎ 05-90-89-00-54. L'un des rares restos ouv le soir (jusqu'à 23h), tlj sf dim. Pizzas 5-10 €, plats 8-20 €.* On ne vient pas pour le cadre (carrelage et néons tristounets), mais il y a quelques tables en terrasse qui permettent d'observer l'animation de la place principale de PAP. Dans l'assiette, d'honorables petits déj, sandwichs, pizzas et plats du jour créoles, ainsi que des salades de fruits frais. Bons jus naturels. Pour ceux qui sont coincés ici, quelques chambres au-dessus du resto.

De prix moyens à chic

Chez Dolmare *(hors plan couleur par A1,* ***29****) : quartier Lauricisque, port de pêche. ☎ 05-90-91-21-32. Emprunter le bd de l'Amitié-des-Peuples-des-Caraïbes (immeubles modernes) jusqu'à un virage à droite assez marqué :* Chez Dolmare *est à gauche juste avt ce virage (terre-plein central, faire demi-tour un peu plus loin), dans les baraquements de pêcheurs. Tlj le midi, sf dim. Résa fortement conseillée. Plats env 15-25 €.* Dans une baraque verte en bord de rade, une bonne cantoche, vivante et populaire, que tout le monde connaît à Pointe-à-Pitre. Vaste salle toute simple et portions maousses servies dans la foulée. Un plat suffit. Évidemment, cuisine 100 % créole et poissons frais, lambis, chatrous, ouassous, langouste... prélevés directement dans les casiers au retour de pêche. Mention spéciale au court-bouillon de poisson. Un peu excentré mais authentique et pittoresque. Y aller tôt pour éviter l'attente mais aussi parce que, à partir de 14h, il y a moins de choix, voire plus rien du tout !

La Canne à Sucre *(plan couleur B3,* ***27****) : face à la mer, au bout du quai droit de la darse. ☎ 05-90-90-38-83. • lacanneasucre971@orange.fr • Tlj sf sam soir et dim jusqu'à 15h, plus ven soir. Plats 16-22 € ; menu 25 € (35 € avec langouste, le sam).* La belle terrasse du centre-ville, venteuse comme il se doit et braquée comme une vigie sur les îlots de la baie et la Soufrière noyée dans son halo de nuages. Outre le bon plat du jour à midi, on peut s'y rassasier d'une cuisine grande ouverte sur les saveurs du monde avec un choix de grandes salades et de suggestions du moment.

Fairouz *(plan couleur B3,* ***23****) : 17, rue Jean-Jaurès. ☎ 05-90-91-39-69. Tlj midi et soir, sf dim et j. fériés. Plat du jour à midi à partir de 8 € ; menu mezze 24 €. Thé à la menthe ou café offert sur présentation de ce guide.* Une fois n'est pas coutume, on vous emmène dans la communauté libanaise, un brin d'exotisme dans cette ville qui compte de nombreux commerçants originaires du pays du Cèdre. Petite salle climatisée avec des tables bien dressées et une jolie déco orientale. Le roi de la table est, évidemment, le *mezze* (en principe, servi pour 2). Mais on peut aussi le composer soi-même à la carte avec tous les classiques comme le taboulé, le *laban*, le *moutabal*, les brochettes, etc. C'est bon et bien servi.

Sucré Salé *(plan couleur B1,* ***25****) : bd Légitimus, immeuble Bellina. ☎ 05-90-21-22-55. ♿ À 10 mn à pied du centre. Tlj sf dim 7h-15h. Congés : 1re quinzaine d'août. Plat du jour 8-19 € ; à la carte, plats 15-27 € ; menu-enfant 12 €. Apéritif maison offert sur présentation de ce guide.* Ne vous fiez pas à la devanture un peu défraîchie : la salle à l'arrière, assez animée et décorée de photos et affiches de jazzmen, est climatisée et bien agréable. On y sert des tartes du jour pas chères (accompagnées de crudités), ou une cuisine plus inventive et sophistiquée à la carte. Patron charmant.

POINTE-À-PITRE

Où manger autour de Pointe-à-Pitre ?

À la marina

C'est ici, dans l'agglomération de Pointe-à-Pitre, qu'on trouve des restos ouverts le soir (sauf le dimanche...). Pour y aller, prendre la rocade direction Le Gosier, puis la sortie « Marina ». Comme toute marina qui se respecte, elle attire les foules le week-end. C'est aussi le lieu d'arrivée de la *Route du rhum* (prochaine fin 2014). Le revers de la médaille, c'est sans doute le côté anarchique et peu esthétique des aménagements. Le bon côté, c'est cette succession de terrasses colorées et son kaléidoscope culinaire : tables chic, bistrots de la mer, mais aussi petite restauration abordable, snacks, salades, pizzas, crêpes bretonnes, etc.

De bon marché à prix moyens

Le Plaisancier : *12, résidence des Moulins. ☎ 05-90-90-71-53. • plaisancier@orange.fr • ♿ Sur le quai même. Tlj sf dim. Formule express 18,90 € ; menus 18-25 €. Apéritif maison offert sur présentation de ce guide.* L'un des rares restos à prix encore abordables de la marina. Cuisine traditionnelle française à la carte. Le menu créole, très correct, propose aux inconditionnels quelques bonnes spécialités : rillettes de marlin, fricassée de chatrou... Terrasse tout indiquée pour rêver de s'embarquer.

Des Saveurs et des Mots : *sur la marina de Bas-du-Fort. ☎ 05-90-82-02-94. • contact@des-saveurs-et-des-mots.fr • Tlj sf dim midi et lun. Crêpes et galettes 4-10 €. Apéritif ou café offert sur présentation de ce guide.* Une toute petite salle joliment décorée et donnant sur la marina pour déguster de bien belles galettes traditionnelles puisque nos hôtes nous viennent tout droit de Bretagne.

La Route du Rhum : *sur la marina. ☎ 05-90-90-90-00. • rest-route-du-rhum@wanadoo.fr • ♿ Un peu caché dans le secteur de la capitainerie. Tlj sf dim. Plats 13,50-23,50 € ; menus 17-22 €. Apéro maison offert sur présentation de ce guide.* Le plus vieux resto de la marina, ouvert en 1978, quelques semaines avant l'arrivée de la première et fameuse transat. Une sorte de guinguette portuaire dont l'atout principal est sa situation privilégiée, le nez dans les haubans, à l'écart de l'effervescence de la marina. Photos de grands navigateurs un peu partout. Bonnes spécialités de la mer, mais aussi quelques plats « métros ». Organise des soirées musicales.

Coco Kafé : *en face de l'aquarium, pl. Créole. ☎ 05-90-93-63-02. Tlj sf* *dim soir (et dim midi en août). Plats 11,50-19,50 € ; menu-enfant 9,50 €.* Idéal après la visite de l'aquarium. Une jolie terrasse à la déco tropicale, les pieds dans l'eau, pour déguster une bonne salade copieuse, un plat de pâtes honorable pour les Antilles, un alléchant tartare de thazar ou encore un sauté de poulet et queues de crevettes sauce « maïpo », la spécialité de la maison. Également des brochettes. Jolie collection de punchs et large choix de jus de fruits.

La Frégate : *sur la marina de Bas-du-Fort. ☎ 05-90-90-77-70. Tlj midi et soir (jusqu'à env 23h30). Menu créole ou menu langouste 16-30 €. Plats 10-19 €.* Ses horaires d'ouverture étendus font de cette adresse, somme toute classique, un bon point de chute quand tout est fermé dans le secteur. Qualité régulière : pâtes, poissons, viandes et salades pour les petites faims.

À Jarry

Prendre la rocade direction Basse-Terre : vous n'éviterez pas toujours les embouteillages, mais vous serez heureux d'apprendre qu'au milieu de cette zone industrielle se cachent en fait toutes les nouvelles tables de l'agglomération. Et vous n'y rencontrerez que peu de touristes. On y trouve de tout : des spécialités créoles, françaises, indiennes, au pied d'immeubles n'incitant guère à la rêverie mais idéalement placés pour satisfaire, le midi surtout, une clientèle affairée. Comme ces adresses changent très vite de chef ou de propriétaire, un bon conseil : si vous devez passer par là et possédez une âme d'explorateur, procurez-vous *Les Rendez-vous gourmands en Guadeloupe,* petit recueil distribué dans les offices de tourisme, rassemblant quelque 70 tables et tout autant de recettes.

Aux Abymes

Espérat (hors plan couleur par D2, **26**) **:** *route Cocoyer Besson, section Besson, 97110* **Les Abymes.** *☎ 05-90-82-77-13. Du centre de Pointe-à-Pitre, direction le CHU et la rocade pour Le Gosier, passer sous la rocade et suivre (tt droit) Chauvel-Besson ; env 1 km plus loin, prendre la route de Terrasson à gauche, le resto est env 400 m plus loin, sur la droite. Mar-sam 9h-16h, plus ven 19h-22h. Plats env 13-46 €.* Déco vieille école dans les agréables salles, proprettes et climatisées, de cette maison particulière, où l'on retrouve nombre de fonctionnaires antillais, fidèles habitués de l'endroit. Authentique cuisine créole avec des spécialités de fruits de mer, soignées et copieuses. Poisson, ouassous, langouste... Une institution locale des notables pointois.

Où sortir ?

Vous constaterez rapidement qu'à Pointe-à-Pitre la vie nocturne est quasi inexistante. À 20h, la ville est comme déserte. De plus, certains quartiers (comme Boissard et Mortenal, au nord-ouest de la ville) sont à éviter formellement. Si vous voulez vous amuser un peu, filez à la marina (voir plus loin) ou au Gosier où se trouvent la plupart des boîtes de nuit de Guadeloupe...

■ ***Centre des arts et de la culture*** *(plan couleur C2) : pl. des Martyrs-et-de-la-Liberté. ☎ 05-90-82-79-78. • centredesarts.fr •* Actuellement fermé, il devrait rouvrir en 2016 sur la base d'un nouveau projet culturel. Spectacles et ateliers sont délocalisés durant les travaux de réhabilitation.

À la marina

Le seul coin animé de Pointe-à-Pitre le soir en haute saison. Bien sûr, c'est assez « métro » comme atmosphère, mais il y a pas mal de restos et de bars. C'est la seule chance de trouver un peu de vie assez tard dans le secteur.

Le Zoo Rock Café : *sur la marina. Bar tlj 19h-4h (minuit dim) ; discothèque ven-sam jusqu'à 6h env.* Bar à cocktails coloré et dynamique avec un jardin-resto, le tout pas mal fréquenté par les marins et les touristes en goguette. Faune plutôt sympa. Alcool à gogo... à éponger avec les délicieuses maxi brochettes de la maison. Ça bouge pas mal le week-end. Soirées à thème et groupes live tous les jeudis à partir de 22h.

Achats

Pointe-à-Pitre n'a rien d'un paradis du shopping et, d'ailleurs, la production artisanale guadeloupéenne est assez limitée. Outre les produits du marché Central (ou aux Épices) et du petit marché de la darse (à lire plus bas dans « À voir »), on trouve dans les boutiques des produits – plutôt chers – en provenance de toute la zone caraïbe, et même d'Asie... Toutefois, on peut faire quelques bonnes affaires à la sauvette dans les rues adjacentes au marché Saint-Antoine ; mais aussi au *marché aux puces* le 1er dimanche du mois, à la darse.

Schip-O-Case *(hors plan couleur par D3,* ***41****)* **:** *96, rue Raspail, quartier du Carénage. ☎ 05-90-83-17-75. Lun-ven 8h-12h30, 14h-17h30 ; sam 8h-13h.* Pour ceux qui viennent par la mer ou pour les vieux loups nostalgiques, c'est un magasin de puces de mer, un bric-à-brac de pièces de bateaux, où, avec un peu de chance, on peut trouver l'objet rare (très peu d'antiquités). Anke, ancienne navigatrice, reçoit gentiment, parle toutes les langues, conseille et dépanne les marins.

À voir. À faire

Le vieux centre commerçant et le pittoresque quartier du port *(plan couleur B2-3)* réservent encore quelques surprises aux randonneurs urbains. L'épine dorsale en est la ***rue Frébault,*** entièrement consacrée au négoce (bijoux, vêtements et deux-trois boutiques de madras), tenu en grande majorité par des Libanais et par quelques Chinois. Malheureusement, le quartier mériterait une sérieuse réhabilitation. ***Rues Nozières*** et ***Schœlcher,*** vous découvrirez également nombre de boutiques où les Pointois désappointés sont assurés de tout trouver, du poisson empaillé à la cuisinière électrique. Attention, les magasins ferment de bonne heure le soir, et sont complètement fermés le samedi après-midi et le dimanche. Le quartier est alors désert... Donc prudence !

Le vieux centre offre quelques belles demeures de style colonial aux aimables balcons fleuris, de vieux immeubles créoles auxquels se mêlent des cases en bois pittoresques, des bâtiments administratifs dont certains ont été dessinés par Ali Tur, architecte chargé, à la suite du cyclone de 1928, de la reconstruction de la ville. Bref, un ensemble hétéroclite plutôt séduisant (mais dont la restauration se fait toujours attendre, faute d'argent) et façonné au cours des siècles par les différentes catastrophes (tremblements de terre, incendies) qui dévastèrent la ville.

UN ALIBI BÉTON !

C'est à la demande du gouvernement qu'Ali Tur, architecte du ministère des Colonies, se chargea dans les années 1930 de la reconstruction de la ville et de l'île en général, dévastées par un terrible cyclone. Les idées hygiénistes dans le vent de l'époque le poussèrent à choisir un matériau jusqu'alors inconnu dans l'île : le ciment armé. Ce matériau chassa peu à peu les belles maisons en bois.

L'église Saint-Pierre-et-Saint-Paul *(plan couleur B2)* **:** *devant le palais de justice (pl. Gourbeyre).* Même si certains l'appellent encore « basilique » ou même

« cathédrale » (alors qu'elle n'a jamais été consacrée !), elle ne présente pas une décoration intérieure exceptionnelle, mais son architecture de métal est assez originale. Suite au tremblement de terre de 1843, elle fut reconstruite 10 ans plus tard, mais sa charpente en bois originelle fut endommagée dès 1864. Contrairement à ce que l'on serait tenté d'imaginer, ce ne sont pas les ateliers Eiffel qui accouchèrent de la structure métallique mais la maison Joly, d'Argenteuil, conceptrice des anciennes Halles de Paris. Sur le parvis, joli festival d'oiseaux de paradis tous les matins chez les marchandes de fleurs. Elles font même la livraison à l'aéroport.

Le marché central *(ou marché aux Épices ; plan couleur B3) : à l'angle des rues Frébault et Peynier. Tlj sf sam ap-m, dim et j. fériés, 6h-15h/16h (mais mieux vaut venir avt 13h).* Sous une grande halle métallique ouverte aux alizés, le marché sous les tropiques tel qu'on se l'imagine : vivant et coloré. Belle fontaine. Sachez qu'on l'appelle encore « marché Saint-Antoine » à cause d'un ancien magasin de tissus qui n'existe plus aujourd'hui (mais qui était un peu l'équivalent antillais du marché Saint-Pierre montmartrois !). Faites donc le plein d'épices avant de repartir en métropole, en sachant très bien que la plupart ont déjà voyagé avant d'arriver ici. Très animé le samedi matin (pas une place de parking à moins d'un bon kilomètre).

Le quartier de la Darse *(plan couleur B3) :* plutôt charmante, la place de la Victoire, bordée de quelques belles maisons créoles, avec ses sabliers centenaires, ses palmiers, ses flamboyants, son square. Elle doit son nom à une victoire décisive remportée par Victor Hugues sur les Anglais en 1794. Devant la place s'étend la vieille darse tristement déserte depuis que les vedettes desservant Les Saintes et Marie-Galante ne s'y arrêtent plus. On n'y voit plus guère les goélettes tant chantées par le grand Saint-John Perse... Vous vous consolerez avec le beau ***marché de la Darse*** déroulant ses éventaires tout le long du quai de droite *(tlj sf dim et j. fériés, jusqu'à 15h-16h).* Moins institutionnalisé que le précédent (on préfère !). Fruits, légumes, souvenirs... Les pêcheurs des Saintes viennent y vendre leur poisson. À gauche de la darse, un marché artisanal se tient en matinée, histoire d'acheter quelques souvenirs du coin...

Le musée Schœlcher *(plan couleur B3) : 24, rue Peynier. ☎ 05-90-82-08-04. • musee.schoelcher@cg971.fr • Tlj sf w-e et j. fériés 9h-17h. Entrée : 2 € ; réduc étudiants et enfants ; gratuit moins de 7 ans et chômeurs.*
Superbe maison de 1887 en pierre de taille (calcaire de la Grande-Terre), construite dès l'origine pour accueillir la collection personnelle du grand abolitionniste, à savoir, notamment, des pièces de l'Antiquité au XIXe s, et des souvenirs de ses voyages.
Au rez-de-chaussée, statues, vases, moulages, terracotta, bas-relief, bronzes et marbres de différentes périodes. Également des grands plâtres (offerts par le Louvre) reproduisant des chefs-d'œuvre des civilisations antiques, telle la célèbre *Vénus de Milo,* ainsi qu'une petite sélection de porcelaines de Paris réalisées par la fabrique de son père.
Le 1er étage est consacré, outre aux nombreux voyages réalisés par Schœlcher, à l'esclavagisme et au rôle majeur qu'il joua dans le processus d'abolition. Notez le collier d'esclave, le fouet de commandeur (esclave chargé de surveiller les ouvriers), les entraves, le couteau de nègre marron (esclave fugitif), et surtout le document présentant un « inventaire des esclaves et des animaux », désignés comme « biens meubles » d'après le fameux *Code noir.* Rappelons les déclarations du gouverneur de la Guadeloupe à la population, juste avant l'abolition de l'esclavage : « Mes amis, en France, tous les gens libres travaillent encore plus que vous qui êtes esclaves, et ils sont moins heureux, car là-bas la vie est plus difficile. » Sans commentaire.
L'ensemble est intéressant, mais tout de même assez modeste.

Le musée municipal Saint-John-Perse *(plan couleur B3) : 9, rue de Nozières. ☎ 05-90-90-01-92. • musee.st-john-perse@wanadoo.fr • Lun-ven 9h-17h ;*

sam 9h-12h30. Fermé dim et j. fériés. Entrée : 2,50 € ; réduc enfants et étudiants. Visite guidée sur demande avec un guide-conférencier du Service du patrimoine (payant).

Ce musée occupe la *maison Souques-Pagès,* superbe demeure coloniale rectangulaire, qui possède deux étages, des murs de brique et une galerie soutenue par de fines colonnes métalliques. Ce détail technique est nouveau pour l'époque, car les colonnes de vérandas au XIXe s étaient en bois, pas en métal. Admirer le balcon ouvragé et la frise en zinc, fine dentelle ornant l'édifice, appelée « fanfreluche » aux Antilles (lambrequin à La Réunion), et courant sur les maisons créoles.

À l'intérieur, beau parquet, belles boiseries et moulures. Au rez-de-chaussée : reconstitution d'un intérieur créole tel qu'on pouvait en trouver chez les riches propriétaires à la fin du XIXe s. Alexis Léger, futur Saint-John Perse, qui passa son enfance en Guadeloupe, en garda une vive nostalgie. « Sinon l'enfance, qu'y avait-il alors qu'il n'y a plus ? » Un univers hors du temps évoqué dans son premier recueil de poésies, *Éloges,* reconstitué ici avec minutie : admirez les robes, costumes portés par des mannequins, gravures, photos et cartes postales anciennes (vendeur de bananes, le Père Joyeux, etc.), cocasses ou émouvantes. Au 1er étage, outre les expos temporaires, éloge cette fois de la créolité du poète (photos personnelles, manuscrits, correspondance...). Le 2e étage accueille des calligraphies inspirées de son œuvre et une petite bibliothèque.

DEUX MAISONS SUR UN BATEAU

Deux maisons du type de celle qui abrite le musée Saint-John-Perse auraient été commandées vers 1870 en France, à l'atelier de Gustave Eiffel, par un riche propriétaire de Louisiane désireux de doter ses filles. Le navire qui les acheminait (en pièces détachées !) dut faire escale à Pointe-à-Pitre pour cause de graves avaries. Son capitaine vendit alors les maisons aux enchères pour payer les réparations... La première devint la plus belle demeure coloniale de Pointe-à-Pitre. Quant à la seconde, appelée « maison Zévallos », elle a échoué sur la commune du Moule !

La maison de Saint-John Perse *(plan couleur B3)* **:** *au n° 54, rue Achille-René-Boisneuf, face à la médiathèque.* Les inconditionnels de Saint-John Perse iront contempler avec émotion ce vieil immeuble créole tout délabré, dans lequel le célèbre écrivain passa une partie de son enfance. Il y vécut jusqu'à la fin de sa douzième année, partagé entre les habitations du Bois-Debout (Capesterre-Belle-Eau) et celles de *La Joséphine* (Matouba, Saint-Claude) où résidait sa famille. Il faut toutefois une bonne dose d'imagination, ou de bonne volonté, pour passer outre l'état de décrépitude avancée du bâtiment ! Seul signe d'espoir, ce panneau de financement de l'Union européenne accroché en façade, mais l'association chargée du projet manque encore cruellement de sous...

La rue Duplessis mène à ***Massabielle*** *(plan couleur C3),* quartier populaire s'étageant sur la colline vers l'hôpital.

La rue Raspail, quant à elle, borde le quartier du ***Carénage,*** celui des marins et des petits constructeurs de bateaux, en pleine transformation. Souhaitons seulement que les travaux de rénovation ne changent pas trop la vie au quotidien de ce quartier éminemment populaire, composé d'une multitude de demeures en bois, vieilles échoppes dans un treillis de ruelles étroites. Quelques bars pittoresques, mais ne s'y rendre qu'avec un ami antillais déjà bien intégré au milieu. Il vous parlera peut-être de *Chez Johanne,* endroit réputé pour sa soupe de cheval du vendredi soir, aux vertus aphrodisiaques (atmosphère très masculine !). Balade nocturne en solitaire tout à fait déconseillée dans le quartier, bien entendu !

Du côté de la marina

À 4 km de Pointe-à-Pitre. Prendre, sur la route du Gosier (N4), la sortie « Bas-du-Fort/Marina ». Repaire de globe-flotteurs, évidemment.

Le fort Fleur d'Épée *(hors plan couleur par C3)* : *☎ 05-90-90-94-61. À la sortie Bas-du-Fort, grimper tt en haut, c'est fléché ; suivre les panneaux « Fort Fleur d'Épée ». En principe, tlj 9h (10h lun)-16h45, appeler avant. GRATUIT.* Vous trouverez facilement ce vieux fort construit à la fin du XVIIIe s et portant le surnom d'un soldat sans doute particulièrement hardi. Il fit l'objet d'âpres enjeux entre Victor Hugues et les Anglais en 1794. Un peu déplumé, certes, il a cependant conservé une certaine prestance avec ses canons à l'entrée, son fossé, sa porte monumentale et ses remparts bien préservés. Ils enserrent une vaste esplanade où ne subsistent que la poudrière et un bâtiment réservé aux expositions temporaires. La balade serait incomplète sans un détour par les souterrains (fermés en cas de pluie) dont les murs sont incrustés de graffitis anciens (militaires, prisonniers de guerre) et contemporains (les futurs mariés y viennent toujours, le temps d'une photo !). Enfin, pause contemplative obligatoire pour profiter du beau panorama sur Grande-Baie.

L'aquarium de la Guadeloupe *(hors plan couleur par C3)* : *pl. Créole. ☎ 05-90-90-92-38. • aquariumdelaguadeloupe.com • Indiqué sur la N4. Tlj 9h-18h30 (19h vac scol). Entrée : 11 € ; réduc enfants et étudiants ; gratuit pour les moins de 4 ans. Réduc avec l'achat du pass du parc des Mamelles + chutes du Carbet (Basse-Terre).*
Un bel aquarium, certes, mais un peu petit et, donc, plutôt cher. Il se concentre sur les richesses des fonds caribéens, rassemblant toute une panoplie de poissons-papillons, anges, murènes vertes ou tachetées, tortues de mer, poissons-ballons, trompettes... En tout, près de 200 variétés de créatures marines, sans oublier une cinquantaine d'invertébrés, coraux inclus. Notez les étonnants poissons-pierres, les piranhas à ventre rouge, les tarpons et l'aspect étrangement métallique des petits carangues-lunes... Le bassin aux requins accueille des requins « dormeurs » et des requins « pointe noire », qui, eux, ne dorment jamais (enfin, c'est l'impression qu'ils donnent), car pour capter l'oxygène, ils doivent être constamment en mouvement ! Le site abrite également un centre de soins pour tortues marines et une *École de la mer* (• ecoledelamerguadeloupe.org •) proposant des *écotours* (en mer) et autres activités pédagogiques.
En sortant, possibilité de boire un verre ou de se restaurer sur la terrasse du *Coco Kafé* (voir plus haut « Où manger autour de Pointe-à-Pitre ? »). N'oubliez pas de demander votre réduction si vous avez visité l'aquarium.

LE GOSIER (97190) 25 400 hab.

Située à 7 km au sud-est de Pointe-à-Pitre, la station touristique tire son nom des « grands gosiers », pélicans bruns qui nichaient autrefois dans le village (il en reste quelques-uns). C'est l'un des trois centres balnéaires de la Grande-Terre avec Sainte-Anne et Saint-François.
Dominant la mer et un charmant îlet surmonté d'un phare, Le Gosier même est un bourg assez bétonné qui s'est étendu le long de la route au fur et à mesure de la croissance du tourisme. En soirée, on dirait un véritable hall d'expo pour enseignes lumineuses... Mais la crise et les changements de comportements ont eu raison de certaines structures hôtelières auxquelles

on doit le bétonnage de la côte, et qui, du coup, ont fermé ou se sont reconverties en locations touristiques longue durée.

– Un peu à l'écart du centre, à l'ouest, on trouve la *pointe de la Verdure* (qui compte de moins en moins de verdure, à part les marais), soit le quartier des hôtels-clubs avec leurs petits bouts de plages artificielles (publiques) et un casino. Plus à l'ouest encore, *Bas-du-Fort* et la marina de Pointe-à-Pitre où se trouvent de nombreux restaurants (voir « Où manger autour de Pointe-à-Pitre ? »).

Avant-propos

– ***Les hôtels* :** les hôtels du Gosier ne bénéficient pas tous de la plage. Certains sont construits au-dessus des rochers. En fait, cette station ne devient intéressante que passé cette zone trop urbanisée et occupée par l'hôtellerie industrielle. Il faut aller plus loin, vers l'est, pour trouver des endroits plus agréables.

– ***Les plages* :** Le Gosier possède peu de plages, et elles sont généralement petites et étroites. Elles s'égrènent le long de la route. Il y en a toutefois de très mignonnes à l'est de la ville, en direction de Sainte-Anne : la *plage de Saint-Félix,* agréable et sauvage, celle *des Salines,* derrière une petite zone de mangrove, et la *plage de Petit-Havre,* certainement la plus belle des trois.

Arriver – Quitter

En bus

Les deux arrêts principaux se trouvent devant le *Crédit Agricole (bd Amédée-Clara)* pour Sainte-Anne et Saint-François, et devant le cimetière, face à la poste *(bd du Général-de-Gaulle)* pour Pointe-à-Pitre. Bus ttes les 15 mn env (sf sam ap-m et dim). *Société GT (06-90-56-97-22).*

En voiture

Pas facile de s'y retrouver. Le nom des lotissements n'est indiqué sur aucune pancarte, les multiples sens uniques ne facilitent rien et la commune s'étale presque de Pointe-à-Pitre à Sainte-Anne. Conseil : suivez dans l'ordre les petits hameaux qui se succèdent sur la N4, car ils sont signalés par un panneau (à l'entrée et à la sortie) et indiqués sur les cartes routières.

Adresses utiles

Office de tourisme (plan C2) **:** *rue Félix-Éboué. ☎ 05-90-84-80-80. • otdugosier@gmail.com • Lun-ven mat 9h-12h, 13h-16h ; sam 9h-12h ; plus dim en hte saison. Infos et doc sur le coin et tte la Guadeloupe.*

✉ **Poste** (plan B2) **:** *bd du Général-de-Gaulle, face au cimetière. Ouv 7h30-12h15, 13h30-16h. Fermé mer ap-m et sam ap-m.*

Distributeurs de billets : *à la* ***poste,*** *au* ***Crédit Agricole*** *(plan C2,* ***2****), bd Amédée-Clara, ainsi qu'au* ***casino,*** *à la pointe de la Verdure (quartier des grands hôtels).*

Où dormir au Gosier et dans les environs ?

Dans le centre-ville

Prix moyens

Gîtes de M. et Mme Branes (*Gîtes de France ; plan B2,* ***10***) **:** *11, impasse Montout, à Montauban. ☎ 05-90-84-43-18. 06-90-53-18-38 ou 06-90-49-32-17. • jean-louis.branes@wanadoo.fr • sylvia.branes@wanadoo.fr • Tél le soir ou le w-e. Gîtes pour 2 pers 320-350 €/sem.* Dans une impasse calme, 2 studios (2 épis) pour

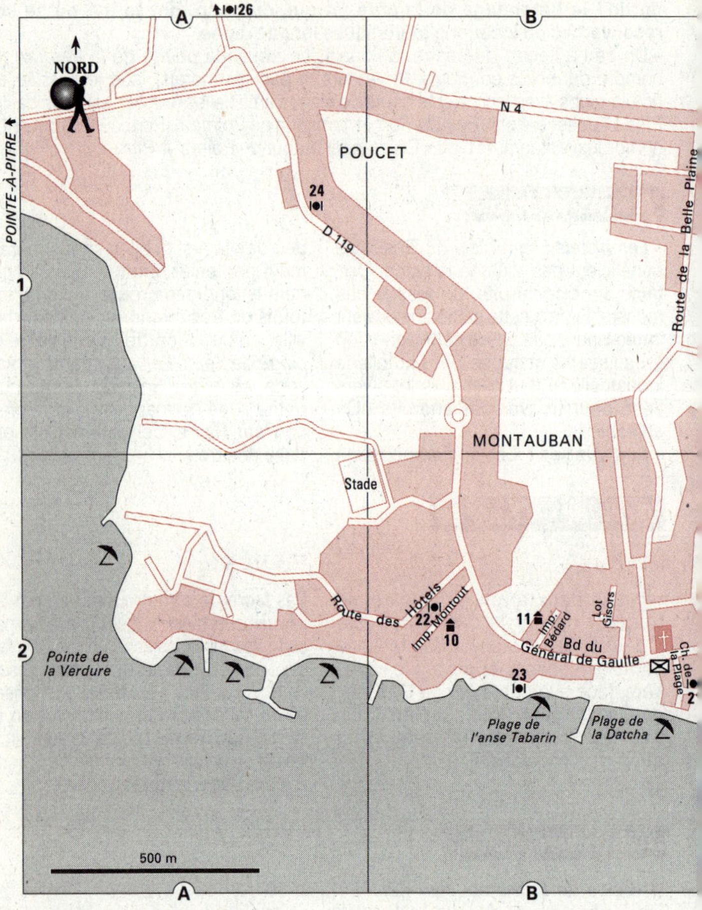

Adresses utiles	Où dormir ?
Office de tourisme	10 Gîtes de M. et Mme Branes
Embarcadère pour l'îlet du Gosier	11 Espace Marida, chez M. Mozar
2 Crédit Agricole	12 Les Relais de l'Îlet
	13 Hôtel Les Bananiers

2 à 4 personnes situés en rez-de-jardin de la maison des propriétaires, très prévenants. Ensemble très simple et pas bien guilleret, mais équipements suffisants (AC, TV, cuisine, petite terrasse). Bien placé quoi qu'il en soit, proche des plages de la pointe de la Verdure.

Espace Marida, chez M. Mozar *(Gîtes de France ; plan B2,* ***11****) : 2, impasse Bédard, à Montauban (adresse postale : BP 739, 97172 Pointe-à-Pitre*

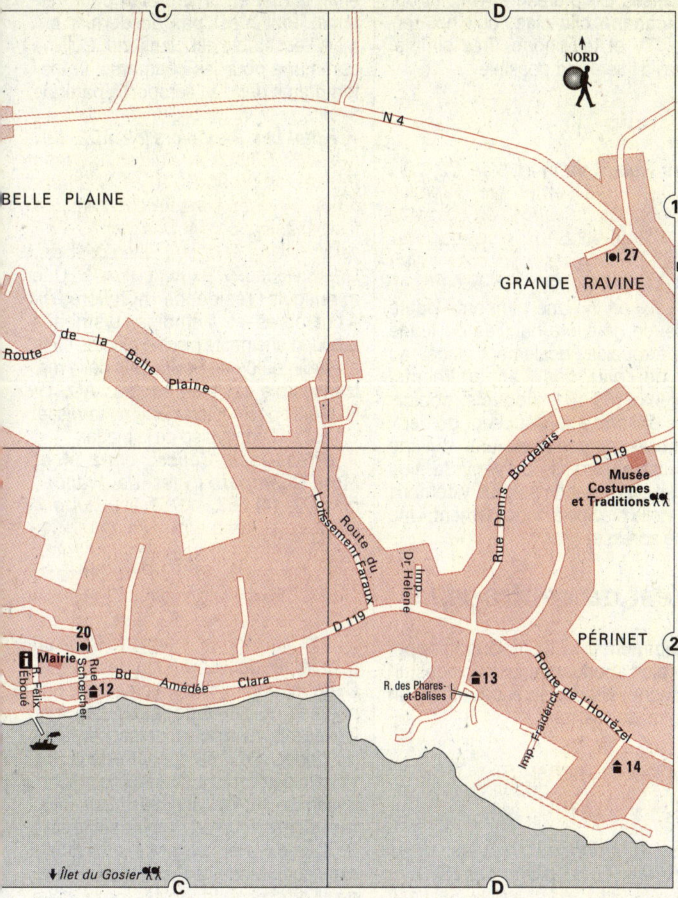

LE GOSIER

14 Gîtes Oasis-Colibri, chez M. et Mme Champare	**22** Le Ti Maki
	23 Point Vert
	24 Le Tam-Tam
Où manger ?	**25** L'Agouba Grill
20 Au Petit Creux	**26** Chez Albéri
21 Le Bord de Mer	**27** La Kaz a Loulouz

Cedex). ☎ *05-90-82-84-60.* 📱 *06-90-54-44-44.* • *mozar.yves@wanadoo.fr* • *gite-aventura-des-iles-guadeloupe.fr* • *En venant de Pointe-à-Pitre, 1re à gauche après l'*Auberge de la Vieille Tour *; c'est un peu plus loin sur la gauche. Tél avant de venir. Env 598 €/sem pour 4 pers.* Ni espace de mariage, ni salle de concert (on plaisante), il s'agit tout simplement de 2 gîtes mitoyens (3 épis) devancés par une pelouse, pour 4 à 6 personnes, chacun avec 2 chambres climatisées, salle d'eau et w-c, séjour avec canapé clic-clac, cuisine, terrasse, TV et téléphone. Très simple. Accueil à l'aéroport possible.

Plus chic

Les Relais de l'Îlet (plan C2, **12**) : *rue Alexandre-Lemercier. Impasse (sans nom) sur la gauche en bas de la rue. ☎ 05-90-83-67-12. • sylviademo@hotmail.fr • lesrelaisdelilet.com • Nuitée 110-150 € pour 2 ; 720-980 €/sem, selon saison.* Une pimpante petite résidence hôtelière habillée de jaune et de turquoise, idéalement placée au bord de l'eau. Les 2 appartements, spacieux (100 m² !), coquets, confortables et lumineux, disposent de deux chambres climatisées, une cuisine américaine, terrasse ou véranda. Vue sur l'îlet du Gosier de partout, y compris de la belle piscine à débordement. Une bonne adresse.

À l'est du centre-ville

Ici commence la belle Guadeloupe. Flore plus abondante, jolies plages un peu cachées et des adresses offrant un peu plus de charme...

De bon marché à prix moyens

Les Résidences Créoles, chez Madelise (hors plan par D1) : *à* **Mare-Gaillard** *(sommet de Salines). ☎ 05-90-85-36-37. • residencecreole@yahoo.fr • residence-creole.com • À 7 km vers Sainte-Anne ; juste avt le panneau « Mare-Gaillard », à droite, prendre (très prudemment) la contre-allée en tête d'épingle ; c'est en contrebas. Doubles à partir de 40 €/nuit ; studios (2-4 pers) 60-80 € selon confort et saison ; petit déj 6 €. Repas sur résa. Chèques acceptés.* Accueil très chaleureux de Madelise et d'Élia, 2 sœurs d'une formidable gentillesse qui reçoivent en famille. Elles proposent un panel de studios et de chambres plus ou moins équipés dans un bâtiment annexe, avec vue sur la verdure, la piscine et enfin la mer en arrière-plan pour certains. Tout n'est pas du dernier cri, mais l'ensemble est bien tenu. Cuisine commune pour les chambres. Transfert gratuit depuis l'aéroport à partir de 3 nuits.

Hôtel Les Bananiers (plan D2, **13**) : *rue des Phares-et-Balises, section Périnet. ☎ 05-90-84-10-91. 06-90-53-32-53. • les-bananiers@orange.fr • les-bananiers.com • Doubles 63-73 € selon confort et saison, avec petit déj. Chèques-vacances acceptés.* Une minuscule résidence hôtelière de 4 chambres et 4 studios, distribués autour d'une petite piscine plantée dans un jardin qu'on ne devine pas de la rue. L'ensemble est bien équipé : AC, TV (câble) et petite kitchenette en terrasse. On est à 15 mn à pied de la plage.

Gîtes Oasis-Colibri, chez M. et Mme Champare (Gîtes de France ; plan D2, **14**) : *83, rue Césaire-Boisdur, L'Houëzel-Dampierre. ☎ 05-90-84-17-75. • jean.champare@wanadoo.fr • Congés : sept. Pour 2 pers, 246-282 €/sem selon confort. Réduc de 5 % sur le prix de la chambre mars-juin sur présentation de ce guide.* Dans un quartier résidentiel, à 2 km des plages. Cette maison familiale, gardée par une poignée de nains de jardin, propose 2 gîtes mitoyens pour 2 personnes, dont les portes d'entrée donnent dans une vaste pièce servant de salle commune. Ensemble ni très gai ni très cosy, déco bien datée et confort simple : petite salle de bains, AC et cuisinette individuelle extérieure. Modeste donc, mais accueil gentil du couple de retraités, propriétaire des lieux. Pour ceux qui cherchent une base tranquille et pas chère.

Les Hibiscus, chez Renée (hors plan par D1) : *3, chemin de la Plage, à* **Petit-Havre** *(entre Le Gosier et Sainte-Anne). ☎ 05-90-85-82-28. • reneehibiscus@hotmail.fr • leshibiscus.fr • Aller vers Sainte-Anne, prendre à droite juste après Mare-Gaillard et descendre vers Petit-Havre, puis 1re allée à gauche (ça monte raide sur 50 m) et 1re maison à droite. Studios 2 pers 60-80 €/nuit selon saison, bungalows 420-560 €/sem selon saison (3 j. min). Réduc de 10 % à partir de 14 nuits consécutives, et kit pour 1er petit déj offert sur présentation de* *ce guide.* Dans un jardin en pente avec entrée indépendante, 2 bungalows (2-3 personnes) climatisés, fort bien tenus et correctement équipés : moustiquaires, machine à laver, cuisine, terrasse et barbecue. Piscine pour les hôtes avec un bel arbre du voyageur et une très belle vue sur Marie-Galante, Les Saintes et la Dominique. Accueil sympa. Plage à 150 m.

Plus chic

Résidence Marifa : *à Mare-Gaillard, entre Le Gosier et Sainte-Anne.* ☎ *05-90-85-96-31.* • *hotel-marifa@wanadoo.fr* • *Fléché sur la droite quand on vient du Gosier. Formules à la nuit : pour 2 pers 103 € ; 140 € pour 3, et duplex 4 pers env 173 €. Gratuit pour les moins de 12 ans. Petit déj 9 €.* Jolie résidence à taille humaine (une quarantaine de chambres) toute rose et turquoise. Bien au calme et bon confort. Chambres spacieuses, toutes avec kitchenette, AC et toilettes séparées. Pas un charme renversant mais un équipement satisfaisant et une belle piscine. Accueil agréable.

Où manger ?

Bon marché

Au Petit Creux *(plan C2, **20**) : 77, bd du Général-de-Gaulle.* ☎ *05-90-84-49-19. Lun-ven 8h-15h, 18h30-23h ; sam 18h30-minuit. Snacks 2-6 €, plats 7-12 €.* Un snack-resto avec une terrasse couverte sur la rue principale, du petit déj à un dîner rapide le soir en passant par le déjeuner sur le pouce. Bon choix de sandwichs, paninis, *agoulous* (hamburgers), salades et plats du jour, fort honnêtes. Très bons *bokits* aux lambis. Quelques glaces également.

De prix moyens à chic

Le Bord de Mer *(plan B2, **21**) : chemin de la Plage, plage de Datcha.* ☎ *05-90-84-57-71.* • *ifsa.sarl@wanadoo.fr* • *Tlj sf dim soir. Plats env 16-29 €. Ti-punch offert sur présentation de ce guide.* Une terrasse en surplomb de la plage... Parfait pour piquer une tête en attendant son plat ou observer l'animation, d'autant que la plage est éclairée le soir, pour le plus grand bonheur des joggers et des amoureux. De bonnes salades, des plats créoles de poisson, mais aussi des viandes en brochettes ou mijotées. Pas de la grande gastronomie en perspective, mais pas de mauvaises surprises non plus.

Point Vert *(plan B2, **23**) : à Montauban.* ☎ *05-90-84-32-49.* ♿ *Au-dessus de la plage de l'Anse-Tabarin, en contrebas de l'espace vert (derrière Bobisto). Fermé sam midi, dim et lun. Formule déj (apéro compris) 20 € ; menu 24 € le soir ; plats 15-25 €.* Une adresse dans un décor gentiment hétéroclite, puis une belle terrasse qui surplombe le rivage et quelques rochers fréquentés par des pélicans. Ici, il ne faut pas être trop pressé, mais la maison propose une excellente « cuisine piquante », pas forcément relevée d'ailleurs, mais assez parfumée. On a bien aimé le blaff de poisson. Couscous royal aux fruits de mer (pour 2, sur commande) servi tous les vendredi soirs. On peut aussi se contenter d'y boire un verre. Musique traditionnelle tous les samedis soir.

Le Tam-Tam *(plan A1, **24**) : bd du Gosier, à Montauban.* ☎ *05-90-84-07-08.* • *tamtamsarl@gmail.com* • *Sur la gauche de la route (D119) en venant de Pointe-à-Pitre, un peu avt Texaco. Tlj 11h-minuit. Formule 18 € ; plats env 10-20 €. Apéro offert sur présentation de ce guide.* Il va falloir que *Le Tam-Tam* batte le rappel des habitués : on est en bord de route, la cuisine, servie sur une grande terrasse couverte, reste très copieuse, mais la qualité n'est pas toujours au rendez-vous. Contentez-vous des grillades (poulet, *ribs,* poissons) accompagnées de riz, frites, crudités. Beaucoup de familles et d'ambiance, cela dit.

Le Ti Maki *(plan B2, **22**) : route des Hôtels, pointe de la Verdure.*

☎ 05-90-10-95-05. • letimaki97190@gmail.com • Ouv le soir slt. Menus 15-25 € ; plats env 11-18 €. Rhum arrangé offert sur présentation de ce guide. Un jeune couple voyageur propose, sur une petite terrasse d'une poignée de tables, une cuisine aux accents des îles françaises et de l'océan Indien. Le basilic parfume certains plats, le *rougail*-saucisse et les *samoussas* rappellent les saveurs de La Réunion et, pour la touche guadeloupéenne, un bon fromage de chèvre frais acheté à une mamie du coin ou encore quelques classiques colombos. Bons poissons selon arrivage. Seul petit bémol, le vroum-vroum des voitures... mais vite oublié en sirotant le *manguito* de la maison, un mojito revisité à la mangue. Accueil attentionné.

Où manger dans les environs ?

Se reporter aussi à notre sélection d'adresses à la *marina* (plus haut, rubrique « Où manger autour de Pointe-à-Pitre ? »).

Prix moyens

|●| ***L'Agouba Grill*** *(hors plan par D1,* ***25****) : sur la N4 direction Sainte-Anne, à hauteur de* ***Dampierre.*** *☎ 05-90-68-14-50. Tlj sf dim soir et lun. Plats 8-14,50 €.* En bordure de route, un des maillons forts d'une chaîne de grills disséminés astucieusement à travers l'île. Pas de la haute gastronomie, mais c'est bon, pas cher et rapide. Au choix, poulet, gigot, brochette de bœuf, *ribs,* ou poissons (et même de la langouste... mais aussi chère qu'ailleurs), sur de grandes tablées ou à emporter.

|●| ***La Kaz a Loulouz*** *(plan D1,* ***27****) :* ***Grande-Ravine,*** *à côté de la discothèque* La Cascade, *sur la N4, direction Sainte-Anne. ☎ 05-90-84-64-55. Tlj midi et soir, sf dim. Plats 15-20 €.* Au menu, côte de bœuf, court-bouillon, langouste... mais la spécialité, c'est le lambi, servi (très) copieusement en steak ou en fricassée, avec gratin, racines, frites, ça dépend du moment !

|●| ***Chez Albéri*** *(hors plan par A1,* ***26****) : à* ***Besson.*** *☎ 05-90-82-73-96. À la sortie du Gosier direction PAP, passer le pont au-dessus de la voie rapide et tourner tt de suite à droite au panneau « Besson » ; continuer sur 3 km, jusqu'au « Stop », le resto est à gauche juste après. Tlj sf dim et lun. Plats env 12-13 €. Résa conseillée.* Une adresse populaire là encore et typiquement créole, perdue dans l'un des petits villages de campagne dont le secteur regorge. Ici, on est accueilli sur une grande terrasse installée devant l'épicerie-boucherie du patron. Créoles et métros jouent des coudes pour s'attabler et déguster l'un des copieux plats de viande de la maison. Steaks, entrecôtes et tartares disputent la vedette à la soupe de bœuf ou, quand il y en a, celle à base de tripes et *ti-figues* (des bananes vertes). Autrement dit, ami végétarien, passe ton chemin ! Bon rapport qualité-prix-ambiance.

Où boire un verre ? Où sortir ?

🍷 ♩ Pour boire un verre en soirée, on peut s'asseoir aux terrasses des restos ***Le Bord de Mer*** et ***Point Vert*** (voir « Où manger ? ») donnant directement sur la mer, toutes simples mais authentiques. Sinon, pour les romantiques en fonds, il y a le piano-bar *(ven-sam 19h-21h)* de l'***Auberge de la Vieille Tour*** (sur la route principale), même si l'atmosphère colonialo-nostalgique est amoindrie par la déco un rien cheap et le toit en tôle blanche obstruant un peu la vue sur mer. Enfin, les noctambules, eux, se dirigeront plutôt vers ***La Vague Rouge,*** un *lounge* tendance situé sur la rue principale en direction de PAP. Et n'oubliez pas que la marina n'est qu'à quelques tours de roues de voiture...

À voir. À faire

Les plages du Gosier et des environs : il y a les deux petites plages du centre-ville – celle de l'*Anse-Tabarin* et celle de la *Datcha (plan B2)* – auxquelles on accède par le boulevard du Général-de-Gaulle. Profitez donc, comme tout le monde, de l'éclairage public pour vous baigner le soir sur la plage de la Datcha, c'est très agréable et sans danger ! Également les petites *plages des hôtels de la pointe de la Verdure (plan A2),* artificielles et plus ou moins privées. Vous pouvez aller vous installer sans problème sur la plupart d'entre elles, mais si vous désirez un transat, il vous faudra le louer.
À quelques kilomètres à l'est de la commune s'égrènent les plages de *Saint-Félix* (suivre les panneaux « Village Caraïbes » puis, à droite, « Chez Polo »); où vous pourrez casser une graine sur place, celles des *Salines* (pour surfeurs et *body-boarders*) et de *Petit-Havre.* Bien plus sauvages que les précédentes, en particulier la dernière. Ce qui ne signifie pas qu'il n'y ait personne... Celle de *Petit-Havre* se partage en deux parties distinctes, toutes deux très populaires et donc pas mal fréquentées. Pour y aller, une fois en bas de la route, entrez dans la *Résidence du Petit-Havre,* c'est au bout.

L'îlet du Gosier : excursion sympa à faire sur cet îlet de carte postale, face au Gosier. Eaux turquoise et belles plages de sable. On y accède par le petit embarcadère du Gosier *(plan C2)* où des pêcheurs attendent pour vous faire traverser. Compter 3 € par personne l'aller-retour. Sur place, un sentier-découverte marin a été mis en place. Idéal pour un pique-nique en famille.

Le musée Costumes et Traditions *(plan D1-2)* **:** *à Périnet.* ☎ *05-90-83-21-70. Mar-dim 9h-17h. Entrée : 9 € ; réduc.* Tous les costumes ont été confectionnés par la proprio elle-même, pendant plus de 30 ans ! Et elle (ou son mari) se fera un plaisir de vous guider à travers l'expo. À voir : des costumes antillais surtout, depuis les parures en vogue sous le Ier Empire jusqu'aux turbans indiens en tissu de Madras (arrivés en Guadeloupe au XVIIIe s), en passant par la broderie « maman-poule », la tenue de la Mabo, la coiffe « casserole », le costume martiniquais et les tenues de rasta, de Saint-Barth, de Cayenne... L'ensemble est aussi attendrissant qu'intéressant, avec des découpages assez naïfs mais très instructifs, réalisés par les adorables propriétaires. Ne pas manquer la reconstitution d'une case typique des Antilles jusque dans les années 1970 (la case d'Olympe), avec tous ses signes de superstition. Puis la cuisine, dans une petite case indépendante, traditionnellement ainsi faite pour se protéger des risques d'incendie. Pour finir, film de 25 mn, avec jus offert.

– ***Les Îles du Ciel :*** *la base se trouve sur la plage de l'hôtel* Canella Beach, *500 m après le Casino de la pointe de la Verdure (au Gosier). 06-90-86-60-30. • info@ulm-guadeloupe.com • ulm-guadeloupe.com • Baptême à partir de 45 €.* Raoul propose différentes formules pour découvrir les paysages maritimes vus du ciel, à bord de son petit Ulm hydro (biplace) tout jaune, qui rappelle les petits hydravions de Tintin ! Possibilité également de s'initier à la pratique du pilotage, avec un instructeur.

– D'autres attractions du côté de la marina (se reporter à la rubrique « À voir. À faire » à Pointe-à-Pitre).

Plongée sous-marine

La plongée au large du Gosier n'a rien d'extraordinaire mais elle est idéale pour tous ceux qui désirent s'initier ou se former tout en découvrant le Petit Cul-de-Sac Marin.

Club de plongée

■ ***Centre Nautique Bleu Outremer :*** *bureau principal sur la plage de l'hôtel* Fleur d'Épée *(à Bas-du-Fort) et annexe à* La Créole Beach Hotel de la pointe de la Verdure *(au Gosier).* ☎ *05-90-90-85-11.* 📱 *06-90-41-86-18. • plongee-bleu-outremer@wanadoo.fr • plongee-bleu-outremer.com • Baptême 55 € ; plongée exploration 49 € ; forfaits dégressifs pour 3, 5, 8, 10 et 12 plongées. Initiation en piscine gratuite.* Ce club gère la base nautique d'un grand hôtel (scooter des mers, canoës, kayaks, etc.). Un centre (FFESSM, ANMP et PADI) qui propose baptêmes et formations, sans compter de bien belles explorations sous-marines, sur les spots du Petit et du Grand Cul-de-Sac Marin. Jusqu'à 18 personnes sur le bateau. Plongée de nuit aussi, et sorties à la journée au large de Port-Louis, Petite-Terre, Sainte-Rose et les Saintes. *Snorkelling* sur l'îlet Caret, avec visite de la mangrove et repas sur l'îlet la Biche. Matériel en bon état.

Nos meilleurs spots

Parfaitement abrité, le fameux ***îlet du Gosier*** *(carte couleur Guadeloupe – la Grande-Terre,* ***33****)* attire d'innombrables petits poissons colorés et demeure le site de prédilection des baptêmes (10 mn de bateau).

L'Épi *(carte couleur Guadeloupe – la Grande-Terre,* ***34****)* **:** à peine 10 mn de bateau. Beau tombant coralligène où se fixe beaucoup de vie sous-marine, sans compter les thazars et les barracudas. On descend de 8 à 18 m, donc pas de difficulté majeure, pour débutants et confirmés.

Le Cirque *(carte couleur Guadeloupe – la Grande-Terre,* ***35****)* **:** compte parmi les plongées phares, fastoches (- 25 m maximum ; pour plongeurs Niveau 1 et confirmés) et plutôt poissonneuses du Petit Cul-de-Sac Marin...

LES GRANDS-FONDS

Petite région située à l'intérieur des terres, entre Les Abymes, Le Moule et Sainte-Anne, et qui se prolonge à l'est jusque sur la commune du Moule. La route serpente dans un paysage entrecoupé d'une multitude de mornes et de petites vallées verdoyantes, souvent plantées de bananiers et de manguiers. Prenez votre temps, regardez, adoptez le rythme du pays, perdez-vous, cela n'a pas d'importance. Vous retomberez toujours sur la route Boisvin-Bouliqui-Deshauteurs et la D101 (Chazeau-Boricaud-Jabrun-Gascon), qui ne manquent pas de cachet.

Cet endroit, à l'écart du flux touristique, fut peuplé au XVIIIe s par les Blancs-Matignon (voir la rubrique « Population... » dans « Hommes, culture, environnement »). Leurs descendants, encore présents et toujours cultivateurs, ont vu leurs conditions de vie s'améliorer un peu, tout en préservant leurs traditions qui s'expriment à la moindre occasion : *gwo-ka*, concours de bœufs tirants... En outre, l'association locale des personnes âgées demeure l'une des plus actives de Guadeloupe !

Cette région est très proche des côtes et des plages, et se singularise par une végétation abondante, un climat moins lourd et une ambiance rurale qui ne sont pas sans rappeler Saint-Claude en Basse-Terre.

Où dormir ?

Gîtes La Palmeraie, chez M. et Mme Viator *(Gîtes de France)* **:** *à* ***Cambourg-Saint-Protais*** *(env 10 km de Sainte-Anne).* ☎ *05-90-24-09-11. De Sainte-Anne, prendre vers Saint-François puis à gauche vers Douville* *et, plus loin, encore à gauche la D111 ; c'est au bout de celle-ci (sur la gauche), juste avt le carrefour avec la D124 vers Château-Gaillard et Le Moule. Fermé en sept. Pour 2-4 pers, compter 432-510 €/sem selon saison. 1er petit déj offert.* Perchées au sommet d'une colline enrobée de végétation tropicale, 2 sympathiques cases créoles en bois. Chacune dispose de 2 chambres indépendantes, avec 2 douches et w-c séparés, moustiquaires, séjour, AC, cuisine équipée, lave-linge, TV, terrasse avec transats, barbecue... Accueil authentique et très prévenant des gentils proprios, qui se feront un plaisir de vous montrer les arbres fruitiers, les fleurs et les plantes médicinales du jardin. Vue sur l'île de La Désirade à l'horizon. Accueil aéroport gratuit.

SAINTE-ANNE

(97180) 22 000 hab.

À 21 km à l'est de Pointe-à-Pitre, Sainte-Anne est une commune à vocation touristique très affirmée. Pour preuve, le *Club Med* et *Pierre & Vacances* se sont établis à proximité. Ses plages, qui comptent parmi les plus belles de la Guadeloupe, y sont évidemment pour quelque chose... Imaginez un lagon turquoise fermé par une barrière de corail protectrice et bordé de sable clair et de cocotiers. Joli tableau de rêve, non ? Certes, vous ne serez pas seul à en profiter, et le bourg souffre même d'embarras de circulation en saison, mais la beauté du littoral aura vite fait de vous faire oublier ces quelques inconvénients... D'autant que Sainte-Anne propose des gîtes accueillants, quelques restos sympas et des marchés hauts en couleur, en particulier celui, nocturne, du jeudi, à ne pas manquer si vous êtes dans le coin ce jour-là ! Allez aussi faire un tour dans l'arrière-pays : la commune s'étend loin en direction du Gosier et de Saint-François, mais aussi dans les terres, vers les Grands-Fonds.

POURQUOI LES COCOTIERS PENCHENT-ILS VERS LA MER ?

Tous les végétaux recherchent la lumière pour favoriser leur croissance (photosynthèse). Le soleil se reflétant dans l'eau, les plantes et les arbres ont donc tendance à s'incliner vers la mer. De plus, le sable humide (donc meuble) accentue ce mouvement.

Arriver – Quitter

En bus

L'arrêt se trouve au niveau du village artisanal *(plan A2).*

➢ ***De/vers Le Gosier, Pointe-à-Pitre et Saint-François :*** env ttes les 30-45 mn 5h-18h sf sam ap-m, dim et j. fériés. *Société S2AFT (☎ 05-90-28-43-76).*

Adresses utiles

Service municipal de tourisme *(plan B2)* **:** *Les 3-Ponts-Galbas, à côté du village artisanal. ☎ 05-90-21-23-83. ● tourisme@ville-sainteanne.fr ● ville-sainteanne.fr ● Lun, mar et jeu 7h30-12h30, 14h-17h ; mer et ven 7h30-13h.*

Poste *(plan B2)* **:** *pl. Schœlcher. Tlj sf dim 7h30-12h30, 13h45-16h (jusqu'à 12h15 mer et sam).* Distributeurs également.

■ ***Distributeurs de billets*** *(plan B2 et C2,* ***1****)* ***:*** *au* **Crédit Agricole,**

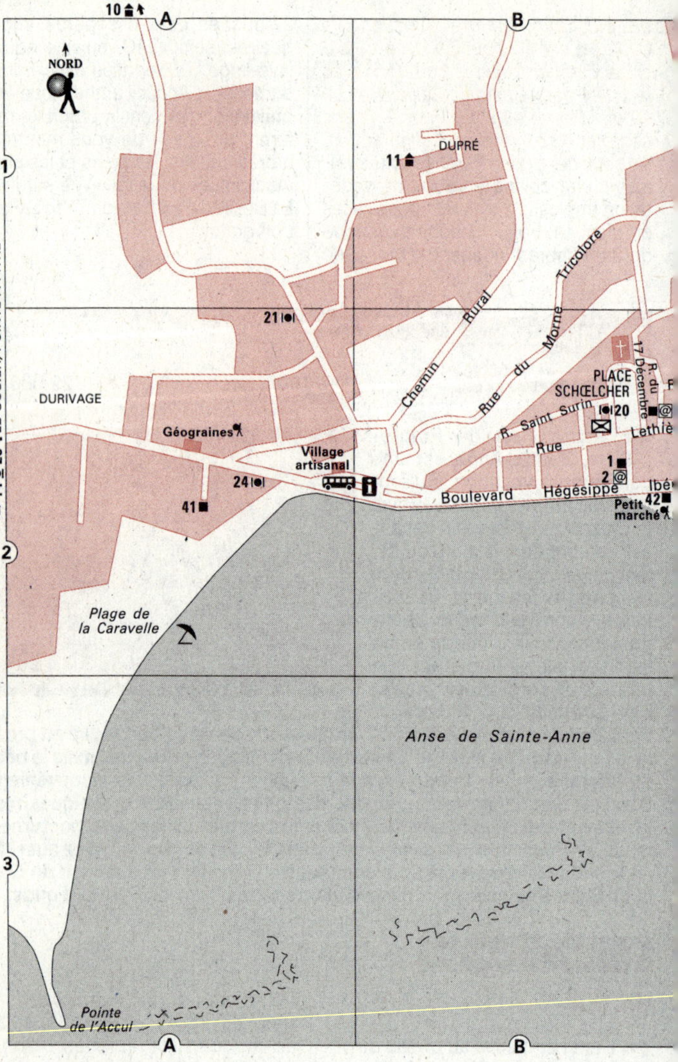

Adresses utiles

- Service municipal de tourisme
- 1 Distributeurs de billets
- @ 2 Maya Cybercafé
- @ 3 Librairie Épithète et espace Internet

Où dormir ?

- 10 Habitation Les Manguiers et Ti Kaz Malanga
- 11 Ti'Village Créole
- 12 Gîtes Aocéane, chez Jean-Marie et Danielle Zolnieruck
- 13 Gîtes Le Bel Instant, chez Catherine Mir
- 14 Villa Cocon Caraïbe
- 15 Le Verger de Sainte-Anne
- 16 Gîtes Couleurs Antilles

SAINTE-ANNE

Où manger ?

20 L'Indigo
21 Chez Emy
22 Le Lucullus
23 Le Kon Tiki
24 La Pizzeria du Cocotier
25 Coco Nack
27 Chez Tatie Clotilde
28 Koté Sud
30 L'Americano Café

Où boire un verre ? Où sortir ?

30 L'Americano Café

À voir. À faire

30 Marché
41 Free Style School
42 Club de plongée Aqua Zen

pl. Schœlcher et rue Emmanuel-Robinet. Également à la ***poste.***

@ **Maya Cybercafé** (*plan B2,* **2**) *: bd Hégésippe-Ibéné.* ☎ *05-90-47-07-20. Tlj 9h-18h30. Sympa, mais la connexion est chère. On vous conseille plutôt* ***l'annexe de la Librairie Épithète*** *(voir ci-dessous) ou, mieux, la* ***bibliothèque*** *(pl. Schœlcher, à côté de la poste ; plan B2), où la connexion est gratuite. Horaires d'ouverture toutefois un peu compliqués : mar 8h30-17h30, mer 8h30-18h, jeu 14h-17h30, ven 8h30-18h, sam 8h30-13h30. Fermé dim et lun.*

■ @ **Librairie Épithète** (*plan B2,* **3**) *: pl. Schœlcher.* ☎ *05-90-88-37-29. Lun-sam 7h30-18h30 ; dim 8h-13h.* Bon choix de littérature créole, cartes et journaux de métropole. Vend aussi des timbres. Annexe sur le boulevard Hégésippe-Ibéné, avec une borne Internet.

Où dormir ?

Peu d'adresses sur la plage même. Les gîtes de charme se cachent sur les hauteurs.

LA GRANDE-TERRE

De bon marché à prix moyens

Casa Boubou (*hors plan par A2*) *: à* ***Durivage.*** ☎ *05-90-85-10-13. • claire@casaboubou.fr • casaboubou.fr • À 1,5 km de Sainte-Anne. En venant du Gosier, monter à droite vers La Toubana ; puis chemin à gauche (c'est fléché). Bungalows 245-595 €/sem. Résa très conseillée.* Perdu dans la nature, un ensemble de bungalows (2-6 personnes) de style créole, en bois peint de toutes les couleurs. Ses repreneurs ont eu le grand mérite de lui redonner vie, en retravaillant l'existant, en soignant les abords. Ce sont les petits plus, l'accueil, la gentillesse qui font que les habitués des Antilles reviennent « chez Claire et Jean-François », comme ils disent. 1er petit déj offert, 1er planteur ou ti-punch dans le frigo, prêt d'appareil photo numérique étanche à l'un, d'ordi à l'autre, assiette d'acras par-ci, jacuzzi et piscine par-là. Sympa !

Habitation Les Manguiers, chez M. et Mme Pahaut (*hors plan par A1,* **10**) *: à* ***Morne-Burat,*** *Sainte-Anne.* ☎ *05-90-88-33-56. • infos@lesmanguiers.com • lesmanguiers.com • Prendre la D105 au niveau du village artisanal, vers Fouché et Grands-Fonds, sur 1,5 km, et c'est sur la gauche (panneau). Pour 2 pers 300-440 €/sem selon saison ; possibilité de maison pour 6 pers max également. 1er petit déj offert.* Sur une colline de l'arrière-pays, 3 maisonnettes blanc et bleu pour 2 à 4 personnes, dans un jardin calme et touffu de 4 500 m², planté de manguiers. La déco intérieure décline également le bleu, du bleu, encore du bleu. Excellente tenue, et tout le confort est là : douche, w-c, AC, TV, cuisine équipée sur terrasse, barbecue... Le must : la maison de 200 m² avec 3 chambres, une piscine et une vue superbe sur les îles. Très bon accueil.

Gîtes Couleurs Antilles, chez Mireille et Raphaël (*hors plan par D1,* **16**) *: 4, impasse Roland-Césaire, à* ***Montmain.*** ☎ *05-90-47-29-04. • couleurs-antilles@hotmail.fr • couleurs-antilles.fr • À env 1,5 km du bourg. Direction Saint-François puis à gauche 100 m après la gendarmerie (vers Fourché), et 2e route à gauche après le transformateur ; maison couleur saumon très reconnaissable. Pour 2 pers, 320-410 €/sem selon saison.* Dans une villa tranquille où vivent les sympathiques propriétaires, 4 gîtes à la déco plaisante pouvant accueillir de 2 à 6 personnes. Aménagements nickel : AC, moustiquaire, TV, coffre, salle de bains, cuisine bien équipée. Petite piscine, et plage à environ 1,5 km. Une bonne étape, tranquille et conviviale.

Gîtes Aocéane, chez Jean-Marie et Danielle Zolnieruck (*hors plan par D1,* **12**) *: 37, impasse Roland-Césaire, à* ***Montmain.*** ☎ *05-90-88-96-50. • aoceane@wanadoo.fr • aoceane.pagesperso-orange.fr • À env 1,5 km du bourg. Mêmes indications que l'adresse précédente ;*

c'est la dernière maison sur la gauche. Pour 2 pers, 280-380 €/sem selon saison, puis tarif dégressif. Nuitée (3 j. min) 50-55 €. Chambres d'hôtes 40-50 €/nuit. Frigo garni de boissons fraîches à l'arrivée. Accueil aéroport gratuit pour 1 sem de loc. Dans un quartier calme, une villa retirée comprenant 2 studios et une chambre d'hôtes pour 2 à 4 personnes, sans grand charme mais correctement équipés. Cuisine en terrasse, AC, TV (satellite), lave-linge, livres à dispo et piscine. Intéressant aussi, les appels gratuits vers la métropole et les DOM. Les proprios ont quitté le nord de la métropole pour s'installer ici. De Lille à l'île, il n'y avait qu'un pas... Tout comme pour se rendre à la plage municipale (1,6 km).

Gîtes Le Bel Instant, chez Catherine Mir (plan C2, **13**) : *17, route de la Plage. ☎ 05-90-84-91-39. 06-90-64-48-13. • contact@lebelinstant.net • lebelinstant.net • Selon le nombre de pers, 380-760 €/sem en basse saison, et 495-990 €/sem en hte saison.* Dans un espace tout en longueur, 3 bungalows à la déco accueillante, équipés de clim, TV, chaîne stéréo, coffre, peignoir, cuisine, petite terrasse, frigo et matelas de plage. Accueil un peu irrégulier, mais la situation reste privilégiée.

De prix moyens à plus chic

Ti'Village Créole (plan B1, **11**) : *Dupré, sur les hauteurs du bourg. ☎ 05-90-85-45-68. 06-90-80-06-50. • tivillagecreole@orange.fr • tivillagecreole.fr • Pour 2 pers 44-64 €/nuit en studio (308-448 €/sem) et 60-88 €/nuit en bungalow (420-616 €). En bungalow pour 4 pers, compter 95-137 €/nuit (665-959 €/sem), selon saison. Panier d'accueil offert à nos lecteurs sur présentation de ce guide (pour un séjour d'une sem). Réduc de 10 % pour un séjour de 2 sem.* Une poignée de bungalows en bois posés sur un terrain en pente, offrant une vue lointaine (pour la plupart) sur la mer, à 10-15 mn à pied de la plage. Au choix : des studios assez simples (mais bien équipés) ou des bungalows à la déco sympa, de style créole, pour 2 à 6 personnes (1 ou 2 chambres). Terrasse couverte individuelle avec cuisine et barbecue dans chaque logement. Piscine. Vincent, le proprio, est très accueillant et saura vous tuyauter sur le village.

Marineland Bungalows (hors plan par D1) : *1, impasse Castaing, quartier Castaing. ☎ 05-90-88-10-61. • awmarineland@awmarineland.com • awmarineland.com • À 2,5 km au nord. Prendre la direction de Sainte-Anne. À la sortie du village, faire env 500 m et prendre un tout petit chemin sur la droite. C'est au bout. Compter 60-105 €/nuit pour 2 pers ; 68-115 € pour 3 ; 76-140 € pour 4 et 96-160 € pour 6, selon saison.* Les pieds dans l'eau, 5 hébergements tout blancs, avec une dominante de bois, situés dans un même édifice tout en longueur, perpendiculaire au lagon, au bord duquel un ponton et une petite échelle vous attendent pour la mise à l'eau. Pour chacun, petite terrasse privée, cuisine, AC, moustiquaire, hamac... Outre le calme, cette adresse est intéressante pour sa situation et sa proximité de l'animation de Sainte-Anne. Atmosphère cool et familiale. Une adresse tenue avec soin par Sylvie et Jacques.

Le Verger de Sainte-Anne (plan C1, **15**) : *5, lot. Marguerite. ☎ 05-90-88-27-56. • vergerdesteanne@gmail.com • guadeloupe-hebergement.com • Bien indiqué depuis la rue du Général-de-Gaulle. Pour 2 pers 250-585 €/sem selon saison. Kit du 1er petit déj offert.* En surplomb du bourg, dans un charmant et paisible jardin, 6 agréables bungalows pour 2 à 7 personnes, tous équipés de kitchenette extérieure, TV, AC, ventilo et moustiquaire, lave-vaisselle, etc. Barbecue et belle terrasse commune, surnommée « l'ajoupa ti-punch », pour prendre un café ou le ti-punch de fin de journée (un pichet est prêt à l'emploi...).

Villa Cocon Caraïbe (hors plan par A2, **14**) : *route du Rotabas, à* ***Durivage.*** *06-90-71-91-63. • coconcaraibe@orange.fr • coconcaraibe.com • Avt le bourg en venant du Gosier, à droite après la station Esso, juste derrière le resto Koté Sud. Téléphoner* *avant, les proprios n'habitent pas sur place. Compter 60-100 €/nuit pour le T2, 80-120 € pour le T3 (min 3 nuits).* 2 petits appartements sympathiques dans une maison récente, juste derrière le restaurant, et dans le même esprit. Éric et Hervé ont construit une villa dont les matériaux allient sobriété et qualité, chaque chambre possédant sa salle de bains moderne et tout le confort (minichaîne, AC, etc.). Bien situé à 300 m de la plage du *Club Med* et à 15 mn à pied du centre du bourg. Cocooning et relaxation garantis sur un deck spacieux balayé par les alizés.

Ti Kaz Malanga *(hors plan par A1,* ***10****) : à* **Burat.** *☎ 05-90-89-94-58. • contact@tikazmalanga.com • tikazmalanga.com • Prendre la D105 derrière le village artisanal vers Fouché et Grands-Fonds, sur env 1,5 km, puis entrée du chemin à droite devant le panneau « Ti Kaz Malanga » (après, c'est trop tard, malheureux !). Villas pour 2 à 4 pers 630-900€/sem. Draps de plage prêtés sur présentation de ce guide.* Au bout d'un chemin asphalté, dans un jardin tropical de 3 000 m², 4 villas créoles en bois naturel, chaleureuses et d'un grand confort, disposant chacune de sa propre piscine. Chambres climatisées, beaux sanitaires rutilants, cuisine, salon, terrasse en bois... sans oublier transats et barbecue. Fabienne et Jean seront heureux de vous faire déguster un ti-punch local au *Malanga's Bar*, réservé aux hôtes. Et vous, vous serez si bien que vous en oublierez le monde extérieur.

Très chic

Hôtel La Toubana *(hors plan par A2) :* **Fonds-Thézan,** *BP 63. ☎ 05-90-88-25-57. • toubana@toubana.com • toubana.com • Avt Sainte-Anne, sur la droite en venant de Pointe-à-Pitre. Doubles 234-368 €/nuit selon saison et vue, petit déj-buffet inclus. Compter 38 €/pers en plus en ½ pens.* Surplombant la plage de La Caravelle avec une vue époustouflante sur la mer, cet hôtel chic propose une bonne trentaine de bungalows plantés dans un jardin tropical. À l'intérieur, belle déco néocoloniale épurée, et excellent équipement : bons gros lits posés sur de hauts sommiers en bois, sanitaires soignés (avec, pour certains, un lavabo en pierre), AC, kitchenette, TV satellite, deck en bois et transats. Piscine à débordement et toujours cette même vue géniale sur la mer. Resto très moyen en revanche. Mieux vaut vous en tenir à l'hôtel.

Où dormir dans les environs?

Toutes ces adresses se situent entre Sainte-Anne et Saint-François.

De bon marché à prix moyens

Domaine Gwada Rêves *(hors plan par D1) :* **Bérard-Belcourt.** *☎ 05-90-44-23-38. 06-71-18-10-99. • gwadareves@dtfibre.fr • gwada-reves.com • Prendre la direction de Saint-François puis la D115 vers Le Moule, c'est la 1re allée sur la droite (attention, aucun panneau) après avoir dépassé la bifurcation pour Saint-Charles. Compter env 230-420 €/sem pour 2, selon saison et occupation (2-6 pers). 1er petit déj offert pour 7 nuits min.* Dans un vaste jardin (4 000 m²) avec piscine noyée dans la végétation et éclairée la nuit, 7 bungalows indépendants, tous différents et aménagés avec goût, qui peuvent accueillir de 2 à 6 personnes (certains comprenant 2 chambres). Chacun de couleur différente, et tous disposent de bons matelas posés sur des supports japonais, clim, TV écran plat, sanitaires nickel, penderie, peignoirs et cuisine extérieure tout équipée. Le tout dans un calme olympien.

Gîtes Vanille Café *(hors plan par D1) : à* **Chateaubrun.** *☎ 05-90-88-89-91. 06-90-92-89-91. • gites.vanillecafe@live.fr • gites-vanillecafe.com • À deux pas du Domaine Gwada Rêves, par la D115 direction Le Moule, à gauche au niveau de la bifurcation* *pour Saint-Charles ; c'est au bout du chemin. Selon saison et occupation (2-5 pers) compter 220-440 €/sem. Réduc de 10 % sur présentation de ce guide (hors tarifs promotionnels).* Un joli coin de campagne accueillant 4 gîtes étagés dans la pente verdoyante d'un petit parc avec des arbres et quelques bœufs paissant tranquillement à proximité. Terrasse, cuisine équipée, déco aux couleurs gaies, clim et TV. Parfait pour se mettre au vert et les plages ne sont qu'à 3 ou 4 km.

Gîte Zandoli Koko *(hors plan par D1) : 160, anse Gros-Sable,* ***Le Helleux.*** *☎ 05-90-48-44-35. 06-90-54-34-07. • zandolikoko@orange.fr • zandolikoko.com • Entre Sainte-Anne et Saint-François, prendre la rue du Helleux (après le resto* Pancho Grill*), puis la rue du Moulin à droite et, 300 m plus loin, la 2e rue sur la droite. Selon saison 210-525 €/sem pour 2-4 pers en studio ou T2. Également 1 gîte 4-7 pers (420-805 €/sem).* Bienvenue chez Denis et Sylvie, qui ont, de leurs mains, complètement réaménagé une poignée de maisonnettes peintes en rose, vert pomme, turquoise, etc. Le résultat est très satisfaisant : mobilier en bambou ou teck, vaisselle assortie à la couleur du gîte, literie neuve, TV, AC, terrasse privative (sans vis-à-vis) avec hamac et chaises longues... Vraiment un bel endroit, niché, qui plus est, au beau milieu d'arbres fruitiers (les fruits, s'il y en a, n'attendent qu'à être cueillis !). De plus, la plage est à 500 m et on vous prêtera volontiers masque, tuba et même des planches !

Kokoplaj *(hors plan par D1) : 14, résidence* ***Le Helleux.*** *☎ 05-90-20-39-21. 06-90-85-92-64. • nicoletpascal@yahoo.fr • kokoplaj.net • À deux pas de Zandoli Koko (voir ci-avant), un peu plus loin sur la gauche dans la rue de la Daurade. Studios 250-450 €/sem ; T2 et T3 405-875 €/sem selon saison. Gratuit pour les moins de 6 ans.* En tout, 11 hébergements. D'abord, 7 studios mitoyens en enfilade, tout colorés, avec lits à baldaquin en bambou, TV, clim, terrasse avec cuisine extérieure et douche-lavabo bateau (au vrai sens du terme). Certains disposent d'une mezzanine, pratiques pour les (petites) familles. Sinon, pour plus d'espace, il y a aussi 2 gîtes avec 1 chambre (et jacuzzi !) et 1 gîte avec 2 chambres (en duplex). Piscine agréable et sécurisée. Bon accueil.

Bungalows Ti-Soleil *(hors plan par D1) : 706, rue du Moulin,* ***Le Helleux.*** *☎ 05-90-28-05-71. 06-90-57-62-17. • contact@ti-soleil.com • ti-soleil.com • Sur la route de Saint-François. Prendre à droite juste après avoir passé le resto* Pancho Grill *(rue du Helleux). Poursuivre la rue (qui tourne à droite), puis faire encore env 400 m. Studios 2-4 pers 245-450 €/sem ; pour 4-5 pers, 385-700 €/sem.* Une grosse maison composée de 5 logements distribués tout autour, chacun avec sa petite terrasse, AC, cuisine équipée, moustiquaires, etc. Calme et fonctionnel, à environ 300 m de la plage de Gros-Sable. Accueil sympathique. Si vous avez la flemme de faire la cuisine, une voisine prépare d'excellents petits plats.

De prix moyens à plus chic

Albericaraïbes *(hors plan par D1) : 45, allée n° 3 Lot* ***Poirier de Gissac.*** *☎ 05-90-21-48-42. 06-90-49-91-78. • alberic.productions@orange.fr • albericaraibes.com • À env 3 km de Sainte-Anne en direction de Saint-François, tourner à droite dans la rue de l'Habitation puis prendre la 3e rue à gauche ; la maison est à 50 m sur la gauche. Compter 315-420 €/sem pour 2-4 pers selon saison. Réduc de 10 % offerte à nos lecteurs sur présentation de ce guide, ainsi qu'un repas le jour de votre arrivée et le 1er petit déj.* Derrière la plage de Bois Jolan, dans un environnement un peu plus urbain que les gîtes précédents. Qu'à cela ne tienne : Régis et Claude sont fort accueillants et proposent 2 bungalows en bois, indépendants, équipés de TV écran plat, salle de bains, cuisine extérieure et terrasse. Également un studio un peu plus grand, à la déco créole. Au milieu, piscine flanquée d'un carbet (pour l'apéro). Vrai dîner et vrai petit déj offerts à l'arrivée.

Gîtes de Courcelles *(hors plan par D1) : à mi-distance entre Sainte-Anne et Saint-François, au lieu-dit* **Courcelles,** *201, impasse des Lataniers. ☎ 05-90-88-26-26. • contact@gitesdecourcelles.com • gitesdecourcelles.com • ♿ À 7 km, vers Saint-François, prendre à gauche, juste après un petit pont, la route de la Pépinière (panneau), puis la 1re petite route à droite. Compter 58 €/nuit pour 2 pers et 67 € à partir de 3 pers, dégressif et promos hors saison. Chèques-vacances acceptés.* Une petite adresse isolée sur les hauteurs, dans un cadre verdoyant et très calme et, surtout, avec une vue imprenable, entre 2 cocotiers, sur Marie-Galante ! Côté logement, 4 bungalows convenables en bois du Canada. Prévus pour 2 à 4 personnes, ils disposent d'une kitchenette sur la terrasse, de la TV, et aussi de la clim, même si l'air fait déjà office de clim naturelle... Lave-linge et barbecue à disposition. Accueil souriant et pas compliqué. Transfert aéroport et location de véhicules possibles.

Résidence Balaga Vacances *(hors plan par D1) : à* **Bérard.** *📱 06-90-53-91-41. • nadia-gassien@wanadoo.fr • balaga-vacances.com • ♿ (1 bungalow). À 6 km de Sainte-Anne par la route de Saint-François, jusqu'à la D115 vers Le Moule, puis continuer sur 2 km en suivant « Moulin de Loëry » ; c'est sur la gauche. Pour 2 pers env 420-610 €/sem selon saison et confort. CB et chèques-vacances acceptés.* Le concept, c'est la résidence de vacances en pleine campagne avec des gîtes dans 3 bâtiments, assez vastes, tout blancs, nets et bien équipés : salle de bains avec baignoire (pour 1 ou 2 pers), clim, cuisine, TV, linge fourni. Jolie piscine au milieu de l'ensemble. Certes, on est en bord de route, mais elle n'est pas très passante et l'accueil de l'enthousiaste Nadia fait toute la différence.

Où manger ?

Bon marché

– Possibilité de faire ses courses le matin (7h30-10h) au ***petit marché aux poissons*** du village artisanal *(plan A-B2)*, ainsi qu'aux ***étals*** de fruits et légumes du centre-ville *(plan B2)*. Si vous avez un petit creux, rien de vous empêche de faire halte aux ***Délices saintannais*** *(14, bd Hégésippe-Ibéné)* pour un *bokit* (sandwich local), servi avec le sourire par la pétillante Fauvette *(tlj sf lun, le midi slt)*. À ne pas manquer non plus, le jeudi soir *(17h-21h)*, le ***marché nocturne alimentaire*** *(plan C1)*, où l'on vend des petits plats, avec « ambiance musicale », à l'*Espace Valette,* à côté du stade municipal.

L'Indigo *(plan B2,* ***20****) : 8, pl. Schœlcher (pl. de l'Église). Mar-ven 7h-23h ; sam 7h-13h, 18h-23h ; dim 18h-23h. Formules 8-15 €. Apéritif maison offert sur présentation de ce guide.* Sandwichs, salades, crêpes (sucrées et salées) ou petits plats pas compliqués genre steak-frites. Accueil gentil comme tout. Pour manger à prix plancher.

Chez Tatie Clotilde *(plan C2,* ***27****) : 32, rue Dandin, à deux pas du centre. ☎ 05-90-88-26-59. Tlj sf dim, le midi slt (12h-16h). Plat du jour 9,50 € (sur place ou à emporter).* Avec ses quelques tables aux toiles cirées aux motifs de madras, Clotilde propose quotidiennement 2 plats du jour simples mais fort bons et super copieux. Accueil gentil comme tout. Une excellente adresse !

Prix moyens

Chez Emy *(plan A2,* ***21****) : route de Burat. 📱 06-90-46-43-01. Derrière le village artisanal. Tlj le midi sf dim (et le soir sur résa). Plat du jour 12 €, menu 15 € (un peu plus si lambis ou ouassous, et 25 € avec la langouste). CB refusées. Digestif maison offert sur présentation de ce guide.* Une ancienne épicerie transformée en resto. Service mené tambour battant par l'incroyable Emy, à la repartie facile. Difficile de se plaindre de l'attente quand elle amène la bouteille et tout le nécessaire pour le ti-punch, les acras de bienvenue (« Tu manges de tout ? ») et ne dit pas un mot sur le plat du jour. Mot juste, car elle prépare chaque jour un plat de viande, un autre de poisson, en fonction du marché et de ses envies. Alors on patiente sur la modeste terrasse équipée de fauteuils en plastique cuits par le soleil (« Mets-en deux l'un sur l'autre » !), l'œil happé par la télé toujours allumée. Une de ces p'tites adresses tout en simplicité et sincérité, comme on les aime !

Le Kon Tiki (plan C2, **23**) : *à l'extrémité est de la plage. ☎ 05-90-23-55-42. • kontikiguadeloupe@hotmail.fr • ♿ Tlj 9h-19h. Repas env 20 €.* Tables sous des paillotes, agrémentées de rafraîchissants brumisateurs. Mais il y en a aussi quelques-unes sur le sable, sous les cocotiers. Pour ceux qui ne veulent pas quitter la plage trop longtemps, choix de sandwichs, salades et omelettes à avaler vite fait. Les plats cuisinés sont corrects, sans plus. Également un vivier de langoustes et, plutôt rare, de ouassous. Service souriant mais assez lent...

La Pizzeria du Cocotier (plan A2, **24**) : *les Galbas, à l'entrée du bourg (venant du Gosier) sur la droite. ☎ 05-90-91-39-27. Tlj à partir de 18h. Formule 15 € ; salades 11,50-14,50 € ; pizzas 7,50-13,50 €.* Un mouchoir de poche à la déco marine et 2 petites terrasses pour déguster de succulentes pizzas bien fines, bien garnies et de taille fort honorable. Si vous aimez les pizzas, n'hésitez pas ! Bonnes et copieuses salades également. Accueil charmant.

Le Lucullus (plan C2, **22**) : *route de la Plage. ☎ 05-90-85-44-29. • clip.le.lucullus@orange.fr • Tlj midi et soir. Menus 20-28 €, plats 6-24 € ; plateau créole avec demi-langouste 28,50 €. Rhum vieux offert sur présentation de ce guide.* Ambiance détendue et bonne cuisine créole ou française, traditionnelle et inventive tout à la fois. Toujours du monde en effet, sur la terrasse couverte tout en longueur, bordée de verdure, avec une petite déco assez coquette. Service efficace mais accueil un peu irrégulier. Pour les enfants, tous les plats à la carte sont à moitié prix !

Coco Nack (plan C2, **25**) : *13, route de la Plage. ☎ 05-90-88-01-40. Tlj le midi slt. Congés : juil, 24-25 déc et w-e de Pâques. Formules 13,50-15,50 € ; carte env 15 € ; menu-enfant 7 €. Café maison offert sur présentation de ce guide.* Fait partie de ces restos de plage qui, par manque de place ont installé leurs tables directement sur la plage, à l'ombre des raisiniers. Cuisine simple, proposant salades, grillades et quelques plats créoles typiques.

L'Americano Café (plan B2, **30**) : *bd Hégésippe-Ibéné, à côté du marché. ☎ 05-90-88-38-99. • americano@wanadoo.fr • Tlj 9h-minuit.* Ce bar, l'un des plus animés du coin le soir, propose également quelques plats rapides et des glaces. On y vient plus pour grignoter un morceau que pour faire un vrai repas, mais les pizzas, les gratinés et les crêpes font l'affaire le midi. Le soir, plus pour boire un verre.

Plus chic

Koté Sud (hors plan par A2, **28**) : *route du Rotabas, à* **Durivage.** *☎ 05-90-88-17-31. • kotesud@wanadoo.fr • Avt le bourg en venant du Gosier, sur la petite route vers l'hôtel Le Rotabas, à droite après la station Esso. Ts les soirs sf dim à partir de 19h. Congés : 2 sem fin sept. Plats 18-25 € ; menu table d'hôtes 30 € ; menu-enfant 9,50 €. Digestif offert sur présentation de ce guide.* Excellente cuisine terre-mer qui se démarque par l'originalité de sa carte : feuilleté de chatrou, ravioles de lambis, thon mi-cuit en croûte de sésame, ouassous *a la plancha*. Cela dit pour vous faire saliver. Service avec la manière dans le cadre soigné d'une terrasse élégante. Ambiance décontractée.

LA GRANDE-TERRE

Où manger dans les environs ?

Pancho Grill (hors plan par D1) : *sur la N5, à env 6 km sur la route de Saint-François, sur la droite de la chaussée,* **Le Helleux.** *☎ 05-90-91-15-53. Tlj 11h-23h30. Menus 12,50-16,50 €. Compter 2-5,50 € selon le type de* *viande (ou poisson) et le poids.* Une grosse cabane reconnaissable à la fumée qui sort de la cheminée du barbecue, où l'on grille un peu de tout : poulet, brochettes, porc, entrecôte, poisson... Légumes en plus. À emporter ou à déguster en salle, voici une réponse pratique à ceux qui résident dans le coin et qui veulent se faciliter la vie.

Où boire un verre ? Où sortir ?

L'Americano Café (*plan B2*, **30**) **:** *bd Hégésippe-Ibéné, à côté du marché. ☎ 05-90-88-38-99. • americano@wanadoo.fr • Tlj 9h-minuit.* Le bar le plus vivant du coin, surtout en fin de semaine et en saison. Bonne ambiance autour du bar et dans la vaste salle ouverte de toutes parts, juste à quelques pas de la plage. Fait aussi resto (voir « Où manger ? ») et glacier.

À voir. À faire

Les plages : elles comptent, on l'a dit, parmi les plus belles de la Guadeloupe... À commencer par la ***plage municipale*** *(plan C2),* populaire et familiale, une des plus longues de la côte et protégée par la barrière de corail. Beaucoup d'ombre pour s'abriter du soleil aux heures chaudes. En fin de semaine, les familles déboulent avec les marmots, la musique et le rhum. Quelques joueurs de foot, des vendeuses de sorbet coco et pas mal d'ambiance. De plus, elle est éclairée le soir.

Également publique, la *plage du Club Med* (appelée aussi *Anse Eblain* ou ***La Caravelle,*** *plan A2*) est plus ordonnée. On y accède en longeant le bord de mer vers l'ouest en compagnie des pélicans ou à partir de la station *Esso,* à l'entrée de Sainte-Anne venant du Gosier. Dans ce cas, prendre le chemin presque en face (pancarte indiquant *Le Rotabas*), aller jusqu'au bout et passer, sur la droite, le tourniquet (anti-deux-roues) pour accéder au parc du *Club Med* et à la plage. Ouverte à tous, elle est bien abritée du vent. C'est la plage en demi-cercle, aux eaux translucides comme on l'imagine. Location de transats, de planches, de funboards et vente de snacks et boissons.

En allant vers Saint-François, la ***plage de l'Anse du Belley*** (*hors plan par D1,* après la gendarmerie, au niveau du panneau *Tartare*) plaira aux amateurs de *kitesurf* et de *flysurf,* voire de ski nautique. Juste après, celle de **Bois-Jolan** s'étire, belle, ombragée et peu profonde, le long d'une rangée de cocotiers. Un rêve pour les enfants barboteurs. Un peu plus loin, celle de ***Gros-Sable,*** à mi-chemin entre Sainte-Anne et Saint-François, est plus sauvage, avec de gros rouleaux, et plutôt réservée aux amateurs de surf et *funboard.*

Les marchés : outre les marchés alimentaires du matin et du jeudi en nocturne (voir « Où manger ? » plus haut), les nombreux étals au centre du bourg, autour de l'entrée de la plage municipale *(plan B2,* ***30****),* proposent surtout des fruits et des souvenirs (artisanat).

Géograines : *à la sortie ouest de Sainte-Anne, sur la droite. ☎ 05-90-88-38-74. Mar-sam 9h-12h, 14h-18h.* Dans une

PRODUITS CRUS AU MARCHÉ COUVERT

En déambulant au milieu des étals colorés, tenus par les doudous, vous n'aurez que l'embarras du choix parmi les épices traditionnelles. Mais si, au choix, vous préférez rapporter un peu d'embarras (pour offrir, qui sait ?) et au cas où vous ignoreriez encore l'usage de l'incontournable « bois bandé », idéal, soi-disant, pour les retours de flamme, ou de flemme, adressez-vous donc à ces doudous qui, elles, n'hésitent pas à écrire en toutes lettres sur leur produit : « Ça fait relever le zizi » !

modeste case de bois légèrement en surplomb de la route, Fredo (botaniste en herbe et intarissable sur le sujet) confectionne de superbes objets d'artisanat à partir de bois locaux et de près de 280 graines (sur les 3 700 recensées en Guadeloupe). Jolies calebasses gravées en guise de lampes, par exemple. Plutôt cher, mais beau !

– Ce devrait être le conseil de base donné à tous ceux qui veulent passer d'une rive à l'autre ! Victor Jean-Noël, navigateur réputé et directeur de l'école de voile de Sainte-Anne (voir ci-après), cherche aussi à sauvegarder la ***voile traditionnelle en saintoise,*** bateau du pays en bois (coque en acajou) et à faible tirant d'eau, qui nécessite une maîtrise très particulière. Son école est la seule à former à la navigation sur ce type d'embarcation (c'est même une option aux épreuves d'éducation physique... du bac !)

Activités sportives

■ ***École de voile de Sainte-Anne*** *(FOLG ; plan C2)* **:** *à l'entrée de la plage municipale (2 rue de la Plage).* ☎ *05-90-88-12-32.* • *basvoilfolg@wanadoo.fr* • ♿ *Lun-sam 7h-17h.* De l'initiation aux stages, et même préparation à la compétition. Optmist, laser, voile traditionnelle, planche à voile, kayak, *stand up paddle, kitesurf,* natation... Également location de matériel. Pour tout public, notamment les personnes en situation de handicap.

■ ***Free Style School*** *(plan A2,* ***41****)* **:** *sur la plage de la Caravelle.* 📱 *06-90-15-28-29 ou 31-82-74. Tlj 9h-17h (fermé lun hors saison).* Location et cours de planches à voile, *surf, kitesurf* et catamaran.

■ ***Club de plongée Aqua Zen*** *(plan B2,* ***42****)* **:** *sur la plage municipale de Sainte-Anne.* 📱 *06-90-65-97-26.* • *aquazendiving@yahoo.fr* • *Baptême 39-57 € selon durée (entre 20 et 40 mn). Explorations 33-43 €.* Tenu par Paco, ce petit club propose baptêmes et explorations en tous genres en petit comité.

Escapades

■ ***La Paillote Boat*** *(plan A2)* **:** *dans le village artisanal.* 📱 *06-90-61-59-85.* • *guadeloupebateaux.com* • Compter 85 €/pers (visite et repas compris), en bateau rapide de 12 places. Cette agence propose des excursions pour Marie-Galante (mercredi et samedi), Petite-Terre (de Saint-François) et les îlets Caret (aussi du Gosier et de Saint-François). Location de voitures.

Manifestations

– ***Marché nocturne*** *(plan C1)* **:** *le jeu à partir de 17h-18h, près du stade.* Un grand moment de convivialité à partager, au milieu des habitués et sur fond musical. Un marché victime de son succès : embouteillages monstres dans toute la ville.
– ***Festival de Gwo-ka*** **:** *2e sem de juil. Infos au* ☎ *05-90-21-23-83.* Chaque année, ce festival, réputé dans toute la Guadeloupe, réunit de nombreux artistes percussionnistes qui laissent libre cours à leur créativité en frappant ce gros tam-tam typiquement créole, appelé *gwo-ka.* L'effet est vraiment de taille ! À voir et à entendre en face du village artisanal.

DANS LES ENVIRONS DE SAINTE-ANNE

➢ En voiture, par la D105, belle promenade jusqu'au village de ***Deshauteurs,*** point culminant de la région (à 136 m d'altitude). Région des Grands-Fonds verdoyante et fraîche à souhait, livrant à chaque virage de pittoresques points de vue sur les vallées intérieures et les mares. Voir plus haut le chapitre sur cette région.

La Kassaverie : *à* ***Deshauteurs,*** *sur la route de Sainte-Anne (D105). Ouv jeu-sam (l'ap-m slt).* Ici se perpétue le patrimoine culinaire caraïbe puisque la fabrication des *kassav* à base de manioc, genre de grosses crêpes, remonte aux Arawaks. Expo-vente.

SAINT-FRANÇOIS

(97118) 15 600 hab.

Saint-François est l'un des pôles touristiques les plus connus de l'île, mais il affiche un double visage. D'abord celui d'un vieux village de pêcheurs assez étendu, un écheveau de maisons basses, de cases rustiques en bois et tôle, resserré autour d'une charmante place centrale avec sa vieille église, sa mairie et, un peu plus loin, le marché couvert. Quinze mille tonnes de poisson sortent des flots, ici, chaque année... Mais Saint-François a su conserver aussi sa vocation agricole. Bref, cette partie de la commune a encore aujourd'hui un certain charme. L'autre visage, c'est autour de la marina, bordée de restos branchés, que vous le découvrirez... Petite précision : ce n'est pas à Saint-François même que vous allez loger mais dans les environs, où se situent la plupart des gîtes et autres petites structures hôtelières, depuis l'Anse à la Barque, que la commune partage avec Sainte-Anne, jusqu'à l'Anse à la Gourde ou l'Anse Tarare, en direction de la célèbre pointe des Châteaux... En fait, Saint-François attire plutôt les vacanciers à la recherche d'infrastructures, avec ses nombreux prestataires touristiques, son golf, son aérodrome, son casino (et tout de même aussi sa plage – surnommée les Raisins-Clairs –, à ne pas manquer). La ville séduira moins le routard en quête d'authenticité et de tranquillité. À moins de partir dans les environs... et, là, quel régal !

LA COMMUNAUTÉ INDIENNE

L'étonnant *cimetière hindou,* à la blancheur éblouissante, à environ 250 m de la plage des Raisins-Clairs, ainsi que la statue de Gandhi au rond-point du collège rappellent que la plus importante communauté indienne (de l'Inde) de Guadeloupe est installée à Saint-François. Ces familles descendent des travailleurs sous contrat débarqués sur l'île en 1854 au lendemain de l'abolition de l'esclavage (1848) pour remplacer la main-d'œuvre africaine dans les plantations de canne à sucre. La campagne environnante est intéressante à découvrir car elle a conservé des vestiges de cette époque, et notamment les ruines de nombreux moulins à vent (on y broyait les cannes) situés souvent sur les hauteurs, au cœur des champs de canne. Vous retrouverez donc tout naturellement dans les pages suivantes des adresses sympathiques de gîtes et de restos tenus par des membres actifs de cette communauté...

Arriver – Quitter

En bus

L'arrêt des bus *(plan B2)* pour Sainte-Anne et Pointe-à-Pitre se trouve au port de pêche. Celui pour Le Moule à l'angle de la rue du Général-de-Gaulle et de la rue de la Fraternité *(plan B1).*

➢ ***De/vers Pointe-à-Pitre, via Sainte-Anne :*** ttes les 30-45 mn env (lun-ven et sam mat). *Société S2AFT (☎ 05-90-28-43-76).*

➢ ***De/vers Morne-à-l'Eau et Le Moule :*** ttes les 30-45 mn en principe, lun-ven 5h-18h et sam mat. *Société RMT (📱 06-90-35-05-03).*

En bateau

Les départs se font, sans surprise, du port des voyageurs *(plan B2).* Nous vous donnons les horaires à titre indicatif, mais mieux vaut les vérifier auprès des compagnies car ils peuvent changer.

➢ ***De/vers La Désirade :*** compter 30 à 45 mn de navigation (ça secoue pas mal !). 2 compagnies maritimes assurent la liaison régulière (2 fois par jour). La plupart des bateaux rentrent dormir au calme à La Désirade. Noter qu'en réservant à l'avance, on peut parfois obtenir une petite ristourne en le demandant gentiment.

■ ***Babou One :*** *☎ 05-90-47-50-31. 📱 06-90-26-60-69. • babouone.fr •* Départs tlj à 8h et à 16h45 (déc-avr, slt 16h50 mer-ven) ; les navettes partent de La Désirade, leur port d'attache, à 6h15 et à 15h45. Compter 45 mn de trajet. Billets en vente au port de pêche de Saint-François tlj 7h-11h30, 15h-18h. Autour de 26 € l'aller-retour.

■ ***Archipel 1 :*** *☎ 05-90-22-26-31. 📱 06-90-50-05-10 ou 📱 06-90-30-86-07.* Départs de Saint-François à 16h45 et de La Désirade à 6h15. À cela s'ajoute 1 liaison supplémentaire le w-e et tlj pdt les vac scol : départs à 8h de Saint-François et 16h de La Désirade (16h45 aux vac scol). Env 28 € l'aller-retour.

– Enfin, en saison, la vedette ***Iguana Sun*** *(plan B2, **7** ; ☎ 05-90-22-26-31)* se rend à La Désirade les ven, sam et dim pour une excursion à la journée (départ à 7h30, retour 15h45), couplée avec la Petite-Terre (mais peu de temps sur place).

➢ ***De/vers Marie-Galante et les Saintes :*** avec l'*Archipel 1* et *Iguana Beach (plan B2, **7** ; ☎ 05-90-22-26-31 ; 📱 06-90-50-05-10 ou 06-90-30-86-07).* Pour Marie-Galante, départ tlj en saison à 7h15, retour à 16h30. Env 38 € l'aller-retour. Hors saison, se renseigner. Pour les Saintes, liaisons directes les mar et jeu slt (via Marie-Galante les autres jours) avec ***Iguana Beach*** (à 7h15). Retour vers 15h. Env 40 € l'aller-retour. Compter 45 mn de navigation pour Marie-Galante et autant, ensuite, pour gagner les Saintes. Attention, ça peut secouer pas mal ! Les âmes sensibles (et motorisées) peuvent préférer gagner Trois-Rivières sur la Basse-Terre, où les liaisons avec les Saintes sont plus rapides et plus calmes. Également, en principe, des traversées avec la compagnie ***Arawak*** *(plan B2, **7** ; ☎ 05-90-85-00-55).*

Adresses utiles

ℹ ***Office de tourisme*** *(plan C1) : av. de l'Europe. ☎ 05-90-68-66-81. • infotoutsourire@orange.fr • destination-stfrancois.com • En saison, lun-ven 8h-12h, 14h-17h (19h mar) ; w-e 9h-12h, 15h-17h. Hors saison (mai-juin et sept-oct), lun-sam 8h-13h.* Plan et guide de la ville, doc sur les activités de Saint-François et infos générales sur toute la Guadeloupe. Accueil dynamique et souriant de toute l'équipe.

✉ ***Poste*** *(plan C2) : rue Sainte-Aude-Ferly. Tlj sf dim, mer ap-m et sam ap-m, 8h-12h30, 14h-16h30.*

■ ***Distributeurs de billets :*** *à **la poste** (plan C2) ; à la **BNP** juste à côté (plan C2, **1**) ; au **Crédit Agricole** (plan A2, **1**), rue Félix-Éboué, vers le cimetière ; à la **BRED** et au **Crédit Maritime** (plan B1, **1**) ; non loin du petit marché du début de l'av. de l'Europe (plan C1, **1**), à proximité de l'office de tourisme ; aux **Comptoirs de Saint-François** (centre commercial du port) ; à la **BDAF,** rue de la Liberté et au **Casino** (plan D2, **1**) ; à la **Caisse d'Epargne**, rue de la République (plan B2, **1**).*

@ ***Le Bistrot Saint-François*** *(plan B1, **2**) : immeuble Europa Golf, rue du Général-de-Gaulle. ☎ 05-90-88-46-90. Tlj sf dim 7h30-20h.* Un peu cher.

@ ***L'@robas Cyber-Café*** *(plan C2, **43**) : 12, galerie du Port, sur la marina. ☎ 05-90-88-73-77. Tlj sf dim mat et lun, et tard le soir en hte saison. Fermé 2 sem en sept.* Ordis à disposition et wifi gratuit pour les clients du bar. Sinon ***l'Espace Multimédia,*** *rue Charles-Junon, près de la Rotonde. Mar-sam 9h-18h.*

■ ***Presse : Top News*** *(plan C2, **4**), allée du Président-Kennedy. Tlj sf*

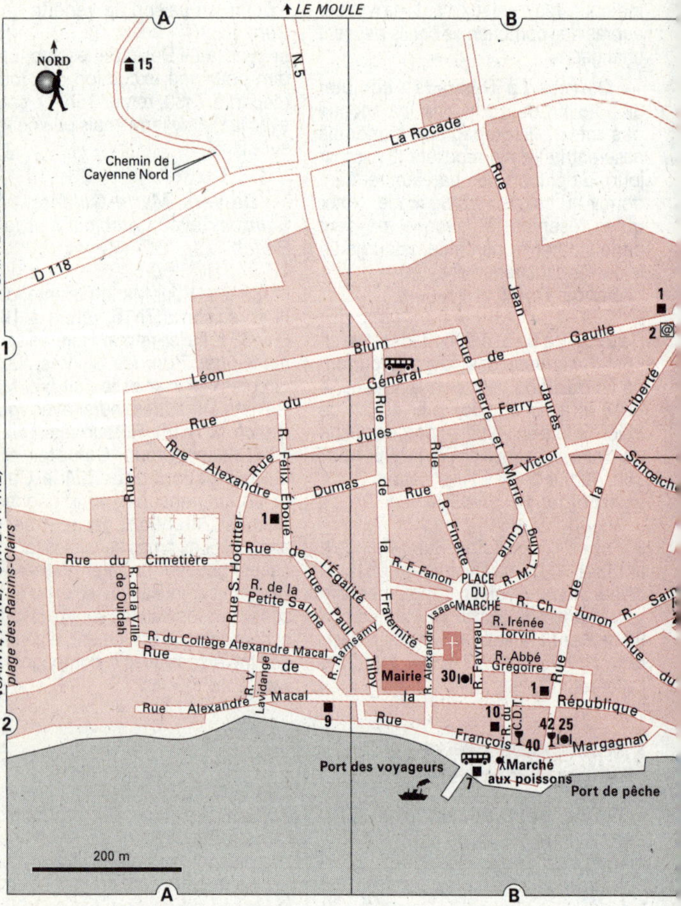

Adresses utiles

- Office de tourisme
- Embarcadère pour les îles
- **1** Distributeurs de billets
- @ **2** Le Bistrot Saint-François
- **3** Gwada Loisirs
- **4** Presse Top News
- **6** Rêverie Caraïbe
- **7** Iguana Sun, Iguana Beach, Archipel I et Arawak
- **8** Hertz et Europcar
- **9** Feeling Aw
- **10** Carib Holidays
- @ **43** L'@robas Cyber-Café

Où dormir ?

- **15** La Bougainvillée
- **16** Bwa Chick

Où manger ?

- **20** Les Pieds dans l'Eau

SAINT-FRANÇOIS

21 Lolo au Chaudron
22 Le Raou
23 Quai 17
24 L'Azur Resto
25 Les Frères de la Côte
26 Le Restaurant du Lagon
27 Le Resto des Artistes
28 Le Mabouya dans la Bouteille
29 Café Wango
30 Jack's
31 L'O

Où grignoter sur le pouce ? Où boire un verre ?

40 Ti Kafé du Voyageur
41 Koko et Zabriko
42 Beat Brass Café
43 L'@robas Cyber-Café

Où manger une glace ?

45 Il Gelato

dim ap-m 6h-19h30. Également chez **Mikado** *aux Comptoirs de Saint-François (port des voyageurs). Mêmes horaires.*

■ ***Rêverie Caraïbe*** *(plan C2,* ***6****)* **:** *BP 74, la Marina. ☎ 05-90-85-06-89. 📱 06-90-35-30-86. • rev.caraibe@mediaserv.net • reveriecaraibe.com •* Tenu par la dynamique Nicole. Elle centralise toutes les infos et vend les billets pour la plupart des excursions et activités à Saint-François et les îles. Sorties en mer, en canoë-kayak, catamaran, location de bateaux, plongée, équitation, etc.

■ ***Location de voitures* :** *vous trouverez des loueurs sur la marina ou av. de l'Europe (plan D2,* ***8****), tels que* **Hertz** *(☎ 05-90-88-69-78 ou 05-90-89-28-05) et* **Europcar** *(☎ 05-90-88-69-77). Moins cher toutefois, l'agence* **Gwada Loisirs** *(plan C2,* ***3*** *; ☎ 05-90-84-52-13 ; • gwada-loisirs.com •), qui propose des véhicules à partir de 18 €/j., et ils peuvent venir vous chercher à l'aéroport. Résa très conseillée en saison.*

■ ***Feeling Aw*** *(plan A2,* ***9****)* **:** *rue du Dispensaire. ☎ 05-90-93-00-24. Tlj sf dim 9h-13h, 15h-19h.* Un atelier aussi original que sa créatrice, qui assemble devant vous ses bijoux en perles et en graines naturelles. Vous pouvez aussi les créer vous-même.

Où dormir à Saint-François et dans les environs ?

Toutes les adresses que nous vous indiquons sont soit sur les hauteurs, soit près des plages, à la sortie du bourg. Difficile de s'y rendre sans voiture, évidemment.

De bon marché à prix moyens

🏠 ***Maracudja*** *(hors plan par A2)* **:** *à* **Bellevue.** *☎ 05-90-93-61-60. 📱 06-90-38-93-49. • michel@maracudja.org • maracudja.org • Direction Sainte-Anne, prendre la route après le stade à gauche, suivre la route touristique et prendre la 1re à droite (et c'est la 1re maison sur la droite). Pour 2 pers 390-450 €/sem et 560-610 €/sem pour 4. 1er petit déj offert sur présentation de ce guide.* 💻 📶 Sur une hauteur, 6 bungalows disséminés dans un beau jardin paisible où la piscine, flanquée d'un bar, et le bassin aux poissons invitent au farniente. Un peu de personnalité dans la déco, du linge de maison coloré, des hamacs et des terrasses privatives bien agréables. Hôtes très sympathiques. Une belle adresse.

🏠 ***Alamanda Bungalows*** *(hors plan par A2)* **:** *à* **Sèze-Bellevue.** *☎ 05-90-28-80-38. 📱 06-90-32-19-24. • claude.micheletti@orange.fr • gwadesir.fr/crbst_7.html • À 300 m après Maracudja, sur la gauche. Compter 350-480 €/sem pour 2 pers.* 📶 Dans un vaste jardin, 3 bungalows alignés, face à une belle piscine bordée d'un deck. Tenu par un couple originaire du Vaucluse. Intérieur nickel, classiquement meublé, avec salle de bains carrelée et douche à l'italienne, TV grand écran, cuisine et lave-linge sur la terrasse. Également une chambre d'appoint.

🏠 ***Villa et studios du Lagon*** *(hors plan par A2)* **:** *29, résidence Anse des Rochers. ☎ 01-43-75-28-60. 📱 06-07-80-47-92. • roger.dutoit@sfr.fr • guadeloupetravel.com • Direction Sainte-Anne, prendre la route après le stade à gauche, passer devant l'hôtel* Le Manganao, *puis 1re à gauche (résidence Anse des Rochers) et 1re allée à droite (et c'est au fond sur la gauche). Studios 2-3 pers 315-395 €/sem ; appart 4 pers 495-565 €/sem. Villa avec piscine pour 8 pers 1 475-1 875 €/sem. CB refusées. Réduc de 10 % en basse saison sur présentation de ce guide.* Superbement située en hauteur, cette petite résidence de standing (1 villa, 4 studios et appartements) présente le gros avantage d'offrir une vue dégagée sur la mer et les îles. De plus, équipement et confort global très convenables, quel que soit le logement choisi. Sans oublier la piscine, d'où l'on bénéficie de cette même vue géniale sur le large. Possibilité de location de voiture, livrée à l'aéroport. Un lieu de villégiature plaisant, avec la plage à 5 mn en voiture...

Top Vacances *(hors plan par A1) : section Bien-Désirée, à* ***Bragelogne.*** *☎ 05-90-88-44-20. • jean.navin@wanadoo.fr • topvacances-guadeloupe.com • En venant de Sainte-Anne par la N4, à gauche à la station* Vito *(D102), puis à droite dans la direction de Bien-Désirée Pombiray ; c'est plus loin sur la gauche (panneau). Selon saison, bungalows 290-380 €/sem pour 2 pers ; villas jusqu'à 11 pers également. Corbeille de fruits et nécessaire pour le 1er petit déj offerts.* Dans un joli jardin fleuri et en pleine campagne, une poignée de bungalows posés à côté de la charmante maison des propriétaires. Le style et la déco font honneur aux couleurs locales avec talent, tout en offrant un confort bienvenu (chambre avec AC, kitchenette, TV, terrasse avec hamac et barbecue). Également 2 grandes villas dans le même esprit, avec piscine, à louer dans un terrain voisin. Accueil joyeux et convivial. Une adresse toute douce !

Le Colibri *(hors plan par A1) : chez Pascale et Laurent Malglaive,* ***Bragelogne.*** *☎ 05-90-91-71-55. • l.malglaive@wanadoo.fr • gitecolibri.com • À env 2 km du centre, sur la route du Moule, prendre à gauche (grand panneau « Domaine de May ») ; c'est 1,7 km plus loin (en suivant les virages de la route, d'abord à droite puis à gauche). Selon saison, compter 266-392 €/sem. Un repas offert à partir de 7 nuits, sur présentation de ce guide.* Tenu par un ancien éco-guide. Il propose 2 bungalows modernes tout en bois et pleins de charme, avec mezzanine, pour 2 à 4 personnes. Chacun a sa terrasse (avec hamac), donnant sur un petit jardin intime équipé d'une douche extérieure (en plus, bien sûr, de la salle de bains du bungalow). Un excellent choix pour les amateurs de calme et de nature.

La Bougainvillée *(plan A1,* ***15****) : chez Clotaire Lautric, chemin de Cayenne. ☎ 05-90-88-57-18. 📱 06-90-47-52-29. • la.bougainvillee@wanadoo.fr • labougainvillee.com • Prendre la rue de la Fraternité (N5) vers Le Moule ; au rond-point, à gauche, puis 1re à droite, chemin de Cayenne, c'est 400 m plus loin sur la droite. Pour 2-4 pers 380-460 €/sem en hte saison.* Au milieu d'un jardin planté d'arbrisseaux sarmenteux (des bougainvillées, quoi !), 4 bungalows au calme, parfaits pour les familles (2 chambres), avec cuisine extérieure et terrasse, et 2 appartements avec cuisine tout aussi bien équipée, mais intérieure. L'ensemble est simple mais propre et lumineux. Petite piscine pour se rafraîchir. Accueil adorable.

Bungalows Takaya *(hors plan par A1) : chemin Desvarieux. ☎ 05-90-90-29-47. • contact@bungalows-takaya.com • bungalows-takaya.com • À 2 km sur la N5 vers le Moule, prendre à gauche vers Bragelogne (après le resto* La Porte des Indes*), et continuer sur 1 km. Bungalows 2 pers 364-497 €/sem, 497-602 € pour 4 pers, selon saison. 1er petit déj offert.* Entourés de végétation, 7 bungalows pour 2 personnes (avec éventuellement 2 enfants) autour d'une mignonne piscine dotée d'un carbet avec bar de plage et barbecue. Déco simple aux accents marins et bon entretien. Tout le confort y est, même si ce n'est pas très grand (cuisine extérieure). Lave-linge à disposition. Service traiteur.

Coco Paradise *(hors plan par A2) : à* ***Bellevue.*** *☎ 05-90-68-70-35. 📱 06-90-49-60-75. • contact@cocoparadise.fr • cocoparadise.fr • Un peu plus loin que le précédent, sur la gauche. Compter 400-550 €/sem pour 2 pers, selon saison.* Dans un jardin tranquille, 5 bungalows indépendants (2 à 5 personnes) dont les terrasses préservent agréablement l'intimité de chacun. Bien que récent, l'ensemble respecte le style créole traditionnel. Déco fraîche et gaie, équipement impeccable (AC, moustiquaire, four multifonctions, TV, lave-vaisselle, glacière...). Lave-linge commun et jolie piscine avec un coin mignon comme tout pour lézarder. Excellent accueil, à la fois discret, chaleureux et généreux en conseils.

De plus chic à très chic

Gîtes La Maison Calebasse *(hors plan par A1) :* ***Sainte-Madeleine***

(entre Saint-François et Sainte-Anne). 06-90-34-07-77. • lamaisoncalebasse@gmail.com • lamaisoncalebasse.com • Direction Sainte-Anne, aller jusqu'à Vito (à gauche), puis tourner à droite au niveau de l'arrêt de bus Roches. Après 1,4 km, traverser le carrefour Landrieux puis tourner à gauche 1,7 km plus loin (chemin qui monte). La maison est à 150 m, sur la droite. Compter 500-763 €/sem pour 2 pers selon saison, et 868-1 029 €/sem pour 4 pers. Chambre d'hôtes 110-130 €, petit déj compris. Une bien belle surprise se cache derrière cette entrée qui ne paie pas de mine. Dans un jardin soigné, 3 maisons récentes qui respectent le style créole, abritant une chambre d'hôtes et 3 gîtes spacieux. Déco digne de figurer dans un magazine, déclinant de belles tonalités contemporaines, et un confort parfait (AC, lave-vaisselle, machine à laver, excellente literie, TV écran plat, hamac sur les terrasses, barbecue, etc.). De partout, superbe vue sur la campagne et les champs de canne. Jolie piscine avec petits coins aussi douillets qu'élégants pour se prélasser. Accueil charmant de Brigitte et de son mari Thierry pour qui convivialité et discrétion sont les maîtres mots. Une adresse délicate, tout en sérénité, perdue dans la campagne.

Bwa Chik *(plan C1,* ***16****) : av. de l'Europe. ☎ 05-90-88-60-60. • reservation@bwachick.com • deshotelsetdesiles.com • Doubles 130-160 € selon saison, petit déj compris. Congés : sept.* En plein centre, un hôtel d'une bonne cinquantaine chambres, dont 11 en duplex, à la déco contemporaine plaisante. Mobilier en planches peintes ou bois flotté, salles de bains modernes et petit balcon. Grande piscine circulaire. Petit bémol pour le petit déj bien tristounet, dommage ! Bon rapport qualité-prix néanmoins et excellent accueil.

Gîtes Rêve en Îles *(hors plan par A2) :* ***Anse à la Barque*** *(entre Saint-François et Sainte-Anne). ☎ 05-90-85-22-57. 06-90-62-63-20. • contact@gite-reveseniles.com • gite-reveseniles.com • Direction Sainte-Anne, prendre la route après le stade à gauche, continuer sur env 3 km et suivre les panneaux pour l'hôtel Amaudo ; c'est un peu avt ce dernier, sur la gauche. Compter 360-560 €/sem pour 2 pers selon saison, et 520-850 €/sem pour 4 pers. Villa 7-10 pers 1 100-1 900 €/sem.* Bâtis sur un terrain en pente à la végétation généreuse, quelques beaux bungalows en bois de style créole, avec tout le confort, certains (les plus chers) offrant la vue sur la mer. Également une belle et vaste villa pour un groupe ou une famille nombreuse. Plage à deux pas. Accueil prévenant. Une adresse de qualité.

Le Neem *(hors plan par C1) : route de la pointe des Châteaux,* ***La Coulée****. ☎ 05-90-88-69-37. 06-90-99-69-37. • reservation@leneem.fr • leneem.fr • Prendre le 2e chemin sur la gauche après le resto Le Colombo (c'est fléché). Compter 600-750 €/sem pour 2 pers selon saison, petit déj 10 €. Table d'hôtes sur résa 34 €.* Répartis dans une grande maison en bois et 3 petits bungalows côte à côte, 5 logements confortables (avec matelas orthopédique), pour profiter du calme de la campagne à deux pas de la mer. Vous êtes ici sur les terres d'une des grandes familles indo-guadeloupéennes, comme le nom du lieu et les plantes du jardin vous l'indiqueront. Petite piscine et jacuzzi. Accueil délicieux. Joël Kichenin fait partie des chefs cuisiniers sur lesquels l'île s'appuie et prend ici une préretraite en créant une table d'hôtes originale, sous le carbet du jardin.

Les Pommes Kannelles *(hors plan par C1) : 2, résidence Le Balaou. 06-90-63-87-82. • lespommeskannelles@laposte.net • lespommeskannelles.com • Prendre la route de la pointe des Châteaux puis, 500 m après l'Iguane Café, l'allée sur la gauche (au panneau « Balaou »). En hte saison, bungalows 2-4 pers 588-763 €/sem.* Lionel et Francis, hôtes accueillants et serviables, proposent ici 4 bungalows (gîtes de 2 à 4-5 personnes) agréables et confortables (AC, petite cuisine, terrasse en teck avec des transats). Quel plaisir de déguster son planteur de bienvenue dans le jardin ! Et le soir, avec l'éclairage, ce dernier donne encore plus envie de s'attarder. L'endroit est paisible, situé tout près d'une plage tranquille.

Maison d'hôtes Latitude 16° N 61'W, chez M. et Mme Bordey *(hors plan par A2)* : **à Bellevue.** ☎ 05-90-88-70-87. • bordey@villa-guadeloupe.eu • villa-guadeloupe.eu • *Direction Sainte-Anne, prendre la route après le stade à gauche, suivre la route touristique et prendre la 1re à droite, puis la 1re à gauche (et c'est la 1re maison sur la droite). Selon saison, pour la* Case Créole *(2-4 pers), 680-800 €/sem ; dans la* Villa de plain-pied *(7-8 pers) 1 530-1 800 €/sem et pour la villa entière (12-13 pers), 2 125-2 500 €/sem. Table d'hôtes le soir (sur résa) 19-45 €. CB refusées. 1er kit petit déj offert le 1er mat.* Cette magnifique demeure créole mêle habilement le charme de l'ancien aux exigences du monde moderne. Elle peut se diviser en deux parties indépendantes : la *Case Créole* (4 personnes), sur pilotis et bien aménagée, et la *Villa de plain-pied*, qui compte 2 chambres climatisées, une mezzanine avec 4 lits, 2 salles de bains et une grande cuisine équipée. Terrasse, piscine (au sel), TV. Grand jardin arboré – jolie collection d'orchidées. Douchette solaire. Excellent accueil.

Hôtel Amaudo *(hors plan par A2)* : **Anse à la Barque** *(entre Saint-François et Sainte-Anne).* ☎ 05-90-88-87-00. 📱 06-90-91-92-68. • hotel@amaudo.fr • amaudo.fr • *Direction Sainte-Anne, prendre la route après le stade à gauche, continuer sur env 3 km et suivre les panneaux. Doubles 110-190 € selon saison. Petit déj 13,50 €.* Dominant la mer, une maison un peu à l'écart de tout, reposante, accueillante, confortable. On ne vient pas là pour faire la fête mais pour profiter d'un vrai moment de repos, d'un savoureux petit déj avec des fruits frais, et même d'un repas créole servi, sur demande, sur votre balcon. Chambres spacieuses et coquettes, bonne literie, TV, clim, propreté irréprochable. De plus, elles donnent toutes sur les flots en contrebas, avec une plus jolie vue pour celles à l'étage. Piscine à débordement. Accueil très chaleureux. Voiture indispensable.

Hôtel La Métisse *(hors plan par C1)* : *66, résidence Les Hauts-de-Saint-François.* ☎ 05-90-88-70-00. • la.metisse@orange.fr • hotel-lametisse.com • *Longer le golf vers la pointe des Châteaux et tourner à gauche dans le virage à la sortie du bourg, encore à gauche en entrant dans la résidence des Hauts-de-Saint-François, puis suivre le fléchage. Pour 2 pers 110-160 €/nuit selon saison, petit déj 12 €. Apéritif maison offert sur présentation de ce guide.* Une petite résidence de charme, proposant 7 chambres climatisées, avec terrasse privée, distribuées autour d'une piscine. Transfert aéroport possible (payant).

Où manger ?

Bon marché

Quelques ***lolos*** sur la rue du Général-de-Gaulle et du côté du port, mais veillez à bien choisir. La qualité varie trop souvent en fonction des saisons, de l'affluence et de l'humeur du moment. Fiez-vous à votre nez, comme toujours, en espérant que vous ne vous serez pas enrhumé en chemin. Possibilité aussi d'acheter des plats cuisinés et du poisson frais au ***marché aux poissons*** *(plan B2 ; tlj 9h-12h)* et près de l'office de tourisme *(plan C1 ; tlj sf dim ap-m 7h-17h).* Enfin, il y a quelques adresses locales autour de la place du Marché (la rotonde ; *plan B2*).

Lolo au Chaudron *(plan C1,* ***21****)* : *au rond-point avt la marina. Tlj sf lun 18h30-22h30. Bokit 2-3 €.* Une cabane jaune facilement reconnaissable, plantée au rond-point et agrémentée de quelques tables dehors. C'est tout ce qu'il faut pour préparer de bon *bokits* (galette frite et fourrée à la viande, poisson, poulet au jambon). Reconstituant et bien bon, à grignoter sur le pouce.

De bon marché à prix moyens

Jack's *(plan B2,* ***30****)* : *rue Favreau (pl. de l'Église).* 📱 06-90-00-82-83.

Ouv tlj. Plats 14-20 €. CB refusées. Une gargote tellement petite que les tables ont dû investir le trottoir d'en face, à l'ombre d'une bâche. Plats créoles simples mais bons, servis avec une nonchalance réjouissante... si on n'est pas trop pressé ! Pour patienter, vous grignoterez les acras offerts par le patron en observant l'animation locale. À moins que vous n'ayez des cartes postales à écrire, c'est le moment !

Les Pieds dans l'Eau (plan C2, **20**) : *rue de la République. ☎ 05-90-88-60-02. • charly97118@hotmail.com • Tlj sf mer. Congés : env de mi-juin à mi-juil. Plats 8-15 €, petite entrée incluse ; menu langouste 22 €. CB refusées. Digestif offert sur présentation de ce guide.* Une adresse trentenaire qui fait le plein midi et soir malgré sa déco simplissime, ses néons blafards et une attente parfois excessive. La raison de son succès vient assurément de ses prix serrés, plus que du cadre ou de la finesse des plats. Cela dit, l'ensemble reste honnête et typique.

Le Raou (plan B2, **22**) : *rue Sainte-Aude-Ferly. ☎ 05-90-88-43-88. À deux pas de la poste. Fermé dim soir et lun soir. Plats 12-20 €. Menu langouste 50 €, 45 € pour le lambis. CB refusées le soir et le dim !* En plein centre-ville, un petit resto populaire dont le nom désigne le poisson-perroquet et pour lequel le bouche à oreille marche du tonnerre. À juste titre d'ailleurs, car côté bouche, on y mange fort bien, et côté oreille, on a bien envie de le répéter à son voisin. En tout cas, le rapport qualité-prix et la simplicité chaleureuse du lieu (salles ouvertes sans véritable déco) attirent à la fois locaux et métros qui dégustent colombo, chatrous, court-bouillon, lambis, etc. Sur commande, fricassée de langouste, ouassous et racines pays. En revanche, venez tôt, car il n'est pas rare qu'on annonce une brutale rupture de stock !

De prix moyens à chic

L'Azur Resto (plan C2, **24**) : *rue de la République. ☎ 05-90-85-55-19. ♿ Tlj sf dim soir et lun. Congés : oct. Menus 15-36 € (avec langouste) ; plats 12-25 €. Digestif maison offert sur présentation de ce guide.* Éloge, le patron plein d'humour, propose une cuisine créole réussie, un brin raffinée. De plus, c'est copieux et bien présenté. Petite terrasse très agréable où locaux et touristes profitent de l'aubaine, et une salle assez chaleureuse à l'arrière. Un bon rapport qualité-prix et une qualité constante qui nous a bien plu.

Quai 17 (plan C2, **23**) : *sur la marina. ☎ 05-90-88-52-36. • quai17@gmx.fr • Tlj midi et soir, sf mer hors saison. Résa conseillée le soir. Pizzas et salades 10-15 €, plats 15-25 €.* Une adresse qui ne désemplit pas. Habitués et vacanciers passent, saluent le pizzaiolo qui enfourne ses œuvres à tour de bras, boivent un verre au comptoir où le barman sert ses planteurs avec le sourire. Après, on s'attable, face aux bateaux. Assiettes copieuses et bien présentées, garnies de poissons locaux, de viandes façon métro ou encore de brochettes. Bonne ambiance, simple et joviale. Le patron a ouvert également une crêperie à 50 m, ***Le P'tit Îlet,*** où l'on déguste de succulentes galettes pour une dizaine d'euros.

Café Wango (plan C2, **29**) : *sur la marina. ☎ 05-90-83-50-41. ♿ Tlj tte la journée pour le bar et midi et soir pour les repas. Congés : de mi-juin au 10 juil. Menus 28-42 €, plats 12-26 €. Digestif maison offert sur présentation de ce guide.* Cuisine au wok, sushis, poissons, tartares... On donne ici dans la *world food* tous azimuts et c'est plutôt bien fait. Atmosphère design et un petit coin *lounge* en terrasse.

Le Restaurant du Lagon (plan D2, **26**) : *sur la plage du Lagon. ☎ 05-90-23-47-52. Tlj 9h-17h. Plats du jour 12-17 € (un peu plus cher à la carte).* Resto-paillote (mais vitré) idéalement situé en bordure de la plage... du Lagon. Dans l'assiette, de bonnes salades, des pâtes, quelques viandes et poissons cuisinés avec soin mais plus chers. Service rapide (sauf le week-end !) ; toutefois, rien ne vous empêche de piquer une tête dans le lagon en question avant le repas. Et, si cela vous tente, vous pouvez même demander à être servi sur la plage !

Le Resto des Artistes (plan D2, **27**) : *9, av. de l'Europe, sur la marina. ☎ 05-90-88-75-44. • lucie.*

marc@wanadoo.fr • Tlj sf lun hors saison. Congés : juin-10 juil. Pizzas et pâtes 10-15 €, poissons et viandes env 20 €. On vous l'indique un peu pour compléter la liste des restos qui ont élu domicile sur la marina. Celui-ci, une terrasse d'angle souvent bondée, réserve une cuisine à dominante italienne sur laquelle se greffent quelques plats genre marmite du pêcheur. Plutôt réussis, en tout cas les spaghettis aux fruits de mer valent leur pesant d'euros. Patron sympa, un poil truculent.

Les Frères de la Côte *(plan B2, **25**) : 1, rue de la Liberté ; sur le port de pêche. ☎ 05-90-88-59-43. ♿ Tlj sf sam midi et mer midi (et mer soir hors saison). Congés : fin juin-début juil et sept. Formule déj 17 € ; plats 18-36 € ; menu-enfant 11 €. Digestif maison offert sur présentation de ce guide.* Du côté du port de pêche, un resto à la déco un tantinet marine. Cuisine des îles goûteuse, avec notamment des poissons *a la plancha* choisis selon la pêche du jour ou simplement de bons produits du marché.

De plus chic à beaucoup plus chic

L'O *(plan C2, **31**) : 12, rue de la République. ☎ 05-90-83-16-21. • loantilles@aol.com • Ouv mar soir-dim midi. Menus 24,50-33,90 €. Compter env 35 € à la carte.* Déco épurée et charmante, tables soigneusement dressées dont certaines donnent directement sur la mer, éclairage délicat le soir... voilà pour le cadre. Dans l'assiette, une gentille invitation au voyage, de la truffe qui parfume les œufs cocotte aux ravioles de langouste relevées au citron vert, en passant par des saveurs d'Asie qui dynamisent poissons et viandes, ou encore le boudin antillais revisité avec audace. Une cuisine fusion inventive et raffinée, toujours joliment mise en scène. Une des meilleures tables de Saint-François, et un accueil plein de délicatesse, à l'image du lieu.

Le Mabouya dans la Bouteille *(plan C2, **28**) : rue des Petites-Salines. ☎ 05-90-21-31-14. • nicolas@lemabouya.fr • À deux pas de la marina. Le soir slt, (sf mar hors saison). Congés : fin juin-juil. Env 45-55 € le repas complet.* On aime bien ce lieu à l'atmosphère doucement tamisée, dans une belle salle garnie de tables en bois joliment dressées. La cuisine, à base de produits locaux très frais (langouste grillée, souris d'agneau...), a peu de chances de vous décevoir, et l'accueil de Nicolas et de Catherine (un couple d'anciens restaurateurs parisiens) nous a laissé un excellent souvenir. Bonne musique jazzy. Cave à vins d'une richesse rare pour la Guadeloupe (Nicolas est œnologue, comme le rappelle la collection de tire-bouchons au plafond !). En un mot, une belle adresse pour les fines bouches au budget... tout de même pas trop serré.

Iguane Café *(hors plan par C1) : route de la pointe des Châteaux. ☎ 05-90-88-61-37. ♿ À 2,5 km de Saint-François, sur la gauche de la route. Slt le soir (sf mar), et dim midi. Résa conseillée. Menus 44,50-82 € ; carte 50-60 €.* Qui ne connaît pas l'*Iguane Café* ? Sous une solide charpente créole décorée avec un goût exquis et les fourneaux bien en vue, on déguste une cuisine fine et haute en couleur, mijotée à feu doux. C'est l'un des restos les plus chic de l'île, idéal pour un repas en amoureux. Mais gare tout de même à la note, qui parfois côtoie les cimes...

Où grignoter sur le pouce ? Où boire un verre ?

Ti Kafé du Voyageur *(plan B2, **40**) : en face de l'embarcadère et du port. ☎ 05-90-88-78-34. Lun-sam 6h-18h, dim jusqu'à 14h. Formule petit déj 4 €.* Une terrasse ombragée (on aime bien le petit banc-fauteuil !) pour lire les journaux avant de partir à Marie-Galante, sous le soleil, au petit matin. Bon accueil. Propose aussi quelques plats à manger sur place ou à emporter (et le couscous du vendredi !).

Koko et Zabriko *(plan C1, **41**) : 36, centre commercial Les Arcades, face au terrain de golf. Tlj sf dim 8h30-16h30*

(15h30 sam). Malgré sa situation et son cadre sans grand intérêt, on y vient dans la journée pour les bons jus de fruits frais et les excellents *smoothies*, très sains et présentés de façon amusante. On peut aussi manger sur le pouce des salades d'une grande fraîcheur et des sandwichs.

Beat Brass Café *(plan B2,* ***42****)* **:** *rue de la Liberté. ☎ 05-90-85-05-05. Tlj 7h-21h (1h le w-e).* Position stratégique sur le port pour ce bar, brasserie et café de nuit (le week-end) tout en couleurs. Bien pour boire l'apéro en observant l'animation de la place principale ou pour brasser un peu d'air à l'occasion des occasionnelles soirées DJ... ou de jazz manouche. Possibilité de se restaurer.

L'@robas Cyber-Café *(plan C2,* ***43****)* **:** *sur la marina. ☎ 05-90-88-73-77. Tlj 8h-2h, sf dim mat et lun.* Un des cafés branchés de la marina, dans tous les sens du terme puisqu'il y a le wifi, des bornes Internet, et une musique tendance *lounge*. Terrasse ouverte sur la marina. C'est également un bar sportif (le patron est fan de rugby). Service en haut débit lui aussi, comme dans tout café câblé qui se respecte.

Où déguster une glace ?

Il Gelato *(plan C2,* ***45****)* **:** *4, Galerie du Port ; sur la marina, à côté du resto Quai 17. Tlj 14h-22h30.* Un comptoir avec quelques tables devant, pour déguster une succulente glace maison (essayez la chocolat aux piments, la mangue-gingembre ou la cacahuète, géniales !). Un peu cher, cela dit.

À voir. À faire

Ne manquez pas d'aller baguenauder sur les ***marchés*** de Saint-François *(plan C1 et B2)*, où les doudous vous interpellent avec leur faconde habituelle. On en trouve un place du... Marché *(la rotonde ; plan B2 ; tlj sf lun 7h-14h)* et un autre rue de la Liberté *(tlj sf dim ap-m)*. Sans oublier le ***marché nocturne*** du mardi soir *(av. de l'Europe ; plan C-D1-2)*, très populaire, avec son artisanat et ses petits plats locaux ; s'arrête vers 20h30. À voir aussi si vous êtes dans le coin à ce moment-là, le ***carnaval*** et sa grande parade nocturne dans Saint-François le soir du lundi gras, ainsi que les animations qui le précèdent tous les dimanches à partir de début janvier. Plus d'infos à l'office de tourisme, qui vous incitera peut-être aussi à pousser jusqu'au cimetière ou à découvrir les fresques de l'église.

La plage du Lagon *(plan D2)* **:** l'un des plus beaux lagons de Guadeloupe, juste au bout de la marina. Plage malheureusement assez petite... Les photographes vous le diront : c'est entre 12h et 13h30 que le turquoise de la mer est le plus beau. N'espérez quand même pas être tout seul à ce moment-là pour profiter de la vue !

Également la ***plage des Raisins-Clairs*** *(hors plan par A2)*, à la sortie de Saint-François en allant vers Sainte-Anne. C'est un peu LA plage de Saint-François.

Activités sportives

– ***Surf et kitesurf*** **:** *école de surf* ***Guadeloupe Surf Action.*** *06-90-31-88-28.* • *surfantilles@hotmail.com* • *surfantilles.com* • Benoît Onézime est posté à la base nautique et propose des séances de formation au surf. Compter 250 € les six demi-journées. Propose aussi du *stand up paddle* en randonnée-lagon ainsi que la visite de la mangrove. Autre école conseillée : ***No Comply.*** *06-90-57-97-47.* • *pacar@hotmail.fr* • *guadeloupe-surf.com* • Tenue par Olivier Prat, sérieux, compétent et qui vient même vous chercher à votre hôtel ou gîte. Compter 55 € l'initiation, 240 € les 5 demi-journées (remise de 10 % pour nos lecteurs !), par petits groupes de 4-5 personnes. Donne aussi des cours de *stand up paddle* et fait de la location de matériel. Pour le *kitesurf*, adressez-vous à **Action Kite Caraïbes.** *06-90-86-81-35. • surfm@wanadoo.fr • guadeloupe-kitesurf.com •* Cette école propose une découverte du *kite* en tandem et des stages de formation par sessions de 3h. Compter 30 € (minimum 3 pers) pour 20 mn.

- **Parachutisme :** *avec* **Caraïbe Parachutisme,** *aérodrome de Saint-François. 06-90-86-73-36 ou 06-90-86-66-22. • info@caraibeparachutisme.com • caraibe parachutisme.com •* Propose des baptêmes de chute libre au-dessus du lagon de Saint-François. Une vue imprenable. 100 % glisse, 100 % bonheur, qu'ils disent.

- **Golf de Saint-François** *(plan C-D1)* **:** *à la sortie de Saint-François, direction la pointe des Châteaux. ☎ 05-90-88-41-87. • golfsaintfrancois.com •* Pour les amateurs, un très beau 18 trous (*bunkers* en forme de fleurs), dessiné par Trent Jones et rénové en 2010. On peut y accéder avec une simple carte verte.

- **Randonnées à cheval** *(hors plan par A1)* **:** *au haras de Saint-François, chemin de la Princesse. 06-90-58-99-92. • leharasdesaintfrancois.com • À droite sur la route du Moule. Résa indispensable. Compter 65 €/pers pour 3h.* Un moyen tranquille et sympa pour découvrir la campagne environnante de Saint-François, en passant par la baie Olive, l'Anse à l'Eau... La sortie la plus appréciée ? La « Baignade à cheval » ! Également des cours, bien sûr.

Escapades dans les îles voisines

Large choix d'escapades en mer au départ de Saint-François, mais choisissez bien vos sorties, le type d'excursions variant d'une compagnie à l'autre. Pour un aperçu de l'offre, n'hésitez pas à passer voir Nicole de *Rêverie Caraïbe* (voir plus haut dans « Adresses utiles ») : elle centralise la plupart des prestations.

➢ ***Pour les îles de la Petite-Terre :*** il faut moins de 1h de navigation pour atteindre la réserve naturelle des îles de la Petite-Terre, îlots sauvages inhabités depuis 1974. Les derniers habitants furent le gardien du phare et sa famille... même si l'on raconte aussi que ce fut un naufragé et son fils. Quoi qu'il en soit, ce sont aujourd'hui les îles des oiseaux et, surtout, des iguanes (notamment de l'espèce *delicatissima*). Elles sont bordées d'un lagon toujours limpide rempli de coraux et de petits poissons multicolores qui raviront les plongeurs. Plusieurs compagnies se proposent de vous y emmener (en catamaran à voile) pour la journée (au programme : visite de l'île, plongée avec masque et tuba et déjeuner sur la plage) : **Paradoxe Croisières** *(☎ 05-90-88-41-73 ; • paradoxe-croisieres.com •)*, situé sur la marina *(plan C2)*, et qui organise aussi des excursions à Marie-Galante de Noël à Pâques ; **Awak** *(av. de l'Europe ; ☎ 05-90-88-53-53 ; • awak.boutique@orange.fr •)* ; ou encore **l'Iguana Sun** *(port de pêche ; plan B2,* **7** *; ☎ 05-90-22-26-31).*

➢ ***Dans les Caraïbes :*** avec l'agence de voyages **Carib Holidays** *(plan B2,* **10***)*, dans le centre commercial **Les Comptoirs de Saint-François,** *face au port. ☎ 05-90-85-08-50. • caribholidays.fr • Lun-ven 8h-19h, sam 8h30-12h30, 15h-18h.* Organise des petits séjours (de 2 ou 3 jours) dans les îles des Caraïbes : Martinique, Dominique, Saint-Barthélemy, Saint-Martin, Sainte-Lucie, Porto Rico...

➢ ***Pour La Désirade et Marie-Galante :*** ***Paradoxe Croisières*** propose une excursion d'un jour à Marie-Galante (compter 90 €) et l'*Iguana Sun* à la Petite-Terre couplée à La Désirade (voir plus haut).

Plongée sous-marine

À l'extrémité est de la Guadeloupe, les fonds de Saint-François sont dopés par les vigueurs de l'océan Atlantique. Les conditions de plongée – pas toujours faciles – nécessitent même un petit apprentissage. C'est donc tout naturellement que les débutants feront leurs premières bulles avec les mignons bébés poissons du lagon turquoise, avant de découvrir, plus au large, quelques superbes sites sauvages et richement dotés.

Clubs de plongée

■ ***Saint-François Plongée*** *(plan C2) : 21, galerie du Port (sur la marina). 06-90-55-43-17 et 06-90-56-51-79. • bescales2@wanadoo.fr • 3 départs/j. (sf dim) : 2 le mat et 1 l'ap-m.* Centre ANMP, FFESSM, SNMP et brevets d'État. Propose baptêmes enfants et adultes (48 €), explorations sur 15 sites différents (40 €) et plongées spéciales sur des sites éloignés (ajouter 8 € par plongée). Pour ceux qui souhaitent se perfectionner, également des formations (jusqu'au Niveau 3).

■ ***Plongée Caribéenne*** *(plan C2) : av. de l'Europe, à l'entrée de la marina. 06-90-48-79-60 et 06-90-18-45-46. • jml@plongeeguadeloupe.com • plongeeguadeloupe.com • 3 départs/j. (sf mar) : 2 le mat et 1 l'ap-m.* Centre (ANMP, FFESSM, PADI) convivial pour plonger en petit comité avec Jean-Michel qui saura vous faire partager sa passion. Formation de Niveau 1 jusqu'au monitorat. Baptême (48 €), explorations (40 €), double plongée (90 €). Également des stages pédagogiques.

■ ***Noa Plongée*** *(plan D2) : route du Lagon, 6, av. de l'Europe. ☎ 05-90-89-57-78. 06-90-58-06-51. • contact@noaplongee.fr • noaplongee.fr • 4 départs/j. : 2 le mat et 1 en début d'ap-m.* Centre (FFESSM, ANMP et PADI) proposant des baptêmes dans le lagon de Saint-François (50 €), des sorties bi-plongée sur Petite-Terre, La Désirade, Roche Merveilleuse, pointe des Châteaux et banc des Vaisseaux (90 €). Plongée de nuit 50 €. Également des formations (Niveaux 1 à 3, préparation au Niveau 4 et monitorat fédéral) et des randonnées palmées. Forfaits.

Nos meilleurs spots

Le Lagon *(carte couleur Guadeloupe – la Grande-Terre,* ***29****) : au sud de Saint-François (5 mn de trajet).* Idéal pour les baptêmes. Plongée-plaisir dans cette véritable nurserie de bébés poissons-perroquets, chirurgiens, poissons-papillons, trompettes, demoiselles, sergents-majors, etc., qui batifolent joyeusement sur la barrière de corail (- 2 à - 5 m).

L'Aquarium *(carte couleur Guadeloupe – la Grande-Terre,* ***28****) : à l'est de la ville, vers la pointe des Châteaux (20 mn en bateau).* Pour plongeurs Niveau 1 et confirmés. Chouettes nuages de demoiselles, bancs de poissons-chirurgiens et de balistes sur ce petit tombant corallien (- 13 à - 16 m). Également de gracieuses murènes noires, quelques serpentines et, parfois, une tortue curieuse.

La pointe des Châteaux *(carte couleur Guadeloupe – la Grande-Terre,* ***32****) : à l'est de Saint-François (40 mn de bateau).* Pour plongeurs Niveau 1 aguerris, au minimum. Dans ce dédale dantesque d'arches et de petites vallées (10 à 19 m de fond), vous serez cerné tous azimuts par des bancs de poissons qui se bousculent. Gorettes, agoutis, sergents-majors, balistes, tarpons, anges royaux, pisquettes, barracudas, etc., dans tous leurs états. Également des langoustes, cigales de mer et grosses murènes vertes ou noires plutôt. On est sous le charme ! Une plongée spectaculaire, pas toujours réalisable à cause de la houle d'est.

Le banc des Vaisseaux *(carte couleur Guadeloupe – la Grande-Terre,* ***31****) : en pleine mer au sud de Saint-François, à mi-chemin de Marie-Galante (40 mn de trajet).* Pour plongeurs Niveau 1 aguerris, au minimum. Plongée « hors piste » sur ce haut-fond corallien isolé et très sauvage (pas un pêcheur à l'horizon). Ici, toutes les rencontres sont possibles. Bancs de balistes, agoutis, barracudas, tortues, et même requins-dormeurs débonnaires (- 20 m maximum). Une plongée de rêve. Attention, courant fréquent.

La baie des Anges (carte couleur Guadeloupe – la Grande-Terre, **30**) : *au sud de Saint-François (15 mn de bateau).* Profondeur 25 m. Au-dessus d'une mer de sable, on a rendez-vous avec quelques raies-pastenagues gracieuses et peu farouches, et des colonies de poissons-anges de toutes les variétés.

LA POINTE DES CHÂTEAUX

Offerte aux vents et battue inlassablement par la mer, cette avancée rocheuse se situe à la pointe extrême de la Guadeloupe, à 11 km à l'est de Saint-François. Une fois passée La Coulée, quittez vite la route qui file, monotone, pour découvrir l'Anse à la Gourde et l'Anse Tarare. Tout au bout, un imposant éperon rocheux est dominé par une haute croix, avec à l'horizon l'île de La Désirade et ses consœurs. Un paysage découpé évoquant pour certains... les côtes de Bretagne. En tout cas, l'endroit ne manque pas de charme.

Dans le cadre de l'opération Grand Site national, l'aménagement de sentiers de randonnée, la protection des plages et des salines continuent, dans la bonne voie...

– ***Conseils de prudence :*** il peut être parfois dangereux de monter sur la falaise par mauvais temps ou par grand vent, surtout pour des enfants, même si le gros du chemin est dallé. Des panneaux vous mettent en garde contre les dangers, mais il n'y a pas grand monde qui en tient compte. BAIGNADE INTERDITE, CAR TRÈS DANGEREUSE. Par ailleurs, sachez que, sur la pointe, il n'y a ni distributeur de billets ni station-service (22 km aller-retour).

DES OISEAUX À LA POINTE

Avec de la chance, vous observerez à la pointe des Châteaux des pailles-en-queue à bec rouge (Phaeton aethereus) *– ces oiseaux très élégants et très rares, blancs striés de noir. On les reconnaît surtout à leur queue en fourche, formée par deux plumes effilées en pointe. Ils passent le plus clair de leur temps en pleine mer, mais reviennent nicher dans les falaises à certaines périodes de l'année. L'espèce est en voie d'extinction au niveau mondial.*

Où dormir ? Où manger ?

À mi-chemin entre Saint-François et la pointe, vers l'Anse à la Gourde

La Kaz Kréol' à Kri-Kri : *3, chemin de l'Anse-à-la-Gourde. ☎ 05-90-85-52-38. Juste à l'entrée, à gauche de la route qui mène à l'anse. À midi slt, tlj sf mer (le soir sur commande). Congés : sept-oct. Plats env 9-17 €. CB refusées. Une portion d'acras offerte sur présentation de ce guide.* Une case avec tables en terrasse tenue avec beaucoup de cœur par Chantal et Jean-Luc. On s'installe sous la paillote tranquille pour déguster colombo, court-bouillon ou, pour les budgets serrés, du poulet grillé. Ou encore, sur commande, *matété*, *calalou*, poisson coffre farci et cochon roussi. Le tout servi avec des légumes du pays. Acras à emporter vraiment pas chers. Réservez, par prudence, surtout le week-end.

À l'extrémité de la pointe des Châteaux

Gîte Cannelle Antilles : *06-90-33-03-03. • yves-caudoux@orange.fr • cannelle-antilles.fr • À gauche* *après la plage Tarare (panneau), juste après l'Hostellerie des Châteaux. Selon saison, studios pour 2-4 pers 238-392 €/sem. CB refusées.* Dans un jardin, un ensemble très simple composé d'un studio pour 2 personnes et 3 autres, avec mezzanine, pour 4 personnes. Tous sont climatisés et équipés d'une kitchenette, TV, et d'une petite terrasse avec barbecue. Piscine un brin austère. Jeu de boules à disposition. Bon accueil de Marie, qui pourra vous tuyauter sur le coin.

Hostellerie des Châteaux : *☎ 05-90-85-54-08. • hostellerie-deschateaux@wanadoo.fr • hostellerie-des-chateaux.com • À gauche après la plage Tarare (panneau). Ouv tte l'année, sf sept. Resto fermé dim soir et lun. Doubles 95-120 €/nuit (620-780 €/sem), petit déj compris. Réduc de 10 % dès la 2e sem et de 15 % en basse saison.* Grill party *le midi 22 € ; sinon, menus 19-45 € ; menu-enfant 10 €. Digestif offert sur présentation de ce guide.* Légèrement surélevé, cet établissement classique mais bien agencé profite de beaux couchers de soleil depuis sa grande terrasse, organisée autour d'une agréable piscine. Quelques chambres et des bungalows (on préfère ces derniers), plantés dans le grand jardin, chacun étant doté d'une cuisine extérieure à l'arrière. Le midi, le resto propose une *grill party* au bord de la piscine. Bref, de l'hôtellerie conventionnelle mais de bonne facture. Accueil très amical.

La Rhumerie du Pirate : *sur la route vers la pointe. ☎ 05-90-83-25-94. Tlj à midi et ven-sam soir. Congés : sept. Menus 22-45 €, plats 10-25 €. Apéritif offert sur présentation de ce guide.* Très agréable terrasse en bois surplombant la mer, abritée par des auvents bleu et blanc. On y déguste les classiques du coin, cuisinés avec un soin particulier. La brochette de lambis est même à tomber à la renverse ! Beaucoup de monde en saison, il peut être sage de réserver.

Chez Man Michel : *plage de Tarare, 2 km avt la pointe. ☎ 05-90-88-72-79. 06-90-55-75-07. Tourner à gauche sur la route principale (pancarte), c'est au départ du sentier menant à la plage de l'Anse Tarare. Tlj le midi, et le soir ven-sam. Résa conseillée le w-e. Formules plats à ts les prix : 10-45 €.* Cette grande maison ouverte abrite un resto proposant une cuisine créole simple et familiale. Tous les plats, de la fricassée de lambis aux fameux ouassous, sont servis avec salade, acras, riz antillais et quelques petits à-côtés. La langouste servie est souvent une variété brésilienne (mais sans le costume). Soirée antillaise le vendredi. Service aimable, sans plus.

À voir. À faire

Dans l'ordre, de Saint-François vers la pointe, on peut dire qu'il y en a pour tous les goûts. Pour les plus courageux, rando de 10 km sur le sentier du littoral, avec arrêts « point de vue » super. À vous de trouver votre bonheur.

La plage des Mancenilliers : *sur la droite de la route entre Saint-François et la pointe des Châteaux, après le quartier de La Coulée.* Il y a plein d'accès faciles entre les buissons. En cas de pluie, se méfier vraiment de ces arbres dangereux qui ont donné leur nom à la plage (voir la rubrique « Santé » dans « Guadeloupe utile »).

Anse à la Gourde : *en venant de Saint-François, tourner à gauche à la pancarte.* Une immense plage de sable blanc protégée par la barrière de corail. Sauvage et superbe. C'est aussi le plus important site archéologique de la petite Caraïbe, aux yeux des spécialistes de la civilisation amérindienne (300-1400 de notre ère). Quelques rochers rendent cependant la baignade difficile. La plage attire une multitude de Pointois les fins de semaine. De là, accès jusqu'à la ***Pointe à Cabris*** par un chemin assez rocailleux longeant la mer, et une table d'interprétation.

La Maison de la noix de coco : *résidence Karukera. ☎ 05-90-85-00-92. Après l'Anse à la Gourde. Tlj 9h-18h30.* Une boutique-musée où l'on trouve toutes sortes d'objets réalisés par une trentaine d'artisans locaux à partir de noix de coco et de calebasses. Cela va des petits objets à 3 € environ aux pièces uniques qui valent jusqu'à 1 000 €. Beaucoup d'art local et un peu de la Caraïbe. Dégustation gratuite de lait de coco. À côté, un magasin de madras et de sacs artisanaux.

Anse Tarare : petite plage pour naturistes, jolie comme tout. En venant de Saint-François, sur la gauche, par une route assez caillouteuse, on arrive au parking (restaurant *Chez Man Michel*). Un petit chemin conduit à cette adorable crique bien protégée, entourée de collinettes. Néanmoins, plusieurs lecteurs adeptes des lieux se sont plaints de la présence « d'importuns »... pour faire sobre.

UNE PLAGE POUR ADULTES QUI N'ONT RIEN À CACHER !

La petite plage de l'Anse Tarare, fort agréable, attire les naturistes de tout poil, si l'on ose dire. Et s'il y a plus de messieurs seuls que de couples, dites-vous aussi que ce n'est pas seulement un hasard. Ceux que vous rencontrerez sortant d'un buisson ne sont pas forcément partis cueillir des plantes rares ou ramasser des coquillages. Évitez donc d'amener ici belle-maman et les enfants.

Quand on est à la pointe des Châteaux, sur la gauche, belle et vaste ***plage des Grandes-Salines,*** de sable blanc. Attention, elle est dangereuse par endroits : ne pas y aller en solo. En revanche, le lagon au niveau des pilotis semble complètement protégé (bien pour les enfants).

Balade jusqu'à la croix et le panorama sur les îles : *tt au bout de la route asphaltée, après le parking, prendre le sentier qui part à droite vers la grande croix fichée sur son éperon rocheux.* En 10-15 mn de marche sous le cagnard, on atteint ce magnifique point de vue venteux sur La Désirade, pile-poil dans l'axe de la pointe, mais aussi sur Petite-Terre, Marie-Galante et Les Saintes, plus lointaines mais que l'on repère grâce aux judicieuses tables d'orientation. Si la soif vous tenaille, les vendeurs de glaces coco et autres ne manquent pas : vous êtes sur le site le plus visité de la Guadeloupe !

LE MOULE

(97160) 22 000 hab.

Assez préservé des foules, ce port du nord-est de la Grande-Terre respire l'authenticité guadeloupéenne. La partie la plus ancienne se trouve autour de la place centrale et dans les ruelles tout autour, bordées de maisons créoles typiques en bois, certes un peu décaties. Les visiteurs la découvrant un dimanche après-midi, au retour d'une rando le long des plages, resteront songeurs devant cette vision hors du temps, ce qui ne devrait pas les empêcher d'aller acheter glaces ou cacahuètes aux doudous animant à elles seules la place. Le reste du temps, c'est une petite ville active, une des rares en Guadeloupe où les commerces restent ouverts le week-end (jusqu'à 13h le dimanche).
À 1 km à l'est, la *plage de l'Autre-Bord* est l'une des rares à bénéficier, en principe, d'une surveillance de maîtres-nageurs (bordée par un quartier hôtelier malheureusement un peu défraîchi ; douche et w-c sur place). Plus à l'ouest, longeant le boulevard Maritime, on trouve un spot pour surfeurs (plutôt aguerris) et, au-delà, la *plage de la Baie*.

UN PEU D'HISTOIRE

Fondé vers 1680 à l'endroit même d'un antique village amérindien, dont certains vestiges figurent aujourd'hui au *musée de Préhistoire amérindienne Edgar-Clerc,* Le Moule affirme sa vocation maritime jusque dans son nom évoquant un « môle » (digue). D'ailleurs, l'emblème du Moule est une caravelle voguant sur les flots... et sa devise *Mens agitat molem* (qui rappelle qu'ici « L'esprit domine la matière »)... Au XIXe s, c'était le principal port sucrier de l'île. L'économie de la région reposait alors sur l'industrie de la canne, dont la fameuse *distillerie Damoiseau* demeure aujourd'hui l'un des derniers fleurons encore en activité.

Arriver – Quitter

En bus

Pour *Morne-à-l'Eau* et *Pointe-à-Pitre,* arrêt rue Saint-Jean (place Cadenet). Les bus à destination de *Saint-François* s'arrêtent boulevard Rougé, à côté de la pharmacie et juste avant la rue Sainte-Anne. Les bus pour les *Grands-Fonds, Bellevue* et *Cocoyer* s'arrêtent à la rue Duchassaing, place du Cimetière.

➢ ***De/vers Saint-François et Pointe-à-Pitre :*** normalement ttes les 20-30 mn (parfois un peu plus pour Saint-François) lun-ven 5h-18h (env) et sam mat. *Société RMT (☎ 05-90-85-82-76. 📱 06-90-50-30-35).*

En taxi

On en trouve rue Saint-Jean, près de la place principale (📱 *06-90-32-64-72).*

Adresses utiles

i ***Office de tourisme :*** *bd Maritime (à quelque distance vers l'ouest de la place principale), au niveau du spot de surf de Damencourt et à droite du resto* Le Spot. *☎ 05-90-23-89-03. • ot_tourismelemoule97160@hotmail.fr • officetourismemoule.fr • Lun 9h-12h, 14h-17h, mar-ven 8h30-17h, sam 8h-13h.* Brochures touristiques bien faites, liste des hébergements, plan de ville gratuit et doc générale sur toute la Guadeloupe. Accueil compétent et sympa.

✉ ***Poste :*** *rue Saint-Jean (rue principale). Tlj sf dim 7h30-12h30, 14h-16h30 (12h mer et sam).*

■ ***Distributeurs de billets :*** *à la* ***poste,*** *mais aussi au* ***Crédit Agricole,*** *à la* ***BRED*** *ou encore à la* ***BDAF,*** *tous situés rue Saint-Jean (rue principale).*

@ ***Internet :*** *à la* ***bibliothèque multimédia*** *(☎ 05-90-23-09-30), 48, rue Saint-Jean. Ouv 9h-12h, 14h-18h. Fermé jeu ap-m, dim et lun. Gratuit. Également* ***CCC,*** *44, rue Duchassaing. Tlj 7h-22h.*

Où dormir ?

Outre les adresses ci-après, l'office de tourisme dispose d'une liste d'une bonne trentaine d'adresses, régulièrement mise à jour...

Prix moyens

🏠 ***Gîtes de Mme Lucette Promeneur*** *(Gîtes de France) :* *baie du Moule. ☎ 05-90-23-60-12. • lucette.promeneur@wanadoo.fr • De l'autre côté de la ville venant de Saint-François, 800 m après le pont en arc (panneau discret sur la gauche). Gîte F2 350-390 €/sem ; F3 426-480 €/sem.* À l'écart de la route, dans un jardin fleuri, 2 maisons comprenant chacune 2 gîtes climatisés, équipés d'une cuisine, TV et terrasse. Tout au fond du jardin, également 1 gîte indépendant (5-6 personnes). Ensemble simple et un peu daté côté déco, mais parfaitement tenu. La petite plage de la Baie est à 600 m.

Alizés Vacances : *cottage Résidence, route de la plage des Alizés,* **L'Autre-Bord.** *☎ 05-90-23-78-38. 📱 06-90-58-20-82. • alizesvacances@wanadoo.fr • alizesvacances.com • ♿ Prendre la direction de Saint-François, et tourner à gauche au 1er rond-point. Réception tlj sf dim 8h-12h, 17h-19h. Studios 2 pers 296-423 €/sem ; duplex 379-514 €. 📶 (réception).* Une résidence hôtelière archi-conventionnelle mais située dans un secteur tranquille en bord de plage, avec une tripotée de studios et duplex spacieux (60 m²), le tout face à la mer. Murs blancs, boiseries bleues, cuisine équipée sur le balcon, AC, TV... Ménage et linge de maison inclus. Sports nautiques sur la belle plage de sable blanc, bordée de cocotiers (s'adresser à la *base de canoë-kayak,* du côté du port de pêche).

Le Moulin de la Baie, chez Mme Abaidia : *à* **Damencourt,** *au niveau de la plage de la Baie (de l'autre côté de la ville venant de Saint-François). ☎ 05-90-91-73-58. 📱 06-90-32-65-55. • lemoulindelabaie@orange.fr • lemoulindelabaie.com • Tél avant. Selon saison, bungalows 2 pers 350-455 €/sem et 490-555 € pour 4 pers. 📶* À deux pas d'un rond-point assez passant (et d'un supermarché *Carrefour*), mais cependant au calme, dans un îlot de tranquillité. Quelques bungalows en bois peint, blottis au pied d'un vieux moulin, avec de larges terrasses individuelles donnant sur un jardin soigné de 6 000 m². Équipement complet. Également une piscine et un grand salon commun tout ouvert, avec cuisine équipée, douche, barbecue et grande table conviviale. Localisation stratégique puisque la plage vous tend, pour ainsi dire, son sable.

Domaine du Vieux Môle : *route de la Rosette. ☎ 05-90-88-65-69. • mtgeorge@wanadoo.fr • domaineduvieuxmole.com • À la sortie du Moule (direction Morne-à-l'Eau et Pointe-à-Pitre), prendre la D123 ; l'accès se situe après le musée Edgar-Clerc, sur la droite puis suivre le fléchage. À la nuit, selon bungalow et saison, 61-116 € pour 2 pers, 139-226 € pour 4-6 pers ; (majoration de 15-35 % entre 1 et 3 nuits ; réduc plus de 8 j.). 1er petit déj offert. Petit déj à la demande. Table d'hôtes (plats créoles) sur demande 15-18 €. 📶* Une adresse de charme originale, dans un parc de 5 000 m². La pétillante Marie-Thé a choisi un très beau site le long d'une ravine en surplomb de la mer. Accès direct à la crique (à 100 m), mais attention aux rouleaux (surtout de novembre à mars) ! 4 bungalows en bois luxueux avec vue sur mer, tout confort (avec cuisine, AC), chacun aménagé autour d'un thème : savane, océan, etc. Terrasses individuelles avec hamacs et transats. En prime, une belle piscine à débordement (toujours avec la vue sur la mer !), solarium, bibliothèque, barbecue, petite épicerie, lave-vaisselle, lave-linge, etc. À noter, pour les amoureux ou les célibataires, cette saintoise (bateau des Saintes) transformée en bungalow (le bungalow est posé sur la barque et la barque dans le jardin)... Et même, une petite basse-cour, et les œufs frais qui vont avec !

Où dormir dans les environs ?

De prix moyens à plus chic

Gîtes chez Pierre Berlet *(label Bienvenue à la ferme) : lieu-dit* **La Mineure,** *dans les Grands-Fonds. ☎ 05-90-24-00-11. • berlet.pierre@wanadoo.fr • gitesdelaferme.com • À env 10 km par la D112 direction Château-Gaillard, puis la D101 jusqu'à La Mineure ; panneau sur la droite. Env 380 €/sem pour 2 pers et 73 €/nuit ; bungalow avec 2 chambres 450 €/sem (pour 4 pers). 📶* Vaches et cabris gambadent sur 9 ha. M. Berlet, paysan jovial, accueille avec simplicité et générosité. Vous pourrez participer à la vie de la ferme, déguster les produits et les fruits du jardin. Les 3 gîtes, confortablement aménagés, propres et calmes, peuvent recevoir de 2 à 4 personnes.

Chambre avec salle de bains et w-c séparés, salle de séjour avec lit gigogne, moustiquaires, cuisine équipée, AC, lave-linge, TV, petite terrasse privée, barbecue et piscine dominant les champs. Accueil possible à l'aéroport. Un bon rapport qualité-prix-gentillesse.

Les Papayers *(label Bienvenue à la ferme)* : *à* **Dubédou.** *☎ 05-90-88-58-04. 06-90-48-94-83. • lespapayers@wanadoo.fr • lespapayers.com • À env 7 km. Du Moule, direction Saint-François, prendre la route qui part en oblique sur la gauche juste après la maison coloniale Zévallos, et suivre les panneaux. Compter 350-500 €/sem pour 2 pers et 70 €/nuit.* Dans cette petite ferme où l'aimable famille Anoumantou élève vaches, cabris, poules et lapins, 5 gîtes avec chambres climatisées, séjour avec canapé clic-clac, cuisine équipée, TV et terrasse. Piscinette en forme de haricot. Très très simple mais tranquille.

Cases et Jardin : *1499, route de la Porte-d'Enfer. ☎ 05-90-23-75-16. • casesetjardin@wanadoo.fr • casesetjardin.com • À env 7 km du Moule. Prendre la direction de Saint-François puis à gauche après la maison Zévallos, et continuer env 1,5 km, c'est sur la gauche (mur rouge, pas de pancarte), avt le parking de la Porte d'Enfer (voir plus loin). Selon saison, 455-665 €/sem pour 2 pers.* Tenue par Patricia et Pascal, cette délicieuse adresse propose, dans un beau parc exotique, 3 cases adorables et impeccables, bien distantes les unes des autres. Tout le confort y est, avec en prime une excellente literie et une terrasse avec hamacs. De quoi se la couler douce, loin de l'agitation du monde ! Barbecue à dispo. Bon accueil et réfrigérateur garni pour le premier petit déj. En bref, un lieu plein d'atouts et de charme, situé à 6 mn à pied de la Porte d'Enfer.

Où manger ?

Prix moyens

La Case à Saveurs : *tt au bout de la rue Saint-Jean venant du centre-ville, sur la gauche. 06-90-31-41-51. Tlj sf dim soir et jeu soir). Plats 10-28 € (comprenant une entrée). Le dim midi, buffet tt compris 25 €.* Grosse cahute colorée en bois, où la patronne vous salue d'un « mon/ma chéri(e) » qui met tout de suite dans l'ambiance. Service lent, mais les assiettes sont généreuses. On choisit sur l'ardoise un ragoût de bœuf, du porc grillé, des ouassous et autres plats caribéens, pas mauvais du tout. Mais faut vraiment pas être pressé !

Le Spot : *bd Maritime, à gauche de l'office de tourisme. ☎ 05-90-85-66-02. • miloud.benamor@orange.fr • Tlj sf dim soir et lun 10h-22h (resto). Congés : fin juil-début sept. Pizzas env 12 €. Plats env 15-24 €.* Amateurs de surf et de mer déchaînée, bienvenue dans ce *Spot*, rendez-vous des bandes de copains du secteur (on aurait d'ailleurs pu l'appeler le *Melting-Spot*). Dans cette grande salle moderne et ouverte sur le large, postée comme une tour de guet au-dessus des rochers où se fracassent les vagues chevauchées par les surfeurs, il arrive que l'on ferme les volets tant les embruns frappent au carreau ! Bonnes salades, mais aussi pizzas bien servies et quelques plats de poisson. Une adresse classique au Moule.

Aka Doudou *(Restaurant de la Baie)* : *face à la plage de la Baie, à côté du resto-boîte* Le Mandiana-Schiva. *☎ 05-90-23-53-63. • akadoudou@outlook.fr • Tlj sf dim soir hors saison et lun. Menu du jour 16 € (sf dim) et un autre à 29 € (avec apéro, poisson et dessert). Plats 10-25 € ; menu-enfant 11 €. Café ou digestif offert sur présentation de ce guide.* Dans ce resto à la déco soignée, l'affable patron concocte une cuisine « métissée » aux accents caribéens et métro, généralement accompagnée de mousselines ou gratins de légumes. Quelques bonnes salades aussi. Le dimanche midi, quel que soit le plat choisi, l'apéro est servi à volonté... attention quand même au volant, d'autant que le lieu est très fréquenté par la gendarmerie locale !

Où boire un verre ? Où sortir ?

🍸 Pour boire un verre, outre le restaurant *Le Spot* (voir « Où manger ? »), on trouve une poignée de petits bars-restos sur la plage de l'Autre Bord, à l'est du centre, passé la rivière d'Audoin, sur la gauche. Sympathique et très animé certains soirs.

🍸 ♩ ***Le Mandiana-Schiva :*** *à la sortie du Moule et en direction de Morne-à-l'eau et Pointe-à-Pitre, à la hauteur de la plage de la Baie, au carrefour.* ☎ *05-90-23-53-59. Ouv mer et ven-dim à partir de 22h30. Entrée : env 20 € (1re conso comprise) ; gratuit pour les filles le ven 22h30-23h et, le w-e, pour ceux qui dînent sur place.* Dans plusieurs salles à la déco un peu kitsch, une boîte-salle de spectacles où se produisent quelques-uns des meilleurs chanteurs de zouk des Antilles. Chaude ambiance.

À voir. À faire au Moule et dans les environs

Le centre-ville : lors d'un petit tour en ville, jetez un œil à la grande place principale et à l'***église Saint-Jean-Baptiste,*** beau monument historique du XIXe s en pierre de calcaire et doté de quelques fresques contemporaines, vitraux et boiseries. À l'angle de la rue de la République et du boulevard Cicéron, joli ***marché aux fruits et fleurs*** *(ts les mat ; plus animé le w-e).* Également un ***marché aux puces*** *(le 2e dim du mois),* sur la place de la Liberté. Et, le mercredi de 15h à 22h, un très sympathique ***marché des producteurs agricoles*** sur l'avenue du Général-de-Gaulle.

La maison Zévallos : *à env 6 km au sud-est du Moule en allant vers Saint-François, côté gauche de la N5. Soyez vigilant, aucun panneau ne l'indique.* ☎ *05-90-82-01-58. Visite possible du rdc, en principe jeu-dim 14h-17h. Fermé en sept. Entrée : 5 € (2,50 € enfant) avec un jus maison compris.* Cette maison mérite vraiment un coup d'œil en passant et pourquoi pas, si elle est ouverte lors de votre passage, une visite. Voici une maison d'époque coloniale singulière par sa forme et par son origine présumée, dont la sœur jumelle est l'actuel musée Saint-John-Perse à Pointe-à-Pitre. Lire leur histoire, ou plutôt leur légende, dans la rubrique « À voir. À faire » à Pointe-à-Pitre. Si vous jetez un œil à celle-ci, vous retrouverez de grandes similitudes avec celle de PAP : une forme rectangulaire, deux étages, des murs de brique et une véranda soutenue par de fines colonnes métalliques. Selon la légende locale, ce serait une demeure hantée. On y entendrait, certaines nuits, les cris des esclaves qui furent tués ici durant une révolte contre leurs maîtres... brrr ! La visite permet d'accéder aux deux salons du rez-de-chaussée, à la galerie et aux jardins.

La sucrerie Gardel : *à 4-5 km au sud du Moule, par la N5 vers Saint-François puis la D117 à droite.* ☎ *05-90-23-37-75. • contact@gardel.fr • gardel-decouverte.monsite-orange.fr • Visites guidées (à 9h, 11h, 16h) compter 8 €, slt pdt la saison de récolte de la canne à sucre, soit fév-juin. Durée 1h. Enfants de moins de 10 ans non admis. Chaussures fermées obligatoires. Une boisson est très gentiment offerte après la visite.* Fondée en 1870, voici la dernière sucrerie de l'île encore en activité. Visite complète des installations, nourrie d'explications intéressantes sur les différentes étapes de transformation de la canne à sucre en sucre roux de canne jusqu'à l'emballage. On y apprend notamment que la combustion de la « bagasse » (résidus de canne) permet à EDF de produire une partie de l'électricité locale. Et bien sûr, en retour, la centrale « bagasse-charbon » fournit la vapeur et l'électricité pour faire tourner les moteurs de l'usine... Dégustation du sucre tout frais, encore tiède, et achat possible à « la maison du sucre ».

La distillerie Damoiseau : *à* ***Bellevue*** *(3 km à l'ouest du Moule).* ☎ *05-90-23-55-55. • damoiseau.fr • Suivre la D101 direction Grands-Fonds-du-Moule.*

Visite libre tlj sf dim et j. fériés 7h-14h30. Boutique La Cabane *à rhum tlj sf dim et j. fériés 8h-17h30.* Au milieu des champs de canne, cette distillerie de la fin du XIXe s produit le rhum le plus consommé de Guadeloupe (14 000 hectolitres d'alcool pur par an). Après la visite (libre) des installations (attention, comme pour le sucre, le broyage de la canne n'a lieu que de février à juillet), jalonnées d'intéressants panneaux explicatifs rappelant succinctement les origines et la technique de fabrication du rhum, on peut déguster et s'offrir de bonnes bouteilles à la boutique. Le rhum Damoiseau le plus vendu est le rhum blanc à 50°. On en trouve également à 55°. La maison produit aussi du rhum ambré (vieilli 1 an en fût de chêne), du rhum vieux (de 3 à 15 ans dans des fûts de chêne ayant contenu cognac, armagnac ou bourbon), un millésime de 1953 (on ne vous dit pas le prix !), et enfin des punchs. Sur une colline, le beau moulin à vent restauré vaut la photo... Snack sur place (sandwichs et produits locaux) de 9h à 16h.

★ ***Le musée de Préhistoire amérindienne Edgar-Clerc :*** *parc de la Rosette. ☎ 05-90-23-57-57 ou 05-90-23-57-43. Env 2,5 km après Le Moule en allant vers Pointe-à-Pitre, tourner à droite sur la route de Gros-Cap (D123). Lun, mar et jeu 9h-17h ; mer et ven 9h-12h45. GRATUIT. Visite guidée sur résa pour le jardin.* Au fond d'un parc de palmiers royaux, ce musée archéologique et ethnographique est dédié à Edgar Clerc, martiniquais d'origine, qui a dirigé de 1949 à 1972 des fouilles au Moule même, et a fait don de sa collection au conseil général. Il est malheureusement en travaux de restructuration, ce qui rend l'expo en cours un peu limitée : panneaux explicatifs sur les premiers habitants des Antilles, statuettes, figurines, objets en conque de lambi, céramique, sépulture humaine (les populations antillaises enterraient leurs défunts dans des hamacs). Également une petite partie ethnographique, avec des instruments agricoles, de chasse et de pêche, de la vannerie et une belle reconstitution à l'échelle réduite d'un village de Caraïbes. En sortant, allez faire 2-3 pas dans le jardin amérindien...

★★ ***La Porte d'Enfer :*** *à env 6 km vers l'est, par la N5 vers Saint-François, puis en prenant à gauche la route de Portland, ou en poursuivant sur la N5 et en prenant à gauche juste après la maison coloniale* Zévallos *; accès facile jusqu'à un petit parking, puis suivre un étroit sentier envahi par la végétation.* De hautes falaises en fer à cheval forment cette anse très encaissée, fermée par des récifs de corail sur lesquels se fracassent les vagues. Sauvage et magnifique. Une vraie carte postale.

La plage la plus fréquentée du Moule est celle de ***l'Autre-Bord,*** à l'est du centre-ville, de l'autre côté (d'où son nom) de la rivière d'Audoin (prendre à gauche la route de la plage). Agréable, avec quelques petits bars-restos qui restent ouverts en soirée. On y trouve aussi la base de canoë-kayak.

Anse à l'Eau : *entre Le Moule et Saint-François, à env 9 km. Depuis Le Moule, prendre la route qui part en oblique sur la gauche après la maison* Zévallos *(c'est très mal indiqué) ; après avoir passé le moulin, continuer sur le chemin (env 1 km) et prendre à droite à l'intersection.* Une crique presque uniquement pour vous, fermée par une barrière de corail avec La Désirade en arrière-plan. Pas mal du tout avec ses eaux claires, mais la piste d'accès n'est guère carrossable : dur dur pour les deux-roues ; pour les voitures, ça passe juste.

Activités sportives

– ***École de surf :*** **Arawak Surf Club,** *à* **Boisvin** *(route de Morne-à-l'Eau), BP 79. ☎ 05-90-23-60-68. • arawak.surf@wanadoo.fr • arawak-surf.gp •* Affilié à la Fédération française de surf, ce petit centre organise des cours et stages de surf, encadrés par des moniteurs diplômés d'État. L'école se déplace d'un spot à l'autre suivant les conditions météo.

– ***Canoë-kayak et paddle :*** *Club Molem-Gliss, base de canoë-kayak du Moule, à l'Autre-Bord. ☎ 05-90-23-02-72. 📱 06-90-91-77-95. • molem-gliss971@hotmail.fr • kayak-moule.fr • Tlj sf dim 8h-12h, 14h-17h.* Affilié à la Fédération française de canoë-kayak. Balade découverte en pirogue (aussi en handi-kayak) de la mangrove et de son éco-système sur la rivière d'Audoin, au Grand Cul-de-Sac Marin, initiation en mer au kayak-surf, etc., le tout avec une équipe de moniteurs chevronnés. Location de *paddle* également.
– ***Parc de loisirs de l'Autre-Bord :*** *plage de l'Autre-Bord. ☎ 05-90-22-44-40.* Tennis, beach-volley et piscine. Organise aussi des randos à VTT ou à pied.

LE NORD DE LA GRANDE-TERRE

Relief moins spectaculaire, végétation plus pauvre et contrastée. Aux mangroves succèdent les champs de canne à sucre et une sorte de brousse tropicale formée d'arbustes. Beaucoup moins de constructions que dans le sud de la Grande-Terre. C'est ici que se réfugièrent les derniers Caraïbes, avant de disparaître définitivement durant la seconde moitié du XIXe s. De-ci, de-là, pourtant, quelques très belles plages, comme celles d'Anse-Bertrand et de Port-Louis, et une poignée de sites dignes d'intérêt, comme la *pointe de la Grande-Vigie,* ou encore l'*usine Sucrière de Beauport,* qui propose une visite au cœur de la canne à sucre, véritable patrimoine culturel local. Sans oublier les excursions pour découvrir la mangrove...

À une bonne dizaine de kilomètres au nord du Moule, si l'envie de faire trempette vous prend, petite halte très agréable à l'***Anse-Maurice.*** Belle plage familiale protégée par une barrière de corail. Les enfants peuvent s'y baigner (sous votre surveillance, bien sûr). Attention aux rochers qui, parfois, gênent un peu la baignade, mais le coin est idéal pour plonger avec palmes, masque et tuba quand la mer est calme. Tables de pique-nique dispersées sous les frondaisons.

Chez Pinpin : *Anse-Maurice (sur la commune de **Petit-Canal**). ☎ 05-90-22-52-97. Tlj, le midi slt, jusqu'à 14h30. Congés : sept. Plats 9-18 €, menus 13-22 €. Digestif maison offert sur présentation de ce guide.* Un resto bien comme il faut. Vaste et agréable terrasse blanc et bleu un peu en retrait de la plage, avec des plats affichés à l'ardoise, du style court-bouillon de poisson, fricassée de ouassous, colombo de cabri et excellentes assiettes d'acras.

LA PORTE D'ENFER

Dans le nord de la Grande-Terre, à 25 km du Moule. Ça ressemble plutôt à un coin de paradis. Un endroit isolé avec un couloir d'eau qui s'enfonce profondément dans les terres. Très abritée, l'eau est calme et transparente comme un lagon, alors que tout au bout l'océan rugit de toute sa puissance. Une aire de pique-nique a été aménagée au bord de l'eau. Petit resto en bois aussi, avec terrasse sympa, tenu par Roméo, au sourire enjôleur... Son nom ? *Chez Coco...* bien entendu (*📱 06-90-75-34-84*) !

AVALER DES COULEUVRES !

Le Trou de Mme Coco devrait son nom à une certaine Mme Coco, disparue ici, à la suite d'un chagrin d'amour... En tout cas, ce mystérieux effondrement de roche (et de Mme Coco) est un gouffre qui attire toutes sortes de légendes et, paraît-il, les cérémonies de certains sorciers locaux encore en exercice, les fameux « quimboiseurs ». Leur nom viendrait de l'expression créolisée « Tiens, bois ! », en référence aux nombreuses potions qu'ils font avaler à leurs clients !

Pour se balader dans le coin, prendre le sentier qui traverse le petit cours d'eau, puis suivre le rivage en direction de la haute mer et emprunter le chemin à gauche (non fléché) qui mène au ***Trou de Mme Coco*** (à 15 mn à pied), une impressionnante crevasse aux parois tourmentées.
Après une pensée émue pour la pauvrette, n'hésitez pas à suivre le chemin de randonnée balisé bleu et jaune (superbe vue sur les falaises tout au long) jusqu'au ***Trou du Souffleur,*** un gouffre en pleine terre de 10 m de diamètre et 40 m de profondeur, au fond duquel on voit la mer se déchaîner. Prévoir 2h aller-retour.
Pour faire tout le ***sentier de la Grande-Falaise,*** compter environ 3h de marche, voire 5h si vous poussez jusqu'à la *pointe Petit-Nègre,* puis retour par les terres en passant par l'ancienne *sucrerie Mahaudière* avant de revenir à la Porte d'Enfer. Entre la *Porte d'Enfer* et la *pointe de la Grande-Vigie,* plusieurs points de vue admirables.
– ***Attention :*** ne pas confondre cette Porte d'Enfer avec un autre site portant le même nom, qui se trouve à l'est du Moule (lire « À voir. À faire au Moule et dans les environs »). En effet, dans ces îles où l'on a des raisons de craindre pour sa survie, quand la terre se met à trembler, les portes de l'enfer sont innombrables...
– ***Conseils :*** chapeau de rigueur (peu d'ombre), s'équiper de bonnes chaussures car les rochers sont parfois très coupants, et prévoir évidemment suffisamment d'eau. Se couvrir également les jambes et les bras pour se protéger des arbustes épineux. Le sentier est dans l'ensemble facile d'accès, très bien aménagé et balisé (en jaune et bleu). La partie *Mahaudière – Trou du Souffleur* est cependant moins visible et il est alors possible de se perdre.

LA POINTE DE LA GRANDE-VIGIE

À 5-6 km de la Porte d'Enfer, à l'extrémité nord de la Grande-Terre, spectacle impressionnant de ces falaises abruptes, hautes de 80 m, fouettées par une mer houleuse. Des barrières de sécurité ont été installées pour éviter les accidents. Par beau temps, possibilité de voir La Désirade (à 50 km), Antigua (à 80 km) et Montserrat (à 70 km).
Quelques oiseaux : frégates, pailles-en-queue, ortolans, plus rarement le fou brun. Un petit sentier mène à la pointe en 5 mn à peine, d'où l'on peut admirer le *rocher de la Tortue* (qui, selon nous, ressemble plus à un iguane...).
– ***Conseils :*** se munir de bonnes chaussures, car le chemin est très rocailleux tout de suite après le sentier pavé.

L'ÎLE INFERNALE

L'île britannique de Montserrat, visible depuis la pointe de la Grande-Vigie, est en éruption constante depuis 1995 (notez le nuage de fumée qui s'en échappe !). Sa capitale Plymouth ainsi que l'aéroport ont été complètement détruits par un séisme en 1997. Les deux tiers des 12 000 habitants ont dû alors quitter l'île définitivement. Montserrat a encore fait parler d'elle en février 2010, à la suite d'une énième explosion de sa Soufrière, qui a recouvert la Guadeloupe d'une mince couche de cendres !

ANSE-BERTRAND

(97121) env 5 000 hab.

Un bel endroit dans l'une des régions les plus sauvages et les moins touristiques de l'île. La commune compte quelques jolies petites anses pour se baigner et une superbe plage, la *plage de la Chapelle,* située à la sortie du bourg en direction de Port-Louis. Le village lui-même se révèle authentique,

en particulier le port avec ses successions de vagues sauvages venant s'y fracasser. Ici, la star, c'est Lilian Thuram, le footballeur de classe internationale dont la famille habite toujours à Anse-Bertrand.
– *Conseils de prudence :* à 1,5 km en direction de la pointe de la Grande-Vigie, la belle ***Anse Laborde,*** 150 m de sable blond dans un décor superbe. Mais ATTENTION : LA BAIGNADE Y EST INTERDITE (un panneau l'indique) en raison de nombreux courants sous-marins très vicieux.

LES ÉTOILES NOIRES DE LILIAN THURAM

Même s'il a grandi près de Fontainebleau, le footballeur, devenu ambassadeur de bonne volonté pour l'ONU en 2007, reste très attaché à ses racines antillaises. Ne comprenant pas le débat sur l'identité nationale (« Chacun de nous a aujourd'hui sa façon de vivre la France »), il rend hommage, dans un ouvrage paru en 2010 aux éditions P. Rey, à ceux et à celles qui, au fil des siècles, ont lutté contre les préjugés et l'inégalité. Des personnalités d'outre-mer hautes en couleur !

Adresse utile

Office de tourisme : *sq. Robert-et-Maxime-Carlosse. ☎ 05-90-85-73-11. • ot-ansebertrand.fr • Lun-vén 8h-19h ; sam 8h30-12h30, 15h-18h.*

Où dormir ?

Gîtes CVR de Mme Clamy Rosette *(Gîtes de France)* ***:*** *2, rue Stéphane-Francisquin, section Chapelle. ☎ 05-90-22-15-43. 06-90-56-41-27. • gitesruraux.cvr@wanadoo.fr • De la mairie, direction Morne-à-l'Eau, c'est la 1re rue à gauche, juste en face de la bibliothèque. Congés : oct. En saison, gîtes 2-4 pers 70-80 €/nuit, 390-490 €/sem. 1 petit déj/pers par nuit offert.* Rosette – chevalier de l'ordre national du Mérite, s'il vous plaît – prend grand soin de ses 5 gîtes (3 épis) aménagés dans plusieurs maisonnettes avec terrasses. Ils sont plutôt spacieux, simplement meublés, mais correctement équipés : cuisine américaine, AC, moustiquaire, petit salon, TV. Lave-linge à disposition. Simple, mais la plage de la Chapelle est à 250 m, et Rosette est charmante !

Les Algues de la Chapelle : *23, allée des Coreaux, plage de la Chapelle, au sud-ouest immédiat du bourg. ☎ 05-90-20-27-50. 06-90-62-74-23. • sci.les.marines@wanadoo.fr • lesalguesdelachapelle.com • Compter 380 €/sem pour 2 pers et 480 € pour 4.* Tout proches de la plage de la Chapelle, 3 bungalows en bois alignés comme à la parade, devancés par leur petite terrasse. Dommage que la vue sur la mer soit en partie gâchée par les équipements sportifs et le parking du centre de vacances EDF voisin... Également 2 appartements dans une maison sans charme particulier. Partout, aménagements simples et fonctionnels, cuisine équipée, TV. Petite piscine. Location de voitures.

Où manger ? Où boire un verre ?

Quelques abris le long de la jetée permettent de casser la croûte en regardant la mer.

Prix moyens

L'Anthonïs : *pl. du Marché. ☎ 05-90-22-04-02. Dans le centre du bourg. Tlj. Congés : de mi-août à mi-sept. Carte env 25 € ; menus à partir de 14,50 € ; menu-enfant 8,50 €. Digestif maison offert sur présentation de ce guide.* Jolie situation en surplomb de la mer. On ne se lasse pas de la voir se fracasser sur le port, notamment au coucher du soleil, comme du pont d'un bateau. De mi-janvier à avril, avec un peu de chance tout de même, on peut apercevoir des baleines remontant vers le nord. Cuisine sans fantaisie mais bien faite, et langoustes du vivier. Un endroit sympa aussi pour boire un verre... en compagnie des petits sucriers qui virevoltent allègrement. Excellents punchs et planteur.

Zion Train : *plage de la Chapelle. ☎ 05-90-20-62-04. 06-90-64-28-32. • jocelyne.erdan@gmail.com • Tlj à midi, sf mer. Congés : sept. Sandwichs et crêpes 3-4 € ; plats 11-17 € ; menus (avec planteur) 22-38 €.* D'une part, on trouve une cahute colorée en bord de plage avec sandwichs et crêpes bon marché. Avec un palmier en guise de parasol et un verre de jus local à la main, on a vraiment l'impression de poser pour une brochure touristique ! De l'autre, un resto en surplomb de la plage, avec vue sur Monserrat et Antigua, qui propose des petits plats corrects, d'un honnête rapport qualité-prix. Jocelyne, la patronne, tutoie tous ses clients.

La Case à Fernand : *107, rue Schœlcher. ☎ 05-90-22-24-29. Dans le bourg, en face du resto* L'Anthonïs. *Tlj à midi sf lun. Formule 16 € ; menus à partir de 22 €. Digestif maison offert sur présentation de ce guide.* Dans la maison du grand-père de la patronne, qui fut maire d'Anse-Bertrand. Des couleurs tropicales à l'intérieur et quelques tables en terrasse avec vue sur mer. On sert ici une cuisine traditionnelle, et les poissons sont généralement accompagnés de légumes locaux de saison. Aussi une bonne assiette « saveur de la mer », un assortiment de poissons fumés des îles. Comptoir de punchs maison. Boutique d'artisanat local et de presse à côté.

PORT-LOUIS

(97117) 6 000 hab.

Village de pêcheurs et petit centre agricole sur la côte nord-ouest de la Grande-Terre. Le centre-ville a gardé son charme caraïbe un peu rétro. La rue principale longeant le port, bordée de poétiques réverbères à l'ancienne, aligne des maisons basses traditionnelles aux couleurs pastel. Tous les jours, vers 17h, les pêcheurs rentrent au port, provoquant un rassemblement de villageois. Au café *La Corrida du Sud,* vous les verrez se requinquer après leur dure journée en mer. La balade le long du bord de mer se révèle bien agréable et se prolonge par la superbe *plage du Souffleur,* l'une des plus belles de Guadeloupe.

FIER COMME UN HABITANT DE PORT-LOUIS

Port-Louis fut l'un des fiefs indépendantistes de l'île. Ses habitants ont toujours été anticolonialistes et solidaires, et sont encore fiers d'avoir attaqué, en 1943, la gendarmerie aux ordres de Vichy !

Adresses utiles

Office de tourisme : *en face de la mairie, dans une belle maison en bois rénovée. ☎ 05-90-22-33-87. Horaires hélas très aléatoires.*

Poste : *rue Gambetta. Tlj sf mer ap-m, sam ap-m et dim.*

Distributeurs de billets : *à la **poste,** mais aussi au **Crédit Agricole,** rue J.-F.-K., près du stade.*

Arrêt des bus : *devant la poste (pour Morne-à-l'Eau, Pointe-à-Pitre et Anse-Bertrand).*

Où dormir dans le coin ? Où manger ?

Studios Kaladja : *Pelletan-Plaisance. ☎ 05-90-22-38-98. 06-90-99-17-09. • kaladja@wanadoo.fr • kaladja.com • De Port-Louis, prendre la N6 vers Petit-Canal, puis la D128 à gauche vers l'usine sucrière de Beauport ; continuer jusqu'à Pelletan, traverser la N8 et prendre la rue en face, puis à gauche à la fourche. Si vous venez de Pointe-à-Pitre, c'est fléché sur la N8. Studios (2-6 pers) 324-360 €/sem pour 2 pers, selon saison. Petit déj 7 €. Dîner (sur résa) 20 € avec boisson. CB refusées.* Accueil chaleureux et pas compliqué de Marie-Claire. Assez versée dans la culture de l'île, elle pourra vous parler du *gwo-ka* et même vous emmener à des soirées musicales traditionnelles. Ses 4 studios et son F3, assez simples, sont disposés autour d'une agréable piscine. Salle de bains, lit double, cuisinette et terrasse commune donnant sur un joli jardin tranquille. Une bonne base aussi pour visiter les champs de canne aux alentours.

La Corrida du Sud : *rue Zéphir, sur le port de pêche. ☎ 05-90-22-92-33. • corrida-du-sud@orange.fr • À côté du centre de plongée Gwadive. Tlj à midi (12h-14h30), sf dim. Formule apéro + crudités + acras 7 € ; menu env 14 € (tt compris). Digestif maison offert sur présentation de ce guide.* Cette ancienne baraque de pêcheurs est le rendez-vous attitré des taquineurs de poissons et des plongeurs côté bar, et des touristes côté resto, tout contents d'avoir trouvé la bonne affaire. Menu tout simple concocté par la gentille patronne pour se caler le midi. Très simple mais très correct pour le prix vraiment démocratique. En revanche, pas mal d'attente, succès oblige....

À voir. À faire à Port-Louis et dans les environs

La plage du Souffleur : beaucoup de baigneurs en fin de semaine, mais délicieuse atmosphère familiale avec une eau très calme. Deux inconvénients : les redoutables yens-yens qui sévissent en fin d'après-midi et le courant à certaines périodes. Derrière la plage, beaucoup d'espace, des douches qui marchent à peine, un parking *(payant jusqu'en début d'ap-m)* et deux ou trois petits camions à sandwichs bien pratiques.

– Au-delà de la plage, insolite ***cimetière marin*** aux tombes de sable ornées de coquilles de lambis, ou délimitées par des bordures de zinc qui les font curieusement ressembler à des baignoires ! La plage, plus sauvage, continue après.

L'Anse Lavolvaine : *à 2 km de la plage du Souffleur, vers le nord. Au bout du parking (payant !), dépasser le cimetière et le pont (piste) et aller jusqu'au bout.* Des carbets (pour les pique-niques) sont disséminés le long de la plage, parmi les arbres. Eaux claires et calmes, peu fréquentées, et l'on peut observer les poissons dans les coraux à moins de 100 m de la plage. De l'autre côté, c'est la mangrove. En revanche, bonjour les yens-yens en fin d'après-midi : ils fondent sur vous sans crier gare.

Le Pays de la canne (usine sucrière de Beauport) : *un peu avt Port-Louis en venant du sud par la N6, sur la droite (face au lycée). ☎ 05-90-22-44-70. Tlj sf lun 9h-17h (dernière entrée 16h mais mieux arriver à 15h30). Le train effectue 2 rotations/j. en sem (à 11h et 15h). Entrée : 10,50 € ; enfants 7,50 € (jusqu'à 11 ans). Compter env 1h30 de visite pour le site et 50 mn pour le train.*
Beauport est, en fait, le nom du second propriétaire de cette habitation sucrière devenue la mémoire cannière du pays. Fondée en 1863, l'usine de Beauport fut le cœur économique du nord de la Grande-Terre jusqu'à sa fermeture en 1990. Elle produisait alors le tiers du sucre guadeloupéen. Visite découverte sur le thème de la canne à sucre, patrimoine historique, scientifique et culturel, profondément

ancré dans l'identité des habitants de la région. Une visite pas inintéressante, mais qui plaira surtout aux passionnés de l'histoire du sucre, car le lieu n'est pas suffisamment mis en valeur pour être réellement attractif pour tous, dommage.
On se promène librement sur le site, avec des arrêts dans différentes maisons où l'on évoque l'histoire de l'usine et de ses ouvriers depuis le XIXe s. Le plus intéressant est, à notre avis, l'audio-visio-canne, pour son expo bien faite sur les étapes de la transformation de la canne, ses produits dérivés, les propriétés du sucre, etc. On apprend aussi, en visionnant un film, que le *Saccharum officinarum* (la canne à sucre, quoi !), originaire du Sud-Est asiatique, fut introduit en Europe vers l'an 1000 par la Crète. Et d'une façon générale, toute l'épopée de la production du sucre à travers les âges : de l'esclavage à l'importance de l'industrie sucrière dans l'économie mondiale, en passant par le rôle joué par la Première Guerre mondiale dans la relance de la production de canne (concurrencée par la betterave). Sur le parcours, un vieux moulin et les anciennes installations... Plus loin, dans un petit morceau de champ, on présente une trentaine de variétés de cannes, toutes différentes, avec un petit topo sur leur histoire.

Plongée sous-marine

Peu fréquenté par les hommes-grenouilles, Port-Louis offre pourtant de bien belles plongées insolites, parmi des dédales de grottes et d'arches joliment cambrées. Débutants et confirmés seront saisis par la richesse de certains sites vraiment sauvages, où s'ébattent faune et flore classiques des Caraïbes, mais aussi parfois quelques dauphins ! Sachez enfin que la visibilité excellente est due à un petit courant qui ne compromet pas la plongée pour autant. À découvrir absolument.

Clubs de plongée

■ ***Eden Plongée*** *(label Parc national de la Guadeloupe)* ***:*** *17, bd Achille-René-Boisneuf. ☎ 05-90-22-87-27. • alain@edenplongee.fr • edenplongee.fr • Tlj sf mar. Baptême env 48 € ; plongée exploration env 40 € ; forfaits dégressifs 3, 6 et 10 plongées.* Petit centre agréé FFESSM, CMAS et PADI. Organise 2 explorations par jour, à 9h et à 14h, pour se rendre sur les différents sites du secteur et dans les grottes sous-marines. Également des baptêmes, formations, plongée au Nitrox, stages de biologie marine et photo sous-marine. Participe à des actions en faveur de l'environnement (mouillages écologiques, station de surveillance du récif corallien, nettoyage des fonds marins, protection des tortues, etc.). Pour vous réconforter, bon petit resto familial juste en face, le *Theololo ;* tous les plongeurs s'y retrouvent, et ils ne sont pas seuls !

■ ***Gwadive :*** *au port de pêche. ☎ 05-90-22-86-47. 📱 06-90-50-95-91. • olivierthomet@live.fr • gwadive.voila.net • ♿ Juste derrière le resto* La Corrida du Sud. *Tlj sf dim (ou alors sur rdv). Congés : sept. Baptême 46 € ; plongée exploration 40 € ; forfaits 3, 5 et 10 plongées.* Accueil chaleureux d'Olivier Thomet, moniteur d'État, responsable de ce petit centre (FFESSM, ANMP, PADI). Exploration des meilleurs spots du coin (de Grand Cul-de-Sac Marin jusqu'à la pointe de la Grande-Vigie). 2 départs par jour, avec parfois 2 plongées par sortie (façon américaine). Plongée de nuit, initiation enfants à partir de 8 ans et journée PMT (palmes, masque et tuba) à la pointe de la Grande-Vigie.

Nos meilleurs spots

L'Aquarium *(carte couleur Guadeloupe – la Grande-Terre,* ***22****)* ***:*** *devant la plage du Souffleur.* Idéal pour les baptêmes. Poissons-anges, perroquets, papillons, diodons, demoiselles, etc., seront vos fidèles compagnons de plongée sur ce petit récif isolé (- 4 à - 6 m) dans un océan de sable clair. Si les poissons-trompettes nagent à la verticale, c'est pour mieux se camoufler parmi les jolies gorgones qui ondulent au gré des vagues.

Le Tombant de la pointe d'Antigues *(carte couleur Guadeloupe – la Grande-Terre,* ***23****)* **:** *à quelques encablures au nord de Port-Louis (5 mn de trajet).* Pour plongeurs Niveau 1 et confirmés. Danses étonnantes des raies-aigles devant vos yeux éblouis par cette rencontre du 3ᵉ type. Ce petit tombant corallien (- 12 à - 22 m) compte aussi de belles éponges colorées que survolent les classiques et nombreux poissons des Antilles. À proximité, l'épave de l'avion *Cessna* posée dans un jardin de corail...

Pointe Plate et la grotte aux Barracudas *(carte couleur Guadeloupe – la Grande-Terre,* ***24****)* **:** *un peu plus au nord de Port-Louis (15 mn de trajet).* Pour plongeurs Niveau 1 minimum. Sur ce plateau corallien, amusante balade sous une arche monumentale, donnant accès à un cratère où batifolent des barracudas de belle taille et fuselés comme des torpilles. Dans la continuité du tombant (- 12 à - 20 m), une grotte peuplée de langoustes, que l'on aperçoit comme des ombres chinoises. Ensuite, seuls les confirmés entrent dans une seconde grotte, où la sortie prend l'allure d'une lucarne bleue.

Les Arches *(carte couleur Guadeloupe – la Grande-Terre,* ***25****)* **:** *toujours plus au nord, vers Anse-Bertrand (20 mn de trajet).* Pour plongeurs Niveau 1 et confirmés. Descente dans un cirque et passage sous une arche pour accéder à ce tombant (- 12 à - 20 m) richement doté de coraux variés, éponges et gorgones. On y croise pas mal de barracudas et thazars.

La pointe de la Grande-Vigie et la grotte Amédien *(carte couleur Guadeloupe – la Grande-Terre,* ***26*** *et* ***27****)* **:** *à l'extrême nord de la Grande-Terre (40 mn de trajet).* Deux plongées successives, pour plongeurs de Niveau 1 minimum et confirmés. À la *pointe de la Grande-Vigie,* dans un décor de carte postale, plongée extra dans les éboulis des falaises blanches (0 à - 30 m), baignées d'eaux turquoise et très claires. Ici, tortues, barracudas, thazars et même parfois des dauphins. Bref, une plongée suprême, très sauvage (attention au courant). Ensuite, par seulement 8 m de fond, exploration sans souci de la *grotte Amédien,* un impressionnant dédale de tunnels et de cavités. On peut même quitter ses palmes et visiter une caverne à pied sec.

PETIT-CANAL

(97131) 6 200 hab.

Si le bourg a peu d'attraits touristiques, il demeure pourtant un haut lieu historique de la Guadeloupe. En effet, c'est par ce « canal » que l'on débarquait les esclaves. Une bonne partie d'entre eux était immédiatement dirigée vers les exploitations sucrières dont Petit-Canal était l'un des principaux centres au début du XIXᵉ s. Différents hommages à ce passé douloureux sont présents dans le village.

PROTECTION DIVINE

Autrefois, les marins prirent l'habitude de se faire tatouer une croix sur tout le dos afin de se protéger des punitions par flagellation. En effet, c'était un péché que de frapper un symbole chrétien.

Où dormir ? Où manger dans les environs ?

La Case à Canne : *rue Les-Mangles-Gelas,* ***Les Mangles.*** *☎ 05-90-22-96-15. 06-90-35-77-38. • ma. perroy@wanadoo.fr • case-a-canne.net • De Petit-Canal, prendre la N6 jusqu'à Bazin ; au rond-point de la* *station Total, direction Anse-Bertrand ; à l'autre station Total des Mangles, 1re à droite, passer la pharmacie et les dos-d'âne, c'est 200 m plus loin, sur la gauche. Compter 65 €/nuit pour la chambre d'hôtes ou 400 €/sem pour 2 pers. Table d'hôtes 20 €. CB refusées.* Vue de la route, impossible d'imaginer que cette case créole cache 2 bungalows bien tranquilles, posés face à une pelouse tout en longueur. Aménagement simple, cuisine, clim, canapé, TV et terrasse. Également une chambre d'hôtes. Équipement bébé à la demande. Location de voitures possible. Piscine. Enfin, il y a la gentillesse de Marie-Agnès Perroy, passée sans hésitation du Pas-de-Calais à Petit-Canal, et qui pourra vous emmener voir les tortues qu'elle bague dans les environs de Port-Louis.

À voir. À faire

À côté de l'église, on peut voir l'émouvant ***escalier édifié par les esclaves*** eux-mêmes, aux marches irrégulières. Chaque marche porte le nom des différentes ethnies africaines qui les ont gravies : Congos, Yorubas, Ibos, Ouolofs, Peuls, Bamilékés. En haut de l'escalier, une stèle commémore cet épisode historique douloureux avec ce simple mot : « liberté ». En bas de l'escalier, au carrefour, un tam-tam posé sur un socle de marbre est érigé à la mémoire de l'esclave inconnu. En retrait, dévoré par le « figuier maudit », l'ancien entrepôt où les esclaves étaient parqués en attendant d'être vendus.

Le musée de la Vie d'antan : *à l'entrée sud du village, près de l'église. ☎ 05-90-83-33-60. Tlj sf dim 9h-12h, 14h30-17h. Entrée : 4 € ; réduc.* Ce musée a pour vocation de faire connaître, au travers d'expos temporaires, la vie quotidienne d'autrefois et le patrimoine culturel de la Guadeloupe. Coup de chapeau à la petite équipe locale qui se donne à fond et fouille dans les greniers des grands-mères de la région. Rien d'exceptionnel, mais beaucoup de cœur à l'ouvrage. Le thème de l'expo est différent chaque année, des outils traditionnels aux fêtes, en passant par les transports, l'eau (comment elle était acheminée, utilisée, conservée), l'enfance, etc.

– ***Découverte de la mangrove :*** *contacter **Max Sinnan**. ☎ 05-90-22-76-94. 06-90-42-29-20. • maryse.sinnan@wanadoo.fr • ti-yot.com •* Max, marin-pêcheur de son état, propose des balades sur la mangrove à bord d'une saintoise (6-12 personnes), au départ du port. Compter 65 €/pers la journée, repas compris (barbecue sur la plage) ; également demi-journée 27 €, et balade de 2h (20 €). En fonction de la formule choisie, virée vers Morne-à-l'Eau, l'île des oiseaux ou la barrière de corail. Très sympa, d'autant que Max n'est pas avare d'informations sur la flore et la faune de sa région.

MORNE-À-L'EAU (97111) 20 000 hab.

Petit bourg pas morne du tout. La Guadeloupe authentique avec ses baraques en bois, sa place du village, ses petits commerces animés. Ne pas manquer son cimetière classé, qui s'étage sur une colline et donne l'impression d'un immense jeu de dames (avec ses tombes à damier noir et blanc), splendide quand on le découvre en venant du nord par la N6. Tableau impressionnant, bien sûr, à la Toussaint, avec les petites lumières installées sur les tombes. À remarquer aussi, l'église et la poste construites en 1934 par l'architecte Ali Tur, qui a lancé la mode du béton armé. Et pour la petite histoire, c'est ici que fut planté le premier arbre à pain en Guadeloupe, à la fin du XVIIIe s. Une idée du capitaine du Bounty... pour nourrir les esclaves !

– ***Insolite*** **:** la ville revendique le titre de « capitale du crabe », tant il est présent dans son environnement. Ainsi, chaque année en avril, le *festival du Crabe,* mets culinaire par excellence, sensibilise le public à la protection de la mangrove, écosystème exceptionnel que l'on peut visiter toute l'année, en petit comité...

VIEUX-BOURG

(97111)

Encore un village de pêcheurs tranquille qui a conservé son caractère authentique. Peu de touristes. Promenade charmante par la route vers la *plage de Babin,* à 2 km à l'ouest du bourg. Bien indiquée en montant vers l'église. Paysage très serein. Pas de plage à proprement parler, car l'herbe vient jusqu'au rivage, mais l'eau est chaude. En revanche, les abords sont parfois sales, bien que les gens de la région s'attachent à conserver le coin intact, car c'est un lieu de villégiature populaire pour les familles de Vieux-Bourg et de Morne-à-l'Eau qui viennent y prendre des bains de boue. Tables de pique-nique sur une pelouse veloutée bien ombragée.

LES BONS BAINS DE BOUE DE BABIN

Voici un bon plan pour soulager vos rhumatismes ou pour retrouver simplement une peau de bébé. Équipez-vous d'un récipient pour aller récupérer la boue sur la plage de Babin, à une vingtaine de mètres du bord. Une boue grisâtre, à l'odeur soufrée, dont des familles entières se badigeonnent le corps. Ne reste plus qu'à laisser reposer. Évitez de vous gratter ensuite (ce n'est pas conseillé, une fois séché) et allez vite vous rincer. En plus, c'est gratuit.

À faire : découverte de la mangrove

– **Bel'Mangrov** *(VTT des mers ; labels Parc national de la Guadeloupe et Association guadeloupéenne d'écotourisme)* **:** *06-90-36-60-30. • contact@belmangrov.com • belmangrov.com • Tlj 8h45-18h. Balades au départ de Vieux-Bourg, mais ne vous déplacez pas sans avoir réservé au moins quelques jours avt.* Excursions en petit comité (14 pers max) à la journée. Compter 67 €/pers, repas compris. Tarif de groupe et réduc importante pour les enfants. À ne manquer sous aucun prétexte ! Visite approfondie de la mangrove (avec Guy ou d'autres guides et ornithologues très appréciés), traversée d'un lagon, escale aux îlets aux Oiseaux (aigrettes, frégates, pélicans, etc.), baignade sur une superbe plage déserte, traversée de « l'étang Bois-Sec » aux berges mouvantes de milliers de crabes, avec une halte repas comme il faut (ti-punch, grillade, salade de riz composée, ananas, café, vin rosé). Sympa, non ? Mais encore plus sympa avec le *VTT des mers* (marque déposée !). Comme le dit la pub, c'est « Hélice au pays des merveilles » ! Une machine géniale mise au point par François Pessin, ancien ingénieur en aéronautique, incroyable Géo-Trouve-Tout jamais en manque d'idées. Le principe moteur est d'avoir adapté l'hélice au bateau à pédales. Optimisé par tous les moyens (démultiplication, carène, hélice relevable, insubmersibilité, etc.), le *VTT des mers* file deux ou trois fois plus vite qu'une embarcation à pédales classique. Vraiment, c'est une formidable invention : les 15 km de balade sont à la portée de tout le monde. Petit avertissement quand même : il faut pédaler sur tout le trajet, en attendant une embarcation à énergie solaire ! Alors, échauffez vos mollets ! Attention, prévoir crème solaire écran total (le soleil cogne dur sur l'eau), vêtements de rechange, lotion antimoustiques pour la fin de journée et un sac étanche pour protéger l'appareil photo.

– ***La Saintoise :*** *contacter* ***Serge Lecomte.*** *☎ 05-90-24-69-25. ● serge.lecomte4@wanadoo.fr ● mangrove.monsite-orange.fr ● Tlj sf dim et en sept. Résa obligatoire.* Le sympathique Serge propose une balade en bateau sur sa saintoise armée pour la pêche (10 personnes max) à la découverte de la mangrove et de ses quatre sortes de palétuviers, ses crabes et ses barracudas (mais on ne va pas tout vous dévoiler !) ; compter autour de 18 € par personne pour 1h30 (départ vers 16h pour le coucher des oiseaux). Il organise aussi une demi-journée, de 9h30 à 14h, avec, en plus de la mangrove, la découverte de la barrière de corail (avec palmes, masque et tuba sur demande) et un arrêt détente sur une plage tranquille avec pique-nique possible ; environ 34 € par personne. Si vous faites la totale, la journée entière, vous aurez en plus droit au repas du pêcheur (poisson grillé), à déguster sur une plage déserte ; environ 55 € tout compris.

– ***Le Bateau Tioto :*** *contacter* ***Lucien.*** *☎ 05-90-24-95-29. 📱 06-90-50-27-76. Compter env 20 € pour 2h.* À peu près les mêmes prestations que le précédent avec cet aimable marin pêcheur du coin, qui semble être bien apprécié, lui aussi, par nos lecteurs...

– ***Ti-Yot :*** *contacter* ***Janick.*** *📱 06-90-58-22-11. ● contact@ti-yot.com ● ti-yot.com ●* Env 74 €/pers la journée, repas compris ; réduc enfants. La rigolote Janick propose une journée entière à la découverte de la mangrove et du Grand Cul-de-Sac Marin à bord d'un bateau électrique de 10 m (8 pers max) : le *Ti-Yot !* (« petit yacht »). Au programme : navigation pépère, plongée de surface, apéro *(open bar !)*, barbecue de poisson frais sur la plage... En bref, une journée délicieuse en perspective, recommandée par tous ceux qui l'ont testée !

LA BASSE-TERRE

▸ Pour la carte de la Basse-Terre, se reporter au cahier couleur.

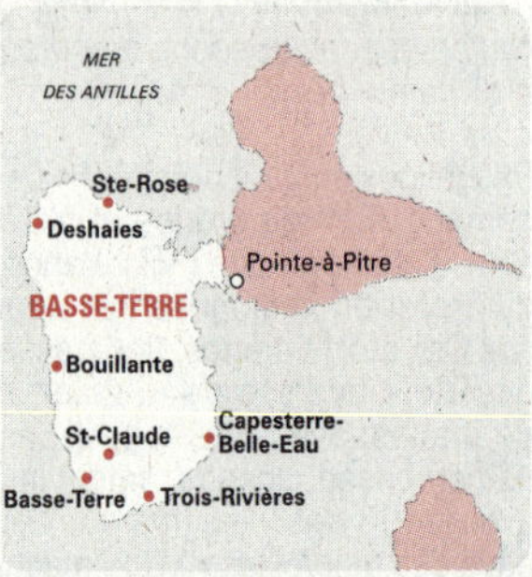

Moins bétonnée que la côte sud de la Grande-Terre, plus variée aussi géographiquement, et même si elle n'est pas totalement à l'abri des foules en haute saison, avouons-le, la Basse-Terre séduit énormément. Pour apprendre à connaître et à aimer vraiment la Guadeloupe actuelle, il est important de ne pas manquer cette région où la nature montre l'étendue de sa générosité, et de lui consacrer peut-être plus de temps qu'ailleurs. On y découvre une Guadeloupe luxuriante et surprenante, loin des complexes touristiques, marinas et autres supermarchés ; ici, les gîtes s'intègrent (souvent) merveilleusement bien dans une nature (presque) intacte, et qui semble pousser sans plan de carrière ni concertation. Stupeur et tremblements, c'est donc vrai qu'il suffit de planter un bâton pour que ça pousse ! Cette abondance se perçoit d'ailleurs à travers la chaleur de l'accueil et, en réalité, à travers ce plaisir que l'on a, visiblement, de vivre en Basse-Terre.

– ***Attention,*** il n'y a pas beaucoup de possibilités de se restaurer le soir en basse saison.

LES VOLCANS ET LA FORÊT TROPICALE HUMIDE

Contrairement à ce que son nom pourrait laisser supposer, la Basse-Terre est une zone très montagneuse, coupée seulement par la route de la Traversée.
Le volcan de la Soufrière retenant souvent les nuages, la pluviosité y est plus importante – du moins dans sa partie orientale – qu'en Grande-Terre. Les innombrables sources qui jaillissent des versants favorisent une végétation luxuriante, et les sentiers (appelés traces) ainsi ombragés constituent un véritable paradis pour les randonneurs. Sur la côte, forts, batteries, anciennes habitations créoles, petits ports de pêche pittoresques témoignent avec charme des temps anciens. Il est vrai que la Basse-Terre n'est vraiment sortie de son isolement qu'après la construction de la route du littoral et celle, magnifique, de la Traversée en 1967.
La Basse-Terre a aussi le gros avantage d'être en grande partie protégée par le Parc national de la Guadeloupe. Il s'y développe actuellement d'ailleurs une nouvelle forme de tourisme vert, particulièrement tourné vers la découverte et le respect des milieux naturels. Ce Parc national est maintenant classé par l'Unesco au *Réseau mondial des réserves de la biosphère.*

LES PLAGES DISCRÈTES ET LES FONDS MARINS

La côte Sous-le-Vent – de Vieux-Fort à Deshaies – compte de jolies plages qui conservent, aujourd'hui encore, tout leur attrait naturel. De même, les fonds marins livrent aux plongeurs débutants et confirmés un environnement d'une richesse exceptionnelle, et pas seulement dans la fameuse « réserve Cousteau », fameuse mais un peu encombrée...

Transports

➢ ***Voiture de location (rappel) :*** si vous avez loué un véhicule bas de caisse, soyez attentif aux dos-d'âne et aux côtes un peu raides (qui sont légion sur Basse-Terre). De même (mais là tous les véhicules sont concernés !), les bas-côtés sont traîtres : vous ne serez pas le seul à avoir recours à une dépanneuse si vous avez le malheur de faire une marche arrière dans ce que vous croyez être juste un petit caniveau...

➢ ***Les bus :*** rien à signaler, la fréquence est acceptable entre les villes reliées entre elles par la route côtière, qui fait le tour de la Basse-Terre. Du moins en semaine car, dès le samedi après-midi, comme ailleurs sur l'île, la fréquence chute sérieusement, pouvant même devenir nulle. Certains bus de Pointe-à-Pitre passent aussi par la route de la Traversée (toutes les 30 à 60 mn), achevant leur course à Pointe-Noire (certains, plus rares, à Vieux-Habitants), d'où il faut prendre une correspondance pour les autres villes. Pour toute question sur les transports, n'hésitez pas à vous renseigner dans les offices de tourisme.

PETIT-BOURG (97170) 20 600 hab.

Ouvert sur le Petit Cul-de-Sac Marin, Petit-Bourg est la commune la plus étendue de Guadeloupe et sert de banlieue résidentielle à Pointe-à-Pitre (20 mn en voiture). Rien de particulier à y voir, si ce n'est peut-être le quartier résidentiel de Vernou – où, dans les années 1940-1950, les notables du coin construisirent de vastes villas en béton, inspirées du style Art déco – et

le marché animé du vendredi. Vous trouverez aussi dans les environs, et notamment sur les hauteurs, quelques gîtes très agréables et bien situés. De plus, les coteaux, vallées et cours d'eau à proximité se prêtent admirablement aux randonnées. Il y a aussi, toute proche, la *plage de Viard,* hélas peu engageante car rarement propre.

Adresse utile

Office de tourisme : *à l'angle des rues Delgrès et Bel-Air (sur le front de mer). ☎ 05-90-60-12-31. • contact@tourisme-petitbourg.fr • tourisme-petitbourg.fr • Lun-ven 9h-17h30 ; sam jusqu'à 12h.* Plan de Petit-Bourg, infos sur la région, liste des hébergements, restos, horaires des bus et des bateaux, activités culturelles et attractions locales. Vente de timbres, d'enveloppes et de cartes de téléphone. Bon accueil.

Arriver – Quitter

➢ ***De/vers Pointe-à-Pitre :*** en sem, liaisons de bus ttes les 20 à 40 mn. *Société RTPB (☎ 05-90-32-06-83).*

Où dormir dans le coin ?

Prix moyens

Gîtes de Blonzac *(gîtes de France) : à* ***Goyave,*** *à quelques km au sud de Petit-Bourg. 06-90-56-10-13. • berthelot.sophie@gmail.com • gitesdeblonzac-guadeloupe.com • De la N1 venant du nord, prendre à droite pour Blonzac ; c'est env 800 m plus haut, après le Jardin d'eau (voir « À voir » plus loin). Compter 455-525 €/sem pour 2 pers (5 €/nuit par pers supp.).* Situés sur les hauteurs, avec une vue géniale sur toute la baie et Pointe-à-Pitre, 3 gîtes impeccables, vastes et très agréables pour 2 à 5 personnes. Cuisine intégrée au séjour, salle de bains et w-c séparés, TV, bref, tout l'équipement de base avec, en plus, une piscine et un carbet pour prendre l'apéro. Enfin, super accueil de Sophie, la fille de la propriétaire du Jardin d'eau situé à 200 m, que nous recommandons plus loin... et auquel les clients des gîtes ont accès gratuitement pendant toute la durée de leur séjour. Une adresse diablement sympathique !

Le Palmaretum *(label Parc national de la Guadeloupe) : 19, rue de l'Espérance, à* ***Vernou.*** *☎ 05-90-38-78-12. 06-90-42-18-78. • contact@lepalmaretum.com • lepalmaretum.com • À env 10 km à l'ouest de Petit-Bourg, par la route de la Traversée. Sur la route de la Traversée, suivre « Vernou, Hauteurs de la Lézarde », puis le fléchage pour* Le Palmaretum. *Pour 2, compter 70-85 €/nuit ou 350-500 €/sem selon saison. Petit déj 8 €. Forfait ½ pension. Table d'hôtes (sur résa) 30 € (avec apéro).* Dans un jardin luxuriant incitant au repos et à la méditation, 4 chambres et 4 gîtes soignés (ces derniers avec terrasse et coin cuisine extérieur), 2 cases créoles (tout en bois et fort plaisantes aussi) et 4 chambres de charme à thème (dont 2 avec clim). C'est cette dernière partie qu'on préfère, pour le raffinement de la déco ! De plus, Clark, le proprio, sait recevoir ses hôtes. Belle piscine avec un deck flanqué d'un bar et de tables où se prennent les repas. Fitness, bain à bulles (gratuits) et sauna (payant). Électricité en partie solaire, récupération des eaux, ce qui en fait un gîte plutôt écolo. Table d'hôtes ouverte aux non-résidents, sur réservation. Location de voitures possible.

DANS LES ENVIRONS DE PETIT-BOURG

La distillerie Montebello : *à Montebello, au sud de Petit-Bourg. ☎ 05-90-95-41-65. • rhummontebello.com • Visite gratuite de la distillerie pdt la période de production (dates variables), tlj sf dim 8h-12h.* Cette distillerie produit l'un des rhums blancs les plus médaillés aux concours agricoles français. Intéressante visite des installations, suivie des procédés de transformation et de conseils pour réaliser vos punchs. Boutique sur place *(tte l'année, lun-ven 7h-17h, sam 8h-12h).*

Le domaine de Valombreuse, parc floral et animalier de la Guadeloupe : *à Cabout. ☎ 05-90-95-50-50. • info@valombreuse.com • valombreuse.com • En venant de Pointe-à-Pitre, sortie Petit-Bourg, direction Grande-Savane ; le parc se trouve à 5 km, bien fléché. Tlj 8h-18h. Entrée : 12 € ; enfants 15 € (les enfants ayant, pour ce même prix, accès à plein d'activités et jeux, mais slt pdt les vac scol). Possibilité de balade à cheval au centre équestre. Resto et snack-bar.* Ouvert depuis 1990, ce beau parc classé Jardin remarquable abrite environ 500 espèces de fleurs et de plantes, provenant de tous les endroits du globe situés aux mêmes latitudes que la Guadeloupe. Sur les sentiers, outre les arbres qui parlent (vous pouvez nous croire sur parole !), on retrouve tout ce qui fait le charme des jardins tropicaux : alpinias roses et rouges, héliconias, anthuriums, roses de porcelaine, lianes « couilles José », mais aussi des papyrus, nymphéas, un bel ensemble de palmiers, des arbres fruitiers... et encore plusieurs sortes de plantes tout à fait étonnantes, comme le « caractère des hommes et le caractère des femmes » (ainsi nommés car la fleur change de couleur au cours de la journée), la plante « eau de Cologne » (on la presse et elle libère une eau parfumée) ou encore les « chapeaux chinois », de mignonnes petites fleurs en forme de chapeau conique... Sans oublier les oiseaux (colibris, tapeurs, hérons verts, grives, gros-becs, sucriers, etc.). Quelques petites attractions aussi, plutôt pour les mômes : miniferme, embarcations à pédales, toboggans, trampolines, structures gonflables et, avec supplément, le poney. On peut également faire une balade en forêt avec baignade dans une cascade (à peine 30 mn de marche, mais avoir de bonnes chaussures !).

Randonnées pédestres

➢ **La trace des chutes de la rivière Moreau :** *accès par une petite route qui part sur la droite juste après Blonzac, venant du nord.* Aussi belles que celles du Carbet, elles étaient devenues inaccessibles suite au séisme de 2004. Actuellement, la route forestière est rouverte jusqu'au point de départ du sentier qui, en 2-3h de marche, conduit à l'une des plus belles cascades de Guadeloupe. Attention cependant, certains passages nécessitent l'usage des mains et, en cas de pluie, on déconseille vraiment la balade car le sentier peut être très boueux et traverse la rivière à... huit reprises !

➢ **Le saut de la Lézarde :** il s'agit là aussi d'une superbe balade (d'environ 1h aller-retour). Se renseigner pour savoir si l'accès est autorisé. En gros, après une trentaine de mn à travers la forêt, on parvient à un superbe site (une cascade de 10 m de haut qui tombe dans un bassin de 50 m de diamètre) où la végétation a succombé à la luxure la plus pure : en un mot, c'est luxuriant !

DE PETIT-BOURG À TROIS-RIVIÈRES

La route ne cesse d'hésiter entre terre et mer, livrant de-ci de-là un clin d'œil historique, un site célèbre ou un panorama grandiose.

Où dormir autour de Capesterre-Belle-Eau ?

Prix moyens

Lamatéliane : *rue des Ananas, Belair, sur les hauteurs de* ***Sainte-Marie*** *(97130). ☎ 05-90-86-31-37. 06-90-39-35-39. • loc@lamateliane.com • lamateliane.com • Du nord par la N1, à droite au panneau « Belair, Plantation Grand-Café », puis 1re à droite après le bâtiment Karukera. Compter 59-75 €/nuit pour 2 pers, 69-89 €/nuit pour 4-5 pers. Réduc de 10 % en hte saison sur présentation de ce guide (le signaler à la résa).* Sur un grand terrain joliment planté et fleuri, 4 beaux gîtes en bois, spacieux, aérés et indépendants les uns des autres. Chacun offre un bon confort, avec cuisine bien aménagée, clim dans les chambres et terrasse. Possibilité d'utiliser le lave-linge (15 €/sem). Également une belle piscine flanquée d'un deck et d'un carbet, avec un hamac et une table pour prendre les repas dehors. Bon accueil.

Habitation Latentouasie : *rue de la Distillerie, au lieu-dit Monrepos-Belair, sur les hauteurs de* ***Sainte-Marie*** *(97130). ☎ 05-90-86-41-26. • latentouasie@orange.fr • latentouasie.com • Du nord par la N1, à droite au panneau « Belair, Plantation Grand-Café », puis, 1 km plus loin, prendre la 2e à droite après la distillerie* Longueteau *; c'est à 200 m sur la droite. Selon saison et durée, 60-85 €/nuit pour 2 pers. Compter 70-100 € pour 4 pers, toujours selon saison. Petit déj 8 €. Table d'hôtes sur demande (menu à 21 €, avec ti-punch et vin). Chèques-vacances acceptés. Réduc de 10 % sur le prix de la chambre sur présentation de ce guide.* Il ne s'agit pas d'une « habitation historique », ne vous y trompez pas, mais de 4 gîtes pour 2-4 personnes dans un jardin, distribués autour d'une petite piscine. La déco n'est plus vraiment dans l'air du temps, mais le confort est correct : chambre climatisée, séjour et lits gigognes, cuisine donnant sur une terrasse couverte. Lave-linge commun (3 €), carbet et barbecue. Bons petits plats préparés par Marie-Jo et ti-punchs concoctés par Robert, qui vous préparera aussi des pâtisseries si c'est votre anniversaire (il était pâtissier) !

– Voir aussi, plus loin, les ***gîtes*** sur la route de L'Habituée, au départ de Capesterre, en direction des chutes du Carbet.

Où manger autour de Capesterre-Belle-Eau ?

Prix moyens

Le Rivage : *plage de Salée, à* ***Bananier,*** *97130 Capesterre-Belle-Eau. ☎ 05-90-86-02-40. 06-90-65-02-32. Entre Capesterre-Belle-Eau et Trois-Rivières. Tlj le midi. Menu 20 € (dim 20-30 € avec fricassée de langouste ou vivaneau) ; formule-enfant 8 €. CB refusées.* Agréable resto à l'ambiance souvent animée, qui accueille ses clients sous une grande paillote plantée à la lisière de la plage de sable noir. Dans l'assiette, des spécialités créoles de la mer plutôt bien mitonnées (la délicieuse langouste est cuisinée avec une sauce chien dont la maison garde le secret...). Bon accueil du patron. Service un peu long parfois... alors on patiente en profitant de la vue sur Les Saintes, Marie-Galante et les prouesses des surfeurs !

Kalinago Carbet : *à* ***Bananier,*** *97130 Capesterre-Belle-Eau. ☎ 05-90-81-84-46. • louis.a064@orange.fr • À deux pas du resto* Le Rivage, *sur la N1. Tlj à midi sf lun ; le soir sur résa. Plat du jour (+ café) 9,90 € ; menu du jour env 15 € ; autres menus 17-29 €.* Bienvenue dans le resto d'un couple de bourlingueurs amoureux de la Caraïbe. Après avoir vécu à la Dominique, ils ont fini par jeter l'ancre ici, en bord de mer, entre Capesterre et Trois-Rivières et à deux pas des chutes du Carbet. Leur carbet à eux se veut l'antre de la culture amérindienne (*Kalinago* désigne le peuple de la Dominique), et si le cadre du resto manque un peu de chaleur (quelques tables sur une terrasse à l'étage de la maison), la cuisine est originale, servie dans de jolies calebasses que l'on peut acheter à la boutique.

|●| ***La Dame Jeanne :*** *rue Alfred-Balon, à* ***Doyon,*** *Capesterre-Belle-Eau, 97130.* ☎ *05-90-86-01-27. À env 5 km au sud de Capesterre, sur la N1 (bien indiqué). Tlj le midi. Plats 14-17 €.* Timidement en retrait de la route, un resto sans prétention qui pourrait être la version guadeloupéenne d'un routier en métropole. Pas d'esbroufe ni de fantaisie donc, mais une cuisine créole simple et servie avec le sourire, dans une salle assez anonyme ou en terrasse. Les propositions du jour suivent les disponibilités du marché et l'humeur du cuistot. Acras uniquement le dimanche, inutile de les réclamer un autre jour ! Sinon, les classiques habituels, plutôt orientés poisson, comme il se doit. Simple et bon.

|●| ***Beach Paradise :*** *plage de la Batterie, à* ***Sainte-Marie,*** *97130 Capesterre-Belle-Eau.* ☎ *05-90-95-16-64.* 📱 *06-90-72-88-28. Après la stèle de Christophe Colomb, en venant du nord, tourner à gauche et, au bout de la rue, encore à gauche, puis à droite, jusqu'à la plage ; le resto est 100 m plus loin. Tlj sf dim soir et mar. Carte env 20 €, langouste 30 €. CB refusées. Acras offerts sur présentation de ce guide.* Cela vous dirait de déjeuner (ou de dîner) à peu près à l'endroit où aurait débarqué Christophe Colomb ? Revanche de l'Histoire, c'est Julien, un rasta poète très cool, et sa petite famille qui vous accueillent avec la décontraction légendaire qui sied aux héritiers de Bob Marley. Quelques tables sous les cocotiers, les pieds dans le sable, une ambiance à la Robinson Crusoë et, dans l'assiette, c'est vendredi tous les jours avec de bons poissons grillés au feu de bois. Service à la cool. Très cool. Mais on n'est pas pressé, non ?

À voir. À faire

En descendant vers Sainte-Marie et Capesterre, on passe devant la petite ville de ***Goyave,*** dont le grand-père du poète béarnais Francis Jammes fut maire de 1847 à 1857. Le village, en raison de l'absence de belle plage, n'a pas bénéficié de l'essor touristique. À voir néanmoins : l'estuaire de la rivière La Rose, juste au nord du bourg et le petit port rénové.

UN CERTAIN 4 NOVEMBRE 1493...

À la sortie de Sainte-Marie, sur la gauche de la nationale en venant du nord, une stèle (qui a totalement oublié de regarder la mer) commémore le débarquement d'un certain Christophe Colomb le 4 novembre 1493, le lendemain de son passage éclair à Marie-Galante.

La distillerie Longueteau : *à Belair,* ***Sainte-Marie.*** ☎ *05-90-25-42-00 (boutique) ou 86-07-91. • contact@rhumlongueteau.fr • rhumlongueteau.fr • À 1 km après Sainte-Marie, en venant du nord, sur la droite (panneau), puis faire encore 1 petit km. Lun-ven 9h-18h, sam 9h-13h, plus dim de mi-déc à mi-avr 9h-13h, et sur rdv pour les groupes tte l'année. Visite et dégustation gratuites (profitons-en, c'est rare dans les parages !).* La plus ancienne distillerie de l'île et la seule à produire un rhum à... 62° ! On se balade au gré de son inspiration dans ce très beau site naturel (étendues de champs de canne à sucre, avec la mer en ligne d'horizon), avant de faire un petit tour dans les installations. Une petite doc explicative est distribuée à l'entrée, mais le sympathique patron et ses ouvriers se font un devoir de répondre à n'importe quelle question. Boutique sur place proposant, outre le rhum pur, une trentaine de punchs à tous les parfums et quelques produits en rapport avec le rhum. Prix corrects.

La plantation Grand-Café : *à Belair,* ***Sainte-Marie.*** ☎ *05-90-86-33-06. • info@plantation-grand-cafe.com • À la sortie de Sainte-Marie vers*

Capesterre-Belle-Eau, prendre à droite direction Neuf-Château ; c'est indiqué. Lun-ven 9h-16h. Fermé en sept. Visite guidée slt : 12 €, incluant le voyage en tracteur (à 10h30, parfois aussi 15h30, à partir de 6 pers, tél avt pour savoir), la promenade dans le parc et la dégustation ; réduc enfants.

Rien à voir avec le café, vous êtes au royaume de la banane ! Certes, l'exploitation fut d'abord une forêt dont l'ombrage favorisait la plantation de vanille, de cacao et donc de café, mais elle fut rasée et plantée de canne à sucre pour la distillerie *Longueteau* avant d'être finalement transformée en bananeraie depuis trois générations.
L'intérêt de la découverte du site tient en partie à la visite guidée car, ici, ce sont les anciens ouvriers du domaine qui, à tour de rôle, accompagnent les visiteurs qu'ils trimbalent dans un énorme char à bancs couvert, tiré par un tracteur. Pas mal d'animation quand les écoles font la visite ! En 1h30, on sait tout sur la naissance des bananiers, leur culture, la récolte, le mûrissement, et même l'empaquetage de la banane *Cavendish* (ou *poyo*), la plus commercialisée. Après, il arrive qu'on discute avec le patron (ou avec son fils) de cette plantation de 30 ha qui emploie une quinzaine de personnes. Pour finir, dégustation de jus et café locaux, et... bananes, dans une ancienne et charmante habitation.

PLASTIQUE BLEU POUR BANANES JAUNES ?

Vous vous demandez pourquoi tous les régimes de bananes que l'on peut apercevoir dans les champs sont enveloppés dans d'affreux sacs en plastique bleu ? Ce n'est pas uniquement pour les faire mûrir, mais aussi pour les protéger d'une variété d'insectes piqueurs, dont les attaques provoquent de vilaines taches de rouille (ce qui déplaît fort au consommateur !).

Peu avant Capesterre-Belle-Eau, en venant du nord, sur la droite de la nationale, ***temple hindou de Changy,*** à la façade ornée de statues polychromes, témoignage de la forte présence indienne dans la région. Ne se visite pas. Les curieux sont d'ailleurs découragés par la hauteur du mur et le cerbère en faction.

L'allée Dumanoir : peu après Capesterre-Belle-Eau, toujours en venant du nord, la route longe sur plus d'un kilomètre la fameuse allée Dumanoir, une impasse affublée de deux doubles rangées de palmiers immenses et majestueux. Les plus vieux furent plantés vers 1850 par Pinel Dumanoir, auteur dramatique et traducteur-adaptateur du célèbre roman *La Case de l'oncle Tom.* Et puis, à proximité, dans une belle bananeraie, se trouve le domaine de Bois-Debout (entrée et visite interdites), dont le propriétaire actuel est le descendant d'une famille apparentée à la famille Léger. Leur plus célèbre représentant, Saint-John Perse (Alexis Léger), y passa une partie de son enfance.

La savonnerie Saint-Sauveur : *à* ***Saint-Sauveur.*** *En venant de Capesterre-Belle-Eau, avt Bananier, à droite. 06-90-35-17-78. • soleilnature.fr • Mar-ven 8h-16h.* Possibilité de visiter la savonnerie, et bien sûr d'acheter produits cosmétiques, savons, huiles, beurres, gels douche et autres douceurs parfumées pour votre petit corps.

LES CHUTES DU CARBET ET LE GRAND ÉTANG

Se reporter au plan « Le massif de la Soufrière » plus loin.

Le Carbet prend sa source à 1 300 m d'altitude, sur le flanc de la Soufrière et de l'Échelle, et parcourt une dizaine de kilomètres avant de se jeter dans la mer, au sud de Capesterre-Belle-Eau. Les trois chutes consécutives émanent

de l'échec du Carbet à entamer les roches très dures nées de diverses éruptions volcaniques. La route pour s'y rendre livre de très belles échappées sur les immenses bananeraies et permet de s'enfoncer dans une végétation de plus en plus dense et impressionnante.

– ***Bon à savoir :*** pour les balades, se reporter à la carte du massif de la Soufrière. ***La première chute***, la plus difficile d'accès, se trouve à env. 1h45 de marche à partir du centre d'accueil situé au bout de la D4. ***La deuxième chute,*** la plus impressionnante avec ses 110 m de haut, s'atteint facilement en une vingtaine de minutes. Attention, l'accès du bassin de réception de celle-ci est interdit en raison des fréquentes chutes de pierres. ***La troisième chute*** est la plus secrète, la moins fréquentée aussi car la plus éloignée (env. 2h). Le mieux reste encore de s'informer auprès des agents d'accueil qui connaissent parfaitement les risques et les difficultés.
– Vous pouvez aussi faire appel au service d'un guide professionnel. Voir plus loin « Adresses utiles » dans le chapitre « Le volcan de la Soufrière ».

Comment s'y rendre ?

➢ ***En voiture :*** depuis la N1, prendre la D4 à la hauteur de Saint-Sauveur et parcourir environ 9 km.

Adresse utile

■ ***Centre d'accueil des Chutes du Carbet :*** *au bout de la D4, à env 10 km de la N1. Tlj 8h-16h30.* C'est le point de départ des sentiers *(accès : 2 € ; réduc)* conduisant aux chutes. Vous pouvez y prendre des infos et on vous y remettra un petit plan-brochure du secteur.

Où dormir ?

De bon marché à prix moyens

Gîtes de L'Habituée, Chez Volpi : *route de Morne, lieu-dit **L'Habituée.** ☎ 05-90-98-68-95. 📱 06-90-31-24-00. • gites-habituee@wanadoo.fr • gitesdelhabituee.fr • À l'entrée de L'Habituée, prendre à gauche au croisement (chemin É.-Baron), puis à gauche au bout de la rue. Pour 2 pers, selon saison, 55-65 €/nuit, 350-420€/sem ; compter 75-90 € et 455-525 € pour 3-4 pers.* Dans un superbe jardin tropical, voici 3 beaux chalets tenus par un couple de professeurs vraiment sympas qui ont fait de ce lieu un petit camp de base pour les randonneurs. 1 ou 2 chambres ventilées par chalet, séjour avec canapé clic-clac, livres, B.D., cuisine équipée et terrasse privée. Sans oublier les fruits offerts et le barbecue dans le jardin. Équipement bébé. Service traiteur. Bon esprit et ambiance familiale.

Où manger ?

De bon marché à prix moyens

|●| ***Boutique Ti'Punch :*** *route des chutes du Carbet, 2,5 km après **L'Habituée.** ☎ 05-90-92-96-68. • boutiquetipunch@live.fr • Tlj 10h-17h. Pas de restauration sept-nov. Plats 7-12 €.* Une boutique doublée d'un café-snack proposant de bons pâtés salés (au crabe, lambis...), l'un ou l'autre petit plat (ouassous notamment) et des tourments d'amour (tarte à la frangipane, noix de coco...). Parfait aussi pour un café, un cacao à

LA BASSE-TERRE

l'ancienne ou un jus de fruit frais (3 différents chaque jour). Jolie petite salle.

Jangal Kafé : *route des chutes du Carbet, au lieu-dit* ***L'Habituée.*** *☎ 05-90-95-15-40. • jangalkafe@orange.fr • Tlj env 8h-16h. Menu env 22 € (apéro compris). Café offert sur présentation de ce guide.* Grande salle ouverte, comme souvent. Pas vraiment de carte, le patron propose de belles assiettes de poulet à la canne à sucre, de lambis au champagne ou de daurade au gingembre, accompagnées de frites de *fouyapin* (l'arbre à pain), papaye verte et autres légumes pays dont la plupart sont cultivés sur place. Après ça, vous êtes requinqué si vous revenez de la balade... ou peut-être bon pour la remettre au lendemain si vous ne l'avez pas faite !

Achats

Les Jardins de Saint-Éloi : *2 km après le lieu-dit* ***L'Habituée,*** *sur la route des chutes du Carbet. ☎ 05-90-86-39-22. Boutiques à l'aéroport Pôle-Caraïbes (☎ 05-90-21-14-48) et dans les centres commerciaux de Destreland et Milenis. • jardins-st-eloi.com • Tlj sf dim 9h-17h.* Ce fleuriste réputé propose des fleurs tropicales, emballées dans des cartons, qui voyagent en soute. Les fleurs sont livrées gratuitement à l'aéroport le jour de votre départ (paiement par CB, espèces ou chèque, ici ou à l'aéroport) ou direct en métropole par *Chronopost.*

Boutique Ti'Punch : *voir plus haut.* Boutique d'artisanat et de produits locaux (punch aux piments, vinaigre de canne, bloc de cacao...) installée dans un ancien hangar à bananes. Accueil gentil comme tout et de bonnes idées de cadeaux.

À voir

Le jardin de Cantamerle, circuit des épices : *chemin Édouard-Baron, au lieu-dit* ***L'Habituée.*** *☎ 05-90-86-44-13. Petite route à gauche à l'entrée de L'Habituée (panneau). Tlj 9h30-17h. Entrée : 6 € (visite guidée comprise); réduc enfants.* Un très beau jardin de 8 000 m², très dense, très touffu et plus « sauvage », en un sens, que les jardins plus éducatifs de l'île, ce qui en fait son charme et sa particularité. Ici, vous êtes dans la maison de famille de Marc Péronne qui a hérité de la passion et de la connaissance des 500 espèces de palmiers, plantes, fleurs, épices et arbres tropicaux de tous les continents, que sa famille a plantées avant lui et qu'il a enrichies depuis. Pendant la visite guidée (de 30 à 40 mn minimum), il vous fera humer un certain nombre de senteurs étonnantes et vous montrera l'impressionnant figuier maudit âgé d'un bon demi-siècle. Ensuite, à vous de poser vos questions... Pique-nique possible. Dégustation de jus frais et de café maison, un délice. Et bien sûr, achat d'épices si ça vous tente.

Le jardin de la Rencontre : *à* ***Petite Mamelle.*** *Au parking de la 3e chute du Carbet. 06-90-43-99-56. • lejardindelarencontre.com • Mar-ven 9h-18h. Entrée : 10 € (visite guidée comprise) ; réduc enfants. Table d'hôtes le midi 20 € (sur résa).* Un autre beau jardin, de 15 000 m² celui-ci, pour découvrir arbres, plantes médicinales, fruits, fleurs et épices de Guadeloupe. Visite passionnante rondement menée par le propriétaire, dans une nature généreuse, avec vue sur la première chute du Carbet et la Soufrière. Et à l'issue de la balade, on se régale d'un excellent jus ou de fruits de la propriété !

Randonnées pédestres

➢ ***La trace du tour du Grand Étang :*** 2 km après le lieu-dit L'Habituée, les randonneurs apprécieront ce sentier de découverte du Grand Étang, quand il est praticable (se renseigner au parking de la deuxième chute du Carbet). Belle promenade de 1h, bien agréable et moins fréquentée que le reste (bonnes chaussures obligatoires). Du petit parking, on atteint le *Grand Étang* en 5 mn de marche. Voici donc la plus grande étendue d'eau de la zone (20 ha, 6 m de profondeur), où le Parc national a installé un observatoire flottant destiné aux ornithologues (arriver tôt et se montrer silencieux, la patience est récompensée à coup sûr). De nombreuses plantes aquatiques, joncs, bambous, etc., croissent ici. Le Grand Étang accueille quelques espèces de poissons, de nombreux mollusques et crustacés, et malheureusement des colonies de moustiques (vous voilà prévenu !). En marchant sur les sentiers, peut-être aurez-vous la chance de croiser aussi quelques kios (hérons verts) ou des martins-pêcheurs. BAIGNADE INTERDITE : attention aux sangsues !

NE MARCHEZ PAS COMME UN ZOMBI !

Selon la légende, une femme aurait été assassinée par son méchant mari et jetée dans l'étang Zombis, pour avoir contribué à l'évasion d'esclaves maltraités par celui-ci. Comble du scandale, elle aurait agi avec l'aide du contremaître de la plantation ! C'est le genre d'anecdote qu'on vous raconte, ici, quand on trouve que vous ralentissez trop l'allure. Pas bon, en effet, de rester seul près des plans d'eau, surtout quand une pleine lune luit au-dessus des étangs...

➢ ***La trace des Étangs :*** le Grand Étang est le point de départ de la trace des Étangs qui vous mènera jusqu'à l'*étang As-de-Pique,* en passant par l'*étang Roche* et l'*étang Madère* (souvent à sec !) en 2h15 de marche environ (penser au retour !). Difficilement praticable par temps de pluie. Enfin, d'après un panonceau, Moscou ne serait qu'à 2h30 de marche ! Vous avez raison, ce ne doit pas être le Moscou auquel vous pensez...

➢ ***Cascade Paradise :*** elle porte bien le nom que lui ont donné les habitants du coin, tant elle pourrait servir de décor à une pub de *Tahiti douche* ! Il s'agit d'une petite chute d'eau tombant dans un bassin d'eau cristalline, où l'on peut même se baigner, le tout dans un décor enchanteur. On l'atteint en 10 mn depuis la route, par un sentier aménagé qui part sur la gauche juste après le 3e passage clouté en venant du parking du centre d'accueil (à quelques centaines de mètres de là). Sinon, on peut aussi, s'il y a de la place, se garer presque en face du début du sentier.

LES TROIS CHUTES DU CARBET

En débarquant en Guadeloupe, Christophe Colomb fut impressionné par ces chutes. On ne sait pas s'il les a toutes vues car en fait, il y en a trois. En tout cas, il en fit une description enthousiaste dans son journal de bord.
Au bout de la D4, à environ 2,5 km après le Grand Étang, on arrive au parking et à un bâtiment en béton d'un goût contestable (et contesté par les locaux), mais qui a l'avantage d'être surmonté d'une terrasse panoramique avec vue sur Capesterre. C'est le centre d'accueil (voir plus haut « Adresse utile »), d'où partent les sentiers qui mènent aux chutes. Entrée : 2 € ; réduc. Vous êtes accueilli par des gardiens qui répondent à vos questions sur les randonnées pédestres, et qui vous remettront aussi un petit plan-brochure.
Soyez prudent au sujet des traces (sentiers), car elles peuvent être modifiées à la suite de pluies violentes et, de ce fait, ne plus suivre le balisage initial. Renseignez-vous AVANT d'entreprendre toute balade. Prévoyez impérativement de bonnes chaussures, ainsi qu'un imperméable ou un parapluie (le temps change très vite) et de l'eau. Certaines randonnées sont réservées aux plus sportifs. Les chiens sont interdits.

➢ ***Deuxième chute du Carbet :*** la plus proche (et de loin !) du centre d'accueil (env 20 mn de marche en forêt). Chemin bien balisé en jaune. En raison de sa proximité, c'est l'itinéraire favori des visiteurs. Pour les personnes handicapées, une rampe de béton a été aménagée jusqu'à une plate-forme située à une centaine de mètres du centre d'accueil. De là, vue sur la deuxième chute et, par temps dégagé, sur la première. Pour les marcheurs, sachez toutefois qu'il est impossible d'accéder au pied même de la chute et des sources chaudes en raison des risques de chutes de pierres. On doit donc s'arrêter juste avant la rivière (petit balcon aménagé), ce qui réduit la visibilité de la chute et, du coup, tout de même un peu l'intérêt de la balade. Certains passent outre l'arrêté municipal qui interdit l'accès direct à la cascade, mais en cas d'accident, votre responsabilité est engagée. Une plate-forme est également en projet et devrait, une fois terminée, permettre d'apprécier l'ensemble de la chute d'eau (qui fait en tout 110 m de haut). Tout autour, nombreux arbres intéressants, dont le châtaignier grandes feuilles (qui peut atteindre 40 m de haut), le gommier blanc, le bois résolu, les choux-palmistes (petits palmiers) et le philodendron à feuilles géantes. En cours de route, un premier carrefour indique le début du sentier pour la première chute (à 1h30 de marche).

➢ ***Première chute du Carbet :*** c'est la plus haute des chutes (niveau difficile). En fait, elle se décompose en deux sauts d'une hauteur totale de 120 m. L'une des balades préférées des randonneurs. À éviter toutefois par temps de pluie, car aux deux tiers du chemin, il faut traverser une rivière (à gué) qui connaît souvent des crues soudaines. Il est impératif aussi d'entreprendre la balade avant 13h. Compter 3h30 de marche aller-retour depuis le centre d'accueil.

➢ ***Troisième chute du Carbet :*** un important éboulement (toutefois en cours de déblaiement...) rend impossible l'accès à son bassin de réception. C'est la moins haute des trois (elle ne fait que 20 m de haut), mais la plus puissante. Si la balade vous tente, sachez qu'il est plus rapide (seulement 45 mn de marche) de s'y rendre depuis le bout de la D3 (qui part de Capesterre) que du centre d'accueil de la D4.

TROIS-RIVIÈRES (97114) 9 000 hab.

À l'extrémité sud de la Basse-Terre, Trois-Rivières est une vaste commune composée de hameaux totalement dispersés sur un grand versant de montagne, couvert d'une végétation luxuriante, et qui descend abruptement vers la mer. Son économie repose essentiellement sur la culture de la banane et, bien sûr, le tourisme. On aime bien ce petit havre à découvrir quand on connaît déjà les « classiques » de Basse-Terre. Le bourg compte quelques belles maisons créoles. Gentille animation en fin d'après-midi, quand les enfants sortent de l'école et que les employés des plantations de bananes, perchées dans les collines, regagnent leurs pénates.
Côté mer, on trouve la belle *plage de Grande-Anse,* de sable noir et bordée de cocotiers. Séjour agréable en perspective, ponctué de somptueux couchers de soleil sur les monts Caraïbes... tandis que le magnifique archipel des Saintes trône au large, posé sur l'horizon. D'ailleurs, les bateaux-navettes vous conduisent à Terre-de-Haut depuis l'embarcadère situé en contrebas du village.

UN PEU D'HISTOIRE

Trois-Rivières doit son nom au nombre de cours d'eau qui la traversent : la rivière de Grande-Anse, la rivière du Petit-Carbet et la rivière du Trou-au-Chien, qui prennent leur source dans le massif volcanique de la Soufrière. Le site est d'abord un haut lieu de la culture amérindienne (IVe-V^{e} s apr. J.-C.), et en particulier arawak, dont le *parc archéologique des Roches gravées* apporte d'ultimes témoignages. Les premiers colons français s'installent en 1640 en raison de la grande fertilité des sols et se lancent dans de nombreux types de cultures : vanille, indigo, manioc, tabac, coton, etc., avant que la canne à sucre ne s'impose... et s'impose aux esclaves : ici, huit habitants sur dix étaient des esclaves à la fin du XVIIIe s. Avec l'abolition de l'esclavage au siècle suivant, la main-d'œuvre se raréfie et l'économie de la canne à sucre s'effondre. Il faut attendre les années 1960 pour que la culture de la banane se développe. Pour vous donner une idée de la fertilité de Trois-Rivières, pendant la Seconde Guerre mondiale, l'*habitation Roncière Petrelluzi* se mit à cultiver avec succès les asperges, les artichauts et même les choux de Bruxelles !

Arriver – Quitter

En bus

Les arrêts de bus se trouvent en plein centre, devant l'église et à droite de la mairie *(plan A1)*.

➢ ***De/vers Basse-Terre ou Pointe-à-Pitre :*** ttes les 20-40 mn. *Société CAVT (☎ 05-90-86-57-95).*

➢ Il existe aussi un service local de minibus vers les hauteurs du village et un autre desservant la plage de Grande-Anse. Passage toutefois assez peu fréquent : ttes les 30-60 mn 6h30-18h30.

En bateau pour Les Saintes

C'est bien moins cher d'ici que de Pointe-à-Pitre, et la traversée jusqu'à Terre-de-Haut est évidemment plus courte (autour de 20 mn). Départs de l'embarcadère situé en contrebas du centre de Trois-Rivières *(plan A2)*. 2 compagnies assurent la liaison, mais les départs et les arrivées se font dans les mêmes créneaux horaires, et les prix aussi sont semblables, un peu plus chers pour Terre-de-Bas. On vous donne les horaires et tarifs à titre indicatif mais mieux vaut les vérifier à l'office de tourisme *(☎ 05-90-92-77-01)* ou auprès des compagnies. Parking payant (2 €) mais pratique, près de l'embarcadère.

■ ***CTM-Deher :*** *☎ 05-90-92-06-39. • ctmdeher.com •* Assure 2 traversées/j. avec Terre-de-Haut : départs à 9h et à 16h30 ; retours depuis Terre-de-Haut à 6h45 et à 16h. Traversées supplémentaires selon période. Aller-retour 22 €. Réduc sur présentation de ce guide.

■ ***Val'Ferry :*** *☎ 05-90-91-45-15 et 05-90-57-45-74. • valferry.fr •* Assure 2 traversées/j. avec Terre-de-Haut et Terre-de-Bas : départs à 9h et à 17h ; retours depuis Terre-de-Haut selon les jours, mais généralement à 6h15 (sur demande) et à 16h15 (les consulter dim et j. fériés). Env 23 € l'aller-retour ; formule sans stress (tout compris, sur la journée) 59 €.

Adresses utiles

i *Office de tourisme* *(plan A1-2) : rue Gerville-Réache (rue principale), à gauche de l'église, dans le centre. ☎ 05-90-92-77-01. • odttr114@orange.fr • troisrivieres971.com • Lun, mar, jeu et ven 7h15-16h45 ; mer 7h15-12h30, 14h30-17h30 ; sam 8h-12h15.* Plan de Trois-Rivières et infos sur la région. La brochure *Pleins feux* propose une liste des hébergements, restos, activités culturelles et attractions du coin. Également, parfois, les horaires des bus et des bateaux. Vente de timbres, d'enveloppes et de cartes de téléphone. Hôtesses gentilles.

✉ ***Poste*** *(plan A2) : rue Gerville-Réache (un peu plus bas que le centre, direction Vieux-Fort). Ouv 8h-12h, 14h-16h (sf mer ap-m et sam ap-m).* Distributeur de billets.

■ ***Distributeur de billets*** *(plan B1, **1**) : au **Crédit Agricole,** à côté d'Écomax (en plus de celui de la **poste**).*

LA BASSE-TERRE

@ **Internet** (plan A1, **2**) : *à la* ***bibliothèque municipale,*** *dans le centre (derrière la mairie).* ☎ *05-90-92-35-60. Mar-sam 10h-12h, 14h-17h.* Gratuit (réseau *Cyber-Base*), mais horaires limités.

Où dormir ?

Bon marché

🏠 ***Gîtes des Roches Gravées*** *(plan A2,* ***10****)* **:** *cité Bellemont.* ☎ *05-90-92-83-47.* 📱 *06-90-57-18-70. • leblanc.laura@wanadoo.fr • Prendre la route de l'embarcadère et la 2e à droite, ou alors tourner à gauche après la poste. Pour 2 pers, 240-260 €/sem selon saison ; env 45 €/nuit en hte saison.* À deux pas du bourg et du débarcadère, voici 4 bungalows en bois, bien tenus, plantés dans le jardin de la maison des proprios, une aimable famille de pêcheurs. Très simple mais confort suffisant : cuisine, salle d'eau, TV, ventilo et vue imprenable sur les Saintes. On peut aussi se faire des jus avec les fruits du jardin. Très calme, car suffisamment en retrait de la rue, et bon rapport qualité-prix-gentillesse.

🏠 ***Bungalows de La Coulisse, chez M. et Mme Robert Bernus*** *(plan B2,* ***12****)* **:** *La Coulisse.* ☎ *05-90-92-99-88.* ♿ *En venant de Capesterre-Belle-Eau, prendre la route à gauche 100 m après la 1re station-service, puis suivre les panneaux « Gîtes ». Gîtes 2-8 pers 240-480 €/sem.* Dans une nature luxuriante et tranquille, 2 bungalows créoles isolés, avec vue sur Les Saintes d'un côté et sur la Soufrière de l'autre (on sait donc tout de suite si on peut y monter ou pas !), le tout au milieu de cocotiers, de manguiers, d'avocatiers et de calebassiers. Ensemble, ils abritent 3 gîtes, dont un pour 8 personnes avec mezzanine. Simple mais soigné. Eau chaude par énergie solaire. Accueil très attentionné.

🏠 ***An-Tikaz La*** *(label Parc national de la Guadeloupe ; plan A2,* ***11****)* **:** *quartier Joyeux, n° 29.* ☎ *05-90-03-71-03. • gites.tikazla@gmail.com • tikazla.com • Direction plage de Grande-Anse, c'est juste après l'hôtel* Joyeux *et le* Huit à Huit, *dans une ruelle sur la gauche. Congés : sept-oct. Pour 2 pers, à partir de 49 €/nuit et 330 €/sem.* *(à la réception).* Un petit écolodge tenu par Mi-Marie, franc-comtoise et ex-prof de biologie. Bien cachés en contrebas de la route principale, 6 cases-studios en bois très simples, plutôt style auberge de jeunesse, autant dans l'esprit que dans la conception. Chaque gîte peut accueillir 2 personnes (avec, éventuellement, 2 enfants) et dispose d'un coin salon, d'une salle de bains et d'une cuisine. Mais attention, celle-ci est à partager avec la case mitoyenne ! Pas de TV ni de clim (mais pas nécessaire non plus). Au fond, un petit sous-bois.

Prix moyens

🏠 ***Gîtes L'Îlot Fruits Guadeloupe*** *(labels Association Guadeloupe écotourisme et Bienvenue à la ferme ; plan A1,* ***15****)* **:** *72 A, route de La Regrettée.* 📱 *06-90-54-93-00 ou 06-90-27-83-72. • ilotfruitsguadeloupe@gmail.com • ilot-fruits.com •* ♿ *De Capesterre-Belle-Eau, par la N1, prendre la seule sortie à droite vers La Regrettée ; c'est 500 m plus loin, sur la gauche, par une petite route cimentée qui monte à pic (panneau). Compter 460-580 €/sem pour 2 pers, 520-630 € pour 4 pers, selon la saison. Prix dégressifs en fonction de la durée du séjour. Kit pour le 1er petit déj offert.* À 360 m d'altitude, 4 beaux gîtes en bois, avec vue époustouflante sur l'archipel des Saintes, les monts Caraïbes et la plage de Grande-Anse. Chambre double (ventilation naturelle), séjour avec lits gigognes, salle d'eau, cuisine, électricité solaire et belle terrasse privée avec hamac et chaise longue. À disposition des hôtes, un barbecue, une belle piscine, des livres et une malle de jeux. Tranquillité absolue. On peut se promener dans le verger créole (300 arbres fruitiers) et même cueillir quelques fruits si le cœur vous en dit. Également une cabane dans un arbre

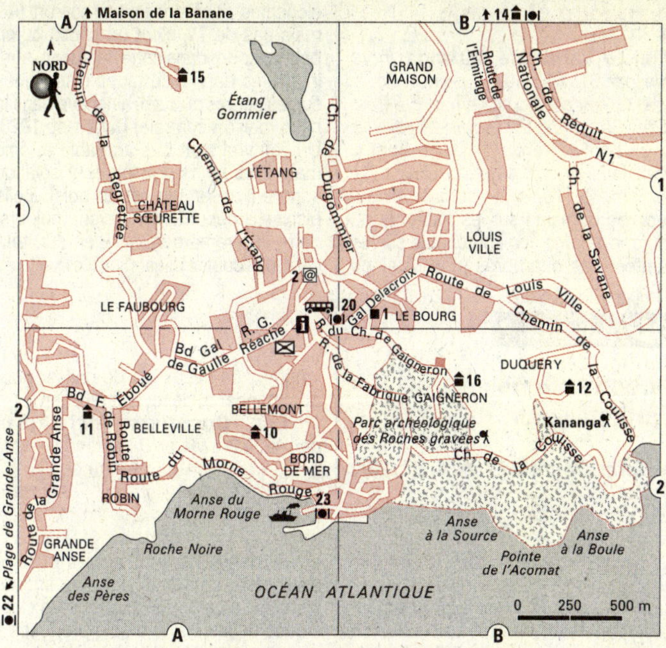

TROIS-RIVIÈRES

Adresses utiles

- Office de tourisme
- Embarcadère
- 1 Distributeur de billets
- @ 2 Internet (bibliothèque municipale)

Où dormir ?

- 10 Gîtes des Roches Gravées
- 11 An-Tikaz La
- 12 Bungalows de La Coulisse, chez M. et Mme Robert Bernus
- 14 Le Jardin de Malanga
- 15 Gîtes L'Îlot Fruits Guadeloupe
- 16 Gîtes Coco & Zabrico

Où manger ?

- 20 Total Végétal
- 22 Les Cocotiers
- 23 Le Fétou Kréyol

qui sert de poste d'observation. Les propriétaires, un jeune couple canado-guadeloupéen, accueillent gentiment avec un ti-punch « Gwanada » sucré au... sirop d'érable !

Gîtes Coco & Zabrico *(plan B2, **16**) : habitation Duquery, route de Gaigneron (à 800 m du centre-ville). ☎ 05-90-92-83-50. • cocoetzabrico@wanadoo.fr • De l'office de tourisme, prendre la direction de Pointe-à-Pitre et quitter la route juste avt le Crédit Agricole, sur la droite (pancarte). Compter 430-520 €/sem pour 2 selon saison.* Au calme, une petite résidence verdoyante avec 2 bungalows (pour 2 personnes), pourvus d'une cuisinette équipée, de la clim et d'une terrasse privée. Également 2 duplex (4-6 personnes), de même confort, avec 2 chambres et une salle de bains... et la vue sur la mer. Piscine flanquée d'un carbet et balançoire pour les enfants dans le grand jardin. Café et thé à disposition dans les bungalows. Fait également table d'hôtes, pour les résidents uniquement. Accueil sympathique.

Beaucoup plus chic

Le Jardin de Malanga *(hors plan par B1, **14**) : 60, route de l'Ermitage, sur les hauteurs de Trois-Rivières. ☎ 05-90-92-67-57. • info@jardinmalanga.com • jardinmalanga.com • Compter 274-288 €/nuit pour 2, petit déj compris. (parties communes slt)* Superbe domaine sur les hauteurs du bourg, avec une vue imprenable sur les Saintes. Les chambres (une dizaine), élégantes et offrant tout le confort (AC mais pas de TV, c'est un choix) qu'on peut attendre dans cette catégorie, sont installées dans 6 cottages disséminés sur les pentes du parc, ainsi que dans la belle maison centrale, datant de 1920. Un lieu vraiment très agréable et chic malgré les petits problèmes d'isolation sonore (l'ensemble est en bois). Belle piscine à débordement avec, toujours, cette vue remarquable. Bien sûr, tout cela a un coût, et il est plutôt élevé !

Où manger ?

De bon marché à prix moyens

Total Végétal *(plan A-B1, **20**) : 3, rue Général-Delacroix. ☎ 05-90-92-05-81. Juste avt le Crédit Agricole, dans le virage en montant du centre. Tlj sf dim, 8h-23h en continu. Sandwichs, salades, quiches, plats du jour 2-5 €, pizzas env 8-15 €.* Pas à proprement parler un resto, plutôt un comptoir donnant sur la rue avec 2-3 tables. À chaque heure de la journée son menu : sandwichs le matin, tourtes aux légumes, quiches, salades et plats du jour à midi, acras sur le coup de 15h30, *burgers* vers 17h et... pizzas le soir ! C'est d'ailleurs notamment pour celles-ci que l'endroit est réputé : bien fines, cuites à point et, surtout, avec des ingrédients qu'on choisit soi-même (parmi les fruits, légumes, viandes et poissons ; c'est l'occasion de manger, par exemple, une pizza à la daurade !). De plus, les portions sont généreuses, la petite pizza suffit pour une personne. Évidemment, l'attente est souvent longue... Le mieux est de passer pour commander et de revenir plus tard !

Les Cocotiers *(hors plan par A2, **22**) : plage de Grande-Anse. ☎ 05-90-92-94-05. • les-cocotiers@wanadoo.fr • Tlj sf lun soir. Formules à volonté 20-30 €. Digestif maison offert sur présentation de ce guide.* Face à la plage, dans une grande salle ouverte avec piste de danse pour les fins de semaine (à partir de 22h), tous les classiques de la cuisine créole proposés à volonté, avec apéro, entrée et dessert, pour un prix très raisonnable. Formules avec entrecôte ou langouste évidemment plus chères. Service prévenant.

Le Fétou Kréyol *(plan A2, **23**) : à l'embarcadère. ☎ 05-90-98-93-35. Tlj midi et soir. Congés : sept. Formules 15-20 €. Plats 15-18 €.* Pratique pour caler une petite faim avant ou après la traversée pour Les Saintes, un p'tit *lolo* de quelques tables, tout simple. Le poulet à la vanille est la spécialité de la maison, mais on y sert aussi tous les classiques créoles. Rien d'inoubliable mais très correct. Également un bon choix de *bokits* et sandwichs. Accueil adorable.

À voir

***Le parc archéologique des Roches gravées** (label Parc national de la Guadeloupe ; plan B2) : sur le chemin de l'embarcadère pour Les Saintes ; bien fléché depuis le centre de Trois-Rivières. ☎ 05-90-92-91-88. Mar-sam 9h-16h. Visites guidées (obligatoires) à 9h, 10h, 11h, 14h, 15h et 16h.* Toujours en cours de rénovation (ça dure !), d'où sa gratuité, le parc présente les fameuses « roches gravées », témoignages des Indiens arawaks, au milieu d'un jardin botanique. Venir de préférence le matin, les gravures étant nettement moins visibles l'après-midi. La partie haute ne se visite pas pour cause d'instabilité des roches depuis le tremblement de terre de 2004. Compter 45 mn de visite.

➢ À partir du parking, le *sentier de l'Acomat* mène jusqu'à l'anse Duquéry, sur un chemin côtier (vue sur les Saintes) et à travers la forêt. Compter 45 mn pour accomplir ces 2 km de marche facile.

***Kananga** (la voie des Graines ; plan B2) : à l'habitation Duquéry, chemin de la Coulisse. 06-90-82-13-98. Fléché depuis la route de Louis-Ville. Visites sur rdv. Entrée : 6 € ; réduc.* Installé sur l'ancienne propriété du duc de Sanssac de Touchenbert du XVIe s (véridique !), Philippe Alexis, plus connu sous le nom de Paipo, un rasta très zen, cultive un jardin botanique afin de produire des graines, qu'il utilise pour composer des tableaux, des tables et des bijoux. On visite son atelier (pas énorme), un tout petit musée qu'il a aménagé et le jardin. Bon, seulement pour ceux qui ont du temps et que le sujet intéresse particulièrement.

Manifestations

- ***Artiflore :** le dernier w-e d'avr.* C'est le rendez-vous des producteurs, des fleuristes et des amoureux des fleurs et des parfums enivrants. Vente d'artisanat végétal.
- ***Rencontres d'Art et d'Histoire de Trois-Rivières :** ts les 2 ans (années paires), en nov.* Une semaine de manifestations (expos, animations, conférences) autour d'une thématique amérindienne.
- ***Chantés Noël traditionnels :** en déc.* Dans les quartiers, avec les associations de la commune.

DANS LES ENVIRONS DE TROIS-RIVIÈRES

***La maison de la Banane** (hors plan par A1) : plantation Bureau, à **La Regrettée.** ☎ 05-90-92-70-75. 06-90-69-21-59. • maisondelabanane.com • Au bord de la N1, avt la D8 vers La Regrettée venant de Trois-Rivières. Lun-sam 9h30-12h, 14h-17h ; dim sur résa. Entrée : 8 € avec la dégustation ; réduc enfants.*
C'est une bananeraie de montagne... située à 350 m d'altitude. Ne souriez pas, d'abord la vue est superbe sur Les Saintes et Marie-Galante depuis le sommet de la colline. Et puis, cette modeste altitude implique tout de même un temps de maturité plus long pour les bananes (9 à 12 mois). La visite guidée permet de découvrir nombre d'arbres fruitiers, de plantes médicinales dont vous ignoriez sûrement tout et, bien sûr, plusieurs types de bananiers. On y apprend, entre autres, que les bananes qu'on mange sont toujours femelles, les mâles restant atrophiées sous la « popote » (comme quoi, le sexe fort n'est pas toujours celui qu'on croit). La visite vaut d'ailleurs surtout pour les explications enthousiastes de Nancy, la très énergique patronne. Ensuite, projection d'un petit film et visite du petit musée abritant photos et documents, puis dégustation de différentes sortes de bananes. Dans la boutique, créations originales confectionnées avec des feuilles de bananier (poupées, bracelets, chapeaux...). Bien sûr, ne ratez pas la pub légèrement macho et délicieusement surannée de l'entrée.
Allez aussi jeter un œil à l'autre musée, la ***maison du Planteur,*** inclus dans le prix. C'est une case de 1902 entièrement restaurée. On visite le salon, la cuisine, la chambre de Madame, celle de l'enfant, etc., le tout garni d'un mélange de mobilier et d'objets anciens et modernes : machines à coudre, robes de couturière, machines à écrire (Papa était commissaire de police !), etc.
Depuis peu, la maison propose également 3 ***gîtes,*** dont l'un au sommet de la plantation, avec une vue magique sur les îles.

***La plage de Grande-Anse** (hors plan par A2) :* située sur la route de Vieux-Fort. La plus populaire du coin, mais de sable noir, il faut aimer. Belle vue sur les Saintes et superbe environnement. Douches publiques. Prudence néanmoins : la mer, assez agitée, est dangereuse par endroits.

Randonnées pédestres

➢ ***La trace de la Grande-Pointe :*** jolie promenade bien balisée, sans difficulté (juste un passage les pieds dans l'eau), qui permet d'aller de l'*Anse Grande-Ravine* à l'*Anse Duquéry* en longeant le littoral (vue sur Les Saintes) en 1h15 aller. Départ (ou arrivée, selon le sens choisi) au bas du chemin de la *Grande-Pointe* que l'on prend sur la N1, 2,5 km avant Trois-Rivières quand on vient de Capesterre. Sur le parcours, vestige d'une batterie et d'une poudrière du XVIIIe s, d'un ancien moulin à vent du XIXe s (unique en Basse-Terre) dont les murs ne tiennent debout que grâce au « figuier maudit » qui les enserre. Différents paysages se succèdent : une côte austère, soumise à l'érosion marine et aux vents, puis le sous-bois où domine la forêt tropicale humide. Inconvénient : le parcours n'étant pas en boucle, il faut faire l'aller et le retour, sauf si l'on peut se faire déposer en voiture à l'une de ses extrémités. De l'*Anse Duquéry,* on peut aussi suivre le sentier de l'Acomat qui conduit directement à l'embarcadère de Trois-Rivières (ou qui remonte, dans l'autre sens, vers Trois-Rivières par le *chemin de la Coulisse*).

– ***Association L'Îlot Randos :*** *📱 06-90-28-78-01.* Évelyne Mazingant propose des randos sympas en petit effectif (compter 25 € la demi-journée), afin de découvrir une multitude de traces, rivières et cascades moins fréquentées que celles dont on parle d'ordinaire. Une association qui sort doublement des sentiers battus.

LA BASSE-TERRE

VIEUX-FORT (97114) 1 700 hab.

Belle portion de route de Trois-Rivières à Vieux-Fort, avec une vue remarquable sur Les Saintes et les monts Caraïbes. Aller jusqu'au phare de Vieux-Fort, qui domine un éperon rocheux et marque l'entrée de la rade de Basse-Terre. Mer agitée, paradis des véliplanchistes. Le village s'étale sur le flanc d'une colline, avec les toits rouges de ses maisons et le bleu de la mer en toile de fond.

UN PEU D'HISTOIRE

En 1635, les colons français L'Olive et Du Plessis s'y installèrent, après avoir combattu (et massacré, on peut le dire) les Indiens caraïbes qui s'y trouvaient : vivant de la pêche et de la chasse, ils avaient construit à cet emplacement stratégique un village important, qu'on peut imaginer entouré de jardins. Nos colons y construisirent un fort qui devint plus tard « Vieux-Fort », quand celui de Basse-Terre, l'imposant fort Delgrès, fut édifié. C'est la culture du tabac qui fera vivre, jusqu'au milieu du XXe s, ce coin de Guadeloupe.

Où manger ?

|●| *Ti Mèd Grill – En Bas Voûte Là :* *à la sortie de Vieux-Fort, à 2 km après le village, direction Basse-Terre, sur la droite de la route, face à la mer. ☎ 05-90-81-32-04. 📱 06-90-65-40-59. Tlj le midi et le soir jeu-sam. Plats du jour : 15 € ; sinon, 9-18 €. Le soir, slt des grillades.* Un grand *lolo* amélioré aux murs peinturlurés, dont le gros avantage est de profiter d'une immense terrasse surélevée braquée sur le grand large. Pas mal de locaux, venus bien sûr pour le cadre, mais aussi pour ses honnêtes farandoles de grillades et plats antillais : poulet rôti, brochettes de bœuf, *ribs,* fricassée de chatrou, lambis, poisson, langouste... Également une piste de danse le week-end.

|●| ***Il Faro :*** *156, rue du Phare, à la sortie de Vieux-Fort. En fait, le resto est juste avt le phare, sur la droite. ☎ 05-90-32-79-31. Ouv mer-dim midi et soir. Pâtes 17-20 €. Jeu soir, formule moules-frites 16 € (frites à volonté).* Idéalement situé sur un promontoire rocheux dominant le phare et la mer des Caraïbes, un lieu tenu par des Italiens qui font ce qu'ils savent faire : des pâtes ! Comme ces belles tagliatelles au thon, ces spaghettis noires aux Saint-Jacques et autres variantes selon les jours. On laissera un peu de place pour le tiramisù et la *pana cotta.* Le jeudi soir, changement de registre, on vient faire le plein de moules !

À voir

L'église : le clocher du XVIIIe s, fort bien restauré, a la particularité d'avoir été construit hors des murs.

L'ancien fort : *à gauche (venant de Trois-Rivières) de la D6 qui traverse Vieux-Fort (c'est fléché). Dans les ruines du fort, on trouve... un Centre de broderie et des arts textiles (☎ 05-90-92-04-14 ; tlj 9h-17h30). GRATUIT, petite obole bienvenue.* Cette tradition s'est transmise par ici de génération en génération depuis près de 300 ans. Expo-vente intéressante dans de vieux bâtiments, et prix... vraiment très élevés mais sans doute justifiés, étant donné le travail formidable de ces dames. Joli site avec vue sur un phare inauguré en 1955, à l'entrée de la rade, qui a rendu célèbre cette commune, la plus petite de l'île ; et belle vue sur la mer, évidemment.

Balades dans les monts Caraïbes

Les monts Caraïbes, qui protègent la région des quintes de toux de « la dame Soufrière », proposent quelques balades intéressantes. Celles-ci se font en aller simple et non en boucle.

➢ L'une d'elles démarre à ***Champfleury,*** hameau au sud-est de Gourbeyre. Compter environ 3h jusqu'à Vieux-Fort. Emporter de l'eau. De Vieux-Fort jusqu'à Champfleury : emprunter la route du stade jusqu'à un petit pont. Le chemin part sur la droite. Sentier mal balisé, réservé aux bons marcheurs. Traversée d'une belle forêt, parsemée de boqueteaux de bambous et de balisiers, avant de parvenir au *col du Grand-Acajou* (1h environ). Du col part un autre sentier de randonnée, vers la *marina de Rivière-Sens.* Pour Vieux-Fort, prendre à gauche. Peu après, belle vue sur les Saintes et les mornes environnants. Quelques passages assez raides avant de rejoindre *Ravine-Déjeuner.* Plus loin, à *Ravine-Grand-Fond,* nombreux palmiers royaux. Ne pas emprunter le chemin de gauche qui descend, mais suivre à droite le sentier qui grimpe sur le *morne La Voûte.* Plus tard, ignorer le sentier qui part à gauche et continuer à travers ce qu'on appelle une forêt sèche ou xérophile (nombreux arbustes de la famille des acacias). Un peu plus tard, ignorer de nouveau le sentier à gauche. Continuer en montant sur la droite. Peu de temps après, on parvient à la route qui mène à Vieux-Fort. Avec un peu de chance, on aura rencontré un iguane en cours de route...

BASSE-TERRE (VILLE) (97100) env 14 000 hab.

▸ Pour le plan de Basse-Terre (ville), se reporter au cahier couleur.

Sur la côte sud-ouest de la Basse-Terre, au bord de la mer, dominée par la masse imposante de monts verdoyants, voici la capitale administrative de

la Guadeloupe, qui abrite le conseil régional et la préfecture de l'île. Même si la ville a été classée, en 1995, « Ville d'art et d'histoire » (comme Pointe-à-Pitre en 2002), son charme reste très relatif pour le touriste de passage (à moins d'approfondir la visite avec la *Maison du patrimoine* ; voir plus loin « Adresses utiles »). Que ce soit l'aménagement du port autonome, du front de mer et des quartiers donnant sur la mer ou ce rond-point central, avec ses chevaux géants, qui n'atteint pas vraiment des sommets d'esthétisme... Basse-Terre vaut sans doute un petit coup d'œil en passant mais pas tellement plus... Et puis, bonne chance pour vous garer ! En revanche, belle promenade à faire sur le front de mer, quand la circulation se calme, et en toute sécurité.

UN PEU D'HISTOIRE

L'actuelle capitale administrative de la Guadeloupe fut, au moment de sa fondation, en 1643, la première ville des Antilles françaises. Elle fut longtemps un enjeu majeur des guerres franco-anglaises et fut plusieurs fois détruite. Son rôle de capitale diminua peu à peu, du fait de la fondation de Pointe-à-Pitre en 1759 et de son développement important. Car Basse-Terre, coincée entre mer et montagne, ne présenta jamais les conditions idéales pour devenir un grand port commercial. Et, aujourd'hui encore, quasiment tout le trafic maritime s'effectue par Pointe-à-Pitre.

Après l'épisode dramatique de l'éruption de la Soufrière en 1976 (voir encadré), la ville rentra dans le rang, et les gens revinrent chez eux. Pas tous, bien entendu, et d'ailleurs, Basse-Terre n'a toujours pas retrouvé sa population initiale. Nombre de petites entreprises qui avaient fermé n'ont jamais redémarré. Dans l'aventure, la capitale perdit sa position économique. Sombrant dans une douce léthargie, elle prit le rythme d'une aimable sous-préfecture de province lointaine. Les samedi après-midi et dimanche, la ville joue aux alertes atomiques : plus un chat dans les rues. Les soirs de semaine ne sont d'ailleurs guère plus animés. C'est pourquoi on ne séjourne guère à Basse-Terre.

UNE ÉRUPTION DRAMATIQUE

Lors de l'éruption de la Soufrière en 1976, Basse-Terre et ses environs (plus de 70 000 personnes) furent évacués totalement pendant 5 mois. Toute la vie économique, mais surtout administrative, se déplaça à Pointe-à-Pitre. Il y eut alors de violentes querelles entre scientifiques et autorités. Le célèbre vulcanologue Haroun Tazieff fut l'un des rares à pronostiquer l'extinction progressive de l'éruption et à critiquer l'excès des mesures de sécurité. Malheureusement, de nombreux habitants de la région vendirent leur maison pour une bouchée de pain.

Arriver – Quitter

En bus

***La gare routière principale** (plan couleur B2) : près du grand marché.*
Également un arrêt devant le palais de justice *(plan couleur B2)* pour se rendre à Saint-Claude.

➢ ***De/vers Trois-Rivières et Pointe-à-Pitre :*** ttes les 20-40 mn. *Société CAVT* (☎ 05-90-86-57-95).

➢ ***De/vers Vieux-Habitants, Bouillante et Pointe-Noire :*** ttes les 20-50 mn lun-sam 5h-19h env, et 2 bus les dim et j. fériés. *Société TCSV* (☎ 05-90-86-43-56. 📱 06-90-35-02-68).

En bateau pour les Saintes

Au départ du Port autonome *(plan couleur A1)*, ***CTM-Deher*** *(☎ 05-90-92-06-39)* assure 1 traversée les lun, mer et ven, départ 12h15. Compter env 27 € l'aller-retour. Prendre le billet sur le bateau même. Env 45 mn de navigation. Également avec ***Val'Ferry*** *(☎ 05-90-91-45-15, • valferry.fr •)*, 2 traversées les mêmes jours, à 7h et à 12h. Tarif semblable ; formule sans stress (tout compris, sur la journée) 59 €.

Adresses utiles

Maison du tourisme *(plan couleur A1)* **:** *au rdc du bâtiment administratif du Port autonome ; 2, cours Nolivos (pl. de la Mairie). ☎ 05-90-32-51-01. • maisondutourisme971@orange.fr • tourismebasseterre.com • Lun-ven 8h-17h ; sam 8h-12h.* Liste des hébergements sur Basse-Terre, plan de la ville gratuit. Organise, chaque dernier w-e du mois, *Les Rendez-vous de l'accueil* (voir « À faire » plus loin). Propose aussi des visites guidées de la Soufrière et du fort Louis-Delgrès, ainsi que des circuits de découverte à la demande. Vente de billets de bateau pour Les Saintes.

Maison du patrimoine *(plan couleur A1)* **:** *24, rue Baudot. ☎ 05-90-80-88-70. • patrimoine.bt@wanadoo.fr •* Visites guidées *(sur résa ; 5 €/pers)* du fort, et de la ville (5 pers min).

Poste *(plan couleur C3)* **:** *rue Amédée-Fengarol. Tlj sf dim 8h-17h (12h30 sam).*

Distributeurs de billets *(plan couleur A1, B2 et C3)* **:** nombreux en centre-ville.

Centre hospitalier de Basse-Terre : *rue Daniel-Beauperthuy, sous la rocade Nord. ☎ 05-90-80-54-54.* ***Urgences :*** *☎ 05-90-80-54-00.* ***SMUR :*** *☎ 05-90-80-54-01.*

Où dormir ?

Déserte dès la tombée de la nuit et la fermeture des magasins, Basse-Terre n'offre qu'un intérêt très limité aux touristes de passage. Mieux vaut pousser jusqu'à Saint-Claude, par exemple (chapitre suivant), ville voisine et charmante.

Prix moyens

Gîtes Le Colibri, chez M. Fred Blanchet *(hors plan couleur par D2,* ***10****)* **:** *886, av. Paul-Lacavé, à* ***Petit-Paris****. ☎ 05-90-81-89-70. 06-90-72-80-64. • giteslecolibri@orange.fr • Sur les hauteurs de Basse-Terre, presque en face du conseil régional. Studio 1-2 pers 300 €/sem (50 €/nuit) et apparts 3-6 pers 335-410 € (55-70 €/nuit). Sur présentation de ce guide, 10 % de réduc ainsi que des fruits et des fleurs.* Dans une villa toute blanche, entourée d'un grand jardin fleuri, 3 gîtes assez spacieux et bien aménagés, avec matelas orthopédiques. Salle de bains, cuisine, TV, petite terrasse privée, carbet et barbecue communs. Le F3 (6-8 personnes) du 1er étage offre une vue sur la Soufrière et la mer au loin (notre préféré). Grande pelouse avec arbres fruitiers à dispo en face de la maison. Accueil prévenant et bons conseils.

Le Domaine de Castel *(Gîtes de France ; plan couleur C1,* ***11****)* **:** *6, de la petite Guinée, à la Circonvallation. ☎ 05-90-81-14-67. De la rue Victor-Hugues, tourner à gauche dans le chemin de Circonvallation, en contrebas, avt la station Vito ; la maison est pile sur le carrefour en T, env 300 m plus loin. Jusqu'à 4 pers, 400-460 €/sem.* Dans un quartier résidentiel tranquille de Basse-Terre, vous voici dans une ancienne villa de l'évêché retirée dans un beau parc. Jolie vue sur la mer depuis le jardin et le charmant kiosque. 2 gîtes (3 épis) pour 4 personnes, dont un attenant à la maison de la gentille proprio et l'autre dans une dépendance du jardin (notre préféré). Confortable (cuisine, AC, TV, lave-linge) et correct. Piscine. Une adresse un rien désuète mais attachante.

Où manger ? Où boire un verre ?

Quelques adresses pour dépanner quand on est de passage.

Prix moyens

Le Phœnix (*plan couleur A1,* ***21***) : *3, rue Victor-Schœlcher. ☎ 05-90-81-50-56. À deux pas de l'office de tourisme. Tlj sf dim et j. fériés 12h-15h. Plats et salades 15-20 €.* Un petit resto de quartier sympa, où se retrouvent, dans une jolie salle climatisée, les travailleurs du coin pour la pause déjeuner. Dans l'assiette, belles salades-repas, cuisine créole ou métro. Plats à emporter. Accueil cordial.

L'Estrade (*plan couleur C2,* ***22***) : *3, rue de Lardenoy. ☎ 05-90-81-75-74. • restaurantlestrade@orange.fr • Lun-ven midi et soir, sam slt soir. Formules 16-36 € ; menu-enfant 8,50 € ; plats env 13-22 €. Tickets-restaurant acceptés. Digestif offert sur présentation de ce guide.* Le genre brasserie sur fond d'exotisme, avec une terrasse couverte et tables avec petites nappes et serviettes rouges. Bonne cuisine, à la fois antillaise et métro, avec notamment un bon choix de grillades. Quelques écarts dans le service de temps à autre. Comme son nom l'indique, le lieu est aussi réputé pour ses soirées – piano-bar ou mini-concerts – du week-end.

Relais des Saintes (*plan couleur A1,* ***25***) : *bd Général-de-Gaulle (face à l'embarcadère). ☎ 05-90-92-44-41. 06-90-34-66-31. Tlj sf mar, 11h-16h. Plats 9-12 €.* À 5 mn à pied du centre, voici une petite adresse à l'étage d'un édifice banal surplombant l'embarcadère et la mer. Quelques tables en terrasse aux toiles cirées colorées. Cuisine familiale très honorable. Voici l'un des rares restos ouverts le dimanche midi. Pratique quand on redescend de la Soufrière.

– Pour les motorisés, également un ou deux restos sympathiques à Saint-Claude (voir le chapitre suivant), également à *Baillif,* bourgade dans le prolongement nord-ouest de Basse-Terre, à quelques kilomètres par la N2, direction Vieux-Habitants.

Puncherie JPJF (*plan couleur B2,* ***26***) : *1, rue de la République. 06-90-24-03-11. Tlj sf dim tte la journée.* Au bout d'un étroit couloir qui débouche sur une minuscule courette où trône une petite imprimerie. Dans un coin, un lieu minuscule où l'on peut siffler de bons rhums artisanaux, ayant reçus la médaille d'argent au concours agricole 2011, c'est dire ! Quelques tables bricolées sur un bout de terrasse improbable pour poser une fesse et déguster un punch tamarin, coco, passion, citron vert et même cacahuète. Lieu rustique mais breuvages raffinés.

Caprice des Îles (*hors plan couleur par A1,* ***24***) : *bd du Père-Labat, à* ***Baillif.*** *☎ 05-90-81-74-97. • restaurant@capricedesiles.com • Pile sur la N2, côté gauche de la route en venant de Basse-Terre. Tlj sf dim soir, lun et mar soir. Plats 13,50-22,50 €. Apéritif maison offert sur présentation de ce guide.* Vaste terrasse ouverte sur la mer. Une adresse que tout le monde connaît dans le coin, où couples, familles et petits groupes se retrouvent dans une bonne ambiance locale et authentique. Il faut dire que l'accueil est toujours chaleureux et la cuisine constante : blaff de poissons à la nasse, vivaneau à la crème d'ail, colombo de cabri Grand-mère... le tout certes un peu classique, mais c'est bon, soigné et servi avec le sourire !

Chic

Le Jazzy (*plan couleur C2,* ***23***) : *bd Félix-Éboué. ☎ 05-90-25-50-02. • lykate@hotmail.fr • Tlj sf sam midi et dim. Plats 18-33 €.* Déco un peu kitsch (avec fauteuils arrondis en skaï) dans une salle à l'entresol, mais la cuisine est originale et excellente : vivaneau en croûte de lambis sauce espadon (hmm...), noisette de bœuf au foie gras, etc. Service délicat et attentif.

À voir

🞳 ***Le centre-ville*** *(plan couleur A1)* **:** pas énormément à voir, mais on peut flâner sans déplaisir dans les rues Baudot, Christophe-Colomb, Peynier et Père-Labat (maison des Corsaires). Vous pouvez également faire une intéressante visite guidée avec la *Maison du patrimoine* (voir plus haut « Adresses utiles »).

🞳🞳 ***Le grand marché*** *(plan couleur B2)* **:** *entrées rue de la République ou par le front de mer. Tlj sf dim 5h-13h. Fermé l'ap-m, chaleur oblige !* Il s'étend jusqu'au boulevard du front de mer. Particulièrement animé le samedi matin. Moins touristique que le marché central de Pointe-à-Pitre, et d'ailleurs les punchs et épices y sont sensiblement moins chers.

🞳🞳 **Le fort Louis-Delgrès** *(plan couleur D3)* **:** *entrée par la rue Evremont-Gene, 1re à droite après la poste, puis à gauche. ☎ 05-90-81-37-48. Tlj 8h30-16h30 (en théorie...). GRATUIT. Visite guidée sur demande. Parking à l'extérieur du fort (ne rien laisser de visible dans les voitures).*
Datant de 1649, ce magnifique fort se distingue par ses remparts massifs et ses nombreux bâtiments militaires. Le père Labat, dont on parle surtout en Martinique, l'avait déjà transformé en 1702, pour faire face aux Anglais, qui finirent d'ailleurs par l'occuper, en 1759. Une caserne importante fut édifiée par la suite, qui abrita, jusqu'au milieu du XXe s, des logements pour les sous-officiers. Table d'orientation au sommet. Dans le cimetière des soldats reposent le fameux amiral Gourbeyre, ancien gouverneur de la Guadeloupe, ainsi que le général Richepanse, envoyé de Napoléon pour rétablir l'esclavage et décédé de la fièvre jaune après sa victoire sur Delgrès. Notez l'ultime discours de ce dernier contre l'esclavage et l'émouvant monument érigé en 2002, en hommage aux larmes et au sang versés lors du suicide collectif, avec 300 de ses compagnons. Un mémorial assez original et de belle facture lui est consacré sur le bastion à gauche en entrant dans le fort.

🞳 ***La cathédrale*** *(plan couleur B1)* **:** *tlj 8h-11h30.* Construite au milieu du XIXe s par les jésuites, elle surprend par son inhabituelle façade baroque très XVIe s. Intérieur à voir.

🞳 ***L'église Notre-Dame-du-Mont-Carmel*** *(plan couleur C3)* **:** connue pour sa grotte où coule encore une eau qui aurait des vertus curatives, ainsi que pour sa Vierge censée détenir des pouvoirs de guérison.

🞳 ***La place du Champ-d'Arbaud*** *(plan couleur C1-2)* **:** grande esplanade dominée par son monument aux morts tout blanc. Quelques demeures coloniales, et surtout le jardin Pichon, où l'on trouve la *Scène nationale,* bâtiment en forme de Soufrière qui abrite spectacles, pièces de théâtre et expos.

À faire

– ***Les Rendez-vous de l'accueil*** **:** *avec la Maison du tourisme (se renseigner), le dernier w-e du mois.* Pot d'accueil des touristes, place Gerty-Archimède *(plan couleur B2-3).* Acras, danses et... ti-punch, forcément !

– ***Cours et stages de voile, plongée...*** **:** *au club nautique de Basse-Terre (hors plan couleur par D3), à la marina de Rivière-Sens, à* ***Gourbeyre.*** *☎ 05-90-81-39-96.* • *cnbt@wanadoo.fr* • Centre agréé par le ministère de la Jeunesse et des Sports. Propose des cours et des stages de voile (planche, cata, Optimist), plongée sous-marine (formation FFESSM), randonnées pédestres et canoë-kayak de mer. Pas très cher.

Plongée sous-marine

Peu fréquenté, le sud de la côte Sous-le-Vent livre des fonds marins particulièrement préservés, et souvent d'une richesse étonnante. De belles plongées en perspective, où débutants et confirmés découvriront la faune et la flore classiques des Antilles. La plupart des clubs sont regroupés autour de la plage de Malendure (voir plus loin).

Nos meilleurs spots

Les Trois-Pointes *(carte couleur Guadeloupe – la Basse-Terre, **20**) : sur la côte, tout proche du phare de Vieux-Fort.* Idéal pour les baptêmes et plongeurs de tous niveaux. Déluge de poissons coralliens au fond de cette crique protégée, entre rochers volcaniques et sable clair. Poissons-perroquets, demoiselles, papillons, mérous, balistes, trompettes, etc. Les plongeurs confirmés descendent le long d'une coulée de lave (- 20 m maximum) enrobée d'éponges et de gorgones.

Le Tombant du Fort *(carte couleur Guadeloupe – la Basse-Terre, **19**) : en contrebas du fort de Basse-Terre.* Pour plongeurs de Niveau 1 et confirmés. Magnifiques tranches de vie sous-marines sur ce petit tombant sauvage (- 6 à - 24 m). Évoluant entre éponges, gorgones et coraux resplendissants, des bancs compacts de gorettes rayées jaune et bleu, et peut-être quelques raies endormies sur le sable. Joli bal frénétique des poissons-coffres, perroquets, papillons, etc.

La pointe du Vieux-Fort *(carte couleur Guadeloupe – la Basse-Terre, **21**) : au sud du phare de Vieux-Fort.* Plongeurs de Niveau 1 minimum. Quelle chance ! On a vu des lambis vivants en explorant ce gentil plateau corallien, avant de dévaler un magnifique tombant vertigineux, où une armada de langoustes et de murènes se cache dans les failles du corail. Également des gorgones et éponges aux couleurs vives.

Autour des Saintes : voir plus loin « Nos meilleurs spots » aux Saintes.

DANS LES ENVIRONS DE BASSE-TERRE

La distillerie Bologne *(hors plan couleur par A1) : à la sortie de la ville, direction Baillif, sur la droite après le stade (panneau). ☎ 05-90-81-12-07. • contact@rhum bologne.fr • rhumbologne.fr • Lun-sam 8h-13h (fév-août), fermé w-e le reste de l'année. Visite de la distillerie fév-juil (entrée : env 6 € ; dégustation comprise).* Au milieu des champs de canne, cette distillerie familiale produit, entre autres, l'un des rhums blancs les plus réputés de Guadeloupe (considéré comme le « maillot jaune » des rhums !), en version 40°, 50° et 55°. Visite guidée des installations avec dégustation à la fin. Également une animation le dernier samedi du mois.

La marina de Rivière-Sens *(hors plan couleur par D2) : à 2 km du centre de Basse-Terre.* Marina assez récente faite, selon certains, pour « regarder les bateaux en suçant des glaces à l'eau ! ». Peut accueillir les yachts de 20 m maximum. Tous services pour les équipages de passage : ravitaillement, météo, assistance technique, téléphone-fax, etc. (contact sur VHF 68).

➢ ***Randonnées pédestres :*** à quelques kilomètres seulement, ***Gourbeyre*** est le point de départ de nombreuses randonnées, soit en direction du massif de la Soufrière, soit vers les monts Caraïbes. *(Rens sur l'état des traces auprès du Parc national : ☎ 05-90-80-86-00.)*

Chez Denis : ***Dolé-les-Bains,*** *entre Gourbeyre et Trois-Rivières, au niveau des eaux Capès (Bain des Amours). ☎ 05-90-92-14-43. • restaurantchez denis@gmail.com • Tlj sf mar (plus lun soir et mer soir hors saison). Congés : sept. Formules 14-30 € ; carte 25-30 €.* Dans une salle où sont exposés quelques artistes locaux, Denis vole de table en table pour proposer ses petits plats créoles, coquille de crabe, vivaneau à la vanille ou encore le nectar de lambis. Accueil adorable de Denis, glacier de son état : gardez de la place pour les desserts (délicieux flan coco à l'ancienne).

➢ Si l'on ne veut vraiment pas trop se fatiguer, balade facile jusqu'au ***col d'Acajou*** ; sinon, direction le ***bassin Bleu,*** par la route du Palmiste (2 km). Les plus courageux continueront vers la ***cascade de la Parabole*** (1h30 aller), pour bénéficier de superbes points de vue sur la Soufrière.

➢ Plus physique, la ***trace des étangs Madère et Roche.*** De Gourbeyre, aller en voiture au lieu-dit Moscou (fin de la D10) où se situe le départ de la rando. Alternance de portions plates et de raidillons, végétation de plus en plus dense. On traverse la rivière Petit-Carbet, puis, à l'*étang As-de-Pique* (altitude 732 m), quitter la trace qui continue tout droit vers le *Grand Étang* (voir plus haut, « Les chutes du Carbet et le Grand Étang ») pour prendre à droite. Après un raidillon, c'est l'*étang Madère,* puis l'*étang Roche* où apparaît la pierre de lave qui lui donne son nom. Nymphéas sur les bords. Compter de 1h15 à 1h30 pour l'aller.

➢ Au départ de Rivière-Sens, petite rando (1h30) possible aussi vers le ***mont Houëlmont*** (428 m). Se renseigner avant le départ (par prudence) auprès du Parc national *(☎ 05-90-80-86-00).*

SAINT-CLAUDE (97120) 10 300 hab.

À 530 m d'altitude, sur le versant sud de la Soufrière, cette charmante bourgade (à seulement 6 km de Basse-Terre) est entourée d'une exubérante végétation tropicale. On peut y voir, le long d'allées bordées de cocotiers majestueux, de superbes propriétés et des villas de style créole enfouies dans la verdure. On y trouve aussi le siège du *Parc national de la Guadeloupe* (voir plus loin « Le volcan de la Soufrière »), dont les informations et les conseils sont précieux aux nombreux randonneurs de la région.

UN PEU D'HISTOIRE

Ici, il convient de rappeler l'un des épisodes les plus sinistres du colonialisme français. En 1802, sous la pression des *békés* de Guadeloupe et de Martinique (et de la femme de Bonaparte, Joséphine de Beauharnais, elle-même issue d'une grande famille martiniquaise), Bonaparte charge le général Richepanse de rétablir l'esclavage, pourtant aboli sur l'île en 1794. Ainsi, après avoir désarmé les troupes composées d'Antillais à Pointe-à-Pitre, Richepanse gagne Basse-Terre et y rencontre la résistance de Louis Delgrès, officier noir commandant la place et républicain convaincu. Un court récit d'André Schwarz-Bart, le mari de Simone Schwarz-Bart (voir la rubrique « Livres de route » dans « Guadeloupe utile »), sobrement intitulé *La Mulâtresse Solitude,* raconte l'histoire de cette résistance et la tragédie qui y mit fin. En juillet 1802, l'esclavage fut rétabli, mais 2 ans plus tard naissait Victor Schœlcher... Un monument situé à Matouba (voir plus loin « Dans les environs de Saint-Claude ») commémore aujourd'hui l'héroïsme de ces hommes.

VIVRE LIBRE OU MOURIR !

Les troupes napoléoniennes butent sur Delgrès et ses 300 hommes qui se sont retranchés au-dessus de Saint-Claude. Plutôt que de se rendre, ceux-ci se font sauter au cri de « Vivre libre ou mourir ! » Dans les décombres, on trouva une seule survivante que l'on appela « la mulâtresse Solitude ». Enceinte, on attendit la naissance de son enfant, quelques mois plus tard, avant... de l'exécuter. Napoléon est un con.

Adresses utiles

Comptoir d'information de la mairie : *au rdc de la nouvelle mairie. ☎ 05-90-80-00-16. • ville-saintclaude.fr • Lun, mar et jeu 7h30-12h, 13h30-17h ; mer et ven 7h30-13h. Fermé le w-e.* Ce n'est pas un office de tourisme, mais on pourra vous donner un plan de la commune, quelques infos sur les traces de randonnées, les sites à visiter dans le coin, et une liste des hébergements, studios et chambres chez l'habitant.

Poste : *route du Camp-Jacob (D11), dans le bourg, sur la droite en montant vers la Soufrière.*

Distributeurs de billets : *à la* **poste** *et au* **supermarché Cora,** *situé à Desmarais, en descendant vers Basse-Terre.*

Arrêt des bus : *autour de la pl. du Marché. Bus pour Basse-Terre surtout.*

Où dormir ?

Pas mal de bonnes adresses à Saint-Claude, plutôt abordables et dans un cadre agréable.

Prix moyens

Gîte Les Bananes Vertes : *impasse des Gardénias. ☎ 05-90-99-34-73. • info@vert-intense.com • lesbananes vertes.fr • En direction de la Soufrière, prendre à droite juste avt la poste, puis à gauche au panneau ; c'est tt au bout de l'impasse. Doubles 60-80 €/nuit selon durée, petit déj compris ; lodges 2-5 pers à partir de 90 €/nuit. Repas possibles, sur résa (slt pour les résidents).* Les habitués de la Soufrière connaissent bien la société *Vert-Intense* et ses séjours complets de découverte sport et nature. Ne manquaient plus que ces chambres d'hôtes, petites mais charmantes et confortables, dans une maison en bois faisant face à une piscine. Lits doubles avec moustiquaire, cuisine, sanitaires et terrasse individuelle. Également de sympathiques *lodges* éparpillés dans un beau jardin, dont un avec jacuzzi. Idéal pour qui veut profiter des sorties randonnées et canyoning au départ du local situé un peu plus loin, sur la route de la Soufrière, à Morne Houël.

Gîtes Les Colibris, chez Mme Jeanine Ramassamy *(Gîtes de France)* **:** *30, allée des Sandragons, à* ***Matouba.*** *06-90-58-27-40. • jeanine.ramas samy@orange.fr • gitesguadeloupe lescolibris.fr • À 2 km du bourg, sur la route de Matouba, à gauche. Gîte à partir de 500 €/sem pour 2.* En contrebas de la « vieille dame Soufrière », dont on aperçoit le sommet par temps clair, voici 2 belles maisons abritant chacune un gîte (4 épis) pimpant et éclatant (murs blancs, plafond à poutres et mobilier choisi), pour 2 à 4 personnes. Grand confort : 1 ou 2 chambres, séjour avec canapé clic-clac, cuisine super équipée, salle de bains avec douche hydromassante, lave-linge, TV, terrasse, barbecue avec vue sur la mer et... clim naturelle ! En prime, un jardin fleuri dont s'occupe avec dévotion Jeanine, la charmante propriétaire, vraiment aux petits soins pour ses hôtes. Une excellente adresse appréciée de nos lecteurs.

Gîtes Karambol : *49, résidence Gabriel, à* ***Belfond.*** *☎ 05-90-80-33-71. • giteskarambol@wanadoo.fr • ouloger.com/gites-karambol • De Basse-Terre par la N3, route de Belfond à droite (panneau), puis la 1re à droite ; c'est un peu plus loin sur la gauche. Selon saison, compter 320-440 €/sem pour 2-4 pers. 1er petit déj offert.* Dans une maison blanche entourée d'un jardin fleuri avec vue sur la campagne généreuse, 3 studios (2-4 personnes), agréables et bien équipés : salle de bains, cuisinette (mezzanine basse de plafond dans un des gîtes), ventilo, TV, etc. Petite piscine et gentil coin lecture en terrasse.

Plus chic

Habitation Matouba *(label Association guadeloupéenne d'écotourisme)* **:** *Petit-Parc-Saint-Claude. ☎ 05-90-80-09-28. • habitationmatouba@orange.fr •*

LA BASSE-TERRE

habitationmatouba.com • À 500-600 m de la mairie de Saint-Claude sur la route de Matouba, côté gauche. Gîtes 2-5 pers 100 €/nuit, 490-630 €/sem. Au cœur d'un superbe parc floral de 3 ha en pente douce, 3 gîtes (2-4 personnes) dans une ancienne habitation composée de 2 duplex et d'un studio en contrebas : cuisine équipée, salle d'eau, terrasse ouverte sur la nature et lits avec moustiquaire. Également une spacieuse chambre nichée dans un cottage colonial entouré d'une galerie, avec cuisine ouverte et salle de bains. Partout, de jolis meubles anciens et un charme certain. Accueil chaleureux de Nicole, comédienne de son état, qui vous fera lire le « dérèglement intérieur » de la maison... Voir aussi *La Table du Petit Parc,* dans « Où manger ? ».

Les Cycas : *route de Matouba. ☎ 05-90-32-56-26. • les.cycas@wanadoo.fr • lescycas.gp • Juste un peu avt l'*Habitation Matouba, *sur la droite (bien fléché depuis la mairie de Saint-Claude). Tél avant, les proprios n'habitent pas sur place. Pour 2 pers, 76-95 €/nuit et 490-595 €/sem, selon saison. Réduc de 10 % à partir de 7 nuits sur présentation de ce guide.* Une petite dizaine de logements disséminés dans un vaste parc rythmé par des cascades et un plan d'eau. Ce très beau site au pied de la Soufrière, où la végétation offre son exubérance sans modération, propose 4 studios et 4 duplex avec mezzanine, dans un style néocréole, avec des lits en bois du Brésil et un mobilier classique. Tous confortables (cuisine, AC, TV satellite) et parfaitement tenus. Buanderie et lave-linge communs. Ambiance un brin confidentielle qui prête à la rêverie et très bon accueil.

Hôtel Saint-Georges : *rue Gratien-Parize. ☎ 05-90-80-10-10. • info@hotelstgeorges.com • hotelstgeorges.com • De la N3 qui monte à Saint-Claude, tourner à droite après la gendarmerie, au niveau de l'hôpital de Montéran, avt le bourg (panneau). Double 90 €, 110 € avec petit déj. Réduc enfants et tarifs séjours possibles.* Avant tout pour ceux qui cherchent un hôtel. Pour les autres, nos adresses précédentes conviendront beaucoup mieux. Une quarantaine de chambres plutôt vieillottes, avec AC, TV (au comportement erratique...) et balcon, dans un bâtiment sans charme. La plupart (sauf les suites) donnent sur une grande piscine. Billard, squash et salle de fitness. Fait également resto. Bon accueil.

Où manger ?

Le Tamarinier : *rue Robert-Thamas, dans le centre du bourg. ☎ 05-90-80-06-67. Dans la rue qui descend le long de l'église, en face de la police municipale, sur la droite. Fermé mer, sam soir et dim soir. Congés : juil. Formule 14 € ; plats env 12 €. Apéritif maison offert sur présentation de ce guide.* Un petit resto simple proposant, midi et soir, deux ou trois options créoles, comme le poisson en court-bouillon, le « p'tit bandit au poulet », l'espadon coco ou le « requin étouffé à la tomate »... Bon et pas cher. De plus, accueil amical de Gary, qui est aussi, en dehors de la restauration, un homme de théâtre.

La Table du Petit Parc : *dans le parc de l'*Habitation Matouba *(voir plus haut « Où dormir ? »). ☎ 05-90-95-67-42. Le soir jeu-sam, et dim midi, mais attention, slt sur résa. Congés : août. Menu 35 €. Ti-punch ou jus de fruit frais offert sur présentation de ce guide.* Joliment installé dans l'ancienne « case nègre » de l'habitation, ce resto distille une ambiance de brocante chic, avec ses vieux buffets, ses éclairages tamisés et ses tables en bois bien mises. Avec Christophe Moreau aux fourneaux, et sa femme Louise, en salle, vous dégusterez une cuisine créole revisitée (au choix un poisson ou une viande), au gré des recettes du chef et des produits du marché. Les desserts, qui ne sont pas mal non plus, et la carte des vins (prix raisonnables) achèveront de vous faire passer un délicieux moment dans tous les sens du terme. Une halte de choix sur votre parcours, mais résa impérative car l'adresse est appréciée aussi bien des touristes que des locaux !

DANS LES ENVIRONS DE SAINT-CLAUDE

À voir. À faire

La Bonifierie (label Parc national de la Guadeloupe) **:** *route de Petit-Paris, à* ***Morin.*** *☎ 05-90-80-06-05. Du bourg, prendre à droite devant la poste et suivre la route sur env 4 km. Tlj sf lun 10h-16h. GRATUIT.* L'*habitation Espérance,* dont les bâtiments rénovés datent de 1760, était une ancienne sucrerie avant d'être reconvertie en caféière. Alimentée en eau par un grand aqueduc, une impressionnante roue à godets active un antique moulin qui servait de déceriseuse – soit le décorticage des cerises de café.

Ti Café : *sur place. Plats 18-20 €.* Un agréable resto qui propose des spécialités à base de produits locaux (notamment de la bonne viande bio !), ainsi que des desserts à base de chocolat. N'hésitez pas, le lieu jouit d'une excellente réputation !

Le site historique du 28 mai 1802 (stèle Louis-Delgrès) : une plaque commémore le sacrifice du commandant Delgrès et de ses hommes, le 28 mai 1802 (voir plus haut la rubrique « Un peu d'histoire » de Saint-Claude). Elle se trouve dans le secteur de ***Matouba,*** à l'intersection de la route N3 et de la route de Morne-Savon, à environ 1,5 km au nord de Saint-Claude. C'était l'emplacement de l'ancienne habitation d'Anglemont.

– ***Randonnées pédestres, aquatiques et canyoning :*** *avec* ***Vert-Intense*** *(label Parc national de la Guadeloupe), route de la Soufrière, Morne Houël (env 500 m après la poste). ☎ 05-90-99-34-73. 📱 06-90-55-40-47. • info@vert-intense.com • vert-intense.com • Bureau ouv lun-ven 8h-16h. Env 45 €/pers la journée.* Propose de belles « aqua-randos » accessibles à tous. Cinq accompagnateurs en montagne vivant sur l'île et diplômés pour les différentes activités encadrent ces sorties qui respectent le code de l'écotourisme (tout comme le font les chambres d'hôtes, voir plus haut). On commence par 30 mn de marche dans la forêt, puis, une fois équipé d'une combinaison, on suit le lit d'une rivière. Également de bons plans canyoning et des randonnées pédestres à la Soufrière (boucle de 5h). Groupes jusqu'à 12 personnes en randonnée et 6-8 personnes en canyoning.

– ***Balades à cheval :*** *avec* ***Manade,*** *section Saint-Phy. ☎ 05-90-81-52-21. • poulet.la.manade@wanadoo.fr • Env 25 € pour 1h à 1h30 de balade (groupes de 4-20 pers).* Du débutant au confirmé, propose de belles chevauchées dans la végétation tropicale.

– Voir également la rubrique « À faire » à Basse-Terre, plus haut.

Randonnées

À noter que l'accès à la ***cascade Vauchelet,*** devenu dangereux, est aujourd'hui interdit au public.

➢ ***Le saut d'eau du Matouba :*** *au nord de Saint-Claude.* Pour y aller, prenez la route de Matouba, tournez vers la stèle Louis-Delgrès, longez la bananeraie et, après l'usine d'embouteillage de Matouba, prenez la deuxième à gauche, et garez-vous au niveau de l'abri plus loin. De là, un sentier mène en 30 mn environ à la rivière Saint-Louis mais, attention, vu son état (mais cela peut changer), la balade comporte des passages délicats. Plutôt pour les marcheurs expérimentés. On remonte en fait le lit de la rivière jusqu'à la cascade, qui tombe de 5 m en jaillissant d'un goulet volcanique. Autre mise en garde, la baignade en dessous de la chute est très dangereuse : ne pas s'y frotter directement, car le saut d'eau est réellement très puissant (cas de noyade avérés) ! Sauf pour les mulets (poissons de rivière) qui y barbotent placidement...

➢ ***Les bains chauds du Matouba :*** compter 3h aller-retour, par une trace qui peut être assez boueuse sur la fin du parcours. Départ de la maison forestière de Matouba (677 m) comme pour les traces Victor-Hugues et Merwart (voir plus loin). Le sentier débute par une large allée ombragée de pommes-roses et une forêt de pins caraïbes et d'eucalyptus australiens. Après environ 30 mn d'ascension, tournez à droite à la bifurcation (panneau) et descendez le sentier en lacet qui vous mènera à une rivière, qu'il faut traverser (à pied sec, du moins s'il ne pleut pas !). Puis, 1,5 km plus loin, dans un décor de gommiers blancs odorants et de châtaigniers, prenez à gauche et, quelques centaines de mètres plus loin, longez la tuyauterie (toujours chaude) jusqu'à la clairière et la zone de captage qui alimente, plus bas, l'ex-centre thermal Harry Amouzin. Là se trouve un bassin rempli d'une eau à 40 °C, avis à ceux qui rêvent d'un bon bain ! Pour le retour, revenez sur vos pas ou bien, après la descente quelque peu glissante, tournez à gauche à l'intersection pour rejoindre en moins de 1h le plateau Papaye et arriver face à la *clinique des Eaux-Vives*. Beau point de vue (on est à 850 m d'altitude, dans la zone habitée la plus élevée de Guadeloupe) et charmants jardins de cultures vivrières et maraîchères. En revanche, si vous choisissez cet itinéraire de retour, il faut prévoir un véhicule à l'arrivée.

➢ ***Les traces Victor-Hugues et Merwart :*** déconseillées sans guide patenté. Ces traces rejoignent Montebello et Vernou en 8 à 10h. Point de départ commun : la maison forestière de Matouba (677 m). Se munir d'une carte IGN, emporter de l'eau, un bon pique-nique et des vêtements imperméables. Traces réservées aux bons randonneurs. Sauvage et souvent boueux. Niveau difficile : il faut 5h pour atteindre le refuge de Matéliane (en mauvais état), après avoir traversé la Savane-aux-Ananas et avoir longé les mornes Bontemps et Sans-Toucher. Peu après Matéliane, une bifurcation : prendre à droite en direction du morne Belair (à gauche, c'est la *trace Merwart* qui se poursuit en direction de Vernou). On longe la rivière Palmiste et on traverse la forêt Sarcelle, avant de descendre sur la Côte-au-Vent (Montebello).

➢ ***La trace Carmichaël :*** déconseillée depuis un glissement de terrain survenu en 2009 (mais un itinéraire « bis » est en projet !). Pour ceux qui voudraient quand même s'y rendre, compter 5h de marche. Point de départ soit à la Savane-à-Mulets (au pied de la Soufrière), soit à la maison forestière de Matouba (ce sont les deux extrémités). Avoir une voiture qui vous attend à l'arrivée, car ce n'est pas une boucle. Climat très humide. Être bien chaussé. Vue fantastique sur les tourbières et les savanes. Près de Matouba, belle forêt et possibilité de se baigner prudemment à la rivière Rouge.

LE VOLCAN DE LA SOUFRIÈRE

C'est le point culminant des Petites Antilles (1 467 m). Peu de chance d'apercevoir son sommet, souvent dans la brume. Sur ses pentes, il tombe près de 10 m d'eau de pluie par an, ce qui constitue un des records de pluviométrie dans le monde ! Dans la journée, il arrive que le sommet soit dégagé soudain quelques instants. C'est alors un merveilleux spectacle, surtout si vous n'êtes pas loin de l'atteindre.

➢ En juin, le *Volcanotrail* rassemble des randonneurs de haut niveau pour une course sportive de 42 km dans tous les massifs autour de la Soufrière et au sommet du volcan.

UN PEU D'HISTOIRE

La Soufrière possède plusieurs bouches éruptives actives. Le cratère sud est le plus puissant, raison pour laquelle il est interdit d'accès. Le gouffre Tarissan porte quant à lui le nom d'un vétérinaire qui, selon la légende, y serait tombé en voulant y jeter une pierre. La Soufrière connut plusieurs éruptions au cours des derniers siècles (au XXe s, deux seulement : en 1956 et 1976), toutes phréatiques, c'est-à-dire faites d'émissions violentes de vapeurs et de gaz mélangés à des roches et de cendres projetées à la surface par accumulation de la pression et de la chaleur. Des conséquences géophysiques extrêmement spectaculaires, qui menèrent à un exode massif en 1976. La Soufrière reste aujourd'hui le centre d'activités « fumerolléennes » permanentes, qui dégagent des odeurs soufrées caractéristiques (œuf pourri). Le volcan est sous la surveillance permanente de l'Observatoire sismologique et volcanologique de la Guadeloupe. Attention, les fumerolles acides peuvent être très toxiques, mieux vaut donc éviter les abords des cratères !

Volcano Park, un projet très controversé

« Scandale ! On veut toucher à notre Vieille Dame ! » comme on appelle ici respectueusement le volcan de la Soufrière. Ainsi s'exprime une majorité des habitants de la Basse-Terre. En effet, un projet de téléphérique devant mener les visiteurs de Beausoleil à Savane-à-Mulets est à l'étude depuis 2010.
Présenté par un porteur privé, l'idée se heurte, on s'en doute, à une forte résistance locale des mouvements écologiques.
De quoi s'agit-il ? Enrobé sous une terminologie un rien pompeuse, le *Volcano Park* comprendrait un complexe touristique situé à Beausoleil (avant l'entrée du parc), d'où partirait un téléphérique à 3 stations, les deux derniers arrêts, « Gare Bains Jaunes » et « Savane-à-Mulets » se situant à l'intérieur même du parc. Or, rappelons que nous sommes dans un Parc national, théoriquement inviolable, surtout par des structures lourdes comme celles d'un « transport par câble aérien ».
L'argument principal pointe du doigt l'actuelle difficulté d'accéder au site, point de départ de randonnées du volcan. Mais de nombreuses questions sur les conséquences environnementales d'un tel projet se posent : intervention d'engins lourds, pollution visuelle, dérangement de la faune et de la flore, nuisances sonores, etc. La sécurité générale se révèle par ailleurs très incertaine dans cette zone volcanique. La privatisation rampante (avec accès payant évidemment) d'un site appartenant à tous est également dénoncée. Quant aux effets positifs sur l'économie et l'emploi local que l'on promet, ils restent à démontrer.
Le *Volcano Park* en est encore au stade des études de faisabilité, d'impact environnemental, de sécurité et autres compléments d'informations. Gageons qu'il retournera gentiment dans ses cartons, laissant simplement derrière lui quelques fumerolles vite dissipées.

Adresses utiles

■ ***Siège du Parc national de la Guadeloupe :*** *Montéran, 97120 Saint-Claude. ☎ 05-90-41-55-55. • guadeloupe-parcnational.fr • Lun-ven 8h30-12h, 14h-17h.* Infos sur le parc, et notamment sur l'état des traces (sentiers de randonnée), assez changeant. On peut aussi s'y procurer quelques brochures utiles, notamment le petit dépliant sur la Soufrière, qui contient un plan du secteur.

■ ***Prévisions météo :*** *☎ 0892-680-808 (prix d'un appel local). Répondeur 24h/24. Bulletin climatologique au ☎ 05-90-89-60-60 ou 63.*

■ ***Randonnées guidées :*** plusieurs agences proposent de vous guider dans vos pérégrinations guadeloupéennes. Intéressant à plus d'un titre : non seulement certaines traces s'avèrent ardues à suivre, mais en plus, les guides donnent des explications sur la faune et la flore.

– ***Vert Intense*** *(label Parc national de la Guadeloupe)* **:** *route de la Soufrière (env 500 m après la poste de Saint-Claude).* ☎ *05-90-99-34-73.* 📱 *06-90-55-40-47.* • *vert-intense.com* • *Lun-ven 8h-16h.* Outre des « aqua-randonnées » (voir plus haut « À voir. À faire » dans le chapitre sur Saint-Claude), ils proposent des randonnées pédestres à la Soufrière et dans tout le secteur. Très bon accueil et guides diplômés.

– ***Ziontreck*** *(label Parc national de la Guadeloupe)* **:** *route de la Soufrière.* ☎ *05-90-92-43-12.* 📱 *06-90-55-06-38.* • *guadeloupe-ecotourisme.fr* • Découvertes approfondies de la Soufrière. Sérieux et écolo. Propose aussi des bivouacs.

– ***Club des montagnards :*** *BP 45, 97120 Saint-Claude.* ☎ *05-90-94-29-11.* • *clubdesmontagnards.com* • Un club qui existe depuis une bonne centaine d'années ! Les randonnées, de différents niveaux, sont gratuites ; il suffit de se rendre au lieu de rendez-vous (voir leur programme de sorties) et de se présenter au guide.

Randonnées de la Soufrière

Toute la région est, bien entendu, propice à la randonnée pédestre.

Conseils

Avant de partir, informez-vous sur les conditions météo et vérifiez l'état des traces en téléphonant ou en vous rendant au siège du Parc national de la Guadeloupe (voir ci-dessus « Adresses utiles »). Les intempéries et les mouvements de terrain qui surviennent de temps à autre peuvent modifier sensiblement certains itinéraires de randonnée.

RESPECTEZ ABSOLUMENT LES PANNEAUX D'INTERDICTION. Sachez aussi que les interdictions indiquées dans ce guide peuvent être levées à tout moment et sans préavis, alors **vérifiez toujours les infos** auprès du parc. Munissez-vous de bonnes chaussures, car la grimpette n'est pas aisée, ainsi que de bons vêtements de pluie, le crachin, là-haut, détrempant tout. Prévoyez aussi des vêtements de rechange (à laisser au sec dans la voiture).

Cartes

Si vous partez sans guide, on vous recommande de vous munir de la carte IGN du secteur où vous comptez randonner. Sinon, pour la Soufrière, le petit dépliant remis par le Parc national de la Guadeloupe, qui contient un plan de la zone du volcan, est déjà un bon document.

➢ ***Le tour de la Soufrière :*** y aller dès l'aube, vous n'aurez pas nécessairement plus de chances de voir le sommet du volcan dégagé mais, au moins, vous éviterez la foule. Il y a plus de monde aussi le week-end qu'en semaine. En voiture, on traverse d'abord une forêt dense et on aboutit aux ***Bains Jaunes,*** sur la route D11 de Saint-Claude à la Soufrière. C'est ici qu'il faudra laisser votre véhicule. On emprunte le *pas du Roy,* sentier pavé par l'armée coloniale en 1887, qui fut longtemps le seul accès au volcan. À travers l'une des forêts primaires les mieux

SOUFRE ANTI-DOULEUR

C'est en 1887 qu'ont été construits (par l'infanterie de marine !) les deux bassins mitoyens des Bains Jaunes, fréquentés à toutes les heures de la journée... et même de la nuit, dit-on ! Incroyables bassins d'eau chaude (tiède, plutôt, car toujours en mouvement) qui font le bonheur de ceux qui viennent de grimper dur. Profitez-en, c'est gratuit, et le soufre a de bons effets sur vos rhumatismes.

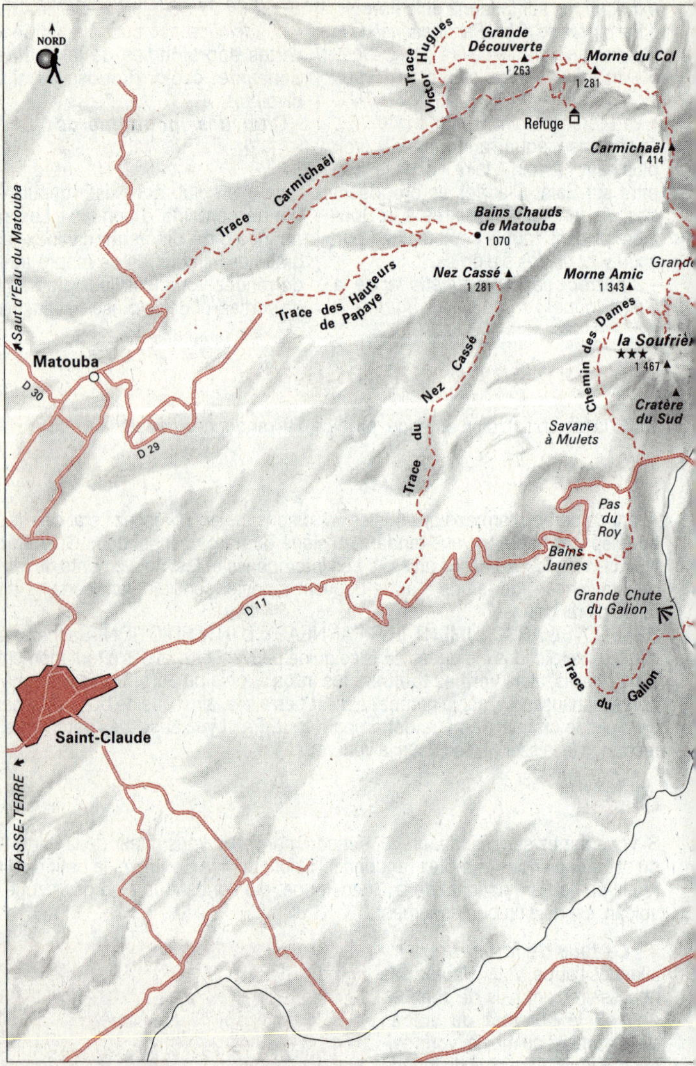

conservées des Petites Antilles, ce sentier conduit en 40 mn à la Savane-à-Mulets, au pied du dôme de la Soufrière. De cet ancien parking désormais fermé, la vue sur Basse-Terre est magnifique.

À 100 m sur la gauche, à partir de ce point, se trouvent de nombreux solfatares, sortes de cheminées laissant échapper des fumerolles à l'odeur d'œuf pourri,

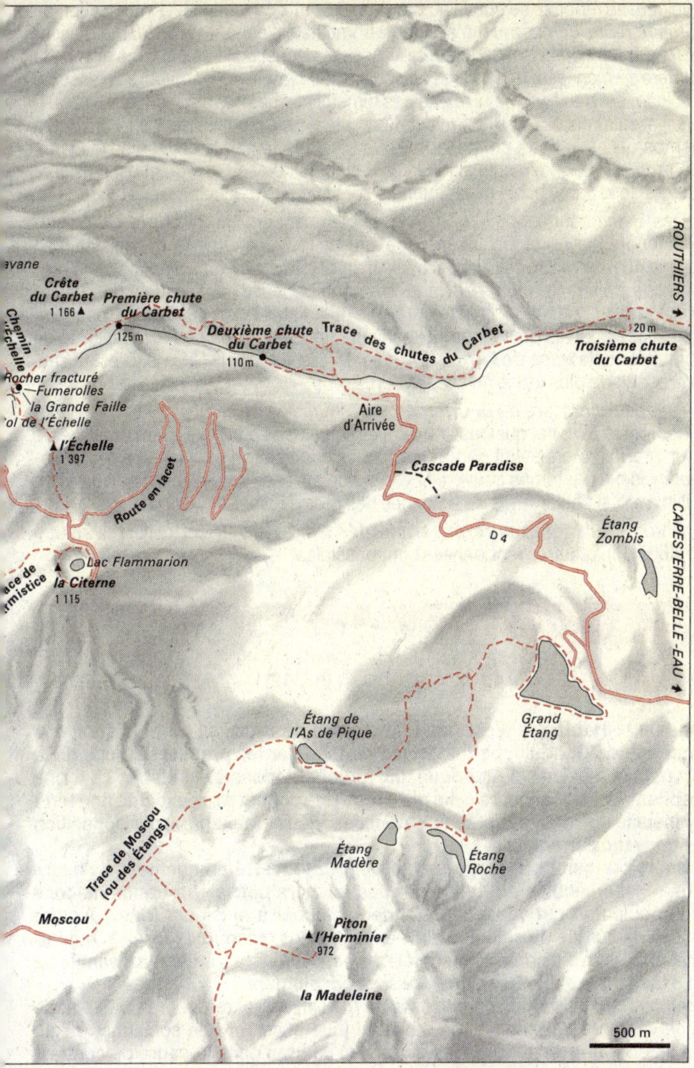

LE MASSIF DE LA SOUFRIÈRE

caractéristiques de la Soufrière... À la bifurcation, prendre à gauche pour finalement arriver à la Savane-à-Mulets. Compter 30 mn de marche aller simple. Attention : pavés glissants en cas de pluie.

Ensuite on attaque réellement les flancs du volcan par le *Chemin des Dames.* Tout le long vous trouverez des panneaux avec devinettes sur la faune, la flore et l'histoire du volcan. La réponse se trouve au panneau suivant : ça motive ! À l'intersection de la *Grande Faille,* grimpez jusqu'à la partie sommitale (fléché, environ 20 mn d'escalade). Là-haut, nombreux gouffres, crevasses et pitons, où le volcanisme actif de la Soufrière se manifeste de façon spectaculaire. Le cratère sud, soupape de sécurité du volcan, est une fissure qui rejette des fumerolles chaudes (vapeurs et eau bouillantes) et sulfureuses dans un bruit comparable à celui d'un réacteur d'avion. Selon le temps qu'il fait, cette promenade sur le sommet demande environ 30 à 45 mn. ***Attention*** aux dégagements acides très dangereux de certains gouffres. Plusieurs secteurs de la partie haute de la Soufrière sont interdits d'accès.

➢ Des Bains Jaunes, belle balade possible aussi jusqu'à la ***chute du Galion*** (compter 2h30 aller-retour) ; la cascade, qui fait tout de même 60 m (mais on n'en voit que 40 m environ) est bien jolie, avec sa paroi orange ferrugineuse, et la promenade à travers la forêt est sympa, bien que boueuse. Chaussures de marche indispensables. Attention, la dernière partie du trajet, à l'aide des cordes, peut être dangereuse pour les personnes inexpérimentées ! Après cette trace, possibilité de poursuivre sur la ***trace de l'Armistice*** (très difficile) jusqu'à la *Citerne.* C'est fléché. Compter 2h de plus (donc 4h aller-retour).

➢ ***Balade au cratère de la Citerne :*** *à environ 1 km de la Savane-à-Mulets.* Sur les bas-côtés à droite, quelques fumerolles (vapeurs et eau bouillantes). La *Citerne* est un grand cratère éteint dont le fond est occupé par un petit lac, malheureusement invisible par temps couvert. C'est ici que s'élève l'un des relais de télévision de l'île avec, à côté, toutes les antennes des radios libres.

➢ ***Pour les randonneurs expérimentés :*** muni de la carte IGN 1/25 000 (réf. 4605GT), d'autres randonnées sont possibles.

VIEUX-HABITANTS (97119) 7 900 hab.

Non, Vieux-Habitants n'est pas une maison de retraite ! La plus ancienne commune de Guadeloupe fut fondée en 1636 par les premiers colons de la Compagnie des isles d'Amérique, qui furent autorisés à s'y établir. Le terme « habitant » désignait alors celui qui a reçu une concession, exploite une terre et y installe une habitation. D'où le nom de « Vieux-Habitants », par opposition aux nouveaux arrivants.

La seule curiosité du village est son église (ouverte uniquement à l'heure de la messe), édifiée au XVIIe s par des ouvriers bâtisseurs francs-maçons du Limousin, et qui possède un curieux clocher à plusieurs toits... À cette époque, la culture du café assurait l'essentiel des ressources locales. Aujourd'hui encore, trois habitations caféières perpétuent la tradition artisanale de cet excellent arabica très doux. À visiter absolument.

Signalons que l'association *Verte Vallée (La Grivelière)* œuvre à la sauvegarde de ce véritable patrimoine communal et joue aussi un rôle social non négligeable en fournissant du travail à pas mal de bras dans le cadre de contrats d'insertion. Également à découvrir, le 1er vendredi après l'Avent (soit fin novembre-début décembre) : le *Noël Kakado,* qui fait revivre un certain nombre de festivités traditionnelles et attire pas mal de visiteurs de toute la Guadeloupe.

Arriver – Quitter

En bus : arrêt devant la boulangerie *Cœur d'Épi* pour les liaisons avec Pointe-à-Pitre, Bouillante et Pointe-Noire. Arrêt devant l'église pour les bus reliant Basse-Terre (ville).

➢ ***De/vers Pointe-à-Pitre par les Mamelles (route de la Traversée) :*** à peine 2 bus/j. (6h15 et 14h depuis

Vieux-Habitants), et aucun le dim. *Société TCSV : ☎ 05-90-86-43-56. 📱 06-90-35-02-68.*

➢ ***De/vers Bouillante, Pointe-Noire et Basse-Terre (ville) :*** d'un côté comme de l'autre, ttes les 20-30 mn lun-ven 5h-18h env ; ttes les 30 mn le sam (dernier bus vers 14h), et 4 bus les dim et j. fériés. *Société TCSV.*

Infos utiles

✉ ***Poste :*** *bd Habissois-Souverains, devant le cimetière. Ouv 7h30-12h, 14h-16h. Fermé mer ap-m, sam ap-m et dim.*

■ ***Distributeur de billets :*** *à la* **poste.**

Où dormir dans les environs ?

De bon marché à prix moyens

🏠 ***Habitation Dieudonné :*** *vallée de Beaugendre. ☎ 05-90-99-57-20. 📱 06-90-72-05-58. • habitation.dieudonne@laposte.net • habitationdieudonne.net • À 5 km de Vieux-Habitants. En arrivant dans Marigot depuis Bouillante, tourner à gauche après le pont et la boulangerie. C'est 2 km plus loin, en contrebas du château d'eau. Gîtes 250-450 €/sem pour 2 pers selon saison, 60 €/nuit. 1er petit déj offert.* Littéralement perdues et noyées dans une superbe forêt tropicale, 3 cases en bois indépendantes dont le charme nous a fait fondre... Tout est peint en blanc, la déco assurée par des touches de couleurs savamment distillées de-ci de-là. Partout des terrasses croquignolettes, et un confort douillet malgré la simplicité. Pas de clim, assurée naturellement par des ouvertures bien pensées (moustiquaires, évidemment). Accueil formidable de la très sympathique Maryline qui vous offrira volontiers un jus de fruits frais de son jardin. La musique ambiante est celle de la rivière qui invite à la baignade dans ses vasques naturelles. Une adresse pleine d'esprit, à la fois douce et puissante, dans un cadre de rêve. Gros coup de cœur !

🏠 ***Dampierre Locations :*** *plage de l'Étang, BP 15. ☎ 05-90-98-53-91. • alain.dampierre@wanadoo.fr • dampierre-locations.com • Sortie nord de Vieux-Habitants à gauche ; c'est indiqué depuis la N2, dans un virage. Ne pas craindre la piste qui y mène : aller jusqu'à la plage, puis continuer sur la piste à droite qui s'éloigne de la mer, sur env 400 m. Gîtes 2-4 pers à partir de 40-70 €/nuit, 235-415 €/sem selon saison et capacité. Petit déj 7 €. Plats à partir de 10 €.* Dominant mer et campagne, dans un cadre assez idyllique, voici 4 agréables gîtes (2-4 personnes) bien aménagés et impeccables. Équipement très complet : kitchenette, salle d'eau, ventilo, TV... et même des lecteurs DVD. On y fonctionne totalement au solaire, même si EDF devrait débarquer un de ces quatre matins... Service de restauration aussi, ce qui est bien pratique vu la situation un peu isolée du lieu. Une très belle adresse !

🏠 ***Bungalows Les Cocotiers, chez Anne Marty*** *(label Parc national de la Guadeloupe)* ***:*** *plage de l'Étang. ☎ 05-90-98-33-18. • gitescocotiers@gmail.com • bungalows-cocotiers-guadeloupe.com • Même direction que* Dampierre Locations *; c'est juste avt, sur la gauche. Compter 310-560 €/sem pour 2-4 pers. CB refusées. Panier petit déj (et, si séjour de 1 sem, dîner d'accueil) compris. Également des forfaits séjour + plongée ou séjour + massages. Pour 1 sem sur place, une activité découverte offerte de mai à mi-déc sur présentation de ce guide.* Dans un cadre fleuri et agréable, un peu comparable à celui de l'adresse précédente, 2 studios (bungalow commun, pratique pour les familles) confortables et bien tenus, avec vue sur le bleu des Caraïbes entre les cocotiers. Déco simple, chambre avec moustiquaire et ventilo, salle de bains, et cuisine équipée en terrasse. Électricité solaire. Calme garanti et accueil très prévenant de la propriétaire.

Gîtes Les Nids de la Vallée, chez Mme Gamblin : *vallée de Grande-Rivière.* ☎ *05-90-94-24-09.* • *nids.de.la.vallee@gmail.com* • *À moins de 1 km sur la route de La Grivelière ; au niveau du panneau de sortie de Vieux-Habitants, sur la droite. Bungalows 260-350 €/sem selon saison et nombre de pers.* *(payant).* Un gîte sur la route de la célèbre habitation. On le repère à ses 2 bungalows au toit rouge, assez récents et confortables : clim, moustiquaires, cuisine-bar ouverte, lave-linge individuel, terrasse avec hamac et TV. Certes, on est dans le petit bourg et non en pleine nature, mais le confort, l'accueil et les possibilités de balades dans le coin nous ont plutôt convaincus. Accueil (payant) à l'aéroport et location de voitures possibles.

Gîte de Vanibel, chez M. Victor Nelson *(Gîtes de France et label Parc national de la Guadeloupe)* **:** *à* **Cousinière.** ☎ *05-90-98-40-79.* • *vanibel@orange.fr* • *vanibel.fr* • *À 5 km à l'est de Vieux-Habitants, direction Cousinière et suivre les panneaux. À partir de 350 €/sem pour 2 pers.* *(à l'accueil).* Dans cette belle plantation perchée à 350 m d'altitude (avec une agréable ventilation naturelle), en pleine nature, 4 gîtes confortables (2 ou 3 épis) avec 1 ou 2 chambres, dont l'ancienne habitation du gérant de la plantation, et un duplex pour 4 personnes. Salle de bains, cuisine, TV, terrasse ou balcon privé et barbecue commun. Belle piscine entourée de fleurs et d'arbres fruitiers. Environnement de rêve et calme total. Accueil cordial de la famille Nelson, qui se consacre à la culture de la banane, de la vanille et du café, et ouvre sa plantation au public pour d'intéressantes visites guidées (voir plus loin « Dans les environs de Vieux-Habitants »).

Prix moyens

Chambres d'hôtes Habitation Getz : *route de Gery, à 3 km de Vieux-Habitants. En allant vers Bouillante, 2e à droite après le pont. Puis suivre le fléchage.* ☎ *05-90-24-46-86.* 📱 *06-90-58-70-20.* • *habitationgetz@orange.fr* • *chambrescabanesguadeloupe.com* • *Doubles 70-90 € selon durée du séjour ; cabanes (pour 3 pers) 90-110 €. Petit déj compris. Table d'hôtes mer soir et dim soir (pour les résidents slt) 22 €.* Plantée dans une végétation luxuriante, la mer en toile de fond, voici l'une des adresses de charme de Guadeloupe. Dans la superbe maison coloniale de 1780 (ancienne plantation de café), 2 chambres d'hôtes ravissantes en bois de mahogany et parquet qui craque, avec salle de bains. Salon intérieur et extérieur dans le même esprit, avec joli mobilier ancien, pour prendre le petit déj. Le jardin abrite 3 cabanes perchées (2-4 personnes) dans les arbres, mignonnes comme tout, avec salle de bains et w-c. Valérie et Pascal mettent beaucoup d'énergie à faire revivre ce lieu d'exception, entre histoire et nature. Une étape rare.

Habitation l'Oiseau : **Grande-Rivière,** *sur la D27, à env 1 km de Vieux-Habitants, sur la route de la Maison du café vers Grivelière ; maison blanche sur la gauche.* 📱 *06-90-48-84-00.* • *habitationloiseau@gmail.com* • *habitationloiseau.fr* • *Doubles 70-80 €/nuit, petit déj compris.* Une maison coloniale centenaire, ancienne caféière installée dans un joli parc où chuchote un petit ruisseau. On peut encore y voir la bonifierie où les grains étaient traités. Dans leur maison de famille – papa était sénateur et maire de Bouillante – les Guilliod proposent 5 chambres dont 3 avec salle de bains. Celles qui n'en ont pas sont louées en supplément des autres, idéal en famille. Le décor, dans la pure tradition antillaise du début du XIXe s, dégage un charme certain. Meubles anciens, cadres, vérandas... Puis, dans une salle de bains, un jacuzzi aussi imposant qu'anachronique, construit dit-on, pour recevoir Brigitte Bardot dans les années 1970... Surréaliste ! Bref, une adresse assez étonnante, à l'atmosphère désuète qui raconte toute une histoire.

Domaine de Romy, chambres d'hôtes : **Grande-Rivière,** *sur la D27, à env 5 km sur la route de la Maison du café (attention, ça grimpe !).* ☎ *05-90-81-60-84.* 📱 *06-90-31-73-30. Doubles 75-95 € la nuit selon saison, avec petit déj ; compter 95-115 €/pers en*

½ pension. Une maison en pleine forêt, tout en bois (construite par le proprio), entourée de hautes collines. Elle accueille 3 chambres à l'étage, toutes avec un balcon étroit et commun donnant sur la verdure. Juste en dessous, au rez-de-chaussée, grand salon commun avec TV et transats. Et puis une petite piscine pour se rafraîchir, puisqu'on est à l'écart de la plage. Calme total évidemment.

Où manger ?

De bon marché à prix moyens

L'Arc-en-Ciel Tropical : *plage de Simaho. ☎ 05-90-81-70-61. Au sud du bourg, après la mairie. Tlj le midi sf lun. Congés : sept. Repas 20-25 € ; menu-enfant 6 €. Ti-punch offert sur présentation de ce guide.* Situé au pied d'un vieux tamarinier, les pieds dans l'eau, au bord de la plage de Simaho (galets et sable noir). Agréable terrasse pour prendre l'air marin et se sustenter de quelques spécialités créoles. Bon poulet boucané, pas cher du tout, et puis les classiques poissons grillés, fricassée de lambis, etc. Service sympa, avec la radio locale en fond sonore.

La Grillade, chez Louisiane et Robert : *à* **Marigot** *(à 4 km au nord de Vieux-Habitants), sur la N2. Dans une maisonnette en bois vernis, en bord de mer. ☎ 05-90-98-49-32. ♿ Tlj sf dim et lun soir. Congés : de mi-juin à mi-juil. Menu 12,50 € ; plats à partir de 12 €. Café offert sur présentation de ce guide.* Madame est aux fourneaux et monsieur au service, tout en douceur et avec le sourire. Carte alignant tous les classiques créoles, généreusement servis : acras excellents, brochettes de ouassous, poissons grillés... Honnête et simple. Également une bonne dizaine de punchs maison à siroter sur une terrasse tranquille donnant sur la mer (malheureusement un peu cachée par de gros rochers).

Table d'hôtes de La Grivelière : *sur la D27, à env 2 km de Vieux-Habitants, bien indiqué sur la droite de la route en allant vers l'*Habitation La Grivelière, Maison du café. *☎ 05-90-98-37-52. Tlj slt le midi (12h-15h). Menu 21 € et assiette composée 19 €.* Au bord de cette petite route, une jolie maison en bois équipée d'une sympathique terrasse. On y sert une bonne cuisine traditionnelle, bien pratique quand on redescend de la visite de la *Maison du café* dont le resto fait partie.

LA BASSE-TERRE

DANS LES ENVIRONS DE VIEUX-HABITANTS

La plantation de café Vanibel *(label Parc national de la Guadeloupe) : à* **Cousinière,** *à 5 km à l'est de Vieux-Habitants (c'est fléché). ☎ 05-90-98-40-79. • contact@vanibel.fr • Tlj sf dim et j. fériés. Congés : sept-oct. Attention, visites guidées slt : à 14h30 et à 15h30 janv-avr ; slt à 15h mai-déc. Entrée : 7,50 € ; réduc enfants. Bonnes chaussures indispensables.* Depuis 1974, la famille Nelson cultive 15 ha de caféiers et 1,5 ha de vanilliers sur son domaine, et produit environ 5 t par an d'un café artisanal 100 % Guadeloupe, variété arabica. L'un des meilleurs de l'île d'après nous

ITINÉRAIRE D'UN PLANT DE CAFÉ

Au début du XVIIIe s, le sieur Gabriel Mathieu de Clieu, officier de marine française, déroba au Jardin des Plantes de Paris un plant de café offert par la Hollande à Louis XIV. Il l'embarqua à bord du vaisseau Le Dromadaire *et l'implanta en Martinique. Un demi-siècle après, l'île comptait près de 20 millions de plants de café... Très vite, le café est arrivé en Guadeloupe !*

(et d'après *Malongo*). La visite de l'exploitation (compter 1h), nourrie de commentaires pertinents, évoque tour à tour le café, la banane, puis la vanille, en insistant à chaque fois sur leur histoire et les techniques d'exploitation. La balade elle-même permet d'approcher un vieux moulin restauré, avant de sillonner les différentes plantations. On en apprend pas mal, de la récolte des « cerises de café » à la main jusqu'à la « bonification », en passant par le décerisage et la fermentation (car le café récolté est gluant et acide). Vous apprendrez aussi ce qu'est un *tarare*, une petite chose très très légère... Sachez qu'auparavant on séchait le café sur les toits et dans d'immenses tiroirs disposés sous les maisons... comme c'est toujours le cas ici. La visite s'achève sur la traditionnelle et indispensable séance de dégustation de café (et des fruits de saison).

L'habitation La Grivelière, Maison du café *(label Parc national de la Guadeloupe)* **:** *à la sortie nord de Vieux-Habitants, prendre la D27. C'est à env 5 km à l'est de la côte, par une route très étroite (faire attention) carrossable (mais chaotique !), qui s'enfonce en grimpant sec dans la forêt de la vallée de la* **Grande-Rivière** *de Vieux-Habitants. ☎ 05-90-98-63-06. • info@habitationlagriveliere.com • Visite guidée slt (env 1h), tlj et ttes les heures 10h-16h ; plus une dernière à 16h30 déc-avr et juil-août. Fermé sept et 2 premières sem d'oct. Entrée : 7,50 € ; réduc enfants. Certains dimanches, organise de petits événements autour du café ou d'autres thèmes (cuisine, musique, etc.). À noter, 4 km plus bas, le resto* Table d'hôtes de La Grivelière *(voir plus haut « Où manger ? »).*

Le site (jardin, vallée, rivière...) est vraiment magnifique et domine la vallée. Ancien domaine de 47 ha, créé en 1750 qui produisait principalement du café, du cacao et de la vanille. Il fut racheté en 1842, période à laquelle la culture du cacao, puis du café, se développa (le domaine faisait alors 90 ha et employait jusqu'à 70 personnes). Laissés à l'abandon pendant de nombreuses années, plusieurs bâtiments, dont la maison de maître, ont été rachetés par la région Guadeloupe et rénovés par l'association *Verte Vallée.* L'habitation est classée Monument historique depuis 1987 et constitue aujourd'hui l'un des ensembles patrimoniaux les mieux conservés de Guadeloupe, même si elle est toujours en partie en cours de restauration.

KAKADO DE NOËL

Autrefois, à la fin de la récolte des grains de café, la dernière branche de caféier avec ses cerises (oui, on dit cerise !) était offerte à une femme, en guise de bouquet final. Cette dernière organisait alors la première crèche, aidée par un homme qu'elle choisissait à son tour (kdo !). Aujourd'hui, on retrouve à chaque Noël Kakado ces rois de la fête, ouvrant le défilé aux flambeaux. Au fait, saviez-vous qu'un kakado est une écrevisse noirâtre plus petite que le ouassou ?

L'excellente visite guidée donne une idée très précise de ce que pouvait être une manufacture de café au XIXe s, vivant pratiquement en autarcie avec son four à pain, son jardin médicinal, etc. Voir notamment la maison de maître (on visite le salon au rez-de-chaussée), les moulins à café, la case des ouvriers et le jardin créole, mis en valeur par trois sentiers de découverte. Dégustation de café (la production suffit juste à l'approvisionnement de la boutique et à la dégustation des visiteurs !), de bananes quand il y en a, ou de nectars de fruits maison. La restauration totale du domaine se poursuit doucement et devrait voir s'ouvrir, à terme, un véritable écomusée.

Le musée du Café, établissements Chaulet : *route du Bouchu, à la sortie nord de Vieux-Habitants, puis sur la gauche (fléché). ☎ 05-90-98-54-96. • cafe.chaulet@wanadoo.fr • cafechaulet.com • Tlj 9h-17h. Entrée : 6 € ; réduc enfants (4 €).* Les établissements *Chaulet* sont en activité depuis 1860, d'abord à Baillif, chez les Pères blancs, puis à La Grivelière, et enfin sur ce site. Visite ludique et didactique d'un petit musée historique, contenant de vieilles machines étonnantes, des maquettes et des panneaux bien faits, illustrant anecdotes et procédés techniques (de la plantation à la torréfaction des grains), ainsi qu'une belle collection de moulins à café. Ne manquez pas de faire le quiz et ne comptez pas sur nous pour vous fournir les réponses ! La délicieuse odeur qui titille vos narines provient des machines modernes à torréfier le café (100 % arabica), en service dans un bâtiment annexe. Boutique de produits locaux, à voir en fin de visite, avant la dégustation de rigueur offerte. Également une petite ***chocolaterie,*** avec une petite expo sur le chocolat et quelques produits exquis à acheter, comme le chocolat blanc au safran et aux patates douces.

Anse à la Barque : *sur la côte, à 4-5 km au nord de Vieux-Habitants.* Jadis lieu de rendez-vous des flibustiers, cette baie protégée, avec ses vestiges de batteries côtières et ses deux petits phares, offre un panorama d'une beauté exceptionnelle même si la plage elle-même est minuscule. Les plaisanciers des Caraïbes la considèrent aujourd'hui comme l'un des plus beaux et des plus sûrs mouillages des Antilles. Sous la surface limpide de l'Anse à la Barque, on a même découvert les restes de deux navires napoléoniens – *La Seine* et *La Loire* – coulés en 1809 lors d'une attaque anglaise...

BOUILLANTE (97125) 7 400 hab.

Baptisé « Îlet-à-Goyaves » lors de sa fondation au XVIIe s, puis « Fontaine-Bouillante » et enfin Bouillante à la fin de l'Ancien Régime, c'est l'un des plus anciens bourgs de la Guadeloupe. Celui-ci s'étend sur 15 km le long du littoral, en passant par Pigeon et Malendure, là où se situent la plupart des hébergements. La grande richesse du bourg, comme son nom l'indique, ce sont évidemment ses sources d'eau chaude (voir l'encadré). Et son autre attrait, dont les touristes raffolent, c'est la beauté de ses fonds marins. La commune, d'ailleurs classée France station nautique, est ainsi devenue le site majeur de la plongée sous-marine en Guadeloupe. L'activité est concentrée sur la plage de Malendure (voir plus loin). Les touristes viennent en masse, mais on est encore loin du grand bétonnage.

DES ŒUFS DURS À LA LUMIÈRE DU FOYER

Le nom actuel de la commune provient des nombreuses sources d'eau chaude (à 80 °C environ) qui jaillissent un peu partout dans le secteur, y compris sous la mer. Si les habitants en ont longtemps profité pour faire cuire leurs œufs durs, cette véritable richesse naturelle a permis l'implantation d'une centrale géothermique dans le bourg, unique en France et dans la Caraïbe. L'électricité ainsi produite est totalement écologique et éclaire les maisons de Pointe-Noire à Vieux-Habitants, soit environ 9 % de l'électricité consommée en Guadeloupe.

Arriver – Quitter

En bus : l'arrêt *(hors plan par B2)* pour Pointe-Noire se trouve tout près de la pharmacie, et pour Basse-Terre presque en face du resto *Eddy's Papillon* ; et bien sûr ailleurs au bord de la route, d'un côté ou de l'autre, selon votre destination.

➢ ***De/vers Pointe-à-Pitre par les Mamelles (route de la Traversée) :*** à peine 2 bus/j. (6h40 et 14h25 depuis Bouillante), et aucun le dim. *Société TCSV (☎ 05-90-86-43-56.*

06-90-35-02-68).

➢ ***De/vers Malendure, Pointe-Noire, Vieux-Habitants et Basse-Terre (ville) :*** dans un sens comme dans l'autre, ttes les 20-30 mn lun-ven 5h-18h env ; ttes les 30-60 mn le sam (dernier bus vers 15h) et 4 bus les dim et j. fériés. *Société TCSV.*

Adresses utiles

Office de tourisme *(hors plan par B2,* ***1****) : au rdc de la mairie (située dans le centre de* ***Bouillante,*** *sur la N2), tt de suite à gauche en entrant. ☎ 05-90-98-73-48. • omtbouillante@hotmail.fr • Lun, mar, jeu 8h-12h30, 14h-17h30 ; mer et ven 8h-13h30. Également un autre bureau sur la plage de* ***Malendure*** *(plan A1,* ***2****), ouvert en sem slt 9h-17h (15h mer).* Infos sur les attractions de la région (notamment l'emplacement des sources chaudes), guide et plan de la commune (bien faits et gratuits) et liste des hébergements.

■ ***Poste, pharmacie, boucher, supérettes et minuscule marché*** *(hors plan par B2) : dans la rue du bord de mer.* Également une **poste** *(plan A-B2)* et un **centre commercial** *(plan A1,* **63***)* à Pigeon.

■ ***Distributeurs de billets*** *(hors plan par B2) : à la poste de Bouillante et à côté de la station* Total*, à la sortie sud du bourg.*

@ ***Internet*** *(hors plan par B2) : accès gratuit à la mairie.* Sinon, point Internet (payant) chez le loueur de voitures ***Holiday*** à Galet-Malendure.

Où dormir dans le coin ?

LA BASSE-TERRE

Au sud de Bouillante

De prix moyens à plus chic

Gîtes du Bord de Mer, chez Nicole Kerrien *(hors plan par B2) : résidence Petite-Anse, sur la* ***plage de Petites-Anses.*** *☎ 05-90-25-05-22. 06-90-32-62-28. • infogites@free.fr • gitesduborddemer.com • Panneau discret sur la N2, puis prendre le 1er chemin sur la gauche en descendant vers la plage. Résa conseillée. Compter 250-650 €/sem selon taille et saison ; plusieurs formules séjour sur le site internet. Package hébergement et plongée possible. CB refusées.* Dans un quartier résidentiel tranquille, en hauteur, à deux pas de la mer comme le nom l'indique, 5 gîtes (du studio au F3 pour 6 personnes) agréables et confortables (cuisine équipée, clim, TV, lave-linge...), avec petite terrasse. Il y a même un jacuzzi sur la terrasse commune pour apprécier le coucher de soleil ! De plus, Nicole, monitrice de plongée, peut organiser vos excursions sous mer. Une adresse qui plaît beaucoup à nos lecteurs.

Habitation Massieux *(label Association Guadeloupe Écotourisme ; hors plan par B2) : route de Marquis, à* ***Thomas.*** *☎ 05-90-98-89-80. • francois.fauchille@wanadoo.fr • habitation-massieux.com • À env 2 km au sud de Bouillante, tourner à gauche au panneau ; c'est à 600 m sur la gauche, sur les hauteurs. Pour 2 pers, case adorable à 60 €/nuit et chambre 100 €/nuit (dégressif dès 2e nuit), petit déj compris. En écolodge, 100-130 €/nuit selon nombre de pers (maxi 6 pers). Table d'hôtes (sur résa) 35 € ; menu-enfant 10 €.* Une ancienne sucrerie, devenue ensuite une plantation de café, restaurée pour en faire un gîte magnifique... et une annexe de l'arche de Noé : les chiens et les chats y sont les rois (enfin, juste après les hôtes !). Cette demeure, habitation du XVIIe s classée Monument historique, possède, dans 2 corps de bâtiments en bois des îles, 3 chambres avec clim, charmantes et intimes. Également, pour les familles, un écolodge superbe et original, un vrai coup de cœur tout en bois et vraiment bien conçu : 2 chambres séparées par une salle de bains astucieuse et une grande terrasse couverte, à la fois cuisine, salon et salle à manger. Notre deuxième coup de cœur va à la case, elle aussi tout en bois, aux allures de repaire de pirates et louée à prix

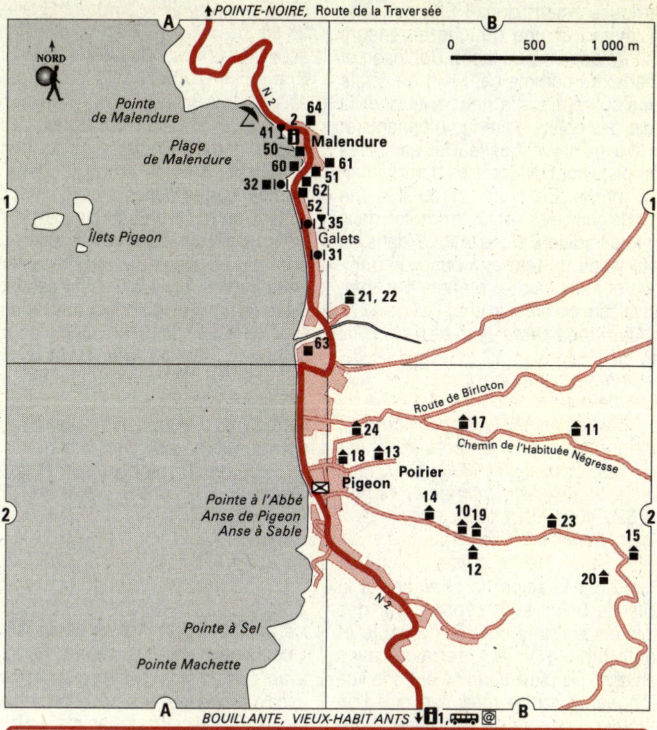

PIGEON ET MALENDURE (COMMUNES DE BOUILLANTE)

Adresses utiles

- 1 Office de tourisme de Bouillante
- 2 Office de tourisme de Malendure
- 63 Centre commercial

Où dormir ?

- 10 Gîtes du Bois d'Inde
- 11 Les Jardins de l'Espérance
- 12 La Koumbala
- 13 Rêve et Alizé
- 14 Gîtes Les Petites Fleurs de Poirier, chez Nicole et Florent Félix
- 15 Gîte Le Soleil Latino
- 17 L'Escale Tropicale
- 18 Gwo Caillou
- 19 Le Jardin Tropical
- 20 Ti Gli Gli
- 21 Gîte Mayo
- 22 Gîtes Bajapo
- 23 Chalets Sous-le-Vent
- 24 Villa Willisa

Où manger ? Où boire un verre ?

- 31 Chez Dada
- 32 Le Rocher de Malendure
- 35 La Touna
- 41 Le Coucher de Soleil

À faire

- 32 Les Heures Saines et Whale Watching Guadeloupe
- 50 Caraïbe Kayak
- 51 Canopée
- 52 Association Évasion Tropicale
- 60 CIP Bouillante
- 61 Plaisir Plongée Karukéra
- 62 Centre de plongée des Îlets
- 63 Club de plongée Bleu Passion Guadeloupe
- 64 Gwada Pagaie

particulièrement doux ! Elle possède un lavabo et une douche extérieure (eau froide), un peu façon Robinson et c'est extra comme ça. Plein de volets qui s'ouvrent sur la nature, et pour la déco des objets de récup étonnants et un lit avec moustiquaire. Des sanitaires complets sont disponibles dans la maison même. En prime, accueil d'une grande gentillesse et table d'hôtes dans la vraie tradition. Menu unique (dans les deux sens du terme) à base de poissons et fruits de mer, préparé par Fofo, qui assure comme un chef.

Alamanda Gîtes *(hors plan par B2)* **:** *chemin de Matone. ☎ 05-90-98-84-82. • alamandagites@orange.fr • guadeloupe-alamanda.com • À 4-5 km au sud de Bouillante. En venant du sud, prendre la 1re à droite après le restaurant* Les Tortues, *c'est 300 m plus haut sur la droite (petit panneau). Compter 320-400 €/sem selon saison, pour 2 pers. Réduc 10 % en basse saison sur présentation de ce guide.* 4 petits gîtes dont le salon, la chambre et la salle de bains sont séparés par des cloisons en bois coloré. Agréable et confortable (TV, AC, terrasse avec hamacs). De plus, certains ont une vue plongeante sur la mer, vue que l'on retrouve d'ailleurs de la piscine ! Également une villa pour 2 couples. Barbecue. Accueil sympa, ambiance conviviale et, le lendemain de votre arrivée, vous aurez même droit à un vrai petit déj. Possibilité de repas sur demande.

À Birloton

Sur les hauteurs de Pigeon, 2 belles adresses un peu perdues dans la forêt et au départ d'itinéraires de canyoning et de traces de randonnées. Pour s'y rendre, prendre la route de Caféière-Birloton, au nord de Pigeon, et, environ 500 m plus loin, à la patte-d'oie, le chemin de l'Habituée-Négresse à droite. Attention, c'est la jungle, ça grimpe, et la route n'est pas toujours en très bon état !

Prix moyens

Les Jardins de l'Espérance *(plan B2,* **11***)* **:** *au bout du chemin de l'Habituée-Négresse,* ***Birloton****. ☎ 05-90-98-88-27. 📱 06-90-42-91-11. • info@jdle.net • jdle.net • Env 350-480 €/sem pour 2 pers, 580-700 € pour 4-6 pers, selon saison (80 €/pers supplémentaire). Chèques-vacances acceptés.* Au pied d'un magnifique rideau de jungle, 2 maisons créoles enfouies dans la verdure, toutes jaunes, s'inspirant habilement du style traditionnel. On a été vraiment séduits par le lieu, d'autant que la piscine au beau milieu du site renforce cette impression d'isolement sauvage. Déco sympa et colorée, bon confort avec salle de bains, mezzanine pour la plupart, cuisine ouverte, TV et la clim. Cela dit, les 200 m d'altitude suffisent à ventiler naturellement. Bon accueil de Victoria et d'Yves. Une belle adresse pour une immersion dans la nature.

L'Escale Tropicale *(plan B2,* **17***)* **:** *chemin de l'Habituée-Négresse,* ***Birloton****. ☎ 05-90-32-05-52. • escale-tropicale@wanadoo.fr • escale-tropicale.com • Selon saison, bungalows 1 ou 2 chambres 340-440 €/sem pour 2 pers, 480-550 € pour 4. Voir aussi sur le site internet les promos en basse saison. Chèques-vacances acceptés.* Juste avant *Les Jardins de l'Espérance,* cette escale propose 4 gîtes (2-5 personnes) blottis les uns contre les autres, en lattes de bois aux couleurs pastel, parfaitement tenus et régulièrement repeints. Tous avec terrasse et cuisine ouverte face au jardin, ventilo, moustiquaires et très bonne literie. Piscine. Excellent accueil de Daniel et de Sylvie.

Section Pigeon

Hameau à peu près à mi-chemin entre Bouillante et Malendure, Pigeon regroupe une grande partie des bonnes adresses du coin, disposées en épi de part et d'autre des rues grimpant vers la montagne. Et plus on se rapproche du sommet, plus la vue est époustouflante, logique !

De bon marché à prix moyens

Gîtes du Bois d'Inde *(plan B2,* **10***)* **:** *route de Poirier. ☎ 05-90-98-94-96.*

● delacruz.annick@wanadoo.fr ● gitesduboisdinde.com ● Bien fléché. Selon saison, compter 240-290 €/sem pour 2 pers et 340-400 € pour 4. Sur présentation de ce guide, un petit déj/chambre et par nuit offert. Dans un jardin, 3 gîtes très simples pouvant accueillir de 2 à 5 personnes. Cuisine équipée, salle de bains, TV écran plat, ventilo et petite terrasse privée. Petite piscine en contrebas. L'ensemble est assez modeste mais propre. N'oubliez pas de saluer le perroquet gris du Gabon (il se pourrait d'ailleurs qu'il vous réponde). Accueil sympa.

Gîte Le Soleil Latino *(plan B2,* ***15****) : route de Poirier, au Morne Michot. ☎ 05-90-98-64-61. ● au.soleil.latino@gmail.com ● au-soleil-latino.com ● Monter sur 2 km env, c'est le dernier gîte de la route. Doubles 315-413 €/sem. Sur présentation de ce guide, un petit déj/chambre et par nuit offert (à partir de 1 sem en saison).* Une sorte de nid d'aigle perché à flanc de montagne, qui domine fièrement la mer et la forêt tropicale. De tous les gîtes du coin, c'est celui qui offre la vue la plus saisissante ! Une adresse pour les routards dans l'âme (mais pas adaptée aux enfants), pas trop regardants sur l'entretien. André Paume a posé ses valises ici et fait tout lui-même ; il joue de la guitare et de la harpe sud-américaine, comme au bon vieux temps. Ce gîte très simple comprend 3 chambres avec salle de bains, ventilo, coin cuisine, et donnant sur une grande terrasse avec hamacs (et toujours cette superbe vue), l'endroit idéal pour siroter l'excellent punch maison.

De prix moyens à plus chic

La Koumbala *(plan B2,* ***12****) : 9, résidence du Soleil Couchant, Pigeon. ☎ 05-90-26-43-79. ● isabel@koumbala.com ● koumbala.com ● Remonter la route de Poirier et tourner à la résidence* Soleil Couchant ; *c'est tt au fond du chemin (en haut, fourche de gauche). Bungalows 370-600 €/sem pour 2-4 pers, selon saison et capacité.* Dans une belle végétation, au bord d'une petite rivière chantante, 2 bungalows en bois joyeusement colorés. Ils sont coquets et bien conçus, notamment grâce à d'agréables terrasses avec cuisine ouverte et hamac. La piscine, avec vue sur mer, est un plus non négligeable, de même que l'accueil très souriant d'Isabel... Un petit nid bien tranquille, assez enchanteur !

Rêve et Alizé *(label Association Guadeloupe écotourisme ; plan B2,* ***13****) : rue de la Glacière. ☎ 05-90-98-94-54. ● contact@reveetalize.com ● reveetalize.com ● Selon saison, 390-530 €/sem pour 2 pers, 600-800 € pour 4 ; 2-3 nuits min selon saison.* Noyés dans un grand jardin paysager où coule une rivière, 5 très beaux bungalows (2-6 personnes) en bois dans le plus pur style créole. Chacun comporte 2 ou 3 chambres, une cuisine semi-ouverte tout équipée avec un bar en bois, un salon et une vaste terrasse avec hamac et barbecue. Équipement bébé sur demande, jeux de société et machine à laver à disposition. Superbe piscine entourée d'arbres fruitiers, de fleurs et d'un dallage blanc. Une adresse de charme.

Villa Willisa *(plan B2,* ***24****) : 10, chemin de la Glacière, chemin partant à gauche de* Gwo Caillou. *06-90-47-50-03. ● f.pourcheresse@wanadoo.fr ● Selon saison, 750-900€/sem (pour 2 pers). Plus cher dans la villa pour 4-8 pers. 1er petit déj offert.* Françoise, la propriétaire, propose 2 villas indépendantes dans un jardin tout en longueur planté d'une grande variété de palmiers. Intérieur soigné, tout en bois vernis, et beaucoup d'objets personnels qui donnent l'impression d'être accueilli dans une maison habitée. Excellent confort, chambres climatisées, belles salles de bains, TV, grand salon-cuisine prolongé par un deck et sa piscine. Une adresse tranquille.

Le Jardin Tropical *(plan B2,* ***19****) : route de Poirier, Pigeon. ☎ 05-90-98-77-23. ● lejardintropical@orange.fr ● lejardintropical.com ● Pour 2 pers, 75-80 €/nuit ou 450-490 €/sem (selon saison).* Cette petite résidence, aux bungalows accrochés sur un jardin en pente, offre une bien jolie vue sur les îlets Pigeon et la mer des Caraïbes ! Ses bungalows (2-4 personnes), à la déco assez neutre, disposent

LA BASSE-TERRE

d'un confort simple mais suffisant : cuisine, AC et terrasse. Vaste salon commun avec TV, billard et ping-pong, et même un bar avec service traiteur (plats 10-12 €). Jolie piscine avec transats et toujours cette chouette vue.

Ti Gli Gli *(plan B2, **20**) : route de Poirier, au Morne Michot. 06-90-59-30-95. • contact@tigligli.com • tigligli.com • Accès en face du gîte Soleil Latino. Pour 2 pers env 60 €/nuit et 385 €/sem (462 €/sem pour 3-4 pers) en hte saison.* En pleine nature, 5 bungalows tout en bois façon Robinson Crusoë, le confort en plus. Simples mais bien équipés (cuisine, salle de bains, moustiquaires, terrasse privée, etc.), avec clim naturelle. Grand carbet commun, espace avec barbecue et four à pizza. Bref, une adresse pour les amoureux de calme et de nature. D'ailleurs, le lieu est adhérent de la Ligue pour la Protection des Oiseaux, et Mart'inn, accompagnatrice diplômée d'État, propose des randos dans la forêt, notamment avec la *Joëlette*, un fauteuil roulant tout terrain adapté aux personnes à mobilité réduite (voir plus bas la rubrique « À faire »).

Chalets Sous-le-Vent *(plan B2, **23**) : route de Poirier, Pigeon. ☎ 05-90-98-91-61. 06-90-59-43-10. • reservations@souslevent.biz • souslevent.biz • Chalets 2-3 pers 320-450€/sem selon confort et saison ; pour 6 pers 570-695 €. Également des forfaits incluant véhicule et plongée.* Une adresse fréquentée par les plongeurs. Logique, on est proche de la réserve Cousteau. Sur un grand terrain de 2 300 m², avec une belle pelouse, une piscine sécurisée et une vue sur les îlets Pigeon, quelques chalets simples mais sympa, avec petite TV, ventilo, terrasse, douche et mini kitchenette. Le *Marlin* est le plus grand (40 m²), le seul aussi à bénéficier de la clim et d'une vue sur la mer. Bon accueil de Véro et d'Alex.

Gwo Caillou *(label Parc national de la Guadeloupe ; plan B2, **18**) : rue de la Glacière. ☎ 05-90-98-99-97. • contact@gwocaillou.com • gwocaillou.com • Selon saison et capacité, 420-940 €/sem : petites cases (2 adultes + 2 enfants) ou grandes (4-6 pers). Chèques-vacances acceptés.* Dans un superbe et paisible jardin tropical, de spacieuses cases créoles en bois de Guyane rouge, installées autour d'une piscine camouflée dans la verdure. Déco soignée et équipement exemplaire : cuisine complète et coquette, lave-linge, AC, barbecue, coin repas avec bar (pour les plus grandes), très bonne literie et terrasse agréable avec hamac. Accueil sympa de Jeanne et de Luc Schroeder, des Luxembourgeois venus trouver le réconfort sous les palmiers.

Gîtes Les Petites Fleurs de Poirier, chez Nicole et Florent Félix *(Gîtes de France ; plan B2, **14**) : route de Poirier, Pigeon. 06-50-35-35-15. • petitesfleursdepoirier@wanadoo.fr • bienvenueguadeloupe.com • Selon saison, 590-690 €/sem pour 4 pers et 1 000-1 200 € pour la villa (6 pers) accessible aux pers handicapées. Sur présentation de ce guide, on vous offre une petite bouteille de punch décorée à la main.* Située dans un jardin, une résidence proposant 5 gîtes (4 épis) identiques et mitoyens. Très confortables : 2 chambres, séjour avec canapé clic-clac, salle d'eau, clim, TV, lave-linge, téléphone, cuisine américaine et terrasse avec barbecue et jolie vue sur la mer des Caraïbes, qui berce délicatement les îlets Pigeon. Également un autre gîte indépendant, tout aussi bien tenu et fonctionnel. Piscine commune, ping-pong.

Où manger ? Où boire un verre ?

Pas beaucoup d'adresses à Bouillante même, n'hésitez pas à pousser un peu vers le sud, vers Vieux-Habitants ou, mieux, jusqu'à Malendure (7 km au nord), où le choix est meilleur.

À Bouillante

Eddy's Papillon *(hors plan par B2) : au centre du bourg. ☎ 05-90-99-80-10. 06-90-42-36-42. • leddys* *papillon@hotmail.fr • ♿ Tlj sf dim soir et mer soir (et mer midi hors saison). Pizzas 10-14 €, plats 12-20 €, menus 15-30 €. Digestif maison offert sur présentation de ce guide.* Un resto dans une agréable véranda face à la mer, décoré avec cœur par le très souriant Eddy. Il a concocté une carte créole appréciée des riverains et touristes avec, notamment, le flan giraumon, le poulet coco ou les ouassous à la crème de curry et la belle brochette de poissons. Également, le soir, des pizzas. Résultat : c'est bon et l'ambiance est sympa.

O Z'épices : *à* ***Falaise****, env 1 km au nord de Bouillante, sur la gauche de la route. 06-90-53-53-44. Tlj sf dim soir, lun midi et mar. Formule 25 € mer-ven midi (entrée-plat ou plat-dessert) et menu complet 32 €. Carte 40-45 €.* Habillé en rouge pétant, ce resto de bord de route propose, et c'est assez rare, une vraie « cuisine évolutive » comme dit la carte. Entrecôte sauce cacao pays, marmite de fruits de mer flambés au vieux rhum... Les jolies saveurs qui s'échappent des assiettes ont rapidement assis la réputation du lieu.

Au sud de Bouillante

Chez Ginette *(hors plan par B2) : plage de Petites-Anses, env 6 km au sud de Bouillante. 06-90-31-26-20. Tlj à midi sf lun. Congés : sept. Repas 12-20 €. Apéro maison offert sur présentation de ce guide.* Sur la très belle crique de Petites-Anses, un *lolo* de plage, avec quelques tables sous une paillote et la cuisine dans une espèce de roulotte... où officie Ginette, une femme pétillante et dynamique. Au menu, spécialité de ouassous au coco, bonnes salades, colombo, chatrou ou poisson, bien servis et pas très chers. Parfois un peu d'attente : le mieux est de commander, puis d'aller piquer une tête dans la mer, juste devant vous !

LA BASSE-TERRE

Où acheter de bons produits ?

Cap Créole : *à la sortie de la section Pigeon, un peu au nord de Bouillante, sur la droite. ☎ 05-90-95-45-66. Lun-jeu 8h-18h30, ven-sam 8h-13h, 15h-18h30.* Rillettes de poisson, thazar et marlin fumés et plein d'autres superbes produits bien frais et traités sur place. Également, selon la saison, feuilleté aux lambis. De quoi se préparer de bons petits apéros et plein de choses à rapporter à la maison (sous-vide). Un atelier-laboratoire absolument impeccable.

À voir

La chapelle du Dépôt : construite par Ali Tur en 1931, elle est située à côté de l'église de Pigeon, édifiée par la suite pour la remplacer et rénovée depuis peu.

À faire

– ***Découverte des sources chaudes :*** on en trouve une, appelée « bain du curé », à la plage de l'Anse à Sable, à l'entrée sud de Pigeon, à vrai dire peu séduisante... Et une autre, très courue le week-end et les soirs de pleine lune (si, si !) au lieu-dit Thomas (à 2,5 km au sud de Bouillante), dans les rochers du littoral. Pas vraiment signalé, repérez le panneau indiquant « Ravine-Thomas » ; garez-vous sur le parking et prenez le chemin sur la droite (en faisant face à la mer), le bassin est au bout, 150 m plus loin. Un spa naturel en quelque sorte, avec une eau à 70 °C minimum (à la sortie), et une chaleur plus intense près de la falaise. Pas la peine d'y rester des heures : ce serait même déconseillé. Si vous êtes hébergé en gîte, vos logeurs vous indiqueront certainement quelques sources hors des sentiers battus (alors, chuuut !).

– **Randonnées :** *avec* ***Éco Balades,*** *route de Poirier, à* ***Pigeon*** *(aux gîtes* Ti Gli Gli, *voir « Où dormir dans le coin ? »).* 📱 *06-90-59-30-95. • rando@tigligli.com • tigligli.com • Compter 35 € la demi-journée, 50 € la journée, bivouac et trek env 150 €.* Pour découvrir la Guadeloupe à pied, du bord de mer à la Soufrière, vous pouvez vous adresser à Mart'inn, accompagnatrice en montagne diplômée d'alpinisme. Des thèmes plein le sac, une multitude de cordes à son arc (faune, flore, histoire, géologie), elle propose également de formidables randonnées en *Joëlette,* une sorte de chaise à porteurs roulante sacrément bien conçue qui permet aux personnes à mobilité réduite de profiter de toutes ces balades. Un grand bravo !

Plongée sous-marine

À deux coups de palmes des superbes spots de Malendure, haut lieu de la plongée en Guadeloupe, massivement fréquentés, les environs immédiats de Bouillante recèlent également des beautés sous-marines inattendues, notamment une abondance d'herbiers très riches en tortues. La plupart de nos adresses de clubs se trouvent toutefois au chapitre suivant, celui de Malendure, vu que c'est là qu'ils ont surtout élu domicile, mais beaucoup d'entre eux peuvent vous emmener plonger au large de Bouillante.

Clubs de plongée

■ **La Rand'eau :** *à* ***Anse Duché,*** *à env 4 km vers le sud. Tourner à droite au grand panneau du resto* Les Tortues. 📱 *06-90-32-13-79. • contact@larandeau.com • larandeau.com • Compter 15 € pour 2h ; 20 € la demi-journée et 35 € la journée.* Bien, sympa et dynamique, propose des plongées (du baptême au monitorat), des randos palmées et des balades en kayak, pour découvrir ce joli coin, avec possibilité de *snorkelling.*

■ **Habiss plongée :** *à* ***Anse à la Barque,*** *juste au sud de Bouillante, commune de* ***Vieux-Habitants.*** ☎ *05-90-95-79-49.* 📱 *06-90-95-01-90. • habiss-plongee.com • Baptême 50 € ; plongées 37 € et pack découverte 115 € (1 baptême et 2 plongées).* Un club un peu à l'écart de la foule de Malendure puisqu'il part d'un petit ponton sur la charmante plage de Anse à la Barque. Bonne ambiance.

Nos meilleurs spots

La pointe des Trois-Tortues *(carte couleur Guadeloupe – la Basse-Terre,* ***18****)* **:** *au sud de Bouillante.* Idéal pour les baptêmes et Niveau 1. Innombrables bébés poissons-perroquets, papillons, anges, etc., sur cette langue rocheuse qui part de la côte en pente douce (0 à - 27 m). Une plongée haute en couleur, avec beaucoup de coraux et d'éponges. Parfois des tortues. Les confirmés s'y régalent aussi.

La pointe Quesy *(carte couleur Guadeloupe – la Basse-Terre,* ***17****)* **:** *au sud de Bouillante.* Pour plongeurs de tous niveaux. Connue pour ses sources chaudes (d'eau douce !) sous-marines, une succession d'éboulis, arches et tunnels, recouverts de coraux et peuplés de langoustes royales ou brésiliennes. Quelques poulpes malicieux, classiques poissons coralliens multicolores et des barracudas solitaires. Une belle plongée facile. À proximité, sur fond de sable, repose l'épave du navire *Augustin-Fresnel* (30 m de fond, 60 m de long), exceptionnelle...

La pointe Joubert *(carte couleur Guadeloupe – la Basse-Terre,* ***16****)* **:** *au sud de Bouillante.* Pour plongeurs de tous niveaux. Coulée de lave envahie par le corail, avec de belles gorgones, des éponges tubulaires et des cratères multicolores. Dans les failles, murènes, langoustes et poulpes. Une plongée riche en découvertes.

Autour des îlets Pigeon : voir plus loin « Nos meilleurs spots » à Malendure.

LA PLAGE DE MALENDURE (97125)

À 7 km au nord du bourg de Bouillante, cette plage de sable noire est réputée pour son magnifique espace sous-marin appelé « réserve Cousteau ». Depuis 2009, celui-ci fait d'ailleurs partie du Parc national de la Guadeloupe (sa partie maritime donc), ce qui est une bonne chose pour sa protection, car le coin souffre d'une surfréquentation qui menace, à terme, son avenir. En effet, Malendure et ses fameux îlets Pigeon sont devenus le haut lieu de la plongée en Guadeloupe, tout le monde s'est donné le mot, et on vient ici observer les poissons par minibus entiers. Et même dans des bateaux à fond de verre, ce qui, bien sûr, n'est pas sans conséquences sur l'écosystème de la zone. Toutefois, il serait dommage de ne pas s'y arrêter pour chausser les palmes... car des clubs sympas et réellement soucieux de l'environnement ont réussi à se faire une place au soleil sur cette côte qui aurait fini par n'avoir plus la cote. Complément encore méconnu de la partie sous-marine, l'observation des dauphins et des baleines est une activité qui se développe. Veinards que vous êtes, il y a des cétacés toute l'année par ici.

LE BONNET ROUGE LE PLUS CÉLÈBRE DU MONDE... DU SILENCE !

Depuis le début des années 1980, on appelle communément le secteur des îlets Pigeon la « réserve Cousteau », car le célèbre commandant y aurait tourné une partie de son film Le Monde du silence *dans les années 1950. Depuis 2004, un buste du plus célèbre marin à bonnet rouge repose par 12 m de fond au pied des îlets.*

ET L'ÉCOSYSTÈME MARIN DANS TOUT ÇA ?

La coexistence accrue d'activités subaquatiques et de surface s'avère de plus en plus difficile à concilier. Les bateaux à fond de verre, bouées tractées et autres jet-skis slalomen entre les kayaks et les nageurs à palmes et tuba disséminés ici et là, et la pression sur l'écosystème marin devient problématique. Sans parler de la pêche, que les pêcheurs locaux continuent de pratiquer à la senne (la zone est interdite de pêche, sauf pour eux), du comportement irresponsable de certains plongeurs qui s'accrochent aux coraux (par exemple pour prendre des photos !) ou, tout simplement du réchauffement climatique... qui tue le corail. Il semble néanmoins que les autorités du Parc national (dont les moyens sont toutefois limités) et les acteurs commerciaux du site s'attachent à prendre des mesures pour ralentir la dégradation des fonds et pour garantir la sécurité des plongeurs et des baigneurs autour des magnifiques îlets Pigeon (classés Cœur du Parc national) : interdiction (théorique...) de naviguer à tout bateau non muni d'hélice carénée, interdiction des mouillages sur ancre (remplacés par l'arrimage à des bouées – hélas pas encore assez nombreuses), réduction du nombre de plongeurs dans un même espace – en proposant notamment de nouveaux spots plus au large (comme l'épave du navire *Augustin-Fresnel* coulée au large de Bouillante en 2003), enfin, interdiction de pêcher et de nourrir les poissons comme ce fut longtemps le cas de la part de certains « professionnels » (mais rien ne dit que cela ne continue pas, soyez vigilant). En revanche, pour ce qui est de la préservation à long terme de l'écosystème, on est encore loin du compte...

BALEINES ET DAUPHINS DE GUADELOUPE

D'une manière générale, les migrations des mammifères marins sont encore assez mal connues. Ici, on verra essentiellement des ***cachalots*** (entre 20 et 50 t, de 12 à 18 m), plusieurs espèces de dauphins, comme le ***dauphin tacheté pantropical*** que l'on peut observer en groupe, les ***globicéphales, pseudorques, baleines à bec...*** Une vingtaine d'espèces en tout.

En ce qui concerne les ***cachalots,*** on peut parler d'animaux semi-sédentaires. Ils sont observés sur l'ensemble des côtes Sous-le-Vent de la Guadeloupe, de la Dominique et de la Martinique. Les femelles cachalot (les cachalotes ?) séjournent dans cette zone toute leur vie pour élever leurs petits. Lorsque les mâles atteignent leur maturité sexuelle, ils quittent le groupe et s'en vont vivre leur vie, sans que l'on connaisse précisément leur route migratoire. On estime cette population semi-sédentaire à environ 500 individus.

Les baleines à bosse sont une espèce migrante. Longues de 10 à 15 m, pesant 20 à 40 t, elles sont présentes de décembre à mai. Elles fréquentent les eaux chaudes des Caraïbes pour se reproduire et mettre bas. C'est donc tout à la fois une chambre nuptiale et une salle d'accouchement. On sait que cette espèce assure une migration de plusieurs milliers de kilomètres (jusqu'à 8 000 km) grâce au travail de photo-identification et à la pose de balises électroniques, reliées à des satellites. Après leur séjour dans les Caraïbes, elles rejoindront les eaux plus froides de l'atlantique Nord pour se gaver de krill et reconstituer leur couverture graisseuse. Leurs chants et leurs sauts constituent un spectacle absolument unique. Pour info, seuls les mâles chantent. Pour attirer les femelles, avancent certains. On pense également que les ***baleines à bec*** sont des mammifères sédentaires qui passent le plus clair de l'année sous la côte Sous-le-Vent.

En ce qui concerne les ***dauphins,*** selon les espèces, certains peuvent être sédentaires... si on ne les dérange pas. D'autres semblent être semi-sédentaires et on les revoit régulièrement dans les eaux au large de Malendure.

Si la côte Sous-le-Vent (Bouillante et Malendure) est la zone où l'on peut observer la plus grande variété d'espèces et le plus grand nombre d'animaux, les autres côtes de la Guadeloupe accueillent également des spécimens intéressants comme le ***grand dauphin*** ou le ***dauphin sténo*** (très doué pour taper à la machine), etc.

L'observation et la protection des cétacés

L'observation, assez récente en Guadeloupe, se présente sous plusieurs formes. Depuis les côtes (pointe de la Grande-Vigie, pointe des Châteaux) ou grâce à des opérateurs spécialisés pour des sorties en pleine mer d'une demi-journée environ, à bord de bateaux homologués. Un guide naturaliste spécialisé est toujours présent à bord et ces bateaux doivent respecter un code de bonne conduite. Certains opérateurs contribuent également à aider la communauté scientifique en communiquant les données d'observation réalisées lors des sorties au sanctuaire l'AGOA (qui fait référence à la déesse de la mer dans la mythologie amérindienne). Cet organisme s'étend à l'ensemble des îles françaises (138 000 km^2) et contribue à inciter les États voisins des Caraïbes à mettre en place des jumelages afin de créer d'autres sanctuaires. Trente-sept États et territoires ont signé en 1983 la Convention de Carthagène pour la protection et la mise en valeur des milieux marins de la Caraïbe (pour plus d'infos : • *car-spaw-rac.org/* •).

Adresses utiles

Office municipal de tourisme *(plan A1, 2) : sur la plage.* ☎ *05-90-98-86-87. Ouv en sem slt 9h-17h (15h mer).* Tout type d'infos sur le coin et riche documentation, notamment une carte du secteur bien faite et gratuite.

LA BASSE-TERRE

✉ **Poste** (*plan A-B2*) **:** *les bureaux les plus proches sont à Pigeon et à Bouillante, au sud. Fermés les mer ap-m, sam ap-m et dim.*

■ **Distributeur de billets :** AUCUN ! Se rendre à la poste de Pigeon. Distributeur à l'intérieur, donc accessible uniquement aux heures d'ouverture.

Arrêts des bus : *juste en face de l'office de tourisme, d'un côté ou de l'autre, selon votre destination.* Pour les horaires et fréquences, voir « Arriver – Quitter » à Bouillante.

■ **Centre commercial** (*plan A1,* **63**) **:** supermarchés, station-service, pharmacie et boutiques.

Où dormir ?

Voir aussi plus haut toutes nos adresses à Pigeon et à Bouillante, à quelques kilomètres.

Prix moyens

Gîte Mayo (*plan B1,* **21**) **:** *Morne Tarare. ☎ 05-90-80-34-60. 📱 06-90-71-06-77. • bjcj@hotmail.fr • gite-mayo.com • Après la station-service Vito (venant de Bouillante), prendre la côte à droite, puis en bas, juste après le grand parking, le chemin à gauche. Chambres d'hôtes 80 €/nuit ou 400 €/sem, petit déj inclus. Studios 80 €/nuit ou 440 €/sem.* Dans une villa accrochée à flanc de colline et dominant la côte, 5 chambres d'hôtes (2-4 personnes) sobres et coquettes, la plupart côté mer (vue fabuleuse sur l'îlet Pigeon pour certaines !), et 2 studios (2-4 personnes) dans le même esprit, avec cuisine ouverte sur terrasse et vue sur la baie. Pour les chambres d'hôtes, salle à manger et cuisine à partager. Partout, AC, ventilo, terrasse, mais pas de TV. Piscine dans la végétation. Bon accueil.

Gîtes Bajapo (*plan B1,* **22**) **:** *Morne Tarare. ☎ 05-90-98-72-76. • bajapo@orange.fr • amivac.com/site3664 • Un peu après le Gîte Mayo, par une rue qui descend sur la gauche. Selon taille (2-4 pers) et saison, 315-420 €/sem (ou 60-70 €/nuit). Chèques-vacances acceptés. Un petit déj à partir de 5 nuitées et 10 % de réduc offerts sur présentation de ce guide.* En rez-de-jardin, 2 studios en dur, simples mais convenables (cuisine semi-extérieure, AC, ventilo, TV, coffre-fort), avec vue timide sur la mer. Plus cher, celui à l'étage : plus grand aussi, tout en bois et davantage équipé (chaîne hi-fi et lecteur DVD). Panorama sur les îlets Pigeon grandiose depuis la terrasse commune équipée d'un bar. Accueil sympa de Daniel et de l'espiègle Valérine, en général autour d'un bon rhum coco...

Habitation Colas, chez Sandrine et Serge Simonneau (*hors plan par A1*) **:** *chemin Colas, à* ***Mahaut****. ☎ 05-90-98-34-76. • gite.guadeloupe@me.com • habitation-colas.com • Au nord de Malendure, 500 m avt la route de la Traversée, prendre la 1re à droite après la Rivière-Colas. Pour 2 pers, 355-410 €/sem selon saison. Chèques-vacances acceptés.* Perchée tout en haut d'une côte bien raide (prendre à droite à la fourche), cette charmante propriété jouit d'un bel environnement. Plantés dans un jardin où s'imbriquent joliment rochers volcaniques et végétation, 3 bungalows coquets pour 2 à 5 personnes, colorés et plutôt bien aménagés (meubles choisis, jeux de société à disposition, clim...). Grandes terrasses plaisantes et intimes. Piscine, rivière à proximité... Calme olympien, dépaysement complet.

Où manger ?

Bon marché

Chez Dada (*plan A1,* **31**) **:** *à Galets-Pigeon, sur le front de mer, en bord de route, côté droit en allant vers le nord. ☎ 05-90-98-13-40. Tlj midi et soir janv-début avr ; après, fermeture certains jours en sem. Menus 12,50-15 €*

(entrée + plat). CB refusées. Plats créoles servis dans une petite salle croquignolette et proprette, agrémentée de quelques plantes. Cuisine familiale de très bonne tenue. Excellents acras, colombo de cabri, chatrous, ou encore fricassée de calamars, entre autres. On se régale ! Service sympa et décontracté. Un très bon rapport qualité-prix. Seul bémol (chacun son dada !) : le continuel vroum-vroum de la route le midi. Énervant !

De prix moyens à plus chic

Ⓘ ***Le Rocher de Malendure*** *(plan A1, **32**) : au sud de la plage de Malendure, face aux îlets Pigeon, sur un petit promontoire. ☎ 05-90-98-70-84. • rocher-malendure@wanadoo.fr • VHF 72 (mouillage et ponton si vous arrivez par la mer !). Tlj midi et soir sf mer. Congés : sept. Menus 19-49 € ; salades 12-23 €, poissons 19-21 €, menu Rocher 32 €.* Une table réputée dans le coin pour ses plats des îles bien inspirés et sa situation formidable. Difficile, en effet, de rester insensible à la vue panoramique depuis ses différentes petites terrasses étagées sur le fameux rocher ! Spécialité de beignets de *ballaou* (la sardine locale), de thazar aux morilles, noix de Saint-Jacques au Maracuja ou encore pierrade de poissons. Service plus ou moins décontracté (honni soit qui mal endure !).

Ⓘ ***La Touna*** *(plan A1, **35**) : Galets-Pigeon, au sud de la plage de Malendure, pas loin du Rocher de Malendure. ☎ 05-90-98-70-10. • contact@la-touna.com • Tlj sf dim soir et lun. Congés : de mi-juin à mi-juil et 1 sem en oct. Menus 22-43 € ; plats env 15-30 €.* Une ancienne cabane de pêcheur transformée en un vaste resto ouvert sur la mer, dans un cadre à la fois relax et soigné. Coin *lounge* aussi sur la plage, avec fauteuils garnis de coussins pour siroter un cocktail au soleil couchant. Fine cuisine franco-créole qui fait la part belle aux produits de la mer, servis avec élégance et simplicité, bien dans l'esprit du lieu. Croustille de thon rouge et mousse d'avocat, millefeuille de thon aubergine et parmesan... Juste sélection de vins, notamment au verre. Tapas le soir dès 18h30. Accueil et service impeccables.

Où boire un verre ?

🍷 ***Le Coucher de Soleil*** *(plan A1, **41**) : sur la plage de Malendure. ☎ 05-90-98-97-03. Tlj sf dim soir.* Sympa pour se faire un petit bisou ou boire un verre en face dudit astre. Fait aussi resto, la cuisine a même plutôt bonne réputation mais le service n'est pas rapide.

🍷 Également le resto ***La Touna*** (voir plus haut), pour son coin *lounge* sur la plage, très agréable et romantique, avec des soirées musicales de temps en temps.

À faire

– ***Kayak de mer :*** avec **Gwada Pagaie** *(plan A1, **64**), en face de la plage de Malendure. ☎ 05-90-10-20-29 ou 📱 06-90-93-91-71. • gwadapagaie.com • Loc 25 € pour 3h ou 35 €/j.* Tenu par des gens sérieux, pour qui la sécurité n'est pas un vain mot ! De plus, au retour, vous pourrez prendre une douche et vous verrez même offrir une boisson ! Masque, tuba et carte topographique étanche compris dans la location. Également ***Caraïbe Kayak*** *(plan A1, **50**), sur la plage de Malendure. 📱 06-90-74-39-12. • caraibespirates.com • Loc 25 € pour 3h et 35 €/j. Réduc de 5 € (pour 2 pers uniquement) sur location de kayak pour nos lecteurs.* Outre la location classique, ils proposent plusieurs formules comme vous emmener aux îlets Pigeon en bouée tractée, ou vous ramener par le même procédé, avec une visite du littoral et un arrêt au Jardin japonais (voir plus bas « Nos meilleurs spots dans les environs »). Ça évite de devoir pagayer face au vent !

– ***Canyoning :*** avec **Canopée** *(label Association Guadeloupe écotourisme ; plan A1, **51**), cabanon devant la plage de Malendure, de l'autre côté de la route.*

☎ 05-90-26-95-59. • contact@canopeeguadeloupe.com • canopeeguadeloupe.com • Tlj sur résa. Différents parcours env 40-70 € ; réduc enfants. Pour découvrir la Guadeloupe côté nature sauvage. Voici quelques parcours de rêve, riches en sensations et de différents niveaux de difficultés, à la demi-journée ou à la journée. Le premier (une randonnée aquatique) peut même être fait en famille. Encadrement compétent et sympa qui vous conseillera sur le parcours le mieux adapté à vos capacités. Nombreux commentaires pertinents sur la faune et la flore par des guides naturalistes (et même botanistes). Également des randonnées pédestres et des formules « immersion en forêt » sur 2 jours mélangeant rando, canyoning et bivouac.

– ***Randonnées pédestres :*** au départ de la plage, la trace de Malendure offre deux bonnes heures de marche tranquille (pas de guide nécessaire) en bordure des criques sauvages et dans la forêt côtière avec, en prime, un beau panorama sur les îlets Pigeon. Renseignements à l'office de tourisme.

Cétacés et dauphins

■ ***Association Évasion Tropicale*** *(plan A1,* ***52****) : au musée Balen Ka Souflé, face au rocher de Malendure. 📱 06-90-57-19-44. • evastropic@wanadoo.fr • evasiontropicale.org • Sortie env 65 € (+ 25 € d'adhésion à l'association). Sur résa slt. Boissons et repas compris (sandwichs de poissons frais). Réduc enfants. Sorties quasi quotidiennes, départ vers 7h. Durée : 4-6h.* Voilà plus de 20 ans que Renato et Caroline étudient les mammifères marins, présents toute l'année (cachalots, dauphins, etc.) ou migrant dans les eaux tropicales l'hiver pour se reproduire (baleines à bosse). De vrais professionnels du sujet. L'association possède un bateau de 16 m, *Tzigane VI (10 pers max),* équipé d'hydrophones pour étudier les mammifères. On pourra observer différentes espèces tout en participant à la récolte de données de l'association. On vous expliquera comment sont menées les recherches sur un navire équipé à cet effet. Peu de monde à bord, d'où le prix tout de même très élevé de la sortie. À voir au retour, le petit *musée Balen Ka Souflé* (gratuit). Également des formations d'une journée sur la biodiversité marine et organisation d'observation des cétacés depuis la terre.

■ ***Whale Watching Guadeloupe*** *(plan A1,* ***32****) : pas de bureau. Les départs se font au Rocher de Malendure. 📱 06-90-30-09-91. • guadeloupe@whale-watching.fr • whale-watching.fr • Sortie tte l'année, 2 fois/sem (plus en hte saison), généralement mer et dim ap-m. Slt sur résa. Compter env 55 € (réduc de 5 € pour nos lecteurs sur présentation de ce guide). Enfants (2-11 ans) : 35 €.* À bord d'un catamaran à moteur confortable pouvant accueillir 35 personnes, un guide naturaliste vous expliquera tout ce que vous avez toujours voulu savoir sur les cétacés et les dauphins.

■ Également au départ de Deshaies, excursions proposées par ***Guadeloupe Évasion Découverte*** (rubrique À voir, À faire à Deshaies).

Plongée sous-marine

Malendure est le haut lieu de la plongée sous-marine en Guadeloupe, avec, comme point d'orgue, ses fameux îlets Pigeon, tout proches de la côte, et le buste de Cousteau que l'on peut admirer par 12 m de fond. Depuis le tournage supposé de quelques séquences sous-marines du film *Le Monde du silence,* les plongeurs ont nommé l'endroit « réserve Cousteau » et affluent en masse, totalement envoûtés par les sirènes du pacha de *La Calypso.* On parle de 50 000 à 80 000 plongées par an ! Cela dit, les fonds marins – interdits à la pêche intensive et à la chasse sous-marine – demeurent magnifiques et plutôt préservés. On y croise toutes les espèces de coraux et éponges familières des eaux tropicales, les classiques poissons des

Antilles, en grand nombre, et des tortues sur tous les spots. Les eaux y sont très claires et les spots abrités, peu profonds et adaptés aux débutants comme aux confirmés. Bref, des conditions de plongée idéales, sans parler du sérieux de beaucoup de moniteurs locaux, que nous nous empressons d'ailleurs de citer ci-après...

Clubs de plongée

■ ***Club de plongée Bleu Passion* Guadeloupe** *(plan A1,* **63***) : à* **Pigeon,** *dans la zone commerciale, face au port de pêche. Tourner au niveau du* Carrefour Market *et aller au fond du parking, en bord de mer. ☎ 05-90-92-85-76. • contact@bleu-passion-guadeloupe.com • bleu-passion-guadeloupe.com • Baptême 38 € ; plongées 30-36 €. Intéressant : forfaits 3-20 plongées non nominatives.* Bonne ambiance, petits prix, matériel de qualité : Didier et Bérangère connaissent fort bien leur affaire. Deux sorties par jour (9h30 et 14h) pour 8-10 plongeurs maximum, du côté de Bouillante surtout, mais aussi aux Saintes (Sec-Pâté) et vers d'autres spots moins fréquentés (mais également intéressants), telle la pointe Mahault (au nord de Malendure). Réservation très recommandée en saison. Plongées de nuit, ainsi qu'au *Nitrox*. Tous types de formations.

■ ***Les Heures Saines*** *(plan A1,* **32***) : sur Le Rocher de Malendure, à côté du resto. ☎ 05-90-98-86-63. • info@heures-saines.gp • heures-saines.gp • ♿ Baptêmes 55 € (30 mn) et Premières bulles (45 € pour 20 mn); plongée encadrée 45 €, autonome 35 € ; snorkelling 15 € ; forfaits dégressifs à partir de 6 plongées. Réduc de 5 € sur une plongée (une seule) sur présentation de ce guide.* L'un des principaux centres (FFESSM, ANMP, PADI) de la Guadeloupe, très sérieux, avec une équipe de moniteurs d'État qui assurent baptêmes et formations. Ils encadrent aussi vos balades sous-marines, à partir d'un chalutier ou d'un bateau rapide et confortable (pas de bouteilles à porter, ouf !). Souvent 3 sorties par jour (dans et hors du Parc national), la première ayant lieu plus tôt que celle de la plupart des autres clubs pour pouvoir profiter des meilleurs spots. Plongée de nuit, plongée aux mélanges *(Nitrox)*. Également une sortie d'une journée aux Saintes.

■ ***Centre de plongée des Îlets*** *(plan A1,* **62***) : sur la plage de Malendure (bâtiment rose fuchsia). ☎ 05-90-41-09-61. • contact@centredesilets.fr • plongee-guadeloupe.fr • Baptême 45 € ; plongée exploration 30-38 € ; forfait 10 plongées 300 € ; randonnée palmée 15 €.* La grande compétence de Jaco et la gentillesse de sa femme Isabelle, le côté simple et sympa du club ont touché nos lecteurs, et ce depuis quelques années. Pour aller saluer Cousteau, il n'est pas le dernier !

■ ***CIP Bouillante*** *(plan A1,* **60***) : sur la gauche de la plage, à proximité du ponton d'embarquement. ☎ 05-90-98-81-72. • cip.bouillante@wanadoo.fr • cip-guadeloupe.com • Baptême 45 € ; plongée exploration à partir de 24 € (tarif dégressif à partir de 4 plongées) ; snorkelling 13-17 € (équipé ou non); réduc enfants.* Autre centre bouillonnant (FFESSM, ANMP, PADI), qui propose des baptêmes et des explorations, bien sûr, mais aussi toutes les formations possibles. Embarquement sur les 3 bateaux rapides du club, pour 3 sorties par jour. Plongées de nuit le jeudi soir, ainsi que sur épave.

■ ***Plaisir Plongée Karukéra*** *(plan A-B1,* **61***) : en face de la plage, de l'autre côté de la route. ☎ 05-90-98-82-43. 📱 06-90-71-15-30. • ppkplongee@orange.fr • ppk-plongee-guadeloupe.com • Baptême 45 € ; plongée encadrée 35 € ; autonome et équipée 25 € ; snorkelling 15 € ; forfaits 3, 6 et 12 plongées.* Assurent des formations des niveaux 1 à 3, et des explorations. Toute l'année, 3 sorties par jour. Plongée de nuit et initiation enfants à partir de 8 ans. Tout le matériel nécessaire à bord du bateau.

Nos meilleurs spots autour des îlets Pigeon

Le Jardin de Corail *(carte Les îlets Pigeon : nos meilleurs spots de plongée,* **14***) : à l'est du Grand Îlet.* Idéal pour les baptêmes. Dès qu'on met la tête

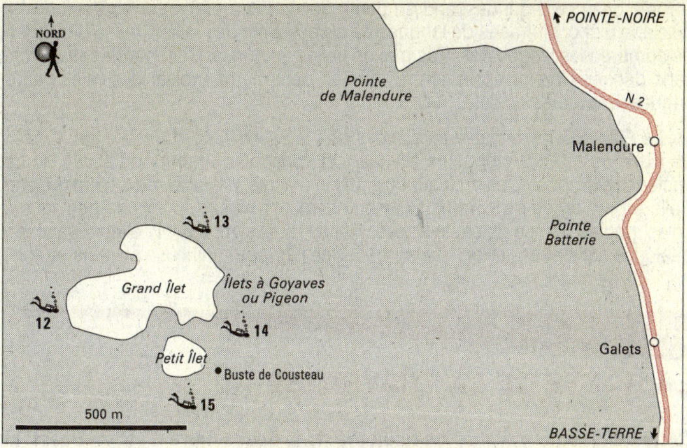

LES ÎLETS PIGEON : NOS MEILLEURS SPOTS DE PLONGÉE

sous l'eau, le corail est partout ! Plongée tranquille sur ce monticule corallien (- 2 à - 10 m) très riche et survolé d'une multitude de petits poissons multicolores. Nombreux poissons-perroquets familiers, petites demoiselles, amusants poissons-trompettes. Souvent des tortues curieuses. Une plongée éblouissante, même pour les confirmés qui croiseront au fond (- 18 m) des bancs de platax peu craintifs.

La pointe Barracuda *(carte Les îlets Pigeon : nos meilleurs spots de plongée, **12**) : à la pointe ouest du Grand Îlet.* Pour les plongeurs de Niveau 1 min. Ici, les tortues ont accompagné notre descente tranquille (- 5 à - 38 m), le long de la pente naturelle de l'îlet, parmi les éboulis et les failles, abritant murènes et une grosse concentration de langoustes. Nombreux poissons coralliens classiques, dont diodons, pagres et colas en pleine eau...

Les sources d'eau chaude *(carte Les îlets Pigeon : nos meilleurs spots de plongée, **13**) : au nord-est du Grand Îlet.* Pour plongeurs brevetés Niveau 1 min. Exploration d'une pente douce (- 23 m maximum) très riche en coraux (cerveaux de Neptune, gorgones, éponges tubulaires, etc.). Au fond, une source d'eau chaude (environ 50 °C) et douce, véritable résurgence de la Soufrière. Pas mal de langoustes, gros crabes et murènes dans les trous.

La pointe Carangue *(carte Les îlets Pigeon : nos meilleurs spots de plongée, **15**) : au sud du Petit Îlet.* À partir du Niveau 1. Carangues et thazars sont nombreux sur une pente douce (- 40 m maximum), prolongement de cette côte de carte postale. Richesse des coraux. Quelques petites grottes, terrain de jeu favori des gorettes jaune et bleu. Également pas mal de petits mérous craintifs, des pagres gaillards et puis ce mignon poisson-coffre qui ressemble à un petit jouet... À proximité : ***La Piscine,*** un spot idéal pour une plongée de nuit sympa, accompagnée d'amusantes tortues somnolentes.

Nos meilleurs spots dans les environs

Le Jardin japonais *(carte couleur Guadeloupe – la Basse-Terre, **10**) : un peu plus au nord de la pointe de Malendure.* Pour plongeurs débutants et confirmés.

Un très beau récif qui descend en pente douce (- 2 à - 28 m), avec des coulées de sable blanc, alternées de langues de coraux avec des failles, où se blottissent de nombreuses langoustes. Pas mal de belles gorgones. Charmante petite arche sans danger. Un site exceptionnel, où l'on peut même croiser des raies pastenagues. Baptême possible.

Le Franjack *(carte couleur Guadeloupe – la Basse-Terre,* ***11****)* ***:*** *face au Domaine de Malendure.* Pour plongeurs Niveau 1 et confirmés. Autour de l'épave de cet ancien sablier, posé bien droit sur du sable immaculé, par seulement 23 m de fond. Belle étrave ornée de coraux. Poissons sergents-majors, poissons-perroquets, colas, pagres, bancs de castagnoles... Coup d'œil sympa sur l'hélice. Également quelques balistes et parfois des tortues. Une plongée lumineuse et très agréable.

LA ROUTE DE LA TRAVERSÉE

Cette belle route traverse les hauteurs de la Basse-Terre d'est en ouest, au milieu d'une forêt tropicale humide, sorte de jungle dense et bien préservée. La route D23 débute à Mahaut sur la côte ouest, entre Pointe-Noire et Bouillante, et grimpe en tournant jusqu'au col des Mamelles (615 m). Puis elle redescend vers la côte est de la Basse-Terre en offrant de très belles vues sur les versants, la plaine côtière et la mer au loin. Ce trajet donne l'occasion de voir de près la forêt primaire de Guadeloupe presque telle qu'elle était quand les Européens débarquèrent au XVIIe s. Nous vous incitons à la plus grande prudence sur cette route, dont l'accès peut être entravé lors d'intempéries. Tout au long, plusieurs installations et activités recommandées ou gérées par le Parc national de Guadeloupe, dans la forêt, à la découverte de cascades, sur les cimes des arbres ou le long de sentiers de randonnées pédestres.

À voir. À faire

Dans l'ordre, de l'ouest vers l'est :

Le parc zoologique et botanique des Mamelles *(label Parc national de Guadeloupe)* ***:*** *sur la D23, à 4 km env après le départ (à l'ouest) de la route de la Traversée, sur la gauche ; en arrivant de Pointe-à-Pitre, c'est à 1 km après Morne-à-Louis, sur la droite. ☎ 05-90-98-83-52. • zoodeguadeloupe.com • Tlj 9h-18h (dernière entrée 16h30). Entrée : 14,50 € ; enfants 3-12 ans 8,50 € ; boisson offerte au snack juste en face, de l'autre côté de la route. Loc d'audioguide (1 €) qui délivre des explications à chaque étape sur les différentes espèces.*
Entrée vraiment chère malheureusement, comme souvent pour ce genre de site, mais ce parc a l'avantage d'être installé dans la forêt tropicale de Guadeloupe, ce qui permet de découvrir in situ la flore et la faune de « l'île papillon ». La balade (1h30-2h) emprunte un sentier sécurisé à travers la végétation luxuriante, jalonné d'étapes pédagogiques (panneaux) et d'enclos grillagés abritant mangoustes, iguanes, crabes, oiseaux antillais ou encore le raton laveur, mascotte de l'île, appelé ici *racoon* (de l'anglais, ce qui signifie « avare », du fait de sa rapidité à manger). Puis on passe à la faune guyanaise avec les aras, ocelots, singes écureuil, singes araignée et même un jaguar. Également une grotte à chauves-souris. Le parc veille, en outre, à la reproduction des animaux en captivité, avant d'en rendre certains à la vie sauvage. À mi-chemin, le « royaume des tout-petits » se définit comme un insectarium original, où chaque spécimen (phasme, dynaste, scolopendre...) se balade dans un amusant décor. Puis vient l'étape aventure du parcours : une quinzaine de ponts suspendus à 20 m de hauteur permettent aux visiteurs de

plus de 1,20 m (les plus petits doivent patienter dans la *kaz à Tarzan*) de se hisser au niveau de la canopée, c'est-à-dire de côtoyer la cime des arbres afin d'observer la jungle d'en haut. Assez impressionnant, mais malheureusement, on ne voit pas beaucoup d'animaux, la faune préférant les heures paisibles, où l'*Homo touristicus* cesse de se prendre pour Icare... Parmi les arbres, l'acomat, le palmier genoma et le laurier-rose figurent parmi les espèces les plus rares.
Sur place, boutique artisanale. Notez les nombreux colibris qui s'ébattent à l'entrée du parc...

Snack Les Amaryllis : *en face du jardin zoologique. Tlj 9h-17h.* C'est ici que l'on prend sa boisson comprise dans le prix du billet d'entrée. Également une petite restauration du style glaces, pâtisserie, salades. Terrasse avec vue sur la mer au travers de la végétation.

Le Tapeur, parc Aventure en forêt tropicale *(label Parc national de la Guadeloupe) : en face du jardin zoologique. 06-90-44-17-51. Tlj sf lun-mar hors saison 10h-16h (dernière entrée 15h30). Entrée : 20 € ; réduc enfants. Âge min : 8 ans.* Un parcours sportif à 15 m du sol dans le même esprit que celui du parc en face mais en nettement plus casse-cou (en toute sécurité et fort bien encadré, cela dit) et... plus cher. Ponts de singe ou népalais, poulies, tyroliennes seront vos gentils bourreaux pendant environ 1h30. Grand frisson garanti avec les trois tyroliennes du « gli-gli », de 105 à 140 m de long frôlant la cime des arbres à 30 m de haut. La piste du Foufou est encore plus... fofolle ! Nocturne sympa deux fois par mois en saison. Également un parcours pour les moins de 8 ans (accompagnés par un parent).

Le Morne-à-Louis : *peu après le jardin zoologique, sur la gauche, bifurcation menant à ce morne (colline de 745 m).* De là, on embrasse, par très beau temps, un vaste et magnifique panorama... quand la végétation n'empêche pas de le voir ! Ce qui est tout de même fréquent (qui trop embrasse mal étreint, c'est bien connu !).

La Maison de la forêt : *sur la droite de la route de la Traversée (D23), à env 4 km après le col des Mamelles. Lun-sam 8h30-13h, 13h30-16h, dim 9h-15h15. GRATUIT.* Vitrine du Parc national de Guadeloupe, cette petite maison abrite une exposition illustrée sur la forêt guadeloupéenne, son histoire, son exploitation par les populations successives. Vous serez accueilli par des pros de la rando, qui vous renseigneront sur le parc. Organise également des activités gratuites (mais sur inscription) pour adultes et enfants de mi-juillet à mi-août.

➢ ***Randonnées dans la forêt tropicale :*** la Maison de la forêt marque aussi le point de départ de deux balades superbes, le *sentier découverte* et la trace de *Bras-David* (20 mn ou 1h de marche). Renseignez-vous sur place sur l'état du terrain avant de faire la balade, c'est plus sûr. Difficile de se perdre, les deux sentiers étant parfaitement balisés autour du site de *Bras-David*, spécialement aménagé par le Parc national de Guadeloupe, avec pancartes à l'appui (ne pas oublier de prendre aussi le petit guide disponible à la Maison de la forêt). En cours de randonnée, on découvre les arbres et les plantes et on longe un torrent impétueux encombré de blocs rocheux. Deux autres circuits, l'un de 1h30, appelé *Trace des ruisseaux*, et l'autre de 3h, *Trace de la rivière Quiock* (qui traverse 17 fois la rivière en question !), sont recommandés aux randonneurs, sauf en cas de pluie. Attendez-vous dans tous les cas à un festival de couleurs, d'odeurs et de bruissements ou autres stridulations. Un vrai plaisir des sens !

➢ ***La cascade aux Écrevisses :*** *2 km après la Maison de la forêt.* Cette courte balade de 10 mn aller-retour, entièrement aménagée pour l'accès aux personnes à mobilité réduite et pour les malvoyants (panneaux en braille, fil d'Ariane), aboutit à une belle petite cascade. Site plutôt charmant et possibilité de baignade (eau pas toujours nickel). Aire de pique-nique avec tables et bancs, au bord de la rivière, de l'autre côté de la route. Très touristique, n'espérez pas y jouer les Robinsons.

➢ ***Le saut de la Lézarde :*** sur la route de la Traversée, tourner à l'Orée du Parc, direction Vernou, puis c'est indiqué. Superbe balade si l'interdiction municipale est levée. Voir plus haut « Dans les environs de Petit-Bourg ».

POINTE-NOIRE (97116) 7 700 hab.

Pointe-Noire, gros bourg animé, étiré le long de la mer au pied des monts boisés de la côte ouest de la Basse-Terre, doit son nom aux roches noires volcaniques qui l'encerclent. On y trouve encore quelques jolies maisons créoles en bois et, du côté de la mairie, une Marianne polychrome, ainsi qu'un curieux monument aux morts. Les habitants de cette bourgade tranquille ont longtemps été considérés comme des gens indépendants et rebelles (un groupe de planteurs armés obtint, en 1715, la suppression d'un impôt instauré par le roi, « l'Octroy par tête de Noir »...). Aujourd'hui, les Ponti-Neris vivent de la pêche, de l'exploitation de la forêt, de l'ébénisterie, et se consacrent aussi à la culture du café – un pur arabica très doux – qui fait le bonheur des amateurs. Une aubaine : la région de Pointe-Noire est riche en sites à visiter.

Arriver – Quitter

En bus : arrêts face à l'église *(plan A1)* pour les liaisons avec Pointe-à-Pitre (par la route de la Traversée), Bouillante et Basse-Terre. Autre arrêt à l'angle des rues Baudot et de la République *(plan A1)* pour les liaisons avec Deshaies.

➢ ***De/vers Malendure, Bouillante, Vieux-Habitants et Basse-Terre (ville) :*** ttes les 20-30 mn lun-ven 5h-18h env ; ttes les 30-60 mn le sam (dernier bus vers 15h) et 4 bus les dim et j. fériés. *Société TCSV (☎ 05-90-86-43-56 ou 📱 06-90-35-02-68).*

➢ ***De/vers Pointe-à-Pitre par les Mamelles (route de la Traversée) :*** ttes les 30 à 60 mn lun-ven (5h30-16h30 de Pointe-Noire), ttes les 60-90 mn le sam (dernier bus vers 15h30) et 4 bus les dim et j. fériés. *Société TCSV.*

➢ ***De/vers Deshaies :*** ttes les 20-30 mn lun-sam (6h30-17h30 env). *Société TCSV.*

Adresses utiles

Office de tourisme *(plan B2)* **:** *route des Plaines.* ☎ *05-90-99-92-43.* • *pointe-noire.org* • *Lun-ven 8h-12h30, plus lun-mar et jeu 14h-17h.* Très bon accueil.

✉ **Poste** *(plan A-B1)* **:** *rue Baudot, au nord du bourg.*

■ **Distributeurs de billets :** *à la* ***poste*** *; au* ***Crédit Agricole*** *(plan A1,* ***1****), pl. de l'Église ; et à la* ***Caisse d'Épargne*** *(plan A1,* ***1****), pl. de la Mairie.*

Où dormir autour de Pointe-Noire ?

Voir aussi nos bonnes adresses dans le hameau de Ferry, à mi-chemin entre Pointe-Noire et Deshaies (se reporter à Deshaies, « Où dormir à Deshaies et dans les environs ? Sur la route de Pointe-Noire »).

De bon marché à prix moyens

West Indies Cottage *(hors plan par B2)* **:** *62, chemin des Plaines.*

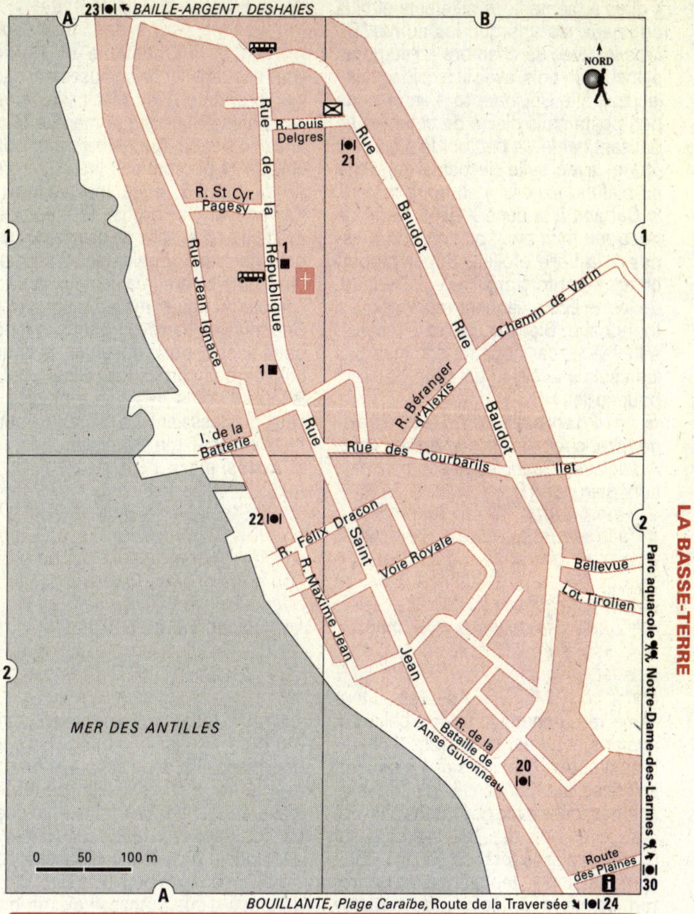

POINTE-NOIRE

Adresses utiles

- Office de tourisme
- 1 Distributeurs de billets

Où manger ?

- 20 Boulangerie de la Reberdière
- 21 Les Gommiers
- 22 Aka Tolé
- 23 La Marina Bleue
- 24 An Ba Tol La
- 30 Table d'hôtes du Parc aquacole

☎ *05-90-92-96-17. • contact@westindiescottage.com • westindiescottage.com • Accès par un pont métallique juste en face de* Rêve de Sable, Michel Coste. *Compter 75-100 €/nuit et 350-450 €/sem pour 2 pers selon saison. Petit déj 8 €. Assiette créole 20 €.* Une adresse tout bonnement exceptionnelle. Dans un grand et magnifique parc en bordure de forêt, avec le chant des oiseaux et le bourdonnement des insectes en continu,

4 gîtes à thème, tous différents et plus originaux les uns que les autres. Du *Moulin,* avec sa chambre à l'étage au plancher en bois, avec lit à baldaquin et jacuzzi, à la *Roulotte,* tout en bois (un peu petite mais pleine de charme), en passant par *le Carbet* (bordé d'un petit étang, avec salle de bains en pierre au plafond « étoilé ») et, notre préféré, *la Cabane* à la déco XVIIIe s (carte de trésor au mur, etc.), où l'on dort presque à la belle étoile... Super rapport charme-confort-prix ! C'est Renaud, un jeune écolo sachant recevoir qui a tout conçu. Bien sûr, veillez à réserver à l'avance, car nous ne sommes pas les seuls à avoir eu un coup de cœur pour ce lieu !

Chambres d'hôtes Beaugendre, chez Annette et Adrien *(label Association Guadeloupe écotourisme ; hors plan par A1) : chemin de Morphy, à* ***Beaugendre.*** *☎ 05-90-98-29-41. • beaugendre.annette.adrien@wanadoo.fr • gitebeaugendre.free.fr • Depuis Pointe-Noire, suivre Deshaies et tourner à gauche sur la route côtière de Morphy ; la suivre sur 2 km (pancartes) ; la maison se trouve en contrebas à gauche. Double 66 €/nuit, triple 84 €. Plat le soir 12 €.* Adeptes du tourisme vert, Annette et Adrien, belges et anciens libraires, proposent 3 chambres d'hôtes (2 doubles et 1 triple) fort soignées, indépendantes, confortables et aménagées avec goût, dans une jolie maison en bois des îles, avec vue sur la mer depuis le fond de son lit ! « Bioclimatisation », moustiquaire, coffre-fort, hamacs sur la grande terrasse commune et amusante salle de bains... En contrebas, une autre maison splendide, celle des adorables proprios, avec une immense terrasse en teck pour feuilleter un livre en sirotant un ti-punch. Une adresse très attachante.

Villa Rose Caraïbes *(hors plan par A1) : chemin de Varin,* ***Gommiers Nord.*** *☎ 05-90-99-96-62. 06-90-42-32-66. • contact@villarosecaraibes.com • villarosecaraibes.com • À env 3 km au nord de Pointe-Noire ; passer la dernière station-service Vito, puis la côte, suivre Gommiers Nord et, sur la droite, le chemin de Varin, bien indiqué. Selon saison, 430-480 €/sem pour 2 pers, 480-540 € pour 3-4. Petit déj 5,50 €. Table d'hôtes env 20 € (accessible sur résa aux non-résidents).* Christiane et Patrick vous accueillent chaleureusement dans leur propriété avec piscine réservée aux hôtes et vue sur la mer. Le choix entre 4 beaux bungalows en bois, *Gwada* (4 personnes), *Asia* (2 pers), *Africa* (pour 5, avec mezzanine) et *Kaz en l'Air* (sur pilotis), tout équipés, avec cuisine et salle de bains, plus une belle terrasse. Également 2 studios-chambres bien agréables eux aussi, à l'ombre du figuier maudit, surnommés *Chocolat* et *Vanille.* Puis un mignon petit bassin pour observer la danse colorée des carpes koï ! Sans oublier la table d'hôtes, très, très appréciée de ceux qui l'essaient. La plage de Petite-Anse est à 5-6 mn en voiture.

Kotési *(hors plan par A1) : chemin de Belle-Hôtesse,* ***Gommiers.*** *☎ 05-90-38-04-56. 06-90-75-64-74. • kotesi@hotmail.fr • kotesi.com • À 4 km du bourg par la N2, en direction de Deshaies. Tourner à droite au panneau « Trou Caverne » et suivre les indications pour Kotési. Compter 60-70 €/nuit pour 2-3 pers. À la sem pour 2 pers, 400 €. Dîner d'accueil offert pour un séjour d'au moins 1 sem.* Dans un grand jardin planté d'arbres fruitiers, 3 bungalows en bois blanc à la déco simple et fraîche, avec cuisine, TV satellite, petite terrasse et parking. Les fruits (mangues, cerises, papayes, avocats) du jardin ne demandent qu'à être cueillis, et à côté s'étend même un petit bois avec tables de pique-nique... Accueil discret mais sympathique.

Les Jardins de Pointe Noire *(hors plan par B2) : lot Pagesy,* ***la Grande plaine Sud.*** *☎ 05-90-98-88-27. 06-90-42-91-11. • info@jdpn.fr • jdpn.fr • À 3 km au sud du bourg, juste en face de la Maison du cacao. Gîtes 2-6 pers 300-640 €/sem selon capacité. Villa 6-10 pers 705-900 €/sem, selon saison. Chèques-vacances acceptés. 1er petit déj offert.* Dans un joli jardin fleuri (les fleurs, c'est la passion de Victoria !), 3 bungalows créoles assez proches les uns des autres mais néanmoins intimes, installés autour d'une petite piscine. Déco gaie et colorée, cuisine équipée, salle de bains, lave-linge, chambres climatisées, terrasse, hamac et barbecue... les vacances quoi ! Petite plage de galets à 300 m et la plage Caraïbes à 800 m. Accueil chaleureux de Victoria et d'Yves.

Un peu plus chic

Acomat-Bellevue *(hors plan par B2) : chemin de Thomy. ☎ 05-90-99-90-63. • vegerber@wanadoo.fr • acomat-bellevue.com • Au sud du bourg, prendre à gauche au panneau « Thomy Acomat », et continuer sur un peu moins de 2 km, jusqu'en haut. Env 800 €/sem jusqu'à 4 pers. 1er petit déj offert à partir d'une sem, sur présentation de ce guide.* Perchés à 200 m d'altitude dans un jardin calme et sauvage, 3 élégants bungalows en bois avec 2 chambres chacun, douche et cuisine extérieures, terrasse, barbecue et vue dominante sur mer. Piscine entourée d'un deck et végétation. Un endroit serein, en pleine nature. Bel accueil.

Beauséjour Guesthouse *(hors plan par B2) :* ***Gros Morne,*** *chemin de Thomy. ☎ 05-90-98-10-09. 06-90-61-94-04. • info@cafeierebeausejour.com • cafeierebeausejour.com • Sur les hauteurs de Pointe-Noire, à 2 km au sud du village, prendre la route d'Acomat, puis à gauche le chemin de Thomy sur 500 m, puis à droite et monter tt droit, c'est tout en haut. Bungalows pour 2 pers, 450-540 €/sem selon saison (120 €/nuit), et pour 4 pers, 550-640 €/sem (130 €/nuit).* Installés tout là-haut sur la colline, 3 bungalows indépendants les uns des autres (deux pour 2 personnes et un pour 4), offrant une vue époustouflante sur la forêt et la mer. Aménagement intérieur excellent : AC, ventilo, machine à laver, grand frigo, terrasse avec cuisine équipée, mobilier familial créole de qualité (lit à baldaquin avec moustiquaire). Du bois blanc et du bois sombre du plus bel effet. Le bungalow pour 4 possède un grand salon ouvert fort agréable, où l'on se sent vraiment chez soi. Tranquillité totale évidemment. Massage et service traiteur sur demande pour compléter la carte postale ! Bref, une adresse au top, dans tous les sens du terme !

Où manger à Pointe-Noire et dans les environs ?

Bon marché

Boulangerie de la Reberdière *(plan B2,* ***20****) : sur le front de mer, près du supermarché* Huit à Huit, *avt d'entrer dans le bourg en arrivant de Bouillante. ☎ 05-90-98-05-45. Tlj 6h-19h30 (12h30 dim).* À emporter ou consommer sur le pouce, excellentes tartes, alléchantes viennoiseries, savoureux gâteaux coco, mais aussi des sandwichs, des friands et même quelques pâtés de crabe et de morue, dont vous nous direz des nouvelles. Boissons fraîches. Bon accueil.

Aka Tolé *(plan A2,* ***22****) : dans le bourg. Direction Bouillante, passer devant la mairie, puis tourner à droite pour rejoindre le front de mer. Tlj midi et soir, mais parfois fermé dim. Plat du jour env 8 €.* Dans ce petit *lolo* rustique, juste quelques tables recouvertes de toile cirée pour accueillir les locaux, qui viennent y boire l'apéro et jouer aux dominos. Une cuisine qui ne vous emmènera pas dans de grandes aventures gustatives, mais très honnête et bon marché, notamment les poissons rôtis et le court-bouillon, accompagnés de riz et, parfois, de racines (excellentes).

Prix moyens

L'Oasis *(hors plan par A1) : à* ***Gommiers*** *(commune de Pointe-Noire). ☎ 05-90-98-29-76. 06-90-62-20-48. De Pointe-Noire, faire env 2 km vers le nord et prendre à droite le chemin de la Belle-Hôtesse, Gommiers Nord et grimper sur env 1 km. Le resto est sur la droite. Sur résa slt, tlj midi et soir. Menu complet 25 € (apéro, entrée, plat, dessert, café et digestif inclus). Plat à emporter : env 12 €. CB refusées.* Allez, on ne va rien vous cacher, on a vraiment beaucoup apprécié ce lieu, son ambiance, sa table. Alain est généreux et sa cuisine tout autant. Artiste, il peint, il sculpte, mais surtout il cuisine, avec l'aide de Patricia. Rien que du frais, essentiellement du poisson et de bons légumes bio. Une cuisine qui change tous les jours et dégage de belles saveurs. À déguster sur l'une des trois petites terrasses nichées dans la verdure, décorées de multiples objets colorés, de bois flottés sculptés, lampes de couleurs... Certaines abritées, et une autre qui offre une vue extraordinaire sur la forêt et la mer. Peu de tables, ce qui permet de passer un moment tranquille, sans être bousculé. Un lieu atypique et délicieusement sympathique.

Le Mambo *(hors plan par B2)* **:** *à* ***Mahault,*** *au nord de Malendure et un peu au sud de Pointe-Noire (juste avt la route de la Traversée, sur la gauche quand on va vers le nord). ☎ 05-90-98-04-90. ♿ Tlj à midi ; le soir sur résa. Plats 12,50-18 €, menu déj 16 € ; menu-enfant 8 €. À la carte, compter env 25 €. Apéritif maison ou digestif offert sur présentation de ce guide.* En retrait de la route, au milieu de quelques maisons et en contrebas d'un petit bar-épicerie très animé le soir, voici un vrai resto couleur locale, rondement mené depuis un quart de siècle par Marcelle, une Antillaise souriante et consciencieuse. Mignonne terrasse très soignée, ouverte sur la mer et traversée d'arbres qu'on n'a pas voulu couper (ouf !). Dans l'assiette, une excellente cuisine créole, copieuse et parfumée (gratin de légumes, court-bouillon de poisson, coquille de lambis, ouassous à la nage, côte de porc à l'antillaise, etc.). Très bon rapport qualité-prix et accueil impeccable.

Le Reflet *(hors plan par B2)* **:** ***plage Caraïbe,*** *au sud du bourg. ☎ 05-90-98-11-51. Tlj (sf jeu hors saison), le midi. Le soir, slt sur résa. Menu 16 €, menus lambis et langouste (respectivement 20 et 30 €) ; menu-enfant 9 €. Apéritif maison offert sur présentation de ce guide.* Ce *lolo* familial quasiment sur la plage, avec nappes en madras et quelques tables dehors, propose des menus complets (dessert inclus) à prix doux. Poissons grillés ou en court-bouillon, colombos variés, ouassous mais aussi lambis et langouste (plus chers évidemment). Portions tout de même un peu minces...

Délices Caraïbes *(hors plan par B2)* **:** ***plage Caraïbe.*** *☎ 05-90-98-12-34. Tlj sf mer. Congés : sept. Menus 15-25 €. Ti-punch offert sur présentation de ce guide.* Grande salle couverte et ventilée, tout en bois. Au menu, des plats classiques : chatrou sauce piment doux, colombo de cabri. Du connu et du reconnu. Une adresse fréquentée par les locaux et c'est un signe de régularité.

An Ba Tol La *(hors plan par B2,* ***24****)* **:** *à l'entrée de Pointe-Noire en venant du sud, sur le front de mer. ☎ 05-90-86-93-46. Carte env 20 €.* Un lieu étonnant (« Sous la tôle », en créole), où l'on mange à la bonne franquette poisson ou poulet grillé. Simple et bon. Beaucoup de monde... Reste à patienter en sirotant un ti-punch, comme tous les autres !

La Marina Bleue *(hors plan par A1,* ***23****)* **:** *sur le port de* ***Baille-Argent,*** *un peu avt Ferry, entre Pointe-Noire et Deshaies. 📱 06-90-39-31-54. Tlj le midi sf lun, plus mar, ven et sam soir en hte saison. Menus du jour 16-18 € (avec apéro, entrée, plat et dessert). Menu langouste 35 €. Digestif maison offert sur présentation de ce guide.* Dans ce port de poche, un resto qui réunit habitués et touristes pour l'accueil simple et généreux, le cadre avec, dans la lucarne, une vue sur la mer, mais aussi la cuisine tout aussi agréable : christophines farcies, poissons grillés ou fricassée de lambis, l'une des spécialités maison.

Les Gommiers *(Chez Desplan ; plan B1,* ***21****)* **:** *200, rue Baudot. ☎ 05-90-98-01-79. Dans le bourg, juste avt la poste venant du sud. Lun-sam 7h-18h. Menu déj 13,50-15 € ; snack à emporter 6,50 € ; carte env 25 €.* Dans un petit décor sans prétention aucune, avec une terrasse avoisinant la cantine d'une école (donc un peu bruyante le midi). Néanmoins, le rapport qualité-prix est vraiment impeccable. On y a goûté une excellente christophine farcie, ainsi qu'un court-bouillon de poisson et un cabri à l'antillaise qui n'étaient pas en reste ! La clientèle locale y ayant ses habitudes, le service est souvent un peu débordé mais reste très souriant.

|●| ***Table d'hôtes du Parc aquacole*** (hors plan par B2, **30**) *: route des Plaines. ☎ 05-90-98-11-83. ● parc-aquacole.fr ● Situé à env 800 m de la N2, sur la gauche. Table d'hôtes slt le ven et dim midi (slt le dim hors saison). Compter 20-24 € selon le type d'assiettes (poisson, ouassous ou les deux). Enfants : 12 €. CB refusées. Ttes comprennent l'apéro, l'entrée et le plat.* Le parc aquacole (rubrique « À voir » ci-après) propose à sa table d'hôtes les produits de l'exploitation aquacole, préparés avec soin (ouassous, rouget créole et loup caraïbe venus de leur parc d'élevage en mer) et mitonnés savoureusement façon créole. Prudent de réserver.

À voir. À faire autour de Pointe-Noire

Ces différents sites et attractions touristiques se situent tous au sud du bourg de Pointe-Noire.

🚶 ***La cascade Acomat*** (hors plan par B2) *: à env 3 km au sud de Pointe-Noire, prendre à gauche vers Acomat ; poursuivre sur env 1,5 km ; à la 1re fourche, prendre sur la droite (la route qui descend) ; au niveau de la 2e fourche, se garer ; en contrebas, sur la droite, un petit chemin mène à un bassin et à une belle cascade.* Prévoir de bonnes chaussures, même par temps sec, car le terrain est souvent boueux. Possibilité de baignade, mais la balade n'est pas inoubliable. Prudence comme toujours en cas de fortes pluies, le niveau d'eau pouvant rapidement monter.

🚶🚶 ***Le Parc aquacole – écloserie de ouassous*** (label Association Guadeloupe écotourisme ; hors plan par B2) *: route des Plaines. ☎ 05-90-98-11-83. ● parc-aquacole.fr ● Situé à env 800 m de la N2, sur la gauche. Tlj sf lun 9h-17h. Entrée du parc 4 € ; entrée + visite guidée (à 11h et 15h) 8 €. Compter 6 € (4 € pour les enfants) pour nos lecteurs qui déjeuneront sur place. Venir donc de préférence le ven ou dim mat pour pouvoir y déjeuner (le resto ne fonctionne qu'à ces moments-là). Loc de matériel de pêche à la ligne 5 €.* François, Patrick et son équipe sont des passionnés. De la larve à l'assiette, vous saurez tout sur le ouassou (grosse crevette d'eau douce) en Guadeloupe. L'endroit compte une dizaine de bassins d'élevage, qui alimentent en larves tous les producteurs de la Guadeloupe... qui ne couvrent eux-mêmes que 3 % de la consommation de ouassous de l'île, les 97 % restants arrivant congelés d'Asie. Le vendredi, à 10h, pêche des ouassous et petit marché aux épices. Également un parcours de pêche à la ligne, histoire de titiller le rouget créole.

|●| Sur place, ***une table d'hôtes*** propose de déguster, les vendredi et dimanche (midi seulement), les produits de l'exploitation aquacole (voir plus haut « Où manger à Pointe-Noire et dans les environs ? »).

LES AVENTURES DU OUASSOU

Sachez que le nom de cette crevette vient de l'expression « roi des sources », créolisée en... « ouassou » ! Mais sa vie est moins drôle, c'est même un véritable combat. Car, s'il éclôt en eau douce dans le fond des rivières, il n'a que 24h pour trouver de l'eau de mer, sous peine de mourir... Waouh !

🚶 🚸 ***La Maison du cacao*** (hors plan par B2) *: à 3 km au sud de Pointe-Noire sur la N2. ☎ 05-90-98-25-23. ● contact@maisonducacao.fr ● maisonducacao.fr ● Tlj 10h-17h (fermé dim hors saison). Entrée : 7 € (bien chère tout de même !) ; réduc enfants.* Minijardin tropical planté évidemment de quelques cacaoyers. Visite libre agrémentée de modestes panneaux didactiques et de quelques outils. On y apprend que le cacao a pour origine l'Amérique centrale et qu'il contient une substance, la sérotonine, qui combat le stress. Soit. L'intérêt de la visite se résume en fait à la dégustation (comprise dans le prix d'entrée) d'un excellent chocolat et aux explications données à ce moment-là. Boutique (rhum au cacao, confiture de fèves de cacao, bloc de cacao...).

Rêve de sable, Michel Coste *(hors plan par B2) : aux Plaines, après le Parc aquacole, sur la gauche. ☎ 05-90-98-61-74. Tlj 9h-12h, 14h-18h. GRATUIT.* Voici la maison d'un arénophile (un collectionneur de sable, quoi !), dont il n'existerait qu'une dizaine de spécimens dans le monde... Venu de tous les archipels voisins, il fait dudit sable de vraies œuvres d'art, notamment des tableaux, que vous pourrez acheter sur place. Sinon, il discutera avec plaisir avec vous, et vous montrera peut-être les propriétés étonnantes du sable guadeloupéen...

Notre-Dame-des-Larmes : en continuant cette route en voiture, après quelques kilomètres, on arrive à une jolie chapelle en plein air, au bord d'une rivière et au pied du monastère Saint-Joseph. Charmant et bucolique. Un aménagement permet l'accès à la statue de la Vierge qui aurait fait ici une apparition en 1977. Tous les dimanches à 10h s'y tient une messe en latin. Bougies partout et mantille fournie si on n'en a pas. Il faut le vivre au moins une fois ! Possibilité aussi de se baigner dans des bassins d'eau pure, en contrebas.

➢ De là, départ de la ***trace des Contrebandiers,*** randonnée pédestre de 5h jusqu'à Duportail (environ 12 km de Sainte-Rose). Assez difficile quand même, car elle demande des mollets bien entraînés ! Guide très conseillé, d'autant que la trace n'est plus... tracée.

Plongée sous-marine et randonnées subaquatiques

Clubs de plongée

■ ***Anse Caraïbe Plongée*** *(label Association Guadeloupe écotourisme ; hors plan par B2) :* ***plage Caraïbe*** *(entre Pointe-Noire et Malendure), dans un cabanon bien visible. ☎ 05-90-99-90-95. • christine.jasor@orange.fr • anse-caraibe-plongee-guadeloupe.org • Baptême 45 € ; plongée exploration (Niveau 1) 38 € ; forfait à partir de 3 plongées ; réduc de 10 % sur la plongée sur présentation de ce guide.* Plongée en petit comité et à la carte, telle est l'ambition de René Jasor, le sympathique moniteur d'État, qui encadre baptêmes et enseignements jusqu'au Niveau 3 et brevets PADI. 2 départs quotidiens. Plongée de nuit (ou sur épave) possible et plongées enfants (à partir de 8 ans). Fait aussi le Sec-Pâté (aux Saintes).

■ ***Les Baillantes Tortues :*** *sur le port de* ***Baille-Argent,*** *au nord de Pointe-Noire. ☎ 05-90-98-28-38. 📱 06-90-37-36-17. • lesbaillantestortues.com • Ouv slt au moment des départs, à 8h30 et 14h, tlj sf sam ap-m et en août. Baptême 46 € ; plongée exploration env 38 € ; forfaits dégressifs 5 et 10 plongées ; tarifs préférentiels pour les pers munies de leur propre matériel. Réduc de 5 % sur les stages de formation sur présentation de ce guide.* Gentil petit club (FFESSM, PADI), rondement mené par Chantal et Cor de Munnik, tous deux moniteurs d'État polyglottes. Ils encadrent les baptêmes, mais aussi les formations jusqu'au Niveau 3 et brevets PADI. Plongée de nuit et initiation enfants. Équipement complet fourni. Location d'appareils photo et vidéo. Les sites vont jusqu'à la réserve Cousteau et comprennent épaves, spots peu fréquentés ainsi que Morphy, à la Pointe de Ferry.

■ ***Nautica Plongée Caraïbes*** *(label Association Guadeloupe écotourisme, membre du réseau Tortue marine de Guadeloupe ; hors plan par A1) : plage de Petite-Anse,* ***Baille-Argent,*** *au nord de Pointe-Noire. ☎ 05-90-99-90-47. • contact@nauticaplongee.fr • nauticaplongee.fr • Tlj (rdv à 9h et 14h) tte l'année. Baptême 45 € ; plongée*

40 € ; journée à Sec-Pâté 100 € ; forfaits dégressifs. Nautica est un club (FFESSM, PADI, ANMP) posé sur la charmante plage de Petite-Anse, lieu privilégié de pontes de tortues. Ambiance familiale. On vous emmène en moins de 5 mn sur les spots de Deshaies et Pointe-Noire, où les tortues sont souvent au rendez-vous, ainsi qu'à la réserve Cousteau. Matériel renouvelé régulièrement. Plongée enfant à partir de 6 ans. Formation jusqu'aux Niveau 4 et *Divemaster*.

Randonnées subaquatiques

■ ***An-badlo-la Guadeloupe plongée*** *(hors plan par B2) :* **plage Caraïbe** *(entre Pointe-Noire et Malendure). ☎ 05-90-80-68-89. 📱 06-90-47-11-61. • apnee.maestracci@gmail.com • anbadlola.fr • Randonnée subaquatique (matériel et combi fournis) : 38 € (35 € pour nos lecteurs sur présentation de ce guide). Pack famille (2 adultes et 2 enfants) : 95 € (90 € pour nos lecteurs), et pack copains 4 adultes, 140 € (130 € pour nos lecteurs). Durée : env 3h. Sur résa. 2 pers min (et 10 pers max).* Le sympathique Antoine, ancien entraîneur de l'équipe de France d'apnée, a planté ses palmes sur cette plage, au départ de laquelle il organise de superbes randos subaquatiques avec palmes, masque et tuba, pour partir à la découverte, tranquillou, de la faune et la flore locale. Il commente tout ce que l'on peut voir et vous révèle tous les secrets de la vie sous-marine. Cet apnéiste chevronné propose également des stages d'apnée sur mesure, mais peut aussi organiser des baptêmes de plongée, notamment pour ceux que le monde sous-marin angoisse. On passe alors 45 mn dans l'eau avec Antoine, histoire de vraiment prendre son temps.

DE POINTE-NOIRE À DESHAIES

Toute cette côte n'est ni bétonnée, ni trop envahie par les touristes. Tant mieux pour vous ! D'autant que la plage de Grande-Anse est l'une des plus longues et séduisantes de toute la Guadeloupe.

Le trou Caverne : chemin très mal indiqué, mais c'est à l'arrivée de la *trace Belle-Hôtesse.* Nous, nous n'avons vu aucune hôtesse à l'arrivée, ni belle ni pas belle.

Beausoleil : point d'arrivée de la *trace Baille-Argent,* chouette chemin de randonnée qui met Beausoleil à 6 ou 7h de Sofaïa dans le sens ouest-est, 5h dans l'autre sens. Assez rude quand même ; marcheurs du dimanche, s'abstenir ! Guide conseillé. *(Rens auprès du Parc national de la Guadeloupe : ☎ 05-90-80-86-00.)*

La plage de Petite-Anse : *peu avt Ferry, dans un virage très en épingle à cheveux.* Pas très grande mais mignonne et ombragée par quelques arbres et cocotiers. Joli coin. Idéal pour le *PMT* (palmes, masque, tuba), au bord ou au large ; l'eau n'est jamais très profonde, et on voit des tas de jolis poissons à peine émus qu'on les surprenne dans leur intimité. Dommage, des villas ont poussé sur la plage. Certes, ce n'est pas Le Gosier, et la tranquillité du lieu n'en pâtit guère, mais le site n'est plus le même. Petit resto de plage sur place. Pour repartir, la côte est rude !

La plage Leroux : *juste avt de descendre sur Ferry.* Très joli croissant doré, pas trop fréquenté, en contrebas de la route. Bien aussi pour le *PMT.*

|●| En prime, un petit resto sympa (mais en bord de route), ***La Terrasse Leroux*** *(tlj sf mar 6h-18h).* Service peut être un peu long mais les plats sont bons (et les frites faites maison !) et pas chers.

DESHAIES (97126) 4 100 hab.

Deshaies (prononcer « Déhé ») est un petit village de pêcheurs, cerné de hautes collines verdoyantes. On y trouve de nombreuses maisons en bois de style caraïbe, dont les plus pittoresques s'ouvrent sur la jolie petite baie abritée, qui fait le repos des marins depuis le temps des corsaires, et des tortues (qui sont là depuis toujours). Face au soleil couchant, gentiment assis à la terrasse d'un resto les pieds dans l'eau ou d'un de ces écolodges qui font le charme de cette microrégion, on se laisse bercer par la douceur du lieu... L'un des plus tranquilles de Guadeloupe, à moins que le grandiose cinq-mâts *Club-Med 2*, le *Silver Wid* ou encore le *Seabourn Legend* n'aient choisi de faire escale au moment de votre passage, puisqu'ils y jettent régulièrement l'ancre (un événement à chaque fois !). On raconte que Robert Charlebois et Coluche aimaient aussi le coin... Bref, un de nos villages coup de cœur, sans parler des environs.

Arriver – Quitter

En bus : arrêt devant l'église *(plan A1)* pour Sainte-Rose. Devant la mairie et à côté du club *Piton Plongée (plan A2)* pour Pointe-Noire et les communes de la côte ouest Sous-le-Vent.

➢ ***De/vers Sainte-Rose et Pointe-à-Pitre :*** ttes les 30 à 45 mn, lun-ven 6h-17h30, sam jusqu'à 13h. Changement à Sainte-Rose pour PAP. *Société NB2T (06-90-28-13-70).*

➢ ***De/vers Pointe-Noire :*** ttes les 20-30 mn lun-sam 7h15-18h de Deshaies. *Société TCSV (☎ 05-90-86-43-56. 06-90-35-02-68).*

Adresses utiles

Syndicat d'initiative *(plan A1)* **:** *rue de la Liberté, dans le centre, près de l'église. ☎ 05-90-68-01-48. • sideshaies@wanadoo.fr • Tlj sf dim 8h-12h, plus lun, mar, jeu 14h-17h.* Plan du village et du coin, brochure avec liste des hébergements, restos, commerces, loisirs... Organise aussi, en saison, un pot de bienvenue avec groupe de musique traditionnelle tous les mardis de 18h30 à 19h30 *(Mardi Fest)*... réservé aux personnes séjournant à Deshaies.

Poste *(plan A1)* **:** *bd des Poissonniers. Fermé mer ap-m, sam ap-m et dim.*

Distributeur de billets *(plan A1,* ***1****)* **:** *au* ***Crédit Agricole*** *situé au nord du bourg et à la poste.*

@ Internet : connexion possible gratuite, si on consomme, *à la petite cafétéria* ***L'Antillaise*** *(tlj sf mer 8h-13h ; plan A2,* ***2****).* Sinon, *au* ***Pélican*** *(plan A2,* ***3****). ☎ 05-90-28-44-27. Ouv en hte saison, lun-sam 8h30-12h30, 16h-19h.* Bon service et bon accueil. Enfin, également quelques postes *au* ***Service développement*** *(plan A1,* ***4****), à l'étage du poste de police, face à la mairie.*

Où dormir à Deshaies et dans les environs ?

Sur la route de Pointe-Noire

De bon marché à prix moyens

Fanelie Location, chez Mylène Marcel *(Gîtes de France ; hors plan par A2)* **:** *impasse Bougainvilliers, à* ***Ferry****, Leroux. ☎ 05-90-28-52-11. 06-90-59-59-77. • fanelie.location@gmail.com • fanelie.fr • À 7 km au sud de Deshaies, sur la gauche juste après la plage Leroux ; prendre l'impasse Bougainvilliers. Gîtes 2-6 pers 280-860 €/sem selon saison et capacité.* Dans un jardin en retrait

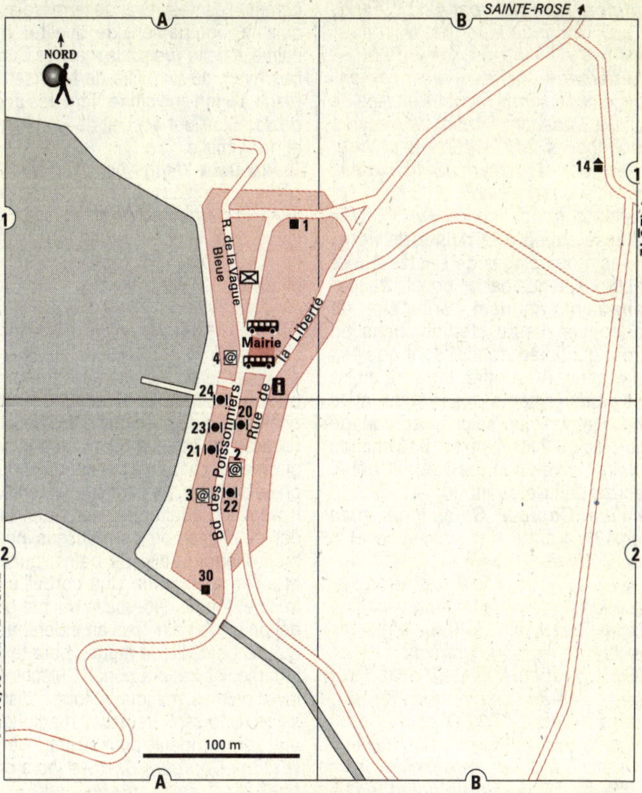

DESHAIES

Adresses utiles

- Syndicat d'initiative
- **1** Distributeur de billets
- @ **2** L'Antillaise
- @ **3** Le Pélican
- @ **4** Service développement

Où dormir ?

- **10** Les Gîtes Bleu Outremer
- **12** Habitation Tendacayou
- **13** Domaine de la Pointe Batterie
- **14** Résidence O Cœur de Deshaies

Où manger ?

- **12** Le Poisson Rouge
- **20** Fournil de la Côte
- **21** Mahina
- **22** La Kaz
- **23** La Savane
- **24** Le Coin des Pêcheurs

Club de plongée

- **30** Piton Plongée

Balade en voilier

- **31** Vagabond

de la route, une dizaine de gîtes de 1 à 3 chambres, simples, fonctionnels et pas trop chers. Séjour, cuisine équipée, TV, terrasse privée, barbecue et clim dans certaines chambres. Lit bébé sur demande. Vue sur la mer pour certains et jolies plages à 500 m. Piscine bien cachée au fond du jardin. Bon accueil à l'antillaise.

Les Balisiers, chez Joan et Gérard

Rafinon *(hors plan par A2)* **:** *à* **Ferry,** *à env 7 km au sud de Deshaies. ☎ 05-90-28-58-67. • info@les-balisiers.fr • location-vacances-en-guadeloupe.com • Presque en face de* Fanelie Location. *Studios et apparts. Pour 2 pers 245-364€/sem et pour 4 pers 300-440€/sem. Petit cadeau artisanal offert à partir de 3 nuits sur présentation de ce guide.* Une adresse située à la pointe de Ferry, non loin des plages de Petites-Anses et Leroux, tenue par un couple franco-canadien charmant, originaire de Vancouver. Leurs studios, dans un jardin gentiment touffu, sont équipés de cuisine, AC, coffre, terrasse et TV. Les appartements aussi, mais avec une chambre, un salon avec canapé clic-clac ou 2 lits simples. Eau chaude solaire. Lave-linge (payant), lit bébé. Jacuzzi dans le jardin.

Villa Couleur Soleil *(hors plan par A2)* **:** *route de Fond-Héliot, à* **Ferry.** *☎ 05-90-84-85-74. 06-90-58-12-27. • info@guadeloupe-vacation.com • guadeloupe-vacation.com • Tourner avt Ferry sur la gauche (venant de Deshaies), direction Fond-Héliot ; c'est après le petit pont. Pour 2 pers 245-364 €/sem selon saison ; pour 2-3 pers 273-392 €/sem et pour 4-5 pers 315-469 €/sem. Petit cadeau artisanal offert sur présentation de ce guide.* Située sur un grand terrain tranquille où coule une rivière (dans laquelle on peut se rafraîchir), cette maison, tenue par le fils des propriétaires des *Balisiers,* comprend 2 studios et 3 apparts pour 2 à 5 personnes. Préférer les studios, plus agréables. Simple mais environnement sympa.

Les Gîtes Bleu Outremer *(hors plan par A2,* **10)** **:** *pointe Batterie. ☎ 05-90-28-45-62. 06-90-76-33-79. • gitebleuoutremer@gmail.com • bieuoutremer.over-blog.com • À 1 km au sud de Deshaies, direction Pointe-Noire, suivre le Domaine de la pointe Batterie ; c'est un peu après, sur la gauche (panneau discret). Selon saison, confort et nombre de pers, 250-480 €/sem ou 35-55€/nuit (pour 2 pers).* Noyés dans la végétation tropicale et les orchidées, 2 gîtes mitoyens en pin, l'un pour 2 personnes, l'autre pour 4. Possibilité de louer les 2 gîtes ensemble (terrasses communicantes). Grande terrasse avec cuisine, équipement de qualité. Très calme et belle vue sur la mer des Caraïbes avec, au loin, l'île de Montserrat. Plage à 5 mn en voiture. Tarif très abordable. Excellent accueil de Dominique et de Nathalie.

Aux Deux Ylangs *(hors plan par A2)* **:** *chemin Bornave, à* **Ferry.** *☎ 05-90-28-76-41. • contact@gite-guadeloupe-ylang.com • gite-guadeloupe-ylang.com • Depuis Deshaies, prendre à gauche à 200 m après Ferry ; c'est juste au-dessus de la plage Leroux et de* Bleu des Îles. *Compter 390 €/sem pour 2 pers, 690 € pour 6 pers.* Un lieu où vous serez parfaitement tranquille puisque Maryse, la sympathique propriétaire, ne dispose que d'un gîte. Une terrasse en bois de 50 m², une micro-piscine dit « bassin à punch », une douche extérieure, un petit coin détente. À l'intérieur, parfaitement soigné et bien équipé, 2 chambres climatisées, petite bibliothèque, salle de bains, cuisine et salon extérieurs. Une corbeille de fruits et tout le nécessaire pour le petit déj du lendemain vous attendent, ainsi qu'une bouteille de rhum... pour tester le fameux bassin à punch ! Machine à laver, palmes, masque et tuba à disposition. Une sérénité assez magique et une adresse idéale pour se (re)poser !

Gîtes Couleurs Créoles *(hors plan par A2)* **:** *à* **Ferry,** *à quelques km au sud de Deshaies. ☎ 05-90-23-77-63. • contact@couleurs-creoles.com • couleurs-creoles.com • Env 300 m après la sortie du hameau, prendre à gauche en allant vers le sud. Puis monter sur env 200 m. C'est sur la droite. Pour 2, 325-480 €/sem selon saison, nuitée 53-75 €. Nécessaire pour 1er petit déj offert (pour 7 nuits min).* 4 beaux gîtes aménagés de façon sympathique et offrant une vue sur la mer en contrebas. Cuisine-terrasse agréable pour chaque structure et petite piscine. La végétation est encore un brin timide, mais ça va pousser...

Domaine Karaïbes *(hors plan par A2)* **:** **La Coque,** *à env 4 km au sud de Deshaies (prendre à droite après la boulangerie Gallet et suivre les panneaux). ☎ 05-90-28-58-88. • dksoleil@gmail.com • karaibes.*

com • Env 455-650 €/sem pour 2 pers. Tenu par un couple passionné... de bois. Du coup, les 7 bungalows sont tout en bois, des cloisons aux lits, avec des branches en guise de baldaquins, en passant par les cuisines-terrasses, ouvertes sur l'extérieur. Sympa ! De plus, la situation est privilégiée, avec une vue super sur la mer et les collines... boisées. Enfin, il y a l'accueil enjoué d'Olivier et de Françoise. Celle-ci ne manquera pas de vous briefer sur le coin (solide doc à l'appui !) dès le lendemain de votre arrivée, autour d'un premier vrai petit déj (offert), servi sur la terrasse, face à la mer. Soirées « galettes » à volonté le mercredi (30 € tout compris), table d'hôtes de temps en temps. Piscine et coin détente.

Gîtes Zan'tille *(hors plan par A2) : à* ***Villers.*** *☎ 05-90-28-54-34. • gitezantille@yahoo.fr • im-caraibes.com/gitezantille • À 1,5 km au sud de Deshaies ; chemin à gauche juste après le jardin botanique. Fermé en sept. Selon confort et saison, env 399-490 €/sem pour 2 pers.* Au calme, deux gîtes assez basiques pour 4 personnes, avec cuisine équipée, ventilo, terrasse... Piscinette pour faire trempette. La maison propose aussi quelques prestations comme service de laverie, plongée et location de voitures.

Les Pavillons Ti T'Anse *(hors plan par A2) : sur la plage de Ti T'Anse, juste au sud de* ***Ferry*** *(entre Pointe-Noire et Deshaies). ☎ 05-90-99-97-51. 06-90-55-80-73. • pavillons.titanse@gmail.com • pavillonstitanse.com • Bungalows 2-4 pers, 480-785€/sem et 80-120 €/nuit selon saison.* Quelques bungalows simples mais pas déplaisants pour 2 ou 4 personnes, avec terrasse, kitchenette sur terrasse et AC. Plage à quelques pas.

Au Jardin des Colibris *(hors plan par A2) : à* ***Villers.*** *☎ 05-90-28-52-68. 06-90-58-62-11. • aujardindescolibris@orange.fr • aujardindescolibris.com • À 1,5 km au sud de Deshaies ; chemin à gauche juste après le jardin botanique ; c'est juste après les Gîtes Zan'tille. Selon saison, type d'hébergement et capacité (de 2 à 8 pers), compter 299-1 179 €/sem. Petit déj 8 €. Cours de zumba et fitness offerts sur présentation de ce guide.* Qu'il fait bon loger chez Sophie et Mathieu ! Plusieurs types d'hébergement : 4 gîtes coquets (à chacun son thème, sa couleur et son barbecue), confortables et joliment noyés dans la végétation, 3 cases créoles en bois adorables, aménagées pour les amoureux. Mais, pour tout vous dire, on a un « gwo » faible pour la cabane en bois entre les arbres, avec sa cuisine et sa douche ouvertes sur la nature... Quant aux colibris, on les croise dans le charmant jardin, prélevant leur dîme dans les fleurs bordant les terrasses et la piscine éclairée le soir. Un gentil raton laveur, Billy, est également de la partie. Une adresse très appréciée de nos lecteurs.

De plus chic à très chic

Au Ti Sucrier *(hors plan par A2) : chemin Bornave, à* ***Ferry*** *(env 7 km au sud de Deshaies). ☎ 05-90-28-91-29. • info@autisucrier.com • autisucrier.com • En venant de Deshaies, prendre à gauche 200 m après Ferry ; c'est à 50 m au-dessus de la plage Leroux, sur un versant de colline. Congés : juin et 1 sem en juil. Selon saison, 490-840 €/sem pour 2 pers et 700-1 155 €/sem pour 4 pers. Min 4 nuits. Petit déj sur demande 11,50 €. (à la réception et payant).* Petite résidence hôtelière de style néocréole franchement sympa, tenue par les non moins accueillants Bruno et Paola Dutto, un couple originaire de Turin. Une quinzaine de bungalows spacieux, un peu sombres mais bien équipés (AC, kitchenette extérieure, terrasse, coffre-fort, sanitaires rutilants), dans un jardin verdoyant avec piscine. Vue superbe et étendue sur Montserrat et Antigua. Depuis la réception, on voit parfois les voiliers de luxe croiser dans la baie de Deshaies.

Bleu des Îles *(hors plan par A2) : chemin Bornave, à* ***Ferry.*** *06-90-45-12-37. • bleudesiles@wanadoo.fr • bleudesiles.com • Depuis Deshaies, prendre à gauche à 200 m après Ferry ; c'est juste au-dessus de la plage Leroux et d'Au Ti Sucrier. Selon confort et saison, 455-725 €/sem pour 2 pers.*

1er petit déj offert (pour séjour de 1 sem min). Séparés par une pelouse, 5 bungalows de 2 à 4 personnes offrant une vue plus ou moins dégagée sur la mer, et terrasse avec hamac. Déco neutre, cuisine, 2 chambres, une clim en bas et un ventilo à l'étage pour les duplex. Petite piscine pour faire trempette.

Le Rayon Vert *(hors plan par A2) : à La Coque, Ferry. ☎ 05-90-28-43-23. • guadeloupe.lerayonvert@gmail.com • hotels-deshaies.com • À 4,5 km au sud de Deshaies, et 3 km après le jardin botanique. L'hôtel est sur la gauche. Doubles 148-198 €/nuit selon confort et saison, petit déj (buffet) compris. (réception).* Un hôtel de 22 chambres installées 2 par 2 dans des bungalows qui prennent leur aise sur un vaste jardin en pente. De chaque terrasse, une bien jolie vue sur la baie de Ferry, tout comme de la grande piscine à débordement. Déco plaisante, murs blancs joliment dynamisés par du mobilier en bois de récup' de vieux bateaux, et confort appréciable (clim, ventilo, TV et belles salles de bains contemporaines). Bon resto également, accessible aux non-résidents. Accueil tout aussi pro que sympathique.

Domaine de la Pointe Batterie *(hors plan par A2, **13**) : à 1 km au sud de Deshaies, sur la droite. ☎ 05-90-28-57-03. • rhpb.gpe@wanadoo.fr • pointe-batterie.com • Pour 2 pers, compter 100-179 €/nuit en studio et 150-410 €/nuit en villa, selon capacité et saison. Petit déj env 13 €. Réduc de 10% sur présentation de ce guide.* Beaux studios et villas (2-6 personnes), arrangés dans un style un peu colonial, situés sur le très beau site classé de l'ancien fort de Deshaies. La vue sur la mer depuis les terrasses individuelles, la petite piscine privée pour chaque villa... autant d'atouts pour cette adresse chic d'une grande sérénité. Les studios, eux, ont accès à une piscine commune. Tous avec clim, cuisine, TV, etc. En prime, un spa (payant) et son élégante cabine de massage, là encore avec vue sur le large. Pour les plongeurs, signalons quelques tortues dans la baie...

Vers le nord

De prix moyens à plus chic

Résidence O Cœur de Deshaies *(plan B1, **14**) : à 300 m au nord du bourg, tourner à droite direction « La Haut/Collège Matouba » ; grimper un raidillon qui mérite son nom sur 100 m, et on y est. ☎ 05-90-90-93-86. • contact@ocoeurdedeshaies.com • ocoeurdedeshaies.com • Compter 55-142 €/nuit (min 2 nuits) pour 2-6 pers, 300-650 €/sem, selon saison. Petit déj 7,50-9,50 €. Repas le soir 12-38 €. Chèques et chèques-vacances acceptés, mais CB refusées.* Une belle brochette de studios, duplex, ainsi qu'un écolodge, tous avec vue dominante sur la mer, clim, coin cuisine super équipé et terrasse couverte (sauf le studio des *coco*) pourvue de chaise caribéenne ou chaise longue. Déco fraîche et plaisante. Piscine à débordement et carbet pour admirer les superbes couchers du soleil sur la baie. Coin bibliothèque avec livres sur la Guadeloupe, polars, récits divers... Et un vrai service de restauration. On est à 800 m de la plage de Grande-Anse. Une belle adresse !

Très chic, petit coup de folie

Habitation Tendacayou *(hors plan par B1, **12**) : sur les hauteurs de Deshaies. ☎ 05-90-28-42-72. • resa@tendacayou.com • tendacayou.com • À 300 m au nord du bourg, tourner à droite vers « La Haut/Collège Matouba » et suivre le fléchage. Bungalows 2 pers 169-391 €/nuit selon confort et saison, petit déj inclus ; tarifs dégressifs à partir de 5 nuits ; formule avec repas inclus imposée ven et sam si séjour de moins de 5 nuits.* Une adresse étonnante, sans doute la plus originale de Guadeloupe ! L'endroit, perché sur les collines enrobées d'une végétation foisonnante et surplombant la magnifique baie, est assez fou, avec une dizaine de bungalows (2-6 personnes) de style créole en bois, aux couleurs pastel, très bien agencés et décorés avec un goût et un humour exquis. Le proprio, une force de la nature (et ancien charpentier bordelais), a presque tout fait lui-même en quelques années. Lit suspendu avec moustiquaire, hamac ou balancelle sur chaque terrasse privée et cuisine équipée. Le *Château Mango*, notre bungalow préféré (pour 6 personnes, 4 niveaux !), est perché dans un gros manguier et sa dernière chambre, en plein ciel, est dotée d'une douche et d'un grand lit rustique en bois et en planches ; on y dort presque à la belle étoile, comme dans un nid en compagnie des oiseaux ! Jolie piscine alimentée en eau de source, entourée d'un solarium. Enfin, spa absolument bluffant et superbe, entre ciel, terre et mer (on ne sait plus !), avec des bains en bois, hammams en tadelakt et terrasse panoramique (mais, attention, prix à la hauteur du rêve !). Accueil chaleureux. Fait aussi restaurant, voir plus loin « Où manger ? *Le Poisson Rouge* ».

Où manger à Deshaies et dans les environs ?

Bonne nouvelle, Deshaies et ses environs proposent plusieurs adresses de qualité et qui tiennent au fil des années ! Voir également nos sélections à Grande-Anse, à seulement 2 km de Deshaies.

De très bon marché à bon marché

|●| *Stad Grill* : *entre Deshaies et Grande-Anse, sur la gauche en allant vers le nord, juste au niveau du stade. ☎ 05-90-28-47-84. ♿ Slt le soir, lun-sam 18h30-22h. Prix selon les portions, mais vraiment pas cher (2-10 €). Apéritif maison ou digestif offert sur présentation de ce guide.* Petit *lolo* familial, pratique quand la plupart des adresses sont fermées le soir. À emporter ou à consommer sur place : brochettes, poissons grillés, demi-poulet, steak, *ribs*... et surtout des frites maison, faites avec de vraies patates, épluchées sur place. Ça devient rare !

|●| *Boulangerie Gallet* *(hors plan par A2)* **:** *à env 5 km au sud de Deshaies par la N2, sur la droite. ☎ 05-90-24-52-37. ♿ Tlj sf mar 6h-13h, 16h-18h. Congés : 1er au 20 sept. Café offert sur présentation de ce guide.* Une bonne boulangerie tenue par Liliane et Bruno. Si vous vous baladez dans le coin, parfait pour le petit déj avant l'excursion du jour (mais venir avant 8h pour avoir des viennoiseries !) ou pour commander une pizza pour le pique-nique dominical.

|●| *Fournil de la Côte* *(plan A2,* ***20****)* **:** *bd des Poissonniers. ☎ 05-90-22-92-01. ♿ Tlj 6h-18h.* Excellente boulangerie à la façade vert anis, avec de vrais croissants, du bon pain et des gâteaux tout frais tout bons. Nickel comme un vrai labo.

De prix moyens à chic

|●| *Le Coin des Pêcheurs* *(plan A1-2,* ***24****)* **:** *bd des Poissonniers. ☎ 05-90-28-47-75. • magguyvalluet@yahoo.fr • Tlj midi et soir sf mar. Menus 17,50-25 €. Plats 10-37 €.* L'entrée se fait par une accueillante petite épicerie, certes bien apprêtée pour séduire les touristes mais vraiment craquante. Puis on s'installe sur la terrasse colorée, au bord de l'eau, pour déguster une cuisine créole bien faite, servie avec le sourire. Une adresse qui fleure bon les vacances ! À côté, vente de plats à emporter.

|●| *Mahina* *(plan A2,* ***21****)* **:** *bd des Poissonniers. ☎ 05-90-88-95-38. • mahina.deshaies@hotmail.fr • Tlj midi et soir sf lun. Congés : de mi-sept à mi-oct. Plats 10-20 €.* Non seulement le cadre est agréable (terrasse couverte donnant sur le port ou petite salle à l'étage aux tons marins), mais la cuisine, aussi, est bien réalisée. Essayez le carpaccio de poisson, très bon, le filet mignon flambé au rhum, le thon *a la plancha* ou encore, le soir, les pizzas, bien fines. Sert aussi des tapas. Une bonne adresse dans ce village touristique, tenue par une équipe tout sourire.

|●| *La Kaz* *(plan A2,* ***22****)* **:** *bd des Poissonniers. ☎ 05-90-59-67-16.*

Tlj sf mar, midi et soir en saison (slt le midi hors saison). Fermé en sept. ♿ Plats 14-22 €. Apéritif maison offert à nos lecteurs sur présentation de ce guide. Dans une case adorable, une salle tout en bois, façon créole, avec des nappes en madras et en tissu (et non en toile cirée), ouverte sur la rue. Bonne cuisine faite sur le moment : acras, ouassous, colombo, court-bouillon, lambis, etc. Accueil gentil comme tout.

Plus chic

|●| *La Savane* (plan A2, **23**) : *bd des Poissonniers. ☎ 05-90-91-39-58. • potiron.vincent@hotmail.com • ♿ Ts les soirs sf mer à partir de 19h et dim midi. Plats 17,50-23 €.* Au centre du bourg, la belle adresse exotico-chic que les locaux recommandent autant pour la fraîcheur que pour l'originalité de la cuisine du chef, et ils n'ont pas tort. Amateurs de plats sucrés-salés ou épicés, vous allez vous régaler. Déco vraiment agréable et bien pensée, aux accents africains. Emilia, la propriétaire, originaire du Portugal, a passé une partie de sa vie en Afrique, avant d'aller vivre plus de 20 ans en Suisse avec son cuisinier-pâtissier de mari, donc tout ça s'explique un peu. Emplacement exceptionnel en bord de mer.

|●| *Le Poisson Rouge* (hors plan par B1, **12**) : *c'est le resto de l'*Habitation Tendacayou. *Voir plus haut « Où dormir ? Vers le nord ». À l'ardoise 30-35 €. Apéritif maison offert sur présentation de ce guide.* On vous vante plus haut la partie hébergement de cette adresse étonnante, mais le resto n'est pas en reste, avec une cuisine faisant la part belle au poisson, ici de toute première fraîcheur. Cadre cosy de voyageur au long cours. Pas pour toutes les bourses, certes, mais la qualité est là.

À voir. À faire

★★★ 👪 Le jardin botanique de Deshaies (ex-propriété de Coluche ; hors plan par A2) : *au lieu-dit* **Villers.** *☎ 05-90-28-43-02. • jardin-botanique.com • ♿ À 1,5 km au sud de Deshaies sur la route de Pointe-Noire, sur la gauche. Tlj 9h-17h30 (dernier billet 16h30). Entrée : 15,50 € ; 5-12 ans 10,50 €. Visite : 1h-1h30. Sur présentation de ce guide, un verre de jus de fruits offert au snack à la fin de la visite (valable pour 2 pers). Poussette prêtée pour les petits, fauteuil roulant pour les personnes handicapées et parapluie pour tt le monde s'il pleut !*
Certes, le tarif d'entrée n'est vraiment pas donné, mais c'est l'un des principaux sites de Guadeloupe, classé Jardin remarquable, assez magique de surcroît... Ouvert depuis 2001, ce parc botanique (et un peu ornithologique) de 5 ha compte plus de 1 300 espèces tropicales. On découvre à pied ce qui fut la propriété de Coluche, merveilleusement paysagée par Michel Gaillard. Le résultat est surprenant, avec des avalanches de bougainvillées, des roses de porcelaine superbes, des arbres à saucissons, arbres du voyageur, baobab ventru, graines de Zanzibar, fleurs chauves-souris de Malaisie *(tacca)*, fougères vénézuéliennes... et bien d'autres essences, comme le curieux tallipot. Toutes ces plantes aux drôles de noms sont présentées grâce à de petits panneaux explicatifs très bien faits, et des petits bancs disséminés çà et là permettent de se reposer et de s'attarder dans ce petit paradis. Le sentier, tortueux à souhait, mène également à une volière de très beaux loriquets (des petits perroquets

LA FLEUR DE L'ÂGE

Arrêtez-vous devant les vestiges du vieux tallipot et la beauté du petit, déjà bien grand. Sachez que ce palmier géant, unique en Guadeloupe, était originaire du Sri Lanka. D'une durée de vie exceptionnelle (entre 80 et 100 ans), il est mort après avoir donné son unique fleur. La relève est assurée avec le « petit », qui, lorsqu'il sera à maturité, donnera des feuilles pesant chacune près de 50 kg !

d'Australie peu farouches qui grimpent parfois sur les épaules), ainsi qu'à des perroquets aras multicolores (tous disparus de l'île depuis des lustres)... Sans oublier la dizaine de flamants roses du Chili et les carpes koï (jetez-leur des granulés, spectacle garanti !).
Et puis ne manquez pas d'admirer la cascade, ni de passer sous le brumisateur (génial quand il fait chaud). Également un espace de jeux pour les enfants où des cabris les attendent.

Sur place, restauration possible au ***snack*** (bon marché) ou au ***resto panoramique*** que la plupart de nos lecteurs apprécient, et ils n'ont pas tort, car c'est l'un des meilleurs dans sa catégorie : produits frais, carte d'ici et d'ailleurs *(formule 19 €, menus 26-39 € ou carte).* Essayez de trouver une table près de la cascade, si possible.

➢ ***Excursions en mer :*** plusieurs formules au départ de Deshaies.
– Sur son catamaran *Planète Bleue,* **Guadeloupe Évasion Découverte** propose des sorties pour observer les cétacés *(50 €/pers, 25 € pour les moins de 12 ans ; 06-90-42-28-69 ; • guadeloupeevasiondecouverte.com •).*
– En voilier, très agréable balade de 2h sur le *Keïla,* pour découvrir la côte sauvage au soleil couchant et s'initier à la voile *(30 €/pers ; 19 € pour les moins de 10 ans ; 06-90-40-26-60 ; • laurentbonnet.eu/keila.html •).*
– Et pour ceux qui en ont les moyens, balades à la journée ou demi-journée sur le voilier *Vagabond,* avec halte snorkeling *(06-90-98-81-10 ; • florentmininno@hotmail.fr •).*

Plongée sous-marine

Touchés de plein fouet par les vagues du cyclone *Lenny* en 1999, les spots de Deshaies se sont magnifiquement régénérés. Ils affichent aujourd'hui une beauté tout à fait enviable et s'imposent aussi comme sites de reproduction privilégiés. Nous vous proposons de belles plongées en eau claire, toujours accompagnées par de nombreux bébés poissons. Seconde bonne nouvelle, les tortues aussi font une nette réapparition...

Clubs de plongée

■ ***Piton Plongée*** *(plan A2,* ***30****) : sur le port, au bord de la rivière Deshaies. ☎ 05-90-28-53-74. 06-90-34-32-81. • didier.belouriez@orange.fr • piton-plongee.com • Baptême 45 € (enfants jusqu'à 12 ans 35 €) ; plongée exploration 40 € ; forfait dégressif 10 plongées. Résa nécessaire.* Ambiance amicale dans ce petit centre (FFESSM, ANMP, PADI), où Didier assure baptêmes et formations. Exploration des meilleurs spots de Deshaies. Plongée de nuit et initiation enfant à partir de 8 ans. Excellent accueil.

■ ***Nautica Plongée Caraïbes*** *(label Association Guadeloupe écotourisme, membre du réseau Tortue marine de Guadeloupe ; hors plan par A1) : plage de Petite-Anse,* ***Baille-Argent,*** *entre Deshaies et Pointe-Noire. ☎ 05-90-99-90-47. • contact@nauticaplongee.fr • nauticaplongee.fr • Tlj (rdv à 9h et 14h) tte l'année. Baptême 45 € ; plongée exploration 40 € ; plongée enfant 35 € ; journée à Sec-Pâté 100 € ; forfaits dégressifs. Nautica* est un club posé sur la charmante plage de Petite-Anse, lieu privilégié de pontes de tortues. Éric vous accueille dans une ambiance familiale, et vous emmène en moins de 5 mn sur les spots de Deshaies et Pointe-Noire, ainsi qu'à la réserve Cousteau. Matériel renouvelé régulièrement. Plongée enfant à partir de 6 ans. Formation jusqu'aux Niveau 4 et *Divemaster.*

■ ***Les Baillantes Tortues*** *(hors plan par A2) : sur le port de* ***Baille-Argent,*** *bien au sud de Deshaies, après Ferry (voir plus haut « Plongée sous-marine » à Pointe-Noire).*

LA BASSE-TERRE

Nos meilleurs spots

Morphy *(carte couleur Guadeloupe – la Basse-Terre,* **5***)* **:** *face à Morphy, à 20 mn au sud de Deshaies.* Idéal pour les baptêmes et plongeurs de tous niveaux. Fabuleux incendie de couleurs (inutile de faire le 18 !) dans cette chouette succession de canyons (de 0 à - 28 m) tapissés d'éponges et de coraux. L'une des plus belles plongées du secteur, où langoustes, poissons-perroquets, anges, gorettes, mérous... Parfois des tortues peu farouches. À découvrir absolument.

Le Gros Morne *(carte couleur Guadeloupe – la Basse-Terre,* **6***)* **:** *à la pointe Gros-Morne, à 5 mn au nord de la baie de Deshaies.* Idéal pour les baptêmes et plongeurs de tous niveaux. « Danse avec les tortues » assurée lors de cette chouette plongée fastoche (- 2 à - 18 m) le long de la côte, dans des éboulis rocheux. Au-dessus des belles éponges tubulaires jaunes, majestueux survol de poissons-perroquets, papillons, anges, sergents-majors, gorettes... Idéal pour une plongée de nuit.

L'Ancre *(carte couleur Guadeloupe – la Basse-Terre,* **8***)* **:** *entre Deshaies et Ferry.* Idéal pour les baptêmes et plongeurs de tous niveaux. Toute la biodiversité de la mer des Caraïbes est ici réunie. Sur ce beau platier corallien (3 à 16 m de fond), rendez-vous avec les murènes tachetées et les poissons-anges français. Classiques poissons-trompettes, diodons, coffres, papillons, perroquets, etc., autour d'une vieille ancre de bateau, noyée dans le corail.

La pointe Batterie *(carte couleur Guadeloupe – la Basse-Terre,* **7***)* **:** *au sud immédiat de la baie de Deshaies.* Pour plongeurs de tous niveaux. Méli-mélo de coraux posés sur du sable blanc immaculé. Une multitude de charmants bébés poissons accompagnent cette plongée vraiment sympa. Un joli monde miniature débordant de vitalité : poissons-perroquets, anges, mérous, gorettes... Souvent des tortues.

Le Sec aux pagres *(carte couleur Guadeloupe – la Basse-Terre,* **9***)* **:** *au large, face au port de Baille-Argent, à 15 mn de Deshaies.* Pour les plongeurs de Niveau 2 minimum. Un site riche et sauvage. Sur ces deux gros rochers posés sur du sable clair (- 20 à - 27 m), beaucoup de petits pagres à queue jaune. En revanche, les poissons de coraux déchaînent leurs couleurs vives. Éponges et autres coraux affichent une vitalité remarquable.

La plage Paul-Thomas *(carte couleur Guadeloupe – la Basse-Terre,* **8***)* **:** *au sud immédiat de la plage Paul-Thomas, entre L'Ancre et la plage Leroux, à 10 mn de Deshaies.* Parfait pour baptêmes et plongeurs de tous niveaux. Joli plateau rocheux couvert de coraux, gorgones et éponges et une succession de « patates » habitées par tous les poissons de récif des Caraïbes. Bancs impressionnants de gorettes, tortues, barracudas, poissons-scorpions... Entre - 2 et - 18 m ! Très belle plongée, très prisée.

Le Stanior *(carte couleur Guadeloupe – la Basse-Terre,* **8***)* **:** *au large de la plage Paul-Thomas, à 10 mn de Deshaies.* Deux très belles roches entre 14 et 30 m de profondeur, accessibles dès le Niveau 1. Formation de coraux et de roches magnifiques où cohabitent tous les poissons de récif des Caraïbes. Régulièrement des tortues flegmatiques ainsi que des langoustes et d'énormes crabes-araignées.

La pointe Ferry *(carte couleur Guadeloupe – la Basse-Terre,* **8***)* **:** *à 15 mn au sud de Deshaies.* Idéal pour baptêmes et plongeurs de tous niveaux (- 4 à - 17 m). On rejoint un minitombant avec quelques canyons. Magnifiques gorgones plumes résistantes à tous les cyclones grâce à leur souplesse majestueuse. Tombant de quelques mètres dans les failles duquel se cachent quelques langoustes et toutes sortes de poissons jouant de leurs couleurs. Grand plateau rocheux où l'on apercevra tortues, murènes et poulpes.

Les amateurs recommandent aussi le ***Sec de Ferry*** (Niveau 2, ou Niveau 1 expérimentés), récif d'environ 6 km de long orienté nord-sud et connu pour « le pneu », une plongée allant de - 25 à - 40 m où un pneu s'est fait coloniser par du corail et dans lequel se cachent des crabes-araignées de belle taille. Parfois des requins-nourrices. Notons aussi le ***Sec de Stéphane*** qui va de - 20 à - 40 m avec un minitombant de gorgones de - 30 à - 35 m. Souvent des poissons-anges français et des poissons-anges gris de belle taille.

LA PLAGE DE GRANDE-ANSE (97126)

À 2 km à peine au nord de Deshaies. Ourlée de cocotiers, Grande-Anse est vraiment l'une des plus belles plages de la Basse-Terre. La plus vaste, la plus large et la plus populaire. Elle s'étire majestueusement au pied d'un grand versant de colline, enrobée par la forêt tropicale. Revers de la médaille : le fond descend très rapidement, et on perd vite pied. La baignade peut en outre se révéler dangereuse à certaines périodes de l'année en raison des vagues fortes et du courant puissant. Dans tous les cas, on conseille de se baigner avec prudence, et de ne laisser les enfants barboter que sous surveillance... Beaucoup viennent y tenter leur chance et essaient d'apercevoir le furtif rayon vert, ce phénomène optique (un gros point vert) qui, quelquefois, paraît quelques secondes au coucher du soleil. Le principal attrait de la plage réside dans la quasi-absence de béton. Les baraques en tôle des pêcheurs et les barques colorées en garantissent le côté sympa et authentique. Plusieurs *lolos* pour déguster du poulet boucané et autres délices créoles en bordure de plage, sous les cocotiers. Et aussi un très grand choix d'hébergements de bon rapport qualité-prix à proximité. Alors, qu'est-ce qui vous retient de poser vos valises à Grande-Anse ?

Où dormir à Grande-Anse et dans les environs ?

De bon marché à prix moyens

Habitation L'Escale, chez Jean-Marie et Françoise Maurèze : *5, rue de Maya, route de la Caféière, Ziotte. ☎ 05-90-47-53-50. • lescale97@orange.fr • À env 1 km de Grande-Anse. Prendre la route face à la plage à l'angle de la station-service, puis, après le pont, aller à droite à la fourche ; on y monte en première ! Studio 2 pers 280-360 €/sem ; villa pour 8 pers (4 chambres) 1 300-1 600 €, selon saison. Réduc de 10 % pour le studio, plus 1er petit déj offert sur présentation de ce guide.* Sur les hauteurs, une belle villa avec un coquet studio pour 2 personnes, puis à l'étage, un vaste appartement appelé « villa », avec piscine privée et vue sur la mer. L'ensemble offre un bon confort. Guettez donc le rayon vert (le phénomène optique)...

Villa Le Safran-Le Triskell, chez Laurence et Denis Herpe : *impasse Ziotte. ☎ 05-90-28-52-77. • deherpe@wanadoo.fr • pagesperso-orange.fr/lesafran • Emprunter l'impasse sur la gauche 150 m après le rond-point de la plage, direction Deshaies ; c'est l'avant-dernière maison à gauche. Compter 180-840 €/sem pour 2-10 pers selon saison ; villa créole 6-8 pers 900-1 200 €/sem (selon saison).* La famille Herpe, originaire de Saint-Malo, habite un coin calme et résidentiel, dans une grande villa confortable. Elle propose ici 4 logements aux noms d'États américains, indépendants et modulables, dont 2 climatisés. Ils sont situés en rez-de-jardin fleuri, avec cuisine ouverte et terrasse en bois. Sinon, villa créole avec vue sur mer, à l'écart, dans une belle végétation, avec 3 chambres climatisées et terrasse. Repaire d'amateurs de pêche au gros (initiation possible), *jigging, spinning,* etc. Location de voiture. Accueil sympa.

Piton Bungalows : *à* **Caféière.** *☎ 05-90-28-47-55. • contact@pitonbungalows.com • pitonbungalows.com • À 3 km de Grande-Anse. Prendre la route en face de la plage et monter tt en haut, puis redescendez un peu, c'est indiqué sur la droite. Pour 2 pers, 84-88 €/nuit (110-115 € pour 4 pers). À la sem, 455-530 € pour 2 pers ; 625-700 € pour 4 pers et 1 020-1 130 € pour 6-8 pers, selon saison ; tarifs dégressifs à partir de la 2e sem.* Dans un jardin escarpé et planté de nombreux hibiscus, bananiers et bambous qui s'épanouissent au fil de nos passages, 8 bungalows en bois, bien conçus et nickel. Quelques attentions sympas comme le petit coin de verdure dans la salle de bains, la pièce commune avec un bar, des bouquins, un lave-linge. Piscine, carbet, baby-foot, et barbecue à disposition. Accueil très sympa des proprios, Valérie et Mathieu.

Ti Paradis Deshaies : *allée du Cœur, Ziotte. ☎ 05-90-28-25-15. • tiparnet@orange.fr • ti-paradis.com • Sur la gauche en montant la route face à la plage. Selon saison, compter 350-420 €/sem pour 2 pers et 490-595 € pour 4 pers. Compter 55-70 €/nuit selon saison. Petit déj 6 €.* À moins de 300 m de la plage de Grande-Anse, 7 bungalows mitoyens (2-6 personnes) réunis dans une sorte de petite résidence. Prix en fonction du nombre de personnes. On est un peu les uns sur les autres, et les gîtes n'ont pas d'originalité particulière, mais l'ensemble est planté dans un petit jardin tropical bordé d'un torrent que surplombe un agréable carbet. Tout le confort de base : clim, kitchenette extérieure, mezzanine pour certains, terrasses et petite piscine. Lave-linge, transfert aéroport (services payants).

Gîtes Mangoplaya : *chemin des Amandiers, lieu-dit Ziotte. ☎ 05-90-20-53-83. 06-90-56-39-30. • mangoplaya@gmail.com • mangoplaya.com • En venant de Deshaies, passer le rond-point de la plage, c'est un peu plus loin sur la droite. Traverser l'Habitation Grande Anse en passant la barrière automatique (interphone) et attaquer le raidillon. C'est la maison tt en haut, sur la droite. Selon saison, compter 300-400 €/sem pour le studio, 600-800 € pour le gîte (4-5 pers).* Corinne et Raymond, les accueillants propriétaires, proposent un gîte de 2 chambres et un studio dans leur maison perchée sur les hauteurs. Déco colorée agrémentée de photos de voyage, et confort douillet (TV, clim, bonne literie, petite bibliothèque). Piscine, ravissant petit deck pour méditer face à l'exubérance de la forêt, coin barbecue. Une adresse familiale bien paisible où l'on est reçu avec beaucoup de gentillesse.

Bungalows Soleil Couchant : *quartier Ziotte, section Grande-Anse. ☎ 05-90-28-40-64. 06-90-56-74-62. • info@soleilcouchant.fr • soleilcouchant.fr • À 200 m de la plage de Grande-Anse en allant vers Sainte-Rose, puis fléché sur la droite et faire env 300 m puis encore à droite et faire env 200 m. 3 bungalows F2 et 2 bungalows F3. Les premiers sont pour 2-3 pers : 345-425 €/sem ; F3 pour 4-6 pers : 545-625 €, selon saison.* Dominique, le sympathique gérant des lieux, prend grand soin de ses 5 bungalows, particulièrement colorés, tous différents mais toujours dans une gamme fraîche et acidulée. Ils sont accolés les uns aux autres (3 d'un côté du jardin, 2 de l'autre) et disposent d'un bon équipement : AC, ventilo, moustiquaire, cuisine, jolie salle de bains... Et on est à peine à 5 mn à pied de la plage de Grande-Anse. Pas mal, non ?

De plus chic à très chic

Globalement, les tarifs pratiqués dans cette catégorie sont parfois un peu gonflés car la qualité des chambres n'est pas toujours supérieure à celle des gîtes cités plus hauts. En fait, on paie ici les services qui vont avec les structures hôtelières. C'est parfait si c'est ce que vous recherchez, sinon, optez plutôt pour un gîte !

🏠 ***Bungalows Arsenault, chez Gisèle et Réginald*** *(label Parc national de la Guadeloupe) : route de Caféière, lieu-dit Ziotte. ☎ 05-90-28-47-74. 📱 06-90-18-14-74. • gisele.arsenault@orange.fr • bungalows-arsenault.com • Prendre la rue face à la plage ; c'est à 300 m sur la droite, juste au-dessus de* Caraib'Hotel. *Env 540-630 €/sem pour 2 pers, 770-910 € pour 4-5 pers. Réduc de 10 % juin et sept, sur présentation de ce guide.* On a succombé sans résistance au charme de ces 3 bungalows en bois, en pleine forêt tropicale, avec vue plongeante sur la mer et la campagne luxuriante. Calmes et confortables : grande terrasse, moustiquaire, cuisine et douche extérieures. Accueil généreux des patrons – un couple germano-canadien. Ils ont construit eux-mêmes ces adorables maisonnettes, très écolo (panneaux solaires, tri sélectif et compost, etc.). En bordure de propriété, un torrent où l'on peut faire trempette avec les ouassous...

🏠 ***Fleurs des Îles :*** *au bord de la plage de Grande-Anse, Ziotte. ☎ 05-90-28-54-44. • fleursdesiles.com • ♿ En venant de Deshaies, passer le rond-point de la plage, c'est un peu plus loin sur la gauche (panneau). Pour 2 pers 500-870 €/sem selon saison.* Une petite résidence hôtelière classique, composée d'une vingtaine de bungalows aux couleurs pastel, disséminés dans un joli jardin entourant une petite piscine. Également quelques studios et duplex. L'ensemble est très bien tenu, agréable et confortable : 1 grand lit et, dans une petite chambre à part, 2 lits superposés pour des enfants, kitchenette sur la grande terrasse à l'extérieur, TV, AC, coffre-fort, etc. Autre atout, et non des moindres : sa situation de choix au bord de la magnifique plage de Grande-Anse. Accueil pro.

🏠 ***Caraïb'Bay Hotel*** *(label Association guadeloupéenne d'écotourisme) : 410, allée du Cœur, Ziotte. ☎ 05-90-28-41-71. • caraibbayhotel@free.fr • caraib-bay-hotel.com • ♿ Prendre la route face à la plage ; c'est 300 m plus haut, sur la droite. Congés : sept. Pour 2 pers 71-180 €/nuit selon saison, petit déj inclus. Également location à la sem.* Résidence hôtelière, membre de l'Association Guadeloupe Écotourisme et labellisée « Qualité Tourisme », dont l'un des principaux critères est de maintenir sa capacité d'accueil dans des proportions raisonnables. Ses duplex pour 2-5 personnes, à la déco tropicale, avec kitchenette camouflée dans un placard, mezzanine et terrasse, sont dispersés dans un joli jardin paisible. Bar convivial surplombant la grande piscine, piste de décollage pour les ti-punch ! Également 3 villas (4-8 personnes) décorées avec goût dans des couleurs et matériaux naturels, telle cette salle de bains « Robinson » ouvrant directement sur la forêt. Accueil dynamique et très sympa.

🏠 🍴 ***Habitation Grande-Anse :*** *lieu-dit Ziotte. ☎ 05-90-28-45-36. • info@hotelhga.com • hotelhga.com • ♿ En venant de Deshaies, passer le rond-point de la plage, c'est un peu plus loin sur la droite (panneau). Studios 2 pers 95-130 €/nuit selon standing et saison. Également apparts 2 pièces (4-6 pers) et 3 apparts situés dans des maisons en hauteur avec jardin.* À 5 mn à pied de la plage de Grande-Anse, une vaste résidence hôtelière d'une cinquantaine de logements noyés dans la végétation, à flanc de colline, avec vue sur mer pour certains, pouvant accueillir de 2 à 6 personnes chacun. Déco un brin classique et convenue, mais très belle situation et bon standing aussi : AC, TV, coffre, cuisine équipée intérieure ou sur la terrasse. Piscine. Service pro. Restaurant *Le Papillon* sur place.

🏠 🍴 ***Taïnos Cottages :*** *au bord de la plage de Grande-Anse. ☎ 05-90-28-44-42. 📱 06-90-53-42-84. • info@tainoscottages.com • tainoscottages.fr • En venant de Deshaies, passer le rond-point de la plage, c'est un peu plus loin sur la gauche, juste après Fleurs des Îles (accès par un petit chemin). Cottages 2 pers 150-380 €/nuit selon saison, petit déj compris. Restauration le soir sf lun, sur résa (min 4 pers ; repas env 40 €).* C'est vrai, les tarifs sont ici assez élevés (trop diront certains !), mais il faut reconnaître que ce lieu, très original, a de quoi séduire. Sur le flanc doucement incliné d'une colline verdoyante bordant la plage, un village de magnifiques maisons créoles construites en teck du sol au toit, ou en *bangkirai* d'Indonésie, un bois quasiment imputrescible qui sert là-bas à construire les piliers sur le quai des ports. Les façades sculptées sont superbes, tout comme les intérieurs, spacieux et meublés avec talent, joliment éclairés et rafraîchis par les persiennes... Magique ! Et que dire de la piscine côté plage, avec un carbet surplombant la mer pour s'allonger tranquillement face au coucher de soleil. Le soir, agréable et délicieux resto. Accueil extra.

Où manger ?

De bon marché à prix moyens

Chez Liline : *plage de Grande-Anse, à gauche en arrivant. 06-90-30-18-65. Tlj le midi sf sam. Plats env 7-15 €.* Gentil petit resto de plage à la déco et à l'atmosphère hors du temps. Liline s'applique à préparer des plats créoles simples et copieux, proposés en fonction du marché (fricassées de lambis ou de chatrous, poissons, brochettes...) et présentés avec un vrai souci de plaire. Attention, c'est presque toujours plein et le service a... son propre rythme !

Banana's Plage : *sur la plage de Grande-Anse, à gauche en arrivant. 06-90-58-70-25. Tlj le midi sf ven. Congés sept. Menu 10-30 €. Digestif maison offert sur présentation de ce guide.* Salle agréable et colorée en terrasse (mais vue sur le parking !), où l'on sert une cuisine très honorable et régulière, sur cette plage souvent bondée où la qualité des adresses joue au yoyo.

Passion Créole : *381, allée du Cœur, prendre la route face à la plage ; c'est 300 m plus haut sur la gauche (presque en face du Carïb'Bay Hotel). 05-90-91-81-75. Tlj sf jeu. Congés : juin et sept. Plats env 15 € (10 € à emporter).* À l'écart de la plage, 2 salles colorées et une terrasse avec vue sur une ravine. La cuisine, bien mitonnée et servie dans des casseroles miniatures, suit l'humeur de Domi, la rigolote patronne : marlin cru, matété, calalou, tripes de bébélé au curcuma (spécialité de Marie-Galante), mais aussi les plus classiques ouassous grillés et fricassées de lambis. Belle collection de rhums. Une adresse un peu secrète et intime.

– Voir également nos adresses à Deshaies plus haut, situé à seulement 2 km de Grande-Anse.

À voir. À faire

➢ **Balades en kayak :** *avec* **Maracudja Kayak,** *sur la plage. 06-90-50-03-21 ou 06-90-50-16-09, • maracudjakayakdeshaies.com • Tlj de 9h au coucher du soleil (sauf juin et oct). Location de kayak, 1h30 (15 €/ad ; 5 € pour les moins de 12 ans), demi-journée (25 €/ad ; 10 €/enf) ou journée (35 €/ad ; 15 €/enf).* Côté mangrove, agréable balade au fil de l'eau pour voguer tranquillement sur le lac, observer oiseaux et iguanes, et même faire une halte dans une palmeraie. Côté mer, possibilité de longer la côte Sous-le-Vent jusqu'à Malendure avec accès à 5 spots de plongée, en suivant les conseils avisés de Clarisse (retour pris en charge). Accueil très sympathique !

➢ ***Balade à pied :*** longez la plage de Grande-Anse vers la gauche, où un sentier mène à l'entrée du bourg de Deshaies. Le soir, ne manquez pas de guetter le furtif rayon vert au moment où disparaît le soleil à l'horizon, quand le temps et la saison s'y prêtent. Vous ne serez d'ailleurs pas les seuls à admirer le spectacle.

➢ ***Autre promenade :*** suivre la plage de Grande-Anse sur la droite. Traverser les plages de *Rifflet* (très belle, prise d'assaut certains dimanches pour sa *beach party*) et de *La Perle.* Un sentier plus ou moins bien entretenu monte sur la falaise et conduit à la plage de *Fort-Royal.*

➢ ***Excursion à l'îlet Kahouanne :*** pas de service régulier. Il faut demander aux pêcheurs ou se renseigner sur la plage. À éviter cependant par temps orageux, sous peine d'être sans cesse importuné par de petits insectes très désagréables. Attention, à Kahouanne, la plage est bordée de mancenilliers, ces arbres dont la sève s'avère très dangereuse pour la peau. Possibilité également de pêcher, contacter l'office de tourisme de Deshaies.

DE DESHAIES À SAINTE-ROSE

Plages

La plage de l'Anse de la Perle : *juste après Rifflet.* Superbe plage de sable protégée par une barrière de corail, ombragée, propre et beaucoup moins fréquentée que celle de Grande-Anse. ATTENTION, elle peut être dangereuse à certaines périodes de l'année, quand les grosses vagues passent la barrière de corail. Vue sur l'île de Montserrat.

La Colline Verte : *section Bas-Vent, 741, allée Capado. ☎ 05-90-47-18-55. 06-90-49-67-62. • infos@collineverte.net • collineverte.net • En venant de Deshaies, après la plage de la Perle, panneau vert discret sur la droite à côté de l'arrêt de bus, tourner tt de suite à gauche et encore à gauche après le petit pont ; de Sainte-Rose, tourner vers Bas-Vent à gauche, allée Capado (avant l'hôtel* Fort Royal*), grimper tt droit puis tourner à gauche. Pour 2 pers 360-500 €/sem ou 55-75 €/nuit, selon saison. Réduc de 5 % hors saison (mai-sept) sur présentation de ce guide.* Une dizaine de bungalows multicolores en bois à flanc de colline, pouvant accueillir 2 à 8 personnes et profitant d'une vue superbe sur la mer et les îlets. Kitchenette (livraison de plats possible, sur commande), chambre climatisée, TV, terrasse privée. Environnement calme et aéré, avec piscine. On est à 2 km de la plage de la Perle et à 5 km de celle de Grande-Anse.

Résidence Deshroses : *à* ***Petit-Bas-Vent****. ☎ 05-90-28-41-72. • deshroses@me.com • deshroses.fr • Gîtes 315-530 €/sem pour 2 pers, 415-630 € pour 4 pers, selon saison.* À 800 m de la plage de l'Anse de la Perle, 8 appartements en duplex avec cuisine aménagée et chambre climatisée à l'étage. Joli jardin avec piscine et un agréable carbet-bibliothèque. Accueil très sympa. Loue également des voitures, avec possibilité de forfaits gîte + voiture (et transfert gratuit à l'aéroport à partir d'une semaine de location).

Caraïbes Bonheur : *Fort Royal,* ***Petit-Bas-Vent.*** *☎ 05-90-28-58-35. • contact@caraibes-bonheur.com • caraibes-bonheur.com • Bungalows loués à la nuit, pour 2/6 pers, 70-187 €. Séjour min de 7 nuits en hte saison.* Une vingtaine d'hébergements dans une résidence fraîche, spacieuse et aérée, à flanc de colline. L'ensemble, dans les tons blanc et bleu, est à 400 m de la plage de Fort Royal. Chambres de belle taille, climatisées, avec balcon et terrasse-cuisine pour la plupart. Les appartements en rez-de-chaussée n'ont pas de vue sur mer. Un lieu fonctionnel et impeccable. Grande piscine et barbecue commun. Plutôt un bon rapport qualité-prix.

Environ 1 km après le domaine du Petit-Bas-Vent, chemin sur la gauche pas indiqué du tout et peu visible, menant à une belle ***plage*** où les naturistes sont acceptés. L'accès est suffisamment compliqué pour faire une sélection naturelle !

Ensuite, jolie route côtière jusqu'à la ***plage de Clugny*** (douches et w-c au nord de *Chez Francine*). Possibilité de faire une jolie rando de 2h jusqu'à la ***plage des Amandiers.***

Chez Francine : *à 8-9 km avt Sainte-Rose, à l'extrémité droite de la plage de Clugny, en regardant la mer. 06-90-43-48-32. Tlj le midi sf mar ; le* *soir, slt sur résa. Plats 13-20 €, demi-langouste 35 €.* Dans une cabane en bois bleu et jaune, on se sustente d'une cuisine antillaise toute simple. Acras de légumes, lambis, colombo de raie, flan coco et de bons jus de fruits frais. Ambiance vacances, les pieds dans le sable, sous les cocotiers. Accueil lunatique qui fait, hélas, un peu d'ombre à la carte postale...

Chez Mme Nestor, les Alizés : *accès par une allée sur la gauche juste après le resto* Chez Francine *venant de Deshaies, au niveau de l'arrêt de bus. Tlj à midi. Plats 6-15 € ; 35 € pour la langouste.* Un petit resto simplissime avec chaises et nappes en plastique, face à la plage et aux cocotiers, avec le turquoise de la mer en toile de fond. Juste quelques plats à l'ardoise (genre bœuf en sauce et court-bouillon) à commander directement à Marie qui prépare tout elle-même. Les prix sont non seulement riquiqui mais c'est bon et copieux, une aubaine pour les petits budgets. En revanche, mieux vaut ne pas être trop pressé (mais bon, la mer est là, qui vous tend les bras !). Pas mal d'habitués, on s'en serait douté !

SAINTE-ROSE

(97115) 18 000 hab.

L'attraction principale de Sainte-Rose, ce sont ces îlets déserts et paradisiaques qui s'inscrivent dans la fameuse réserve naturelle du *Grand Cul-de-Sac Marin,* seule « réserve mondiale de la biosphère » aux Antilles, classée par l'Unesco. Elle est fermée par une barrière de corail de 25 km de long (la plus longue des Antilles) et habitée par de nombreuses espèces : algues, coraux, mollusques, crustacés, poissons, oiseaux, reptiles, végétaux, etc. Bref, un patrimoine naturel à ne pas manquer.

Sainte-Rose est une grosse commune agricole, spécialisée dans la canne à sucre, dont les faubourgs s'étendent de plus en plus. Mais le centre-ville autour de sa grande place – la place Tricolore, qui rappelle l'ancien nom de la cité – est dénué de charme. En revanche, on aime bien son port de pêche pittoresque. L'atmosphère devient authentique en fin de matinée, lorsque les pêcheurs rentrent de mer avec, dans leur sillage, de majestueux pélicans voraces. Aussitôt les barcasses hissées sur la grève, la vente des poissons, coquillages et crustacés sur le front de mer provoque une effervescence générale à peine contenue...

Arriver – Quitter

En bus : arrêt en face de la pharmacie *Battaglia,* à proximité immédiate de la place Tricolore, pour les liaisons avec Pointe-à-Pitre. Pour Deshaies et les communes de la côte Sous-le-Vent, prendre un bus face à la station *Vito.* Fréquences données sous réserve.

➢ ***De/vers Pointe-à-Pitre :*** navette ttes les 30 à 60 mn lun-ven 5h-20h, sam jusqu'à 13h. *Société NB2T* (*06-90-75-64-22*).

➢ ***De/vers Basse-Terre (ville) :*** ttes les 20-30 mn en sem 6h-18h, et le sam jusqu'en début d'ap-m. *Société CAVT* (☎ *05-90-86-57-95.* *06-90-35-69-20*).

Adresses utiles

Office de tourisme : *pl. Tricolore, sur l'esplanade de verdure, face à la station-service* Vito. ☎ *05-90-20-20-48. En sem, ouv 8h30-13h (12h30 mer), et mar + jeu 15h-17h ; le sam, ouv 9h-13h. Fermé dim.* Liste des hébergements, cartes et doc sur la ville, ses environs et toute la Guadeloupe. Également quelques infos pour visiter la réserve naturelle du Grand Cul-de-Sac Marin.

✉ **Poste :** *pl. Tricolore. Fermé mer ap-m, sam ap-m et dim.*

■ **Distributeurs de billets :** *concentrés autour de la pl. Tricolore, à la* ***poste,*** *dans les* ***banques BRED, BDAF*** *et au* ***Crédit Agricole.***

Où dormir à Sainte-Rose et dans les environs ?

Prix moyens

La Case Bord de Mer : *en bord de mer. ☎ 05-90-03-09-69. 📱 06-90-86-60-30. • raoul.jimenez@wanadoo.fr • caseborddemer.blogspot.fr • De la place principale (marché), descendre la rue jusqu'à la mer ; la case est devant vous. Compter 55 €/nuit pour 2 pers, 4 €/lit supp.* Tout, ou presque, est dit dans son nom ! C'est bien une case, et elle est vraiment posée au bord de la mer, à fleur d'eau même. Elle se compose d'une chambre avec un lit double, une autre avec 2 lits simples, un bar-cuisine, une salle d'eau, et une terrasse de 30 m², avec son hamac bien sûr. Pour seuls voisins, le lagon et les oiseaux qui fréquentent les îlets proches. Simple, génial et diablement réussi. Raoul, Guadeloupéen d'adoption depuis 20 ans, accueille avec beaucoup de gentillesse en compagnie de Charly, son gentil toutou. Prêt de canoë et lit bébé. L'adresse idéale pour ceux qui rêvent d'une petite robinsonnade... somme toute assez douillette !

La Créolina, chez Isabelle et Dominique Caille *(label Parc national de la Guadeloupe)* **:** *chemin de Lachaise. ☎ 05-90-28-84-21. 📱 06-90-38-29-39. • lacreolina@wanadoo.fr • lacreolina.com • ♿ Se diriger vers Lamentin (N2), puis direction « Collège Bébel-Lachaise » (sur la droite) et toujours tt droit ; c'est à 2 km sur la gauche. Selon saison et confort, compter 295-450 €/sem pour 2 pers et 495-695 €/sem pour 3-6 pers. Chèques-vacances acceptés.* En pleine campagne, dans un jardin fleuri de 3 800 m² plein d'essences rares et odorantes (pomme-cannelle, cannelier, noix de cajou, etc.), 4 gîtes-studios jouxtant la maison des proprios. Les 2 situés au bord de la piscine sont sympas pour piquer une tête au saut du lit, mais peu intimes. Confort standard et déco dans le style des îles, avec cuisine et terrasse privée. Sinon, il y a aussi « la cabane » (un peu plus chère), très agréable et tout en bois, avec salle de bains ouverte. Très calme. Piscine traitée au sel et jacuzzi. Possibilité de location de voitures à tarif intéressant.

Coco Bungalows : *19, allée Vanille, à* ***Plessis-Nogent,*** *à 4 km au nord de Sainte-Rose. ☎ 05-90-68-00-67. 📱 06-90-19-07-57. • contact@cocobungalows.fr • cocobungalows.fr • En venant de Sainte-Rose, au niveau du magasin d'alimentation, prendre à droite, puis 2ᵉ à droite, c'est à l'angle sur la gauche. Compter 395-545 €/sem pour 2 pers selon saison, et 70-90 €/nuit.* Un ensemble de petits bungalows climatisés dans un coin résidentiel sans charme particulier, mais à proximité de la mer. Confort et déco simples. Petite piscine pour faire trempette, barbecue commun et jardinet. Bon accueil de Joëlle.

Très chic

Habitation du Comté : *comté de Loheac, à env 3 km de Sainte-Rose en direction de Deshaies, bien indiqué sur la gauche. ☎ 05-90-21-78-81. • contact@habitationducomte.com • hotelducomte.com • Doubles 110-190 € selon saison.* Construite en 1948 par le propriétaire d'une sucrerie, cette maison de maître néocoloniale se dresse fièrement dans un parc de 5 ha. Dans les 7 chambres subsistent quelques meubles d'époque, hélas peu mis en valeur par une déco qui aurait mérité, à notre avis, un peu plus de subtilité au regard de cette noble demeure. Cela dit, le confort est bien au rendez-vous, ventilo, clim, bonne literie, terrasse, TV et une belle piscine. Également une villa de 2 chambres et sa piscine privée. Côté resto, la cuisine métissée se défend très honorablement, une bonne option d'ailleurs pour ceux qui souhaitent un repas un peu élaboré à Sainte-Rose.

Où manger à Sainte-Rose et dans les environs ?

Le Boukané : *à* ***Viard,*** *route de Pointe-à-Pitre. ☎ 05-90-28-85-45. • leboukane@hotmail.fr • C'est après Écomax sur la gauche. Tlj 7h-15h. Plats max 10 €, mais pour 7 € on mange déjà très bien ! Menu du jour env 10 € (mar-sam).* Dans un resto de bord de route qui ne paie pas de mine, on rentre tel dans un *drive-in* façon créole ! Simple, très populaire et vraiment bon marché. Spécialité de poulet boucané, comme son nom l'indique, mais au charbon de bois et à la canne à sucre, ce qui a tout de même une autre gueule, et excellent petit menu du jour. Quelques tables pour manger sur place ou plats à emporter.

L'écomusée créole de la Guadeloupe : *coordonnées plus loin, dans la rubrique « À voir ». ♿ Tlj le midi slt sf lun. Congés : sept. Visite de l'écomusée + roucouyade de poisson 21,50 € sur présentation de ce guide au guichet (au lieu de 26 €) ; sinon, plats à partir de 12,50 €, menu complet 27 €.* Si la visite du jardin botanique vous a mis en appétit, suivez le guide ! Jocelyn mitonne, aux côtés de sa compagne, de délicieux petits plats comme la roucouyade de poisson, servie avec des gratins de légumes cueillis le matin même, ou un excellent poulet boucané au bois d'Inde. Un gentil plaisir culinaire qui mettra vos papilles en émoi. « Et la vie est belle », pour reprendre sa phrase préférée, restée dans la mémoire de ceux qui ont pu faire un bout de visite à ses côtés. Atmosphère chaleureuse, tout à fait dans l'esprit d'une table d'hôtes. Également 2 gîtes, dans la même ambiance.

Le Poulpe : *bd Maritime. ☎ 05-90-28-74-21. Sur le bord de mer, à l'extrémité ouest de la ville. Tlj le midi sf jeu. Le soir, slt le w-e. Congés : oct. Menus 12-14 €. Plats env 14-22 €. Digestif maison offert sur présentation de ce guide.* Terrasse couverte avec une vue dégagée sur la mer, impeccable pour découvrir la bonne cuisine créole familiale de la maison. Spécialités traditionnelles hermétiques aux effets de mode, comme la fricassée de chatrou, la brochette de poissons ou le court-bouillon à l'ancienne. Terrasse sans chichi, assez brute de décoffrage même. Service très lent quand il y a du monde, ce qui est quand même bon signe pour les philosophes que nous sommes ! Bon accueil.

Restaurant Clara : *bd Maritime. ☎ 05-90-28-72-99. Tlj sf mer et dim soir. Menu 18 €. Plats 16-30 €.* Une adresse haute en couleur, autant par sa déco bariolée que pour la personnalité de Clara, ancienne Claudette, qui mène son resto avec un certain sens de la mise en scène. Dans l'assiette, à l'image de sa personnalité, des plats créoles bien sûr, mais aussi des goûts plus européens, parfois revisités avec fantaisie. Entre autres, bonne salade de poisson coffre.

À voir

L'écomusée créole de la Guadeloupe *(labels Parc national de la Guadeloupe et Jardin remarquable du ministère de la Culture) : route de Sofaïa (D19), Ravine Cheval. ☎ 05-90-28-67-98. • contact@ecomusee.gp • ecomusee.gp • ♿ À 2 km de Sainte-Rose en allant vers Deshaies, (indiqué) sur la gauche. Tlj sf lun 9h-16h30. Fermé de mi-sept à mi-oct. Entrée : 12,50 € ; enfants 9,50 €.*

Cet étonnant jardin botanique, qui fut longtemps le « Jardin créole de la Guadeloupe », a été remodelé et transformé en un lieu plus ambitieux par le jovial et facétieux Jocelyn. Bon, soyons francs, le prix d'entrée est, ici encore,

trop élevé (c'est une manie en Guadeloupe), mais Jocelyn a su valoriser les produits du terroir ainsi que les essences en voie de disparition, comme le poivrier, le muscadier, les bananes de la vierge, le wawa giga, sorte de grosse liane qui pousse à côté des plus belles fleurs de Guadeloupe, sans oublier toute la pharmacopée locale et le savoir des ancêtres qu'il tient de ses grands-parents. Il faut prendre le temps de lire, de respirer, de toucher : ici le poivre de Guinée au goût de *Vicks,* là le gros thym pour le poisson mariné... ou, dans un autre registre, l'herbe à femme (l'IVG d'*antan lontan*) et la *feuille à maltete*. Intéressant de voir que les salades poussent mieux en compagnie du tabac, que les poireaux protègent les carottes ou encore le persil les poivrons...
Plus loin, des vitrines exposent le patrimoine, au sens large, des 32 communes de Guadeloupe : de l'Anse-Bertrand avec le romarin de bord de mer et... Lilian Thuram, l'enfant du pays, à Trois-Rivières et à ses femmes qui accouchaient dans l'eau, en passant par Deshaies et son morceau de Boeing 707 d'*Air France* tombé au Morne Piton en 1962. La visite s'achève par des reconstitutions de « scènes de vie » consacrées à la civilisation caribéenne, qui illustrent les différentes populations et les grandes étapes de l'histoire de la région : les Amérindiens, l'arrivée de Christophe Colomb, les esclaves, les colons, les Libano-Syriens (qui, débarqués aux Antilles, enterraient encore leurs morts dans des jarres comme leurs ancêtres), le *lolo* traditionnel (et le fameux « carnet-crédit »), le tout figuré par des personnages en résine grandeur nature.
Fait aussi **resto** à l'heure du déjeuner (voir plus haut) et propose 2 ***gîtes*** *(2-6 pers ; env 320-700 €/sem).* Noyés dans la végétation, ils donnent l'impression d'îlots perdus dans la canopée : l'un peut accueillir 2 personnes, et l'autre, familial, de 2 à 4-6 personnes.

***Le musée du Rhum :** à **Bellevue.** ☎ 05-90-28-70-04. • museedurhum@wanadoo.fr • musee-du-rhum.fr • De Sainte-Rose, direction Pointe-à-Pitre, puis Bellevue sur la droite (panneaux) ; c'est à 400 m sur la gauche. Tlj sf dim 9h-17h. Entrée : 6 € (5,50 € pour nos lecteurs), dégustation comprise. Attention, les photos sont interdites.*
C'est le musée de la distillerie *Reimonenq,* maison très connue pour son excellent et surprenant rhum blanc « cœur de chauffe » et son rhum vieux, le *J.R.* Mais patientez donc jusqu'à la fin de la visite pour la dégustation... Y sont proposés des panneaux et des vitrines intéressantes sur l'histoire du rhum et les différentes étapes de la plantation de la canne à sucre jusqu'à la mise en bouteille. Exposition de matériel, dont un grand alambic, un moulin à bêtes du XVIIe s et sa cuve à jus, une collection de vieilles machettes des cinq continents, et projection d'un film de 12 mn qui explique la plantation, la fabrication à la distillerie et la mise en bouteille.
– Profitez également de l'éclectisme du musée et visitez cette superbe ***galerie des plus beaux insectes du monde,*** à l'étage. Très intéressante exposition en 180 boîtes et panneaux vitrés. Ne pas manquer les *Dynastes hercules* (les plus gros coléoptères au monde), les *Macrodontia,* ou phasmes, insectes imitant une branche ou une feuille, tel le phasme géant de Madagascar ou encore celui dit « effrayant », sans oublier les « sauterelles feuilles » du Brésil, les papillons grands comme nos pieds, etc.
– Également, à l'étage, une belle expo sur les ***grands voiliers du monde,*** qui retrace rapidement l'histoire de la navigation à voile, en présentant une quarantaine de maquettes, et une petite galerie consacrée aux ***métiers d'antan*** et aux ***costumes traditionnels*** en Guadeloupe...

***La distillerie du domaine de Séverin :** à **Cadet.** ☎ 05-90-28-91-86. • domaine.de.severin@wanadoo.fr • severinrhum.com • Entre Sainte-Rose et Lamentin, à l'intérieur des terres. Depuis la N2, tourner à droite au rond-point de Boucan (panneaux). Tlj sf dim 8h30-17h30 (13h en sept). Balade en petit train (45 mn ; non obligatoire) : le mat 9h30, 10h30, 11h30 ; l'ap-m 14h, 15h, 16h (sept,*

LA BASSE-TERRE

mat slt). Entrée : 11 € ; réduc enfants. Possibilité de prendre un petit train avec commentaires audio sur l'île, son histoire et les techniques de distillation, pour profiter pleinement des paysages superbes qui composent le site. Le parcours traverse les bassins d'élevage de ouassous et les champs de canne, avant de s'intéresser aux différents bâtiments du domaine. Puis on suit le sentier découverte à pied pour observer l'habitation, une ancienne case d'ouvrier, une roue à aubes (qui tourne depuis 1802 mais qui n'est plus utilisée pour la fabrication), et voir de plus près les installations. Selon la saison, on peut assister au broyage (7h-13h). Une dégustation clôt la visite, de quoi inciter les amateurs à s'approvisionner en bons rhums agricoles et punchs aux fruits du pays. On y trouve aussi des confitures maison. Également une petite fabrique de sauces aux piments, dont la recette (tenue secrète, forcément !) est due à dame Henri Besson, une tantine de la famille. Et encore un élevage de ouassous (crevettes géantes, appelées aussi chevrettes).

|●| *Tilolo :* *sur place, domaine de Séverin. ☎ 05-90-28-28-11. Tlj à midi slt sf dim. Plats 15-23 € ; menu-enfant 8 €. Café offert sur présentation de ce guide.* À la carte de ce petit *lolo* dynamique plus coloré qu'une palette de peintre : colombo de cochon pays, poulet coco, grillades, poissons frais, ouassous flambés au rhum vieux... le tout accompagné de légumes locaux et de fruits du jardin. Tartes maison et jus de fruits frais. C'est excellent mais pas donné, si on se laisse aller.

LA BASSE-TERRE

À faire

➢ ***Promenades à cheval** (label Parc national de la Guadeloupe) : avec la **Ferme du Comté,** comté de Lohéac. 06-90-19-11-10. Non loin de Sainte-Rose en allant vers Deshaies, accès fléché depuis la N2. Différentes balades de 1h à la journée ; env 35€/h.* On accède aux écuries par une magnifique allée de cocotiers de 950 m de long. Une formule tranquille et sympa pour découvrir la campagne verdoyante de Sainte-Rose, ses plantations de canne à sucre, ses maisons coloniales, avant, éventuellement, de piquer une tête !

Découverte de la mangrove et des îlets sauvages

C'est au départ de Sainte-Rose qu'on trouve le meilleur choix d'excursions à la découverte des îlets de carte postale du Grand Cul-de-Sac Marin, sans oublier l'exploration étonnante de la mangrove et des baignades mémorables avec palmes, masque et tuba sur la barrière de corail. Tous les moyens sont bons : kayak, bateau à moteur, zodiac (voir aussi à Vieux-Bourg)... C'est plutôt cher mais nos lecteurs ne le regrettent pas, et la plupart des prestataires proposent des formules à la demi-journée. Pensez à réserver !

■ ***Blue Lagoon :*** *en bord de mer, au port de Sainte-Rose. 06-90-34-99-69. • capitaine@guadeloupe-excursion.com • guadeloupe-excursion.com • Départs à 8h30 et à 13h30. Excursion de 4h. Congés : sept. Compter 35 € la demi-journée. Enfants : 20 € (2-10 ans). Réduc de 2 €/ adulte sur présentation de ce guide. Résa vivement recommandée.* Visite de la mangrove, notamment le long de la rivière Moustique, avant de gagner la barrière de corail pour une baignade avec masque et tuba. Puis finir sur l'îlet Blanc pour le verre de l'amitié. Le tout en compagnie de Jean-Eudes, qui n'a pas son pareil pour captiver son public, y compris les enfants. Explications de qualité sur la mangrove et son écosystème, sans jamais être barbantes. Nos lecteurs en reviennent tous vraiment ravis. Alors on l'est nous aussi !

■ ***Bleu Blanc Vert :*** *port de Sainte-Rose. 📱 06-90-63-82-43. • info@bleublancvert.com • bleublancvert.com • Env 35 € pour la demi-journée (9h-13h ou 14h-18h) ; enfants jusqu'à 12 ans 15 €.* François organise des balades en mer à bord d'un zodiac, et vous fait découvrir la rivière Moustique, la mangrove et la barrière de corail de très près (possibilité de *snorkelling*), grâce au faible tirant d'eau des bateaux. Au passage, on voit aussi quelques îlets de rêve... L'originalité : tout se fait en petits groupes de 4 personnes par zodiac, et les 5 bateaux peuvent être pilotés par les clients eux-mêmes après un petit briefing. Très apprécié de nos lecteurs.

■ **Lagoon Location :** *sur le port (à côté du précédent, même maison). Contacter Stéphane : 📱 06-90-00-71-91. • lagoonlocation.com • À partir de 50 € la demi-journée pour un sans-permis (hors carburant).* Loue des bateaux pour 4 à 8 personnes, équipés de moteurs de 6 à 150 CV. Pour ceux qui veulent se promener par leurs propres moyens avec un GPS sur des routes maritimes prétracées. Initiation rapide avant de partir à la découverte de la mangrove, la rivière Moustique, la barrière de corail et son épave ainsi que les îlets. Prêt de masque et tuba (si disponibilité) et glacière.

■ ***Regy Balades :*** *📱 06-90-62-82-24. • antilles-info-tourisme.com/guadeloupe/regy-balade.htm • Départ à 8h30 de Sainte-Rose, retour vers 16h30. Env 55 €/pers pour la journée ; demi-journée possible.* Visite de la mangrove et baignade vers la barrière de corail à bord d'un offshore. Après-midi sur l'îlet Caret avec un repas antillais.

■ ***Tam Tam Pagaie*** *(label Parc national de la Guadeloupe)* ***:*** *à* ***Morne Rouge*** *(env 5 km de Sainte-Rose en allant vers Pointe-à-Pitre). 📱 06-90-75-70-02. • tamtam.pagaie@gmail.com • guadeloupe-kayak.com • Compter 30 €/pers la demi-journée et 50 € la journée, déj compris (min 2 ou 4 pers selon circuit) ; ½ tarif pour les moins de 12 ans, 8 € pour les moins de 8 ans.* Franck, diplômé d'État, propose des balades en kayak de mer à la demi-journée ou à la journée dans la réserve du Grand Cul-de-Sac Marin. Départ de Morne Rouge pour l'îlot Mangue à Laurette, déjeuner à l'îlet La Biche et *snorkelling*. Navigation sur les herbiers, au milieu de la mangrove. Bref, de jolis circuits en osmose avec la nature, qui plaisent bien à nos lecteurs. Location de kayaks.

■ ***Nico Excursions*** *(recommandé par le Parc national de la Guadeloupe)* ***:*** *départs du port de Sainte-Rose. ☎ 05-90-28-72-47. 📱 06-90-53-09-65. • nico.excursions@wanadoo.fr • nicoexcursions.com • Excursion en mer à la demi-journée (8h-11h30 et 11h30-15h) 35 € ; réduc enfants. Embarquement sur un gros zodiac (12 pers max, sur résa).* Découverte du lagon et de ses réserves naturelles. Trois séances de palmes, masque et tuba : sur une épave et sur un superbe récif corallien, mais aussi dans les racines de la mangrove avec petits barracudas et étoiles de mer. Le tout est orchestré par Nico, qui connaît bien son affaire et distille des commentaires pédagogiques intéressants à toutes les étapes du circuit, dans une ambiance amicale. Planteur maison à déguster les pieds dans l'eau, dans une piscine naturelle.

■ ***Coco Mambo :*** *📱 06-90-35-92-06. • excursion@cocomambo.fr • cocomambo.fr • ♿ Compter 35 € la demi-journée et 60-85 € la journée ; réduc. Chèques-vacances acceptés. Réduc de 5 % sur présentation de ce guide.* Claudius propose 3 formules dans le lagon : à la journée à l'îlet Caret, l'îlet aux Oiseaux et dans la mangrove (départ de Sainte-Rose, baignade, barbecue et plein d'explications sur le milieu naturel) ; à la demi-journée (même itinéraire, sans le repas) ; minicroisière dans le lagon (balade dans différents îlets, baignade, visite commentée de la mangrove et d'une épave, repas chaud sur le bateau). Il propose aussi, pour les amateurs, une minicroisière naturiste, selon la demande.

■ ***Jean-Luc et Marie-Laure :*** *☎ 05-90-28-39-61 (après 19h). 📱 06-90-55-91-00. Résa impérative. Au départ du port de Sainte-Rose, visite à la journée (8h-16h) 60 €/pers ; demi-journée 30 € ; ½ tarif pour les moins de 12 ans ;*

gratuit jusqu'à 3 ans. Embarquement en petit comité (12 personnes max) pour l'îlet Caret, l'îlet aux Oiseaux et découverte de la mangrove. Délicieux repas créole compris dans le tarif à la journée et servi sur la plage paradisiaque d'un îlet. Masque et tuba fournis. Accueil sympa.

Randonnées pédestres

➢ Ceux qui possèdent un véhicule et disposent d'un peu de temps aimeront le détour par ***Sofaïa*** (à 6 km). Là-haut, à partir du parking, trois circuits (compter entre 1h et 1h20 selon le parcours), dont le sentier de découverte du *saut des Trois Cornes* : chouette balade dans la forêt sur un chemin entretenu par l'ONF (mais boueux par temps de pluie), qui descend jusqu'à une petite rivière puis une cascade. Une autre randonnée intéressante, la *trace Sofaïa Baille-Argent* : compter cinq bonnes heures (avec passages pas évidents) pour gagner la côte Sous-le-Vent. Mieux vaut se renseigner avant sur l'état de la trace auprès du Parc national de la Guadeloupe *(☎ 05-90-80-86-00).* Dès le parking, très belle forêt aux riches essences. Beau point de vue depuis la *Barre-de-l'Île* (point culminant de la balade à 758 m). Toutes ces balades sont à éviter s'il a plu récemment, les cours d'eau étant souvent en crue à ce moment-là. Près du parking également, possibilité de se doucher gratuitement en plein air sous une eau tiède et sulfureuse.
Pour redescendre, prendre la première route à droite en venant du parking ; au lieu de retourner à Sainte-Rose, on se retrouve directement à *Montplaisir.* Le spectacle que l'on a devant soi est superbe. Vue imprenable tout au long de la descente sur le Grand Cul-de-Sac Marin et tous ses massifs coralliens. La mer turquoise est enchanteresse. Le rêve ! Et en arrivant à l'Anse Leroux, vous apprécierez certainement la baignade, en guise de récompense.

Plongée sous-marine

Totalement ignorée du commun des plongeurs, qui choisit généralement Malendure pour faire des bulles, Sainte-Rose offre des spots sauvages d'une beauté étonnante. Au large, on trouve l'une des plus grandes barrières de corail des Antilles, semée de charmants îlets de carte postale (sable clair, eau turquoise). Ici, plongeurs débutants et confirmés apprécieront les richesses et couleurs des fonds. De même, à quelques encablures, le *Parc national du Grand Cul-de-Sac Marin* (plongée interdite) abrite d'innombrables poissons, qui se baladent volontiers plus loin, sur les sites de plongée que nous proposons, accessibles par bateau rapide, en moins de 15 mn.

Club de plongée

■ ***Centre de plongée Alavama Sainte-Rose :*** *dans le centre de Sainte-Rose, à 2 petites rues du bord de mer. ☎ 05-90-28-65-49. 📱 06-90-64-60-81. • info@alavama.com • alavama.com • ♿ Départ tlj 8h30 et, sur résa 13h45. Baptême 45 € ; plongées exploration 35-37 € ; forfaits à partir de 3 plongées. Réduc de 10 % accordée à nos lecteurs sur présentation de ce guide. Résa conseillée.* Embarquez sur le bateau rapide de ce petit centre (FFESSM, ANMP, PADI) où Stéphan encadre baptêmes, formations jusqu'au Niveau 3, brevets PADI, ainsi que d'inoubliables balades sous-marines. Plongée de nuit, plongée profonde le dimanche matin et initiation enfant. Équipement complet fourni, bouteilles déjà sur le bateau.

Nos meilleurs spots

La Passe à Colas *(carte couleur Guadeloupe – la Basse-Terre,* ***1****) : à l'extrémité est de la barrière de corail, devant l'îlet Fajou.* Idéal pour plongeurs débutants et confirmés et randonneurs à palmes. Plongée fabuleuse (- 3 à - 25 m) juste en bordure des zones classées *Parc national du Grand Cul-de-Sac Marin*. Exploration d'un joli tombant surmonté d'un plateau corallien richement peuplé. Poissons-anges (gris, royal, français), magnifiquement bariolés, des bourses et d'attachants diodons qu'il convient de ne pas effrayer. Également de gros barracudas camouflés en bas.

La Passe de la Grande Coulée *(carte couleur Guadeloupe – la Basse-Terre,* ***2****)* **:** *face au port de Sainte-Rose.* Pour plongeurs autonomes (Niveau 2 min, descente jusqu'à - 42 m). Descente sur un magnifique plateau corallien à 20 m, puis le long d'un tombant vertigineux. Relief très marqué, faille, canyons où fleurissent de belles gorgones noires. Requins-dormeurs, grosses tortues, barracudas, énormes mérous et parfois même des raies. Une plongée au relief impressionnant.

La Tête à l'Anglais *(carte couleur Guadeloupe – la Basse-Terre,* ***3****)* **:** *au nord-ouest du port.* Pour plongeurs débutants et confirmés. À l'époque des guerres maritimes contre les Anglais, cet îlot servait de cible d'entraînement aux canonniers de notre marine à voile, qui y voyaient la représentation parfaite d'un casque british ! Aujourd'hui, c'est un site protégé pour la nidification des oiseaux. Sous l'eau, chouette succession d'éboulis rocheux, tunnels, arches, tombants, canyons, où l'on croise d'impressionnantes foules de poissons (- 2 à - 22 m). L'autre site est le *Sec des Raies* (- 8 à - 22 m), accessible dès le Niveau 1. Comme son nom l'indique, rencontre majestueuse avec les raies pastenagues.

L'îlet Kahouanne *(carte couleur Guadeloupe – la Basse-Terre,* ***4****)* **:** *le plus grand des îlets du secteur, en forme de tortue, se trouve au nord-ouest du port.* Pour plongeurs débutants et confirmés. Entre - 2 et - 22 m, c'est le rendez-vous des tortues qui viennent se reproduire sur l'îlet. Rencontre de poissons particulièrement gros : platax, bancs de carangues, barracudas solitaires, et parfois un requin-dormeur en plein rêve (pas de panique !). Deux sites. D'une part, le *Sec de Kahouanne* (- 16 à - 22 m), où frayent agoutis, carangues, capitaines, poissons-anges et d'impressionnantes langoustes. D'autre part, la *Baie des Pélicans* (- 2 à - 18 m), éboulis rocheux habité par des gorgones et autres éponges vases.

DANS LES ENVIRONS DE SAINTE-ROSE

LAMENTIN (97129)

C'est un gros bourg avec quelques vieilles maisons créoles et des édifices publics construits par l'équipe de l'architecte Ali Tur après le cyclone de 1928. Lamentin possède ainsi l'un des rares monuments de la Guadeloupe consacrés à l'esclavage. Il s'agit de la ***Maison de l'Esclavage et des Droits de l'homme,*** qui mérite un coup d'œil. Mais attention, impossible d'y pénétrer : la toiture et l'intérieur de cette petite baraque en béton sont occupés par de gros blocs

DE QUOI SE LAMENTER

Repaire des flibustiers au XVIIIe s, la commune agricole de Lamentin tire son nom d'un mammifère marin herbivore – semblable à un gros phoque – qui batifolait autrefois sur cette côte, et qui devrait être prochainement réintroduit en Guadeloupe. Mais voilà qui ne ferait pas l'affaire des pêcheurs, dont les activités seraient alors interdites dans le **Grand-Cul-de-Sac Marin.** *On dit qu'il est à l'origine du mythe des fameuses sirènes.*

rocheux, maintenus par de lourdes chaînes, symbolisant l'esclavage justement. Également un ***ciné-théâtre*** dans ce bourg qui se veut la capitale culturelle de l'archipel.

Adresse utile

■ ***Cœur du Parc national du Grand Cul-de-Sac Marin :*** *43, rue Jean-Jaurès, à* ***Baie-Mahault.*** *☎ 05-90-26-10-58. • guadeloupe-parcnational.fr* • Pour tout connaître sur le Parc national au large de Lamentin : infos environnementales, activités sportives, etc.

Où dormir ? Où manger ?

La Roseraie *(Gîtes de France) :* ***La Rosière.*** *☎ 05-90-25-61-31. • gites-guadeloupe-laroseraie.fr • Sur la N2 venant de Pointe-à-Pitre, prendre la D1 à gauche à hauteur de Lamentin, et suivre « Sucrerie Grosse Montagne » jusqu'à Rosière ; c'est après le* Huit à Huit, *sur la gauche (réception au libre-service* Arnaud*). Env 320-350 €/sem pour 2 pers, 450-530 € pour 4.* À la fois proches de la route de la Traversée et de la Grande-Terre, voici 3 villas indépendantes à la déco qui date un peu mais bien tenues (par une mère et sa fille) et au confort correct (cuisine, TV, machine à laver, etc.), pouvant accueillir 2 à 6 personnes. L'ensemble est situé dans un grand jardin fleuri, au calme, en retrait de la départementale. Petite piscine.

La Belle Chaudière : *route de Ravine Chaude,* ***Chartreux.*** *☎ 05-90-25-96-46. Sur la N2 venant de Pointe-à-Pitre, prendre la D1 à gauche à hauteur de Lamentin, suivre « Sucrerie Grosse Montagne » jusqu'à Rosière puis « Ravine Chaude ». Tlj sf sam midi, dim soir et lun. À partir de 35 € le repas.* Excellent accueil de Jean qui tient ce resto depuis près d'un quart de siècle. On y déguste des poissons et fruits de mer (ouassous sauvages, « lambis pays », « langouste caraïbe », etc.) dans plusieurs salles et couloirs sympas aux murs de brique ou de pierre. L'adresse la plus réputée du coin.

LES ÎLES DE LA GUADELOUPE

D'île en île, de bateau en bateau, la Guadeloupe se découvre différente, et peut-être plus attachante encore. Ces îles, il faut prendre le temps d'y aller, de les comprendre, et surtout de les aimer, au regard de leurs histoire, superficie, relief, climat, population, humeur aussi... Celle du temps et des hommes, qui change vite, heureusement, mais vous ne pourrez qu'être séduit par le caractère unique et bien trempé de ces petits joyaux posés sur l'écrin de l'Atlantique. Au large de la Guadeloupe, on croise d'abord Les Saintes, incontestablement sublimes mais dont le succès touristique fait perdre, pendant la journée, un peu de cette tranquillité qui en fait le charme profond aux yeux des habitués. Ensuite, majestueuse et sauvage, La Désirade offre l'occasion d'une escapade formidable, surprenante, revigorante... au bout du monde. Puis il y a Marie-Galante, la reine débonnaire des îles guadeloupéennes. À ne manquer sous aucun prétexte, pour son cachet, son atmosphère hors du temps et ses magnifiques plages.

LES SAINTES

▸ Pour la carte des Saintes, se reporter au cahier couleur.

ABC DES SAINTES

▸ *Superficie :* 15 km² (5 km² pour Terre-de-Haut, 10 km² pour le reste).
▸ *Population :* 3 000 hab. (1 900 Terre-de-Haut, 1 100 Terre-de-Bas).
▸ *Densité :* 200 hab./km² (moy. française : 117).
▸ *Statut :* collectivité dépendant de la Guadeloupe.
▸ *Points culminants :* le Chameau à Terre-de-Haut (309 m), le morne Abymes à Terre-de-Bas (293 m).
▸ *Signe particulier :* se parcourt à pied, à vélo ou en scooter, mais des véhicules électriques (vélos, voiturettes) sont disponibles.
▸ *Spécialité culinaire :* les tourments d'amour (gâteaux secs à la confiture).

Une vraie merveille ! Les Saintes se composent essentiellement de deux petites îles – Terre-de-Haut et Terre-de-Bas – et de sept îlets rocailleux et inhabités. Le climat est plutôt sec, les pluies rarissimes, et les sources d'eau

inexistantes. La végétation qui enrobe leurs hautes collines est donc aux antipodes de la luxuriante Basse-Terre, distante de seulement quelques kilomètres. Voilà qui fait le bonheur des iguanes, fondus dans le paysage près du stade de Terre-de-Haut, ou résidant à demeure au fort Napoléon, mais aussi à Petites-Anses sur Terre-de-Bas...

LA BELLE ET LA BAIE

Terre-de-Haut possède une rade splendide, qu'on ne peut s'empêcher d'admirer à chaque arrivée par bateau (même si ça secoue parfois pas mal, entre novembre et février !). Port et village, avec leurs blanches maisons aux toits rouges, sont d'une totale homogénéité architecturale. Le plaisir est hélas un peu gâché par le vacarme des scooters qui parcourent l'île dans tous les sens toute la journée, toutefois un petit parc de voiturettes et de vélos électriques se développe, et l'on croise même désormais quelques scooters électriques.

La vie, aux Saintes plus encore que dans les autres îles, est rythmée par l'arrivée des gros bateaux en provenance de la Guadeloupe qui amènent de bon matin leur cargaison de visiteurs sans bagages qui envahissent le centre. Ils repartent vers 16h et, le calme revenu, on peut alors vraiment profiter pleinement de l'ambiance d'un village resté encore dans son jus et de ses habitants.

Les visiteurs qui séjournent aux Saintes sont étonnés par la richesse de ce petit territoire et la variété des activités offertes. On peut ainsi faire une plongée sous-marine ou découvrir les fonds avec palmes, masque et tuba le matin, profiter ensuite d'une plage ombragée, faire une belle randonnée l'après-midi ou un tour en kayak, se re-baigner en fin de journée sur une des 12 plages de l'île et déguster un petit repas les pieds dans l'eau en soirée...

Un programme valable en toutes saisons, à une exception près, si l'on n'est pas un adepte de la marche à pied : le week-end du 15 août (durant la fête patronale), les routes de l'île sont fermées pour cause de fête. Il n'y a donc aucun minibus. Pour la découverte tranquillou de l'île, mieux vaut choisir un autre moment.

DES PÊCHEURS SANS HISTOIRE

Descendants de Bretons, Normands et Poitevins, les Saintois sont pour la plupart blancs de peau (avec quelques nuances). En effet, la canne ne poussant pas sur leur sol aride, on n'eut pas recours en masse aux esclaves, et le mélange des populations fut donc limité. Ne soyez donc pas étonné de retrouver des familles très nombreuses de Cassin, Maisonneuve, Joyeux, Laurent... tous descendants des quelques rares foyers qui s'étaient accrochés au XVIIe s au flanc des mornes, et vivaient en autarcie par la force des choses. Largement tournés vers la mer, les Saintois, peuple de pêcheurs (les meilleurs de toutes les Antilles, dit-on !) isolés sur leur île, ont ainsi conservé leur particularisme à travers les siècles.

Le travail au quotidien de ces pêcheurs, que l'on voit revenir sur leurs embarcations colorées aux noms évocateurs, reste l'activité principale de l'île. Et c'est sous une petite halle installée en bord de mer que vous trouverez le produit de la pêche du jour.

Du point de vue de l'accueil, on rencontre en général une curiosité tranquille, une certaine indifférence, rarement un sentiment d'agressivité, mais c'est aussi à vous d'y mettre du vôtre, comme souvent. Imaginez : 250 000 visiteurs par an, dur, dur, pour certains pêcheurs amoureux de leur tranquillité autant que de leur métier !

Pendant longtemps les Saintois arborèrent fièrement le *salako,* chapeau en lamelles de bambou recouvert de tissu, d'inspiration tonkinoise. Les charpentiers de marine furent réputés pour la qualité de leurs bateaux, les fameuses *saintoises,* légères et rapides, qui pouvaient mesurer jusqu'à 10 m de long. Aujourd'hui, bien sûr, les bateaux à moteur ont pratiquement remplacé les blanches voiles triangulaires, et seuls quelques vieux habitants portent encore le *salako.* Mais l'identité saintoise résiste aussi bien aux revers de fortune des uns qu'à l'arrivée de ceux qui, nouveaux aventuriers, viennent à leur tour tenter leur chance dans cet(te) « archiperle » des Antilles.

SALAKO, KÉSACO ?

Le salako, ce couvre-chef typique de l'île, arrivé aux Saintes à la fin du XIXe s, serait originaire du Tonkin, à la suite de la déportation, en 1873, d'Annamites en rébellion contre la France. Condamnés à 5 ans de travail dans les îles de Guadeloupe, certains sont restés. Leur chapeau aussi.

UN PEU D'HISTOIRE « SAINTES » QUAND MÊME !

C'est Christophe Colomb (encore lui !) qui découvrit l'archipel début novembre 1493 et le baptisa *Los Santos*, en l'honneur de la Toussaint. Une fête qui, ici, prend une couleur toute particulière, avec les centaines de bougies allumées au fond des corolles de lambis qui en rougissent d'émotion...
En 1648, les Français occupèrent les Saintes, mais la trentaine de colons envoyée de Guadeloupe par Charles Houël ne résista pas longtemps à la sécheresse ambiante. La deuxième tentative, en 1652, fut la bonne. Le 15 août 1666, la flotte anglaise fut battue (cette victoire est, depuis, commémorée chaque année à l'occasion de la fête patronale). Les Français se firent alors aider par les Indiens caraïbes pour chasser les Grands-Bretons. Cela n'empêcha pas les Saintes de rester sous-peuplées : en 1671, on ne dénombrait à Terre-de-Haut que 43 Blancs et 10 esclaves.
En revanche, en 1782, ce furent les Anglais qui, à leur tour, provoquèrent un Trafalgar avant la lettre, terrassant la flotte de l'amiral de Grasse et s'emparant de Terre-de-Haut. Le petit musée installé dans le fort Napoléon évoque le sort du *Ville de Paris*, vaisseau-amiral, qui fut coulé. Terrible bataille mettant aux prises en fait près de 70 vaisseaux armés de plus de 5 000 canons et faisant 7 000 morts ! Les Saintes ne redevinrent françaises qu'en 1816, au moment où les Anglais reconnaissaient l'indépendance des États-Unis. Petit à petit, la population augmenta (500 habitants au milieu du XIXe s), pour atteindre un peu plus de 3 000 îliens aujourd'hui.

Arriver – Quitter

En bateau

Autant prévenir : si la mer est plutôt calme de juillet à octobre, ça peut tanguer pas mal en haute saison. Trois conseils : prendre un comprimé contre le mal de mer (c'est efficace !), traverser à partir de Trois-Rivières sur Basse-Terre si vous le pouvez (c'est la distance la plus courte à parcourir en bateau), et « tout simplement » prendre son mal en patience, en prenant soin si possible de ne pas s'installer à l'avant du bateau ni sur les ponts extérieurs par gros temps.

De Trois-Rivières : plusieurs compagnies qui font la navette (voir aussi le chapitre « Trois-Rivières »). Parking payant près de l'embarcadère à Trois-Rivières (2 €/j.). Autour de 20 mn de navigation seulement. Voici les infos concernant les 2 compagnies principales :

- ***CTM-Deher :*** ☎ *05-90-92-06-39.* • *ctmdeher.com* • Assure 2 traversées/j. avec Terre-de-Haut : départs à 9h et à 16h30 ; retours depuis Terre-de-Haut à 6h45 et à 15h45. Traversées supplémentaires en fin de journée en haute saison. Aller-retour 22 €. Réduc sur présentation de ce guide.
- ***Val'Ferry :*** ☎ *05-90-91-45-15 et 05-90-57-45-74.* Assure 2 traversées/j. plus ou moins régulières avec Terre-de-Haut et Terre-de-Bas : départs à 9h et à 17h ; retours depuis Terre-de-Haut selon les jours, mais généralement à 6h15 (sur demande) et à 16h15 (les consulter dim et j. fériés).

Env 22 € l'aller-retour.

De Basse-Terre : au départ du port autonome.

■ ***CTM-Deher :*** ☎ *05-90-92-06-39.* Assure 1 traversée les lun, mer et ven. Se renseigner pour les horaires. Prendre le billet sur le bateau même. Env 45 mn de navigation.

■ ***Val'Ferry :*** ☎ *05-90-95-45-15.* • *valferry.fr* • 2 traversées les mêmes jours, à 7h et 12h. Pas très régulier. Compter env 25 € l'aller-retour.

De Saint-François : au départ du port de pêche. Attention, ça peut secouer pas mal !

■ ***Archipel 1 :*** ☎ *05-90-22-26-31.* *06-90-50-05-10 et 06-90-30-86-07.* Départs possibles avec les bateaux *L'Archipel* ou l'*Iguana Beach* (voir au chapitre « Saint-François »). Retour en fin d'ap-m. L'horaire pouvant être modifié, mieux vaut contacter directement la billetterie. Escale à Saint-Louis de Marie-Galante (pas forcément à chaque voyage, là encore, mieux vaut vérifier).

■ ***Babou One :*** *06-90-98-46-16.* Départs en saison les mer et ven, à 7h15 avec escale à Marie-Galante à 8h05. Arrivée aux Saintes à 8h55. Retour à 15h (arrivée 16h40). Billets en vente à la gare maritime de Saint-François et sur le site internet (A/R 42 €). • *babouone.fr* •

De Marie-Galante : les bateaux pour Marie-Galante en provenance de Saint-François (voir chapitres concernés) desservent tous Les Saintes. Ils se prennent donc à Saint-Louis, tôt le matin, vers 8h15. Compter min 45 mn de traversée (22 € l'aller simple avec le *Babou One,* par exemple).

De la gare maritime de Bergevin à Pointe-à-Pitre : bien se renseigner avant car les traversées sont fluctuantes. Pour l'heure, slt les lun et jeu avec la compagnie *Jean's.* • *jeansfor freedom.com* • Compter 19 €, départ 8h, retour 16h.

En avion

✈ ***De l'aéroport international Pôle-Caraïbes de Pointe-à-Pitre :*** avec un avion privé uniquement, car il n'y a plus de liaison régulière sur *Air Caraïbes (office de tourisme,* ☎ *05-90-94-30-61).* Un pilote confirmé : Patrick Amable. *06-90-58-89-70.* • *amable patrick@gmail.com* •

LES SAINTES

TERRE-DE-HAUT

(97137) 1 900 hab.

▸ Pour le plan du bourg de Terre-de-Haut, se reporter au cahier couleur.

Le bourg de Terre-de-Haut s'étire tout en longueur (et en langueur, bien sûr, aux heures chaudes). Au centre, une mairie et un square assez ombragé. À l'arrivée, au débarcadère, vous n'aurez aucun mal à vous repérer, d'autant que l'office de tourisme est situé en face... L'église marque la limite entre le quartier du Mouillage et celui de Fond-du-Curé, où habitent les pêcheurs.
À partir du débarcadère, il est tout à fait possible de visiter l'île en une seule journée, entre le bateau de l'aller et celui du retour, mais c'est un peu dommage. Il faut goûter à la tranquillité de fin d'après-midi, à la qualité de la nuit, et déguster la fraîcheur de l'aube pour les balades à pied ou les baignades au levant. De Pompierre à Rodrigues, de Figuier à Crawen, autant de plages au charme différent, singulier.
Il faut prendre le temps de parcourir ces rues, les yeux grands ouverts, enregistrant ici une conversation qui finit en éclat de rire, là un détail d'architecture : une frise délicate en bois, un bout de jardin fleuri, une barrière, une jalousie à la peinture fatiguée... L'île est à l'échelle du marcheur, c'est ce qui participe à son charme et au sentiment de liberté et de légèreté qui saisit le visiteur à son arrivée.

Installé au bord d'une baie superbe qui rappelle un peu celle de Rio en miniature (il y a même un Pain-de-Sucre !), le village fait, depuis 1997, partie d'un club très fermé, celui des « Plus belles baies du monde », en toute simplicité. Avec ses trois-mâts ancrés dans le golfe, la beauté du panorama et l'harmonie du village, la baie des Saintes fait tout pour mériter cet honneur : le bourg s'est engagé à procéder au nettoyage régulier de la baie et à éliminer toute trace de déchets polluants. La décharge à ciel ouvert du Chameau a été fermée en 2011 et dépolluée, le tri sélectif est en place. Concilier protection de l'environnement et tourisme, c'est l'objectif premier du club ! D'ailleurs, après qu'une petite famille de dauphins a élu domicile dans la baie fin 2013, faisant la joie des plongeurs et baigneurs, quelques-uns de leurs congénères sont régulièrement aperçus, dans la baie, au large du Pain-de-Sucre, de l'îlet Cabrit...

SACRÉS COCOS CES PÊCHEURS !

Ne pas manquer de goûter aux tourments d'amour, la spécialité de l'île, savoureux gâteaux à la confiture de coco (ou de goyave, de banane, etc.). Des vendeuses, panier en osier sous le bras, vous les proposent dès l'arrivée du bateau. Le matin, idéal pour le petit déj quand ils sont encore chauds ! À l'origine, les Saintoises, en attendant leur mari pêcheur sur la plage, ramassaient des noix de coco pour confectionner le fameux gâteau. Si vous tombez sur des tourments d'amour un peu rassis, c'est que le mari n'est pas rentré !

UN PEU DE LECTURE « SAINTES »

L'art de vivre saintois est retranscrit à merveille par Cathy Régnier, aquarelliste discrète et adorable que vous rencontrerez, occupée à peindre dans son atelier de plein air, près de la seule savonnerie artisanale de l'île. Si elle n'est pas là, faites-vous du souci et regardez le ciel (un grain doit se préparer !). Consolez-vous en achetant à la seule librairie de l'île son joli *Carnet de route*, réalisé avec ses complices Pierre Séguret et Catherine Voglimacci, eux aussi résidant, mais à mi-temps, aux Saintes. Une jolie façon de raconter 48h de la vie d'une île qui reste encore privilégiée, en toute intimité.
À lire également sur le sable, les trois romans aux allures de polars de Pierre Séguret, auteur qui partage sa vie entre Montpellier et les Saintes, et dont les thèmes ou l'histoire ont toujours un lien étroit avec les Caraïbes : *L'Île fauve* (2005), *État brut* (2009) et *Deux ou Trois jours aux Saintes* (2011), publiés chez Orphie.

LES SAINTES

Adresses utiles

Office de tourisme (plan couleur B3) : *face à l'embarcadère. ☎ 05-90-94-30-61. • tourisme@lessaintes.fr • terredehauttourisme.com • Ouv à l'arrivée des bateaux tlj en sem, 8h-17h, et dim mat (hors saison 8h-12h, 14h-17h).* Plan de l'archipel gratuit et bien fait, liste des hébergements, horaires des bateaux, etc. Toilettes, douche, garde des bagages et location de poussette.

✉ **Poste** (plan couleur B4) : *rue Emmanuel-Laurent. Ts les mat sf dim, plus jeu ap-m.*

■ **Distributeurs de billets** (plan couleur B3, **2** et **3**) : *le 1er que vous rencontrerez est collé au petit phare du débarcadère, l'autre se trouve derrière la mairie.* Prenez vos précautions « sur le continent », surtout le week-end, si vous comptez payer beaucoup en argent liquide. Ou n'oubliez pas votre carnet de chèques, ça peut dépanner.

■ **Médecins : Dr Ballabriga** *(plan couleur B2, **1**), dans la maison-navire pittoresque (voir plus loin) que l'on* *voit du débarcadère en regardant sur la droite. ☎ 05-90-99-50-66. Également le* ***Dr Cassin*** *(plan couleur B3,* ***5****), rue Théodore-Samson. ☎ 05-90-99-59-99.*

■ **Pharmacie** *(plan couleur B2,* ***4****) : rue Jean-Calot, Mouillage. ☎ 05-90-99-52-48. Fermé sam ap-m et dim ; permanence urgences 24h/24.* Distributeur automatique de divers produits.

@ **Internet** *(plan couleur B3,* ***6****) : 3, rue Jean-Calot ; au 1er étage.* Connexion Internet, wifi, accessoires informatiques, mais la plupart des bars et des restos vous permettront de vous connecter gratuitement.

■ ***Point Presse*** *(plan couleur B3,* ***9****) : pl. de la Mairie. ☎ 05-90-99-55-58.* Vous y trouverez les ouvrages les plus récents sur Les Saintes et les îles de la Guadeloupe en général.

■ ***Location de masques et tubas :*** *à* ***Tropico Vélo*** *(plan couleur B3,* ***7*** *; voir la rubrique « Transports »), au* ***club de plongée Pisquettes*** *(plan couleur B2,* ***50****), et auprès de* ***Christian Maisonneuve*** *(plan couleur A4,* ***30*** *; voir la rubrique « Transports »).*

■ ***Toilettes*** *(plan couleur B3,* ***8****) : juste avt le marché. Lun-sam. Toilettes et douche payantes.*

■ ***TransLib :*** *☎ 05-90-92-98-40. 📱 06-90-35-32-93.* Organise le transfert privé depuis l'aéroport de Pointe-à-Pitre jusqu'aux Saintes, avec nuit à Trois-Rivières si nécessaire. Le même gérant que *Loca Phenix* (location de voitures). D'autres entreprises assurent ce service, toutes situées au débarcadère de Trois-Rivières.

Transports

■ ***La navette Soleil des Îles :*** *fait la liaison entre Terre-de-Haut et l'île de Terre-de-Bas. Embarquement au ponton devant le restaurant* Le Génois. *En moyenne, 4 à 5 rotations tlj. Attention, se faire confirmer avt les horaires au port ou à l'office de tourisme. Compter 10 mn de traversée. Env 8 € l'A/R.* Déconseillé d'embarquer son scooter, c'est cher et les engins ne sont pas assurés par les loueurs. *📱 06-90-50-36-28 et 06-90-36-77-97.*

■ ***Location de scooters :*** *tlj sf 12h-15h ; il vous en coûtera env 25-30 € la journée (permis voiture obligatoire) et 30-35 € pour 24h, assurance et essence comprises.* Attention à l'état des bécanes et bien vérifier le contrat de location. De nombreux prestataires se partagent le marché des 100 cc et 125 cc. Désormais il faut un permis moto pour conduire un 100 cc et les loueurs proposent beaucoup de 50 cc, plus bruyants et polluants. À vous de bien choisir et surtout de bien en vérifier l'état même si ça vous fait perdre du temps ! Si vous n'êtes pas habitué à conduire un scooter, n'en prenez pas. La conduite sur l'île, le trafic augmentant, exige de bons réflexes... Et les fossés sont toujours aussi profonds.

– ***Attention :*** la rue qui passe devant l'embarcadère est une zone exclusivement piétonne à certaines heures. Il faut alors descendre de scooter, moteur arrêté, et le pousser pour passer d'un côté à l'autre du débarcadère. Pas très pratique, mais gare à l'amende ! Sinon, faire tout un tour en passant par le stade.

■ ***Location de vélos*** *(plan couleur B3,* ***7****) : à* ***Tropico Vélo,*** *à côté de l'église. ☎ 05-90-99-88-78. VTT autour de 10 € la demi-journée, 18 € la journée.* Un moyen de locomotion adapté à la dimension de Terre-de-Haut, même si certaines côtes sont à conseiller vraiment pour les mollets musclés : ça grimpe sec du côté du Pain-de-Sucre ! Rien n'empêche de descendre du vélo et de pousser tranquillement...

■ ***Véhicules électriques :*** outre des vélos électriques, quelques scooters et même des voiturettes électriques ont également fait leur apparition sur l'île. Des moyens de transport silencieux amenés à se développer, à condition là encore de tomber d'un côté sur des loueurs très pros (ce qui n'est pas forcément le cas !) et de l'autre sur des conducteurs ne paniquant pas face aux engins plus polluants arrivant la journée de tous côtés... N'imaginez pas que vous allez avoir la route pour vous seul.

■ ***Tour de l'île en minibus :*** plusieurs compagnies, se renseigner à l'office de tourisme. Elles vous attendent au débarcadère. Compter 10 €/pers pour une visite matinale des principales curiosités de l'île (entrée du fort non comprise).

■ ***Location de canots à moteur*** *(plan*

*couleur A4, **30**) : chez **Christian Maisonneuve,** rue Benoît-Cassin, à côté du resto* Le Triangle. *☎ 05-90-99-53-13 ou 59-82. Entre 75-90 €/j. selon puissance, plein d'essence compris.* Location à la journée de canots équipés de moteurs allant jusqu'à 9,9 CV ; attention, au-dessus de 6 CV, permis mer obligatoire. Très sympa, de partir une journée à la découverte des criques par la mer. Peut aussi organiser un tour de l'île accompagné.

Où dormir ?

De bon marché à prix moyens

Chez Line Bélénus *(plan couleur B3, **21**) : route de la Grande-Anse. ☎ 05-90-99-50-93. • linda-belenus@hotmail.com • Sur la route du cimetière, dans la descente, côté droit. Pour 3-4 pers 80-90 €, également pour 2 pers (35-40 €) par jour. Gîte 550-600 € la sem pour 5 pers. Parmi les tarifs les moins élevés de l'île.* 2 chambres et 3 studios corrects, pas très grands mais très propres. Ce n'est pas le grand luxe, mais les prix restent très honnêtes. 2 avantages : à l'écart de la rue (loin des scooters pétaradants pendant la sieste !) et Line saura bien vous pouponner. Tout comme Linda ou Anderson, les représentants de la nouvelle génération, qui s'occupent des résas. Terrasse fleurie.

Bungalows Là-Haut *(plan couleur B3, **10**) : route de Marigot. ☎ 05-90-99-54-57. • reservation@bungalows-lahaut.com • bungalows-lahaut.com • Prendre la rue à gauche de l'église, monter 150 m (panneau à droite) ; ensuite, ça grimpe raide par un escalier... mais la vue, ça se mérite ! Résa très conseillée. Pour 2 pers à partir de 55-65 €/nuit selon logement et saison (dégressif) ; 385-420 €/sem pour 2-6 pers.* Juste au-dessus du village, à côté d'une ravissante maison créole, un confortable bungalow (2 personnes), tout en bois, et un autre avec mezzanine (2-6 personnes). Ventilation des alizés et vue fantastique sur la baie et les bateaux qui font rêver. Confortable et plein de charme.

Gîte chez Daniel et Anne-Marie Bride *(hors plan couleur par A4, **23**) : 721, route du Bois-Joli, lieu-dit Pain-de-Sucre. ☎ 05-90-99-55-71. • daniel.bride@wanadoo.fr • À 2 km du bourg, vers le Bois-Joli ; chemin sur la droite à descendre à pied (2e maison). Pour 2 pers env 55 €/nuit, 300-350 €/sem.* Dominant l'Anse du Pain-de-Sucre, gracieuse à souhait, un seul studio (F1 pour 2-3 personnes), propre et tout équipé, avec ventilo, moustiquaire et terrasse donnant sur le jardin fleuri d'hibiscus, la grande passion d'Anne-Marie. Chambre climatisée. Terrasse généreuse et spacieuse, avec vue sur mer. Très tranquille et atout majeur : l'accès direct à la magnifique plage du Pain-de-Sucre. Accueil très gentil.

Archipel des Saintes : *morne Caret. ☎ 05-90-99-50-97. 06-90-62-38-77. • contact@archipeldessaintes.fr • archipeldessaintes.fr • Compter 75-80 €/nuit pour 2 ; env 10 €/pers supplémentaire.* Jacky Simaeys gère plusieurs locations à Terre-de-Haut. À l'Anse Mire (en direction du fort), 2 appartements (2-4 personnes) l'un au-dessus de l'autre, avec aménagement intérieur style caravane pour l'un, terrasse donnant sur un jardin verdoyant pour l'autre. À Grande-Anse (du côté du cimetière), 3 studios avec ventilateurs, dont 2 avec terrasse et cuisine extérieure. Enfin, une maison avec 2 appartements (4-6 personnes) tout confort (2 chambres, TV, barbecue, lave-linge, wifi, etc.), à deux pas du village et d'un club de plongée, avec terrasse sur l'Anse du Bourg.

Gîtes de M. Péderne *(plan couleur A4, **13**) : rue de la Savane. ☎ 05-90-99-52-47. Studio (2-4 pers) 40-65 €/nuit et bungalow (2-6 pers) 75-85 €.* Sur la hauteur du quartier de la Savane, au 1er étage de cette maison blanche à toit rouge, de style créole moderne, on trouve 2 studios propres et bien équipés : douche, w-c, cuisinette, ventilo, TV et superbe terrasse avec vue imprenable sur la baie. Également un bungalow F3 de la

LES SAINTES

même trempe, sur le côté de la maison. Accueil très courtois.

Chez M. Nicol Cassin (plan couleur B4, **15**) : *1, allée des Bougainvillées, La Savane. ☎ 05-90-99-51-38. • nicol.cassin@gmail.com • Pour 2 pers env 55-65 €/nuit (dégressif).* Les sympathiques propriétaires proposent 2 jolis petits appartements (2 à 4 personnes), bien équipés (AC, cuisine, etc.), dans leur beau jardin. Nicol est aujourd'hui à la retraite, après avoir été pendant 30 ans l'un des gardiens du fort Napoléon (non, il n'y a plus de prisonniers dans ce fort, lisez le texte un peu plus loin !). Laissez-le vous conter les histoires de l'île à sa façon.

Chez Pierrot (plan couleur B3, **12**) : *22, route de la Grande-Anse. ☎ 05-90-99-52-97. • pierrot-jobripi@wanadoo.fr • Pour 2 pers 35 €/nuit (dégressif) et pour 3 pers 45 €.* 2 étroites chambres climatisées, dans la maison des propriétaires, avec entrée indépendante ouverte sur la rue : 1 double et 1 triple avec mezzanine. Minicoin cuisine pour préparer le petit déjeuner, salle de bains et w-c communs. Très simple mais propre et efficace. Accueil familial et prévenant de Brigitte et Pierre Hajjar.

Centre UCPA (hors plan couleur par B1, **24**) : *dans la baie de Marigot, à 1 km du village. Résas en métropole : ☎ 0825-880-800 ou 32-60, dire UCPA (0,15 €/mn) ; sur place : ☎ 05-90-99-54-94. • ucpa.lessaintes@wanadoo.fr • ucpa.com • Sur place, s'il y en a (de la place !), compter 60-70 €/nuit pour 2-3 pers, petit déj inclus.* Des chambres ventilées, très simples et fonctionnelles, dans des cases de toutes les couleurs. Restauration possible (buffet) sur résa. On pratique les sports à partir du centre nautique situé dans le bourg, à 1 km de là.

De prix moyens à plus chic

Villa Anse Caraïbe (plan couleur B4, **11**) : *rue Emmanuel-Laurent. Contacter Françoise (club de plongée) : ☎ 05-90-99-88-80 ou 06-90-46-29-19. Rens en métropole : ☎ 04-67-22-55-88 ou 06-83-05-63-67. • hexacom@wanadoo.fr • grandbaie.com • En plein bourg (derrière la poste) mais au calme, un peu sur les hauteurs. Studios et apparts (2-4 pers) 340-610 €/sem selon saison. Loc 3 j. min.* Située idéalement pour découvrir l'île à pied. Proche du débarcadère et des commerces tout en étant à l'écart du bruit, cette grande villa de style néocréole abrite de beaux appartements lumineux, confortables, impeccables et fonctionnels avec AC, lit et chaise bébé, barbecue et grandes terrasses pour 4 d'entre eux (carbet vue mer pour les autres). Vous serez aux premières loges pour admirer le ballet des voiliers majestueux venant mouiller dans la baie ou profiter des couchers de soleil caribéens. Prestations de transfert à l'aéroport sur demande.

Chez Tonton Fernand (hors plan couleur par B3, **19**) : *78, impasse de la Plage. ☎ 05-90-99-56-73. • tontonfernandbelenus@wanadoo.fr • Congés : juil. Résa conseillée longtemps à l'avance. Pour 2 pers, compter 490-525 €/sem selon saison. Tarif basse saison offert toute l'année sur présentation de ce guide.* À priori, on se dit qu'on trouvera difficilement mieux pour un séjour tranquille. Le cimetière est en face, et il n'y a que 2 gîtes, de 90 m² chacun, isolés au milieu d'un jardin de 2 500 m². Tonton Fernand vous soigne, au sens strict (il connaît les plantes), et laisse son potager bio à la disposition des hôtes. Il y a des barbecues, et, ici, on se lie assez vite avec tout le monde. Il y a aussi les poules, pour les œufs frais du jour. Si votre tête lui plaît, car il a un fichu caractère, Tonton Fernand vous emmènera en mer, ou vous préparera une bouillabaisse maison.

Le Paradis Saintois (hors plan couleur par A4, **25**) : *211, route des Prés-Cassin, BP 1. ☎ 05-90-99-56-16. • paradis.saintois@wanadoo.fr • paradissaintois.com • À 1 km du bourg, sur la gauche en montant vers Pain-de-Sucre. À la nuit, en saison : doubles 54-67 € ; studios 2 pers 70-96 € ; appart 2-6 pers 86-138€, sur la base de 2 pers, pour 3 nuits min ; tarifs dégressifs. Apéritif maison ou café offert sur présentation de ce guide.* Mieux

LES SAINTES

connue sous le nom *Chez les Suisses*, cette grande maison joliment située sur les hauteurs offre un bel ensemble d'appartements, de studios et d'une chambre, pas très spacieux mais bien aménagés et impeccables, avec vue sur la baie et terrasse pour les plus chers. Tout confort : kitchenette, salon, barbecue, piscine et terrain de pétanque. Accueil courtois et atmosphère sympa. Ici, la déco de Noël dans les arbres du jardin illumine la nuit des semaines durant...

Gîtes Eden Mango *(hors plan couleur par B2,* ***27****)* : *chez* Phil à Voile, *route de Pompierre. ☎ 05-90-99-58-69. 06-90-81-43-28. • philavoile@wanadoo.fr • edenmango.com • Compter 500-850 € la sem.* Deux élégantes structures de bois exotique, récentes, pour 2 adultes et 2 enfants chacune. Équipement complet avec cuisine extérieure et terrasse, mignonne petite salle d'eau, TV et clim. C'est cosy (mezzanine), et les chambres ont tout le charme du bois. Quant à Phil, qui a son atelier à côté, il se fera un plaisir de vous emmener en balade en mer sur son voilier (lire plus loin « À voir. À faire »).

Chez Gisèle et Philippe Maisonneuve *(hors plan couleur par B2,* ***26****)* : *route de Pompierre, 75, impasse Jean-Auguste-Moulinié. ☎ 05-90-99-55-52. 06-90-50-58-18. • chezgiseleetphilippe@wanadoo.fr • chezgiseleetphilippe.com • Passer le stade et continuer tt droit sur 200 m env, 1er chemin bétonné sur la gauche. Pour 2 pers, 4 nuits min de préférence, env 74-97 €/nuit. Sem pour 2 pers 448-609 €. Petit déj possible. Chèques, chèques-vacances et CB acceptés.* Belle maison au calme, dans les hauteurs, à 100 m de la plage de Pompierre. Un ensemble de studios et duplex pour 2 à 6 personnes, tout confort et à touche-touche, avec cuisine équipée, AC et TV (lave-linge commun). Certains ont une belle terrasse avec vue mer et Marie-Galante, les autres sur le Chameau et le fort Napoléon. Également une maisonnette climatisée et une chambre en complément cachées dans la verdure du jardin. Jacuzzi. Service de transfert plage ou resto avec véhicule électrique pour les résidents. Pêche à la ligne sur résa. N'hésitez pas à interroger Gisèle sur tout ce qui touche le tourisme dans l'île, c'est son hobby.

La Villa du Mas Sucré *(plan couleur B3,* ***18****)* : *route de la Grande-Anse. 06-90-33-05-59 ou ☎ 04-67-94-18-72. En métropole : 06-68-95-18-21. • mas.sucre.saintes@free.fr • guadeloupe.location.free.fr • À 100 m du bourg, sur les hauteurs, petit chemin à gauche (à la hauteur du 133) ; montée raide. Studios et apparts à partir de 90-270 €/nuit selon taille (2-10 couchages) et 450-1 600 €/sem selon nombre de pers et saison.* Dans une grande villa récente de style créole, sur les hauteurs (vous l'aurez compris). Magnifique vue sur la baie des Saintes de la terrasse et de la piscine entourée d'un jardin exotique.

Résidence Grand Baie *(hors plan couleur par A4,* ***29****)* : *route de l'Anse-du-Figuier. Mêmes contacts que* Villa Anse Caraïbe *(voir plus haut). Compter 400-1 180 €/sem selon nombre d'occupants (2-9 pers) et saison. Loc 3 j. min.* Dans une grande villa, un F1 et 3 beaux appartements indépendants, bien équipés. Décoration de grande qualité, AC, TV (TNT), lit et chaise bébé, jardin, carbet, barbecue, immenses terrasses ouvrant sur la baie et offrant une superbe vue sur mer. Un des hébergements nouvellement mis en service (« îlet Cabrit ») se niche sous une belle et haute charpente marine, chevillée à l'ancienne et la vue sur mer est à couper le souffle. Également un bungalow pour 2 indépendant avec séjour-cuisine, chambre climatisée, terrasse là aussi avec une très belle vue. Plages de Fond-du-Curé et du Figuier à 2 mn à pied.

Gîtes Dans un Jardin – Clear Blue Caraïbes *(plan couleur B2,* ***28****)* : *rue Jean-Calot, face à la pharmacie. 06-90-65-79-81. • takekayak@me.com • clearbluecaraibes.fr • Fermé mi-sept à mi-oct. Env 88 € pour 2 pers, 98 € 3 pers, 10 €/pers supplémentaire ; compter 560 €/sem pour 2 pers ; tarif dégressif à partir de 2 sem. Table d'hôtes 3 fois/sem 40 €.* Surprise ! Ces murs d'un autre temps abritent les restes d'une ancienne caserne militaire de la fin du XVIIIe s. Bien caché de la rue, ce vaste site abrite une base de kayaks originaux en polycarbonate (lire plus loin « À voir. À faire ») et deux gîtes idéalement situés, tranquilles et pourtant en plein bourg. Chacun avec 2 chambres, coin cuisine et salle à manger... de quoi passer un bon moment, dans une ambiance décontractée, au milieu d'un verger à l'ancienne et d'animaux familiers. Prêt de vélos, barbecue. Une adresse surprenante.

Résidence Iguann'la *(plan couleur B3,* ***16****) : 151, route de la Grande-Anse. ☎ 05-90-99-56-57. • iguannla@wanadoo.fr • À 100 m du bourg, sur la gauche de la route de l'aérodrome. Nuit à partir de 83 € en studio (2-4 pers) et de 138 € en appart de type F3 (4-6 pers) en hte saison. Loc 2 nuits min.* Petite résidence comportant quelques appartements et studios, spacieux et d'un bon niveau de confort : AC, TV, terrasse, cuisine équipée. Nickel. L'appartement du bas donne directement sur la rue ; plus sombre mais aussi plus frais, et on peut y pendre un hamac.

De plus chic à très chic

Lô Bleu Hôtel *(plan couleur A4,* ***20****) : rue Benoît-Cassin, Fond-du-Curé. ☎ 05-90-92-40-00. • info@lobleuhotel.com • lobleuhotel.com • Doubles 98-145 € selon vue et saison, petit déj 10 €.* Un hôtel léché par les vaguelettes, qui ne manque pas de charme. Juste une dizaine de chambres, toutes décorées par des artistes locaux, sur des thèmes différents (Afrique, Asie, marine...). Confortables et plaisantes. Certaines ont vue sur la mer et les autres, moins chères, donnent côté rue ou sur les toits du voisinage. Leur déco originale et l'absence de bruit la nuit en font une halte sympa. Restauration sur place. Terrasse de rêve, juste devant les bateaux de pêche au mouillage dans l'Anse Fond-du-Curé.

Hôtel Bois Joli *(hors plan couleur par A4) : après le Pain-de-Sucre, dans le morne Bois-Joli (navette plusieurs fois/j., heureusement d'ailleurs, depuis le port). ☎ 05-90-99-50-38. • bois.joli@wanadoo.fr • hotelboisjoli.fr • Double 152 € ; bungalow (2-4 pers) 210 €, petit déj compris. Moins cher en basse saison. Repas 35 €.* Un hôtel au charme qu'on peut qualifier de désuet, dans la grande tradition des îles... Du moins en ce qui concerne la partie restauration ou les bungalows côté jardin, à deux pas d'une plage charmante et romantique à souhait. Les 17 chambres, quant à elles, sont situées dans un grand bâtiment sur la hauteur, entièrement rénové, très zen dans l'esprit, et tout confort : AC, grande douche, terrasse avec vue imprenable pour quelques-unes. 6 chambres communicantes pour les familles. Grande piscine.

Les Petits Saints *(plan couleur B4,* ***17****) : La Savane, Les Anacardiers. ☎ 05-90-99-50-99. • info@petitssaints.fr • petitssaints.com • Sur la colline dominant le village, en direction de Grande-Anse et Anse-Rodrigue. Congés : juin. Doubles 120-158 € selon saison, suites 178-298 € ; petit déj continental inclus. Chèques-vacances acceptés.* Un amour de petit hôtel. Unique en son genre, cet établissement domine la baie et propose des chambres, des suites ou des bungalows disséminés dans la verdure, autour de la piscine, où l'on se sent bien. Chaque chambre a son propre style. Partout, des coins et recoins pour se (re)poser, devant un tableau ou un cocktail aussi colorés l'un que l'autre, jusque dans le hall et sous la grande véranda. Beau jardin tropical, piscine confidentielle et joli solarium. L'adresse de charme de l'île. Fait aussi restaurant, le soir, avec une savoureuse cuisine du marché à la carte (voir plus loin « Où manger ? Plus chic »).

Où manger ?

Vous ne risquez pas de mourir de faim sur cette île, les restaurants, et même les bons, ne manquent pas. Attention : le service du soir s'arrête généralement vers 21h.

Bon marché

🍽 ***Le Salako, chez Z'Amour*** *(hors plan couleur par B2,* ***48****) : route de Pompierre. ☎ 05-90-99-59-82. Dernière cabane à gauche juste avt la plage. Slt le midi, tlj sf dim. Plats 8,50-11 € ; sandwichs 3,50-5 €.* Petit snack bon marché, idéal entre deux bains à Pompierre. Tables dehors à l'ombre des parasols en teck ou des arbres. Poissons grillés ou sandwichs locaux (mieux que ceux qu'on vous proposera sur le chemin de la plage !). Simple et bon.

🍽 ***Escale Créole*** *(hors plan couleur par A4,* ***49****) : 419, route de Bois-Joli. ☎ 05-90-99-59-87. • mc.maisonneuve@orange.fr • Fermé dim soir et mer. Bokits à partir de 4,80 €. Compter env 25 € pour un repas. Dégustation de punchs offerte sur présentation de ce guide.* Une petite maison à flanc de colline, sur votre gauche en allant vers la plage. Marie-Christine Maisonneuve a commencé en allant livrer un peu partout sur l'île des sandwichs à sa façon ou des plats qui ont vite fait son succès. Aujourd'hui, elle propose également une petite restauration sur place, et c'est bien agréable. Savoureux flan coco et punch maison.

De prix moyens à chic

🍽 ***Le Triangle*** *(plan couleur A4,* ***30****) : rue Benoît-Cassin. ☎ 05-90-99-50-50. Tlj sf dim, plus lun soir hors saison. Congés : juin et sept. Résa conseillée. Menu déj 20 € ; plats 14-20 €. Rhum vieux offert sur présentation de ce guide.* Agréable terrasse au bord de l'Anse Fond-du-Curé, presque les pieds dans l'eau, à laquelle on accède en se glissant dans un étroit passage entre 2 maisons. Cadre très coloré. Juste quelques tables, les autres étant abritées côté salle. Cuisine créole simplement préparée et servie avec un bon assortiment de légumes. Service gentil, un peu lent peut-être, sauf si vous savez choisir votre heure.

🍽 ***La Toumbana*** *(hors plan couleur par B3,* ***31****) : rue de l'Aérodrome. ☎ 05-90-99-57-56. Prendre la direction de la plage de Grande-Anse ; c'est juste devant le cimetière. Tlj sf dim. Congés : sept-oct. Menus 13 € (servi slt le midi)-16 €. Digestif maison offert sur présentation de ce guide.* On n'est pas les seuls à bien aimer cette grande paillote car les petits bus qui font le tour de l'île amènent chaque jour leur lot de visiteurs, ravis de se rafraîchir, et de se sustenter, en terrasse de préférence, les tables donnant sur un petit jardin fleuri. Dans l'assiette, de savoureuses spécialités comme le gratin de légumes pays ou la coquille de fruits de mer. Service prévenant.

🍽 ***La Paillote*** *(hors plan couleur par B1,* ***52****) : baie de Marigot, à 15 mn à pied du bourg. ☎ 05-90-99-50-77. • lapaillote97@yahoo.fr • ♿ Pas loin de l'UCPA. Tlj le midi sf ven hors saison. Congés : de mi-sept à mi-oct. Menus à partir de 19 € et formules langouste à partir de 36 € ; menu-enfant 10 €.* Sous une grande paillote aérée, dressée sur la jolie plage de Marigot. Cuisine créole traditionnelle dans la même famille depuis 4 décennies. Poisson et viande grillés au feu de bois, langouste sur commande, etc. Soirées zouk parfois en été.

🍽 ***La Saladerie*** *(plan couleur B2,* ***33****) : Anse-Mire, au nord du port. ☎ 05-90-99-53-43. Mer-dim, le midi slt et sam soir. Résa conseillée. Env 20-25 € le repas complet.* Un resto-galerie de peinture cerné par la mer et la végétation, devenu un des classiques de l'île, depuis un quart de siècle. Ne vous embarquez pas dans des choix compliqués, prenez un carpaccio de thon, un poisson grillé... (les viandes, c'est pas le truc de la maison !). Pour un repas décontracté, sur des airs de jazz.

🍽 ***La Fringale*** *(plan couleur B2-3,* ***45****) : 32, rue Jean-Calot ; à gauche de l'embarcadère. ☎ 05-90-98-14-65. Tlj midi et soir. Congés : 1er mai et 24-25 déc. Menus 20-26 € et carte env 30 €.* 📶 Un cadre encore plus sympa le soir que le midi, avec ses tables dans la cour intérieure, aux allures de jardin exotique (palmier, hamac, mur végétalisé). Toute la famille s'y met et vous trouve une table, le temps d'avaler un punch coco avec quelques acras. Vous pouvez prendre aussi bien un pavé de thon Rossini que des spécialités créoles, en fonction de votre humeur et de votre porte-monnaie. Fresques hautes en couleur.

Couleurs du Monde *(plan couleur B2-3, **32**) : 33, rue Jean-Calot. ☎ 05-90-92-70-98. • couleurs.dumonde971@yahoo.fr • Tlj sf jeu. Congés : sept. Plats 15-25 € ; carte 25-35 €.* Dans l'assiette, une cuisine (du monde, vous l'auriez deviné) bien travaillée et joliment présentée ! Tapas pour les uns, thon à l'asiatique ou *pasta* pour les autres. Des plats qui ont le goût des îles. Même si, comme toujours, les goûts et les couleurs, ça ne se discute pas. En tout cas, ici, le thon Kurosawa, ce n'est pas du cinéma... Un resto les pieds dans l'eau qui attire du monde.

Le Génois *(plan couleur B3, **36**) : 4, rue Jean-Calot. ☎ 05-90-98-25-99. Tlj midi et soir. Congés : sept. Carte env 25-30 €. Service tardif.* En bordure de l'Anse du Bourg, devant les navires qui ondulent gracieusement au mouillage, un ancien bistrot de plaisancier qui tient le cap. Tablées communes ou individuelles, accueil parfois un poil rude. Dans l'assiette, poissons pêchés par le patron, ouassous, langoustes. Belle terrasse devant les bateaux, où l'on peut aussi venir manger une glace ou boire un verre dans l'après-midi.

LES SAINTES

Plus chic

I Ti Bo Doudou *(plan couleur A4, **34**) : 58, rue Benoît-Cassin ; entrée par la ruelle. ☎ 05-90-98-56-67. • georges-les-3-boats@hotmail.com • ♿ Tlj sf dim soir et lun. Menu déj 23 € ; plats 19-26 € ; formule-enfant 11 €.* Une petite case en bois, joliment décorée, où défilent touristes et habitués, ces derniers ayant droit aux tables côté plage car ils ont eu la bonne idée de réserver, eux. L'adresse tendance du moment. Cuisine raffinée, savoureuse, réalisée par Georges Garçon, qu'on voit s'agiter côté cuisine, tandis que l'équipe féminine côté salle se démène elle aussi pour garder le rythme. Les tables rapprochées incitent aux confidences.

Restaurant Les Petits Saints *(plan couleur B4, **17**) : voir aussi « Où dormir ? », plus haut. Le soir mar-sam et j. fériés, plus dim midi. Congés : juin-sept. Résa fortement conseillée. Plats 21-24 €, repas 35-40 €.* Attablés sous la véranda dominant la baie, ou réunis près du bar, copains, couples, familles savourent l'instant présent et les lumières douces. On se régale ici de très bons produits du marché accompagnés de légumes locaux finement travaillés. En spécialités, goûter notamment à la daurade sauce mangue citron vert, au tartare de thon ou au savoureux filet d'œil de bœuf (un poisson !) avant une remontée en douceur avec les desserts maison. Cuisine raffinée et généreuse, d'inspiration autant caribéenne que personnelle. Et même si on n'est pas des saints, on nage en pleine béatitude !

Ti Kaz' La *(plan couleur B3, **37**) : rue Benoît-Cassin ; entrée par la ruelle. ☎ 05-90-99-57-63. ♿ Tlj sf mer, plus mar soir hors saison. Menu déj 20 € ; plats 19-25 €.* Un resto tout en bois, dont la terrasse – les pieds dans l'eau – s'ouvre sur l'Anse Fond-du-Curé et ses bateaux de pêche. Un lieu que l'arrivée au piano de Philippe Dadé a placé depuis quelques années déjà dans le peloton de tête de l'île. Plus qu'avec le petit menu, sympa, c'est à la carte que vous pourrez le mieux juger de sa cuisine. Les produits de la mer y sont à l'honneur, mais de bonnes viandes aussi pour faire plaisir aux Saintois. Service souriant.

Au bon vivre *(plan couleur B3, **44**) : 30, rue Jean-Calot ; à gauche de l'embarcadère. ☎ 05-90-94-19-84. • vincentmalbec@gmail.com • Fermé mer tte la journée et sam midi, plus à midi en sem hors saison. Congés : 2 sem en juin-juil et mois de sept. Formule déj 22 €, menu découverte 40 €, repas à la carte 30-35 €. Digestif maison offert sur présentation de ce guide.* Ce lieu apaisant, où bougies et suspensions lumineuses donnent aux vieux murs en pierre une patine inattendue, abrite un vrai talent de chef. Vincent Malbec réalise une cuisine métissée à base de produits frais et en fonction de la pêche du jour, ce qui n'est pas toujours le cas ailleurs, hélas. Lasagne de lambis, tartare de poisson, steak de thon mi-cuit à la créole... on se régale. Musique caribéenne en fond sonore. Patio avec sofas, où l'on prend le temps de déguster en paix.

Où boire un verre ? Où déguster une glace ?

Malheureusement, pas grand-chose d'ouvert le soir, mais il n'y a pas non plus une foule terrible dans les rues. Et si vous voulez assister au départ des pêcheurs tôt le matin...

Café de la Marine *(plan couleur B3,* ***38****)* **:** *19, rue Jean-Calot. ☎ 05-90-99-53-78. Tlj sf lun et 10 j. début juil.* Au bord de cette baie qui nous fait tant rêver, un bar au cadre feutré qui propose cocktails et boissons rafraîchissantes pour les vacanciers. Prenez une table avec vue sur la mer.

Coconut's *(plan couleur B4,* ***41****)* **:** *41, rue Benoît-Cassin ; face au marché. Tlj sf lun.* Après un farniente brûlant sur la plage ou une balade sur les chemins escarpés de l'île, vous avez bien mérité un petit rafraîchissement en terrasse. Excellents cocktails et jus de fruits frais. Ambiance amicale, qui s'embrase facilement quand les jeunes Saintois jouent du *gwo-ka* (tambour traditionnel). Soirée à thème.

Ô Bar *(plan couleur B3,* ***43****)* **:** *pl. du Débarcadère ; face à la baie. Tlj 8h-20h de mi-oct à fin mai ; w-e slt le reste de l'année.* Le lieu de rendez-vous incontournable, du petit café du matin à l'apéro du soir, envahi entre les deux par les visiteurs descendus du bateau. Installez-vous en terrasse, ou repliez-vous dans une salle envahie par les tableaux de Nathalie, la maîtresse de maison.

Achats

Chez Cillette *(plan couleur B4,* ***63****)* **:** *rue de La Savane. ☎ 05-90-99-51-59. Pas d'horaires, sur commande slt, parfois plusieurs jours à l'avance.* Est-ce parce que son nom de famille est Appolinaire que Cillette porte un prénom plein de poésie ? En tout cas, c'est une besogneuse qui se lève le matin à... 2h pour confectionner ses tourments d'amour si réputés à la Guadeloupe. Évasive quand on évoque le secret de sa recette, il faut voir sa famille à l'ouvrage quand il s'agit de râper le coco ! Peut-être un début de réponse...

L'Atelier du Savon *(plan couleur B2,* ***62****)* **:** *rue Jean-Calot. ☎ 05-90-99-56-24. • atelier@guadeloupe-lessaintes.com • Tlj 9h-18h en saison (pause à midi).* Le seul savon végétal artisanal que vous pourrez trouver par ici. Quand vous passez devant, si ça fait du bruit, arrêtez-vous pour assister à la production. Sinon, achetez votre savon souvenir parfumé à l'ananas, à l'aloe vera ou à... l'opium !

Atelier Cathy Régnier *(plan couleur B2,* ***62****)* **:** *rue Jean-Calot, à côté de la pharmacie.* À l'ombre d'un flamboyant, Cathy installe son atelier en plein air, où elle peint des aquarelles nimbées de lumière antillaise qui ont le goût du temps qui passe. Des détails d'architecture, des visages familiers, des traces du passage des hommes qu'un peu d'eau, des couleurs vives, un trait précis restituent joliment. Vous pourrez trouver ici son livre *Carnet de route.*

Kaz an Nou *(plan couleur B3,* ***60****)* **:** *route de Marigot ; à 100 m à droite, après l'église. 📱 06-90-43-13-09.* Dans sa case-atelier quasi reconstituée, de bric et de broc, Pascal Foy essaie de sauver le patrimoine saintois, perpétuant la mémoire du bois, de la tôle ondulée, de ces traces de vie qui s'échappent quand une maison d'autrefois disparaît.

À voir. À faire

La maison-bateau d'Adolphe Catan *(plan couleur B2)* **:** *à l'entrée de la baie, côté gauche (en direction du fort).* En arrivant aux Saintes, vous apercevrez une

LES SAINTES

étrange maison-bateau, blanc et bleu, prête à fendre les eaux. Elle est l'œuvre d'un homme qui a beaucoup fait pour immortaliser la Guadeloupe : Adolphe Catan. Il a photographié la Basse-Terre pendant un demi-siècle. Mais c'est en 1945 qu'il commença la construction de cette maison surplombant la rade, saluée à l'époque par les bateaux entrant dans la baie... car ils pensaient croiser un vrai navire ! Elle abrite aujourd'hui le cabinet du médecin de l'île.

Le fort Napoléon *(plan couleur B1) : sur le Morne-à-Mire, à l'extrémité nord-est de l'île. 06-90-61-01-51 ou 06-90-50-73-47. En principe, tlj 9h-12h30 (dernière entrée 12h). Entrée : 4,50 € ; réduc. Fermé 1er janv, 1er et 27 mai, 15-16 août et 25 déc. En principe, film de 15 mn sur l'histoire de l'île et les fonds marins.*

Essayez d'arriver dès l'ouverture, quand les visiteurs d'un jour, descendus du bateau depuis peu, sont encore en train de s'attarder devant les boutiques du centre ou attendent de monter dans un bus. Il fait moins chaud et la grimpette est assez longue (compter 25 mn depuis le centre du bourg) ; en scooter, on se gare à la chaîne. De là-haut, quelle vue ! À 119 m d'altitude, on embrasse la quasi-totalité de l'île. Construit de 1844 à 1867 à la place d'un premier fort du XVIIIe s, le fort Louis, dont il ne reste rien. Le fort actuel est très bien conservé, mais il ne servit jamais et Napoléon n'y mit jamais les pieds ! Il fut utilisé jusqu'au début du XXe s comme pénitencier et, à l'occasion, comme prison politique pour les opposants à Vichy durant la Seconde Guerre mondiale. La forteresse elle-même a été transformée en *musée d'Histoire et Traditions populaires,* sur 2 niveaux. Certaines salles présentent en vrac des maquettes de bateaux, des poissons naturalisés, des coquillages, sur fond de photos et textes divers. Visite guidée assez intéressante malgré la foule à certaines heures (une cloche l'annonce).

Après la visite, chacun peut se balader à son aise dans le jardin. C'est ici que commencent à être replantés nombre de cactus (dont les fameuses « têtes à l'Anglais ») qui étaient en voie de disparition sur l'île. Vue circulaire extra, notamment sur l'îlet Cabrit, où l'on aperçoit quelques rares vestiges du fort Joséphine. En ouvrant l'œil, vous aurez toutes les chances d'apercevoir de superbes iguanes (vert fluo pour certains) filant entre deux plantes grasses quand ils cherchent de la nourriture, ou se prélassant au bout des branches d'arbres. Ils sont aussi beaux qu'inoffensifs (on ne les nourrit pas !).

LES SAINTES

Fort... dommage !

Il serait grand temps que les politiques de tous bords s'intéressent au sort de ce monument, le plus visité de l'île, mais pas le mieux entretenu pour autant. La nouvelle direction ne manque pas d'idées pour redonner vie à ce lieu assez magique, qui mériterait d'avoir une entrée libérée des scooters, une vraie cafétéria pour faire patienter la centaine de visiteurs qui se presse aux heures chaudes, une boutique digne de ce nom, et surtout une muséographie un peu plus contemporaine. Pourquoi ne pas rouvrir l'accès aux casemates (interdites à la visite depuis le séisme de 2004) qui permettrait de mieux comprendre à quoi pouvait servir ce fort, construit pour 200 hommes, et jamais armé, avant qu'il soit transformé en centre aéré dans les années 1960 ?

La plage de Pompierre *(hors plan couleur par B2) : à 1 km du bourg.* L'une des plus agréables et des plus populaires de l'île. Prendre la rue du Marigot qui grimpe derrière l'église ; une occasion de jeter un œil sur les jardins débordant de fleurs et les prés où vaches, pique-bœufs, hérons, cabris cohabitent. Belle crique presque fermée. Plage très ombragée par les palmiers, avec quelques tables sous des cahutes pour le pique-nique (ou pour s'abriter en cas de pluie !) et des biquettes qui se sentent comme chez elles. Prévoir son casse-croûte et de l'eau : peu d'opportunités de bien se restaurer dans le coin, sauf au restaurant *Salako* (fermé le dimanche, dommage) réputé pour ses grillades et sa cuisine saintoise ou, plus loin, à *La Paillotte,* du côté de l'*UCPA* (voir « Où manger ? » plus haut). Il y a aussi, pour les faims de journée, la petite roulotte *D'jo bel snack* avec ses *bokits* du jour. Le plus près de la plage, avec accès direct à celle-ci. Tables et chaises dans la savane. Quant aux douches, non seulement elles fonctionnent mais elles sont ouvertes tous les jours, et gratuites. Interdite au camping, elle reste LA plage à découvrir en priorité. À vos masques, bien sûr !

– La municipalité a équipé la route de Pompierre et de Grande-Anse de ces immenses lampadaires de stade, que l'on retrouve avec effarement un peu partout dans les Antilles (marché juteux qui a dû faire quelques heureux). Étonnant, alors même que les tortues viennent pondre sur ces plages, que de grands panneaux indiquent qu'elles sont sensibles à la lumière et qu'il ne faut surtout pas les déranger avec une lampe de poche ! Et alors même que le reste du bourg est plongé dans l'obscurité...

➢ La plage de Pompierre reste le point de départ d'une randonnée pédestre sympa, la ***trace des Crêtes,*** en direction de Grande-Anse. Mais on regrette de ne plus pouvoir suivre dans son intégralité cette *trace,* l'un des propriétaires en ayant eu assez de voir ses biquettes vagabonder faute de clôture remise en place. Il faut donc rebrousser chemin en cours de route.

➢ ***Marigot-Pompierre via le fort Caroline*** *(hors plan couleur par B3)* **:** *départ derrière le restaurant* La Paillote *à Marigot.* Compter 1h30 aller-retour. Poussez jusqu'à la pointe Zozio, au bout du morne Morel. Balade très « nouveau monde » avec ses paysages sauvages et désolés battus par les vagues et les vents de l'Atlantique. Somptueux ! Compter dans ce cas 3h et ne pas oublier chapeau, bonnes chaussures et bouteille d'eau.

Anse du Figuier *(hors plan couleur par A3)* **:** pour s'y rendre, passer par la section Pré-Cassin, direction Bois-Joli. Belle et peu fréquentée. Beaux poissons à apercevoir, avec un peu de chance, mais les eaux ne sont pas toujours claires.

Anse du Pain-de-Sucre *(hors plan couleur par A4)* **:** *pour y accéder, prendre la route vers Bois-Joli, puis, à 2 km, un chemin défoncé qui descend vers la droite (on le fait à pied). Attention aux chevilles ! La plage est à 5 mn.* Très agréable le matin, elle se transforme en fournaise l'après-midi. On aime bien son cadre superbe et ses jolis fonds marins. Pour être seul au monde, en arrivant, suivre la clôture vers la droite en faisant le tour de la propriété. On arrive à une autre belle plage, bordée de cocotiers et moins fréquentée que la première. Sachez que le *snorkelling* autour du Pain-de-Sucre, aussi agréable soit-il, est fortement déconseillé, en raison du passage incessant des bateaux. En remontant, faites une pause au bar *Hospice de Boone,* petit hommage à son fondateur, qui avait créé là des gîtes très *roots* (toujours ouverts aux aventuriers en herbe, et aux habitués, qui n'ont pas peur de traîner leurs valises sur ces 500 m non carrossés).

Anse Crawen *(hors plan couleur par A4)* **:** *à l'extrémité ouest de l'île.* Le naturisme, qui était autorisé autrefois par ici, est maintenant interdit, comme partout aux Saintes, qui ne sont pourtant pas Nitouche pour autant. Très sauvage. Accès par un petit sentier. Attention aux mancenilliers ! À vos palmes, masques et tubas : sur votre gauche, une multitude de gorgones de toutes sortes et de toutes les couleurs chercheront à vous en mettre plein les yeux.

Le cimetière marin *(hors plan couleur par B3)* **:** *à droite de la mairie, prendre la direction Grande-Anse.* Pittoresque avec ses tombes immaculées ou soigneusement décorées de gros lambis. À la Toussaint, ils deviennent roses à la lueur des bougies posées à l'intérieur : une fête qui, ici, prend toute sa signification. En lisant les noms, peut-être découvrirez-vous ceux d'ancêtres bretons, poitevins ou normands...

Juste après le cimetière, face à Marie-Galante et la Dominique, belle et longue plage de ***Grande-Anse*** : pas un seul arbre et très dangereuse, il est interdit de s'y baigner. En longeant ensuite la plage vers la droite, on parvient à l'agréable et superbe crique d'***Anse-Rodrigue.*** Jolis coraux à découvrir pour les amateurs de *snorkelling.*

➢ ***Balade au Chameau*** *(hors plan couleur par A4)* **:** à faire de bonne heure le matin ou en fin d'après-midi pour voir le village sous une lumière superbe. Compter 2h aller-retour depuis le village, direction Bois-Joli. La route tourne sans cesse, grimpe pas mal mais livre peu à peu le plus beau panorama de l'île. On peut aussi parcourir cette partie du trajet en scooter et le laisser au panneau « Pointe de la Vigie » (face aux poubelles). Dans ce cas, il ne reste que 30 mn de marche ! Conseils : équipez-vous de bonnes chaussures, apportez eau, chapeau et crème solaire. Point culminant de l'île à 309 m. Tout en haut, en continuant sur un petit chemin de terre, une vieille tour militaire, hélas fermée. Dommage, on avait de là-haut un point de vue unique et circulaire sur toutes les îles environnantes : Terre-de-Bas (en entier), la Guadeloupe (bien sûr !), Marie-Galante, la Dominique et parfois même la Martinique. Un chemin balisé passant devant la tour permet de redescendre ensuite jusque sur la plage de Crawen. Retour au village par la route : une boucle magnifique pour les bons marcheurs.

■ ***Caraïbes Escalade :*** *plage de Morne-Rouge. ☎ 05-90-95-13-38. 📱 06-90-58-96-50. • caraibescalade@yahoo.fr • caraibes-escalade.com • Compter 36 € la demi-journée d'escalade (libre ou en initiation pour les débutants) ; 21 €/pers pour 2h de catamaran, 40 €/pers pour la demi-journée de kayak (gratuit moins de 12 ans) et 70 € la journée stand up paddle.* L'île compte un site d'escalade sur les hauteurs de la baie de Marigot. Voies d'initiation de 6 à 30 m, grandes voies de 30 à 80 m, rappels de 40 m dans le vide, tyrolienne. L'association propose également, au départ de la plage de Morne-Rouge, des locations de catamarans à fond de verre et moteurs électriques (sans permis), à faire en famille (2 adultes et 1 enfant), sans difficulté, ainsi que des locations de kayaks doubles (2 adultes et 1 enfant) et des monoplaces.

■ ***Location et cours de kayak de mer, catamaran Hobie Cat et planche à voile :*** *à la base nautique de l'UCPA (plan couleur A3). ☎ 05-90-99-54-94. • ucpa.les-saintes@wanadoo.fr • ucpaauxsaintes.com • À la demi-journée, cours en groupe de 25 à 30 € env ; loc surveillée autour de 15-20 €.* Attention : places limitées, les résidents étant prioritaires. Idéal et écolo pour partir à la découverte des criques sauvages de l'île. Également du *kitesurf*, en internat uniquement (pour les résidents, donc) et de la location de *paddles*.

■ ***Centre Éco Nautique*** *(plan couleur B2,* ***28****)* **:** *ruelle Lassère, face à la pharmacie. 📱 06-90-65-79-81. • takekayak@me.com • clearbluecaraibes.fr • Compter 20 €/pers pour la demi-journée et 30 € pour la journée ; gratuit jusqu'à 10 ans ; masques et tubas inclus.* Centre nautique dans un cadre très sympa (voir le gîte *Dans un Jardin* dans « Où dormir ? », plus haut) proposant des kayaks mono ou biplaces, des bateaux gonflables à fond de verre ou des *paddle boards* avec fenêtre de vision, le tout pour voir les fonds tout en pagayant. Peu de poissons, mais de très beaux coraux et une épave. Également des excursions à la demi-journée et à l'îlet Cabrit en kayak.

■ ***Croisières en voilier*** *(hors plan couleur par B2,* ***27****)* **:** *avec* ***Phil à Voile,*** *route de Pompierre. ☎ 05-90-99-58-69. 📱 06-90-81-43-28. • philavoile@wanadoo.fr • Compter 60 € la sortie pour 1 ou 2 pers, et à partir de 3 pers, 25 €/pers. Possibilité de balade à la carte.* Une autre façon de découvrir la baie des Saintes au fil de l'eau. Philippe fabrique des voiles, des sacs, des toiles de protection nécessaires aux marins-pêcheurs. En complément, il propose des sorties à bord du *Diabolo*, un voilier de 24 pieds. Son sourire, sa longue expérience de marin finissent par convaincre les rares réticents. Philippe couvre la distance au gré du vent, et du vôtre, pour une balade qui vous laissera sous le charme.

Plongée sous-marine

Cet archipel de rêve est doublé d'un étonnant petit paradis sous-marin, absolument vierge et peu fréquenté. Ici, débutants et confirmés sont immédiatement envoûtés par les richesses et beautés sauvages des fonds marins. De belles plongées palpitantes en perspective, avec un coup de cœur particulier pour le fameux *Sec-Pâté,* considéré par beaucoup comme le spot phare de toutes les Caraïbes mais réservé aux détenteurs du Niveau 2. La visibilité excellente est due au courant qui oblige parfois à remettre la plongée à plus tard.

Clubs de plongée

■ ***La Dive Bouteille*** *(hors plan couleur par A4,* ***51****) : plage de la Colline. ☎ 05-90-99-54-25. 📱 06-90-49-80-91. • mail@dive-bouteille.com • dive-bouteille.com • Baptême 69 € ; 2 plongées env 110 € ; forfaits dégressifs à partir de 4 plongées.* Un centre (FFESSM, CMAS, PADI, ANMP) sympa et bien placé, animé par Laurence et Philippe Broc, qui proposent des prestations personnalisées : baptêmes, plongées enfants, plongées de nuit, formations jusqu'au Niveau 3, brevets PADI, formations au *Nitrox* et *Trimix,* baptêmes recycleur, et de bien belles explorations avec des exclusivités. Départ à 8h30 pour une sortie *two tanks dive* (2 plongées) en une demi-journée. Comité restreint, à bord d'un bateau vaste et rapide. Également des sorties à la journée et en famille (non-plongeurs admis dans la limite des places disponibles) avec 2 plongées. Le centre accueille également les plongeurs en recycleur (fourniture d'oxygène, chaux, *bails out*). Réservation indispensable.

■ ***Pisquettes*** *(plan couleur B2,* ***50****) : Anse du Bourg, entre l'école communale et la maison-bateau du médecin. ☎ 05-90-99-88-80. • plongee@pisquettes.com • pisquettes.com • Baptême 55 € ; plongée exploration 50 € ; forfaits dégressifs à partir de 3 plongées ; réduc enfants.* On aime bien l'atmosphère simple et tranquille de ce centre (FFESSM, ANMP, PADI), qui porte le nom de gentils petits poissons aux reflets argentés... Accueil chaleureux et très prévenant de Cédric Phalipon, moniteur d'État, qui guidera vos premières bulles avec beaucoup de délicatesse. Vous êtes entre de bonnes mains ! Avec une équipe sérieuse, il encadre aussi les formations jusqu'au Niveau 2 (y compris au *Nitrox*). Embarquement sur l'un des 2 bateaux rapides du centre (un semi-rigide de 15 places et un confortable bateau de plongée de 20 places), qui assurent 2 sorties quotidiennes (vers 9h et 14h). Plongée de nuit et initiation enfant à partir de 8 ans. Hébergement possible.

Nos meilleurs spots

La pointe Cabrit *(carte couleur Les Saintes,* ***1****) : juste à l'ouest de l'îlet Cabrit, à quelques encablures au large du bourg.* Abrité, il convient à tous les niveaux, idéal pour les baptêmes. Une plongée de rêve sur un fond rocailleux très riche (- 5 m maximum), et peuplé d'une multitude de poissons colorés. Amusants poissons-trompettes nageant camouflés parmi les éponges aux formes étonnantes. De jolis poissons-papillons, chirurgiens, coffres, mérous et des demoiselles qui deviennent chamailleuses près de leur ponte. Également des poissons-perroquets familiers, de petites murènes mignonnettes, et souvent des tortues curieuses qui s'approchent au point de vous frôler.

La pointe du Gouvernail *(carte couleur Les Saintes,* ***2****) : à l'ouest de Terre-de-Bas.* Pour plongeurs de tous niveaux. Impressionnant banc de gorettes, des agoutis près de la surface et des beaux poissons rayés argenté et jaune sur le sable. Quel émerveillement ! Le long de ce joli tombant (- 5 à - 20 m), quelques barracudas curieux s'approchent du gros poisson que vous êtes (pas de panique !), alors que les papillons ont revêtu leurs plus belles couleurs. Mérous et langoustes dans les failles. Une plongée des plus appréciée aux Saintes, mais souvent du courant.

La Vierge *(carte couleur Les Saintes,* ***3****) : à l'est de Terre-de-Bas. Au pied d'un îlet qui ressemble à une madonna con bambino !* Pour plongeurs Niveau 1 et confirmés. Par 12 m de fond, un bel enchaînement lumineux de canyons, arches et failles, une architecture sous-marine présentant de magnifiques couleurs dues aux éponges. Presque un tableau de maître ! Parfois des compagnons de plongée inattendus, comme ces zawags, énormes poissons-perroquets de 10 kg ; ou encore ce groupe de tortues pas farouches du tout. Pas mal de langoustes et quelques jolis thazars et colas en appétit au milieu des bancs de pisquettes. Une très belle plongée.

L'Aquarium *(carte couleur Les Saintes,* ***4****)* **:** *au pied de l'îlet de la Redonde, dans le sud immédiat de Terre-de-Haut.* Pour plongeurs Niveau 1 et confirmés. Encore une plongée extraordinaire (- 12 m maximum), débutant par une enfilade de larges canyons aux parois enrobées d'éponges, de gorgones, et dont les failles cachent murènes, langoustes, mérous, serpentines. Quelques coups de palmes encore, un très joli tunnel, et on débouche dans un grand cirque... Voici donc l'aquarium ! Gorettes, sergents-majors, balistes noires, toute la collection des poissons-anges (français, caraïbes, chérubins, royaux) et bien d'autres espèces encore. Luminosité exceptionnelle, mais attention, courant souvent fort.

Le Sec-Pâté *(carte couleur Les Saintes,* ***5****)* **:** *en pleine mer, entre les Saintes et la Basse-Terre.* Pour plongeurs Niveau 2 confirmés minimum. C'est le spot phare de toutes les Caraïbes, et nombreux sont les plongeurs qui viennent aux Saintes uniquement pour lui. Immersion en eau limpide sur cette véritable montagne sous-marine remontée des abysses (185 m de fond maximum) et qui culmine à - 15 m. Au-dessus des trois beaux pitons rocheux formant son sommet, on assiste au manège des gros prédateurs : thazars, colas, pagres et carangues, alléchés par le menu fretin (poissons créoles, fusiliers...). Quelques carangues noires, espèce rare très curieuse. Et déjà, un peu plus bas (- 20 à - 40 m maximum), la silhouette majestueuse des gorgones de profondeur se dessine sur le bleu de l'océan, comme si la roche était sculptée façon dentelle. Dans les failles, on débusque une profusion de murènes tachetées, et parfois des murènes vertes énormes et très rares. Poissons-anges royaux et rencontre du troisième type avec des tortues géantes qui habitent les lieux. Plongée sauvage et d'une émotion extraordinaire. Attention, courant souvent très fort.

TERRE-DE-BAS (97136) 1 100 hab.

Les bateaux accostent tous les jours à l'Anse des Mûriers, mais Terre-de-Bas en est encore à ses balbutiements touristiques. Les stigmates du séisme de 2004 sont encore visibles, et les adresses de restauration et d'hébergement se comptent sur les doigts d'une seule main. C'est le moment d'en profiter ! Ici, la végétation est plus dense, l'isolement complet et la tranquillité totale. Le centre, plus vallonné et couvert d'une forêt de bois d'Inde tout là-haut, rivalise avec la route côtière qui relie les deux « pôles » : l'Anse des Mûriers (côté débarcadère) et Petites-Anses, à l'autre bout de l'île. Où que l'on soit, on profite de magnifiques points de vue sur la mer et les îles environnantes.

Une île verte, donc, qui se rêve en destination prisée par les amoureux de la nature et de randonnées. Elle est jalonnée de plusieurs traces balisées par l'ONF qui terminent presque toutes à la plage de Grande-Anse. Avec un peu de chance, vous apercevrez la perdrix croissant, rare dans les Petites Antilles, et la couresse des Saintes, l'unique serpent de Guadeloupe (inoffensif, on vous rassure), à moins d'aller compter les tortues molokoï et les iguanes sauteurs à Petites-Anses.

Noter que les plus beaux *salakos* sont fabriqués ici. Il reste une poignée de vieux fabricants, mais la relève semble difficile à assurer. Ces véritables œuvres d'art peuvent paraître chères, mais elles demandent, en vérité, beaucoup de travail et de savoir-faire.

Adresses utiles

Office de tourisme : *dans un ancien carbet sur le port, tout pimpant de couleurs vives.* *06-90-67-02-46.* • *terredebas.com* • *Ouv tlj.* Accueil tout sourire, carte gratuite de l'archipel, liste des hébergements, des restos, contact taxis collectifs, horaire des bateaux... Exposition-vente permanente des produits artisanaux de l'île. La véritable vitrine du savoir-faire de Terre-de-Bas (« sé nou ka fé tou sa an pey la ») : liqueur à base de fruits sauvages, huiles essentielles de bois d'Inde et ses dérivés, artisanat d'art et bien sûr l'incontournable « salako », le chapeau traditionnel saintois originaire de Terre-de-Bas, uniquement fabriqué ici. Jetez un œil aussi sur les noix de coco de Lucio (si l'on peut dire!), sculpteur hors norme. Des personnages, des animaux, tout un imaginaire artistique... Vous pouvez aussi aller lui rendre visite dans son atelier, rue d'En-Fond.

■ **Iguana Location :** *après l'office de tourisme, à gauche.* *06-90-63-65-54.* Location de buggy.

Poste : *à* ***Petites-Anses.*** *Ouv ts les mat sf dim.* C'est le seul endroit où l'on peut espérer retirer de l'argent.

■ **Médecin :** ***Dr Colombani,*** *rue de Mapou, à* ***Petites-Anses,*** *sur la droite, un peu avt le bord de mer.* ☎ *05-90-99-82-01.* *06-90-34-13-16. Consultations tlj sf mer mat, sam ap-m et dim. Autre médecin en montant à gauche direction la plage de Grande-Anse :* ***Dr Dorville.*** *Consultations l'ap-m. Sinon, appeler* **les pompiers :** ☎ *05-90-48-96-55.*

■ **Association Mapou :** ☎ *05-90-99-85-47.* • *gerard.beaujour-sebi@wanadoo.fr* • *Résa indispensable.* Une association créée pour faire découvrir l'intérieur de l'île à travers de belles balades accompagnées. À faire absolument. Il y a quasiment toujours quelqu'un de l'association à l'arrivée des bateaux, à l'Anse des Mûriers. Également petit point d'information avec cartes et renseignements à l'arrivée, sous l'abri en bois. L'association vend aussi des produits agricoles bio fabriqués artisanalement sur l'île (visite de l'atelier possible).

Transports

Navette entre Terre-de-Haut et Terre-de-Bas : voir à Terre-de-Haut la rubrique « Transports » dans les « Adresses utiles ».

➢ **En voiturette électrique :** *06-90-62-02-15, 71-34-73 et 35-35-85. Compter 25 €/j.*

Des ***minibus*** font la navette entre l'embarcadère de l'Anse des Mûriers et le bourg de Petites-Anses, en passant par le sud. On les trouve à chaque arrivée de navette. Très pratiques et attentifs à vos demandes, ne pas hésiter à aller au-devant d'eux. Tarifs de surcroît peu élevés (2 € env pour un trajet simple).

Où dormir ? Où manger ? Où boire un verre ?

Très très peu d'hébergements, hormis quelques cases de charme et des chambres chez l'habitant à Petites-Anses. Le mieux est encore de se renseigner auprès de l'office de tourisme de Terre-de-Haut avant de traverser. On trouve de petites épiceries, dans des maisons particulières. Elles font parfois également office de bars improvisés. Si la soif vous prend en arrivant, arrêtez-vous aux *Muriers*, sur le port, un petit bar resto tenu par Stéphane et Isabelle, deux Belges débarqués depuis peu et qui proposent entre autres les inévitables moules-frites accompagnées de bonnes bières... belges.

Bon marché

Chez Eugénette : ***plage de Grande-Anse.*** ☎ *05-90-99-81-83. Dans la petite pente en arrivant, sur la gauche. Ouv le midi slt. Formules 9-12 € slt. Café offert sur présentation de ce guide.* Face à la plage, un resto à l'ambiance typiquement créole et qui propose depuis quinze ans une bonne cuisine familiale. Formules intéressantes avec acras, plat et dessert. Pour la langouste, téléphoner avant pour être sûr de goûter à la langouste grillée ou au poisson-coffre (nettement moins cher), si réputés aux Saintes.

Prix moyens

Rêve de Robinson : *Grande-Anse. ☎ 05-90-32-12-93 et 04-71-58-46-25 (métropole). 06-90-48-31-19. • reve-de-robinson@hotmail.fr • reve-de-robinson-les-saintes.com • Dans le village, prendre la route du nord : dernières constructions sur la gauche. Trajet en minibus (3-4 mn) depuis le port ; à pied, compter un bon quart d'heure, ça grimpe fort, mais quelle récompense à l'arrivée : la vue est magnifique ! Pour 2 pers 60 €/nuit, 90 € pour 4, gîte 420-600 €/sem.* Chevriers en Auvergne et amoureux de Terre-de-Bas, Michelle et Jean-Louis Vincent ont réalisé ici un vieux rêve écolo : un ensemble d'hébergements toutes capacités, construits de leurs mains pour vivre sur cette île comme des Robinsons, mais bénéficiant de tout le confort. 2 jolies maisons créoles traditionnelles en bois rouge, mais également une hutte caraïbe ronde tout en bois avec douche extérieure, des chambres réparties dans la végétation auxquelles on accède par des passerelles... Balnéo avec jacuzzi, barbecue, bibliothèque et plein d'infos sur les randos notamment. Le tout présente un charme unique, enrichi des tableaux et sculptures de Jean-Louis, un personnage plein d'enthousiasme, supporter des Verts (forcément !) et lointain croisement entre Jean de Florette et Titouan Lamazou. Ici, sa « papa-mobile » est aussi célèbre que lui !

À la Belle Étoile : *plage de Grande-Anse, à 10 mn à pied du débarcadère. ☎ 05-90-99-83-69. Pour 2-4 pers 50-60 €/nuit ; petit déj en sus env 4 €. Au resto, menus à partir de 16 € ; menu langouste 36 €.* Directement sur la plage, charmante, avec vue sur Terre-de-Haut. Un studio et une maisonnette en bois, blanc et jaune, très bien tenus. Simple, sans prétention, mais lumineux et propre (salle d'eau, ventilo...). Fait aussi resto-bar de pêcheurs, avec des plats de la mer typiques. Accueil souriant de Luc et Maud.

Soleil Là : *en retrait de la route sur la gauche (route du sud), à 5 mn du débarcadère. ☎ 05-90-92-30-93. • soleil.la@wanadoo.fr • soleil-la.fr • Tte l'année. Studio (jusqu'à 5 pers) 75 €/nuit sur la base de 2 pers, petit déj en sus. Repas 22 €.* Si vous cherchez une petite adresse moins courue que *Chez Eugénette* pour manger sur place, ce *Soleil Là* devrait vous réchauffer le cœur, d'autant que c'est le seul restaurant ouvert le soir. Cuisine du moment, simple et bonne. Joliment décoré et soigneusement entretenu, un studio avec mezzanine et piscine a été aménagé pour qui ne voudrait plus repartir. Accueil convivial.

Résidence de la Chapelle : *contacter Lozanne Foy, 22, pl. Saint-Nicolas, Grande-Anse. ☎ 05-90-99-82-84. 06-90-39-98-09. À 15 mn à pied du port, un peu au-dessus de la place du village. Compter 300-600 €/sem.* 2 appartements et 1 studio parfaitement tenus dans une maison particulière sur les hauteurs. Vue en conséquence. Clim, TV, kitchenette équipée, linge de maison fourni. Fonctionnel et impeccable.

Achats

Terre-de-Bas Saveurs : *ouv à l'arrivée et au départ des bateaux. 06-90-54-89-44.* Boutique de produits locaux tenue par Gaby, un fan de fruits exotiques qu'il va cueillir lui-même. Liqueurs, confitures et gelées en vente, photos à l'appui. Délicieux et passionnant.

Maison de l'artisanat : *à Grande-Anse, dans le village. ☎ 05-90-99-85-63. Tlj 9h-12h, 12h45-16h45*

(9h30-12h, 12h45-16h30 dim). Dans une bicoque tout en bois vert, un déluge de créations locales, colorées et soignées, qui vaut le coup d'œil.

À voir. À faire

La plage de Grande-Anse : *à 10 mn à pied du débarcadère.* Charmante petite plage de sable, quasiment l'unique de l'île. Très beau point de vue sur Terre-de-Haut.

La crique de Grande-Baie : *à 10 mn à pied du débarcadère, vers la gauche, par la route du sud. Accès libre.* Une crique magnifique et déserte. On croise des pêcheurs en matinée. Possibilité de leur acheter du poisson. À proximité, les ruines d'une ancienne poterie. Classée Monument historique mais pas vraiment aménagée.

Le belvédère de la route du Nord : au départ de Grande-Anse, compter 20 mn de marche, et ça grimpe, pour atteindre ce point de vue unique sur Terre-de-Haut et ses îlets. Table d'orientation. De là partent les principales traces de l'île (voir plus loin « Randonnées »).

La plage de Petites-Anses : c'est en fait un port, dont la jetée et le phare ont été détruits par un cyclone en 2001. Descente à pic pour y parvenir. La plage et les rochers grouillent d'iguanes que l'on peut approcher d'assez près. Pour la baignade, prendre plutôt la route d'***Anse à Dos,*** vers le nord. Très jolie crique, idéale pour une pause pique-nique.

La mare de Grand-Trou : *devant le stade, à* ***Petites-Anses.*** À voir : des iguanes, mais aussi des poules d'eau à bec rouge et des tortues d'eau douce, qui se dorent la pilule ou batifolent gentiment. Il faut voir les iguanes se jeter dans l'eau du haut de leurs branches. Ambiance un brin *Jurassic Park,* mais là, on n'a pas peur.

LES SAINTES

Randonnées

S'il y a une île où faire de la randonnée, c'est Terre-de-Bas, la bien mal nommée ! Ça grimpe dur, mais la végétation est dense, et on est récompensé par de splendides points de vue sur les îles alentour. Bon balisage par l'ONF. Quelques explications pour s'y retrouver :

➢ Les traces rouge, bleue et jaune passent par la ***route du nord*** (au départ de Grande-Anse) et permettent l'accès en premier lieu à la table d'orientation (vue panoramique sur la baie des Saintes). Les plus courageux pourront pousser jusqu'au plateau (forêt endémique de bois d'Inde). Puis deux possibilités : continuer la route qui descend en lacet sur Petites-Anses (30 mn) ou prendre à droite le chemin pédestre indiqué sur le panneau de l'ONF. C'est le début, à proprement parler, des trois traces rouge, bleue et jaune. Toutes cheminent en sous-bois (coubarils, gommiers, bois d'Inde...) et nécessitent de 45 mn à 1h. La rouge se termine dans le village, la bleue et la jaune finissent à la plage de Grande-Anse (avec baignade en récompense !). Il existe une autre trace, orange celle-ci, sur la gauche au départ des plateaux, qui rejoint Petites-Anses et aboutit à la mare de Grand-Trou.

➢ ***La route du sud :*** de l'Anse des Mûriers à Petites-Anses, compter 1h30 pour parcourir les 5 km, plutôt plats. Balade sympa, mais emporter de l'eau et un chapeau. Dans le sens du retour (venant de Petites-Anses), la route offre des vues intéressantes sur la Dominique et Terre-de-Haut.

MARIE-GALANTE

▸ Pour la carte de Marie-Galante, se reporter au cahier couleur.

Cette île presque ronde est la troisième des Antilles françaises par sa superficie (158 km², sensiblement la taille et la forme de Paris). Avec son point culminant à 204 m, son relief, simplement harmonieux et nuancé, n'a pas donné naissance à des contrastes vraiment spectaculaires comme aux Saintes. Souvent appelée « la Grande Galette », l'île compte aujourd'hui 11 780 habitants, répartis sur trois communes : Grand-Bourg, Saint-Louis et Capesterre, reliées entre elles par un petit réseau routier qui permet de circuler facilement le long de la route côtière, mais aussi à l'intérieur des terres.

Marie-Galante, c'est l'île de la canne à sucre par excellence. Elle y consacre la moitié de ses terres cultivables, et il reste trois distilleries fameuses pour leur rhum, réputé pour être le meilleur et le plus fort de toute la Guadeloupe : 59°. Mais ce n'est pas son seul atout : elle est aussi entourée par quelques-unes des plus belles plages de l'archipel guadeloupéen, de Capesterre jusqu'au nord de Saint-Louis, et abrite des fonds marins à faire pâlir le plongeur averti (ou non) que vous êtes. Injustement oubliée des circuits touristiques, Marie-Galante s'anime cependant tous les ans à la Pentecôte – en mai ou juin – à l'occasion de son festival de musique créole, *Terre de Blues.* Manu Dibango, Salif Keita ou encore Alpha Blondy ont déjà fait le déplacement. Il est alors fortement conseillé de prévoir son hébergement bien à l'avance.

Si encore trop peu de touristes font le voyage, aux yeux des professionnels de l'île, ce n'est pas faute d'attraits de la part de Marie-Galante, mais d'une communication balbutiante, dans tous les sens du terme (seul accès possible en 45 mn de bateau, depuis que les liaisons en avion ont été supprimées). De quoi donner à ceux qui la visitent un sentiment d'exclusivité, de bonheur paisible, de découverte exceptionnelle. Un véritable voyage dans le temps et l'espace, puisque beaucoup voient pourtant en cette « île tranquille » la Guadeloupe d'il y a 30 ou 40 ans. Peu de voitures, un mode de vie quasi intact, une économie essentiellement rurale qui cherche à s'ouvrir péniblement au tourisme. Il n'y a pas d'hôtels qui poussent à tort et à travers : ici, on préfère un développement raisonné. Le niveau général de l'hôtellerie pourrait apparaître à certains de moindre standing, mais c'est à ce prix que charme et douceur authentiques sont préservés. Et du coup, de délicieuses adresses à visage humain voient le jour. De plus, on trouve de très agréables sentiers, fort bien balisés et de longueur variable, adaptés à chaque durée de séjour…

Voilà une première esquisse, à vous d'aller voir de plus près. On aime bien cette île, dont le parfum reste entêtant même après le retour à la maison, et l'on conseille vivement de passer au moins une ou deux nuits sur place afin de rencontrer les locaux et d'appréhender leur rythme de vie. Louer une voiture semble indispensable pour en faire le tour ; un GPS par contre est tout à fait inutile ! Les mollets des cyclistes, quant à eux, apprécieront la route côtière, assez plate, peut-être moins le relief de l'intérieur !

ABC
DE MARIE-GALANTE

- *Superficie :* 158 km².
- *Population :* 11 780 hab.
- *Statut :* collectivité dépendant de la Guadeloupe.
- *Points culminants :* morne Constant (204 m).
- *Hymne :* le chanteur Laurent Voulzy, de père guadeloupéen, a composé un véritable hymne à l'île.
- *Jumelage :* avec Belle-Île-en-Mer (depuis 2007).
- *Signe particulier :* le rhum, qui titre ici à 59°.
- *Spécialité :* le sirop de batterie (concentré de jus de canne).

UN PEU D'HISTOIRE

Pourquoi Marie-Galante aurait-elle échappé à Christophe Colomb ? Occupée par les Indiens caraïbes, il s'en désintéresse mais la baptise néanmoins *Maria-Galanda,* du nom d'une de ses caravelles. 150 ans s'écoulent avant que l'île ne voie arriver les premiers colons français, en grande partie massacrés par les tribus caraïbes jusqu'en 1653 (1660 : signature d'un traité de paix entre autochtones et colons). Plus tard, en 1676, une flotte hollandaise de 700 hommes y débarque. Ils pillent les habitations, emmènent les esclaves et les bêtes et ruinent les colons. Son premier gouverneur est le marquis d'Aubigné, dont la fille, Françoise, va devenir célèbre sous le nom de Madame de Maintenon. Elle fait ses premiers châteaux de sable à Marie-Galante, avant d'aller habiter à Versailles...

L'île représente aussi l'enjeu particulier des guerres franco-anglaises. Elle est occupée par la perfide Albion en 1691, de 1703 à 1706, pendant la guerre de Sept ans (sous Louis XV), et de 1808 à 1816. À partir de cette époque, l'Angleterre s'en désintéresse complètement.

Un an après l'abolition de l'esclavage (1848), Marie-Galante est le théâtre d'affrontements, sans que l'on sache exactement à quel point ils sont meurtriers. Les 24 et 25 juin 1849 ont lieu les premières élections législatives pour lesquelles les anciens esclaves, devenus citoyens, ont le droit de vote. Mais face à une tentative de fraude des planteurs qui ne l'entendent pas de cette oreille, les esclaves de l'habitation sucrière Pirogue se révoltent et pillent la distillerie locale. Cet épisode est resté célèbre sous le nom de la « Mare au punch ». L'endroit, qui a gardé son nom, est toujours visible au lieu-dit Pirogue, au nord de Grand-Bourg (voir « Dans les environs de Grand-Bourg »).

LA MARE AU PUNCH

Le soulèvement des anciens esclaves de l'habitation sucrière Pirogue, *en 1849, donne lieu à une explosion de joie. Les nouveaux citoyens fêtèrent leur libération en déversant les réserves de sucre et de rhum de la distillerie dans la mare juste en face – ce gigantesque punch alimentant la joie et la frénésie de la fête pendant plusieurs jours.*

LA GRANDE AVENTURE DU SUCRE

De la colonisation à nos jours, le destin de l'île est enchaîné à celui de la canne à sucre. Au XVIIe s, il n'existe que quelques moulins à sucre. Le tabac domine alors. Puis, grâce aux connaissances techniques des Hollandais chassés du Brésil et réfugiés en Guadeloupe, les champs de canne et les sucreries se développent.
L'âge d'or de la canne se situe dans la seconde moitié du XVIIIe s (l'apport de milliers d'esclaves y contribue grandement). De 1759 à 1763, durant leur occupation, les Anglais « importent » 18 000 esclaves en Guadeloupe. Chiffre effarant : en 1790, sur 11 500 habitants, Marie-Galante compte 9 400 esclaves !
Cet « âge d'or » se prolonge dans la première moitié du XIXe s du fait du rétablissement de l'esclavage en 1802, grâce à la construction des grands moulins à vent à partir de 1808, et au protectionnisme assuré par la France pour défendre son sucre contre les autres producteurs de la Caraïbe. Marie-Galante est surnommée « l'île aux cent moulins ». Cependant, la révolution de 1848, l'abolition définitive de l'esclavage et la concurrence du sucre de betterave mettent un sérieux coup de frein à la production de canne. Dans la seconde moitié du XIXe s, les petites sucreries-moulins à vent cèdent la place aux grandes usines (en 1885, il y en a cinq). L'immigration d'Indiens et de Chinois venant remplacer les anciens esclaves enraye un peu le déclin. En 1920, une famille de mulâtres prend la direction d'une sucrerie, puis, en 1924, une famille de Noirs en rachète une. C'est la première fois que des gens de couleur deviennent propriétaires à Marie-Galante. Faillites et calamités diverses (cyclones, épidémies de choléra, incendies) provoquent cependant une nouvelle crise.
Aujourd'hui, il ne reste à Marie-Galante qu'une seule sucrerie, celle de Grande-Anse, et trois distilleries : *Bielle, Bellevue* et *Poisson* (ou *Père-Labat*). Sur les 106 moulins à sucre de « l'âge d'or », il n'en subsiste qu'environ 70, tous en ruine et enlacés par les « figuiers maudits », à de rares exceptions près. Certains ont été restaurés, comme celui de Bézard, perdu au milieu d'un lotissement. On ne peut le visiter mais sa vue permet de mieux comprendre l'utilisation que l'on faisait autrefois de ces gardiens fidèles de la tradition. Quant aux grandes sucreries, elles sont envahies par la nature, qui a repris ses droits.

LES CABROUETS DE LA NOSTALGIE

L'un des symboles forts de l'île fut longtemps le cabrouet (*kabwé* en créole), la charrette locale tirée par deux bœufs. Il assure encore, ici ou là, une partie du transport de la canne, et permet de maintenir de vieux métiers comme celui de charron. Même si, aujourd'hui, la « roue *Michelin* » gagne inévitablement du terrain, il reste encore une dizaine de charrons dans l'île.
Vous trouverez partout ces cabrouets, à l'arrêt le plus souvent, devant les plantations, mais croisez les doigts et vous aurez peut-être la chance d'en voir passer lentement sur la petite route ou sur le chemin, entre les champs de canne et sur fond de mer. Le dimanche avant Mardi gras, on peut assister à un véritable défilé de cabrouets décorés. Mais Max Rippon, poète marie-galantais, en parle mieux que personne :
« Une charrette solitaire – roue gainée d'acier – avance – griffant la crête des roches – crac en avant – ami Saturnin – assis en tailleur – sur sa flèche lisse – polie par le temps – fouette la croupe galbée des bœufs – wach wach – Manmzelle Magritte – cousue de haillons – tire les bœufs par le nez – le zaganno s'allonge – et le bouva bave dans la trace – mheu mheu – un vieux chien nommé Kako – jappe les bêtes – waw waw waw. » (*Kabwétyé, Rékòt,* éditions Jasor.)

Arriver – Quitter

Des liaisons seulement par bateau, depuis la suppression (jusqu'à nouvel ordre) des liaisons régulières en avion avec Pointe-à-Pitre.

En bateau

Les bateaux en provenance de Pointe-à-Pitre débarquent généralement à Grand-Bourg, avec parfois une escale à Saint-Louis à l'heure du déjeuner. Mais Saint-Louis est plutôt une escale pour les bateaux en provenance de Saint-François sur la route des Saintes.

➢ ***De la gare maritime de Bergevin à Pointe-à-Pitre***

■ ***Express des Îles :*** ☎ *0825-359-000, depuis les Antilles (0,14 €/mn) ou* ☎ *05-96-42-04-05.* • *express-des-iles.com* • Cette compagnie assure des traversées dans les 2 sens. En général, 3 départs/j. : autour de 8h, 13h30 et 17h. Compter 45 mn-1h de traversée pour Grand-Bourg (ceux de midi font escale à Saint-Louis). Tarifs : env 43 € l'aller-retour ; réduc.

■ ***Val'Ferry :*** ☎ *05-90-91-45-15.* Départs de Pointe-à-Pitre à destination de Grand-Bourg tlj en sem à 8h, 12h30 et 17h, le dim à 8h, 17h et 19h30 ; retours depuis Grand-Bourg tlj en sem à 6h30, 9h15 et 16h45, le dim à 6h30, 15h45 et 18h15. Le mar, attention : slt pdt les vac scol. Env 42 € l'aller-retour.

➢ ***De/vers Saint-François :*** au départ de la gare maritime.

■ D'abord une liaison quasi quotidienne tôt le mat avec Saint-Louis, à bord de ***l'Iguana Beach*** et ***d'Archipel 1*** *(☎ 05-90-22-26-31 ; 📱 06-90-50-05-09 ou 10 et 📱 06-90-30-86-07).* Compter 45 mn de navigation. Billetterie à l'embarcadère de la marina : env 40 € l'aller-retour. Retour dans l'ap-m (attention, ça peut secouer pas mal !).

■ Départs en saison à bord du ***Babou One,*** *📱 06-90-26-60-69 ou 06-90-634-639.* Les mer et ven, à 7h15. Escale à Marie-Galante à 8h05. Arrivée aux Saintes à 8h55. Retour à 15h45 (arrivée 16h40). Billets en vente à la gare maritime de Saint-François. Aller-retour 42 €. Un prix justifié par le confort à bord et les stabilisateurs qui équipent le navire et vous évitent les désagréments habituels.

➢ ***De/vers les Saintes :*** les bateaux de Saint-François desservent Saint-Louis à l'aller et au retour des Saintes. Embarquement à Saint-Louis vers 8h15 du mat pour les Saintes ; et à Terre-de-Haut en fin d'ap-m vers Saint-Louis. Compter 45 mn de traversée.

➢ ***De/vers La Désirade :*** avec le ***Babou One.*** ☎ *05-90-47-50-31.* *📱 06-90-26-60-69 ou 06-90-634-639.* • *contact@babouone.fr* • *babouone.fr* • Embarquement à Saint-Louis à 15h40, escale à Saint-François. Départ de La Désirade à 6h15, en haute saison slt. Autre possibilité, normalement, avec la ***Comatrile*** *(☎ 05-90-22-26-31 ; 📱 06-90-50-05-09 ou 10 ; • comatrile@wanadoo.fr •).* Embarquement à Saint-Louis vers 15h30 ; et à La Désirade à 6h05. Attention, les bateaux font un arrêt à Saint-François. Jours de départ sujets à changement.

Infos utiles

➢ ***Randonnées pédestres :*** Marie-Galante offre de nombreuses possibilités de randos tranquilles, sans dénivelées importantes et les pieds au sec le plus souvent. Topoguide payant très bien fait, réalisé par l'Office national des forêts et l'office de tourisme. Propose 8 sentiers de randonnées pédestres, de 1h à 6h.

➢ ***Vélo :*** pas trop de côtes à Marie-Galante, sauf à l'intérieur des terres, mais le VTT s'y prête globalement bien.

– ***Plongée sous-marine :*** à cheval sur l'océan Atlantique et la mer des Caraïbes – entre deux mondes –, Marie-Galante livre des fonds marins sauvages, d'une richesse inattendue. Peu de plongeurs le savent. En tout, une quinzaine de spots à découvrir. On en trouve quelques-uns devant Saint-Louis, mais aussi sur la côte sud, vers Grand-Bourg et Capesterre. Selon la saison, on croise parfois des dauphins, et il arrive même que le chant des baleines résonne dans les profondeurs, sur toute la côte... Nous indiquons dans les pages suivantes nos meilleurs spots de plongée.

– ***Concours de bœufs tirants :*** une tradition vivante à Marie-Galante et l'occasion de fêtes animées (podium, musique, stands de cuisine...). À voir absolument. Généralement le dimanche, de juillet à janvier. *(Rens auprès de l'office de tourisme de Grand-Bourg : ☎ 05-90-97-56-51.)*

– ***Festival Terre de Blues :*** *à la Pentecôte, en mai ou juin.* ● *terredeblues.com* ● Festival de musique créole et de musiques du monde fréquenté par de grandes pointures depuis quatorze ans déjà. Fortement conseillé de prévoir son hébergement bien à l'avance.

Location d'hébergements

■ ***Kazamariegalante.com :*** *06-90-62-03-38.* ● *contact@kazamariegalante.com* ● *kazamariegalante.com* ● Ce site propose une trentaine d'hébergements allant de la « cabane de pêcheur » les pieds dans l'eau à la luxueuse villa avec piscine et vue mer, situés sur les 3 communes de Marie-Galante. Il y en a pour tous les goûts et tous les budgets, de 70 € la nuit pour 2 personnes à 2 000 € la semaine pour 8. Propose également la prise en charge des transferts maritimes et la location de véhicule (avec des partenaires locaux).

GRAND-BOURG (97112) 5 670 hab.

◗ Pour le plan de Grand-Bourg, se reporter au cahier couleur.

C'est la commune la plus importante de Marie-Galante, de même que son port principal. Même si Grand-Bourg a brûlé au début du XXe s, on est quand même sensible au charme tranquille de ses vieilles maisons créoles en bois, flirtant avec les édifices bétonnés construits par l'architecte Ali Tur, après le cyclone de 1928. Mais la ville est tellement assoupie que certains pourront trouver l'ambiance un peu molle. Et les touristes attardés sur la place de l'église ont parfois l'air de s'ennuyer, sauf les jours de marché ou quand les bateaux arrivent de Pointe-à-Pitre... Sachez que l'on trouve ici les principaux commerçants, services, banques, location de voitures. Un conseil en arrivant : pourquoi ne pas commencer par une visite aux urgences de l'hôpital ? Du parking, vous bénéficierez d'une superbe vue à 180° sur Grand-Bourg et la Dominique. Vous serez d'autant plus ravi d'aller vous mettre au frais, ensuite, dans un office de tourisme abrité dans une case à l'ancienne, joliment rénovée.

Adresses utiles

Infos touristiques

ℹ ***Office de tourisme*** *(plan couleur A2)* **:** *rue du Fort, BP 15. ☎ 05-90-97-56-51.* ● *info@ot-mariegalante.com* ● *ot-mariegalante.com* ● *Lun-ven 9h-16h, w-e et j. fériés 9h-12h ; en basse saison, lun-ven 8h-13h.* Plan gratuit de l'île et de ses 3 communes, petit annuaire pratique gratuit des prestataires de tourisme et curiosités, topoguide très bien fait sur les sentiers de randonnées pédestres (payant). Également des randonnées pédestres avec l'association *Écolambda* sur les traces de la ponte des tortues marines ou le baguage. Inscription à l'office du tourisme, compter 20 €. Accueil charmant et très compétent.

✉ ***Poste*** *(plan couleur A2)* **:** *à l'angle de la rue du Dr-Marcel-Etzol et de la rue F.-Tirolien (rue de l'église). Fermé mer* *ap-m, sam ap-m et dim.*

■ ***Distributeurs de billets*** *(plan couleur A2,* ***1****) : à la* ***poste*** *; à la* ***BFC*** *et la* ***BNP,*** *face à face, rue F.-Tirolien (rue de l'église) ; au* ***Crédit Agricole,*** *à l'angle de la rue du Dr-Selbonne et de la rue Beaurenon.*

@ ***Internet :*** des connexions *chez* ***Pégases*** *(plan couleur A2,* ***4****), bd de la Marine. ☎ 05-90-97-38-95. Tlj sf dim ap-m et lun 8h-19h.* Fait aussi la presse et... écrivain public. Un lieu un peu hors du temps. Profitez surtout du wifi gratuit dans les cafés.

✚ ***Santé :*** ***hôpital Sainte-Marie*** *(hors plan couleur par B2), section Ducos, par la N9. ☎ 05-90-97-65-00.* Liste des médecins et pharmacies de garde affichée sur la porte de la gendarmerie.

■ ***Station-service*** *(hors plan couleur par A1,* ***2****) : sur la droite de la N9 en direction de Saint-Louis, un peu après le cimetière. Lun-sam 7h-20h, dim jusqu'à 15h.* L'île en compte seulement 2 autres, à l'entrée de Saint-Louis et vers Capesterre. Attention, ne vous laissez pas surprendre (surtout une veille de grève !).

■ ***Agence de voyages Riverain Tours*** *(plan couleur A2,* ***3****) : 3, rue F.-Tirolien (rue de l'église). ☎ 05-90-97-94-00. • riveraintours@rivtours.com • Sur la droite en venant du débarcadère. Tlj sf mer ap-m, sam ap-m et dim.* Représente les principales compagnies aériennes et maritimes.

Transports

■ ***Location de voitures et de scooters :*** beaucoup de loueurs en sortant du débarcadère à droite ou dans le bourg. Attention, en période chargée, il arrive que le parc soit insuffisant : il est prudent de réserver. Selon les loueurs, on vous demandera d'avoir 21 ou 23 ans minimum et 2 ou 3 ans de permis. Sachez qu'ici, on livre le véhicule sans faire le plein de carburant, donc rendez-le au même niveau au retour. Compter à partir de 35 € pour 24h en haute saison selon le type de voiture. On peut toujours essayer de négocier un peu, surtout à la semaine. Certains louent des scooters (26 à 30 € environ la journée). Sachez enfin qu'il existe un tarif « journée touristique » pour une utilisation entre 9h et 16h seulement, pour ceux qui ne passent qu'une journée sur place (moins cher, évidemment). Enfin, vérifiez bien l'état du véhicule avant de partir et demandez à en changer s'il vous paraît trop juste.

– ***Magauto :*** *☎ 05-90-97-98-75 et 15-97. • magauto.sarl.location@wanadoo.fr • Sur présentation de ce guide, réduc de 10 % sur la loc de voitures et 5 % sur les scooters. Également 10 % pour les résas d'excursions (visite de l'île en bus).* Parc de 80 véhicules env. Un minibus vous conduit jusqu'au bureau, rue de la Savane, mais les habitués peu chargés y vont directement, pour gagner du temps, car la file d'attente est longue, certains jours. Livraison possible à l'aéroport de Pointe-à-Pitre. Vous pourrez laisser votre voiture sans problème à Saint-Louis, avant de reprendre le bateau pour Les Saintes, si besoin.

– ***Magaloc :*** *sur le port. 📱 06-90-72-91-33. • magaloc@wanadoo.fr • magaloc.com •*

– ***MG Auto :*** *rue du Presbytère. ☎ 05-90-97-07-64*

– ***Défaut Location :*** *☎ 05-90-97-56-63. 📱 06-90-50-92-85. • defaut felicien@wanadoo.fr •*

– ***Auto-Moto-Location :*** *av. des Caraïbes, à Saint-Louis. ☎ 05-90-97-19-42. 📱 06-90-53-20-39. • automoto-location@wanadoo.fr • automoto-location.com •*

– ***Hertz :*** *rue du Fort (à côté de l'office de tourisme). ☎ 05-90-97-59-80. 📱 06-90-69-69-65. • hertzantilles.com •*

– Et il y en a encore d'autres au débarcadère...

■ ***Location de VTT :*** *chez* ***Auto-Moto-Location*** *(voir ci-avant) ou chez* ***Aventure Location*** *(📱 06-90-55-11-79 ; • aventurelocation@orange.fr • aventurelocation.com •). Compter 10 €/j. env ; forfaits dégressifs intéressants.* Même principe : livraison des vélos au moment où vous débarquez à Grand-Bourg.

🚌 ***Arrêts des bus :*** 2 lignes de bus, Grand-Bourg – Capesterre et Grand-Bourg – Saint-Louis ; avec des liaisons en principe ttes les 15 mn le mat et ttes les heures l'ap-m (sf mer ap-m, sam ap-m et dim). Cela dit, les fréquences ne sont pas toujours respectées. Également des bus et minibus au débarcadère de Grand-Bourg pour des tours de l'île, à chaque arrivée de bateau.

Taxis : ***Alex Brute,*** *06-90-50-87-41 et* ***Étienne Léveillé,*** *06-90-49-28-18.*

Où dormir ?

Peu d'adresses pour dormir dans le bourg même, qui n'est pas le lieu idéal pour poser ses bagages à Marie-Galante. À seulement 10 mn à pied de l'embarcadère, voici deux adresses pratiques qui nous plaisent bien, pour leur excellent accueil ; idéal en tout cas pour attraper le bateau qui part à l'aube. Mais pas de panique si vous logez à Capesterre : les distances se parcourent facilement, sur cette île, de jour comme de nuit.

Prix moyens

Le Cerisier Créole, chez M. Guy Frenet *(plan couleur A1,* ***10****) : lot. Grande-Savane, rue Saint-John-Perse. 06-90-50-24-85. • guy.frenet@wanadoo.fr • Prendre l'allée des Poiriers direction Saint-Louis, puis la route à gauche juste avt le cimetière (aller jusqu'au bout). Pour 2 pers env 55 €/nuit, ou env 310 €/sem.* Dans le quartier résidentiel de Grand-Bourg, au 1er étage de la maison des gentils proprios, voici 2 appartements F2 (2-4 personnes), impeccables, mansardés, spacieux, tout blancs et très propres. Bon confort (AC dans les chambres, cuisine équipée). Plage à 1 km.

Résidence L'Oasis *(hors plan couleur par A1,* ***11****) : 7, rue Sony-Rupaire, lot. Grande-Savane. ☎ 05-90-97-59-55. 06-90-50-87-38. • oasis.mg@wanadoo.fr • oasis-mariegalante.monsite.orange.fr • Prendre à gauche après le cimetière en face de la station-service, direction Saint-Louis, puis 1re à droite. Pour 2-4 pers, 70-100 €/nuit selon saison ou 450 €/sem.* 3 confortables appartements (F1 ou F2) noyés dans la verdure. AC, cuisine équipée, TV... L'un est en duplex avec une superbe vue sur la mer, la Dominique et Les Saintes, un autre possède une ravissante terrasse fleurie avec jacuzzi, et le dernier, à l'étage, un appartement en mezzanine avec cuisine américaine et terrasse, peut communiquer avec le duplex pour loger une grande famille. Lave-linge, coffre individuel, coffre à jouets. Prêt de palmes, masque et tuba.

MARIE-GALANTE

Où dormir dans les environs ?

De bon marché à prix moyens

Village de Canada, chez M. Manicord *(hors plan couleur par A1) : section* ***Canada.*** *☎ 05-90-97-86-11. • villagedecanada@orange.fr • villagedecanada.com • À 7 km au nord de Grand-Bourg. Prendre la N9 direction Saint-Louis, puis à droite à la hauteur de l'usine de Grande-Anse (panneau) ; parcourir 1,5 km. Attention, ne pas confondre avec le* Domaine de Canada *un peu avt... Compter 70-90 €/nuit pour 2 pers selon saison dans la villa, 100-130 € la nuit (4 pers) en appart 2 nuits min). Gîte 385-420 € la sem. Réduc de 10 % sur présentation de ce guide déc-août.* Au milieu des champs de canne à sucre, ce petit village propose 5 gîtes (2-4 personnes), ainsi que 3 bungalows (2-7 personnes) et 2 appartements (5-7 personnes) dotés de vues sur les Saintes et la Dominique. Superbes, tous impeccables et confortables, avec cuisine équipée, AC, TV, barbecue et terrasse donnant sur un gentil jardin fleuri que Daniel Manicord entretient avec soin (on dirait de la moquette !). Déco bleu-blanc-vert. Belle piscine protégée avec solarium et carbet.

Gîtes Au Bon Cocotier *(Gîtes de France ; hors plan couleur par B2) : à* ***Ducos.*** *☎ 05-90-69-43-97. 06-90-37-06-86. • gitesauboncocotier.*

com • ♿ *À 2,5 km au nord-est de Grand-Bourg par la N9, vers Capesterre, sur la droite. Double 50 €/nuit, petit déj compris. Gîtes 4-6 pers 390-560 €/sem.* Au bord de la route, dans une grande maison donnant sur un jardin. Ce n'est pas le plus beau gîte ni le mieux entretenu, loin de là, mais c'est sans doute l'un des moins chers. Chambres d'hôtes, au rez-de-chaussée ou à l'étage, tout juste honorables, avec salle de bains, cuisine commune. Les gîtes (F3 et F4) sont vieillots mais encore corrects, avec TV. Restauration sur commande (avec des produits du jardin). Gare aux moustiques le soir. Pour les routards qui souhaitent faire des économies.

Domaine Bambara, chez Mme Thérèse Tirolien (hors plan couleur par A1) : *route de Latreille (C 9), puis chemin d'accès difficile.* ☎ *05-90-97-98-43.* • *m-galante@wanadoo.fr* • *antilles-info-tourisme.com/guadeloupe/bambara.htm* • *À 2 km au nord du bourg. Prendre la 1re à droite après le cimetière (direction Saint-Louis), puis petite pancarte à droite à env 1 km. Pour 2 pers, studio 55-60 €/nuit ou F3 100-110 €/nuit.* Le grand plus de cette adresse – une charmante villa dominant tout Grand-Bourg et la mer – c'est son parc verdoyant et fleuri de 7 ha avec une vue superbe pour le coucher du soleil entre la Dominique et Les Saintes. La gentille maîtresse des lieux est la femme de Guy Tirolien, célèbre poète marie-galantais aujourd'hui disparu. Les chambres (de 2-6 personnes) sont certes un peu désuètes. AC, vastes salle de bains, TV. Terrasse et cuisine communes (cuisine privée pour le F3). On vient surtout ici pour la beauté des lieux et la gentillesse de l'accueil.

Plus chic

Mahogany, chez Annick Mouget (hors plan couleur par B2) : *section* **Beaurenom.** ☎ *05-90-97-95-26.* • *annick_mouget@yahoo.fr* • *perso.orange.fr/bodiger/marie-galante* • *À 3 km de Grand-Bourg. Prendre la D203 vers Capesterre, puis, après le club de plongée* Ti'Bulles, *à gauche par une petite route goudronnée ; tt droit au croisement ; la maison est presque au bout à gauche de ce chemin (entrée fleurie). Congés : sept-oct. 3 nuits min. Un studio 528-600 €/sem (dégressif à partir de la 2e sem) ou forfait 3 nuits 250-270 €. Également une chambre séparée indépendante 250-300 €/sem et 110-150 € les 3 nuits. Punch de bienvenue, 1er repas et 1er petit déj maison offerts sur présentation de ce guide.* Grande qualité de confort dans ce studio attenant à la très belle maison des propriétaires, au demeurant charmants. Kitchenette, AC, TV (TNT), bibliothèque, barbecue et agréable terrasse sur jardin fleuri avec vue sur la mer. Calme garanti. Lave-linge et congélateur en commun. Frigo garni à votre arrivée et accueil à l'aérodrome ou au bateau.

Isola Verde, chez M. et Mme Massias (hors plan couleur par B2) : **corniche des Basses.** ☎ *05-90-97-70-61.* *06-90-32-87-09.* • *isola-verde@wanadoo.fr* • *location-villa-mariegalante.com* • *À 5 km à l'est de Grand-Bourg par la D203 ; prendre la route à gauche, vers Lalane, puis à droite au niveau des* Balcons de Passiflora. *Bungalows 2 pers 600-900 € selon standing.* 5 beaux bungalows en dur et en bois exotique disséminés dans un parc avec une vue magnifique à 180° sur Les Saintes et la Dominique. Deux d'entre eux bénéficient d'une petite piscine privée à débordement. Mobilier de style créole ancien, fabriqué sur place il y a 20 ans déjà par Pascal Massias lui-même ! Et puis le calme... Accueil prévenant des propriétaires, qui vivent en Dordogne hors saison. Transfert depuis l'aéroport et location de voitures possible. Sans compter les petites attentions qui font la qualité du séjour...

Les Balcons de Passiflora, chez Catherine et Charly Ragoust (hors plan couleur par B2) : *chemin Lalane,* **Les Hauts-des-Basses,** *n° 2.* ☎ *05-90-97-50-48.* • *la-passiflora@wanadoo.fr* • *residence-passiflora.com* • *À 5 km à l'est de Grand-Bourg par la D203, vers Capesterre ; petite route sur la gauche, direction Lalane, puis à droite dans la montée (panneaux). Villas 2-8 pers 650-810 €/sem selon saison, sur la base d'un*

MARIE-GALANTE

couple. *(réception).* Plantées sur la colline enrobée d'une végétation luxuriante, voici 2 splendides villas contiguës et construites en bois exotique par les propriétaires eux-mêmes. Magnifique mobilier et confort irréprochable : AC, cuisine américaine bien équipée, lave-vaisselle, lave-linge, TV, barbecue commun, et terrasse immense avec hamac, dominant les îles voisines. Très grand jacuzzi dans le patio séparant les 2 villas.

Très chic

Villa Cycas, chez M. et Mme Thiery *(hors plan couleur par B2) : habitation Bielle.* ☎ *05-90-97-28-69.* • *villa-cycas@wanadoo.fr* • *elithiery@wanadoo.fr* • *im-caraibes.com/cycas* • *Sur la route de Capesterre, quasiment en face du resto* La Charrette *(entrée juste avt le petit pont). À la sem, studio 2 pers 650 €, villa 4-8 pers 2 050 €. 1er repas et rhum maison à discrétion (pour la villa) offerts sur présentation de ce guide.* Une villa un peu à l'écart de celle des propriétaires, les pieds dans l'eau, avec sa plage (quasiment) privée. Elle se compose de 2 chambres et d'une mezzanine pour 4 personnes. Salon, cuisine et lave-linge. Service de ménage inclus. Également des studios avec AC, téléphone et TV. Transfert possible depuis le port ou l'aérodrome.

Où manger ? Où boire un verre ?

Bon marché

Le Soleil Levant *(plan couleur A2,* ***20****) : sur la petite place du marché.* ☎ *05-90-97-71-72. Tlj sf sam ap-m et dim ap-m.* Boulangerie-pâtisserie assez connue dans le centre-ville, où l'on papote en terrasse. Viennoiseries, sandwichs, petite collection de gâteaux exotiques (goûtez le bonbon sucre ou le *caca bœuf*, à base de sirop de batterie, qui ressemblent un peu au pain d'épice !) et jus de fruits locaux. Super accueil et cocktails pas mauvais non plus.

L'Ornata *(plan couleur A2,* ***21****) : pl. Félix-Éboué.* ☎ *05-90-97-54-16.* • *bbsouquet@wanadoo.fr* • *Face au débarcadère. Tlj 8h-20h, mais resto slt 8h-15h30. Sandwichs autour de 4,30 €, salades à partir de 7,50 € et plats du jour 8,90 € sur place ou à emporter.* Un snack accueillant, installé dans une jolie maison créole en bois, avec une terrasse stratégique quasiment en face du débarcadère. Dans l'assiette, une bonne petite cuisine du jour, dont quelques plats aux intonations créoles. Également des petits déj, des cocktails de fruits extras et des glaces. On vient ici pour se connecter à Internet, au milieu des habitués qui déjeunent ou sirotent. Service aimable et rapide. Idéal pour attendre le bateau.

Le Filao, resto du lycée hôtelier *(plan couleur B1,* ***22****) : rue de la Savane.* ☎ *05-90-97-21-84. Au lycée même. Lun-ven, le midi (arriver à 12h15-12h45), plus certains soirs (19h-19h30), hors vac scol et périodes de stage. Résa fortement conseillée. Formule 2 plats 9 € (hors boissons), puis 14-25 €. CB refusées.* Original : les repas des élèves hôteliers sont ouverts à tous les curieux (à condition d'arriver à l'heure). Menu affiché devant le lycée pour la semaine.

Prix moyens

Maria-Galanda *(plan couleur A2,* ***25****) : 30, rue du Docteur-Marcel-Etzol.* ☎ *05-90-97-50-56.* • *ln.mg@orange.fr* • *Tlj sf jeu, slt le soir. Congés : de mi-sept à fin-nov. Menu 20 € ; carte env 35 € ; menu-enfant 10 €. CB refusées.* Un havre de tranquillité, aux allures de pont de bateau. Les tables sont agencées autour d'un patio verdoyant et d'un bassin dans lequel vous apercevrez quelques tortues (faudrait peut-être songer à changer l'eau !). Dans l'assiette, une cuisine créole et du Sud-Ouest, avec des spécialités de poisson (chatrou croustillant, ouassous flambés aux épices) accompagnées de légumes locaux.

Calypso *(plan couleur B2,* ***26****) : 65,*

rue Beaurenom. ☎ 05-90-97-14-38 ou 09-90-00-67-65. • nenes67@wanadoo.fr • Mar-sam, midi et soir. Congés : de fin juin à mi-août. Plat du jour env 10 €, menus 20-30 € ; à la carte env 25 €. CB refusées. Café offert sur présentation de ce guide. Un restaurant en bordure d'une rue passante, mais l'environnement se révèle bien plaisant avec une terrasse ventilée, couverte et colorée, et un joli mobilier en teck. Spécialités de viandes et poissons en grillade, ainsi que des plats franchement créoles. Goûtez ici la lasagne de daurade ou le poisson lion, aussi dangereux dans son élément que délicieux quand il est bien cuisiné, comme ici. Les habitués de la ville ne s'y trompent pas et le réclament.

Où manger dans les environs ?

L'Îlet Gati : *Morne Lolo,* ***Grand-Bourg.*** *☎ 05-90-97-83-05. 📱 06-90-40-31-80. À 6 km par la route de Capesterre (N9), sur le côté gauche, 500 m après la route qui mène à la distillerie* Bielle. *Tlj sf dim 16h-21h30. Cuisse de poulet env 2,50 €, ribs 4 €, menu express 6 €.* Une baraque qui ne paie pas de mine, proposant des spécialités de grillades à emporter ou à manger sur place. Un très bon plan pour les petits budgets.

La Charrette : *route des Basses,* ***Grand-Bourg.*** *☎ 05-90-97-79-78. À 2 km par la route côtière vers Capesterre, côté gauche, près du stade. Le soir slt, tlj sf dim. Menus env 19-30 € ; repas 30-35 €.* Resto de bord de route à la déco mi-créole mi-orientale. Une ambiance plutôt raffinée et cosy pour une cuisine du Sud-Ouest et des îles. Spécialités de viandes ou poissons en grillades et beaux accompagnements à base de légumes locaux.

Où sortir ?

El Rancho *(hors plan couleur par A1,* ***30****) : à la sortie de Grand-Bourg sur la gauche, direction Saint-Louis. ☎ 05-90-97-81-60. Entrée payante. El Rancho,* c'est d'abord un complexe sans complexe, avec hôtel et resto pour des groupes. Le petit lieu qui bouge à Grand-Bourg. Boîte de nuit, soirées ciné et dîner (sur résa).

Sun 7 Beach *(hors plan couleur par B2) : à la sortie de Grand-Bourg, route des Basses, section Murat. ☎ 05-90-97-87-58. Ouv tlj sf mar à partir de 17h, pour profiter du coucher du soleil, jusqu'à 22h.* Le lieu idéal pour prendre un verre en soirée, et plus si affinités.

MARIE-GALANTE

À voir. À faire

Grand-Bourg-plage *(hors plan couleur par B2) : en direction de Capesterre.* Bien pour ceux qui n'ont pas de véhicule et qui séjournent à Grand-Bourg. La plus proche du bourg, avec la Dominique en face, rien que pour vous. Douches et vestiaires, jeux pour enfants, terrain de beach-volley. Ambiance familiale. Éclairée la nuit.

Kreol West Indies *(plan couleur B2) : rue Beaurenom prolongée (à la sortie du bourg, en direction de la plage et de Capesterre). ☎ 05-90-97-21-56. • kreolwestindies.com • Ouv tlj 9h30-12h, 15h-18h. GRATUIT (don bienvenu !).* Cet espace des arts et du patrimoine, tout à la fois musée, boutique et lieu de vie incroyable, a été ouvert par Vincent Nicaudie, un collectionneur passionné et passionnant, ayant autant le sens de la muséographie que de la communication et du commerce. Il a mis en ligne la première base de données sur les objets du patrimoine antillais et propose aussi une galerie d'artistes. Quant au logo, vous n'y échapperez pas, sur les différentes îles de la Guadeloupe, car Vincent Nicaudie et sa femme l'ont décliné aussi bien sur des vêtements que des sacs de sucre.
La visite de sa maison-musée vaut le détour car il a réussi là où les musées traditionnels peinent à attirer un public actuel. On passe de pièce en pièce en s'étonnant du soin apporté à la présentation d'un superbe polissoir, d'un pistolet à silex ou d'authentiques gravures datées de 1825. Après une pièce consacrée à

la marine et aux voyages, on revient sur terre, avec le monde des Békés et des traditions, avant de passer dans une pièce hors du temps, où l'on aurait envie de s'attarder. Un lit de corsaire du XVIIIe s, une table prête pour le dîner, une porte grande ouverte sur la mer. Il faut laisser au guide le soin de vous présenter les pièces rares cachées ici ou là, comme ces perles de traite, pacotille destinées aux roitelets africains. Un petit détour par les années 1940-50, avec un superbe mobilier fonctionnaliste en poirier, et l'on revient au présent, à la boutique.

Plongée sous-marine

Club de plongée

■ ***Ti'Bulles :*** *rue Beaurenom, sur la plage à proximité de Grand-Bourg, direction Capesterre. ☎ 05-90-97-54-98. 📱 06-90-67-70-60. • tibulles.plongee@gmail.com • tibulles-plongee.com • Baptêmes 45 € avec photo-souvenir et 120 € avec 2 plongées supplémentaires. Formules dégressives de 3 à 10 plongées. Permanences le mat mais résa souhaitée.* Petit club proposant des sorties avec 6 plongeurs maxi, tenu par Muriel et Stéphane. Très pro. Formation jusqu'au Niveau 3. Sorties enfants possibles à partir de 8 ans. Accueil très sympathique.

Nos meilleurs spots

L'Épave *(carte Marie-Galante : nos meilleurs spots de plongée,* ***4****)* ***:*** *au sud-ouest de l'île.* Idéal pour les baptêmes. Déluge de couleurs et de vie sur l'épave – sans surprise – de ce petit bateau coulé par seulement 6 m de fond. L'ensemble est tapissé de coraux, d'éponges et de gorgones majestueuses, et survolé par d'innombrables gorettes, poissons-trompettes, papillons, diodons et anges français.

L'Anse Ballet *(carte Marie-Galante : nos meilleurs spots de plongée,* ***1****)* ***:*** *au large de la sucrerie de Grande-Anse.* Pour plongeurs Niveau 1 et confirmés. « Troupeaux » de barracudas (pas de panique !) et tortues gracieuses vous accompagnent dans ce jardin corallien tout à fait paradisiaque (- 18 à - 23 m de fond), où s'épanouissent gorgones et éponges colorées. Et puis – oh, surprise ! –, un couple de raies-léopards d'une beauté sans pareille, qui plane un moment avant de disparaître dans le bleu... Quelle émotion !

Grand Ancre *(carte Marie-Galante : nos meilleurs spots de plongée,* ***3****)* ***:*** *face à l'hôpital Sainte-Marie de Grand-Bourg, planté sur la colline.* Pour plongeurs Niveau 1 et confirmés. Rendez-vous unique avec un barracuda solitaire vraiment « maousse », qui tourne gentiment autour des plongeurs. Pas de panique, vous êtes un trop gros poisson pour lui ! Également de mignonnes petites murènes « tout sourire » dans les failles de ce plateau bordé d'un tombant (- 19 à - 27 m). Et puis impressionnants bancs de gorettes, poissons-chirurgiens, trompettes et pagres. Sur le sable, des aiguilles jardinières dardent leur tête comme de petits périscopes. Curieux, non ?

Tombant Ravine *(carte Marie-Galante : nos meilleurs spots de plongée,* ***2****)* ***:*** *devant l'aérodrome, à mi-chemin entre Capesterre et Grand-Bourg.* Pour plongeurs Niveau 1 minimum. Encore plein d'éponges aux formes et couleurs étonnantes (mauves, vertes, roses...), sur ce grand plateau, bordé d'un joli tombant (- 20 à - 22 m). Vos compagnons de plongée : un banc de platax très familiers, qui tournent autour des plongeurs, avant de s'évanouir dans le bleu... Également de gentils diodons qui se gonflent comme des ballons sous l'emprise de la peur, et peuvent mourir de stress (ne pas jouer à ça !) ; aussi quelques carangues et pas mal de raies pastenagues... Attention, parfois, au courant.

Trois Trous *(carte Marie-Galante : nos meilleurs spots de plongée, **4**)* **:** une très belle plongée facile sur 16 m, au milieu d'un jardin de corail et d'éponges. Trois grosses formations coralliennes, en fait, qui abritent la faune habituelle et quelques langoustes brésiliennes. Quelques passages de thazars et de carangues en chasse, parfois une belle raie pastenague, pour les plus chanceux.

DANS LES ENVIRONS DE GRAND-BOURG

L'habitation Murat *(écomusée de Marie-Galante ; hors plan couleur par B2)* **:** *à 1,5 km vers l'est, sur la route de Capesterre ; bien indiqué sur la gauche. ☎ 05-90-97-94-41 ou 05-90-97-48-48. Centre de documentation : tlj sf j. fériés 9h-12h, 14h30-17h30 (w-e 9h-13h slt). GRATUIT. Parfois une visite guidée quand il y a un peu de monde...* Ce fut, en 1839, l'une des exploitations sucrières les plus aisées de l'île (plus de 200 esclaves y travaillaient). Le château, ancienne maison de maître, date du début du XIXe s et fut édifié dans un style néoclassique au milieu d'une immense pelouse. Il a été transformé en modeste *musée des Arts et Traditions populaires* présentant pour l'instant quelques panneaux historiques pour fixer dates et esprits. À voir surtout pour le beau parc, bien entretenu, où s'étalent les vestiges des anciennes cuisines, des magasins à vivres et de la sucrerie avec sa belle et grande cheminée. Jardin médicinal intéressant. Moulin à vent de 1814 construit en pierre de taille (noter l'écusson gravé au-dessus de la porte), plate-forme ronde d'un ancien moulin à bêtes, etc.

➢ ***Randonnée pédestre sur le sentier Murat* :** de l'*habitation Murat,* balade de 3h environ. Laisser sa voiture au parking. Début du sentier au niveau du moulin. Suivre le chemin sur la droite (les balises sont rouges) : on est dans la coulée Ouliée, qui s'enfonce dans les terres sur 2,3 km. Arrivée à Pirogue (voir ci-dessous « La Mare au punch »). Le retour peut se faire par le chemin du Morne-Rouge. De la *Mare au punch,* suivre la N 9 vers Grand-Bourg, sur 100 m environ. Guide en vente à l'office de tourisme.

La Mare au punch *(hors plan couleur par B2)* **:** *à **Pirogue,** à 4,5 km au nord-est de Grand-Bourg par la N9.* On peut toujours voir la mare où se serait déroulée, un an après l'abolition de l'esclavage en 1848, la fameuse *punch party* (voir « Un peu d'histoire » en introduction à Marie-Galante). Trois jours et trois nuits de fête, le rhum et le sucre ayant coulé à flots. Aujourd'hui, le coin a gagné en tranquillité ce qu'il a perdu en pittoresque. C'est la petite mare à droite en venant de Grand-Bourg, juste avant Pirogue. Le matin, en haute saison, longue cohorte de cabrouets venant faire peser leur chargement à la balance.

La distillerie Bielle *(hors plan couleur par B2)* **:** *à 8 km au nord-est de Grand-Bourg, par la N9, direction Capesterre (panneau sur la gauche, puis 2 km). ☎ 05-90-97-93-62. • info@rhumbielle.com • Lun-sam 9h30-13h, plus dim nov-mai et juil-août 10h30-12h. GRATUIT (entrée et dégustation). Boutique.*

Au milieu des champs de canne, cette distillerie produit l'un des rhums les plus réputés de Guadeloupe. De plus, elle utilise un procédé original, écologique et économique à la fois, la phytoremédiation : un bassin naturel de 1,5 ha composé de jacinthes d'eau douce et de fougères, situé à proximité de la distillerie, agit comme une énorme éponge végétale en absorbant les matières organiques (la vinasse), ce qui évite d'autres procédés d'élimination polluants et plus coûteux. Sachez que la maison produit environ 2 000 hectolitres d'alcool pur par an, soit 330 000 litres à 50° et à 59°...

Jetez donc un œil aux installations (surtout en fonctionnement entre mars et août) et notamment à l'ancienne *sucrotte.* La caféière du XVIIIe s de la famille Bielle devint, en effet, une sucrerie au siècle suivant, avant de devenir la distillerie actuelle. C'est ce système de cuves en batterie qui a donné son nom au fameux « sirop de batterie », qui adoucit avec tellement de talent le ti-punch du soir. Ne pas manquer non plus, à

l'arrière, l'exposition de vieilles machines à vapeur et les pompes en tout genre, bien conservées. Enfin, évidemment, on peut déguster et s'offrir d'excellentes bouteilles à la boutique, dont un rhum blanc à 59°, rhum vieux vieilli en fût de chêne (dont le brut de fût 8 ans), liqueurs, chocolat, café, coco, shrubb... Noter que les prix pratiqués ici sont plus abordables que dans les supermarchés de Guadeloupe.
– À côté, l'une des rares poteries artisanales de Guadeloupe. *Lun-sam 9h30-13h.*

DE GRAND-BOURG À SAINT-LOUIS

Par la N9 (la route côtière), on longe d'abord l'ancienne *habitation Roussel,* une usine qui ferma en 1873. Notez les antiques canons plantés en terre et qui, à l'aide de cordages, permettaient de fixer les ailes quand on voulait arrêter le moulin. La restauration en cours devrait lui redonner belle allure.

À l'intersection de la N9 et de la D204 s'élève la ***sucrerie de Grande-Anse,*** l'ancêtre des sucreries de Guadeloupe. Elle fut construite en 1845 et survécut à tous les coups de l'Histoire (abolition de l'esclavage et révolution de 1848, grandes grèves) et vicissitudes de la météo (cyclones, incendies, etc.). Aujourd'hui, élément moteur de l'économie de l'île, elle bénéficie de l'aide des autorités régionales, emploie environ 80 personnes (plus une centaine de saisonniers), et traite entre 100 000 et 150 000 t de canne annuellement. De mars à début juillet, quand l'usine tourne pendant la récolte, on peut assister au spectacle des cabrouets et des camions lourdement chargés se mettant en ligne pour la pesée. Le transport par cabrouet représente aujourd'hui un faible pourcentage du tonnage total (environ 12 %). Pour des raisons de sécurité, la visite n'est pas possible pour l'heure.

Le domaine du Père-Labat (distillerie Poisson) : *à 4 km avt d'arriver à Saint-Louis, toujours sur la N9, sur la gauche. ☎ 05-90-97-03-79. Visite et dégustation 8h-13h (la distillerie fonctionne de fév à mai).* Unité de production intéressante et vraiment authentique (chaudières, vieilles machines, etc.) qui fabrique le célèbre rhum du Père-Labat, titrant 59°. Le père en question était un moine dominicain qui vulgarisa l'utilisation de l'alambic dans les Antilles françaises à la fin du XVIIe s. Ah, ces moines ! Demandez l'intéressant dépliant expliquant le procédé de fabrication du rhum avec un schéma très bien fait. Buvette-boutique à l'ancienne avec sa baraque en bois et ses bouteilles alignées au fond. Mais profitez plutôt de l'opportunité qui vous est donnée de pouvoir visiter encore, sans guide, mais à vos risques et périls (faites attention où vous mettez les pieds, au sens propre, en grimpant aux échelles !), une distillerie restée dans son jus. S'il y a moins de monde à la buvette, en sortant, allez faire vos provisions de bouche. Mais ne faites pas comme ces touristes qui demandent une tournée complète et repartent, le pas hésitant, sans remercier ni rien acheter. Ce qui fait rire la vendeuse : « Ils auraient pu au moins me dire qu'ils avaient aimé ! »...

En reprenant la D206 qui longe la côte jusqu'à Saint-Louis, étroite ***plage des Trois-Îlets,*** puis, plus loin, la grande ***plage de Folle-Anse.*** Bordée d'une forêt littorale protégée et accueillant beaucoup d'oiseaux migrateurs (ainsi que de vicieux yens-yens), elle est plus agréable et plus sauvage vers Grand-Bourg. On conseille la balade romantique, les pieds dans l'eau, mais vers Saint-Louis, la plage devient plus sale par endroits. Et évitez le coin proche du port industriel...

SAINT-LOUIS (97134) 2 670 hab.

C'est la plus ancienne bourgade de l'île, berceau de la colonisation française à Marie-Galante... Saint-Louis s'étend en bordure d'une magnifique baie agréablement arrondie, que les marins affectionnent particulièrement

pour faire escale. Son unique rue piétonne, commencée depuis quelque temps déjà, sera peut-être achevée lors de votre passage. Entre maisons créoles en bois et constructions en dur style Ali Tur, ce village sympathique vit à son rythme indolent, un peu en dehors du temps. Rythme parfois troublé par les bateaux qui relient l'île à Pointe-à-Pitre, Saint-François, Sainte-Anne ou Les Saintes. Si les possibilités d'hébergement sont plutôt limitées, on trouve à Saint-Louis et dans ses environs proches de sympathiques restaurants avec des terrasses privilégiées face aux îles. Et en continuant vers le nord, vous découvrirez la partie de l'île la plus accidentée et la plus sauvage...

Adresses utiles

■ ***Distributeurs de billets :*** distributeur 24h/24 du **Crédit Agricole** *(plan A1, **3**)* et retrait possible au guichet de la **poste** *(plan B2), fermé les ap-m et dim.*

@ ***Internet :*** **Cyber-attitude** *(plan B2, **1**), lun-ven 9h-13h, 15h-18h.*

Arrêt des bus pour Grand-Bourg *(plan B2)* **:** *à côté de la poste.*

■ ***Station-service*** *(hors plan par B2, **2**)* **:** *sur la droite de la N9 en direction de Grand-Bourg. Lun-sam 6h30-19h ; dim 6h30-13h.* L'île n'en compte que 2 autres, à Grand-Bourg et vers Capesterre. Ne vous laissez pas surprendre.

■ ***Location de VTT :*** *chez* **Aventure-Location** *(06-90-55-11-79),* **Magaloc** *(☎ 05-90-97-01-70 ; 06-90-75-48-78 ; • magaloc@wanadoo.fr • magaloc.com •). Env 12 €/j. ; tarif dégressif à la sem.*

■ ***Location de voitures et scooters :*** **Magauto** *(☎ 05-90-97-15-97 ; sur présentation de ce guide, réduc de 10 % sur les voitures et 5 % sur les scooters ; également 10 % sur les excursions en bus),* **Automoto Location** *(☎ 05-90-97-19-42 ; 06-90-53-20-39. • automoto-location@wanadoo.fr • automoto-location.com •),* **Toto Location** *(☎ 05-90-97-59-16 ; 06-90-65-64-99),* **Magaloc** *(☎ 05-90-97-01-70 ; 06-90-75-48-78 ; • magaloc@wanadoo.fr • magaloc.com •).* Sachez aussi que les loueurs de Grand-Bourg peuvent vous livrer un véhicule à Saint-Louis (voir « Adresses utiles. Transports » à Grand-Bourg, plus haut) et vice-versa puisque vous laisserez ici votre véhicule avant de repartir vers Les Saintes ou Saint-François (voir plus haut).

Où manger ?

Prix moyens

|●| ***Chez Henri*** *(plan A2, **21**)* **:** *8, av. des Caraïbes. ☎ 05-90-97-04-57. • resto@chezhenri.net • Tlj en saison à partir de 11h. Salades 7-17 € et plats 11-22 €.* Ce resto-bistrot très « métro » est le rendez-vous des skippers en escale. Décor intime et élégant à la fois, surtout le soir avec son éclairage tamisé. Tables sous un amandier au bord de l'eau ou bar cosy à l'entrée. Expose les artistes locaux et propose parfois des petits concerts de musique live sur la plage. Spécialités d'omelette créole au colombo et de banane « galante », recettes maison délicieuses. Service un peu long (c'est rien de le dire, parfois !). Et ça ne sert à rien de les presser, ça les fera juste rigoler. Henri, le patron cuistot se fera un plaisir de venir discuter avec vous après le service (souvent avec sa bouteille de rhum réfrigéré « maison »).

|●| ***L'Assiette des Îles*** *(plan A2, **14**)* **:** *av. des Caraïbes. ☎ 05-90-97-03-39. Plats 12-20 €.* Structure en bois toute bleue qui ne détonne pas dans le paysage. Les jours d'ouverture sont un peu fantaisistes, mais on y sert des plats créoles très respectables. La carte fait la part belle aux produits de la mer, bien sûr. Le plus : une belle terrasse posée sur la plage et ouverte sur la grande bleue.

|●| ***Caraïbes Plage (Chez Pierrot ; plan A1, 11) :*** *11B, rue Hégésippe-Légitimus. ☎ 05-90-97-03-61. Tlj sf*

mer soir. ♿ Plats 13-20 €. L'adresse, on vous la donne parce que le nom est plein de poésie mais vous trouverez plus facilement Pierrot en passant rue de l'Église ou en longeant la plage. Poisson au court-bouillon, fricassée locale, on mange local chez lui en regardant la mer et en écoutant ses voisins raconter leurs mésaventures sur terre comme sur mer. Éléonore ne perd pas le sourire, Pierrot est heureux, il a quitté la Mayenne au bout de 30 ans pour retourner au soleil. Cuisine simple, à l'image de l'accueil.

|●| *Eden Voile* *(hors plan par B1,* ***10****) :* *route de Vieux-Fort, section* ***Chalet.*** *📱 06-90-42-14-98. À 1,5 km au nord de Saint-Louis. Tlj. Plats env 15-18 €.* Restaurant-bar accueillant, tenu par Jacqueline, une Marie-Galantaise qui a poussé les murs de sa maison, lovée dans un repli de côte. Déco bois et ton turquoise dans la salle en surplomb de la mer. Cuisine en fonction des arrivages et plats locaux qui raviront les amateurs... ainsi qu'un sympathique punch au miel si vous avez attrapé froid pendant la nuit (on plaisante !).

|●| *Aux Plaisirs des Marins* *(hors plan par B1,* ***12****) :* *quartier* ***Chalet.*** *☎ 05-90-97-08-11. À 1 km au nord du bourg, sur la route de Vieux-Fort, côté mer. Tlj le midi sf lun, le soir sur résa. Plats env 12-21 €.* En bord de plage, petit resto sympa tenu par une gentille famille de pêcheurs qui cartonne toujours autant. Dans l'assiette, de bons plats typiques et copieux, les pieds posés sur le plancher ou enfoncés dans le sable. Service longuet, mais emplacement privilégié. Et rien ne vous empêche de piquer une tête avant de vous attabler.

Où dormir ? Où manger dans les environs ?

Prix moyens

⌂ *Habitation Bioche* *(gîtes de France) :* *section* ***Saint-Charles.*** *☎ 05-90-97-00-39. 📱 06-90-76-14-25. • habitationbioche@orange.fr • habitation-bioche.com • À 2 km sur la N9, direction Grand-Bourg, tourner à gauche au niveau de l'épicerie* La Dernière Minute *(maison jaune) ; parcourir encore 1 km. Accès très très pentu. Bungalows env 65-95 €/nuit pour 2 pers ; compter 390-510 €/sem selon saison pour 2-6 pers.* 3 charmants bungalows en bois traditionnel, isolés sur les hauteurs et offrant un beau point de vue sur la mer et les îles au loin. Aménagements assez coquets (couleurs vives), avec petite cuisine-séjour, chambre climatisée, terrasse en deck. Grand jardin fleuri avec piscinette. Paillote avec quelques jeux et bouquins. Location de voitures possible.

⌂ |●| *Au Village de Ménard* *(hors plan par B1) : section* ***Vieux-Fort.*** *☎ 05-90-97-09-45. • magtour971@orange.fr • villagedemenard.com • ♿ À 8 km au nord de Saint-Louis ; 1 km après le village de Ménard, tourner à gauche (indiqué). Pour 2 pers, 70-95 €/nuit selon confort en saison ; petit déj 9 € (7 € pour les enfants). Côté resto* (L'Océanite *; ouv le soir en sem ; midi et soir le w-e en hte saison ; sur résa en basse saison), menus 24-36 € ; menu-enfant 10 €.* 📶 Une petite résidence de vacances toujours aussi bien entretenue avec des studios et des villas de style créole aux couleurs pimpantes pour certains, pour 2 à 7 personnes. Kitchenette, AC, TV, piscine centrale ; le tout dans un agréable jardin. Tranquille et isolé, au pied d'un vieux moulin. Accueil très sympathique. Le restaurant se révèle une très bonne table.

⌂ |●| *Location Bellevue :* *section* ***Romain.*** *☎ 05-90-97-00-57. 📱 06-90-83-74-75. • gitesbellevue@wanadoo.fr • location-bellevue.com • À 3 km de Saint-Louis : prendre la N9 vers Grand-Bourg, puis à gauche après la station-service, direction Capesterre (D201) ; parcourir alors 2,5 km. Chambres doubles avec lavabo, chambres familiales et 1 gîte. Compter de 50-55 €/nuit la double à 280-595 €/sem pour 2-4 pers selon saison et confort ; petit déj 5 €. Table d'hôtes env 22 €.* 📶 Comme son nom l'indique, on vient ici pour la vue exceptionnelle sur la Dominique, Les Saintes et la Guadeloupe, surtout depuis le balcon d'accès aux 4 chambres du 1er étage. Également 2 gîtes (sans vue),

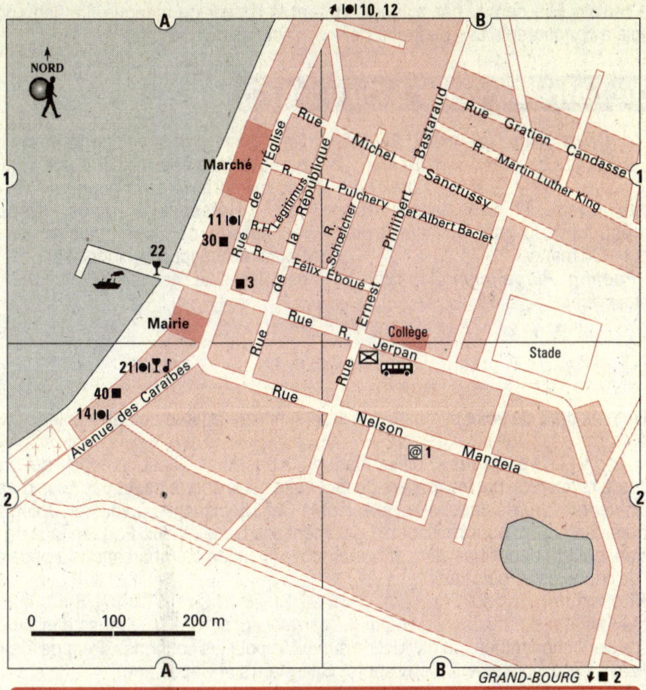

SAINT-LOUIS

Adresses utiles

- Embarcadère
- 1 Cyber-attitude
- 2 Station-service
- 3 Distributeur Crédit Agricole

Où manger ?

- 10 Eden Voile
- 11 Caraïbes Plage (Chez Pierrot)
- 12 Aux Plaisirs des Marins
- 14 L'Assiette des Îles
- 21 Chez Henri

Où boire un verre ? Où sortir ?

- 21 Chez Henri
- 22 Feeling Plage

À faire

- 30 CISMAG
- 40 Man'Balaou

dont un bungalow au confort simple. En somme, juste des chambres fonctionnelles, sans charme particulier mais propres. Bon accueil du couple d'agriculteurs, qui produisent vanille et miel et proposent des visites guidées de l'île ou de leur production.

Le Refuge Hulman : *section* **Saint-Charles,** *route des Sources.* ☎ *05-90-97-05-02.* • *refugehulman@wanadoo.fr* • *refugehulman.com* • *À 2 km sur la N9, direction Grand-Bourg, tourner à gauche au niveau de l'épicerie* La Dernière Minute *(maison jaune) ; parcourir encore 1 km (indiqué). Resto sur résa slt. Congés : en sept-oct. Formule plat du jour 16-19 €. Menu 25 €. Apéritif maison offert sur présentation de ce guide.* On vient là depuis vingt ans pour l'accueil familial chaleureux et pour déguster le *bébélé,* soupe traditionnelle avec des légumes et des tripes. Fortuna, autrement dit Mme Hulman, est appréciée dans l'île pour sa fine cuisine de terroir. Elle serait, par ailleurs, la seule à concocter le flan de fruit à pain et la liqueur de mangue. Le flan coco n'est pas mal non plus !

Où boire un verre ? Où sortir ?

Chez Henri *(plan A2, **21**) : 8, av. des Caraïbes.* ☎ *05-90-97-04-57.* • *chezhenri.net* • *Tlj sf lun.* Super pour boire un verre, les pieds dans le sable, en écoutant du jazz. Voir aussi plus haut « Où manger ? ».

Feeling Plage *(plan A1, **22**) : au débarcadère. Tlj sf dim 8h30-14h, plus ven soir et sam soir.* Une toute petite baraque face à la mer et à une statue commémorative de la guerre de 1914-1918. Boissons fraîches, crêpes réchauffées, et même quelques plats. Pour son aspect croquignolet et pour la gentillesse de l'accueil.

À faire

– Un petit ***club de voile*** sympathique à proximité de la jetée de Saint-Louis : ***CISMAG*** *(plan A1, **30**).* ☎ *05-90-97-13-72.* 📱 *06-90-34-62-98.* • *cismag@wanadoo.fr* • Loc à l'heure, stages et différents forfaits possibles. C'est un centre qui pratique la réinsertion par les métiers de proximité et les sports nautiques (plan d'eau bien venté). Loc de canoës-kayaks, Hobie Cat 16, planches à voile et Optimist. Cours particuliers pour l'initiation. Également une base à Vieux-Fort, en face de la plage, pour découvrir la rivière et la mangrove (location d'embarcations à pédales et de canoës, voir plus loin).

– ***Kitesurf :*** *avec l'école **Freekite.*** 📱 *06-90-71-28-78 ou 06-71-13-25-53.* • *freekite26@free.fr* • *freekiteschool.com* • *Sept-mai et sur résa slt.* Stages d'initiation et de perfectionnement ou navigation surveillée pour les confirmés. Période idéale (alizés) : décembre à avril. Deux spots : Saint-Louis et Capesterre.

Plongée sous-marine

Club de plongée

■ ***Man'Balaou*** *(plan Saint-Louis A2, **40**) : 22, av. des Caraïbes ; une case créole sur la plage de Saint-Louis, à droite du débarcadère.* ☎ *05-90-97-75-24.* 📱 *06-90-42-97-70.* • *man-balaou.mgalante@wanadoo.fr* • *plongee-marie-galante.com* • *Résa conseillée entre 19h et 20h. Départ 8h30 et 10h30. Baptême env 50 € ; plongée exploration env 40 € ; forfait plongées.* Embarquement sur le bateau jaune canari (facile à repérer !) de ce petit club (FFESSM, ANMP), où Jean-Luc Blanc et Christian Campillo, moniteurs d'État, assurent baptêmes (possibilité de faire des photos, se munir d'une carte SD), formations jusqu'au Niveau 3, et encadrent vos belles promenades sous-marines au large de Saint-Louis. Plus de 20 ans d'expérience. Plongée de nuit et initiation enfant à partir de 8 ans. Équipement complet fourni. Ambiance club enjouée.

Nos meilleurs spots au large de Saint-Louis

Tache à Cat *(carte Marie-Galante : nos meilleurs spots de plongée, **8**) : au nord immédiat de Saint-Louis.* Idéal pour les baptêmes. Bienvenue dans l'aquarium de Saint-Louis, où les poissons des Caraïbes batifolent dans l'allégresse ! Poissons-papillons, trompettes, perroquets, anges, diodons, barracudas, mais aussi murènes, poulpes, langoustes, nombreuses crevettes nettoyant les dents des prédateurs, gobies à tête bleue, appelés ici « poissons-marionnettes », qui s'enfoncent dans le sable par la queue à la première alerte... De belles tranches de vie sous-marines à observer.

MARIE-GALANTE

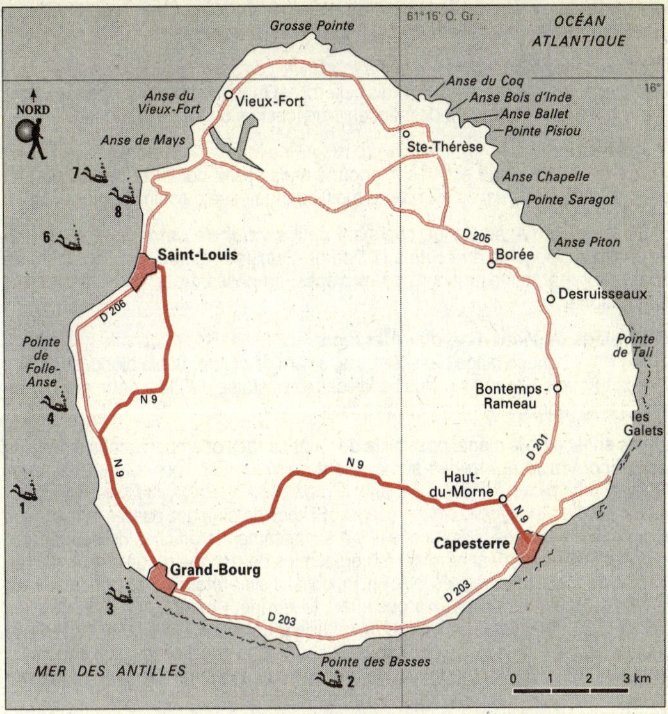

MARIE-GALANTE : NOS MEILLEURS SPOTS DE PLONGÉE

Le Petit Câble *(carte Marie-Galante : nos meilleurs spots de plongée,* **6***)* **:** *au nord-ouest de Saint-Louis.* Pour plongeurs Niveau 1 min. Mesdames les tortues font la sieste sur ce joli plateau (15 m), couvert d'éponges et peuplé de bancs de poissons-maniocs. Barracudas et thazars nagent en cercle... La chasse est ouverte ! À proximité, un beau tombant corallien (jusqu'à - 45 m) pour plongeurs confirmés, où serpente un vieux câble, dans un méli-mélo d'éponges multicolores...

Les Z'eling *(carte Marie-Galante : nos meilleurs spots de plongée,* **7***)* **:** *au nord-ouest de Saint-Louis.* Pour plongeurs Niveau 1 et confirmés. Plongée sans souci sur cette pente douce (- 20 à - 40 m) très poissonneuse et couverte de jolis pâtés de corail, terrain de jeu favori des pagres et gorettes. Également pas mal de poissons coralliens classiques autour des belles éponges et des murènes tachetées dans les failles. S'y rendre le matin pour bénéficier de la meilleure luminosité.

LA RÉGION NORD

Relief plus accidenté, nombreuses forêts, plages magnifiques, falaises abruptes, hameaux et routes de campagne pittoresques, chemins de randonnée... C'est ici que vous découvrirez la vraie Guadeloupe, au mode de vie

hors du temps, mélange étrange d'âpreté et de douceur. Petit tour d'horizon, en partant de Saint-Louis et en se dirigeant vers Capesterre.

La plage de Moustique : *3-4 km après Saint-Louis, panneau « Anse de Mays ».* Belle plage, longée par la route, mais celle-ci est masquée par une épaisse végétation. Attention : beaucoup de mancenilliers (cerclés de rouge), prudence !

Anse-Canot : *à 4,5 km de Saint-Louis ; à l'intersection, prendre à gauche vers Vieux-Fort.* Cette plage est très mignonne mais assez petite, et parfois un peu sale par périodes. C'est en tout cas la moins dangereuse du coin pour les enfants.

➢ De la plage d'Anse-Canot, charmant petit ***sentier de randonnée*** en boucle bien balisé (topoguide en vente à l'office de tourisme). Durée : 3h pour 9 km de rando. Au programme : mangroves et plages, en passant par Trou-Massacre et la campagne.

La plage de Vieux-Fort ou « Massacre » : *1 km plus loin, panneau « Anse du Vieux-Fort ».* Longue plage bien dégagée, en arc de cercle. Sable blond, cocotiers et eaux turquoise. Parmi les plus belles cartes postales de l'île à notre goût, mais pour la baignade, gare aux grosses vagues !

– Juste en face de la plage, possibilité de louer canoës et embarcations à pédales pour ***découvrir la mangrove*** sur la *rivière de Vieux-Fort* (qui démarre là), avec *CISMAG (voir plus haut, à Saint-Louis, la rubrique « À faire » ; mar-sam 10h-15h ; env 9 € par adulte). Préférable de réserver.* Si vous ne craignez pas les moustiques ou si vous prenez vos précautions (il y a suffisamment d'affiches un peu partout pour expliquer comment affronter les épidémies de dengue ou de chikungunya), plongez dans cet univers préservé. En 1h, on fait l'aller-retour sur ce bout de rivière tranquille. Quelques animaux à observer : le *kio* (petit héron), la *tortue Molokoy* (facile à voir) et le *pipirit,* un oiseau de la taille d'un merle. Côté flore, palétuviers rouges, blancs et gris (mais pour nous ils sont tous verts !) et roseaux coupants. Un conseil de marin d'eau douce, ne touchez pas à ces derniers, car ils portent bien leur nom. Au retour, *lolo* pour se rafraîchir.

Vieux-Fort : *à 7 km de Saint-Louis.* C'est un hameau aux cases dispersées, qui fut autrefois le point de départ de la colonisation sur l'île. Quelques rares cases présentent encore l'architecture traditionnelle dite en « gaulette » : un treillis de branches qu'on remplissait de torchis. C'est ici, au milieu du XVIIe s, que débarquèrent 30 colons envoyés par Charles Houël et qui se firent trucider en 1653 par les Indiens caraïbes, en représailles d'un assaut perpétré par des Blancs contre des Caraïbes en Dominique. La *plage de Massacre* ou *de Vieux-Fort* rappelle ce sinistre épisode de l'histoire de Marie-Galante.

Gueule Grand-Gouffre : *à moins de 5 km après Vieux-Fort, vers le nord, petite route qui part à gauche (indiqué).* On découvre une arche naturelle sculptée par les eaux et un gouffre gigantesque et sombre dans lequel se jette la mer, lumineuse. Vue privilégiée sur La Désirade et sa silhouette de bateau renversé.

Les falaises de Caye-Plate : *3 km plus loin, repérer une piste tte blanche et à peine carrossable. Attention, on ne peut plus aller jusqu'au bout en voiture, le parking est fermé, risque d'effondrement... Prudence !* Joli panorama depuis de hautes falaises, avec la mer d'un beau bleu en contrebas.

➢ Il existe une petite boucle de ***randonnée*** de 3 km (balisage ONF) qui mène de l'Anse du Coq à proximité, à la chapelle Sainte-Thérèse.

➢ On peut également faire tout le ***sentier des Falaises*** (mais ce n'est pas une boucle) qui mène de la chapelle Sainte-Thérèse au lieu-dit Borée, sur la D201 (route qui relie Capesterre à Saint-Louis par les terres). Environ 10 km aller, compter 3h. Très belle balade qui permet de longer pointes et anses battues par les alizés. Faire très attention : certaines parties du sentier surplombent les falaises (à repérer dans le topoguide en vente à l'office de tourisme) et certains passages ne sont pas balisés.

Écodécouverte de l'île : *avec* ***Écolambda,*** *section* ***Saragot-les-Bas,*** *à hauteur de la ravine Bois-d'Inde, au nord-est de l'île. ☎ 05-90-97-31-80. • a.ecolambda@orange.fr • ecolambda.org • À env 1,5 km de Caye-Plate. Depuis Saint-Louis, suivre la D205 vers Vieux-Fort et continuer sur 9 km après la plage ; au panneau « Écolambda », tourner 2 fois à gauche jusqu'au parking. De Capesterre, emprunter la D201 jusqu'au lieu-dit Borée, puis tourner à droite sur la D205 ; à Grand-Bassin, prendre direction Caye-Plate.*
Une association qui s'est donné pour ambition de faire connaître les secrets de la nature insulaire caraïbe : faune, flore (plantes médicinales) et géologie (n'oubliez pas que la terre peut trembler en Guadeloupe !) dans un joli site en amphithéâtre. Voir à l'entrée du site à droite, la « mouina » (habitat traditionnel), avec une expo permanente, libre et gratuite sur la géologie régionale, l'héritage amérindien et la biodiversité. On peut continuer la visite par une balade en boucle de 1h30 (3 km) vers les points de vue de la falaise (Anse-Ballet, Pointe Cavalle), un raccourci vers l'itinéraire de randonnée des falaises (site classé). Également des visites commentées avec un animateur le samedi à 15h. Production de *rhum z'oliv,* qu'on vous conseillera de laisser bonifier 5 ans en cave. Enfin, c'est vous qui voyez...

Si vous avez du temps, errez sur les petites routes du coin. C'est absolument charmant. Voir notamment le ***moulin Agapy,*** ruine magnifique. Une grande barre rocheuse découpe le tiers supérieur de l'île. Certaines portions de route livrent de beaux points de vue, notamment les D205 et D201. Il faut rouler suivant son inspiration.

Maison de l'Indigo : *à* ***Grelin,*** *sur la D205. ☎ 05-90-84-56-49. 📱 06-90-74-98-76. • maisondelindigo@orange.fr • maisondelindigo.com • GRATUIT (mais rien ne vous empêche de mettre une pièce dans le pot). Stage 40 €.* On vient ici tout autant pour la case, cet atelier bizarrement foutu où sont organisés des stages pour tous les âges, que pour Anne-Murielle Brouard elle-même. Une « blonde aux yeux bleus, avec une queue-de-cheval, plutôt belge », ainsi qu'elle se décrit elle-même au téléphone. Une femme forcément haute en couleur, qui vous révèle les secrets des plantes à couleurs naturelles ainsi que l'histoire de l'indigo aux Antilles, tout en vous obligeant à jeter un œil différent sur son vieux jardin créole et sur votre vie en général. Joyeusement déstabilisant, et incroyablement rassurant, au fond.
Boutique qui fera le bonheur des visiteuses.

À ***Borée,*** sur la D201, produits du terroir et repas possibles aux ***Sentiers de la canne :*** *sur résa, 📱 06-90-73-30-56. • lessentiersdelacanne.free.fr • Repas complet 20-30 €.* Une exploitation agricole à qui Jean-Paul Rousseau a donné une nouvelle vie, en proposant des visites guidées de la plantation, avec transport en charrette pour la nostalgie, et repas dans la grande tradition des grands-mères de l'île, dans une construction rustique au milieu des champs. De Borée, petit chemin de randonnée permettant de rallier *Anse-Piton.*

– Plus au sud, en arrivant sur Capesterre, à la section ***Jacquelot,*** visite possible de la ***manioquerie FARIMAG*** *(mar-dim 10h-17h ; 📱 06-90-42-26-56.).* C'est l'une des plus grandes de l'île. Confection et vente de produits à base de manioc. Le dimanche, confection de *kassav* de 10h à 14h.

– Et rien ne vous empêche d'aller voir ensuite tout à côté la *centrale éolienne de Petite-Place,* qui produit une partie de l'électricité consommée sur l'île.

Le moulin de Bézard : *sur la D201, à* ***Tacy,*** *Bontemps-Rameau, tourner à droite ; le moulin se trouve à env 3 km.* Bézard, vous avez dit Bézard ? Entièrement remis en état en 1994 mais à nouveau à l'abandon, ce superbe moulin du XIXᵉ s a conservé ses ailes, sa machinerie à broyer la canne et sa charpente. À côté, des

MARIE-GALANTE

cases en gaulette reconstituées mais également abandonnées à leur triste sort. Pathétique mais intéressant pour qui veut comprendre le fonctionnement de ces derniers témoins d'un temps héroïque.

– Sur la D202, en continuant vers Capesterre, étonnant et vaste parc photovoltaïque à l'Étang-Noir. Il a été installé par la *distillerie Bellevue,* qui est elle aussi perdue en pleine nature (voir la rubrique « Dans les environs de Capesterre-de-Marie-Galante »). Si vous arrivez dans les parages l'après-midi, filez directement sur la côte et revenez pour la visite de la distillerie de bon matin.

CAPESTERRE-DE-MARIE-GALANTE

(97140) 3 430 hab.

On aime bien ce petit bourg nonchalant et agréable où il fait bon se laisser vivre. En arrivant par les collines, on plonge littéralement sur Capesterre, son église, ses ruelles et ses jolies maisons, bordées par un lagon turquoise de toute beauté. À proximité immédiate, la splendide *plage de la Feuillère,* parmi nos préférées sur l'île, puis, en direction de Grand-Bourg, la *plage de Petite-Anse.*

Adresses utiles

✉ **Poste** *(plan A2)* **:** *rue C.-Rosemade. Lun-sam, fermé l'ap-m.* Distributeur automatique.

🚌 ***Arrêt des bus pour Grand-Bourg*** *(plan A1)* **:** *rue de la Marine, à l'angle de la rue du Presbytère.*

■ ***Station-service*** *(hors plan par A1,* **1***)* **:** *bien en dehors de Capesterre, sur la droite de la N9 en direction de Grand-Bourg, au 2e croisement avec la D202. Lun-sam 6h30-19h ; dim 6h30-13h.* L'île n'en compte que 2 autres, à Grand-Bourg et à Saint-Louis. Soyez prévoyant.

🧺 ***Épicerie-supermarché Huit à Huit*** **:** *rue de la Marine, juste à côté du Soleil Levant (qui fait aussi épicerie ; plan A2,* **20***). Lun-sam 7h30-13h45, 15h15-19h30 ; dim et j. fériés 8h-12h.*

Où dormir à Capesterre et dans les environs ?

Ce n'est pas au centre du village même que vous trouverez forcément votre bonheur, mais sur les hauteurs et côté plage, dans des quartiers (des sections, comme on dit ici) qui abritent quelques jolies adresses de charme. Mieux vaut avoir une voiture, par ici, Capesterre étant une commune très étendue.

Prix moyens

🏠 ***L'Étoile de Mer, chez Séna*** *(hors plan par B1,* **12***)* **:** *section* **Les Caps,** *à l'est du village, sur la gauche de la route.* ☎ *05-90-97-43-14. • etoile-2-mer@orange.fr • im-caraibes.com/etoile-de-mer • Pour 2 pers 60-70 €/nuit selon saison et vue (mer ou non), 400-470 €/sem. Apéritif maison offert sur présentation de ce guide et 10 % sur le tarif des chambres en mai-juin et oct-nov.* Dans une maison blanche face à la mer (il n'y a que la route à traverser), quelques chambres spacieuses (2-4 personnes), avec AC, TV et kitchenette pour certaines. Dans le jardin, petite cuisine commune sur une terrasse couverte et aérée. Accueil spontané de Philippe Maës, plus connu sous le nom de Sena, pêcheur de métier et amoureux de son île.

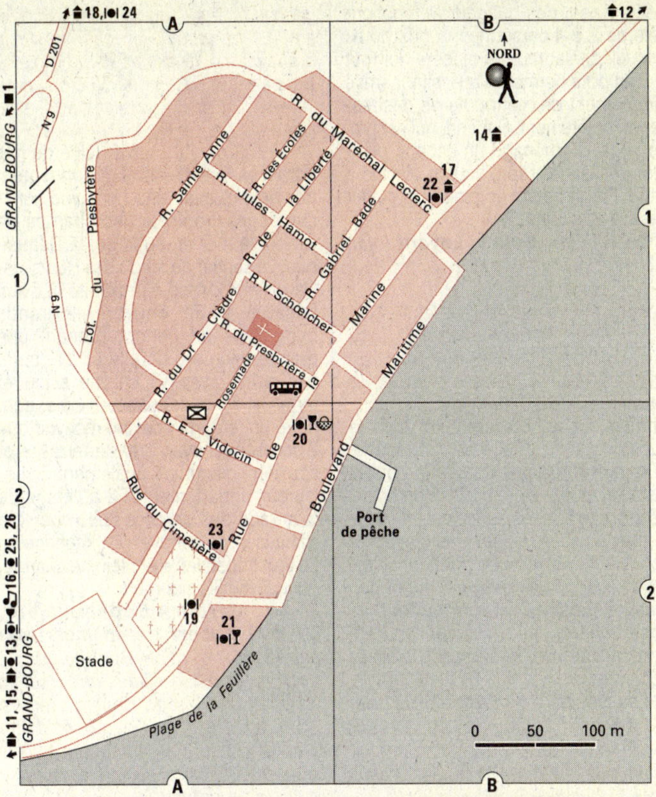

CAPESTERRE-DE-MARIE-GALANTE

Adresses utiles

- 1 Station-service
- 20 Épicerie-supermarché

Où dormir ?

- 11 Gîtes Tit'Anse
- 12 L'Étoile de Mer, chez Séna
- 13 Au Jardin Debeauséjour, chez M. Aubert Héron
- 14 Les Brisants de l'Atlantique
- 15 Le Repos, chez M. et Mme Montout
- 17 Hôtel Le Soleil Levant
- 18 Hôtel La Souricière – Le M

Où manger ? Où boire un verre ? Où sortir ?

- 16 Le Touloulou
- 18 Les Terrasses du Belvédère
- 19 La Braise Marine
- 20 Le Soleil Levant
- 21 La Datcha
- 22 La Source, chez Rudy
- 23 Le Reflet de l'Île
- 24 Le Bon Temps, chez Constant
- 25 Auberge de la Roche d'Or
- 26 La Playa

Gîtes Tit'Anse (hors plan par A2, **11**) : *chez Sabéha et Frédéric Émery, section* ***Cadet,*** *à l'ouest du village, par la route de la côte.* *☎ 05-90-97-08-14. 06-90-68-73-31. • lesgitestitanse.com • Compter 390-440 €/sem.* Situés dans la verdure à 400 m de la plage de

Petite-Anse, des bungalows fonctionnels de 2 à 4 personnes, à prix doux. Accueil chaleureux et sincère. Ici tout est fait pour permettre au visiteur arrivé directement de métropole de déstresser complètement. Sabéha, qui est prof de yoga, a aménagé un espace bien-être (massages, spa, sauna, piscine à jet) et Fredo se fait un plaisir de guider les visiteurs dans l'île.

Hôtel Le Soleil Levant *(plan B1, **17**) : sur les hauteurs du village ; résa possible à l'hôtel* Le Soleil Levant, *42, rue de la Marine. ☎ 05-90-97-31-55. • le-soleil-levant@wanadoo.fr • Doubles env 55-60 € ; apparts 95-150 € et bungalows 4 pers 150-160 €/nuit. (réception).* Une résidence hôtelière avec une vue sublime sur le village de Capesterre et la mer turquoise depuis les belles piscines et leur élégant deck en bois... Côté confort, la résidence est moderne et bien équipée. Certes, les chambres sont petites et proches des cuisines, mais elles sont rénovées et plutôt bon marché. En fait, ce sont surtout les appartements qui présentent un rapport qualité-prix intéressant. Accueil décontracté.

Les Brisants de l'Atlantique *(plan B1, **14**) : 87, rue de la Marine. ☎ 05-90-97-41-30. • lesbrisantsdelatlantique@hotmail.fr • (un studio). Pour 2-4 pers à partir de 46-56 €/nuit selon confort et saison (2 nuits min).* Dans une maison récente avec jardin, 2 appartements (4 personnes) de 2 chambres climatisées, avec cuisine équipée, salon, TV... Également 3 studios climatisés, dont un avec mezzanine (2-4 personnes) au 1er étage, et balcon côté jardin ou côté mer. Bon rapport qualité-prix-tranquillité, à 300 m de la plage de la Feuillère.

De prix moyens à plus chic

Le Repos, chez M. et Mme Montout *(hors plan par A2, **15**) : section* **Pichery.** *☎ 05-90-97-40-51. 06-90-41-50-24. • le.repos@caribanet.com • caribanet.com • À 5 km à l'ouest de Capesterre. En arrivant de Grand-Bourg par la route du littoral, grimper à gauche face au* Touloulou *et parcourir env 2,4 km jusqu'à un chemin sur la droite (parcourir alors 500 m de piste). Congés : sept. Compter 55 €/nuit pour 2 pers, 94 € pour 4 ; bungalow F2 avec spa privé à partir de 85 € la nuit et F3 à 110 €/nuit pour 2 pers.* Une de nos adresses préférées. Environnement très serein, avec une belle vue sur la campagne tropicale, les champs de canne, la mer et, au large, la Dominique. Le sentier de rando des Hauts-de-Capesterre passe à proximité (8,5 km, faisable en 3h environ). 2 grands bungalows en dur comprenant une grande chambre double et une autre plus petite, avec AC, cuisine, séjour et terrasse. Et deux autres en bois, dont notre préféré, ne pouvant recevoir que 2 personnes, avec grande terrasse et spa. Ah ! dilemme ! Également 2 chaleureux appartements F2 à l'étage de la maison des proprios : une chambre climatisée, séjour avec TV, kitchenette. Le tout impeccable et plein de charme. Accueil familial adorable.

Au Jardin Debeauséjour, chez M. Aubert Héron *(hors plan par A2, **13**) : section* **Beauséjour** *; à 2 km au nord de Capesterre ; sur la N9 direction Grand-Bourg, prendre à droite la D201 et parcourir 1 km. 06-90-91-34-22. • debeausejour@wanadoo.fr • au-jardin-debeausejour.com • Chambres 70-90 €/nuit pour 2 pers, petit déj compris ; en gîte compter 420-830 €/sem ; villa 2-8 pers 1 000 €/sem.* Sur les hauteurs de Capesterre avec une jolie vue sur la campagne alentour, 5 grandes chambres à l'étage, doubles, triples ou quadruples, impeccables avec balcon. Également une belle villa isolée avec une grande cuisine, 3 chambres, 2 salles de bains, un séjour et une grande terrasse. Sans oublier les gîtes, avec TV et clim. Location de voitures possible. Bon accueil du volubile patron.

Hôtel La Souricière – Le M *(hors plan par A1, **18**) : section* **Brumant,** *à 2 km à l'ouest de Capesterre, par la route de la côte (D203). ☎ 05-90-97-32-95. • reservation@hotelsouriciere.com • hotelsouriciere.com • Chambres 75-95 €/nuit.* Changement de vie pour *La Souricière*, et de nom à brève échéance. Plus d'Anglais et plus de nostalgiques de la fameuse pièce d'Agatha Christie. Mais un lieu chaleureux et accueillant qui devient assez magique à la nuit tombée, Laetitia et Didier ayant joué sur les lumières douces, les couleurs, pour donner vie à cet hôtel dont ils sont tombés amoureux avant même de l'avoir acheté, alors qu'ils menaient tous deux une vie de métropolitains stressés, dans l'est de la France. Chambres repeintes, transformées, décorées avec soin (matières naturelles), où il fait bon attendre la nuit, sur la terrasse. Du cocooning, du vrai. Et bientôt une piscine à débordement au milieu des arbres, face à la mer. Voir aussi « Où manger ? »

Où manger à Capesterre et dans les environs ?

Où boire un verre ?

Bon marché

|●| 🍸 ***Le Soleil Levant*** *(plan A2, **20**) : 42, rue de la Marine. ☎ 05-90-97-38-36. Tlj sf dim ap-m 6h30-20h.* C'est la boulangerie-épicerie-bar du village. Viennoiseries le matin, sandwichs, colombos et poulets rôtis le midi (mais arriver tôt). Tous les produits de première nécessité également. Petite terrasse face à la mer à l'arrière, idéale pour le petit déj. Service à la fois drôle et indolent du personnel féminin.

|●| ***La Source, chez Rudy*** *(plan B1, **22**) : rue de la Marine. ☎ 05-90-97-26-01. • rudy.960@hotmail.fr • Tlj sf mar et mer. Paninis et salades 5-11 €, plats 12-21 €, sur place ou à emporter.* Jolie case d'angle de rue, colorée et aérée. Une bonne cantine du midi, où les locaux aiment se retrouver autour de plats de cabri local, langouste, fricassée de lambis... Le soir, il y a plus de monde et plus d'ambiance quand la musique est de la partie.

De prix moyens à chic

|●| ***Le Reflet de l'Île*** *(plan A2, **23**) : 3, rue de la Marine. ☎ 05-90-97-41-30. • lerefletdelile@orange.fr • Sur la gauche à l'entrée du bourg. Tlj sf lun. Congés : 1er sept-10 oct. À la carte, repas complet env 18-30 €.* Dans la jolie salle ou dans l'agréable courette à l'arrière, poissons et fruits de mer, burgaux farcis (la spécialité de la maison), coquille farcie aux lambis et crèmes brûlées à tous les parfums. Très bonne cuisine. De plus, le patron se met parfois au piano après le service, bonne ambiance. Accueil chaleureux.

|●| ***La Braise Marine*** *(plan A2, **19**) : face à la plage de la Feuillère. 📱 06-90-11-21-08. Tlj sf jeu. Service 11h30-15h, 19h-22h. Carte 16-18 €. Planteur ou punch offert sur présentation du guide.* Sur la droite de la résidence *Cap Reva*, une vraie case à l'ancienne, qui ouvre ses volets juste à l'heure du service. Cadre chaleureux et naturellement ventilé. Cuisine locale, familiale, fraîche, simple et d'un prix très abordable. On ne paie que le plat principal, l'entrée, avec les acras, est offerte. Jocelyn Abatan sert seul, tandis que sa femme et sa fille cuisinent en silence dans la case à côté. Si vous rêvez de retrouver l'île telle qu'elle était il y a vingt ans, vous voilà dans votre élément.

|●| 🍸 ***La Datcha*** *(plan A2, **21**) : **plage de la Feuillère.** 📱 06-90-53-96-42. Tlj le midi 12h-15h. Congés : de mi-sept à mi-oct. Salades et plats env 15-20 €.* Une petite cabane plantée sur la sublime plage de la Feuillère, avec quelques tables et chaises sur le sable. Idéal pour siroter un jus ou casser une petite graine les yeux dans le bleu turquoise du lagon, entre deux baignades. Attention, les prix ont tendance à grimper vite ! S'il n'y a plus de places, faites quelques dizaines de mètres pour aller avaler un carpaccio ou un marlin à la tahitienne à ***La Galette*** (📱 *06-90-93-03-24*), resto qui ne cherche pas à en mettre plein la vue, ni dans l'assiette ni dans l'accueil. Galettes et crêpes aussi bien sûr (la *Galette*, au départ, c'était le surnom donné à l'île, vue sa forme, vous l'aviez deviné !)

|●| ***Le Bon Temps, chez Constant*** *(hors plan par A1, **24**) : section*

Bontemps-Rameau. ☎ *05-90-97-34-96. ♿ Depuis le centre de Capesterre, prendre la N9, direction Grand-Bourg, puis à droite la D201 ; c'est indiqué sur la droite, à 3 km. Mar-sam midi et soir, plus dim midi. Plats env 11-17 €.* Petite maison perdue au beau milieu des champs de canne à sucre. Excellente cuisine créole. Connu aussi pour ses excellentes et copieuses pizzas, parmi les meilleures de l'île, mais servies le soir seulement.

Auberge de la Roche d'Or *(hors plan par A2,* **25***) : section* **Roche d'Or.** ☎ *05-90-97-37-42. À 3 km avt Capesterre, sur la gauche, vers la plage de Petite-Anse, en venant de Grand-Bourg. Tlj midi et soir sf dim soir (et mer soir hors saison). Sur résa slt. Repas env 20-35 € tt compris. Apéritif maison offert sur présentation de ce guide.* Derrière un décor style auberge de campagne se cache depuis 20 ans une table d'hôtes très prisée. Excellente cuisine avec notamment le filet de vivaneau aux ouassous et la fameuse langouste coco. Accueil très gentil de la charmante propriétaire.

Plus chic

La Playa *(hors plan A2,* **26***) :* **plage de la Feuillère.** ☎ *05-90-93-66-10. À 1,5 km, direction Grand-Bourg par la côte. Tlj sf lun midi, mar midi et mer midi (lun-mer hors saison). Congés : sept-oct. Slt carte 40-45 €.* Nina a choisi de quitter tout en douceur les cuisines d'une de nos adresses préférées sur l'île, laissant la place à Jérôme, qui poursuit sur sa lancée, dans cette élégante maison en bois blanc et bleu, en bord de route, avec une terrasse bien accueillante et des nappes délicieusement turquoise. Les prix sont élevés, mais les produits de qualité. Offrez-vous une *zarzuela* créole ou un poêlon caraïbe, pour voir la vie en couleurs.

Les Terrasses du Belvédère *(***Hôtel Le M,** *hors plan par A1,* **18***) : à 2 km à l'ouest de Capesterre, section* **Brumant.** ☎ *05-90-97-32-95. • reservation@hotelsouriciere.com • hotelsouriciere.com • Resto ouvert tlj sf dim. Carte 35-40 €.* Un lieu caché, à 100 m de la route et de la plage, chaleureux et accueillant. Laetitia et Didier, les nouveaux propriétaires de l'hôtel *La Souricière,* ont joué sur les lumières douces, les couleurs, les flammes des bougies pour créer l'ambiance. Leur chef vient de métropole et a suivi une formation en Asie, d'où la touche japonaise de certains plats. Sushis tous les vendredis, grillades le samedi. Patienter ici pour se régaler ensuite de rougets de l'île en papillote ou d'une daurade servie avec des légumes au pays ne pose aucun problème.

MARIE-GALANTE

Où sortir ?

Le Touloulou *(hors plan par A2,* **16***) : à 2,5 km à l'ouest de Capesterre.* ☎ *05-90-97-32-63. Tlj le midi, plus ven-sam soirs, les autres soirs sur résa slt.* Un resto presque les pieds dans l'eau, le jour, idéal pour grignoter entre deux baignades. Fait bar-discothèque les vendredi et samedi ou soirées à thème et concerts dans le restaurant. Également des cours de salsa le vendredi soir.

Plages

La plage de la Feuillère *(plan A2) : à l'entrée de Capesterre en venant de Grand-Bourg.* D'une longueur impressionnante, c'est incontestablement l'une des plus belles plages de l'île et sans doute de la Guadeloupe. Cocotiers, eau turquoise, sable blanc de blanc et barrière de corail. Une vraie carte postale ! Et puis, après la baignade, on peut s'ouvrir une noix de coco comme Robinson ou aller boire un jus bien frais à *La Galette* ou à *La Datcha.*

La plage de Petite-Anse *(hors plan par A2) :* plus loin, direction Grand-Bourg. Surnommée par les locaux « la plage des enfants », en raison de son faible fond.

DANS LES ENVIRONS DE CAPESTERRE-DE-MARIE-GALANTE

La côte, à l'est de Capesterre : prendre d'abord la route qui passe par la pointe du Gros-Cap et les Galeries. Très beau point de vue en plongée sur la mer et la végétation ! Quelques accès à la plage, sauvage et rocheuse (attention aux courants !). Passer par une autre plage bordée de végétation dense où viennent pondre les tortues (indiqué), à environ 2,5 km de Capesterre. Puis, 1,5 km plus loin, la route s'arrête. Les plus courageux pourront alors marcher jusqu'à une plage sauvage de sable clair, bordée de palétuviers, avec lagon et barrière de corail toute proche. Mais la balade est franchement longue et éprouvante ! Attention à ne rien laisser d'apparent dans l'habitacle de la voiture, comme toujours.

La distillerie Bellevue : *à quelques km au nord de Capesterre par la N9, puis la D202 vers Étang-Noir. ☎ 05-90-97-26-50. • infos@distillerie-bellevue.com • distillerie-bellevue.com • Visite et dégustation gratuites tlj 9h30-13h.* Le domaine fut fondé au XVIIᵉ s, puis une sucrerie vit le jour grâce à un moulin à traction animale devenu moulin à vent en 1821 et produisant de l'eau-de-vie de canne. Celui-ci a été rénové et tourne presque tous les jours. En 1924, Gabriel Godefroy rentre des Indes et rachète la plantation ainsi que les deux alambics, puis, en 2001, la famille Godefroy s'associe au groupe Bardinet. Aujourd'hui, la distillerie produit jusqu'à 800 000 l de rhum chaque année. Elle est la plus grosse distillerie de Marie-Galante et le plus gros exportateur de la Guadeloupe. Au milieu des champs de canne, visite des installations anciennes et modernes qui, désormais, fonctionnent selon des procédés écologiques. Il s'agit, là encore, d'une démarche pilote dans ce domaine. Voir d'ailleurs l'impressionnante installation de panneaux solaires à proximité, le domaine étant ainsi éco-positif.
Dégustation à la *Ti'boutik,* une accueillante maison traditionnelle en bois.

LA DÉSIRADE (97127)

Pour la carte de La Désirade, se reporter au cahier couleur.

Une île de 11 km de long sur à peine 2 km de large, à l'aspect de bateau renversé. Voici la plus authentique et la plus naturelle des îles composant la Guadeloupe, restée longtemps à l'écart du développement et du tourisme, encore sauvage et toujours autant battue par les vents de l'océan Atlantique. Une seule route goudronnée court d'est en ouest, au pied d'une barrière rocheuse. Une autre, praticable seulement en 4x4, grimpe jusqu'à la crête et traverse l'intérieur de l'île en sillonnant son plateau haut perché, d'où l'on a une vue magnifique. Trois très belles plages, quelques hébergements attachants et une douce ambiance de farniente à goûter en famille...
Ici ce n'est pas à l'hôtel qu'il faut séjourner, l'offre ne s'y prêtant pas, mais chez l'habitant, dans des gîtes où le désir de Désirade se fera chaque jour plus fort, si vous rêvez de calme, de retour à la nature, de simplicité dans l'art de vivre... même si rien n'est simple, au quotidien, à commencer par les jours sans bateau, plus longs qu'un jour sans pain.
Les habitants, vivant surtout de la pêche, sont citoyens d'une seule commune divisée en plusieurs sections : *Beauséjour,* le bourg où accostent les bateaux ; *Les Galets* à la pointe ouest ; *Le Souffleur* sur la route (D 207) vers l'est ; et *Baie-Mahault,* encore plus loin, en guise de bout du monde.

ABC
DE LA DÉSIRADE

- *Superficie :* 22 km^2.
- *Population :* 1 700 hab.
- *Point culminant :* la Grande Montagne (276 m).
- *Statut :* commune de la Guadeloupe.
- *Signe particulier :* autonomie énergétique grâce aux éoliennes.
- *Personnalités issues de l'île :* le footballeur Thierry Henry et l'écrivain Maryse Condé.
- *Spécialités culinaires :* le cajou de La Désirade, les burgaux, le punch aux olives, le colombo de cabri.

UNE BONNE NATURE

Atmosphère décontractée, population accueillante, peu ou pas de béton, pas de normalisation touristique. Voilà pourquoi on adore La Désirade. Le développement durable est un choix de la municipalité adapté à ce site exceptionnel, auquel on pense évidemment pour sa faune et sa flore protégées, mais qui a entrepris également de soigner les petits détails du quotidien (protection des vieilles cases, bords de route, etc.). L'île a reçu en 2013 la Marianne d'Or pour ses actions entreprises dans ce cadre.

Profitez-en, mais dans le bon sens ! Laissez donc en paix les « têtes à l'Anglais » et autres cactées. Ici, les cabris mangent les plantes que les visiteurs ont eu le bon goût de laisser pousser... mais donner du cabri de l'île à manger à un Désiradien pur souche est plus difficile. Même lors de la *Fet a kabrit* célébrée dans toute l'île le week-end de Pâques. Les visiteurs non végétariens se régaleront quant à eux avec le goût présalé de ces cabris vivant ici en semi-liberté.

Les cabris ne font pas partie de la faune protégée, mais vous aurez le temps de faire connaissance avec les agoutis, petits mammifères à la fourrure dorée, ou encore avec les rois de l'île, les iguanes, avant de monter en 4x4 sur le plateau où personne ne vit. Une forêt de gaïacs, de mapous gris, de bois de fer et d'anarcadiers. Ces derniers, originaires du Brésil, produisent les fameuses pommes de cajou. Cuites plusieurs jours dans le sucre de canne, elles constituent une friandise assez unique. Et surtout, si vous êtes gourmand, ne manquez pas l'étonnant punch aux olives confectionné dans certains coins de l'île.

UN PEU D'HISTOIRE

À La Désirade, première île émergente de l'arc antillais, on trouve les minéraux les plus anciens de la Caraïbe. Des pierres datées de plus de 145 millions d'années qui font de cette île incroyable – 1re réserve géologique de l'outre-mer – un « petit bout du Pacifique dans l'océan Atlantique ».

Arawaks puis Caraïbes quelque peu anthropophages sont, bien sûr, passés par là, tout comme Christophe Colomb, qui lui suivait un régime à base d'œuf, c'est bien connu...

Après sa découverte et avoir été espagnole durant un siècle, l'île tomba aux mains des Français, mais elle n'intéressa pas les colons, en raison de son manque d'eau.

On se contenta, au début du XVIIIe s, d'y expédier les lépreux « indésirables » (la léproserie n'a fermé ses portes qu'en 1952 !), rejoints plus tard par les « mauvais sujets » de la grande île, parfois même de France (le plus souvent « enfants terribles » des familles nobles). En effet, une ordonnance royale autorisa de 1763 à 1765 l'exil de ceux « dont la conduite risquait d'exposer l'honneur et la tranquillité de leur famille ». Cela permit, d'ailleurs, de se débarrasser de façon pratique d'encombrants héritiers (contre espèces sonnantes et trébuchantes aux autorités). Les uns et les autres ne risquaient pas trop de se mélanger puisqu'on les avait « parqués » à chaque extrémité de l'île (les lépreux à l'est, les autres à l'ouest).

PAS DE QUOI PIQUER UN FAR

Ne vous étonnez pas de voir apparaître un jour un far breton sur la table du petit déjeuner, dans les gîtes de La Désirade. Même si l'île a des liens forts avec la Bretagne (nombreux descendants de Normands et Bretons arrivés bon gré mal gré), n'allez pas croire qu'elle a piqué la recette aux Bretons ! Ce far-là n'a pas à rougir, on remplace les pruneaux par du cajou confit, spécialité désiradienne préparée par les grands-mères, et il est tout aussi délicieux.

Un exemple de métissage

La sécheresse ne permettant pas la culture de la canne, La Désirade ne connut que de petites habitations cotonnières. Le pourcentage d'esclaves a donc été plus faible qu'ailleurs, et le nombre de « Petits Blancs » plus élevé.

Si les clivages sociaux sont réels dans les autres îles, ils semblent pratiquement absents ici. Ils existaient pourtant jusqu'en 1848 (entre Grands Blancs, Petits Blancs et Noirs), date de leur éclatement. Comment les habitants, pratiquement tous pêcheurs, isolés sur la même île, auraient-ils pu raisonnablement continuer à se haïr ? Nombre de Grands Blancs propriétaires ont quitté l'île, et les autres partageaient les mêmes conditions de vie : élevage et cultures vivrières de subsistance, en dehors de la pêche. Blancs, Noirs, Indiens ont réalisé un exemple assez unique de métissage réussi en créant, après moult difficultés au départ, les premiers couples « dominos ». Depuis plusieurs dizaines d'années, il y a environ 80 % d'unions mixtes à La Désirade. Dans une même famille, on découvre toutes les nuances de couleurs possibles ; même chose à l'école.

Le plus étonnant c'est d'entendre le *gwo-ka* venu d'Afrique et les chants marins chers aux Bretons se rejoindre dans la nuit pour inciter les visiteurs à se donner la main et à danser, sur la place du village, les soirs bien arrosés (on ne parle pas de la pluie, évidemment !).

L'ÎLE DE LA TENTATION

Christophe Colomb découvrit l'île le 3 novembre 1493, lors de son deuxième voyage au Nouveau Monde. Première île en avancée sur l'Europe, ce fut tout naturellement celle qui apparut aux marins épuisés et assoiffés après deux mois de navigation. D'où son joli nom de « Desirada », la « Désirée ». Pourtant, faute d'eau, c'est vers la Guadeloupe qu'assoiffés, ils poursuivirent leur route.

Des idées de lecture

La Désirade – Gibraltar des îles du vent, par Marianne Bosshard (préface de Maryse Condé et de René Noël), aux éditions Jasor. *La Désirade,* par le père Maurice Barbotin, réédité par la Société historique de la Guadeloupe. Ou, si vous préférez les polars locaux dans une langue savoureuse : *Désirade, ô serpente,* par Fortuné Chalumeau, aux éditions Hoëbeke, dans la collection Étonnants Voyageurs (2006).

Arriver – Quitter

En bateau

Du port de commerce de Saint-François : 2 compagnies maritimes assurent la liaison (2 fois par jour) et c'est le meilleur moyen de gagner l'île de façon régulière, depuis que les liaisons en avion ont été supprimées (des avions privés assurent le service au départ des aérodromes de Saint-François et du Raizet à Pointe-à-Pitre). Billets en vente à la gare maritime de Saint-François, près du port de pêche. Compter 30-45 mn de traversée. On appréciera d'autant plus une traversée avec un bateau comme le *Babou One,* équipé de stabilisateurs gérés par informatique en temps réel, car ça peut secouer pas mal parfois ! Pas de roulis ni de tangage avec ce bateau nouvelle génération, un plus bien appréciable. Noter qu'en réservant à l'avance, on peut parfois obtenir une petite ristourne en le demandant gentiment.

■ ***Babou One :*** *06-90-26-60-69. ☎ 05-90-47-50-31.* • *babouone.fr* • Départs de Saint-François tlj à 8h et 16h45 ; déc-avr, slt à 16h50 mer-ven. Départs de La Désirade (port d'attache) tlj à 6h15 et 15h45, déc-avr, slt à 6h15 mer-ven. Autour de 26 € l'aller-retour.

■ ***Archipel 1 :*** *☎ 05-90-22-26-31. 06-90-50-05-10 ou 06-90-30-86-07.* Départs de Saint-François à 16h45, profitez-en pour passer une nuit sur place, et vous lever aux aurores (départ vers Saint-François tte l'année tlj à 6h15). À cela s'ajoute 1 liaison supplémentaire le w-e et tlj pdt les vac scol : départ à 8h de Saint-François et 16h de La Désirade (16h45 aux vac scol). Env 28 € l'A/R.

Adresses utiles

À Beauséjour

Office de tourisme : *dans le bâtiment de la capitainerie, sur le quai de débarquement, la bâtisse jaune aux volets bleus. ☎ 05-90-85-00-86.* • *otladesirade@gmail.com* • *ile-desirade.fr* • *Lun-ven 8h-12h, 14h-17h ; un sam sur deux 8h-12h, 15h-17h.* Un accueil vraiment souriant et compétent. Propose des packages (journée ou nuitée). Vente de produits locaux, dont des bijoux en pierre de la Désirade.

✉ ***Poste :*** *à gauche de l'église, près de la pl. du Maire-Mendiant. Lun, mar et jeu 7h30-12h, 14h-16h ; mer, ven et sam 7h30-12h30 (12h sam).*

■ ***Distributeur de billets :*** *à la* ***poste.*** Mais prenez quand même vos précautions avant d'embarquer à Saint-François...

■ ***Location de vélos*** *(pour les très sportifs)* ***et de scooters :*** *plusieurs prestataires au débarcadère.* ***Location 2000 :*** *☎ 05-90-20-03-74.* ***Villeneuve Location :*** *☎ 05-90-20-04-26,* • *carib-location.com* • *; compter 16 €/j.* ***Transport Dinane :*** *06-90-67-97-30 ou 06-90-75-38-35,* • *transportdinane@orange.fr* • Loc de VTT pour 10 €/j. Vélo autour de 10 €/j. ; scooter env 20 €/j. *Attention :* vérifier l'état général, le freinage et le niveau d'essence. Penser à réserver.

■ ***Location de voitures et de scooters :*** *au débarcadère.* ***Idéal Location :*** *☎ 05-90-20-08-45. 06-90-59-62-11.* • *ideal-location@live.com* • ***Villeneuve Location :*** *☎ 05-90-20-04-26 ou 02-65.* ***Location Marcellin Pioche :*** *☎ 05-90-83-53-72. 06-90-75-80-75. Toujours de bon conseil, très prévenant.* ***Désirade Cycles :*** *06-90-75-27-40.* ***Les 29 :*** *06-90-32-97-07.* Location de 4x4 env 30-35 €/j., arrivée et départ bateau. Attention à l'état du véhicule proposé, chez certains loueurs.

– Pour les visites de l'île en minibus, plus de détails un peu plus loin dans la rubrique « À voir. À faire ».

■ ***Pharmacie :*** *dans la rue parallèle à la mer, face au Carrefour Express.*

■ ***Médecin :*** *cabinet médical dans l'ancien collège, face à la cantine scolaire (et son iguane peint sur le mur). ☎ 05-90-20-01-93. 06-90-58-23-55.*

■ ***Ravitaillement :*** *supérette* ***Carrefour Express*** *dans la rue principale* *(tlj sf dim ap-m). Également l'épicerie* ***Ti'Marché,*** *face au débarcadère (ouv tlj ; point presse et librairie) ; sinon, quelques épiceries sur la route qui traverse l'île et le* ***Casino VIVAL,*** *situé au quartier du désert (tlj sf dim ap-m). Également* ***l'épicerie Pioche,*** *au Souffleur.*

Où dormir ? Où manger ? Où sortir ?

D'ouest en est, juste assez d'hébergements pour être tranquille, à tous les prix, pour tous les styles. Et des restos de plage où l'on vous incitera à profiter de la vie, du soleil tout autant que des spécialités locales...

Aux Galets

Pli Bel Vie La, chez Mireille et Patrick Porchon : *☎ 05-90-20-04-01. • mireille.patrick3@wanadoo.fr • pli belviela.free.fr • ♿ Du débarcadère, prendre à gauche et faire env 2,5 km ; c'est au bout de la route sur la gauche. Pour 2 pers, 380 €/sem.* Attenant à la maison des gentils proprios et partageant le site avec une famille d'iguanes, un bungalow pour 6 personnes maximum. Un espace qui reste bien frais avec ses murs en lambris. 2 chambres spacieuses à la déco raffinée, avec 2 salles de bains. AC et TV. Barbecue et autres attentions (comme le prêt de palmes et tuba). Frigo rempli pour les arrivées tardives.

À Beauséjour

Pour manger sur le pouce, à l'arrivée des bateaux : ***Désirade Food,*** un point chaud, où l'on sert petits déjeuners et sandwichs dès 5h du mat. Une case tout en couleurs... Le midi, un petit resto, ou plutôt une roulotte ***Les pieds dans le sable,*** sur la plage à Fifi juste à côté de ***La Payotte.***

La Sablette : *plage de Beauséjour, près de la cantine. ☎ 05-90-20-00-77. 📱 06-90-71-23-95. Tlj sf mar et jeu, le soir slt. Plats à partir de 8 € sur commande slt ; sinon bokits 2-3 €.* Un snack-bar sympathique, tout simple, tout bon et où l'on est bien servi. *Bokits* variés, grillades, etc.

La Payotte : *du débarcadère, prendre à droite, c'est à 200 m sur la plage à Fifi. ☎ 05-90-20-01-29. • lemoi neau971@hotmail.com • Tlj sf dim soir 8h-20h (ou plus tard en saison). Le soir, résa conseillée. Plats 12-25 € ; assiette brésilienne 21 € ; carte 25-30 €.* Dans cette coquette cabane en bois aux couleurs pimpantes, jaune et bleu, avec terrasse sur la plage, on sert une excellente cuisine antillaise, relevée de quelques saveurs délicates. Commandez une assiette brésilienne pour pouvoir goûter à tout, prenez un transat pour profiter de la plage, un planteur pour vous mettre l'eau ou plutôt les saveurs de l'île en bouche... Service efficace.

Hôtel de l'Oasis : *quartier Désert-Salines. ☎ 05-90-20-01-00. • contact @oasisladesirade.com • oasisladesi rade.com • Du débarcadère, prendre à droite en direction de Souffleur, puis à gauche vers le stade. Congés : sept. Double 52 €/nuit ; studio 3 pers env 62 € ; petit déj 4 €. Possibilité de ½ pension à partir de 3 j.* Un hôtel simple mais propre et bien tenu. Fait également resto mais pas sur place : voir ci-après.

Lagranlag : *direction Baie-Mahault, à droite au débarcadère. Mêmes coordonnées que l'*Hôtel de l'Oasis. *♿ Ouv tlj le midi sf lun, le soir slt mer et ven-sam. Congés : sept. Plats à partir de 12 € ; carte 20-23 €. Apéritif maison offert sur présentation de ce guide.* Un resto jaune et bleu, servant une bonne cuisine créole relevée comme il faut, régulière en qualité. Fruits de mer frais toute l'année. Comme toujours dans les îles, ne comptez pas être servi dans les minutes qui suivront votre arrivée, il faut savoir donner du temps au temps. Goûtez à la salade de coffre, un poisson délicat.

Chambres et tables d'hôtes la Luzarchoise, chez Yves Mimiette : *Grand-Bois-Neuf. 📱 06-90-75-12-49. • privat.mimiette@orange.fr • la-luzarchoise.fr • Prendre le chemin du*

Calvaire (croisement face au débarcadère), puis à 300 m la 1re à droite ; la maison est sur la gauche. Compter 60 €, petit déj compris. 15 € le repas complet. 4 chambres de 3 places chacune et de tailles différentes. Simples et sans grande coquetterie mais confortables et bien tenues. Le tout à deux pas du débarcadère. Accueil chaleureux et bonne ambiance familiale. Tout ce que l'on attend de chambres d'hôtes dans des îles, lorsque l'on n'est que de passage.

Gîtes de la Grande Ravine, chez René et Josie : *quartier Désert-Salines. ☎ 05-90-20-02-71. • berchel.josie@wanadoo.fr • gitesdelagranderavine.com • Direction Baie-Mahault, à gauche avt le stade, puis montée à gauche au niveau d'un puits ; c'est l'une des dernières maisons en haut à droite, on la reconnaît à ses volets bleus. Pour 2 pers 65 €/nuit ; 335 €/sem ; 15 €/pers supplémentaire ; petit déj 5 €. Repas complet sur commande 18-35 €. Petit déj offert à partir de 3 nuitées sur présentation de ce guide.* 2 studios pouvant accueillir jusqu'à 7 personnes. Équipés chacun d'une chambre, d'un séjour, d'une kitchenette et d'une terrasse. Vue imprenable sur la mer. Le tout confortable, bien aménagé (chambres climatisées la nuit), joliment décoré et bien tenu. Sans compter l'accueil charmant de Josie et le jardin fleuri.

Black & White : *dans la rue principale, en quittant le débarcadère, c'est à 2 mn sur la gauche. ☎ 05-90-83-11-37. 📱 06-90-67-59-06. Tlj sf mer soir et dim soir. Menus 14-15 €. Repas env 19 €, menu-enfant 8 €. Apéritif maison offert sur présentation de ce guide.* Petit resto qui ne paie pas de mine, tenu depuis près de 15 ans par un pêcheur qui cuisine lui-même ses poissons tout frais, pêchés du matin. Tarte de poissons délicieuse.

Au Souffleur

Club Caravelles, chez Ketty et Patrick Gauberti : *quartier du Souffleur. ☎ 05-90-200-400. 📱 06-90-580-530. • clubcaravelles@desiradoo.com • desiradoo.com • ♿ À 400 m à droite après la plage du Souffleur en allant vers Baie-Mahault. Pour 2 pers 70 €/nuit (3 nuits min). Formule w-e avec petit déj 90 € pour 2. Sinon, compter 420 €/sem ; petit déj 6 €. Formules table d'hôtes au dîner 16-23 €, slt sur résa.* Jardin verdoyant où sont plantées 3 maisonnettes – *Niña, Pinta* (♿) et *Santa-Maria* (évidemment !) – comptant chacune 2 studios avec mezzanine, pour 2 à 5 personnes. Confortablement aménagées : kitchenette sous la belle véranda privative, TV, ventilos. Piscine. Accès direct à la mer sur une charmante petite crique de sable clair. Accueil dès Pointe-à-Pitre et location de véhicules possibles. Les propriétaires vous feront découvrir l'île hors des sentiers battus...

Gîtes Alizéa, chez Vivianne et Patrice Carré : *quartier du Souffleur. ☎ 05-90-20-06-14. • v.carre@only.fr • gitealizea.fr • À 200 m à gauche après la plage du Souffleur en allant vers Baie-Mahault (panneau). Pour 2 pers 60 €/nuit, 385 €/sem ; petit déj à la demande.* Quatre bungalows en bois peint pour 2 personnes, à flanc de colline, avec jolie vue sur l'océan et perdus dans la végétation. Bon confort : kitchenette équipée sur l'agréable terrasse, ventilo, clim et barbecue. Petits mais très mignons, pleins de charme et au calme. Très bon accueil.

Gîtes chez Francine et Fabrice : *☎ 05-90-20-07-25. • desirade.pioche@gmail.com • À 600 m à gauche de la plage du Souffleur, derrière l'épicerie en allant vers Baie-Mahault (panneau). Pour 2 pers 75 €/nuit.* Deux grands gîtes (6-8 personnes) très propres, au calme et face à la mer... Des hôtes très accueillants (leur maison est à 30 m). Ils peuvent vous préparer des petits plats traditionnels ou vous faire découvrir l'île à pied ou en 4x4. Location de vélos. Et visite d'iguanes dans le jardin.

La Roulotte : *sur la plage du Souffleur. ☎ 05-90-20-02-33. ♿ Tlj sf lun, ouv le midi slt. Congés : sept. Menu 16-20 €. Formule visite de l'île en bus climatisé et déj 35 € (50 € avec langouste). Une portion d'acras offerte sur présentation de ce guide.*

Petit resto sympathique pour déjeuner sans façons, directement sur la plage, dans un cadre privilégié. Passez donc commande avant d'aller vous baigner, pour déguster des plats simples et bons, les pieds dans le sable : poisson grillé, salade créole, poulet-frites... et aussi langouste grillée.

Chez Rose Ita : *à l'entrée du Souffleur. 06-90-71-98-26 ou 06-90-76-88-09. Le soir slt, ven-lun pour l'instant, 18h-minuit.* Karaoké et point de vue remarquable sur un lagon turquoise sont les deux atouts de ce resto en plein air où l'on voit la vie en rose, sur les murs comme dans l'assiette. Plutôt des grillades, d'ailleurs, arrosées de bière locale et suivies d'une dégustation de punchs maison fameux. Farid et sa femme sont franchement sympathiques, tout comme le lieu qu'ils ont créé. Un lieu qui manquait à l'île. On peut simplement y boire un verre en écoutant de la musique. Et on y danse aussi, bien sûr.

À Baie-Mahault

Attention : vérifiez bien l'adresse de votre location, certains confondent cette section de La Désirade avec la ville du même nom en Guadeloupe.

Gîtes de la Grande Source, chez Mme Françoise Pioche : *rue du Souffleur, ravine à Colette, à Baie-Mahault. ☎ 05-90-20-03-88. • lesgitesdelagrandesource.com • Prendre la route de la Montagne, puis 1re à droite ; c'est un peu plus loin à gauche en descendant. Nuit pour 2 à partir de 65 € et 15 €/pers supplémentaire ; 420 €/sem pour 2-4 pers. Villa pouvant accueillir jusqu'à 8 pers. Table d'hôtes (cuisine créole), slt sur résa, 25 €.* À 200 m de la plage de Petite-Rivière, des gîtes (2-5 personnes) tout confort (4 épis) avec cuisine moderne, tenus par une patronne sympa, qui possède aussi une petite épicerie sur le bord de la route, au Souffleur. Joli jardin (avec 75 plantes médicinales). Randonnées dans la montagne avec guide possibles. Accueil chaleureux. Et quel calme !

La Providence, chez Nounoune : *Anse Petite-Rivière, sur la plage. ☎ 05-90-20-03-59. 06-90-74-62-15. Tlj le midi sur résa (avt 11h). Congés : sept. Formules 14-19 € ; menus lambis 28 € ou langouste 32-37 €.* Un petit moment de plaisir tout simple vous attend. Terrasse donnant sur la plage (la plus belle de La Désirade) et les cocotiers. Dans l'ordre : commande, baignade et... à table ! Accueil charmant de la fille de Nounoune, toujours présente en cuisine. La fricassée de langouste servie avec un gratin d'ignames reste toujours le plat fétiche de la maison, qui a fêté ses 60 ans. Quant à la déco marine, demandez-en la raison au gendre de Nounoune, cousin éloigné du capitaine Haddock, qui anime le bar autant que les cuisines.

Gîte des Remparts : *route du Phare, Baie-Mahault. ☎ 05-90-20-08-01. 06-90-38-61-72. • gite.remparts@wanadoo.fr • Dernier gîte à droite à la sortie du hameau en direction de l'ancienne station météo. Pour 2-6 pers 47-75 €/nuit, 250-370 €/sem selon saison.* Dans un jardin verdoyant avec vue sur la mer, 3 bungalows (2-3 personnes), et un appartement (4-6 personnes). Spacieux, bien tenus et confortables. Lave-linge à disposition pour tout le monde, clim en supplément. Belle déco. À proximité, jolie petite crique protégée par une barrière de corail. Bonne petite adresse.

Gîtes Bord de Mer : *face à la plage de Petite-Rivière, suivre la pancarte « Chez Nounoune ». 06-90-48-47-02. • pflalanne@mac.com • gitesdesirade.com • Compter 80 € pour 2 pers.* 3 gîtes bien séparés les uns des autres, ventilés, tout confort et chaleureux. Une création récente dans un grand jardin au calme. Bel accueil de Mme Lalanne.

Bungalows les Flots Bleus : *rue Siméon-Pioche. ☎ 05-90-83-53-72. 06-90-75-80-75. • m.pioche@wanadoo.fr • lesflotsbleus-desirade.com • À côté de l'église. Pour 2 pers 80-85 €/nuit selon saison, 480-490 €/sem ; petit déj 6-8 €. Repas délicieux sur commande à 26 €. Apéritif maison offert sur présentation de ce guide.* Une de nos adresses préférées sur l'île. 8 studios aussi agréables que fonctionnels de 55 m² pour 2 adultes et

LA DÉSIRADE

2 enfants. Certains en rez-de-chaussée de la maison des proprios, d'autres en contrebas, mais tous face à la mer, dans une ambiance de bout du monde. Clim, ventilo, équipement au niveau. Une retraite pour Robinsons aimant le confort. Madame, qui est réunionnaise, cuisine pour les habitués pendant que son mari s'occupe de l'entretien et des locations de voitures ou de vélos (à partir de 30 €).

Où acheter de bons (ou de beaux) produits ?

Chez Vincent : *à l'Ajoupa, à Beauséjour, près de la gendarmerie.* Produits locaux, savoureux *bokits* et délicieux sorbet coco (fabrication artisanale garantie). Vincent est le tonton d'un footballeur bien connu...

L'atelier : *à Beauséjour, près de l'hôtel* Oüaliri Beach. Produits confectionnés par les artisans de l'île : poteries en terre cuite, mosaïques, tableaux, bijoux en perles, savons à base d'huile de coco... Original, beau et bio à la fois.

L'Atelier Lapidaire : *à Beauséjour, à 50 m du* Carrefour Express, *près de l'école primaire, derrière le dispensaire.* *06-90-68-82-81.* Visite de l'atelier de fabrication de bijoux en pierres semi-précieuses (quartz, jaspe, radiolarite). Stage et initiation (10 €/pers).

Nic Service : *à côté de* Chez Vincent. Produits artisanaux et journaux.

À voir. À faire

Étonnante ***plage des Colibris,*** aux ***Galets,*** quasi à l'extrémité ouest de l'île. Couverte exclusivement de coquillages et de coraux, baignade difficile. C'est ici qu'étaient reclus au XVIIIe s les fils de famille indignes... dont la conduite troublait l'honneur de leur nom. Et c'est ici qu'arrive la canalisation d'eau potable en provenance de la Guadeloupe, depuis 1991.

Beauséjour *(le bourg)* **:** pas vraiment de charme en soi, mais on s'y sent bien et il a conservé tout son naturel. Voir le ***cimetière,*** en direction des *Galets* (vers l'ouest, après le pont de pierre). Un des plus beaux qu'on connaisse, avec ses modestes sépultures à faïence bicolore ou encadrées de lambis. Dans l'***église du Bon-Secours,*** au bourg, noter l'amusante position des bancs, en biais, et l'autel creusé dans un tronc de poirier. À côté, remarquer le presbytère de style créole. La place du maire mendiant doit son nom au maire Joseph Daney de Marcillac, qui se rendit en Guadeloupe pour récolter des fonds à la suite de l'incendie qui ravagea le bourg. On peut également monter à pied par le chemin du calvaire jusqu'à la ***chapelle du Calvaire,*** sur les hauteurs. De couleur blanc et bleu, elle rappelle la Grèce. Splendide ***point de vue*** (surtout le matin) et table d'orientation, mais ça grimpe sec !

Plage de Beauséjour vraiment tranquille et très agréable car bien ombragée, à la sortie de Beauséjour, vers Le Souffleur.

Le Souffleur : section située entre Beauséjour et Baie-Mahault. Plage admirable avec sable blond et beaux cocotiers, idéale pour le *snorkelling*. Tables pour pique-niquer avec vue sur la barrière de récifs. C'est le coin des pêcheurs de l'île ; on peut les apercevoir au retour de la pêche dans leurs barques colorées. Un chemin mène en 1h sur les hauteurs, à la ferme éolienne qui fournit une partie des besoins électriques locaux.

➢ ***Balade vers la vallée de la Rivière :*** à partir du Souffleur. Pour ce parcours, préférable d'être guidé même s'il est balisé. Un sentier part dans la montagne et accède au « plateau », puis s'en va vers le nord, dans la vallée de la Rivière. Accès à la mer côté nord. Paysages sauvages. Peut-être verrez-vous, en cours de route, des agoutis (ou lièvres dorés), animal typique de La Désirade, ou encore des orchidées sauvages. Compter 4h aller-retour.

Baie-Mahault : *village à 8 km à l'est de Beauséjour.* Sur presque toute la longueur, la mer est peu accessible hormis la belle ***plage de Petite-Rivière*** (où débarqua Christophe Colomb). Dans le hameau même, quelques maisons disséminées. Les commerces ne sont pas légion : en plus des restos (voir « Où dormir ? Où manger ? »), une épicerie ouverte tous les jours. On trouve à l'est du village (direction le phare) les ruines d'une ***cotonnerie*** qui fonctionna de 1918 à 1928. Sur le même chemin, ancien ***cimetière marin*** en bord de mer, où sont enterrés prêtres et religieuses qui se dévouèrent aux lépreux. Voir la tombe à la fois originale et émouvante d'un jeune surfeur. Tout au bout de la route, le ***phare*** et la ***station météo,*** beau bâtiment tout blanc construit par Ali Tur en 1934, abandonné après le passage du cyclone Hugo en 1989 et aujourd'hui laissé à l'abandon après avoir été l'objet d'une réhabilitation dans les années 2000 pour abriter un musée qui n'a jamais vu le jour. Paysages sauvages, dignes de la Bretagne. Quant à la ***léproserie,*** il n'en reste que l'église, en allant tout droit au croisement (ne pas prendre la direction du phare donc).

– ***Mini Ranch :*** *à l'entrée de Baie-Mahault. 06-90-75-15-24. Compter 30 € la balade de 1h30. Baptêmes à dos de poney pour les petits 5 €.* Un ranch qui surplombe la mer avec un manège et des chevaux pour petits et grands. Balades, stages encadrés par Marco, un moniteur diplômé... Quelques animaux de la ferme pour les plus petits. Vraiment très sympa.

Excursions

➢ ***Le tour de l'île :*** à faire en 4x4, en minibus avec chauffeur/guide ou à pied si l'on est très bon marcheur (une petite vingtaine de kilomètres, environ 5h à pied ; ne pas oublier d'emporter son couvre-chef et beaucoup d'eau) et de préférence s'il n'a pas beaucoup plu récemment (car le chemin devient alors impraticable).
Longer la côte vers la pointe des Colibris à l'ouest. Au bout de cette route, on arrive aux Galets (voir plus haut) ; ici, en contrebas, face aux flots, iguanes se faisant dorer la pilule sur les mancenilliers. De là, un chemin grimpe vers le nord ; c'est le départ de la route de la Montagne, complètement défoncée, rejoignant Baie-Mahault par la crête. Végétation dépouillée et superbes points de vue, notamment celui aménagé au-dessus de Beauséjour (et accessible depuis le bourg par une bonne grimpette) avec sa table d'orientation à côté d'une petite chapelle blanche et bleue. Surtout, ne pas manquer le spectacle qui s'offre au-dessus du Souffleur, au niveau des éoliennes, assez imposantes et jolies, dressées dans le ciel au milieu de nulle part. Vous remarquerez, à côté d'elles, un petit bloc EDF en dur. Y aller : juste derrière, panorama splendide, l'un des plus beaux des Caraïbes. On doit être à 280 m au-dessus de tout ; on n'entend que le vent, et le précipice verse sur les plages, sur les maisonnettes de la côte sud et l'océan immense. Évidemment, ne pas s'approcher plus que de raison, surtout si l'on est sujet au vertige. Seuls s'y aventurent chèvres et cabris en liberté.
On continue. Quelques sentiers sur la gauche, difficiles et mal tracés, donnent sur des criques secrètes de la côte nord. Ne pas s'y engager à la légère, il faut vraiment connaître.
Enfin, on redescend sur Baie-Mahault. Là, on rejoint Beauséjour en longeant les plages. On se baigne un peu, et la boucle est bouclée.

■ ***Dési-Rando :*** *06-90-62-33-76.* • *contact@desi-rando.com* • Maurice est animateur de randonnée breveté et propose des promenades familiales en 4x4, des randonnées ou des treks sportifs avec repas sur la plage en fin de parcours. Très bonne ambiance, sur la piste des agoutis, des iguanes ou des frégates.

➢ ***Visite guidée de l'île en minibus :*** à partir du quai de débarquement, plusieurs guides proposent leurs services. Parmi ceux-ci, ***Max*** jouit d'une bonne réputation, ses anecdotes sont appréciées. Également ***Transport Dinane*** (*06-90-67-97-30 et 06-90-75-38-35, • transportdinane@orange.fr •*) ; équipe dynamique et professionnelle. Sophia Dinane vous fera partager, au cours des 2h passées en sa compagnie, un mode de vie et un patrimoine souvent insoupçonnés. À la fin, punch cajou offert avant le farniente sur la plage.

➢ ***Visite de la Petite-Terre :*** au large de La Désirade, deux îlets étonnants, véritable réserve naturelle rattachée administrativement à l'île (voir plus haut « Escapades dans les îles voisines » au chapitre « Saint-François » dans « La Grande-Terre »). On ne peut débarquer que sur Terre-de-Bas.

Fêtes et manifestations

– ***La fet a kabrit (fête du Cabri) :*** *le w-e de Pâques, sur la plage à Fifi à **Beauséjour**.* Dégustation à base de cabris, artisanat, concours caprin, animations et course à pied.
– ***Guada Run :*** *départ de la 1re étape durant le w-e de Pâques.*
– ***La traversée La Désirade/Saint-François en kayak :*** *en mai.* L'une des épreuves du championnat du monde de kayak en mer.
– ***Fêtes des quartiers :*** *de mi-juil à mi-août, ts les w-e.*
– ***Vwal Ô Van :*** *les 10 et 11 août.* Course de canots à voile traditionnelle, concours de pêche, animation plage, vente de produits de la mer.
– ***La fête des Marins :*** *le 16 août, à **Beauséjour**.* Les Désiradiens portent une statue de la Vierge et la maquette d'un 4-mâts, lors d'une procession guidée par monsieur le curé. Une fête aux allures de pardon breton, qui rend un vibrant hommage aux marins disparus en mer...

Plongée sous-marine

« Plonger avec les gros ! » : voici toute l'ambition de vos aventures sous-marines à La Désirade, où les poissons affichent la taille XXL. La vigueur de l'océan Atlantique garantit ici des spots particulièrement vierges, sauvages et d'une richesse absolue. Vraiment un must en Guadeloupe mais réservé aux seuls plongeurs confirmés (Niveau 1 minimum). S'adresser aux clubs basés sur Karukéra. Un club de plongée, ainsi qu'un loueur de kayak et *stand up paddle* prévus à La Désirade courant 2014. Se renseigner auprès de l'office du tourisme.
De janvier à mai, vous aurez peut-être la chance d'assister au chant des baleines à bosse qui passent avec leurs petits tout près des côtes...

Nos meilleurs spots

La Grotte Désirade *(carte couleur Guadeloupe – la Grande-Terre, **39**) : au sud de la pointe des Colibris (1h de Saint-François).* Pour plongeurs Niveau 2 min. Plongée spectaculaire sous cette grande arche perdue par 22 m de fond, colonisée par d'impressionnants bancs de barracudas et d'agutis « maousses-costauds ». Quelques coups de palmes encore à travers ce rideau de poissons, pour découvrir des requins (dormeurs ou de récif), timides et tranquilles ; véritable petit hôtel 4 étoiles... de mer ! Souvent des tortues et de majestueuses raies-aigles.

Le Chaos *(carte couleur Guadeloupe – la Grande-Terre, **40**) : à l'ouest de l'Anse des Galets (1h de Saint-François).* Pour plongeurs Niveau 1 aguerris. Magnifiques tranches de vie sous-marine dans ce dédale de roches (15 à 20 m de fond) riche et très sauvage. Classiques compagnons des plongées caraïbes, mais dont la taille frise le gigantisme. Poissons-anges, balistes, agoutis, pagres, etc. déchaînent ainsi leurs couleurs. Également de vieilles ancres de bateaux.

SAINT-MARTIN

▶ Pour la carte de Saint-Martin, se reporter au cahier couleur.

ABC
DE SAINT-MARTIN

▶ *Superficie :* 87 km² (dont Saint-Martin, 53 km², et Sint Maarten, 34 km²).
▶ *Population :* 83 000 hab. (37 500 + 46 500).
▶ *Densité :* 954 hab./km² (moyenne française : 117) !
▶ *Point culminant :* pic Paradis (424 m).
▶ *Capitales :* Marigot et Philipsburg.
▶ *Monnaie :* l'euro, le florin antillais (guilder) et le dollar US.
▶ *Langues :* français, néerlandais, anglais, puis espagnol, créole guadeloupéen et haïtien, papiamento.
▶ *Statut :* collectivité d'outre-mer de la République française depuis juin 2007 pour la partie nord (préfet commun avec Saint-Barthélemy) et entité composante du royaume des Pays-Bas depuis octobre 2010 pour la partie sud.
▶ *Signe particulier :* le seul territoire français où l'on parle à la fois anglais et français ; entre 100 et 115 nationalités représentées sur l'île.
▶ *Spécialité :* le guavaberry (liqueur à base de rhum fabriquée avec cette baie typique de l'île).
▶ *Décalage horaire :* heure de Paris - 5 en hiver et - 6 en été.

Saint-Martin, une île surprenante à plus d'un titre. Sur cette terre partagée entre Français et Néerlandais, la langue la plus utilisée par les locaux est... l'anglais, langue majoritairement véhiculaire dans les Caraïbes. De quoi déconcerter ceux qui penseraient trouver une île semblable à celles de la Guadeloupe. Vous croiserez ici quelques retraités français, des croisiéristes en escale et beaucoup d'amoureux de la voile, qui regardent d'un œil blasé les bouchons rythmant la vie quotidienne des habitants. Ce sont en fait surtout les familles américaines ou canadiennes qui adorent venir ici pour la *french touch* dans l'assiette et les avantages multiples d'une économie favorable au dollar qui leur permet de passer un séjour au soleil à moindre coût. Car Saint-Martin est aussi, et avant tout, diront certains, un port franc. Les voitures ne consomment que du carburant détaxé, on y est exonéré de TVA et de tout droit de douane. En plus d'être une île aux plages paradisiaques, Saint-Martin est, vous l'aurez deviné, un paradis fiscal.

L'AUBAINE DE SCHENGEN

Saint-Martin, célèbre pour son sable et sa mer limpide, est avant tout remarquable pour son extraordinaire situation politique. La France et les Pays-Bas y cohabitent, en effet, depuis 1648 dans la plus parfaite harmonie, à tel point qu'il n'y a jamais eu de douaniers ou de contrôles policiers à la frontière. L'espace Schengen bien avant l'heure...

Dans la partie néerlandaise (Sint Maarten, qui booste l'économie de l'île), l'influence anglo-américaine est naturellement prépondérante. Bien que la langue officielle soit le néerlandais, tous les habitants sont anglophones. Les plages sont moins nombreuses que dans la partie française. Ce sont donc les commerces qui s'y sont développés... et les hôtels-*resorts* à l'américaine qui ont envahi le bord de mer. Les paquebots débarquent quotidiennement leur cargaison de touristes (1,5 millions de croisiéristes par an !), en majorité américains, qui se répandent comme une marée dans les deux rues principales de Philipsburg où se succèdent en rangs serrés les boutiques hors taxes tenues, pour la plupart, par des Indiens. Bijoux et montres de grandes marques cohabitent avec les enseignes de magasins de parfums et de hi-fi. Caméras de surveillance et vigiles multiples indiquent qu'ici on ne rigole pas avec la sécurité. Curieusement, la ville elle-même, intelligemment rénovée, ne manque pas de charme. Ce qui n'est pas le cas de ses environs immédiats. À proximité de l'aéroport, casinos, boîtes et discothèques poussent comme des champignons.

Il faut aller sur la côte nord, dans la partie française, pour trouver un peu de l'ambiance de farniente qu'on rattache légendairement aux îles cerclées de plages paradisiaques et bordées de palmiers. Beaucoup de lotissements et d'aménagements touristiques plutôt réussis attirent ceux qui cherchent le repos et les plaisirs balnéaires. On retrouve là une douceur de vivre et un rythme plus indolent que dans le Sud. Au centre de l'île, où peu de touristes s'aventurent, vit une population qui a gardé quelques traditions fortement identitaires et une vie sociale solidaire axée sur la communauté religieuse. On peut assister à une messe gospel ou fréquenter le gallodrome. Vous l'aurez compris, on a une petite préférence pour la partie française, qui a gardé un peu plus d'authenticité !

Marigot, malgré des enseignes prestigieuses annoncées dans des magazines de luxe distribués dans les avions ou les hôtels, n'est qu'un gros bourg à l'ancienne à la circulation mal régulée, qui ne cherche pas à jouer sur le charme, en dehors de son marché du samedi, incontournable. Ici, le front de mer est réservé aux voitures, pas aux piétons, tout un symbole. Et la petite délinquance dans le centre fait le bonheur des amateurs de faits divers... et le malheur de ceux qui se promèneraient en exhibant des signes extérieurs de richesse.

Les îles de Guadeloupe que vous venez peut-être de visiter sont loin derrière vous, un monde différent vous attend, dont le charme opérera après un ou deux jours d'adaptation. Levez le pied, surtout si vous avez une voiture de location. La circulation est la première image que vous retiendrez à votre arrivée, sauf si vous atterrissez un dimanche, jour béni entre tous, idéal pour visiter une île qui retrouve ce jour-là sa langueur d'autrefois.

Adresses et infos utiles

- ***Office de tourisme de Saint-Martin :*** *7, rue de Varenne, 75007 Paris.* ☎ *01-53-29-99-99.* • *paris@iledesaintmartin.org* • *iledesaintmartin.org* •
- ***IGN (Institut géographique national) :*** *107, rue La Boëtie, 75008 Paris.* ☎ *01-43-98-80-00.* • *ign.fr* • Édite une carte au 1/25 000 (référence 4606GT), qui regroupe les îles de Saint-Martin et de Saint-Barthélemy.

Formalités

Pour les Français arrivant à l'aéroport international de Juliana (côté hollandais), se munir d'un passeport (pas de visa) et présenter un billet de retour ou de continuation de voyage. En cas d'arrivée à l'aéroport régional de Saint-Martin Grand-Case, côté français, la carte d'identité suffit. Attention, si l'on n'est pas prévoyant, on peut éventuellement arriver à Saint-Martin avec une simple carte d'identité et ne pas pouvoir en repartir faute de passeport si l'on change d'aéroport (il y a des vols directs pour Paris qui vous éviteront de revenir sur Pointe-à-Pitre, tout en vous faisant gagner une journée sur place) ! Les autres ressortissants de l'Union européenne et ceux du Canada doivent se munir de leur passeport (toujours sans visa). Noter que pour les arrivées à l'aéroport international de Juliana, une carte d'immigration généralement remise dans l'avion doit être complétée.

Arriver – Quitter... et liaisons inter-îles

Saint-Martin peut constituer un point de départ intéressant pour la visite des îles environnantes. Bien entendu, pour les liaisons inter-îles, vous pourrez panacher à votre guise les différents moyens de déplacement. Les vols régionaux se font de l'aéroport de Saint-Martin Grand-Case, en zone française, ou de Princess Juliana International Airport, en partie néerlandaise (mais vérifiez si vous devrez régler la taxe d'aéroport de 35 $, ou euros, dans ce dernier cas).

– Aucun transport en commun ne dessert les aéroports. Les taxis vous demanderont de 10 à 30 $ suivant la zone (tarifs fixes, affichés dans les halls d'accueil). Mais renseignez-vous auprès de votre hôtel : certains assurent les transferts.

– Un grand nombre de loueurs de voitures ont un bureau aux aéroports *(Avis, Hertz, Golfe Car Rental, Nono Car Rental, First Class Cars...)*. Ouverts surtout au moment des arrivées et des départs.

En avion

✈ ***Princess Juliana International Airport :*** *situé en zone néerlandaise.* ☎ *(1721) 546-7549 ou 467-542.* • *pjiae.com* • Ouvert depuis 2006. Atterrissage spectaculaire sur une piste construite sur une étroite langue de terre. Nombreux vols en provenance d'Europe, d'Amérique du Nord et de la zone Caraïbe.

➢ ***Pour l'Europe :*** avec *Air France* et *KLM* *(☎ [1721] 546-7747.)* ainsi qu'*Air Caraïbes.*

➢ Également, des vols ***vers les États-Unis*** avec *American Airlines, Delta Airlines, Continental Airlines* et des compagnies *low-cost.*

À savoir : au départ de l'aéroport, taxe de départ obligatoire de 35 $ ou 35 €, payable uniquement pour les vols charters et en espèces. Vérifiez donc si elle est incluse à l'achat de votre billet d'avion.

✈ ***Aéroport de Saint-Martin Grand-Case :*** *situé en zone française, à Grand-Case:* ☎ *05-90-27-11-00.* • *aeroport-saintmartin.com* • Petits avions pour les îles environnantes. Un aéroport encore dans son jus, à taille humaine. Petit resto tout ce qu'il y a de plus authentique sur place, pour vous faire patienter.

En hélicoptère

■ ***Corail Hélicoptères Caraïbes :*** *aéroport de Grand-Case (accès pratique).* ☎ *05-90-69-81-81.* • *operations@carib-helicopter.com* • *corail-helicopteres.com* • *Réduc de 5 % par couple sur tous les vols sur présentation de ce guide.* Cette société très sérieuse et spécialisée dans les vols touristiques dispose d'1 hélicoptère VIP bi-moteur de 5 places, assurant visibilité, confort et sécurité maximale. Pilotes professionnels, pas avares d'explications. Propose différents types de vols touristiques parmi lesquels : « Luxury Tour » (Saint-Martin, île Pinel, île Tintamarre, Anguilla ; 210 €, 25 mn), « Privilège Tour » (Luxury Tour, Saint-Barthélemy et ses plages ; 350 €, 55 mn) et le « Vol découverte » (Saint-Martin et ses plages ; 100 €, 10 mn). Propose également du transport de passagers à la demande entre les différentes îles des Caraïbes (Saint-Barthélemy, Anguilla, Nevis...).

La zone Caraïbe est desservie par de nombreuses compagnies, dont :

■ *Air Caraïbes :* ☎ *05-90-87-10-36.* • *aircaraibes.com* •

■ *Air Antilles Express :* ☎ *05-90-87-35-03.* • *airantilles.com* •

■ *Saint-Barth Commuter :* ☎ *05-90-87-80-73.* • *stbarthcommuter.com* •

En bateau

Certains abordent Saint-Martin sur leur propre voilier – le rêve –, d'autres en bateau de croisière ou de location. Mais il existe aussi des liaisons régulières depuis Saint-Martin à destination de Saint-Barthélemy, d'Anguilla et de Saba.

➢ ***Saint-Barthélemy***

■ ***Voyager :*** ☎ *05-90-87-10-68.* • *reservations@voy12.com* • *voy12.com* • Toute l'année, 2 à 3 départs quotidiens depuis la gare maritime de Marigot (9h15) et la marina d'Oyster Pond (9h). Tarifs variables à partir de 46 € (42 € pour les enfants 2-11 ans) avec boissons offertes à bord. Formules avec location de voitures et quad, visite en minibus ou restaurant. CB acceptées en euros. Navettes très rapides (30 mn) et confortables. Résa conseillée.

■ ***Great Bay Express :*** 📱 *06-90-88-38-99.* • *info@greatbayferry.com* • *greatbayferry.com* • Plusieurs allers-retours quotidiens au départ de Bobby's Marina (Philipsburg). Compter 80 $ pour un adulte et 60 $ pour un enfant.

➢ ***Anguilla*** *(Blowing Point)*

Traversée ttes les 45 mn (durée : 30 mn). Au départ de Marigot vers Blowing Point 8h15-19h ; 7h30-18h15 dans l'autre sens. Compter 30 $ l'aller-retour (on prend le ticket à bord). Taxe de départ : 5 $. Passeport obligatoire. Infos à l'office de tourisme.

➢ ***Saba***

■ ***Dawn II :*** ☎ *(1721) 416-22-99.* • *info@sabactransport.com* • *sabactransport.com* • Départ de dock Maarten (Philipsburg) les mar, jeu et sam à 17h. Le retour a lieu les mêmes jours, le mat à 7h depuis Fort Bay à Saba. Compter 90 $ l'aller-retour et 45 $ l'aller simple (réduc enfants). Résa 24h à l'avance très conseillée. 2h de traversée. Se munir du passeport.

UN PEU D'HISTOIRE

Christophe Colomb a découvert cette île en passant au large le 11 novembre 1493, jour de la Saint-Martin... Le hasard fait bien les choses, car on se souvient de l'histoire de saint Martin de Tours qui coupa en deux son manteau pour réchauffer un mendiant. Or, à partir de 1648, Français et Néerlandais se partageront l'île.

Au départ, l'île est peuplée d'Indiens arawaks qui la nomment Soualiga (« l'île au sel »). Les Espagnols ne s'intéressent pas vraiment à cette île pauvre en eau douce, mais Français et Hollandais, au début du XVIIe s, commencent à en découdre pour prendre le contrôle d'une terre qui, avec ses salines, offre tout de même quelques perspectives économiques intéressantes.

Comme un peu partout dans l'arc caraïbe, l'économie de l'époque se développe ensuite autour du coton et du sucre. Mais les salines, nombreuses du côté français, contribuent à la prospérité des insulaires.

Du sel pour les uns, de l'indigo pour les autres !

Les Hollandais convoitent ce sel en raison de leur industrie du hareng. Le sel était également utilisé dans l'industrie du beurre et du fromage en Hollande et pour saler les vivres en vue de leur utilisation lors des longues traversées en mer.

Seul inconvénient : l'île n'offre pas d'eau douce et ce n'est pas un lieu idéal pour une colonie permanente. L'eau potable doit être acheminée depuis Saint-Christophe.
L'agriculture, elle, démarre dès 1664 lorsque 14 Français fuyant Saint-Christophe s'installent sur la côte nord-est de l'île dans la région connue sous le nom de Quartier d'Orléans (une déformation en fait de... quartier d'Orient, comme souvent pour indiquer l'est !).

UNE NOUVELLE GUERRE DE RELIGION

La culture du pastel, tenue par les protestants, enrichit les alentours de Toulouse et d'Albi. C'était le fabuleux pays de Cocagne. Au XVIIIe s, cette plante fut détrônée par l'indigo, provenant d'un arbuste des Antilles bien moins cher à produire que le pastel. Cette guerre économique fut d'autant plus violente que les planteurs antillais étaient catholiques.

Ils se mettent à y cultiver du tabac. Saint-Martin en produit plus que toutes les autres îles des environs pour l'exporter aux Pays-Bas, dans les pays baltes et en Scandinavie. Les premiers colons cultivent toutes sortes de plantes, élèvent des volailles et du bétail qu'ils vendent à Saint-Christophe, mais ils vivent surtout des produits de leur jardin et de la pêche.
Au lieu de s'engager dans un conflit long et coûteux, Français et Hollandais signèrent, le 23 mars 1648, un traité de partage de l'île, le traité de Concordia. En 1658, la population de l'île ne compte toujours que 300 personnes.
Le coton commence à être cultivé à partir de 1700 et devient le produit dominant jusqu'à ce qu'il soit supplanté par la canne à sucre dans les années 1780, sans disparaître pour autant. En plus du coton, on fait aussi pousser des vivres, tels que cassave, patate douce, malanga, igname, pois de bois et banane.
En partie hollandaise, on dénombre 95 plantations de coton et de vivres et seulement 35 à 40 petites plantations de canne à sucre.
Un autre produit de courte durée a été la culture d'un arbuste réputé pour sa teinture bleue : l'indigo, très demandé en Europe par l'industrie du vêtement militaire et de la Marine. On trouve à l'époque 22 jardins d'indigo sur la partie française. Une culture qui rapporta beaucoup aux colons de l'époque.

MAIS QUE FAIT L'ARBITRE ?

Pour fixer la frontière, à la suite de la signature du traité de Concordia le 13 mars 1648, la petite histoire raconte qu'on fit partir d'Oyster Pond un coureur de chacune des deux nationalités. Le Français prit la direction du nord, le Hollandais celle du sud. Lorsqu'ils se retrouvèrent, le Français avait parcouru un itinéraire plus long. Selon la légende toujours, le Français, dopé au vin rouge, n'aurait pas hésité à prendre des raccourcis bien peu catholiques. Une stratégie apparemment payante puisque la partie française fait les deux tiers de l'île !

Tout le monde ne (se) sucre pas !

L'introduction de la canne à sucre a lieu en 1763. En 1772, on compte 2 sucreries et la canne occupe 170 ha. La plus grande plantation de canne emploie 31 esclaves. En 1786, un rapport recense 24 sucreries, et la canne à sucre est devenue la ressource principale dans la partie française. Le sucre s'exporte surtout en Amérique du Nord, dans les colonies françaises et en France, et le rhum en Guadeloupe. Résultat, le nombre de Noirs arrivés comme esclaves augmente considérablement, et on en dénombre 2 572, tandis que le nombre de Blancs diminue jusqu'à 431. Ainsi, dès 1770, Saint-Martin est une île à prédominance noire. À partir de 1800, l'instabilité politique des guerres napoléoniennes provoque la diminution du nombre de sucreries.

D'autres produits, tels que le dictame (une herbe médicinale précieuse), le beurre frais, l'écorce du gommier et du *mauby*, les nattes faites de feuilles de banane séchées et de maïs, constituent les ressources principales dont les autochtones tirent leurs revenus. Ils vendent ces produits ou les échangent contre d'autres biens dont ils ont besoin.
L'esclavage n'est aboli qu'en 1863 dans la partie néerlandaise, soit 15 ans après la partie française. Pour devenir libre, il suffit alors de franchir la frontière, déjà symbolique. Une fois l'esclavage aboli, la disparition des plantations modifie totalement l'économie de l'île : beaucoup d'habitants émigrent dans les îles proches pour trouver du travail. La dernière sucrerie cesse ses activités en 1895.
Il faut attendre la Seconde Guerre mondiale pour que Saint-Martin redécolle, entraînée par la partie néerlandaise où les Américains créent l'actuel aéroport international, désenclavant ainsi l'île. Des commerçants se constituent des fortunes avec le marché américain. On va même parler de colonisation US. L'électricité est installée en 1960. L'ère du tourisme peut commencer...
La partie française doit attendre la promulgation de la loi Pons sur la défiscalisation (exonération d'impôts pendant 5 ans pour les investisseurs) pour prendre le train de la prospérité en marche.

Le vent tourne

Septembre 1995 : les cyclones Luis et Marilyn ont « secoué et arrosé » Saint-Martin de façon considérable. Côté néerlandais, les cases ont volé, les hôtels de Philipsburg ont été détruits... Côté français, le lagon de Marigot a été le témoin impuissant du naufrage de 1 500 bateaux. Triste spectacle. Toutefois, le tourisme étant la principale richesse de ces petites îles, le nettoyage fut la préoccupation numéro un. Mais pas de chance : en novembre 1999, Lenny eut la mauvaise idée de s'attarder sur Saint-Martin...
Dans un autre registre, Saint-Martin, qui n'a jamais eu l'impression, côté français, d'être véritablement aidée par la Guadeloupe, a choisi de s'en éloigner le 7 décembre 2003. C'était également la marque visible d'un particularisme évident (paiements en dollar, langue anglaise, etc.) qui n'avait fait que s'accentuer avec le temps, celle d'une crise identitaire qui n'est toujours pas résolue. Tandis que les Guadeloupéens et les Martiniquais répondaient NON au référendum, les habitants de Saint-Barthélemy, tout comme ceux de Saint-Martin, décidèrent de vivre un changement important dans leurs relations avec la métropole, même si, pour certains, la question posée en des termes alambiqués n'était pas la priorité.
Ce nouveau statut de collectivité d'outre-mer de la République française permettant à Saint-Martin et à Saint-Barthélemy de préserver les avantages fiscaux de fait, hérités de l'Histoire, est avalisé depuis 2007. Les deux îles ont un préfet commun. Côté sud, Sint Maarten a acquis le statut d'entité composante du royaume des Pays-Bas depuis le 10 octobre 2010 (le 10-10-10), suite également à un référendum.
Malheureusement, la concrétisation des espoirs engendrés par le nouveau statut côté français n'est pas au rendez-vous. La machine économique se grippe, le transfert des compétences est difficile. L'amertume et la fracture sociale s'installent... Pendant ce temps-là, les investissements américains dopent l'économie de la partie néerlandaise, et Saint-Martin reste une destination majeure du tourisme de croisière. Une situation qui fait des heureux, et quelques malheureux : évitez de vous déguiser en croisiériste ravi, avec appareil photo et sacs d'achats en boutique à la main, si vous comptez vous promener tranquillement en ville.

ACHATS

L'artisanat traditionnel n'est vraiment pas le point fort de Saint-Martin, mais l'île reste le paradis du shopping avec un taux de TGCA (taxe générale sur le chiffre d'affaires) à 4 % appliqué du côté français et d'autres taxes similaires du côté néerlandais. Côté néerlandais justement, les vendeurs de photo-hifi-vidéo, parfums et bijoux n'offrent plus de véritables avantages. Mais côté français, les produits cités sont proposés en principe autour de 20 % de moins qu'en métropole. Un conseil cependant : renseignez-vous bien sur les prix avant de partir, car ce n'est plus toujours aussi intéressant. Attention, ne vous chargez pas trop : au retour, les douaniers français veillent...

Ne pas oublier tout de même de rapporter du ***guavaberry,*** la boisson locale. Caractérisé par sa bouteille carrée, ce breuvage saint-martinois est une liqueur aussi légendaire que folklorique. Traditionnellement, les baies de guavaberry étaient prêtes à être ajoutées au rhum en novembre pour devenir au bout de quelques semaines la liqueur traditionnelle de Noël. La boutique officielle, qui propose toutes sortes de produits dérivés, est située à Philipsburg, mais on en trouve en vente un peu partout sur l'île.

ACTIVITÉS

Bien entendu, la grande majorité des activités à Saint-Martin tourne ***autour de la plage.*** Baignade, mais aussi planche à voile, jet-ski, croisières, parachute ascensionnel, kitesurf, kayak de mer font partie des possibilités offertes (voir également plus loin la rubrique « ***Plongée sous-marine*** »).

Occasion également de faire du **cheval** ou un peu de **randonnée.** La nature est devenue une préoccupation importante sur cette île assez aride. Une quinzaine de sentiers de rando ont été balisés à l'intérieur de l'île, notamment autour du pic Paradis. Cela vous permettra de faire le tour des hauteurs, d'apprécier la végétation et de découvrir divers points de vue sur l'île, tout en bénéficiant d'un peu de fraîcheur ! On trouve également 25 sentiers sur le littoral. Ne pas vous attendre à de longs parcours : 10 km grand maximum... Pour plus d'infos, consultez le site : • *sxm.rando.free.fr/sentiers-liste.html* • Sinon, demandez à l'office de tourisme la carte des sentiers ou le magazine de l'écotourisme *Saint-Martin nature.*

– ***Visites guidées hors des sentiers battus :*** ☎ *05-90-27-20-52.* 📱 *06-90-22-85-10.* • *jabiru@domaccess.com* • *fr.jabiru-blog.info* • ***Jabiru,*** c'est un peu le *Canard enchaîné* local, si vous voulez découvrir les dessous de l'île avant d'y mettre les pieds, plongez-vous dans la lecture de son blog, décapant. Mais ce Français reporter-photographe propose toujours par ailleurs de faire découvrir les traditions locales en dehors des sentiers balisés, le dimanche, sur résa seulement : chants du gospel, sur la trace des Indiens arawaks, combat de coqs, etc.

– D'autres visites également avec le guide ***Franck Chance,*** au nom prédestiné pour qui cherche la perle rare : ☎ *05-90-87-61-25.* 📱 *06-90-10-11-91.* • *fayadack@hotmail.com* •

– Même l'association des chauffeurs de taxis se mobilise pour mieux faire connaître l'île aux touristes (voir contact à l'office de tourisme).

ARGENT

L'euro est toujours la monnaie officielle, mais le dollar US est la monnaie la plus couramment utilisée. En fonction du taux de change très variable, il est parfois plus avantageux de payer en dollars, surtout quand on règle en liquide dans les restaurants côté français, qui pratiquent parfois une conversion défiant toute concurrence : 1 $ pour 1 € ! Contrairement aux chèques de voyage, les chèques de métropole sont rarement acceptés. Côté français, les distributeurs automatiques permettent de retirer des euros (et parfois des dollars) ; côté néerlandais, des dollars (et parfois des euros, mais le taux de conversion n'est pas très avantageux dans ce cas). Notez que les distributeurs sont souvent vides quand arrive le week-end ! Le *guilder* (florin antillais) est aussi en circulation, mais on en voit peu.

BUDGET

Saint-Martin reste dans l'ensemble une destination onéreuse, surtout pour la restauration (la différence est nette par rapport à la Guadeloupe ou la Martinique). Cependant, malgré le développement de grands complexes hôteliers, il existe toujours quelques petits hôtels et restaurants à prix plus raisonnables. Évidemment, en basse saison (de mi-avril à mi-décembre), le prix de l'hébergement chute de façon significative. Attention, les prix affichés ne comprennent pas toujours les 5 % de taxe de séjour que l'on doit acquitter.
À noter que vous trouverez dans les journaux et magazines des coupons de réduction pour toutes sortes d'activités : transports, achats et autres.

ÉLECTRICITÉ

- 220 volts (60 hertz) dans la partie française.
- 110 volts (50 hertz) dans la partie néerlandaise. Vérifier que les chargeurs des téléphones et ordinateurs portables sont prévus pour absorber ces variations. Sinon, un adaptateur sera nécessaire.

ENVIRONNEMENT ET RÉSERVE NATURELLE

Il faut savoir que l'eau est rare, faute de sources naturelles, et que l'eau potable est obtenue par dessalement de l'eau de mer.
Saint-Martin s'est doté en 1998 d'une réserve naturelle de 2 900 ha en zone maritime et de 160 ha en façade littorale (avec 14 étangs), situés dans la partie nord-est de l'île. Elle est destinée à préserver trois écosystèmes essentiels : la mangrove, les herbiers de phanérogames marines et le récif corallien.
La mangrove de Saint-Martin se localise du côté des salines d'Orient et de l'étang aux Poissons. Elle est constituée essentiellement de palétuviers rouges. C'est dans ce milieu protégé que se développent les alevins de nombreuses espèces de poissons et que nichent des oiseaux comme les hérons et les parulines. Par son effet de filtre, elle constitue aussi le meilleur rempart contre l'érosion des sols ou les dégâts des tempêtes et elle empêche les polluants de se répandre dans la mer.
Protéger le récif corallien et les herbiers marins permet la reproduction des espèces de poissons, des crustacés et des tortues de mer. Ils participent à leur alimentation en abritant de nombreux invertébrés et constituent pour les plages une protection contre l'érosion en retenant le sable et les fragments de coraux.
Enfin, les rivages protégés de la réserve font office de garde-fou face à l'expansion de la construction immobilière tout en tenant lieu de sanctuaire à quelques espèces végétales menacées.
Quinze ans après la création de la réserve, cet équilibre reste encore fragile. Les responsables de la réserve doivent se battre pour faire comprendre le lien ténu entre le respect des plages et la ponte des tortues, voire le repos des oiseaux migrateurs, l'absence de nuisance sonore étant par ailleurs essentielle pour la mise bas des jeunes baleines à bosse...
Les clubs de plongée, les loueurs de bateaux et les clubs de sports nautiques et terrestres partenaires de la réserve naturelle nationale de Saint-Martin proposent des activités encadrées sur de nombreux sites. Chaque année, du 1er novembre au 31 août, une redevance de 1,50 € par client et par jour est collectée par ces partenaires et reversée à la réserve. Les sociétés partenaires arborent un logo bleu « Société partenaire ». Sachez les reconnaître et contribuez vous aussi à l'effort de préservation de ces milieux.
Pour en savoir plus : • *reservenaturelle-saint-martin.com* •

FAUNE ET FLORE

La partie terrestre de la réserve de Saint-Martin s'étend tout au long de côtes rocheuses alternant falaises et plages qui hébergent de nombreuses espèces d'oiseaux marins : frégates, pélicans bruns, sternes et fous de Bassan. Des hérons nichent dans les palétuviers des mangroves. On peut également observer des iguanes se dorant au soleil sur les rochers ou se nourrissant dans les forêts. Côté mammifères, on note le *racoon* et la mangouste qui se nourrissent d'œufs, de crabes et de petits poissons des mangroves et des massifs coralliens.

La partie maritime est composée d'herbiers de phanérogames marines et de formations coralliennes. Les herbiers sont d'une importance essentielle pour les hauts-fonds sablonneux. Comme oxygénateurs de l'eau de mer, ils freinent les courants et contribuent à la clarté de l'eau. Tout comme les fonds coralliens, ils servent d'habitat et de garde-manger aux nombreuses espèces d'invertébrés et de mollusques ainsi qu'à des tas de poissons. Au large, il n'est pas rare d'observer des baleines à bosse durant la période de reproduction, de janvier à mai, ainsi que de grands dauphins.

FÊTES

Le grand moment de l'année est évidemment le *carnaval*, en fait les carnavals : côté français il se déroule en février, comme en Guadeloupe, et se termine avec le mercredi des Cendres (festivités le mardi soir à Grand-Case notamment) ; côté néerlandais, il dure 17 jours pendant la seconde moitié du mois d'avril, la parade principale coïncidant habituellement avec l'anniversaire de la reine Béatrice (le 30 avril) et devant désormais s'adapter avec celui du roi, qui eut la bonne idée de naître le 27 avril 1967. En dehors de ce sommet festif de l'année, pour les gastronomes, signalons les *Mardis de Grand-Case*, même si beaucoup se contentent ce jour-là de faire la fête en avalant bières et *ribbs*, pour certains.

Autres jours de fête en tous genres : la *régate Heineken* (début mars), l'*Emancipation Day* (1er juillet, côté néerlandais), ainsi que les jours fériés républicains côté français.

PLONGÉE SOUS-MARINE

Les cyclones Luis (1995) et Lenny (1999) ont durement secoué les fonds marins et beaucoup de coraux ont été arrachés. Patience, les coraux repoussent lentement mais sûrement, et depuis une dizaine d'années, les cyclones ont épargné la région. Éviter cependant de programmer un séjour-plongée pendant la saison cyclonique (septembre-octobre) et se méfier de la période mi-décembre à fin janvier. Les vents sont alors assez soutenus et les conditions d'immersion parfois un peu sportives, surtout sur les sites exposés. Mais sinon, la visibilité est excellente, les fonds superbes, et les photographes trouveront des conditions optimales.

Avec environ 55 spots de plongée, Saint-Martin présente des paysages encore différents de ceux de Martinique, de Guadeloupe ou de Saint-Barthélemy. Mais il faut noter que la majorité des sites n'est accessible qu'à des plongeurs de Niveau 1 minimum. Seuls le Sec de Grand-Case, le Rocher créole et l'îlet Pinel (pointe sud) présentent une topographie adaptée aux évolutions des débutants. Les amateurs d'épaves pourront visiter avec plaisir le *Roro*, *The Bridge*, le *Grégory II*, le *Fuh Sheng*, la *Renée*, la *Porpoise*, l'*Isabelle*, le remorqueur à Tintamarre et de nouvelles épaves immergées au fil des ans.

Saint-Martin est aussi un bon point de départ pour plonger autour d'autres îles : Saba, réserve marine très réputée, dont la réglementation draconienne a préservé la faune et la flore ; Saint-Barthélemy, qui possède des fonds rassemblant des espèces coralliennes plus variées qu'à Saint-Martin ; Anguilla, qui devient une destination prisée des plongeurs en mal d'aventure en raison

des trois galions engloutis dans une zone houleuse, exposée aux vents, qui font rêver en raison d'hypothétiques pièces d'or...
Pour plonger malin, il est intéressant de se procurer la carte marine du coin que vous voulez explorer auprès du ***Service hydrographique et océanographique de la Marine*** *(CS 92803, 29228 Brest Cedex 2 ; ☎ 02-98-22-17-47 ; • shom.fr •).*

POPULATION

Les plus anciens habitants de l'île étaient les Indiens arawaks. Ils construisaient des bateaux de pêche, cultivaient maïs, manioc et tabac, et étaient d'habiles fabricants de paniers. Les traces de leur passage sont à présent conservées au petit musée de Marigot... Ils ont complètement disparu, décimés par les maladies importées par les conquistadores.
Au XXe s, Saint-Martin a connu – et elle connaît encore – une véritable explosion démographique. En 1980, l'île ne comptait guère plus de 21 000 habitants (8 000 côté français, 13 000 côté néerlandais). 35 ans plus tard, on atteint plus de 80 000 habitants pour l'ensemble de l'île. C'est le développement du tourisme qui est à l'origine de ce boom : jusqu'aux années 1960, beaucoup de Saint-Martinois s'exilaient dans les îles voisines (Saint-Domingue ou Aruba et Curaçao), voire aux États-Unis, pour trouver du travail. Métropolitains vivant du tourisme ou venus pour couler une retraite ensoleillée, Haïtiens fuyant la misère, Dominicains (de Saint-Domingue), Dominiquais (de la Dominique) à l'étroit sur leur île et à la recherche d'une vie plus facile, ils sont nombreux à avoir choisi Saint-Martin. L'île compterait au total entre 100 et 115 nationalités, et on y entend donc parler pas mal de langues. Il ne faut tout de même pas s'imaginer que l'île est un eldorado aux richesses inépuisables... De nombreux quartiers accueillant les nouvelles populations immigrées, par exemple dans la Middle Region, à Sandy Ground ou à Quartier d'Orléans, contrastent fortement par leur pauvreté avec les résidences défiscalisées qui, de plus en plus, colonisent les pentes des mornes...
Si l'on évoque parfois un climat tendu sur l'île, c'est avant tout la manifestation d'une misère sociale rampante au sein d'une population jeune dont les perspectives d'avenir restent désespérément bouchées (30 % de chômage chez les moins de 25 ans), à moins de se résoudre à un exil vers les autres îles caraïbes (dont ils partagent la langue) ou vers les banlieues des villes américaines (dont ils partagent la culture).
Ne vous étonnez donc pas de trouver des caméras à tous les coins de rue dans la capitale hollandaise, la plus sécurisée de l'île, ou même de voir des vigiles veiller sur vos agapes lors des mardis de Grand-Case. C'est le prix de la sécurité que les commerçants ont choisi de payer afin de ne pas faire fuir la clientèle anglo-saxonne, notamment.

L'ESPERANTO DES ANTILLES

Environ 320 000 personnes parlent actuellement le papiamento aux Antilles. Au large du Venezuela (îles d'Aruba, Bonaire et Curaçao) ou encore à Saint-Martin et même Porto-Rico, on peut entendre ce créole des Antilles néerlandaises, résultat de leur passé complexe. Le papiamento trouve ses origines aux XVIe et XVIIe s, dans un dialecte portugais utilisé par les esclaves africains. Mais on y reconnaît également des mots d'espagnol, de néerlandais, de français, d'anglais et de langues africaines.

SITES INTERNET

- ***iledesaintmartin.org*** • Site officiel de l'office de tourisme côté français. Toutes les infos pratiques sur l'île : transports, hébergement, restauration, activités...
- ***st-maarten.com*** • Site sur Saint-Martin, mais côté néerlandais (en anglais).
- ***teledom.fr*** • Assez pratique pour trouver un numéro de téléphone ou une adresse à Saint-Martin (côté français ou néerlandais).

• *edm.sxm.free.fr* • Un site intelligent et ludique exclusivement consacré à l'environnement naturel de l'île de Saint-Martin : sa faune, sa flore et l'ensemble de l'écosystème. Liste des randos sur l'île.
• *reservenaturelle-saint-martin.com* • Le site officiel de la réserve naturelle, sous forme de journaux à télécharger.
• *jabiru-blog.com* • Blog tout en couleur d'un Français reporter-photographe amoureux de Saint-Martin. Organise également des visites guidées en dehors des sentiers battus.

TÉLÉPHONE

Ne pas oublier que les appels entre les deux parties de l'île sont des appels internationaux.
– ***Partie française → partie néerlandaise de l'île :*** il faut composer le ☎ 00-1721-54 vers les postes fixes, puis le numéro du correspondant à 5 chiffres. Et vers les mobiles ☎ 00-1721-55 ou 52 selon fournisseur d'accès, puis le numéro à 5 chiffres du correspondant.
– ***Partie néerlandaise → partie française :*** il faut composer le ☎ 00-59, puis les 10 chiffres du numéro de votre correspondant, fixe (commençant avec 05-90) ou portable (en 06-90).

Numéros d'urgence

– ***Partie française :*** ***gendarmerie*** *:* ☎ *17 ;* ***pompiers*** *(caserne à Grand-Case) :* ☎ *18 ;* ***SAMU*** *:* ☎ *15 ;* ***médecins de garde*** *:* ☎ *05-90-90-13-13 ;* ***hôpital*** *(quartier Concordia, à Marigot) :* ☎ *05-90-52-25-25.*
– ***Partie néerlandaise*** *:* ***urgences*** *:* ☎ *911 ;* ***police*** *:* ☎ *111 ;* ***hôpital*** *:* ☎ *(1721) 543-1111.*

TIME-SHARE

Saint-Martin serait la 2e destination pratiquant le *time-share* (temps partagé, bref, la multipropriété) au monde. Malgré des déconvenues cuisantes, comme, par exemple, des frais d'entretien faramineux (en plus du coût de la mise de départ) ou l'impossibilité de revendre sa part tant que le contrat est en cours, certains se laissent encore prendre au jeu. Expression on ne peut plus juste puisque les méthodes employées avec les touristes, en 20 ans, ont peu changé. Refusez catégoriquement toute proposition que l'on vous fait dans la rue, voire des jeux factices que vous auriez gagnés. Surtout sur Front Street à Philipsburg, des démarcheurs ou des kiosques qui s'intitulent *Tourist Information* proposent notamment, contre une « visite d'information », des remises parfois substantielles sur diverses activités dans l'île. Ce sont des manœuvres pour vous faire signer, malgré vous, des contrats de *time-share*. Notez que tout engagement contracté sur la partie néerlandaise ne permet pas de faire appel aux autorités françaises en cas de litige.

TRANSPORTS INTÉRIEURS

Les distances sont courtes, mais la densité démesurée de voitures et l'état des routes rendent la circulation dense, voire très dense, sur la N7, qui dessine plus ou moins le contour de l'île. Surtout en semaine, bien sûr, aux heures des bureaux, des magasins et des écoles.

En bus

Dans la journée, des liaisons en bus (en fait, des minibus avec, sur le pare-brise, la destination indiquée) sont assurées entre les villes et villages de Quartier d'Orléans, Philipsburg, Marigot et Grand-Case. Pour mettre fin à l'anarchie dans les horaires, les fréquences et les points d'arrêt inexistants, on note un réel effort d'organisation par les autorités côté français. Les arrêts de bus poussent comme des champignons, et on espère que les deux parties de l'île parviendront à mutualiser leurs réseaux. En attendant, il faut encore se mettre sur le bord de la route et faire signe quand le bus arrive. Compter de 1 $ à un peu moins de 2 $ selon la destination. Derniers bus entre 18h et 19h.

En taxi

Les taxis se sont organisés pour améliorer le service. Ils sont identifiables avec un logo et ont mis en place un système de tarifs fixes selon les zones desservies (affichés dans les aéroports).

En véhicule de location

Beaucoup de voyageurs optent pour cette solution. Compter environ 40 € par jour pour une voiture économique.
- ***Attention :*** il est impératif de ne rien laisser de visible dans les voitures, au risque pour celles-ci d'être « visitées ». Un réflexe que l'on devrait avoir partout d'ailleurs.
- ***Soyez prudent :*** les routes sont étroites et jalonnées de très nombreux ralentisseurs, la plupart du temps peu ou pas signalés. Certains sont vraiment redoutables. Et la priorité à droite n'existe pas du côté néerlandais.
- ***Embouteillages :*** une vraie plaie dans cette petite île présentant une densité de population assez vertigineuse. Du coup, la circulation aux heures de bureau du côté de Marigot, Grand-Case ou Philipsburg peut s'avérer cauchemardesque. Par ailleurs, il est préférable d'éviter les abords de Simpson Bay Lagoon à certaines heures. En effet, les ponts se lèvent pour laisser sortir ou entrer les bateaux. À Marigot, côté Sandy Ground, cela se passe à 8h15, 14h30 (sauf dimanche) et 17h30. Dans la partie néerlandaise (après l'aéroport), à 9h, 9h30, 11h, 11h30, 16h30 et 17h30.

■ ***Location de voitures :*** les grandes compagnies internationales (*Avis, Budget, Europcar, Hertz, Golfe Car Rental,* etc.) se trouvent aux 2 aéroports de l'île. Vous trouverez aussi une multitude de loueurs plus locaux comme : ***Caraïbes Car Rental*** *(Howell Center, lot. 89, ☎ 05-90-29-64-26)* ; ***Esperance Car Rental*** *(3, rue de la République, Marigot, ☎ 05-90-87-51-09).*

À vélo

À éviter si l'on n'est pas un habitué. Le relief de l'île et la densité de circulation ne sont pas très favorables... sauf pour les passionnés qui se régalent en se lançant à l'attaque des reliefs de l'île. Il existe plusieurs loueurs de VTT.

En stop

Fonctionne assez bien. La preuve, de nombreux autochtones l'utilisent.

MARIGOT

(97150)

▶ Pour le plan de Marigot, se reporter au cahier couleur.

C'est la capitale de la partie française, mais de langue... anglaise. La marina Royale et l'agréable bord de mer sont les deux zones particulièrement

fréquentées, avec boutiques et nombreux restaurants destinés aux vieux loups de mer et aux touristes aux tempes et aux portefeuilles argentés. Entre les deux, il existe un quartier plus authentique où vous trouverez des maisons en bois de style caraïbe, mais où il vaut mieux éviter de se promener le soir. D'ailleurs, si vous arrivez en fin de journée, vous risquez d'être un peu perdu. Pas de centre visible, des embouteillages, des rues défoncées, un sens de circulation assez difficile à saisir d'emblée... Marigot peine à retrouver sa vie et son allure d'autrefois, concurrencée côté hollandais par une demi-sœur qui a profité au mieux, ces dernières années, d'une situation économique penchant en sa faveur. Même le front de mer semble peiner ici à retenir les visiteurs, qui se contentent de laisser leur voiture face à la mer, mais ne marchent pas, ou si peu, pour gagner un des restaurants qui font la réputation de la ville. Ne manquez pas d'aller faire un tour, de bon matin, au marché, pour profiter d'une vie qui renaît, avec les *lolos*, les marchands de tout et parfois de rien...

Adresses utiles

i Office de tourisme *(hors plan couleur par A3) : route de Sandy Ground. ☎ 05-90-87-57-21/23 ou 05-90-51-05-30. • contact@iledesaintmartin.org • iledesaintmartin.org • Lun-ven 9h-17h.* Élégant édifice de style créole bleu et blanc, avec une spectaculaire fresque au plafond. Importante doc dont la brochure « Nature » sur l'écotourisme à Saint-Martin, très bien faite. Service efficace. Organise des visites guidées de l'île.

✉ **Poste** *(plan couleur A2) : rue de la Liberté. Lun-ven 7h (8h mer)-18h ; sam 7h30-12h30.* Distributeur automatique de billets.

■ **Banques avec distributeurs** *(plan couleur B1-2) : sur la rue de la République, on en trouve 3* **(BRED, Crédit mutuel, BDAF).**

■ **Gendarmerie :** *7, rue de Spring, Concordia. ☎ 17.*

🚗 **Taxis** *(plan couleur B2,* **6***) : sur le parking devant l'embarcadère.* Si les chauffeurs ne sont pas dans leur véhicule, on les trouve dans la petite case au milieu du parking, au risque de les déranger en pleine partie de carte ou de dés !

■ **Air Caraïbes** *(hors plan couleur par A3) : rue du Morne-Ronde,* **Sandy Ground,** *à côté de l'office de tourisme. ☎ 0820-835-835. • aircaraibes.com • Lun-ven 9h-13h, 14h30-17h.*

Où dormir ?

Domotel *(hors plan couleur par B2,* **13***) : 17, rue Tah-Bloudy ; au niveau d'un centre commercial. ☎ 05-90-87-77-13. • hoteldomotel@gmail.com • hotel-domotel.com • ♿ Dans le quartier de Concordia, un quartier calme, situé à 500 m de la ville en allant vers l'intérieur des terres. Compter 55-70 €/nuit pour 2-3 pers selon confort. Familiale 80 €.* 📶 Dans un quartier mi-résidentiel mi-commercial, 13 chambres modernes, assez petites mais climatisées, avec TV et réfrigérateur. Dans un autre bâtiment, des chambres un peu plus confortables et 1 appartement aménagé pour les personnes handicapées. Le tout bien fonctionnel et au calme. On prend le petit déjeuner dans la boulangerie tout à côté !

Hôtel Mercure *(hors plan couleur par A3,* **12***) : baie Nettlé (à 2,5 km après le pont, à gauche en venant du centre-ville). ☎ 05-90-87-54-54. • h1100-re@accor.com • mercure.com • ♿ Dans un quartier résidentiel, qui s'étire face au lagon, à deux pas des plages. Doubles 127-237 € selon confort et saison. Promos sur Internet.* 📶 Entièrement rénové, dans un design créole contemporain. Au calme, et même au vert, côté jardin, avec piscine, plage privée, centre nautique (voir plus loin) et un restaurant proposant, côté plage, une cuisine de qualité. Une vraie bonne surprise, pour ceux qui ont connu ce lieu dans un état de délabrement avancé. Accueil impeccable, ambiance plutôt cool.

Où manger ? Où boire un verre ?

Dans le centre, sur le front de mer

🍽 🍸 À ne pas rater, les ***lolos*** *(plan couleur A2, **29**)*, très couleur locale, à l'extrémité du marché aux souvenirs. Un incontournable : ***Chez Enoch's,*** avec sa terrasse devant laquelle tout le monde passe. Ou ***Chez Rosemary,*** un des plus vieux *lolos* de la place. Encore plus sympa les jours de marché. En revanche, prudence nécessaire si vous traînez ensuite le soir dans le centre. On peut boire un jus de fruits sur des tabourets à l'***Arh A Wak*** *(plan couleur B2, **30**)*, ou s'en jeter un juste en face, plus local certainement, chez un rasta connu comme le loup blanc.

🍽 🍸 ***Sarafina's*** *(plan couleur A2, **21**)* **:** *face au port. Tlj 6h-19h30. Plats autour de 10-11 €.* Viennoiseries et pâtisseries françaises, et toutes sortes de sandwichs, crêpes, glaces, plats de fast-food, etc. À déguster du petit déj au soir. Le rêve pour les Américains, qui adorent l'endroit, sa grande terrasse et ses confortables fauteuils rouge pétant. Ils y mangent à toute heure viennoiseries, tartes aux fraises et à la crème fouettée. Faites comme eux...

🍽 ***Claude Mini-Club*** *(plan couleur A2, **22**)* **:** *bd de France, sur le front de mer. ☎ 05-90-87-50-69. • miniclub@me.com • Tlj sf dim et j. fériés. Formule 16 € le midi, le soir menus à partir de 30 €. Un ti-punch offert sur présentation de ce guide.* Le plus ancien resto de Marigot, réputé pour ses acras de morue et sa fricassée de lambis. Les mercredi et samedi soir, buffet créole avec langouste à volonté. Belle vue depuis la salle tout en bois, fraîche et ouverte sur le large, avec des cocotiers qui traversent le plancher. Accueillant mais touristique, évidemment.

🍽 ***Chabin's Café*** *(plan couleur A2, **24**)* **:** *37, bd de France, front de mer. ☎ 05-90-87-50-12. Plats 14-18 €. Tlj sf dim, et lun soir.* Voilà peut-être la table la plus sincère, la plus savoureuse de la ville. Plancher en bois, case créole avec vue ouverte sur la cuisine, musique d'ambiance. Le planteur servi à l'apéro n'est pas pour les fillettes, la salade antillaise avec le crabe farci relevée à souhait, le tazard grillé sauce chien un délice, tout comme la fricassée de lambis ou la blanquette de veau. Un lieu improbable comme on les aime.

🍽 ***O Plongeoir*** *(plan couleur A1, **23**)* **:** *marina de Fort-Louis, face au port de Marigot. ☎ 05-90-87-94-71. Tlj 8h-23h env. Petit déj copieux env 9 € ; plats env 14-24 € selon sa faim.* Maison créole tout en bois peint dans les tons gris, avec une immense terrasse en teck. Jolie vue sur les yachts de la marina de Fort-Louis pour mieux apprécier une carte standard de poissons, viandes, pâtes et tapas, que les habitués continuent de plébisciter, ce qui est bon signe. Un peu plus au calme que les autres. Bonne musique.

À la marina Royale

Des brasseries au nom français et à la carte internationale, où l'on vient vous chercher sur le quai en vous promettant la meilleure cuisine de l'île, idéales pour les touristes américains qui rêvent de Paris dans les Caraïbes. N'hésitez pas à vous enfoncer à l'intérieur des galeries, qui semblent elles aussi avoir connu des jours meilleurs, à la recherche du petit bar à vin ou du resto thaï correct, si vous tenez vraiment à dîner à la marina. Ou posez vous en terrasse, à ***La Petite Auberge des Isles*** *(plan couleur A3, **25**)* *(☎ 05-90-87-56-31. Tlj sf sam midi et dim. Repas env 25 €).* Pour un repas sans trop se ruiner, avec les bateaux à vos pieds. Cuisine française relevée d'une touche d'exotisme et spécialités créoles.

Dans le quartier Sandy-Ground et baie Nettlé

Le Chalet : *73, route des Terres-Basses,* **Sandy-Ground.** ☎ *05-90-27-16-98.* • *schnee.isabelle@wanadoo.fr* • ♿ *À 1 km vers le sud-ouest, sur la gauche en venant de Marigot, 800 m après le pont. Tlj sf dim. Résa conseillée. Formule rapide 10-15 € le midi. Carte env 25-35 €.* Les Alpes au niveau de la mer ! Ce restaurant de spécialités savoyardes propose fondues (10 différentes), raclettes à l'ancienne et tartiflettes... et ne désemplit pas, comme quoi ! N'oubliez pas vos moufles !

Ma Ti Beach : *route des Terres-Basses,* **baie Nettlé.** ☎ *05-90-87-01-30. À 2,5 km vers le sud-ouest, après le pont, c'est le dernier resto à droite tt au bout de la baie Nettlé en venant de Marigot. Situé au bout de l'hôtel* Nettlé Bay Beach Club. *Plats pour ts les budgets, 10-25 €.* Succession de terrasses en bois avec grandes tables couvertes de paillotes. Très belle vue sur toute la baie et Marigot au loin depuis la terrasse la plus haute, en forme de pont de bateau, comme arrimée à la plage. Carte orientée vers la mer, d'inspiration créole mais faisant aussi honneur à la cuisine française. Vivier à langoustes.

Où manger dans les environs ?

Les restos de la Loterie Farm : *103, route du Pic-Paradis,* **Rambaud.** ☎ *05-90-87-86-16.* • *loteriefarm@yahoo.com* • *À l'entrée de la* Loterie Farm *(voir plus loin « Dans les environs de Marigot »). Compter 10-20 € l'assiette de tapas dans le lounge (mar-dim 11h-23h ou minuit) ; plats autour de 20-25 € dans les deux restos (mar-dim midi 12h-15h, 18h30-21h30).* Ambiance tropicale et canopée dans le *Tree lounge* et dans les deux restaurants dissimulés dans la végétation. De la classe et reposant. Le soir, c'est encore plus intime avec les loupiotes comme des lucioles et les bruits mystérieux de la nature. Cuisine française, créole et américaine, ou les trois à la fois, revue et modulée selon l'endroit que vous choisirez. Un melting-pot de sucré-salé ou de chaud-froid aussi original que ce lieu en dehors des sentiers battus, sorte d'écolodge aux portes d'un vaste domaine forestier où l'on marche, grimpe et vole même, au rythme de la nature.

À voir

Pas grand-chose, hormis, vers le port, ces maisons en bois couvertes de toits rouges et le fort Louis qui domine la baie.

Le marché aux fruits et légumes *(plan A2) : surtout mer et sam, dans un aménagement récent de style créole. Ouv 8h-15h.* Les bananes plantains, les melons et divers produits tropicaux sont étalés sous vos yeux. Les vieilles Antillaises surveillent leurs étals tout en papotant. Beaux poissons également. Vente de rhums arrangés, aux fruits, aux épices, etc., de fabrication familiale, vendus dans des bouteilles adaptées au transport en avion. Tarif beaucoup plus attractif que dans les boutiques de l'île et dégustation obligatoire ! Malheureusement, malgré son pittoresque haut en couleur, le marché peine à retenir un public qui traverse le rond-point pour aller retrouver les marchands de vêtements et souvenirs en tous genres. Cherchez Nicole. 20 années passées à travailler la fibre de coco et une gouaille certaine ont fait d'elle la reine du marché. Elle connaît les vrais créateurs, perdus au milieu de pacotilles d'importation sans grand intérêt ni authenticité. En revanche, si vous contournez le marché, beaucoup d'ambiance dans les *lolos* (voir « Où manger ? Où boire un verre ? »)...

Le vieux fort Louis *(plan couleur A-B1) : se garer derrière l'église et le centre médico-social, puis petite grimpette à pied. GRATUIT.* Achevé en 1789 par le chevalier de Durat (l'une des dernières réalisations de l'Ancien Régime !). Seulement quelques murs et des canons, mais il domine la ville de Marigot, offrant une très belle vue sur la baie Nettlé et la péninsule de Terres-Basses. Les photographes et les plus courageux y monteront le matin.

Museum, Sur la trace des Arawaks *(plan couleur B1) : au niveau de l'église, dans l'ancienne prison (1789). 06-90-56-78-92. • museesaintmartin.com • Lun-ven 9h-13h, 15h-17h. Entrée payante.* Un petit musée qui retrace l'histoire de l'île à l'époque précolombienne et coloniale, et mériterait bien que les institutions s'intéressent à son sort, ne serait-ce que pour l'ouvrir aux visiteurs, le week-end. Également des infos sur les milieux naturels et la géologie. Propose des visites de l'île (2h), à la découverte du patrimoine.

Plongée sous-marine

Club de plongée

■ ***Blue Odyssey Diving :*** *hôtel Mercure, **baie Nettlé.** ☎ 05-90-87-84-15. 06-90-64-35-87. • contact@blue-odyssey-diving.com • blue-odyssey-diving.com • Hôtel situé 2,5 km après le pont, sur la gauche en venant de Marigot. Se garer sur le parking, le plus loin possible au fond. École au sein d'une base nautique. Snorkelling 35 € ; plongée simple 50 € ; baptême 80 € ; forfaits 3, 5 et 10 plongées (prix dégressifs).* Formations FFESSM, PADI et ANMP/CEDIP. Plongée baptême et pack découverte (la 1re après baptême) à - 6 m autour du Rocher créole. Sorties à 8 h). 2 bateaux pour la plongée, l'un pour 15 passagers, l'autre pour 6. Baptêmes enfants à partir de 8 ans.

Nos meilleurs spots

Le Banc de Médée *(carte Saint-Martin : nos meilleurs spots de plongée,* ***16****) :* récif de - 8 à - 15 m. Dépression au milieu du banc à - 12 m. Pour plongeurs de Niveau 1. À faire par temps calme. La moindre agitation provoque une suspension de particules de sable, la visibilité devenant déplorable. Tous les bateaux-navettes pour Anguilla passent entre la bouée cardinale et le récif : difficile, alors, pour les cancres de la flottabilité...

La Renée *(carte Saint-Martin : nos meilleurs spots de plongée,* ***15****) :* épave faisant partie des rares plongées profondes autour de Saint-Martin. Pour plongeurs de Niveau 3 minimum. Explo en dérive. Cargo long d'une centaine de mètres, échoué sur une plage de la baie Nettlé pendant le cyclone Luis de 1995 et remis à flot. Il repose à - 43 m, parallèlement à un tombant éloigné de 120 m environ. À la jonction de la coque et du sable, d'importantes niches à poissons.

DANS LES ENVIRONS DE MARIGOT

Le pic Paradis : *au niveau du hameau de **Rambaud,** en allant vers Grand-Case, prendre à droite la petite route indiquée « pic Paradis ». Montée de 4 km sur une route étroite en mauvais état.* Attention, ne laissez rien dans la voiture, et même, ne la fermez pas à clef, pour éviter de trouver vos vitres ou portes fracturées ! De nombreux vols ont été signalés ici, malgré les rondes régulières de la gendarmerie. La route pentue se termine aux installations de France Télécom. Puis, en moins de 10 mn d'une bonne grimpette, vous serez au point culminant de l'île, le pic Paradis (424 m). Évitez, évidemment, les tongs, même si la balade n'est pas très difficile. Contourner l'enclos au niveau du panneau explicatif pour gagner le promontoire en rocher. Vue fantastique sur Marigot et la baie Nettlé.

Loterie Farm : *103, route du Pic-Paradis, **Rambaud.** ☎ 05-90-87-86-16. • info@loteriefram.com • loteriefarm.net • Au début de la route pour le pic, avt la*

SAINT-MARTIN

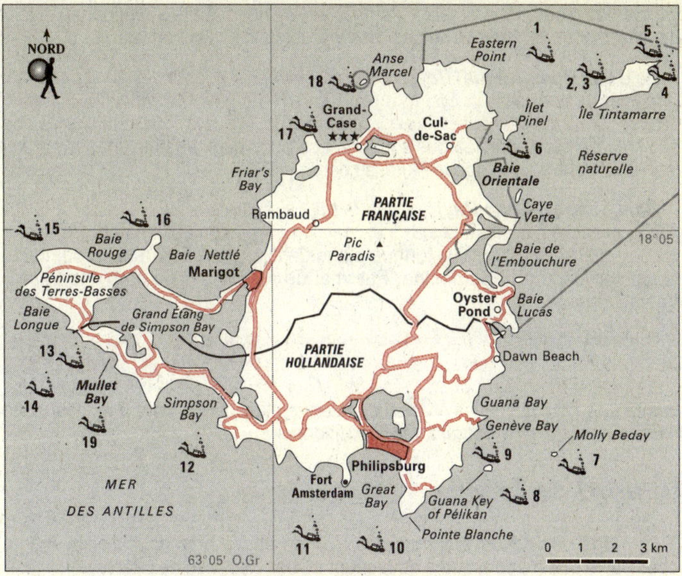

SAINT-MARTIN : NOS MEILLEURS SPOTS DE PLONGÉE

grande montée. Mar-dim 9h-16h. Entrée : 5 € pour la balade individuelle ; 25 € avec guide et transfert en bus ; accrobranche 35-55 €, réduc enfants. Entre montagne et forêt tropicale, loin des plages et de l'activité, on pénètre ici dans un lieu certes un peu en dehors du temps, mais où vous avez peu de chance de vous retrouver seul au milieu de la jungle, le week-end. La *Loterie Farm,* une ancienne plantation de canne à sucre, recense des milliers d'espèces végétales (manguiers, papayers, goyaviers, acajou...). Les animaux ne sont pas en reste : iguanes, colibris, singes, mangoustes et perroquets. Le maître des lieux est américain, une grande partie de sa clientèle aussi. Même si beaucoup se contentent d'y déjeuner, on vient aussi ici pour randonner ou voler de branche en branche. Également des cours de yoga, des massages et une grande piscine d'eau de source. (voir « Où manger dans les environs ? »).

***Le monument de la Frontière** (Boundary Monument) :* au sud de Marigot, sur la route de Philipsburg, un petit monument symbolise la « ligne de démarcation cadastrale franco-néerlandaise » et rappelle la bonne entente entre les deux nations.

Les plages

Après tout, on est là pour ça ! Sur les 37 plages de l'île, les plus belles ne sont pas dans les proches environs de Marigot, mais sans s'éloigner trop, on en trouve tout de même qui feront très bien l'affaire.

À l'ouest, en direction de l'aéroport

Baie Rouge : *tt au bout de la ligne droite de la baie Nettlé et bordée de belles villas. Très facile d'accès depuis la route et très populaire.* Petits restos créoles sympas, les pieds dans le sable, dont *Chez Raymond*. Faire attention, en revanche, à fermer sa voiture et à ne pas laisser d'objets de valeur en vue.

Baie aux Prunes (Plum Bay) : *péninsule des Terres-Basses, entre la pointe du Canonnier et la falaise aux Oiseaux. De la baie Rouge, en continuant vers l'aéroport, prendre sur 2,5 km une route qui serpente à travers une zone résidentielle très chic.* Mer agitée, appréciée des surfeurs. Les bons nageurs peuvent s'aventurer jusqu'aux rochers de la pointe Plum, au nord.

Baie Longue (Long Bay) : *depuis la baie aux Prunes, continuer la route sur 1,5 km (prendre à droite à la fourche), puis encore 1 km le long du grand étang avt de se garer.* C'est la plus longue plage de l'île, elle s'étend de la pointe du Canonnier jusqu'à la Sammana. Pas mal de rochers, mais ambiance assurément *Obao*.

Cupecoy Bay : *à la « frontière » entre partie néerlandaise et partie française, juste au nord des complexes hôteliers et face au très moche et très grand* Blue Mall. *Accès par un petit chemin (se garer sur un terre-plein près des hôtels).* Magnifiques petites criques au pied de falaises blanches ou ocre. Pas beaucoup de place et pas mal de courant. Maillot optionnel.

Au nord de la ville

La plage des Amoureux : un mouchoir de poche près de la pointe Arago. Accès par le port de commerce de Marigot ou depuis l'anse des Pères.

Friar's Bay : *au nord de Marigot. Sur la route de Grand-Case, à 2 km de Marigot, prendre à gauche en direction de l'ancienne sucrerie (indiquée). 2 km de route, puis une piste carrossable.* Plage familiale. Deux restos de plage, dont *Kali's*, célèbre pour ses soirées les nuits de pleine lune *(full moon party)*, et *Friar's Bay Beach Café*. De là, suivre le sentier qui part du nord de la plage (10 mn de marche) pour découvrir le petit paradis tropical de ***Happy Bay***.

GRAND-CASE (97150)

La deuxième bourgade française de l'île et la plus pittoresque. C'est dans le coin que semblent s'être installés les premiers habitants de l'île, sur le site de Hope Estate, dans la plaine de l'étang, derrière le village (traces d'occupation humaine remontant à 1800 av. J.-C.). De superbes maisons en bois entourées d'hibiscus bordent l'unique rue. Jolie plage de sable fin, bizarrement assez peu fréquentée, alors que la mer, d'un bleu turquoise intense, est plutôt calme. Pour tout dire, notre endroit préféré à Saint-Martin, même si les restaurants chic ont envahi ce village de poupées, lui valant la réputation de « Gourmet Capital of the Caribbean ». Rien que ça ! Ce qui n'empêche pas la plus grande partie des visiteurs de faire la queue pour des *ribs* ou des sandwichs auprès des *lolos*. Surtout lors des fameux mardis de Grand-Case, de mi-janvier à mi-avril, quand la grande rue, devenue piétonne pour un soir, se donne des airs de carnaval.
Choisir de dîner ici et profiter de l'animation du village le soir, car le midi, quasiment tous les restos sont fermés. En revanche, c'est vraiment galère pour se garer. Ne pas hésiter à s'éloigner un peu de la rue principale et marcher. Une rue semi-piétonne, ici, serait en pourparlers. Parlons-en... ce serait une belle idée.

PLANS ET CARTES EN COULEURS

CARTE DES DISTANCES

site inscrit au Patrimoine mondial de l'Unesco
Pointe de la Grande-Vigie
Pointe du Piton
Porte d'Enfer
Pointe à Desbonnes
Trou Madame Coco
Anse Castalia
Anse Laborde
Anse-Bertrand
Marie-Thérèse
Anse à la Barque
Campêche
Pointe Petit-Nègre
Ancienne Sucrerie Mahaudière
Coquenda (ancien moulin)
Haut-de-la-Montagne
Philipsburg
Pointe d'Antigues
Anse du Souffleur
Pelletan
Sucrerie
Beauport
Port-Louis
Gros-Cap
Anse de la Savane
Anse Maurice
Anse Ste-Marguerite
les Mangles
Sainte-Marguerite
Petit-Canal
Bazin
Îlet à Fajou
Îlet Macou
Mangrove
Pointe Macou
Vieux-Bourg
Morne-à-l'Eau
le Moule
Grand Cul-de-Sac Marin
Bosrédon
Gensolin
Jabrun-du-Nord
Château-Gaillard
Jabrun-du-Sud
Chazeau
Rousseau
les Abymes
David
Quatre-Chemins
les Grands Fonds
Baie-Mahault
AÉROPORT PÔLE-CARAÏBES
Riv. Salée
Boisvin
Bouliqui
Grands-Fonds
Louisiane
Pavillon
Douville
Grand-Bois
Deshauteurs
Poirier
Fouché
POINTE-À-PITRE
Cocoyer
Sainte-Anne
Port-Blanc
Plage de Bois-Jolan
Mare-Gaillard
Route d'Argent
Petit Cul-de-Sac Marin
Saint-Félix
Anse à Eblain
Anse à Jacques
Marina-Bas du Fort
le Gosier
Îlet du Gosier
Petit Havre
Pointe Canot
Fort-Fleur-d'Épée
Anse Vinaigri
N 1
N 4
N 5
N 6
N 8
N 10
D 101
D 102
D 103
D 104
D 106
D 107
D 108
D 110
D 111
D 112
D 113
D 114
D 115
D 120
D 122
D 123
22
23
24
25
26
27
33
34
35
MARIE-GALANTE, LES SAINTES, LA MARTINIQUE, SAINTE-LUCIE, LA DOMINIQUE

GUADELOUPE – LA GRANDE-TERRE

■	**Adresses utiles**	
	1 Comité du tourisme des îles de Guadeloupe	
	2 Syndicat d'initiative de Pointe-à-Pitre	
	1 Bus pour le sud de la Grande-Terre	
	2 Bus pour le nord de la Grande-Terre et la Basse-Terre	
	@ 3 Cyber Ka	
	4 Agence de voyages Riverain Tours	
	5 Banques et distributeurs de billets	
	6 Librairie générale Jasor	

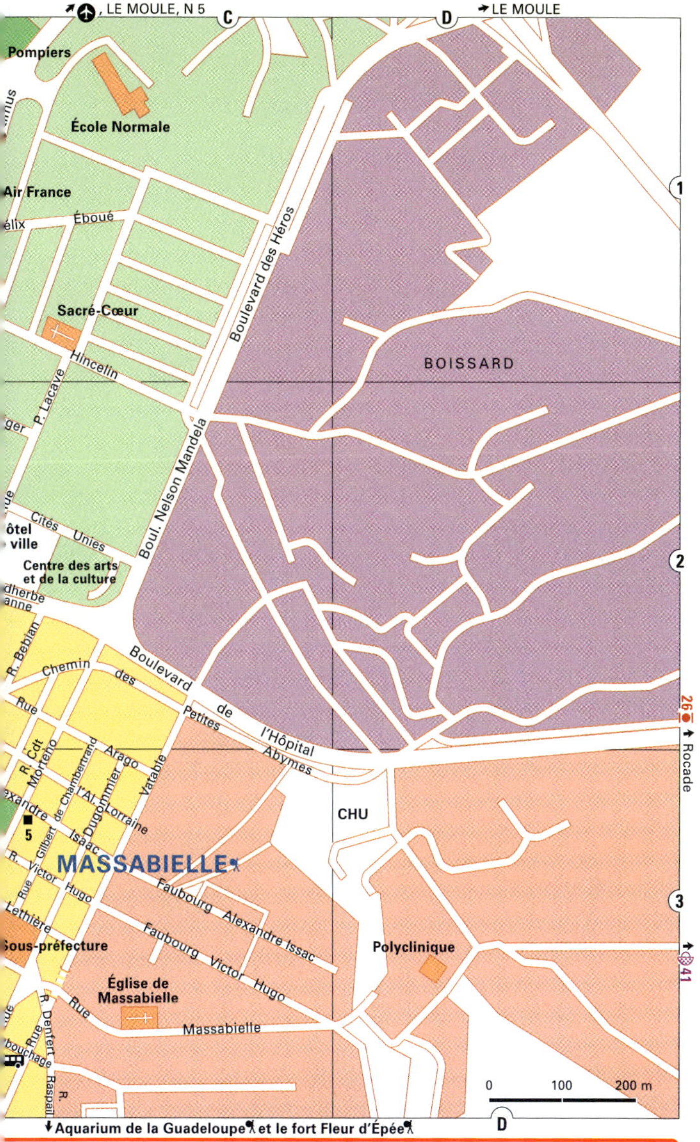

POINTE-À-PITRE

Où dormir ?

10 Hôtel Saint-John Perse

Où manger ?

21 Délices Café
22 Délifrance
23 Fairouz
24 Bella Vita
25 Sucré Salé
26 Espérat
27 La Canne à Sucre
29 Chez Dolmare

Achats

41 Schip-O-Case

■ Adresses utiles	Où dormir ?
Maison du tourisme	10 Gîtes Le Colibri, chez M. Fred Blanchet
Port autonome	11 Le Domaine de Castel

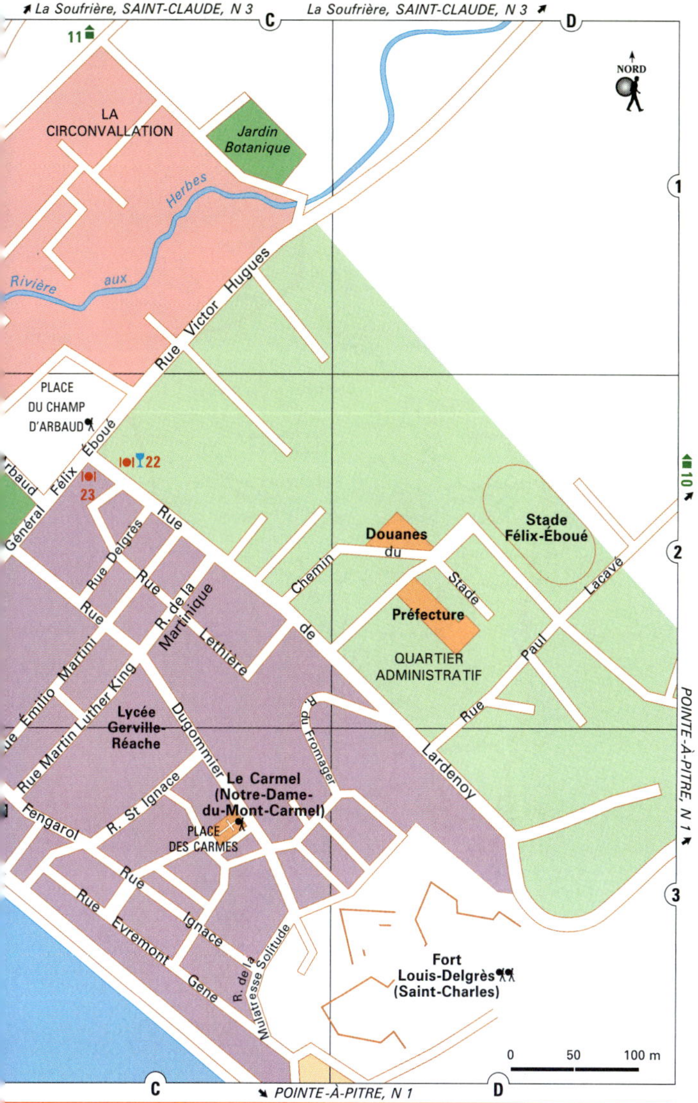

BASSE-TERRE (VILLE)

Où manger ?
Où boire un verre ?

- **21** Le Phœnix
- **22** L'Estrade
- **23** Le Jazzy
- **24** Caprice des Îles
- **25** Relais des Saintes
- **26** Puncherie JPJF

GUADELOUPE – LA BASSE-TERRE

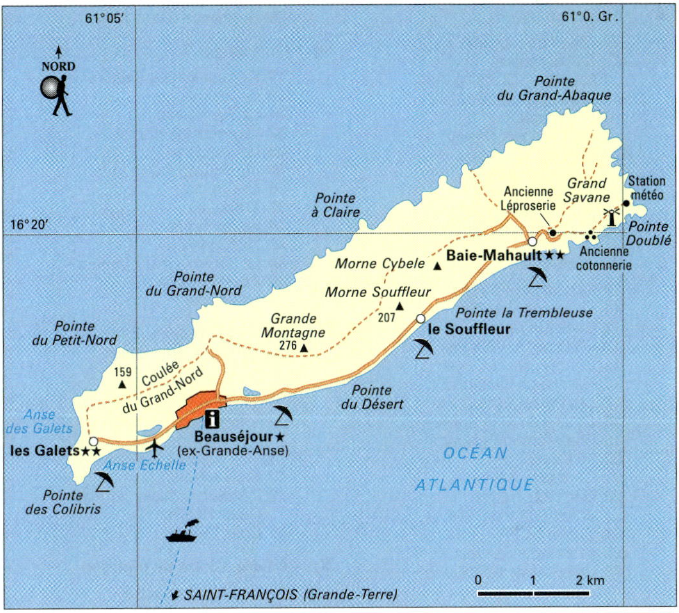

LA DÉSIRADE

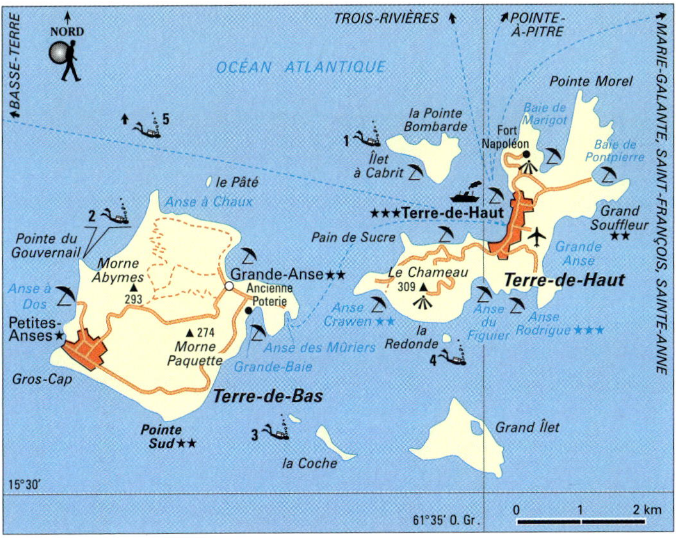

LES SAINTES

Adresses utiles

- Office de tourisme
- Embarcadère
- 1 Médecin : Dr Ballabriga
- 2 et 3 Distributeurs de billets
- 4 Pharmacie
- 5 Médecin : Dr Cassin
- @ 6 Internet
- 7 Tropico Vélo
- 8 Toilettes
- 9 Point Presse
- 30 Christian Maisonneuve

Où dormir ?

- 10 Bungalows Là-Haut
- 11 Villa Anse Caraïbe
- 12 Chez Pierrot
- 13 Gîtes de M. Péderne
- 15 Chez M. Nicol Cassin
- 16 Résidence Iguann'la
- 17 Les Petits Saints
- 18 La Villa du Mas Sucré
- 19 Chez Tonton Fernand
- 20 Lô Bleu Hôtel
- 21 Chez Line Bélénus
- 23 Gîte chez Daniel et Anne-Marie Bride
- 24 Centre UCPA
- 25 Le Paradis Saintois
- 26 Chez Gisèle et Philippe Maisonneuve
- 27 Gîtes Eden Mango
- 28 Gîte Dans un Jardin – Clear Blue Caraïbes
- 29 Résidence Grand Baie

Où manger ?

- 17 Restaurant Les Petits Saints
- 30 Le Triangle
- 31 La Toumbana
- 32 Couleurs du Monde
- 33 La Saladerie
- 34 I Ti Bo Doudou
- 36 Le Génois
- 37 Ti Kaz' La
- 44 Au bon vivre
- 45 La Fringale
- 48 Le Salako, chez Z'Amour
- 49 Escale Créole
- 52 La Paillote

Où boire un verre ? Où déguster une glace ?

- 38 Café de la Marine
- 41 Coconut's
- 43 Ô Bar

Achats

- 60 Kaz An Nou
- 62 L'Atelier du Savon et Atelier Cathy Régnier
- 63 Chez Cillette

À faire. Clubs de plongée

- 27 Croisières en voilier
- 28 Centre Éco Nautique
- 50 Pisquettes
- 51 La Dive Bouteille

LE BOURG DE TERRE-DE-HAUT - REPORTS DU PLAN

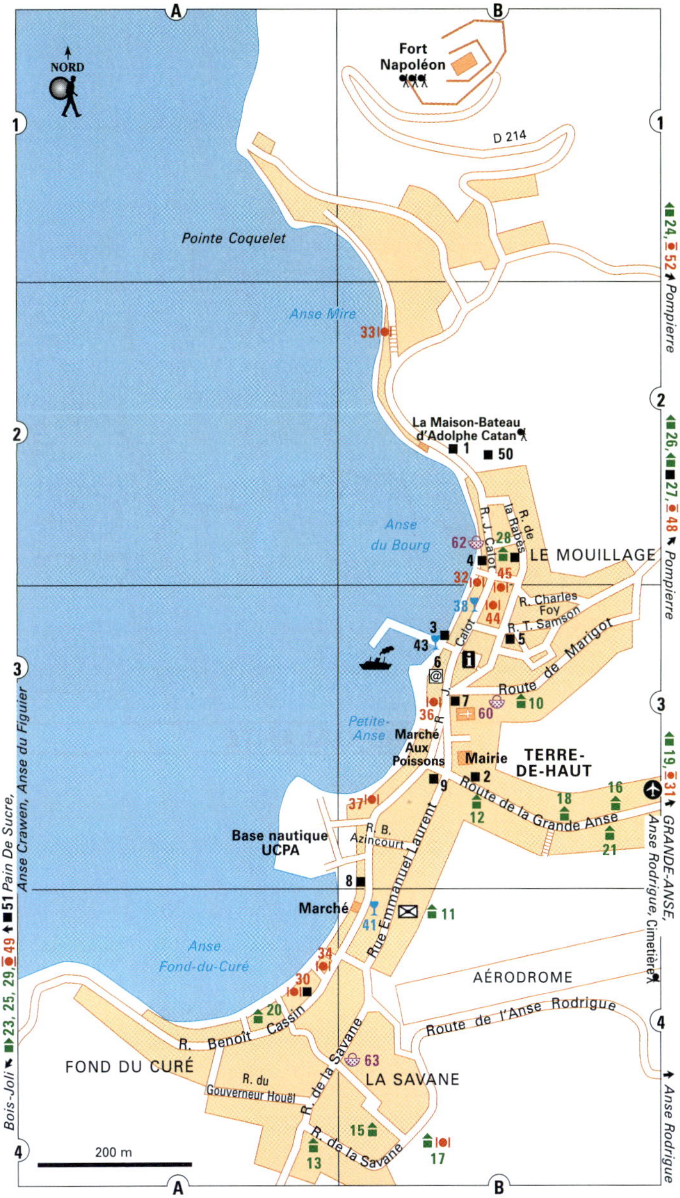

LE BOURG DE TERRE-DE-HAUT

MARIE-GALANTE

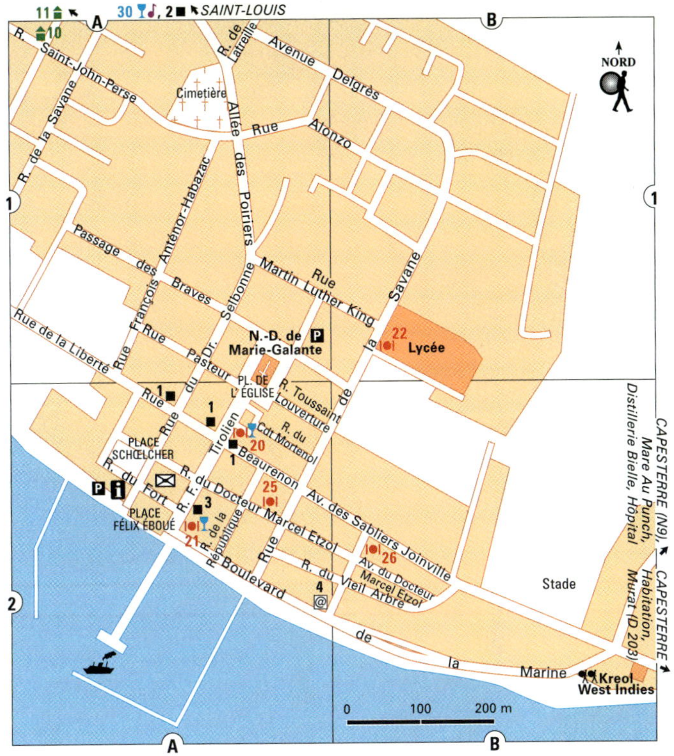

GRAND-BOURG

Adresses utiles

- Office de tourisme
- Embarcadère
- 1 Distributeurs de billets
- 2 Station-service
- 3 Riverain Tours
- @ 4 Pégases

Où dormir ?

- 10 Le Cerisier Créole, chez M. Guy Frenet
- 11 Résidence L'Oasis

Où manger ? Où boire un verre ?

- 20 Le Soleil Levant
- 21 L'Ornata
- 22 Le Filao, resto du lycée hôtelier
- 25 Maria-Galanda
- 26 Calypso

Où sortir ?

- 30 El Rancho

SAINT-MARTIN

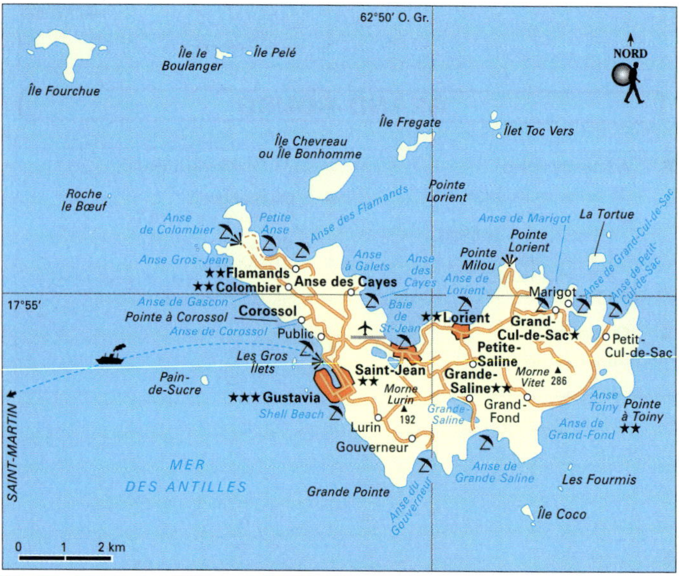

SAINT-BARTHÉLEMY

MARIGOT

Adresses utiles

- Office de tourisme
- Embarcadère toutes destinations
- 6 Taxis

Où dormir ?

- 12 Hôtel Mercure
- 13 Domotel

Où manger ? Où boire un verre ?

- 21 Sarafina's
- 22 Claude Mini-Club
- 23 O Plongeoir
- 24 Chabin's Café
- 25 La Petite Auberge des Isles
- 29 *Lolos*
- 30 Arh A Wak

GUSTAVIA

Adresses utiles

- Comité du tourisme
- Embarcadère
- 1 Toilettes et douches publiques
- 2 Pharmacie
- 3 Hôpital De Bruyn
- 4 Centre @lizés
- 5 BARTH'LOC
- 6 La Bulle

Où dormir ?

- 10 Sunset Hotel
- 11 La Presqu'île

Où manger ?

- 20 Crêperie de Gustavia
- 21 L'Entracte
- 23 Dõ Brazil
- 24 Le Repaire... des Rebelles et des Émigrés
- 25 Le Pipiri Palace
- 26 Eddy's Restaurant

Où boire un verre en mangeant ? Où danser ?

- 40 Le Sélect
- 41 Bar de l'Oubli
- 43 La Bête à Z'ailes
- 44 Yacht Club

Où manger une glace ?

- 45 Le petit Deauville

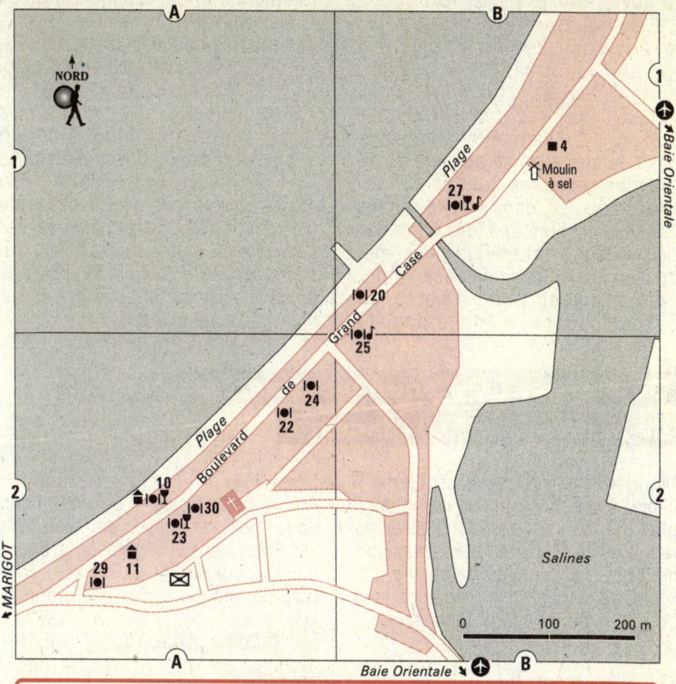

GRAND-CASE

- **Adresse utile**
  - 4 Octopus Diving
- **Où dormir ?**
  - 10 Love Hôtel et Love Résidence
  - 11 Hévéa
- **Où manger ? Où boire un verre ? Où écouter de la musique ?**
  - 10 Love Beach
  - 20 *Lolos*
  - 22 Le Cottage
  - 23 El Cafécito
  - 24 L'Auberge Gourmande
  - 25 Blue Martini
  - 27 Le Calmos Café
  - 29 L'Île Flottante
  - 30 L'Estaminet

Où dormir ?

De prix moyens à plus chic

Hévéa (plan A2, **11**) : *163, bd de Grand-Case. ☎ 05-90-87-56-85. • hevea.hotel@orange.fr • hotel-hevea.com • Doubles 63-128 € selon saison. Apparts 4 pers également. Petit parking privé.* Du rose et du blanc, pour changer les idées. Bel et bon petit établissement coloré, zen, rassurant, proposant tout un choix d'hébergements, de la simple chambre double à l'appartement de style colonial, le tout agencé autour d'une cour intérieure réaménagée. Sinon, chambre agréable avec vue sur petit jardin, de plain-pied. Accueil sympathique. Parasols, chaises sur la plage, et possibilité de massages, à l'intérieur.

Love Hôtel *(plan A2, **10**)* **:** *140, bd de Grand-Case. 06-90-66-07-65. • demy@wanadoo.fr • love-sxm.com • Doubles 95-140 €, chambres familiales 4 pers 190-250 € selon saison et nombre de personnes.* Charmante adresse en bord de mer avec sa poignée de très grandes chambres, tout confort et à la déco épurée, dans le style colonial. Terrasse ou non. Les jolis carrelages noir et blanc ont été judicieusement conservés. Notre préférence va pour l'appartement pour 4 personnes à l'étage, face à l'île d'Anguilla. Restaurant et bar lounge au rez-de-chaussée (voir « Où manger ? »).

Love Résidence *(plan A2, **10**)* **:** *136, bd de Grand-Case. 06-90-66-07-65. • demy@wanadoo.fr • love-sxm.com • Doubles 145-290 €, duplex 4 pers 280-320 €.* Tout à côté de leur hôtel-restaurant, les créateurs du *Love* ont racheté cette maison à deux étages pour en faire la résidence la plus glamour de l'île. Douze chambres, dont deux duplex, tout en noir et blanc, avec des touches de couleur originales (les produits estampillés *Love* !) et surtout une vue imprenable sur la mer.

Où manger ? Où boire un verre ? Où écouter de la musique ? Où danser ?

Manger n'est pas un problème à Grand-Case. On y trouve sûrement la plus grande concentration de restaurants de l'île, du *lolo* à l'adresse gastronomique. Ils forment une chaîne d'un kilomètre le long de la côte et ne sont, pour la plupart, ouverts que le soir.

De bon marché à prix moyens

Incontournables, les ***lolos*** *(plan B1, **20**)* situés face à la mer à côté du ponton, comme ***The Talk of the town,*** le plus connu certainement. Symétriquement installés autour d'une petite place et tenus par des *mamas*. Grillades (brochettes, *ribs*, etc.) entre 5 et 9 €. Très sympa, surtout pour l'ambiance.

L'Île Flottante *(plan A2, **29**)* **:** *183, bd de Grand-Case. 05-90-52-01-62. À la fourche sud de Grand-Case, là où la route se sépare en deux. Tlj 6h-20h. Petits déj 6-8 € ; formule déj autour de 10 € (12 € avec une boisson).* Un dépôt de pain qui propose aussi viennoiseries, petits déj ainsi que sandwichs, burgers, omelettes ou encore crêpes le midi. Et une terrasse toute simple avec chaises de jardin et nappes en plastique.

El Cafécito *(plan A2, **23**)* **:** *147, bd de Grand-Case. 06-90-81-35-80. Tlj sf mer 8h-11h30 et à partir de 16h (dîner 18h). Crêpes et galettes 8-12 €.* Ambiance tropicale et conviviale dans un joli petit jardin avec des tables disséminées dans la végétation. L'endroit parfait pour siroter un cocktail en fin d'après-midi ou avaler une crêpe sur le pouce.

Love Beach *(plan A2, **10**)* **:** *140, bd de Grand-Case. 05-90-29-87-14. • demy@wanadoo.fr • Tlj sf jeu soir. Tapas 10 €, club sandwich 12 € et assiette 15 €.* Charmant hôtel en bord de mer dans le style colonial (voir « Où dormir ? » plus haut). Au rez-de-chaussée, tapas, sandwichs, verrines et des assiettes de fromages ou de charcuterie. Le tout à prix raisonnables. Également un bar éphémère donnant sur la plage, les pieds dans le sable si la marée le permet...

Le Calmos Café *(plan B1, **27**)* **:** *40, bd de Grand-Case. 05-90-29-01-85. • lecalmoscafe.com • Tlj midi et soir en continu. Résa conseillée les soirs de concert. Tapas 3,80-6,70 € ; plats 11-22 €.* Reconnaissable à ses couleurs jaune et rouge, une case à la déco originale qui tranche avec les restos gastronomiques. Cuisine simple mais tout à fait correcte. Ce qui fait la différence, c'est l'ambiance vraiment décontractée et la clientèle plutôt jeune ! On mange les pieds dans le sable, voire dans l'eau... Concerts de salsa, reggae, jazz, etc. les jeudi soir et dimanche soir. Très sympa également pour boire un verre en fin de journée.

Blue Martini *(plan B1-2,* ***25****) : 63, bd de Grand-Case. ☎ 05-90-29-27-93. Tlj slt le soir ; fermé dim et j. fériés. Plat du jour 15 € ; formule complète 35 € ; minicarte 22h30-minuit.* Déco assez classe, pour qui aime voir la vie en bleu et s'offrir une cuisine locale dans les 3 belles salles donnant sur la rue. Également des tables à l'extérieur dans un jardin bien agréable. Des concerts de reggae, disco, salsa... sont organisés régulièrement.

Très chic, en soirée

Luxe, calme relatif et émerveillement des papilles. Laissez votre voiture au parking, près des *lolos*. Et descendez la grande rue jusqu'au *Love*. Voilà quelques adresses qui ont fait leur preuve.

L'Auberge Gourmande *(plan A2,* ***24****) : 89, bd de Grand-Case. ☎ 05-90-87-73-37. Ts les soirs à partir de 18h. Congés : de sept à mi-oct. Plats env 25-40 €. Ajouter 15 % de service aux prix affichés. Apéritif maison offert sur présentation de ce guide.* Dans les plus chers, mais ce resto, situé dans une superbe demeure ancienne en bois, mérite de s'y attabler. S'il n'y a plus de place, testez en face **Le Tastevin** ou **Océan 82.**

Le Cottage *(plan A2,* ***22****) : 97, bd de Grand-Case. ☎ 05-90-29-03-30. Le soir slt. Plats env 20-30 €.* Déco intérieure forcément de bon goût. On s'installe sur une jolie terrasse en bois dominant la rue. Cuisine française de gourmets, parfumée de toutes les épices du monde. S'il n'y a plus de place, rattrapez vous avec **La Villa** voisine.

L'Estaminet *(plan A2,* ***30****) : 139, bd de Grand-Case. ☎ 05-90-29-00-25. Mar-dim dès 18h. À partir de 35 € le repas ; plats 20-30 €.* Pas vraiment l'esprit estaminet ici, l'ambiance est résolument chic avec des couleurs reposantes et un mobilier en rotin. La cuisine, absolument créative, manie avec délice les épices de tous les océans et les légumes d'ici et d'ailleurs, dans un joyeux mélange de saveurs. Desserts tout aussi exploratoires et intrigants. Même le pain est fait maison. Vins du monde et au verre, servis par une sommelière.

Plongée sous-marine

Club de plongée

Octopus Diving *(plan B1,* ***4****) : 15, bd de Grand-Case. ☎ 05-90-29-11-27. 06-90-50-51-33. • info@octopusdiving.com • octopusdiving.com • Baptême 99-149 $ (1 ou 2 sites) ; plongée 100-105 $ (2 sites) ; forfaits pour 6 à 12 plongées. Snorkelling 45 $ (2 sites).* Des tarifs élevés, mais une équipe sérieuse (FFESSM, PADI, CMAS, etc.) et très impliquée dans la protection de la réserve naturelle de Saint-Martin. 2 bateaux à disposition. Plongées au *Nitrox*, de nuit et sur 2 sites en général. Et qui sait, peut-être repérerez-vous l'une des rascasses volantes que le club contribue à recenser ? Ce beau poisson-lion (son autre nom) est en fait une vraie menace pour l'écosystème marin et commence à envahir les eaux de Saint-Martin.

Nos meilleurs spots

Le Sec de Grand-Case *(carte Saint-Martin : nos meilleurs spots de plongée,* ***17****)* : sec en trois parties qui s'emboîtent presque les unes dans les autres ; une ovale, une oblongue, une triangulaire, séparées par des couloirs de sable à - 6 m. Au-dessus de ces trois morceaux de récif, toutes sortes de relief : petite estrade, dalles semblables à celles de béton, roches très plates, et même un semblant de piste de bobsleigh ! Poissons-chirurgiens bleu foncé, poissons-trompettes, tortues sédentaires, gros banc de gaterins dans un décor de gorgones en éventail disséminées. Joli coin pour les débutants. Idéal aussi pour une plongée de nuit.

Le Rocher créole *(carte Saint-Martin : nos meilleurs spots de plongée,* ***18****)* **:** *gros rocher hors de l'eau à la pointe d'un cap séparant l'Anse-Marcel de la baie de Grand-Case.* Site de ralliement de tous les randonneurs à la palme et des plongeurs néophytes de passage à Saint-Martin. Les premiers nagent dans 50 cm d'eau pour aller jusqu'à une piscine enclavée dans le rocher. Passage large de 2 m indiqué par le flux de poissons-aiguillettes. Les seconds se baladent à - 3 m, en slalomant entre les gros rochers qui forment tantôt des éboulis, tantôt des piliers. Tortues, poissons-empereurs, coffres, diodons et sergents-majors en bancs importants.

CUL-DE-SAC

(97150)

Hameau au nord-est de l'île entre le nord de Baie-Orientale et Anse-Marcel. C'est le point de départ pour une escapade à l'îlet Pinel (en 5 mn !), cette petite île de charme fermant la baie, ou encore à l'île déserte de Tintamarre, qui ne mérite pas son nom.

Adresses utiles

■ Centre commercial avec ***pharmacie, cabinet médical*** *(☎ 05-90-52-98-62),* et ***distributeur de billets.*** En face du resto *Les 13 Travaux d'Hercule.* C'est bien pratique !

■ ***La Réserve naturelle nationale de Saint-Martin :*** *803, résidence Les Acacias,* ***Anse-Marcel.*** *☎ 05-90-29-09-72. • reservenaturelle@domaccess.com • reservenaturelle-saint-martin.com •* Siège de la réserve. 11 km de côtes, 14 étangs et presque 3 000 ha de zone maritime : la tâche est grande pour faire respecter et mieux connaître cette réserve auprès des 400 000 usagers annuels. Demander la liste des 60 structures partenaires (activités sportives, dont les clubs de plongée).

Où dormir ? Où manger dans le coin ?

De prix moyens à chic

Les 13 Travaux d'Hercule : *route de Cul-de-Sac. ☎ 05-90-87-43-32. En face de la pharmacie, env 1 km avt l'embarcadère. Tlj sf dim midi. Compter 11-21€ le plat.* Hercule, c'est le patron, un Haïtien bien sympa qui ne chôme pas. Cuisine créole simple et bien préparée dans cette gargote de bord de route où règne une bonne ambiance : acras, lambis, langouste grillée (sur commande)...

Le Taïtu : *65, Mont-Vernon. ☎ 05-90-87-43-23. • taitusxm@gmail.com • Sur la route de la plage, prendre une route à droite qui mène à une zone résidentielle. Tlj sf dim et j. fériés, le soir à partir de 18h30. Formule déj env 11,50 €. Plats autour de 13 € ; repas env 25-30 €. Apéritif maison offert sur présentation de ce guide.* Très bonne cuisine traditionnelle française et créole. Dans une maison au cadre chaleureux avec sa grande salle ouverte, balayée par les alizés. Une atmosphère tranquille et un joli cadre pour méditer sur Taïtu, cette impératrice abyssinienne qui eut 12 maris...

Karibuni : ***sur l'îlet Pinel.*** *06-90-39-67-00. Accès par la navette depuis Cul-de-Sac. Tlj 12h-17h (16h avr-nov). Prix moyens d'un repas complet, 25-30 €.* Un petit coin de paradis. Plage de sable blanc bordée de cocotiers, eau turquoise et limpide et restaurant les pieds dans l'eau dont le nom signifie « bienvenue » en swahili, hommage à l'escale africaine du fondateur. Petites paillotes en bois flotté coiffées de palmes, barque transformée en bar au-dessus de l'eau bleue translucide. C'est les pieds au-dessus de la mer, sur des tables vernies et vitrifiées, qu'on déguste des poissons grillés ou des langoustes tout juste extraites de leur casier.

De plus chic à très, très chic

Hôtelappartsxm : *57, rue du Mont-Vernon 1. ☎ 05-90-27-70-94. • hotelappartsxm@orange.fr • hotelappartsxm.com • Sur la route de la plage, prendre une route à droite qui mène à une zone résidentielle. Studios et apparts 2-4 pers à partir de 70-120 €/nuit en saison. Séjour pour 2 pers à partir de 420 €/sem.* Une dizaine de studios et appartements en duplex accrochés à la colline, dans un dédale d'escaliers. Vue sublime sur la mer et l'étang de Chevrise. Tous très bien agencés, et aménagés avec balcon pour certains. L'entretien impeccable et l'excellent confort en font une très bonne adresse ! Petite piscine tout en haut, d'où l'on a également une très jolie vue.

Le Marquis : *Pigeon Pea Hill, **Anse-Marcel**. ☎ 05-90-29-42-30. • info@hotel-marquis.com • hotel-marquis.com • Doubles à partir de 240 $, petit déj inclus ; également des chambres et suite s pour 4 ; promos et forfaits sur Internet en fév-mars notamment.* Un joli boutique-hôtel avec tout ce que cela implique de convivialité (moins de 20 chambres et suites), de confort et de respect de l'environnement (structure tout en bois). L'hôtel se mérite, perché tout là-haut en surplomb de l'Anse-Marcel. Petite piscine, tennis, spa et navette pour la plage du *Radisson.* Les chambres sont très spacieuses, décorées avec raffinement et dotées d'un grand balcon pour mieux apprécier la vue sur Anguilla.

Karibuni Lodge : *sur la colline surplombant la baie de Cul-de-sac. 06-90-64-38-58. • lekaribuni.com • Doubles en saison 255-285 €.* Un autre boutique-hôtel de charme, avec piscines privées. Pour ceux qui voudraient s'offrir une petite folie, les propriétaires du célébrissime resto de l'îlet Pinel (après avoir passé une partie de leur vie au Kenya, d'où le nom) ont ouvert à Cul-de-Sac un lodge composé de 6 suites luxueuses. Beaux bois, superbes objets chinés ici ou là. Inutile de vous conseiller de profiter des promos !

À voir à Cul-de-Sac et dans les environs

Anse-Marcel : *à 2 km de Cul-de-Sac, prendre la route sur la gauche 500 m avt d'arriver à l'embarcadère.* Grimpette sur une route très raide, avant que ne surgisse l'oasis d'Anse-Marcel. Même si une barrière en contrôle l'entrée, elle n'enlève aucun charme à ce lieu où des hôtels de luxe ont compris tout le potentiel de ce site abrité. Admirez au passage les somptueux jardins avant d'atteindre cette charmante baie, dont la plage artificielle est celle du *Domaine de Longvilliers* et du *Radisson*. L'eau peu profonde convient bien aux enfants. Un petit chemin accessible à tous y mène, entre les deux hôtels. En cas de fringale, le bar *Le Calypso,* sur la droite en arrivant au parking, sert de très bons sandwichs.

➢ **Baie des Petites-Cayes :** randonnée bien agréable sur un sentier partant de l'Anse-Marcel pour s'y rendre. Le départ du sentier se trouve à droite dans le dernier virage, juste au-dessus du parking principal. Forêt sèche intacte sous la houlette du conservatoire du littoral. Compter 1h30 aller-retour. Au-delà, le chemin avance en terrain découvert (cactus) et, plus loin, rejoint Grandes-Cayes qui a beaucoup moins d'intérêt (compter 2h30 de marche en tout) : décharge à proximité !

Grandes-Cayes : familiale et aisée d'accès, en face de Tintamarre.

L'îlet Pinel : à l'extrémité de la route, au ponton, un bateau-taxi vous conduira sur cet îlet magique pour... environ 10 $, aller-retour toutes les 30 mn de 10h à midi (toutes les heures ensuite); au retour, dernier bateau à 17h. Probablement la plus belle plage de Saint-Martin. L'eau est turquoise et limpide, le sable blanc immaculé, mais l'endroit n'est pas vraiment désert et les hordes de touristes en saison gâchent un peu le paysage. Intéressant pour la plongée de surface (notamment avec *Ecosnorkelling*, • ecosnorkelling.com •, un parcours guidé de 45 mn), mais aussi location de planches, kayaks de mer, matelas... À l'arrivée sur l'îlet, trois restos pour grignoter une belle salade. Le plus sympa est le dernier, un peu à l'écart, *Karibuni* (voir plus haut « Où dormir ? Où manger dans le coin ? »).

L'île de Tintamarre : prestataires à la journée au ponton de Cul-de-Sac (catamarans, navettes...), mais rien de vraiment régulier et organisé. Sinon, s'arranger pour louer un bateau. Compter une journée pour découvrir ces 100 ha de végétation encore vierge au cœur de la réserve. Penser à emporter pique-nique, boissons et chaussures de marche. Plage face à l'ouest.

Plongée sous-marine

Club de plongée

■ ***Scuba Zen :*** *Anse-Marcel, Radisson Marina.* ☎ *06-90-72-87-50 ou 06-90-77-84-44.* • *contact@scubazensxm.com* • *scubazensxm.com* • *Locaux à droite, sur la marina. Snorkelling 38 €, plongée 48 € et baptême 80 €. Forfaits 3 à 10 plongées à partir de 128 €.* *Scuba Zen* est un PADI *5 Star Instructor Development Dive Resort* et centre TEC. Formations FFESSM/CMAS du Niveau 1 au Niveau 3 et PADI jusqu'au niveau instructeur. Sorties tous les jours à 9h et à 13h30. Salle de cours avec TV et lecteur DVD. Conditions de sécurité et de confort optimales. Plongée de nuit pour plongeurs confirmés. Et sorties barbecue à Tintamarre le dimanche sur résa. Une excellente référence.

Nos meilleurs spots

La Basse Espagnole *(carte Saint-Martin : nos meilleurs spots de plongée,* ***1****)* **:** haut-fond à - 3 m, au nord-est de Saint-Martin, non loin de l'île de Tintamarre. Canyon interrompu par des éboulis à plusieurs endroits. S'achève par un cul-de-sac sous une arche à - 15 m. Requin-nourrice, murène verte, tortue... Passer dans trois vasques successives, de 3 à 6 m de diamètre chacune. Attention à la houle sur ce haut-fond ! Courant moyen à fort. Dauphins-tursiops en hiver. Pour plongeurs à partir du Niveau 1. Plongée de nuit possible.

L'Épave de Tintamarre et ***Le Récif*** *(carte Saint-Martin : nos meilleurs spots de plongée,* ***2*** *et* ***3****)* **:** ancien caboteur de 20 m de long, coulé depuis une quinzaine d'années. Repose sur un lit de sable à - 15 m, sur le côté de l'île le plus exposé au vent. Mouillage arrimé sur le guindeau de l'épave. Monter absolument dans le château supérieur pour accéder au poste de pilotage. Vue panoramique tout autour. Site idéal pour une plongée de nuit. Pour plongeurs à partir du Niveau 1. Gagner le rivage de l'île pour explorer les fonds composés tantôt d'éboulis, tantôt de canyons à - 5 m dans le récif. Pour plongeurs de tous niveaux.

Circus *(carte Saint-Martin : nos meilleurs spots de plongée,* ***4****)* **:** l'île de Tintamarre forme une fourche dans sa partie nord-est. Circus est la partie comprise à l'intérieur des deux pointes de la fourche. Plongée à dérive exclusivement et, en général, bateau non mouillé. Souvent de la houle : les plongeurs doivent être amarinés, sinon, les poissons seront copieusement nourris. Sous l'eau, vision lunaire. Grand cratère sablonneux à - 15 m. Spot de raies pastenagues, de requins-nourrices et, pendant l'hiver, de dauphins-tursiops. Zone de migration de langoustes avançant comme des fourmis, à la queue leu leu, en colonne de centaines de mètres à certaines périodes de l'année. Non loin du bord du récif, l'entrée d'un grand tunnel à - 12 m avec une lumière de cathédrale. Courant moyen à fort. Pour plongeurs de Niveau 1 expérimentés.

La Pointe *(carte Saint-Martin : nos meilleurs spots de plongée,* **5***)* **:** partie externe de l'île de Tintamarre à explorer, bien exposée à la houle. Platier de - 16 m formé de sable. Raies-aigles et requins-nourrices. À la pointe du platier, entrée d'une grotte, haute de 2 m et large de 4 m. Elle sert de nursery aux juvéniles anges-royaux. En se rapprochant du rivage, deux plateaux avec des coraux et des gorgones en éventail. Entre côte et plateaux, succession de reliefs intéressants du nord au sud ; canyon, arche de 1,50 m de large, boyau. Relief mouvementé, travaillé par la houle. Pour plongeurs de Niveau 1 minimum.

L'îlet Pinel *(carte Saint-Martin : nos meilleurs spots de plongée,* **6***)* **:** jardin immergé au pied de la pointe sud de l'îlet. Plumets blancs, cerveaux de Neptune, gorgones et éponges. Beaucoup de petits poissons de récif avec demoiselles, sergents-majors, perroquets. Pente douce (- 3 à - 7 m) très abritée de la houle. Zone balisée par des bouées pour éviter le passage des bateaux trop près de la pointe. Au pied du mouillage, herbier avec des lambis. Très bon spot pour la randonnée palmée.

LA BAIE ORIENTALE (ORIENT BAY) (97150)

Une baie investie par les résidences secondaires, locations et hôtels. Il faut traverser ce quartier protégé avant d'atteindre la plage et ses 2 km de sable blanc, d'une finesse incomparable. La plage par excellence, donc l'une des plus fréquentées de l'île. Le Saint-Trop' de la Caraïbe a ses nudistes (le *Club Orient...*) et ses lieux mythiques comme le *Waïkiki Beach* où il faut se montrer : le restaurant le plus cher de la baie mais aussi le plus jet-set de l'île, les pieds dans le sable. Orient Bay reste néanmoins une plage familiale, très agréable pour nager, mais attention tout de même aux vagues, parfois un peu fortes pour les plus petits ! Location de chaises longues et parasols. Au large, l'îlet désert de Caye-Verte.

Infos utiles

■ ***Supermarché*** (dans une mignonne... église !) *et* ***marchand de journaux,*** près de la plage.

Où dormir ?

De prix moyens à plus chic

Hacienda Marylin, chez Janine et Jean-Claude Touflet : *78, parc de la Baie-Orientale, BP 5269, 97072.* ☎ *05-90-29-50-63.* • *jean-claude-janine@wanadoo.fr* • *pagesperso-orange.fr/hacienda-marylin* • *À l'entrée du parc résidentiel, prendre la 1re à droite, puis monter sur 300 m. À partir de 3 nuits pour 2 pers, 65-75 €/nuit ou 350-440 €/sem selon saison.* Dans le parc de la Baie-Orientale, à 5 mn à pied de Coco Beach, 3 studios pour 2 personnes à louer de préférence à la semaine. Bien équipés, avec salle de bains, kitchenette, linge fourni. Architecture provençale, petite piscine à débordement, jolie vue sur la mer, l'îlet Pinel et le mont Vernon.

L'Hoste Hotel : *parc de la Baie-Orientale, BP 5146.* ☎ *05-90-87-42-08.* • *contact@hostehotel.com* •

SAINT-MARTIN

hostehotel.com • Prendre à gauche au dernier rond-point avt la plage. Doubles 101-220 € selon saison et catégorie, petit déj inclus. Promos intéressantes. Cet ensemble de bâtiments aux couleurs guillerettes abrite une soixantaine de chambres vastes (45 m²) et soigneusement décorées avec coin salon, terrasse, clim, kitchenette. Agréable piscine et restaurant sur place (le midi seulement), *la Playa*. Il ne manque que la vue, la mer est un peu plus loin (certaines chambres donnent... sur le parking), mais plage privée.

Palm Court : *parc de la Baie-Orientale. ☎ 05-90-87-41-94. • reservation@sxm-palm-court.com • sxm-palm-court.com • Avt d'arriver à la plage, c'est le bâtiment rouge à gauche au dernier rond-point. Doubles 126-196 € (hors vacances de Noël), petit déj inclus. Promos hors saison.* Dans une belle structure en bois rouge et dans un style marocain, 24 très belles chambres avec douche, réfrigérateur et micro-ondes. Elles sont spacieuses et décorées avec beaucoup de goût. Toutes ont une terrasse ou un balcon, et la plupart un lit *king size*. Petit déj au bord de la piscine. Une adresse conviviale et de charme.

Où manger ? Où prendre le petit déjeuner ? Où boire un verre ?

Le long de la plage, un grand nombre de cabanes en bois assez jolies abritent des restaurants de plage, dont le fameux *Waïkiki Beach,* l'adresse jet-set de l'île. Côté tarifs, c'est parfois limite prohibitif, et les pulsations de la techno secouent quelquefois toute la plage.

De bon marché à prix moyens

le Piment : *pl. du Village. ☎ 05-90-52-43-12. Compter 10-17 €.* Des pizzas délicieuses dont la pâte est très fine. Également quelques spécialités de pâtes, crêpes ou salades. Parmi les meilleurs rapports qualité-prix de la baie, où tout est assez cher. Accueil souriant, de surcroît !

Bikini Beach : *sur la gauche de la plage. ☎ 05-90-87-43-25. Tlj, bar ouv jusqu'à 23h. Bouillabaisse antillaise env 23 € ; salades 9-17 € ; plats 14-23 €.* Une réouverture bienvenue. L'endroit est agréable, aéré et les pieds dans le sable, mais un peu cher pour un resto de plage. Néanmoins, dans celui-ci, la cuisine est correcte. Principalement des produits de la mer, mais aussi des salades et des plats thaïs. Fait aussi le petit déjeuner. Côté musique, des concerts organisés parfois en fin de semaine. Petit salon de massage au bout du resto.

Bar des Amis : *pl. du Village, à gauche du marchand de journaux. 06-90-49-79-75. Tlj sf dim 7h30-21h. Petit déj env 12 € ; plats env 10-14 €.* Petite terrasse agréable. Idéal pour un petit déj très complet. Sinon, bons petits plats simples, du genre bavette, tagliatelles et salades.

Plus chic

La Plantation Café et l'Astrolabe : *parc de la Baie-Orientale. ☎ 05-90-29-58-05. Sur la droite sur la route d'accès à la plage, dans la zone résidentielle. Tlj sf dim. Compter 40-55 € pour un dîner complet ; menu 33 €.* Cadre romantique avec petites tables et bougies disposées autour de la piscine du lobby de l'*Hôtel de la Plantation*. Cuisine fusion savoureuse qui répond sans accroc aux attentes d'une clientèle internationale, tout en parsemant ses plats de petites touches exotiques. On peut aussi venir y prendre un petit déj ou siroter un cocktail dans l'après-midi.

À voir

La ferme des Papillons : *à 1,5 km après Baie-Orientale, un peu avt d'arriver à Quartier d'Orléans, prendre à gauche vers la plage du Galion.*

☎ *05-90-87-31-21.* • *thebutterflyfarm.com* • *Tlj 9h-15h30. Entrée : 12 € (visite guidée succincte incluse et conseillée) ; ½ tarif enfants.* Une belle panoplie d'espèces de papillons du monde entier et de toutes les couleurs, dans un jardin tropical. Également des bassins habités par des poissons japonais. Entrée franchement chère, mais un lieu apprécié des bambins.

En continuant après la ferme des Papillons, on arrive sur la petite ***plage du Galion,*** protégée de la houle par une barrière corallienne et précédée de salines. Charmante et fréquentée par la population locale le dimanche et pendant les vacances scolaires, elle est considérée comme l'un des meilleurs spots par les véliplanchistes et les surfeurs. Sur la gauche, une autre plage, plus familiale.

– Petit resto de plage, le *Tropical Wave,* pour grignoter ou se désaltérer sous la pergola, à deux pas d'un hôtel en ruine. Service sympa. Loueur de planches à voile, qui propose également des chaises longues et parasols.

– Également location de planches à voile, *kitesurf,* surf, etc., chez *Windyreef (• windyreef.com •).*

– Juste avant la plage en venant de la ferme des Papillons, club hippique reconnu qui organise des balades sur la plage.

OYSTER POND (97150)

Port de plaisance situé au fond d'une baie partagée par la frontière administrative de l'île. On trouve même un resto situé sur la frontière même ! Côté français, une belle réussite de promoteurs immobiliers qui ont créé l'agréable marina de *Captain Oliver's* avec ses beaux *cabin-cruisers* immaculés et des voiliers aux cuivres astiqués avec amour. Quelques restos sur les pontons, qui accueillent les équipages en polo pastel et *Docksides* aussi nets que les bateaux. Les constructions, côté hollandais, sont déjà moins flatteuses.

Pour vous occuper aux heures chaudes, lisez *Pizza Créole*, un savoureux polar écrit ici même, sur son balcon de l'hôtel *Oyster Pond,* par Anthony Bourdain, restaurateur reconverti dans l'écriture. Il a été réédité chez Folio, et s'avale d'une traite. Si vous trouvez tout à coup que le sable blanc se teinte de rouge, c'est que vous avez trop abusé, buvez un daïquiri et reprenez la lecture...

Où dormir ?

Chez Gérard et Maryse Gachot : *lot. Le Coralita n° 16.* ☎ *05-90-87-41-50.* *06-90-62-26-94.* • *gerard.gachot@wanadoo.fr* • *En arrivant à Oyster Pond depuis Quartier d'Orléans, prendre la rue à droite entre les 2 restos, puis jusqu'en haut, c'est au n° 16. Chambres ou studios pour 2 pers 43-48 €/nuit.* À côté de la maison des propriétaires, 2 ravissants studios (2-4 personnes). L'un avec 2 pièces et kitchenette équipée ; la déco de style mexicain, œuvre de la propriétaire, est une réussite. L'autre plus grand mais comportant une seule pièce (pour 2 personnes). Également une chambre d'hôtes pour 2 personnes dans la maison des propriétaires (nettement moins intime), avec frigo et micro-ondes. Cuisine à dispo. Piscine et barbecue.

Villa Glory Morning : *lot. Le Coralita n° 11, rue de la Flibuste.* *06-90-22-21-13.* • *lesfoliesparisiennes@hotmail.fr* • *Compter 420 €/sem pour 2 en saison (560 € avec 2 enfants), et 840 € pour 4.* La belle surprise d'Oyster Pond à deux pas de la frontière, et à deux minutes de la plage, surtout. 3 appartements pour 2, 4 et 6 personnes, bien aérés, avec cuisine. Calme et reposant. Une location simple, propre, familiale.

Corinne et Alain savent accueillir sans se forcer et faire aimer leur île aux plus stressés, qui n'ont plus envie de repartir. Piscine avec jacuzzi et vue mer. Location de voiture.

Villa Najro : *96, av. du Lagon. ☎ 05-90-87-83-69. • najro@caraibes-evasion.com • caraibes-evasion.com • Selon confort et saison, à partir de 460 €/sem en saison pour 2 pers (2 600 € toute la villa pour 12 pers).* Situation idyllique en surplomb de la route qui contourne la marina. Propriétaires bretons très accueillants. Repérer où flotte un drapeau breton en haut à gauche de la pizzeria *Mama Pizza,* c'est là ! Villa située dans une propriété de 1 400 m². Superbe terrasse couverte, avec piscine. L'ensemble est modulable et se compose de 6 chambres, 4 salles d'eau, 3 cuisines aménagées et 4 barbecues. Mobilier style marin, lits *king size,* TV avec Canal +. Accueil à l'aéroport et location de voitures.

Les Balcons d'Oyster Pond : *15, av. du Lagon. ☎ 05-90-29-43-39. • lesbalcons@lesbalcons.com • lesbalcons.com • Tte l'année. Doubles 80-120 €/nuit selon saison ; 465-680 €/sem. CB acceptées. (dans les parties communes).* Copropriété gérée par un jeune couple de métros. Au milieu d'un cadre très fleuri, une vingtaine de studios pour 2 à 5 personnes, meublés avec beaucoup de goût et super équipés. Terrasse et vue exceptionnelle sur la baie, accès direct à la marina. Petite piscine agréablement située. À proximité, possibilité de navettes en bateau pour accéder à la plage.

Où manger ? Où boire un verre ?

Quai Ouest : *à l'entrée de la marina, sur la droite, à l'opposé de Captain Oliver's, côté français. 06-90-73-76-01. Tlj sf dim et lun midi. Plats 10-17€ ; carte 25-30 €.* Grande case en bois, tout en longueur, dominant l'ensemble de la marina. Bien décorée, de tons gris pâle et jaune. Tenue par Nadia, une jeune femme dynamique et accueillante. Excellents petits plats très bien cuisinés et bien présentés par la maîtresse des lieux. L'adresse la plus sympa de la marina.

Mama Pizza : *94, av. du Lagon. 06-90-35-24-12. Ouv 17h-22h. Fermé mer en basse saison. Face à la marina, quasiment à la « frontière ». Congés : sept. Pizzas 9-16 € ; salades, pâtes et grill 10-21 € ; menu 18 €. Repas complet : env 25 €.* Indémodable, cette Mama-là. Délicieuses pizzas et plats à emporter ou à consommer sur place. Ils livrent dans le coin : très pratique quand on n'a pas le courage de se faire à dîner ou d'aller au resto.

Mr Busby's : *à droite sur la plage de Dawn Beach, côté néerlandais. ☎ (1721) 54-360-88. Tlj 7h30-22h30. Happy hours 16h-18h. Plats 15-25 $.* À la carte, des sandwichs, du poulet, des hamburgers, des salades... Loue également tout le matériel nécessaire pour la plage et la baignade.

Sur les pontons de *Captain Oliver's* (côté français), on peut s'arrêter pour siroter une *Frozen beer* au **Dinghy Dock Bar** et éventuellement grignoter. Fréquenté surtout par les pêcheurs du coin et les plaisanciers. Ambiance plutôt à la joie et musique live certains soirs.

Captain Oliver's : *à côté de la capitainerie, côté français. ☎ 05-90-87-30-00. Tlj 7h-22h30. Plats 10-20 $ le midi, 23-30 $ le soir ; sam soir et dim midi, buffet.* Au nez et à la barbe des bateaux de luxe, une grande salle tout en bois, comme posée sur le ponton même, et bien fraîche. Nappes en tissu, alignées de banquettes et vue en coupe sur un drôle d'aquarium où batifolent les clients américains de l'hôtel adjacent. Le midi, plats de poissons, sandwichs, pâtes et salades, à tarifs mesurés vu l'emplacement. Le soir, c'est plus cher mais aussi plus gastronomique.

L'Oasis : *63, résidence Les Rochers. ☎ 05-90-29-05-68. En venant du Quartier d'Orléans, c'est sur la gauche en face de l'épicerie, en arrivant à Oyster Pond. En saison, tlj sf sam midi et dim midi. Env 25-30 € à la carte.* Le restaurant est installé au rez-de-chaussée d'un petit bâtiment moderne, avec une grande terrasse extérieure ombragée. Tenu par Martine, une vraie personnalité, qui vous sert une excellente cuisine. Spécialités de gambas au curry lait de coco.

À voir

Les îlets sauvages : entre la baie de l'Embouchure et la baie Lucas, quelques îlets que vous pouvez atteindre à pied (eau jusqu'aux genoux maximum). Personne, seuls quelques cactus « têtes à l'Anglais » au sommet du plus grand de ces cailloux, et les vagues à vos pieds. À découvrir aussi depuis l'observatoire des baleines, aménagé par les gars de la Réserve.

Dawn Beach : *au sud d'Oyster Pond.* Bordée par un énorme complexe hôtelier avec immense piscine à débordement qui donne directement sur la plage, devenue beaucoup moins sauvage ! Mais la couleur turquoise de l'eau est toujours aussi belle.

PHILIPSBURG

(ind. tél. : 1721)

C'est la capitale de la partie néerlandaise de l'île. La ville s'étend tout en longueur entre Salt Pond (une ancienne saline) et la très belle plage aménagée sur le front de mer, libéré de tous véhicules. À l'est de la baie, le port de Pointe-Blanche où viennent s'amarrer les grands bateaux de croisière. Pour visiter le centre-ville, garez-vous à l'extérieur, le long de l'étang, car la circulation n'est pas simple. Dans le centre justement, deux artères principales : Front Street et Back Street, où se regroupent des magasins très colorés, des hôtels modernes et des demeures familiales. Les rues ont été totalement restaurées et le résultat est assez réussi. Balade agréable à faire le long de la plage fort bien aménagée, à la fraîche de préférence. La mer, très calme dans la baie et peu profonde, est idéale pour les petits. Assez animé dans la journée, le soir, c'est plutôt calme avec un beau coucher de soleil, mais les restos sont alors, pour la plupart, fermés. Rien à voir avec les casinos et la multitude de restos de Simpson Bay, notamment ceux de Maho, très animés le soir !

Pour l'hébergement, comme pour la restauration, cela dit sans chauvinisme, mieux vaut aller côté français. La plupart des hôtels néerlandais situés sur la côte sont des complexes abritant jusqu'à 500 chambres et vous n'aurez qu'une envie, fuir les embouteillages en profitant du nouveau pont illuminé, qui permet d'éviter le coin des Simpson (difficile de ne pas penser à cette célèbre famille de dessin animé américain en longeant la baie !).

Adresses utiles

Office de tourisme *(plan D2) : Krippa Building, Juancho Yrausquin Bld, 6. ☎ (1721) 54-90-200. • visitstmaarten.com •* Au rond-point permettant d'aller à Pointe-Blanche, à l'intersection avec Front Street.

@ ***Cyberlink Internet Communications Center*** *(plan C2, **1**) : dans un passage qui donne sur Front Street. Lun-sam 9h-17h30.* Internet et appels internationaux. Mais évidemment il y a le wifi un peu partout dans les cafés où vous irez boire un verre en attendant le coucher de soleil.

@ ***Axum*** *(plan D2, **2**) : Front Street, 7. ☎ (1721) 54-205-47.* Cybercafé qui fait également *Art Gallery.* À l'étage d'une belle maison ancienne. Grande pièce aérée par les alizés. Très joli cadre chaleureux, comptoir ancien en bois et canapés confortables.

St Maarten Hospital : *☎ (1721) 543-1111.*

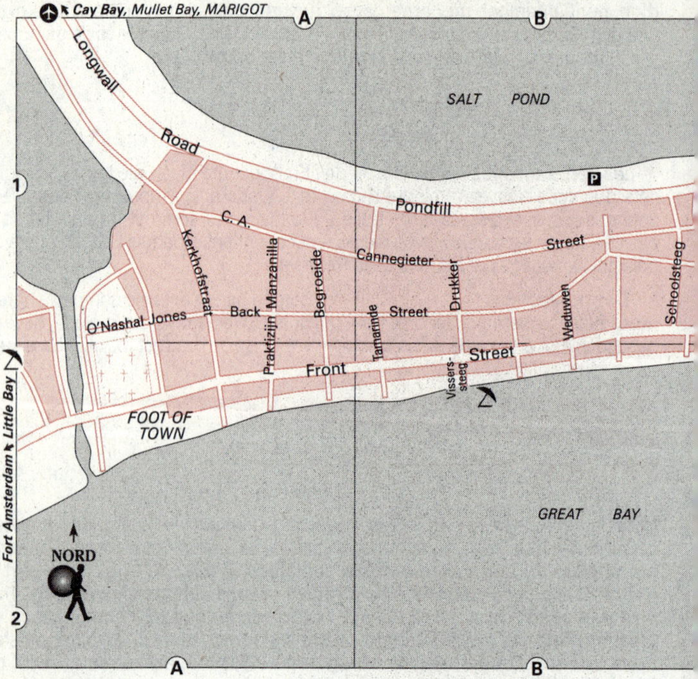

Adresses utiles	Où dormir ? Où manger ? Où boire un verre ?
@ 1 Cyberlink Internet Communications Center @ 2 Axum	10 Au Petit Café

Où dormir ? Où manger ? Où boire un verre ?

Vous ne passerez que quelques heures ici, à comparer les prix dans les boutiques. Et ce n'est pas parce qu'il y a le Fort Amsterdam pas loin qu'il vous faut espérer trouver quelques cantines bio pour grignoter bon et pas cher comme dans la capitale des Pays-Bas. Quelques restos gastronomiques (assez chic) proposent une cuisine internationale (française, italienne, asiatique, etc.). Sinon, on trouve de nombreux fast-foods à prix corrects.

De bon marché à prix moyens

Au Petit Café *(plan D1-2,* ***10****)* **:** *Old Street. (1721) 55-287-88. Tlj 8h-16h. Petite restauration env 8-13 $; crêpes env 4-9 US$.* Une salle de resto charmante, avec sa déco intérieure bien de chez nous. Très sympa pour le petit déj ou pour une petite faim sur le pouce à n'importe quelle heure de la journée. Quelques tables en terrasse

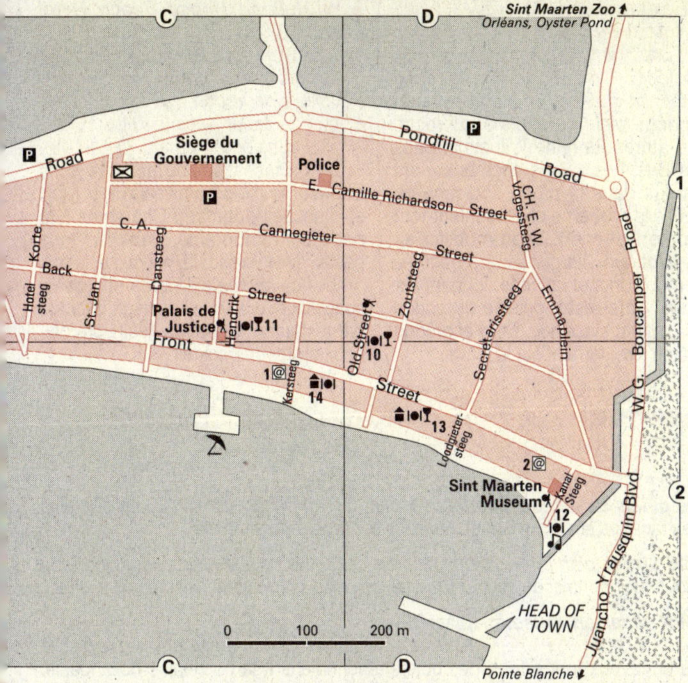

PHILIPSBURG

- **11** Kangaroo Court
- **12** The Green House
- **13** Pasanggrahan Boutique Hotel
- **14** Holland House Beach Hotel

sur la ruelle piétonne censée évoquer les Pays-Bas.

Kangaroo Court (plan C1, **11**) : *Hendrikstraat, 6. Tlj sf dim 8h-17h. Plats autour de 15-20 $; petit déj autour de 9 $. Une boisson sans alcool offerte sur présentation de ce guide.* La salle ou la cour intérieure, avec sa terrasse en bois et son banian, sont bien sympas avec leur déco très colorée. « *Doing justice to your appetite* », dit une pancarte ! Cuisine créole et américaine. Large choix de cafés.

The Green House (plan D2, **12**) : *Kanal Steeg, sur Bobby's Marina, à l'extrémité est de Front Street. ☎ (1721) 54-229-41. Tlj 11h-22h. Happy hours 16h30-19h. Plats env 13-26 $.* Vaste salle couverte et ouverte sur la marina, très fréquentée (sur le chemin du terminal des bateaux de croisière). Cuisine régulière, mais sans originalité particulière. L'un des rares restos ouverts tard le soir. Certains jours, « langoustemania » qui se termine parfois en soirée dansante.

De chic à très chic

Pasanggrahan Boutique Hotel (plan D2, **13**) : *Front Street, 19,*

PO Box 151. ☎ (1721) 54-235-88. • info@pasanhotel.net • pasanhotel.net • Doubles 100-250 $ selon confort et saison. Plats 15-30 $; petit déj 11 $. Petit parking. Hôtel royal et historique plein de charme qui reçut, entre autres, la reine Wilhelmine des Pays-Bas. Les vastes chambres sont réparties dans la partie ancienne ou dans l'aile moderne et présentent tout le confort attendu. Beau mobilier en bois exotique, lits *queen size* décorés de patchworks et balcons donnant sur la baie. Côté resto, cuisine de bonne tenue, plutôt classique. Belle et grande terrasse directement sur la plage.

Holland House Beach Hotel *(plan C2,* ***14****) : Front Street, 43. ☎ (1721) 54-225-72. • reservations@hollandhousehotel.com • HHBH.com • Doubles à partir de 170 $ selon confort et saison ; également des suites. Réduc et packages sur Internet. Pas de parking.* Établissement moderne sans trop d'âme mais au niveau de confort et d'accueil optimum. Chambres à la déco contemporaine, dans les tons pastel, avec vue sur la mer ou sur la rue. Ambiance *lounge* au rez-de-chaussée, spacieux et ouvert sur la plage, avec un bar-restaurant et des fauteuils en rotin pour siroter un cocktail.

À voir dans le centre et dans les environs immédiats

Le palais de justice *(Courthouse, plan C1) : Front Street, 58.* L'une des plus belles façades sur Front Street. Notez le toit orné d'un ananas !

Old Street *(plan D1-2) :* reconstitution d'un quartier à la hollandaise bordé de façades à pignons et de couleurs pastel. Joli mais un peu artificiel (rien de le dire !).

Sint Maarten Museum *(plan D2) : Front Street, 7. ☎ (1721) 54-249-17. Lun-ven 10h-16h. GRATUIT (mais donations bienvenues).* Retrace l'histoire de l'île dans un joyeux fourre-tout, des objets amérindiens à la porcelaine hollandaise. Très nombreuses cartes d'époque.

Sint Maarten Zoo *(hors plan par D1) : Arch Road, Madame Estate. ☎ (1721) 54-320-30. Sortir de Philipsburg en direction d'Oyster Pond et tourner à gauche pour Madame Estate. Tlj 9h-17h. Entrée : env 12 $; ½ tarif 3-12 ans.* Animaux de la jungle amazonienne et des forêts tropicales essentiellement. Pas géantissime, mais ça jacasse fort ! Cela dit, l'ambiance n'est pas à la fête dans certaines cages et l'ensemble fait franchement peine à voir.

Fort Amsterdam *(hors plan par A2) : situé sur la presqu'île à l'ouest de Philipsburg (1,5 km), au bout de la pointe ; il faut traverser un complexe hôtelier pour y accéder.* Quelques ruines et canons sans grand charme. Seule la vue sur Philipsburg est intéressante.

Little Bay *(hors plan par A2) :* au-delà de Fort Amsterdam, une plage protégée. Ses plantations en font un sanctuaire pour les oiseaux, hélas envahi par d'énormes *resorts.*

Cay Bay *(hors plan par A1) :* difficile d'accès à pied ; compter 20 mn de marche depuis le col de Cole Bay. Mais les fans de plongée en apnée y trouveront de superbes fonds marins.

À voir. À faire plus loin du centre, vers Mullet Bay

À l'ouest de l'aéroport international, l'intérêt de ***Mullet Bay*** réside avant tout dans sa superbe plage, sa houle du nord qui attire les surfeurs, son autre plage, où les avions à l'atterrissage frisent la moustache des vacanciers, ses *malls* et son golf. Plusieurs *lolos* sur la gauche de la plage principale. Amoureux des greens, c'est ici que se trouve le seul ***parcours de golf*** de l'île (18 trous). Les alentours sont en voie de reconquête par les hôtels et autres *malls,* géants et pas toujours gracieux.

Dans la journée, les passionnés d'avions peuvent se rendre à ***Maho Beach,*** une petite plage de sable fin pas vraiment intime et sans grand charme, mais où la mer est d'un bleu incroyable, avec sa buvette *Sunset Grill Bar* située à quelques mètres de l'extrémité de la piste de l'aéroport. Les horaires des vols à l'arrivée sont affichés sur une planche de surf. Idéal pour des photos chic (la mer bleue) et choc (les géants de l'air à l'approche). Moment de choix : l'arrivée des plus gros porteurs. Un spectacle unique, mais attention tout de même de ne pas imiter ces fous qui s'accrochent parfois aux grilles et prennent le souffle des réacteurs en pleine poire ! Il n'est pas rare de voir s'envoler les parasols et les serviettes.

– À proximité, le *Sonesta Maho Beach Hotel,* le plus grand hôtel de l'île, abrite plusieurs galeries commerciales (ouvertes jusqu'à 22h), des discothèques, des restos en veux-tu en voilà...

Plongée sous-marine

Nos meilleurs spots dans la partie néerlandaise de l'île (d'est en ouest)

Molly Beday Island *(carte Saint-Martin : nos meilleurs spots de plongée,* ***7*****) :** la partie nord de l'îlot rocheux est la plus intéressante à visiter. Le bateau est mouillé à - 16 m sur fond sableux. Palmer sur une quinzaine de mètres vers l'îlet pour débuter l'exploration du rivage immergé, en forme d'escalier très raide : une marche à - 6 m, une à - 10 m et le fond à - 15 m. Passer devant une succession de blocs rocheux alignés. Le passage protégé, dû au renfoncement de l'îlet, sera exploré au retour. Partir jusqu'à la pointe est de Molly Beday délimitée par deux gros rochers. Barracudas. Au retour, longer la longue alcôve, à - 8 m. Passer dans un cirque de 2 m de diamètre. Au fond, petit boyau remontant en cheminée, longue de 1,50 m. Pour plongeurs de Niveau 1 confirmés.

Poussins et Poulets *(Hens and Chickens ; carte Saint-Martin : nos meilleurs spots de plongée,* ***8*****) :** trois îlets rocheux à la queue leu leu, le plus grand à + 7 m au-dessus de la surface, les deux plus petits à + 4 m. Platier sous-marin le long de la face nord. Exploration à la limite du récif et du sable, à - 15 m. Long surplomb à - 4 m dans la roche. Petits coraux laminés par la houle. Dauphins et requins gris. Ne pas jouer aux kamikazes : on ne passe pas entre les îlets à - 3 m, le courant s'y engouffre violemment. Pour plongeurs de Niveau 1 confirmés.

Pelikan Reef *(carte Saint-Martin : nos meilleurs spots de plongée,* ***9*****) :** explo en dérive de la partie nord-est. Îlot rocheux de 10 m au-dessus des flots. Paysage déchiqueté avec des aiguilles tranchantes. Nursery de poissons juvéniles. Pour plongeurs de Niveau 1 minimum.

Proselyte Reef *(carte Saint-Martin : nos meilleurs spots de plongée,* ***10*****) :** *au sud de Saint-Martin.* Grand récif remontant de - 22 m jusqu'à - 4 m à son sommet le plus haut. Le plus beau récif de Saint-Martin, tant au niveau des couleurs qu'au niveau de l'histoire. En effet, une frégate anglaise y coula en 1801 et laissa trois ancres figées pour l'éternité dans le corail, ainsi que 13 canons. Endroit si fréquenté par les bateaux de plongée que trois mouillages sont installés à 30 m de distance les uns des autres, sur - 16 m. Multitude de plumets blancs. Petits requins-nourrices dans les trous. Courant faible, visibilité de 30 m. Jolie vision des ancres piquées, comme des piolets, dans le corail. Pour plongeurs de Niveau 1.

Le Roro *(carte Saint-Martin : nos meilleurs spots de plongée,* ***11*****) :** épave d'un porte-conteneurs à - 20 m sur un fond de sable. L'arrière du bateau est tourné vers l'est. Deux tourelles donnent accès au puits de chaîne et à la salle de travail. Les deux guindeaux reposent encore au-dessus. Pont plat, immense, percé de trous (ce sont les trappes de visite). Au pied du château arrière, deux panneaux permettent l'accès aux moteurs, dans le noir. De la timonerie, superbe vue. Tout autour du *Roro,* raies pastenagues dans le sable, certaines de 2 m à 2,50 m d'envergure. Pour plongeurs de Niveau 1 minimum.

The Bridge *(carte Saint-Martin : nos meilleurs spots de plongée,* ***12****)* **:** vestiges de l'ancien pont de Simpson Bay jetés en ce lieu. Cet amas de béton représente 10 m de poutrelles et de blocs enchevêtrés. Récif artificiel de 2 m de haut concentrant sergents-majors, diodons, colas. Quelques murènes noir et beige. « Gros-yeux » tout rouges. Flore abondante sur cet espace. Éviter de plonger lorsqu'il y a du courant, la visibilité devenant nulle. On se perd entre trois épaves de bateaux. Pour plongeurs de Niveau 1.

Le Gregory II *(carte Saint-Martin : nos meilleurs spots de plongée,* ***13****)* **:** barge d'environ 40 m de long qui gît retournée vers le sable. Mouillage préinstallé fixé à l'avant du navire à - 16 m, un autre installé sur l'arbre d'hélice. Très joli point de vue à quelques mètres en arrière du bateau, face aux deux hélices et au gouvernail. Attention : bien tenir compte des indications du moniteur, car l'épave oscille avec la mer houleuse et le château peut alors s'effondrer. Visite de 15 mn. Le reste de la balade permet de parcourir l'immense récif. Éponges-cratères de 80 cm de diamètre et de 1 m de haut, gorgones-plumets, éponges-cierges jaune et mauve. Faune hétéroclite. Pour plongeurs de Niveau 1 minimum.

Le Fuh Sheng *(carte Saint-Martin : nos meilleurs spots de plongée,* ***14****)* **:** cargo transporteur réfrigéré, long de 80 m et large de 15 m sur la vase à - 35 m. Le *Fuh Sheng* est plus enfoncé dans le sable à l'arrière qu'à l'avant, ce qui donne l'impression qu'il navigue encore. Lorsque la mer est houleuse, le château oscille seul, comme ivre. Avec du recul, admirer le galbe du bateau. Ancre encore à poste sur la coque. Compter 20 mn de balade. Pour plongeurs de Niveau 2 ou *advanced.*

Le Porpoise *(carte Saint-Martin : nos meilleurs spots de plongée,* ***19****)* **:** remorqueur de 40 m de long coulé en 2004, sur un fond de sable à environ - 30 m. Très belle épave préparée pour les plongeurs, on peut pénétrer dans toute la superstructure. Un grand trou a été ouvert à l'arrière pour se glisser dans la cale moteur. Tout autour, sur le sable, des raies pastenagues et des gorettes, carangues bleues, coffres, diodons, chirurgiens... Pour tous les niveaux de formation PADI et sorties débutants ou confirmés.

SAINT-BARTHÉLEMY

▸ Pour la carte de Saint-Barthélemy, se reporter au cahier couleur.

ABC DE SAINT-BARTHÉLEMY

- *Superficie :* 25 km², en incluant les îlets.
- *Altitude maximum :* 286 m.
- *Population :* estimée à env 9 000 hab.
- *Les habitants :* les Saint-Barths ou plus familièrement les Babaths.
- *Densité :* env 360 hab./km² (moy. française : 117).
- *Point culminant :* le morne Vitet (281 m).
- *Capitale :* Gustavia.
- *Monnaie :* l'euro.
- *Langues :* français, anglais, créole.
- *Statut :* collectivité d'outre-mer de la République française depuis juin 2007 (préfet commun avec Saint-Martin).
- *Décalage horaire :* heure de Paris - 5 en hiver et - 6 en été.

Saint-Barthélemy, Saint-Barth pour les intimes, ne ressemble à aucune autre île des Caraïbes. Terre française, dont les habitants ne paient pas d'impôts et facturent leurs services en dollars, aux visiteurs américains. Paysages à peine tropicaux. Quelques cocotiers viennent tout juste troubler la ressemblance avec les hauts de Ramatuelle. L'île résiste à toutes les tentations du tourisme de masse. Pas d'immeubles, interdiction de bâtir une maison plus haute qu'un palmier, prix très élevés, certaines maisons se vendent sans difficulté au prix d'un, et même de plusieurs millions d'euros. Les Saint-Barths, qui ne souhaitent pas voir leur terre prise d'assaut par des hordes de touristes en mal de soleil, ont opté, dans les années 1960-1970, pour la sélection d'une clientèle plus fortunée. Pour le moment, le choix porte ses fruits. Devenue un véritable paradis pour milliardaires (depuis qu'un certain Rockefeller a débarqué en 1956), l'île ne fait aucune concession. Pour le plus grand bonheur d'un petit nombre de privilégiés, amateurs de calme, de sieste et d'une nature jalousement préservée.

Le tour de l'île est bouclé en moins d'une demi-journée : forcément, elle ne fait que 25 km² ! Rien à voir, à l'exception d'un ou deux petits musées. Ici, on se repose. On fait quelques achats (de luxe, mais *duty free*). Un programme qui en vaut bien d'autres quand la nature est aussi belle.

En septembre 1995, Saint-Barth a reçu une grosse claque du cyclone *Luis,* qui l'a dévastée durant 36h, malmenant ses principales richesses :

les plages. Heureusement, les traces ont été vite effacées. À vous d'en profiter, à condition d'en avoir les moyens...

Arriver – Quitter

À 24 km au sud-est de Saint-Martin (10 mn de vol) et à 230 km au nord-ouest de la Guadeloupe (env 50 mn de vol), l'île de Saint-Barthélemy est bien desservie par air comme par mer. Vous pourrez donc combiner à votre guise les différents moyens de transport.

En avion

✈ ***Aéroport de Saint-Barthélemy :*** ☎ *05-90-27-65-41.*
L'aéroport de Saint-Barth ne peut accueillir de gros porteurs ; le seul moyen d'y accéder en avion depuis la métropole est donc de faire Paris – Saint-Martin, puis de prendre un avion de 8 ou 18 places de Saint-Martin à Saint-Barth ; ou alors de faire Paris – Pointe-à-Pitre, puis Pointe-à-Pitre – Saint-Barth avec *Air Caraïbes.* Entre Saint-Martin et Saint-Barth, les rotations sont nombreuses. Les avions n'atterrissent qu'entre le lever et le coucher du soleil. L'arrivée est spectaculaire. On passe en rase-mottes entre deux collines, à 10 m au-dessus d'un carrefour routier, pour piquer ensuite sur la piste d'atterrissage, longue seulement de 640 m, avec tout au bout... la plage. Petites émotions par grand vent, mais soyez sans crainte, les pilotes sont bien aguerris.

➢ ***Au départ de Saint-Martin :*** vols très fréquents au départ des aéroports Princess Juliana (partie néerlandaise) ou de Saint-Martin Grand-Case (partie française) avec :
■ ***Winair :*** ☎ *05-90-27-61-01.* • *fly-winair.com* •
■ ***St-Barth Commuter :*** ☎ *05-90-27-54-54.* • *stbarthcommuter.com* •

➢ ***Au départ de Pointe-à-Pitre :*** avec *Air Antilles Express.* ☎ *08-90-648-648.* • *airantilles.com* •). Assure 2 vols/j vers Saint-Barthélemy et 3 vols/j vers Pointe-à-Pitre.

En bateau

Voir plus haut la rubrique « Arriver – Quitter... et liaisons inter-îles », au début du chapitre sur Saint-Martin.

Formalités

Pour les ressortissants de l'UE, la carte d'identité ou le passeport valide suffit. Passeport obligatoire si l'on transite par l'aéroport international Princess Juliana de Saint-Martin.

Adresses et infos utiles

Attention, certains établissements sont fermés le mercredi après-midi. En effet, c'est congé pour les enfants et les parents en profitent pour être avec eux. Charmant, non ?

Infos touristiques

ℹ ***Comité du tourisme*** *(plan couleur Gustavia B1) : quai du Général-de-Gaulle, à Gustavia.* ☎ *05-90-27-87-27.* • *saintbarth-tourisme.com* • *Lun-ven 8h30-18h ; sam 8h30-12h.* Infos et doc variée sur l'île.

■ ***Agences de voyages :*** si vous rencontrez des difficultés sur place pour des liaisons inter-îles, ou si vous cherchez des tuyaux pour voyager et combiner plusieurs îles, adressez-vous à :
– ***Élan Voyages :*** *à Saint-Jean, espace Neptune, à la sortie sur la gauche en allant vers Lorient.* ☎ *05-90-27-59-60.* • *elan.voyages@wanadoo.fr* • *Lun-ven 8h30-18h ; sam 9h-12h.* Vraiment très compétents.
– ***Saint-Barth Évasion :*** *à Saint-Jean, galeries du Commerce, en face de*

l'aéroport. ☎ *05-90-27-77-43.* • *st-barthevasion@wanadoo.fr* • *Lun-ven 9h-12h, 14h-17h30 ; sam 9h-12h.*

■ **Location de bateaux : Jicky Marine Service,** *quai du Yacht-Club.* ☎ *05-90-27-70-34.* • *jickymarine.com* • *Tlj 8h-19h.* Toute la gamme des activités nautiques, depuis les balades à la voile au coucher du soleil à la pêche au gros.

Argent, banques, poste

✉ ***Bureaux de poste***

– *À Gustavia (plan couleur Gustavia B2) : à l'angle de la rue Jeanne-d'Arc et de la rue Samuel-Fahlberg. Lun, mar, jeu, ven 7h30-15h30 ; mer, sam 7h30-12h.* Distributeur de billets.

– *À Saint-Jean : au centre des Mangliers, 200 m derrière la station-service de l'aéroport.*

– *À Lorient : après le centre sportif AJOE, en venant de Gustavia.*

■ ***Courrier Express : DHL Gustavia,*** ☎ *05-90-27-60-33.*

■ ***Banques et distributeurs***

– ***BFC :*** *à Gustavia (rue du Général-de-Gaulle) et à Saint-Jean (galeries du Commerce).*

– ***BNP :*** *à Gustavia, rue du Bord-de-Mer.*

– ***Crédit Agricole :*** *à Gustavia, rue Jeanne-d'Arc (près de la poste). Bureau de change.*

– ***BRED :*** *à Saint-Jean, au centre commercial La Savane, en face de l'aéroport.*

Santé, urgences

■ ***Pharmacies***

– *À Gustavia (hors plan couleur Gustavia par A1,* ***2****) : rue de la République.* ☎ *05-90-27-61-82. Lun-ven 8h-19h30 ; sam-dim 9h-13h, 15h30-19h.*

– *À Saint-Jean : centre commercial La Savane, en face de l'aéroport.* ☎ *05-90-27-66-61. Lun-sam 8h-20h ; dim et j. fériés 9h-13h, 15h30-19h. Et centre Vaval (Island Pharmacie) :* ☎ *05-90-29-02-12. Lun-sam 8h-20h.*

✚ **Hôpital De Bruyn** *(plan couleur Gustavia A2,* ***3****) : à Gustavia.* ☎ *05-90-27-60-35 ou 05-90-51-19-52.*

■ ***Médecin de garde :*** ☎ *05-90-90-13-13.*

■ ***Association des médecins de Saint-Barthélemy :*** ☎ *05-90-27-76-03.*

■ ***Gendarmerie :*** ☎ *05-90-27-11-70.*

■ ***Radio Saint-Barth :*** *98.7 FM.*

■ ***Radio Transat (Saint-Martin) :*** *95,5/100.3 FM.*

Transports

■ ***Location de voitures :*** plusieurs agences ont un comptoir à l'aéroport. Les prix sont relativement alignés, mais rien ne vous empêche de comparer malgré tout (voir aussi la rubrique « Transports intérieurs » un peu plus loin). En haute saison, il est impératif de réserver son véhicule, sous peine de ne rien trouver sur place en arrivant !

– ***Avis :*** ☎ *05-90-27-71-43.* • *avis.sbca@wanadoo.fr* •

– ***Budget :*** ☎ *05-90-27-66-30.* • *budgetsaintbarth@wanadoo.fr* •

– ***Europcar :*** ☎ *05-90-27-73-33.* • *europsbh@wanadoo.fr* •

– ***Hertz :*** ☎ *05-90-27-71-14.* • *hertz.stbarth@wanadoo.fr* •

– ***Gumbs Car Rental :*** ☎ *05-90-27-75-32.* • *gumbs.car.rental@wanadoo.fr* •

– ***Maurice Car Rental :*** ☎ *05-90-27-73-22.* • *infos@mauricecarrental.com* • *mauricecarrental.com* •

– ***Soleil Caraïbes :*** ☎ *05-90-27-67-18.* • *soleil.caraibe@wanadoo.fr* •

– ***Welcome Car Rental :*** ☎ *05-90-51-16-40.* • *info@welcomesbh.com* •

Divers

■ ***Stations-service***

– *À l'aéroport : tlj sf dim 8h-12h, 15h-18h.* Distribution par carte de paiement 24h/24.

– *À Lorient : tlj sf dim 7h30-12h, 13h30-17h (12h jeu et sam).*

Supermarchés

– *À Gustavia :* ***Le Libre Service,*** *rue de la République. Lun-ven 7h-20h ; sam 7h-19h.*

– *À Saint-Jean :* ***Marché U,*** *en face de l'aéroport. Lun-jeu 8h-13h, 15h-20h ; ven-sam 8h-20h ; dim 9h-13h, 16h-19h.*

– *À Lorient (supérettes) :* ***Le Minimart,*** *lun-sam 7h30-20h, et* ***Chez Jojo,*** *lun-sam 8h-17h, dim 8h-12h30.*

ACHATS

Dotée du statut de port franc par les Suédois en 1875, Gustavia est naturellement devenue le paradis du shopping... plutôt haut de gamme. Pour les amateurs de griffes prestigieuses, on trouve, un peu en vrac, *Cartier, Hermès, Canovas, Bvlgari, Chopard, Louis Vuitton, Lauren Effel, Ralph Lauren,* etc. Elles affichent toutes des prix inférieurs de 15-20 % environ à ceux pratiqués en métropole. C'est le moment ou jamais de craquer. Cela dit, même avec la TVA en moins, ça reste des produits de luxe.

ARGENT

La monnaie officielle de l'île est l'euro, mais le dollar US est accepté partout. On peut également payer presque partout par carte. En revanche, les chèques domiciliés en métropole ne sont que très rarement acceptés. Les prix au resto sont service inclus.

CUISINE

Pas grand-chose pour le routard de base. Les restos de l'île sont surtout tenus par des métropolitains branchés qui vivent avec une clientèle hype et ayant les moyens. Il existe cependant des adresses plus abordables, que nous vous indiquons.
Sinon, on peut toujours acheter sa nourriture dans les supérettes (plutôt bien approvisionnées) de Gustavia, de l'aéroport Saint-Jean ou Lorient (beaucoup de studios ou bungalows possèdent une kitchenette). On trouve également quelques traiteurs.

DANGER

– Rien à signaler au niveau de la ***sécurité,*** les policiers ne sont pas surmenés et certains voient même leur affectation à Saint-Barth comme une bénédiction !
– En revanche, il existe encore sur l'île quelques ***mancenilliers,*** des arbustes assez banals mais dont la sève contient un acide pouvant provoquer de graves brûlures (les fruits sont également dangereux). Il peut donc être prudent de demander conseil avant de s'abriter sous un arbre qui ressemble plus à un pommier qu'à un cocotier.

EAU

Ni rivière, ni fleuve, ni ruisseau sur l'île... L'eau venant du dessalement de l'eau de mer (ou de la récupération des eaux de pluie), c'est donc une denrée rare... et très chère ! C'est pourquoi vous ne verrez que rarement une baignoire dans les hôtels. Alors, un petit effort de civisme s'impose : évitez de laisser couler l'eau en abondance lors de votre douche et du brossage de vos ratiches. À noter aussi qu'en 2002, Saint-Barth s'est doté d'une usine d'incinération ayant la particularité d'utiliser l'énergie dégagée pour produire de l'eau potable.

ÉLECTRICITÉ

– 220 volts, 60 hertz.

FAUNE ET FLORE

Peu d'animaux en dehors des iguanes et de nombreuses variétés d'oiseaux, en particulier le pélican, dont les Saint-Barths ont fait leur mascotte. Les ornithologues chercheront à apercevoir les grands et petits pailles-en-queue qui viennent sur l'île en période de nidification.
Côté flore, ne pas s'attendre, on l'a dit, à une végétation tropicale luxuriante, mais l'île n'est pas aride pour autant, en tout cas pas après les pluies de « l'automne ». On a planté un peu partout, et les nombreuses propriétés sont souvent nichées dans de beaux jardins. Plantes grasses (aloès), cactées (cactus cierges, appelés localement « torches », des « têtes à l'Anglais ») ne manquent pas. Sur certaines plages, on trouve des raisiniers bord de mer *(Coccoloba).* Et aussi des lataniers, de la famille des palmiers, qui ne sont pas originaires de l'île (un religieux, le père Morvan, est à l'origine de leur introduction à Saint-Barth en 1890) : on en utilise d'ailleurs les palmes pour la fabrication de chapeaux, de balais et de corbeilles.

FÊTES ET FESTIVALS

Bien que l'île soit assez calme, de nombreux festivals et manifs à caractère culturel, sportif ou nautique (comme la fameuse *Transat Concarneau – Saint-Barth,* les années paires) ponctuent l'année.
– ***Janvier :*** festival de Musique (classique surtout).
– ***Février :*** carnaval (à Gustavia). Animations les dimanches qui précèdent le Mardi gras.
– ***Mars :*** *Bucket Regatta,* à la fin du mois. Une régate de plusieurs jours rassemblant de superbes voiliers du monde entier, dont le célèbre *Falcon.* Également, dans la foulée, le festival du Livre.
– ***Avril :*** *Voiles de St-Barth,* au début du mois, pour répondre un peu aux *Voiles de St-Tropez.* À la fin du mois se tient le festival du Film caraïbe.
– ***Juillet-août :*** nombreuses fêtes dans les différents « quartiers » de l'île.
– ***Novembre :*** marathon suédois Gustavialoppet (« marathon » miniature, de 10-12 km seulement, l'île est trop petite !).
– ***Décembre :*** si vous êtes là pour le ***31 décembre,*** le port de Gustavia est envahi de yachts de milliardaires venant de partout uniquement pour le soir de la Saint-Sylvestre. Ils rivalisent les uns les autres, et, à minuit, c'est l'explosion des feux d'artifice et bouteilles de champagne. Également un marché de Noël (ouvert le soir) à Gustavia avec nombre d'artisans locaux exposés.

GÉOGRAPHIE

Située à 25 km au sud-est de Saint-Martin et à 230 km au nord-ouest de la Guadeloupe, Saint-Barthélemy est incroyablement vallonnée sans avoir, par ailleurs, des massifs dépassant 300 m d'altitude. À ce propos, les marchands de vélos n'y ont jamais fait fortune. La courte piste d'aéroport occupe l'un des rares endroits plats de Saint-Barth ! On peut avoir une pensée émue pour les chevaux qui étaient le seul moyen de locomotion jusqu'en 1951, date de l'arrivée de la première voiture sur l'île. Sur un sol aussi ingrat, les habitants ont vite compris que le tourisme serait bien plus rentable que l'agriculture. Fait significatif : aucune parcelle de terrain n'est aujourd'hui cultivée, sauf quelques jardins de particuliers ! Les murets de pierre, tradition irlandaise, ne délimitent que des arpents d'herbes sauvages. La prospérité est désormais assurée par ce sable si doux, si blanc qui recouvre les plages.
– Une carte au 1/25 000, référence 4606GT, est éditée par l'IGN *(Institut géographique national : 50, rue de la Verrerie, 75004 Paris ; ☎ 01-43-98-80-00).* Elle couvre les îles de Saint-Barthélemy et de Saint-Martin.

HÉBERGEMENT

Vous vous en doutez, le routard n'est pas le premier client ciblé à Saint-Barth. Les hôtels sont presque tous chers, et une taxe de 5 % par jour est à ajouter au prix de la chambre. Certains hôteliers l'incluent dans les tarifs, mais ce n'est pas le cas pour la majorité ! Pour éviter les mauvaises surprises, demander si la taxe est en sus ou non.
Ni gîte rural, ni bungalow à louer à la semaine (comme en Guadeloupe), ni camping (et le camping sauvage est interdit). Mais de nombreux hôtels... la plupart de rêve, de 3 et 4 étoiles, le plus souvent de petites unités puisqu'au total, on dépasse tout juste les 600 chambres.
Important : les prix varient grandement selon la saison (jusqu'à 50 %), la saison haute se situant entre décembre et avril, avec un pic entre le 15 décembre et le 5 janvier (là, les tarifs s'envolent !). Possibilité aussi de louer des villas. C'est fort cher aussi, mais on peut partager à deux ou trois familles. Vous pourrez vous renseigner, par exemple, auprès de :

■ ***Sibarth :*** BP 55, La Maison Suédoise, *rue Samuel-Falhberg, à Gustavia.* ☎ 05-90-29-88-90. • sibarth.com • *Également présent à l'aéroport.* De la villa de luxe à louer au terrain à bâtir.

■ ***Sprimbarth :*** 6, Les Jardins de Saint-Jean, *à Saint-Jean.* ☎ 05-90-27-70-19. • st-barths.com/sprimbarth •

■ ***Les Vents Alizés :*** *à Marigot.* ☎ 05-90-27-78-70. • st-barths.com/les-vents-alizes • On y apprécie l'efficacité et le sourire de Michèle.

HISTOIRE

Découverte par Christophe Colomb en 1493, l'île porte le nom de son frère. Les Amérindiens, qui l'avaient occupée épisodiquement, comme en témoignent une quinzaine de sites précolombiens, l'appelaient « Ouanalao ». Longtemps refuge des corsaires, elle accueille au XVIIe s une garnison française, envoyée depuis Saint-Christophe (l'actuelle Saint-Kitts, alors base des colons français). Des Normands et des Bretons particulièrement courageux s'y établissent, mais en 1656, les Indiens caraïbes massacrent les Français. L'entêtement a toujours été la principale caractéristique du monde rural, et d'autres colons prennent la place des précédents. L'île n'a pas de ressources propres, mais les butins pris par les corsaires sur les galions espagnols et les navires de Sa Majesté pendant la guerre d'Indépendance américaine apportent un complément de ressource non négligeable. En 1784, Necker, ministre de Louis XVI, vend l'île à Gustave III, le roi de Suède. Pour développer le commerce, le nouveau propriétaire déclare que le port, baptisé *Gustavia,* sera franc de toute taxe. Saint-Barthélemy connaît une première prospérité (en 1800, l'île compte presque autant d'habitants qu'aujourd'hui), avant d'entamer un lent déclin.
En effet, l'île subit une série de catastrophes : épidémies, cyclone, tremblement de terre... sans parler des revers d'ordre économique (avec la machine à vapeur, les bateaux n'ont plus besoin de faire escale dans l'île, et parallèlement, la concurrence des îles Vierges fait de l'ombre à Saint-Barthélemy). Elle devient alors un gouffre financier pour la couronne suédoise et, à la suite d'un référendum, repasse

AFFAIRE DE FAMILLE

Necker, ministre des finances de Louis XVI, accepta de vendre Saint-Barthélemy à la Suède pour un prix abordable, en 1784. En échange, il demanda au roi Gustave III le poste d'ambassadeur à Paris pour son futur gendre, le baron de Staël-Holstein. Sitôt dit, sitôt fait. Le Canard enchaîné *n'existait malheureusement pas à l'époque !*

à la France en 1878, à la condition de conserver son statut de port franc. Ce qui est toujours le cas aujourd'hui.
Les habitants sont français et fiers de l'être. Partout flotte le drapeau tricolore, mais les rues de Gustavia portent encore, en plus de leurs noms français, leurs anciens noms suédois. En revanche, ils se sentent différents de la Guadeloupe, dont ils ont toujours été un peu à l'écart. Les Saint-Barths se plaignent, à juste titre, des incessantes grèves paralysant le port de Pointe-à-Pitre, les privant de ce fait de leurs approvisionnements, qui passent en partie par la Guadeloupe.
Le 7 décembre 2003, les habitants de Saint-Barthélemy sont consultés par référendum sur l'évolution statutaire de l'île, tout comme les habitants de la partie française de Saint-Martin. Le « oui » l'emporte à 95 % à Saint-Barth et 76 % à Saint-Martin. Ainsi, ce nouveau statut de collectivité d'outre-mer de la République française, permettant à Saint-Barth et Saint-Martin de préserver les avantages fiscaux de fait, hérités de l'Histoire, est avalisé depuis 2007. Les deux îles ont un préfet commun. Saint-Barthélemy est, de fait, dotée de l'autonomie et se substitue, pour son administration, à la commune, au département et à la région de Guadeloupe. Elle peut donc adapter les lois et règlements en vigueur localement et fixer des règles dans certains domaines de compétence comme le tourisme.

PLAGES

Saint-Barth compte 22 plages, toutes plus belles les unes que les autres. Leur accès est public, et le nudisme interdit (quoique de plus en plus pratiqué). En arrivant sur certaines de ces plages, vous verrez des canettes recyclées en cendriers, pour y déposer vos mégots : c'est qu'ici on pense à la préservation de l'environnement ! On distingue les plages au vent, à l'est, et les plages sous le vent, donc abritées, à l'ouest. Évidemment, de nombreuses activités nautiques sont possibles à Saint-Barthélemy. La plongée de surface est sûrement l'une des plus accessibles avec des lieux comme l'Anse de Colombier ou, plus simplement, Shell Beach, à quelques centaines de mètres de Gustavia.

PLONGÉE SOUS-MARINE ET PROTECTION DE LA NATURE

Avant 1960, Saint-Barthélemy coulait des jours paisibles. À partir de cette époque, plus précisément après l'acquisition par David Rockefeller d'une partie de l'île en 1957, Saint-Barth a commencé à être appréciée des plaisanciers et, peu à peu, est devenue la destination touristique pour vacanciers fortunés que l'on sait. En parallèle, la pêche, disposant de moyens plus sophistiqués, s'est intensifiée et, en 1988, une fondation américaine, *New England Biolabs,* finit par attirer l'attention sur la fragilité et les risques d'une dégradation rapide des fonds marins de Saint-Barth.
La réaction des pouvoirs publics ne se fait pas attendre : des moyens de protection sont mis en œuvre (à l'instar de certaines autres îles caribéennes, comme Saba, dont les fonds sont préservés de façon exemplaire) et, en 1996, une réserve marine voit le jour. Découpée en cinq zones, elle couvre environ 1 200 ha de mer tout autour de l'île, dans un périmètre de 500 m autour de l'île Fourchue, de l'île Frégate, de l'île Toc-Vers, autour des Gros-Îlets, de Pain-de-Sucre, de Colombier et de Petit-Jean. Dans certaines parties (autour des Grenadins et de l'île Tortue), il est même interdit de plonger. Ailleurs, une taxe de 2 € par plongée est perçue pour aider à la préservation des fonds.
Sont interdits dans la réserve toute forme de pêche, la collecte de coquillages et de coraux, le mouillage de bateaux, la pratique du ski nautique, du jet-ski et du

scooter des mers. On applaudit ! Les plaisanciers n'ont pas le droit non plus de ramasser des lambis ou de pêcher des langoustes. Deux types de milieux font l'objet d'une attention particulière :

– les récifs coralliens, de type frangeant (qui bordent les côtes) ;

– les herbiers de phanérogames marines, que l'on observe sur les fonds sableux et au large des récifs. Ces herbiers constituent des zones de nurserie pour les juvéniles de nombreuses espèces. Ils doivent être préservés des dégâts provoqués par les ancres des bateaux, principalement dans la baie de Colombier.

En outre, une charte a été élaborée : ne pas nourrir ni toucher la faune ; limiter l'utilisation des éclairages sous-marins ; gilet de stabilisation obligatoire afin d'éviter le palmage dévastateur ; ramasser les détritus quand on en rencontre ; ne pas utiliser de gants en plongée ; ne pas utiliser de propulseur sous-marin sans encadrement par un moniteur breveté ; utiliser obligatoirement les bouées de mouillage préinstallées. Toute observation effectuée lors d'une plongée (manquement à la réglementation, casiers perdus, présence de filets, prolifération ou diminution de certaines variétés de la faune ou de la flore) doit être signalée à la réserve. À terme, la réserve ne sera accessible qu'aux plongeurs titulaires du Niveau 1 (le diplôme étant, en principe, un gage de comportement responsable) et aux bateaux de moins de 15 m embarquant un maximum de 10 plongeurs. Seuls les moniteurs brevetés d'État ont le droit d'officier sur les sites de plongée faisant partie de ces zones protégées.

À savoir aussi : la détention de tout objet dérivé de la tortue est interdite, et il est nécessaire d'obtenir un permis pour exporter les conques vides.

Pour plus d'infos :

■ ***Association Grenat :*** *BP 683, Gustavia. Contacter* ***Jean-Claude Plassais.*** ☎ *05-90-27-88-18.* C'est l'association qui gère la réserve.

– La réserve dispose également d'un petit bureau sur le port de Gustavia, près du Comité du tourisme.

La meilleure période pour plonger à Saint-Barth va de mi-avril à fin août, avant que ne commence la période cyclonique. Heureux plongeurs, cela correspond à la basse saison... Les touristes affluent en effet plutôt sur l'île l'hiver, pendant la saison « sèche », mais, à cette période, les alizés atteignent souvent force 4 ou 5, ce qui, parallèlement aux fronts froids, a tendance à perturber la houle et à agiter les fonds sableux (réduisant ainsi la visibilité sous-marine). À partir d'avril, on observe moins ces phénomènes.

POPULATION

Autre originalité de l'île : ses quelque 9 000 habitants sont essentiellement des descendants des Normands, des Bretons et des Vendéens qui s'installèrent ici sous l'Ancien Régime. Si les Suédois y furent présents durant près d'un siècle, ils n'ont laissé que peu de traces dans les mœurs et dans les gènes des Saint-Barths. L'île s'est retrouvée en 1878 avec les mêmes grandes familles aux patronymes inchangés : les Gréaux, les Bernier, les Aubin, les Magras... De leur région d'origine, en tout cas, les colons ont gardé la langue (avec des touches créoles) et la blondeur des cheveux. Naguère, les femmes revêtaient la *quichenotte,* coiffe portée autrefois en Vendée, sur l'île d'Yeu et à l'île de Ré (Charente-Maritime). De longs rebords cachaient les joues afin de tenir les hommes entreprenants à distance (d'où son nom, issu de l'anglais : « *kiss me not* »). Aujourd'hui, avec leur bermuda, les jeunes ont plutôt le look des surfeurs californiens !

Ici, tout le monde est cousin (avec quelques inconvénients consécutifs à la consanguinité), ce qui n'empêche pas les rixes familiales sans fin. Ni chômage ni syndicat ne perturbent la vie sociale. De plus, ce petit morceau de France est allergique aux impôts et aux taxes. Et le vote de décembre 2003 a confirmé le rejet

viscéral des Saint-Barths pour toute tentative de « normaliser » la situation. Saint-Barth reste une affaire de famille. Excepté Gustavia, les habitants n'ont pas d'adresse postale : anonymat garanti !
La population est encore blanche à 95 %. Résultat, aucune tension raciale. Saint-Barth est vraiment différente des autres îles antillaises. À noter toutefois qu'aujourd'hui, les ex-métropolitains sont devenus petit à petit plus nombreux que les Saint-Barths de souche (la population a presque triplé depuis le début des années 1970 !).

POURQUOI SI PEU DE NOIRS À SAINT-BARTHÉLEMY ?

La taille et le relief de l'île, couplés à l'aridité du climat, empêchèrent tout développement agricole d'envergure, telle que l'industrie sucrière. Les petites exploitations agricoles n'exigeaient pas de main-d'œuvre supplémentaire et la pauvreté des paysans ne permettait guère l'importation d'esclaves...

SITES INTERNET

- ***st-barths.com*** • Le site généraliste incontournable pour découvrir l'île : hébergement, gastronomie, nature, activités, etc. Pratique également pour avoir des infos récentes sur l'île.
- ***st-barths.com/jsb*** • Le site du journal local, tous les potins de l'île.

TRANSPORTS INTÉRIEURS

Il n'y a pas de transports en commun à Saint-Barth. La voiture et le scooter sont donc les moyens de locomotion le plus utilisés. Pour le scooter, il faut impérativement être à l'aise sur deux roues : les pentes sont raides, et en cas de pluie, les routes sont vite glissantes. Le stop fonctionne assez bien également. Il n'est pas inutile de savoir que la circulation sur l'île est particulièrement dense. Les routes sont étroites, et comme le 4x4 a remplacé la mini-Moke, on n'est pas loin de la saturation. La Smart a bien fait son apparition, de même que les « GEM », ces petites voitures électriques, mais on en voit beaucoup moins que des 4x4.

■ ***Location de 2-roues***

– ***Fun Motors JPF :*** à Saint-Jean (galeries du Commerce). • *access-stbarth.com/en/rentals-st-barts/scooters-quads/fun-motors.html* • *En face de l'aéroport, à côté de la station-service. Lun-sam, 8h-12h, 14h30-18h. À partir de 13-35 €/j. selon cylindrée et saison.*

– ***BARTH'LOC*** *(plan couleur Gustavia B1,* ***5****) :* rue de France, à Gustavia ☎ 05-90-27-52-81. 📱 06-90-31-36-40. • *barthloc.com* • *Tlj 8h-18h30. Loue scooters et vélos à assistance électrique, mais aussi des voitures, quads et GEM (voitures électriques).* Bon accueil et livraison du véhicule incluse.

– ***Béranger :*** 21, rue du Général-de-Gaulle, à Gustavia. ☎ 05-90-27-89-00.

■ ***Location de voitures :*** plusieurs loueurs ont un comptoir à l'aéroport (voir plus haut « Adresses utiles »).

– ***Welcome Car Rental :*** ☎ 05-90-51-16-40. 📱 06-90-65-07-57. • *info@welcomesbh.com* • *welcomesbh.com* • *Compter 35-130 €/j. selon catégorie et saison. Réduc de 10 % pour tte résa passée directement sur le site.* Olivier est le roi du service... et c'est notre préféré. Toujours souriant et de bonne humeur ! Sans oublier son très complémentaire associé, Xavier. Ils n'ont pas de bureau à l'aéroport, mais vous attendront avec la voiture. Si toutefois ils n'avaient plus de voiture disponible, nous vous recommandons les 2 loueurs ci-après, qui ont un comptoir à l'aéroport, l'un en face de l'autre.

– ***Soleil Caraïbes :*** ☎ 05-90-27-67-18. • *soleil.caraibe@wanadoo.fr* • *Compter 35-115 € selon catégorie et saison.*

Réduc de 10 % sur le prix de loc sur présentation de ce guide. La seule agence sur Saint-Barth à inclure l'assurance CDW dans les tarifs de base et à proposer un rachat de franchise total !
– ***Maurice Car Rental :*** *aéroport de Saint-Jean.* ☎ *05-90-27-73-22.* • *info@mauricecarrental.com* • *mauricecarrental.com* • *Tlj 8h-18h. Compter 35-130 € selon catégorie et saison.*

Taxis : ils se trouvent à l'aéroport de Saint-Jean *(☎ 05-90-27-75-81)* ou au port de Gustavia *(☎ 05-90-27-66-31).* Certains proposent des circuits pour découvrir l'île : 55 € pour la moitié est de Saint-Barth (30 mn), 65 € pour la moitié ouest (1h), et 80 € pour le tour complet (tarif pour 1 à 8 personnes).

GUSTAVIA

(97133)

Pour le plan de Gustavia, se reporter au cahier couleur.

Un port naturel d'une qualité exceptionnelle sur la côte sous le vent, donc à l'abri des tempêtes. Pas étonnant que depuis les corsaires, tant de nations se soient intéressées à cet endroit. En haute saison, on peut y voir ancrés au bord à bord les plus beaux yachts, venus du monde entier.
Siège de la mairie et de la sous-préfecture, il reste encore quelques jolies maisons en bois dans le style caraïbe, mais pas vraiment de monuments spectaculaires. Quelques rares vestiges de l'époque suédoise, comme le vieux clocher et le Wall House. Toutefois, sous les noms de rue français, on a mis les anciennes plaques suédoises.

Adresses utiles

Voir aussi, plus haut, les « Adresses utiles » au début du chapitre « Saint-Barthélemy ».

@ ***Centre @lizés*** *(plan couleur B1, **4**) : rue de la République.* ☎ *05-90-29-89-89. À l'étage. Lun-sam 8h30-19h30 ; fermé dim et j. fériés. En basse saison, horaires un peu plus restreints.*

■ ***Toilettes et douches publiques*** *(plan couleur B1, **1**) : à côté de l'office de tourisme.* Pratique, et en plus elles sont gratuites !

Où dormir ?

Pas grand-chose d'intéressant, d'autant que les principales plages sont ailleurs.

Sunset Hotel *(hors plan couleur par B1, **10**) : rue de la République.* ☎ *05-90-27-77-21.* • *sunset-hotel@orange.fr* • *st-barths.com/sunset-hotel* • *En arrivant à Gustavia, quand on vient de l'aéroport, c'est sur la gauche après la pharmacie. Selon confort et durée, doubles 78-200 € selon saison ; petit déj 8 €. Réduc à partir de 7 nuits.* Prix raisonnables pour Saint-Barth. 10 chambres bien équipées avec une grande terrasse commune pour prendre le petit déj... ou assister au coucher de soleil somptueux sur le port et les bateaux amarrés juste en face.

La Presqu'île *(plan couleur A1, **11**) : à la pointe de Gustavia.* ☎ *05-90-27-64-60.* • *hotellapresquile@wanadoo.fr* • *Double env 65 €.* Hôtel très simple (mais bien tenu) face au port de plaisance, le moins cher de Saint-Barth. Pas vraiment le genre d'endroit où l'on voudrait passer sa lune de miel, mais vu les prix sur l'île, ceux pratiqués ici sont sans concurrence. C'est bien la seule raison pour l'indiquer. Vue également privilégiée sur le port de Gustavia.

Où manger ?

Les restos ne manquent pas à Gustavia. Pour manger sur le pouce, on peut faire un saut à la ***boulangerie-pâtisserie Choisy,*** rue du Roi-Oscar-II *(plan couleur B1 ; ouv tlj jusqu'à 13h).* Sandwichs, fougasses à prix modiques. Certains restos proposent aussi des sandwichs le midi.

De bon marché à prix moyens

|●| ***Crêperie de Gustavia*** *(plan couleur B1,* ***20****) : rue du Roi-Oscar-II. ☎ 05-90-27-84-07. Service continu 8h-22h. Tlj sf dim. Plats 10-20 € ; formule crêpes ou galettes plus dessert env 21 €.* Service rapide et petits prix sont les principales qualités de cet endroit. Ce qui n'empêche pas le cadre d'être agréable aussi ! Parmi les plats, salades variées, croques, tartare de thon, entrecôte... mais aussi des glaces. Spécialité de crêpes et de galettes, évidemment !

|●| ♩ ***Dõ Brazil*** *(plan couleur B2,* ***23****) : sur la plage Shell Beach. ☎ 05-90-29-06-66. Petite restauration le midi au beach bar 10-20 € ; au resto, plats env 25-35 €.* Resto ouvert à l'origine par Yannick Noah et son vieux pote Boubou. Aujourd'hui repris, ça reste un endroit sympa pour un déjeuner rapide au snack du rez-de-chaussée, les pieds dans le sable, ou un verre en fin d'après-midi pour le coucher de soleil... À l'étage, ouvert midi et soir, c'est tendance world cuisine et beaucoup plus cher.

De chic à plus chic

Certains de ces restos proposent aussi une petite restauration ou un plat du jour bon marché.

|●| ***L'Entracte*** *(plan couleur B1,* ***21****) : rue du Bord-de-Mer. ☎ 05-90-27-70-11. Tlj sf sam midi et dim. Env 15-25 € le plat à la carte. Digestif maison offert sur présentation de ce guide.* Vraiment une excellente adresse pour un déjeuner ou un dîner sans trop de chichis, très bons et à des prix compétitifs ! On y vient, entre autres, pour ses ris de veau rissolés et ses rognons. Apprécié par les jeunes et moins jeunes, bonne ambiance. Autre particularité : la déco change chaque année ! Également des plats à emporter. L'un des meilleurs rapports qualité-prix de l'île.

|●| ***Le Pipiri Palace*** *(plan couleur B1,* ***25****) : rue du Général-de-Gaulle. ☎ 05-90-27-53-20. Ouv midi et soir, tlj sf dim. Plats env 25-35 €.* Plusieurs vieilles cases réunies en une seule grande pour ce restaurant où les résidents de Saint-Barth se retrouvent autour d'une carte qui mélange allègrement plats créoles et européens. Une cuisine créative, fine et copieuse. Les *ribs* au barbecue sont l'un de leurs plats phare. Au dessert, goûtez le délicieux moelleux au chocolat tiède !

|●| ***Eddy's Restaurant*** *(plan couleur B1,* ***26****) : 12, rue Samuel-Fahlberg. ☎ 05-90-27-54-17. ♿ Tlj sf dim, slt le soir 19h-22h30. Congés : fin août-20 oct. Plats autour de 20 € ; env 40 € un repas moyen. Rhum maison offert sur présentation de ce guide.* Une petite porte s'ouvre sur un somptueux jardin, superbement décoré. Le soir, l'ambiance est un peu magique. On est ici chez le fils de Marius, grande figure de l'île (voir ci-après *Le Sélect* dans « Où boire un verre ? »). Courte carte d'inspiration créole avec quelques notes chinoises : colombo, poisson sauté au gingembre, assiette de poisson cru, nouilles, gâteau au chocolat exotique. C'est bon et, surtout, pas trop cher. Quelques suggestions du jour aussi. Service efficace.

|●| 🍷 ***Le Repaire... des Rebelles et des Émigrés*** *(plan couleur B1,* ***24****) : quai de la République. ☎ 05-90-27-72-48. ♿ En face du port. Tlj 7h-minuit ; service au resto 12h-22h30 ; petit déj jusqu'à 11h. Menu 12 € ; repas complet env*

50 €. Digestif maison offert sur présentation de ce guide. Adresse multiforme, où l'on se donne volontiers rendez-vous, face aux bateaux de croisière tous plus luxueux les uns que les autres. Hamburgers le midi, salades, suggestions du jour et spécialités de poisson. Du petit déj au dîner exotique, simple mais raffiné. Bar à cocktails, jus de fruits et glaces. Terrasse agréable sur le port.

Où boire un verre en mangeant ?

🍸 🍴 ***Le Sélect*** *(plan couleur B1, **40**) : rue de France. ☎ 05-90-27-86-87. Tlj sf dim 10h-22h. Hot dogs, burgers, salades ou petits plats.* La halte obligée de Saint-Barth. Bizarrement, l'un des rares endroits de l'île où la décoration n'est pas léchée et où rien n'a bougé depuis des années (c'est d'ailleurs le premier bar à avoir ouvert à Gustavia, en 1949 !). Et pourtant, à la tombée du jour, tout le monde s'y retrouve, dans un joyeux désordre. L'ancien patron, Marius Stakelborough, a contribué au renforcement des liens entre la Suède et Saint-Barth. On imagine un grand Scandinave à la crinière blonde... eh bien, non ! Marius est grand, certes, mais noir ! Aujourd'hui, c'est son fils Gary qui a repris le flambeau. Les Rockefeller des yachts voisins viennent volontiers y écluser un gorgeon, feignant d'ignorer les deux ou trois pochards accrochés au bar. Propose aussi une restauration rapide et... à prix plancher pour l'île (goûter absolument au « Marius », le meilleur cheeseburger de Gustavia !). Parfois des musiciens le soir.

🍸 ***Bar de l'Oubli*** *(plan couleur B1, **41**) : dans le centre, en face du Sélect. ☎ 05-90-27-70-06. Tlj (en saison) 7h30-23h.* Un peu l'antithèse du *Sélect,* avec une clientèle étrangère surtout et un beau choix de cocktails. Un bon endroit pour voir, être vu... et plus si affinités ! Animations musicales fréquentes en saison. Attention, les consommations sont assez chères.

🍸 🍴 ♪ ***La Bête à Z'ailes*** *(plan couleur B2, **43**) : sur le port, à côté de la poste. ☎ 05-90-29-74-09. Tlj sf dim 16h-1h.* Un peu à l'écart des autres, plus au calme. Pour boire un verre bien calé dans de jolis fauteuils balinais en bois, en regardant les marins s'affairer sur leur bateau. Mais aussi pour traîner un peu plus tard dans la soirée si l'on n'a pas envie d'aller dormir immédiatement après le resto. Des groupes new-yorkais de jazz, rock, reggae... s'y produisent tous les jours à partir de 21h, faisant du *BAZ* une institution pour tous les amateurs de bonne musique (attention, prix des consos majorés !). C'est aussi un resto (de sushis notamment), mais plutôt pour les routards à l'aise dans leur budget.

Où manger une glace ?

🍦 ***Le Petit Deauville*** *(plan couleur B1, **45**) : rue de la République. ☎ 05-90-52-37-67. • yanpresse@wanadoo.fr • Ouv tlj 8h-18h30.* Yan, ancien restaurateur parisien, s'est installé ici face à la gare maritime, avec sa femme Nathalie, où ils proposent leurs glaces artisanales 100% naturelles. Sans conteste, les meilleures glaces de l'île à déguster sur place sur la toute petite terrasse où à emporter. Une quinzaine de parfums originaux, un régal.

Où danser ?

Les *clubbers* impénitents trouveront sans doute Saint-Barth un peu calme, par rapport à Saint-Martin. Gustavia compte toutefois quelques boîtes (les seules de l'île) :

♫ ***Yacht Club*** *(plan couleur A1, **44**) : 📱 06-90-20-85-01. Tlj sf dim.* C'est la discothèque la plus sympa, avec des salles ouvertes aux tons à la fois marin et fluo.

♫ Sinon, plus confiné, ***Le Beef Bar,*** ou encore ***L'Éclipse*** *(📱 06-90-40-96-11),* une boîte antillaise.

SAINT-BARTHÉLEMY

À voir. À faire

On peut se balader en ville, où, même s'il ne reste pas beaucoup de témoignages historiques (une partie de la ville a brûlé en 1852), quelques traces du passé suédois subsistent, comme dans la rue Samuel-Fahlberg *(plan couleur B2)*. Jetez un œil à l'église anglicane (de 1855), que domine, à deux pas de là, l'*église Notre-Dame-de-l'Assomption (plan couleur B2)*. Cette dernière date de la première moitié du XIXe s et, comme à Lorient, possède un clocher construit un peu plus haut (pour que le son des cloches porte plus loin, et aussi pour éviter qu'en cas de cyclone celles-ci ne s'abattent sur des habitations). Autre trace de la période suédoise : rue de l'Église, le *clocher... suédois (plan couleur B2)*, repeint en vert et rouge, et qui appartenait à une ancienne église luthérienne détruite ; aux deux tiers en pierre, il a résisté à tous les cyclones. Pour vous orienter, n'hésitez pas à demander à l'office de tourisme la brochure *Gustavia historique*.

Wall House *(plan couleur A1)* **:** *à la pointe. ☎ 05-90-29-71-55. Lun-mar et jeu-ven 8h30-13h, 14h30-17h (17h30 lun) ; mer 8h30-13h ; sam 9h-13h. Entrée : 2 € ; gratuit jusqu'à 12 ans.* Une belle bâtisse en pierre de style suédois, qui servait d'entrepôt. Elle abrite des expos temporaires en rapport avec l'histoire de Saint-Barth et, plus généralement, des Antilles. Le conservateur, Eddy Galvani, est souvent sur place et se fera un plaisir de vous guider un peu. À l'étage, bibliothèque « territoriale ».

Le fort Gustav *(hors plan couleur par A1)* **:** *à la sortie de Gustavia, par la rue Nyman (se garer au niveau des dernières maisons et monter par un chemin qui passe à gauche du phare).* De ce fort qui date des premiers temps de la colonisation, il ne reste aujourd'hui que quelques ruines et deux canons. En 1961, un phare a été érigé sur ce site. On y vient avant tout pour la vue imprenable sur la rade de Gustavia (table d'orientation).

Anse de Grands-Galets *(plan couleur B2)* **:** plus connue sous le nom de ***Shell Beach,*** c'est la plage de Gustavia, à deux pas du port. De superbes voiliers viennent parfois y jeter l'ancre.

Plongée sous-marine

Clubs de plongée

■ ***Saint-Barth Plongée*** *(hors plan couleur par A-B1)* **:** *06-90-41-96-66. • contact@st-barth-plongee.com • st-barth-plongee.com • Tlj. Baptême 80 € ; plongée exploration équipée 65 € ; forfaits 5 et 10 plongées. Plongée au Nitrox possible (10 € en sus). Plongées à 10h et 14h (ou 15h en été). Plongée de nuit sur demande.* Centre PADI et CMAS tenu par Bertrand, qui s'investit beaucoup dans la protection du milieu marin. Plongées sur des sites extra, hors des sentiers battus, au banc de la Caye d'Esce et de la Caye d'Or, au Baril de Bœuf, au Boulanger (où se trouvent 2 grottes, pour plongeurs confirmés) et à la Roche Rouge (tunnel). Cela, bien sûr, en plus de tous les sites de la réserve marine. Entre janvier et juin, possibilité de plonger pour entendre le chant des baleines à bosse. Bateau d'une capacité de 10 plongeurs maximum avec protection contre le vent, la pluie et le soleil. Centre d'accueil ombragé et quai privé. Organise aussi des mariages sous-marins !

■ ***La Bulle*** *(plan couleur A1,* **6***)* **:** *Ocean Must, à la pointe de Gustavia. 06-90-77-76-55. • labullesbh@gmail.com • Case grise et rouge sur la marina Ocean Must, un magasin de loc de bateaux. Baptême (longue durée) 80 € ; plongée exploration 70 € ; forfait 5 plongées 325 €.* Sorties à la carte. Formations PADI. On embarque sur un bateau semi-rigide de 9,50 m vers l'un des 22 sites de la réserve. Sortie de nuit à partir de 3 participants. Plongées enfants à partir de 8 ans. Le club se veut l'antithèse des « usines à plongeurs ».

Nos meilleurs spots à l'ouest de Gustavia

Pain-de-Sucre sud *(carte Saint-Barthélemy : nos meilleurs spots de plongée, **1**)* **:** grand îlot rocheux pointu qui semble crever le ciel. Grosse concentration de poissons dès qu'il y a du courant. Au sud du mouillage, piton qui remonte de - 27 à - 15 m, exposé au courant. En hiver, seuls les plongeurs confirmés peuvent (à la rigueur !) venir se balader ici. En été, l'endroit est accessible aux plongeurs de Niveau 1 et aux *Open Water Divers*.

Pain-de-Sucre nord *(carte Saint-Barthélemy : nos meilleurs spots de plongée, **2**)* **:** partie sud plus colorée que la face ouest. Un plateau, abrité du courant, dégringole en pente douce, du pied de l'îlet jusqu'à - 15 m. Courant important : il arrive de part et d'autre de Pain-de-Sucre. À gauche et à droite du plateau, deux cirques d'éboulis délimitent la zone plongeable avec un petit coin réservé à de superbes coraux en forme de chapeaux chinois. Pour plongeurs à partir du Niveau 1.

Les Baleines de Pain-de-Sucre *(carte Saint-Barthélemy : nos meilleurs spots de plongée, **3**)* **:** deux rochers émergent de la surface. Lorsque les vagues s'y brisent, le jet d'eau ressemble à celui produit par une baleine. Sur le versant sud, faille de 6 m de long et profonde de 3 m qui s'ouvre sur 80 cm de large, positionnée comme un nez... au milieu des deux Baleines ! Pour plongeurs de Niveau 1.

L'épave du Kayali *(carte Saint-Barthélemy : nos meilleurs spots de plongée, **4**)* **:** belle épave dont la proue est dirigée vers le nord et qui repose par - 30 m. Ses deux mâts sont toujours en place. Entrer, avec l'instructeur, dans la grande cale vide, par les écoutilles du pont et sortir par la poupe. Carangues à la sortie. Tortues autour du pont et barracudas à l'affût. À notre (humble) avis, la plus jolie épave de Saint-Barth, bien que la plus récente.

Les Cayes de Pain-de-Sucre *(carte Saint-Barthélemy : nos meilleurs spots de plongée, **5**)* **:** gros massif corallien. Courant parfois nul, mais qui peut aussi être si violent que le site devient alors impraticable. Très jolie colonie de coraux mauves en forme de chapeaux chinois. Sur la face nord, trois longues veines de sable reposent les unes à côté des autres, semblables à des pistes de ski. Belle épave datant d'une vingtaine d'années. Balade accessible aux plongeurs de Niveau 1, voire en formation.

Le Marignan *(carte Saint-Barthélemy : nos meilleurs spots de plongée, **6**)* **:** se trouve à la sortie du port de Gustavia, aux abords de Gros-Îlets. Au mouillage, à Corossol, le cyclone Luis a traîné ce bateau avec son corps-mort de 5 t jusqu'aux Gros-Îlets, où il s'échoua le 5 septembre 1995. En 1998, Georges l'a soulevé et fait tourner à 180°. Une petite partie du mât en forme de croix dépasse de l'eau. Cet ancien chalutier de Concarneau, qui effectuait du transport de fret, a failli être déclaré Monument historique, les anciens de Concarneau se souvenant encore avoir navigué dessus. Il allonge ses 25 m à - 10 m. Ne pas entrer à l'intérieur de l'épave. Les poissons transitent, sans hésiter, du récif (le Recor) de Gros-Îlets à l'épave. Balade idéale pour plongeurs débutants.

Le Dakar *(carte Saint-Barthélemy : nos meilleurs spots de plongée, **7**)* **:** victime de Luis, en 1995, le bateau a coulé au passage du cyclone Bertha, alors qu'il était au mouillage. Plongée pour plongeurs débutants. Pour la petite histoire, son vaillant capitaine, accompagné de son fils, alla affronter le cyclone en pleine mer, décidé à sauver son bateau. Un combat de 36h contre des vagues de 10 m de haut pour cet ancien crevettier de Guyane... qui dériva jusqu'à Barbuda puis vers Nevis. Lorsque l'équipage exténué pénétra dans la rade de Saint-Barth, ce fut la liesse. Le capitaine prit tout de suite la direction du lagon de Saint-Martin pour se porter au secours des nombreuses victimes du cyclone (Géromine Pasteur raconte dans son livre *Ouragan* comment un « bateau rouge » aida bénévolement les naufragés).

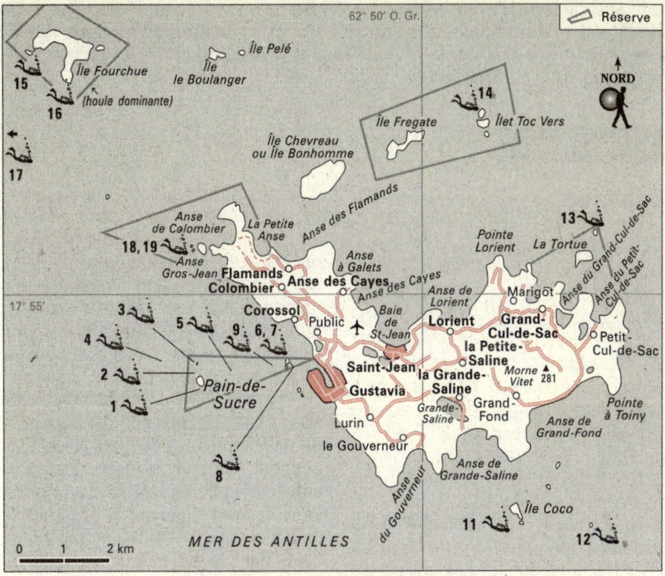

SAINT-BARTHÉLEMY : NOS MEILLEURS SPOTS DE PLONGÉE

Les Gros-Îlets *(carte Saint-Barthélemy : nos meilleurs spots de plongée,* ***8****)* **:** peu profonds et abrités pour y accueillir des plongeurs débutants. Balade entre les deux Gros-Îlets les plus au sud. Grand plateau de 200 m de long recouvert de coraux. Raies pastenagues ou requins-nourrices. Vers l'îlet intermédiaire, le décor change : des roches de 10 m de haut se dressent tout autour par - 15 m.

Le Non-Stop *(carte Saint-Barthélemy : nos meilleurs spots de plongée,* ***9****)* **:** ce yacht de luxe, équipé d'une piscine sur le pont, est l'une des rares victimes à Saint-Barth du cyclone Hugo (1989). En 1990, la Lloyd décida de faire renflouer le navire, mais, mal mouillé, il partit à la dérive toute une nuit. Il fut ramené plus près de la côte et... les parachutes se sont vidés de l'air qu'ils contenaient. Le bateau est reparti vers le fond. Ne se visite plus. Suivre la longue coque d'où surgissent les hélices posées sur le sable. Langoustes dans les restes des débris aux alentours.

SAINT-JEAN (97133)

C'est ici que se trouve l'aéroport. Le quartier s'étend à l'est de la (courte) piste d'atterrissage. Le lieu est assez commercial, mais la plage, dans une baie bien plus calme que d'autres de la côte nord, est parfaite pour les enfants. Entre Gustavia et l'aéroport, le col de la Tourmente : l'endroit des sensations fortes, surtout si l'on s'y trouve lorsqu'un avion approche de la piste... même si la route a été déviée de quelques mètres, pour ne plus passer

juste sous le train d'atterrissage ! Le réflexe de baisser la tête lorsqu'un avion atterrit est systématique, que l'on soit à pied, en voiture ou en deux roues ; la sensation que ces derniers vous rasent le haut du crâne en passant au-dessus de vous est très forte !

Où dormir ?

Très chic

Le Tropical Hôtel : *baie de Saint-Jean, BP 147. ☎ 05-90-27-64-87. • tropicalhotel@wanadoo.fr • tropicalhotel-stbarth.com • En sortant de l'aéroport, prendre à gauche puis, plus loin, la rue qui monte sur la droite après l'hôtel* Eden Rock, *face au restaurant le* Nikki Beach. *Congés : 1er sept-20 oct. Doubles 155-255 € (380-420 € pdt les vac de fin d'année) selon saison, vue et confort, petit déj compris. Forfait chambre double + voiture de loc 180-295 € (sf fin d"année).* Une vingtaine de chambres, dont une petite moitié a vue sur la mer ; les autres donnent sur un joli jardin intérieur tropical. Toutes sont assez grandes, claires, avec clim et petit frigo. Petit déj servi sous la varangue. Terrasse privée et petite piscine. Calme, à 100 m de la mer.

Hôtel Le Village Saint-Barth : *☎ 05-90-27-61-39. • reservations@villagestjeanhotel.com • villagestjeanhotel.com • Doubles 160-600 € (hors vac de fin d'année) selon saison et confort, petit déj inclus.* Installé sur les hauteurs de la colline de Saint-Jean avec une vue à 180° sur la baie (accès à pied à la plage), le *Village* associe tranquillité et douceur de vivre à la « Saint-Barth ». Construit et toujours géré par la famille Charneau depuis 1969. Les chambres récemment refaites sont très réussies, et les prix encore abordables pour Saint-Barth. Pour se détendre, piscine, fitness et service de massage. Et très bon accueil à la réception où l'on pourra vous donner de bonnes infos sur l'île.

Beaucoup plus chic

Le Tom Beach Hôtel : *sur la route qui longe la plage à droite de la piste en regardant la mer. ☎ 05-90-27-53-13. • contact@tombeach.com • tombeach.com • Doubles 320-450 €/nuit selon confort et saison (hors vac de fin d'année), petit déj et transfert aéroport compris.* La réception s'apparente un peu à une galerie d'art, mais vous êtes bien dans un hôtel ! 12 chambres dans un jardin tropical, certaines donnant sur la piscine, le tout devant la magnifique plage. Elles sont décorées avec goût, dans des tons sobres, avec salle de bains en pierre de lave, lit de style colonial, clim et terrasse. Les plus chères sont carrément face à la mer... Le restaurant, situé sur la plage abrite un *beach bar* où siroter un cocktail les pieds dans le sable. Animations musicales certains jours. Dégustation de vin les samedi soirs.

Hôtel Émeraude Plage : *un peu après* Le Tom Beach Hôtel *(venant de l'aéroport). ☎ 05-90-27-64-78. • emeraudeplage@wanadoo.fr • emeraudeplage.com • Bungalows ou cottages pour 2 pers 300-990 €/nuit, selon confort et saison ; en fin d'année, tarifs sur demande.* Une petite trentaine de bungalows et cottages à la déco design et épurée donnant directement sur la plage. Les plus chers étant, évidemment, ceux face à la mer, qui sont aussi les plus agréables, mais les autres donnent sur le jardin et sont à deux pas de l'eau ! Confort absolu partout, avec kitchenette et grande salle de bains.

L'Eden Rock : *un peu après l'hôtel* Émeraude. *☎ 05-90-29-79-99. • info@edenrockhotel.com • edenrockhotel.com • À partir de 495 € pour 2 pers hors saison... Petit déj et transfert VIP depuis l'aéroport (à deux pas...) inclus.* Le plus ancien hôtel de l'île (1954), dont une partie est construite sur le rocher. Refait et agrandi au fil des années, il compte désormais 34 chambres superbes et de styles variés, toutes personnalisées, mais aussi des suites et villas sur la plage.

À priori pas une adresse pour les routards, on le signale pour nos lecteurs les plus à l'aise dans leur budget, qui seraient tentés de se laisser aller à une folie... pour une nuit. Deux restos, l'un pour le midi (salades, pizzas, *burgers*) et l'autre, accroché au rocher, plutôt pour le soir, dirigés par un chef français célèbre en Amérique. Avis aux amateurs !

Où manger ? Où boire un verre ?

De bon marché à prix moyens

Le Jardin : *en face de l'aéroport, dans le centre commercial* La Savane. ☎ *05-90-27-73-62. Tlj sf dim à partir de 7h. Fermé le soir. Plats 20 € max.* Terrasse couverte colorée et très agréable pour déguster sandwichs, croques, salades, *ceviche* (poisson cru mariné), carpaccio, *tataki,* entrecôte ou encore l'excellent plat du jour. Probablement le meilleur rapport qualité-prix de l'île dans sa catégorie ! Service diligent et sympa. Parfait aussi pour un petit déj.

The Hideway, chez Andy : *à la sortie de Saint-Jean, direction Lorient, à l'intersection de la route qui va vers Salines.* ☎ *05-90-27-63-62. Tlj sf sam midi et dim midi. Plat du jour env 10 € ; à la carte, plats 15-25 €.* Pas vraiment typique comme menu, mais ça fait partie des adresses les moins chères de l'île. Le best, ce sont les pizzas (sur place ou à emporter), très bonnes. Cuisine créole et française, avec viande et poisson en pierrade, pâtes et salades. Plat du jour très correct aussi. Bon accueil.

Le Piment : *en face du* Hideway, *sur la droite au début de la route de* Salines. ☎ *05-90-27-53-88. Tlj env 8h-minuit. Sandwichs, salades,* burgers *et plats 10-25 €.* Grand bar en longueur tout ouvert sur la rue. C'est le lieu de rendez-vous favori les soirs de match... l'écran géant est allumé et les hurlements à chaque but se font entendre presque jusqu'à l'aéroport ! Mais pour les non-accros du ballon rond ou ovale, les autres jours, c'est sympa aussi, et la cuisine est bonne, ce qui ne gâche rien. L'accueil aussi, du reste !

Plus chic

La Plage : *le resto du* Tom Beach Hôtel *(voir plus haut).* ☎ *05-90-52-81-33. Ouv dès 7h30 pour le petit déj et jusqu'à 22h (23h sam). Fermé lun soir hors saison. Plats 25-35 €.* Le resto donne directement sur la plage : grande terrasse en teck abritée pour ceux qui souhaitent de l'ombre, et tables posées directement sur le sable pour les autres. Déco actuelle aux tons blanc et gris pâle. Déjeuners thématiques. Cher mais bon et plutôt copieux. En vedette, la langouste, avec notamment un *burger* de langouste ! Sinon, salades, carpaccio, tartares. On peut aussi y boire un verre à l'heure où le soleil tape un peu trop ou en fin de journée. Location de transats pour les accros de la bronzette.

LORIENT (97133)

Un de nos endroits préférés à Saint-Barth. Petite bourgade le long d'une belle plage là encore, avec ses maisons de poupée coiffées de toits rouges. Au centre, deux supérettes et un joli cimetière tout coloré, qui n'a rien de lugubre. Les tombes portent des bouquets en plastique, car les fleurs sont rares sur l'île en raison du manque d'eau. Dans un carré à part, des tombes de la famille suédoise des Norderling. Derrière le cimetière, une belle église (très fréquentée le dimanche) dont le clocher a été construit un peu plus haut.

Ce Lorient-là n'a rien à voir avec la ville bretonne ni avec le point cardinal. Il s'agit d'une déformation d'« Orléans », venant de l'ancien découpage administratif de la ville.
On accède à la plage par un petit chemin juste avant le deuxième cimetière à gauche en venant de Saint-Jean.

Où dormir ?

Très chic

Les Mouettes : *en venant de Saint-Jean, à gauche face à la mer, juste avt la route de Salines. ☎ 05-90-27-77-91. • lesmouettes@domaccess.com • lesmouetteshotel.com • ♿ Congés : sept. Studios pour 2 pers 120-248 €, selon saison (189-290 € 22 déc-3 janv).* Probablement le meilleur rapport prix-situation de l'île. 7 petits bungalows très mignons, dont 4 (les plus chers bien entendu) sont littéralement au bord de l'eau, avec une super vue sur les flots... depuis son lit ! Bon confort : kitchenette, salle de bains impeccable et terrasse. Plage familiale charmante et peu fréquentée. Un petit coup de cœur !

Normandie Hotel : *sur la route de Salines, juste après le magasin La Ligne Saint-Barth, côté droit. ☎ 05-90-27-61-66. • contact@normandiehotelstbarts.com • normandiehotelstbarts.com • Doubles 135-205 € (330-360 € aux vac de Noël) selon saison, petit déj (et verre de vin dans l'ap-m) inclus.* Charmant, nickel, encore un petit établissement où l'on a envie de se poser. Très jolies chambres de type un peu marin, avec sol en pierre et affiche du *Normandie* (le paquebot). Très bon accueil. Le matin, on prend le petit déj (continental) au bord de la piscine du jardin, bien agréable aussi pour se rafraîchir. Plage de Lorient à 150 m.

Où manger ?

Bon marché

La Petite Colombe : *à droite après le centre commercial de l'Oasis. ☎ 05-90-27-88-62. Tlj 6h-13h30 (12h30 w-e). Quiches, salades ou sandwichs (3-7 €), plat du jour + boisson env 10 €.* Boulangerie qui propose plat du jour, quiches, salades et sandwichs ainsi qu'un service traiteur. Possibilité de manger sur place, excellents petits déj. Une dizaine de tables sur une petite terrasse avec gros ventilos.

Le Bouchon : *centre commercial de l'Oasis. ☎ 05-90-27-79-39. Tlj sf lun 9h-22h. Snacks et petits plats 7-14 €.* Pour manger vite fait et pas cher, pizzas, *burgers*, sandwichs, *paninis*, croques, *kebabs*, tartines, salades... le tout sans complication et à prix plutôt modiques pour Saint-Barth. Agréable terrasse sous une grande toile, avec brumisateurs. Bon accueil mais service un peu flottant.

Prix moyens

Le Wok : *route de Salines, après La Ligne Saint-Barth, à 300 m de la mer. ☎ 05-90-27-52-52. Tlj sf jeu, à partir de 18h. Plats env 15-20 €.* Si l'envie vous prend de manger asiatique, vous pouvez tenter *Le Wok*, vous y serez bien accueilli, peut-être même avec une belle dose d'humour, par Dom et sa petite troupe. Salle tamisée plutôt cosy, où traînent quelques livres et jeux, et même quelques tables dans un jardinet mignon comme tout. Plats pas très chers. Une alternative aux restos huppés de l'île.

Achats

Ligne de cosmétiques, La Ligne Saint-Barth : *dans le village de Lorient, prendre la route de Salines ; l'atelier est juste à droite. ☎ 05-90-27-82-63. • lignestbarth.com • En hte saison, lun-sam 9h-19h ; d'avr à mi-oct, lun-ven 9h30-12h30, 15h30-19h, sam 10h-12h30.* Hervé Brin, descendant d'une des plus vieilles familles de l'île, laborantin de formation, est intarissable sur les vertus des plantes qui lui servent à fabriquer ses produits. Ses huiles, crèmes, shampooings et onguents se vendent dans le monde entier. À essayer absolument : son après-soleil mentholé qui a également des effets cicatrisants, et l'huile à bronzer à base de roucou (graines rouges utilisées par les Indiens caraïbes pour se protéger de tout : soleil, moustiques, etc.). On trouve également ces produits dans la boutique de Gustavia (située en plein centre). Possibilité de commander des soins spa à domicile (mais pas donné).

DE LORIENT À GRAND-CUL-DE-SAC

À la sortie de Lorient, jetez un coup d'œil à l'école Saint-Joseph. Ne pas manquer non plus l'étal de poissons où l'on trouve, jusqu'à midi, le produit de la pêche du petit matin. Le terrain de tennis de l'association AJOE se transforme à l'occasion, environ une fois par mois, en « salle obscure ». Y aller, car c'est vraiment unique. Fréquenté par la population locale essentiellement. Choisir sa chaise parmi toutes celles empilées et l'installer où l'on veut. Là, lever la tête... Moteur ! Ça tourne... Et si un grain vient troubler la séance, la chaise vous servira d'abri... Authentique ! Le festival du Cinéma caraïbe se déroule ici également, chaque année en avril.

Après Lorient, grimper à Camaruche. En haut, à droite, c'est le ***morne Vitet,*** le plus haut de l'île. Rien à voir, sauf la pépinière... Quartier très résidentiel, où l'on devine de belles villas cachées dans la végétation. Superbe vue sur l'île de la Tortue et le lagon de Grand-Cul-de-Sac.

Un peu plus loin, sur la gauche de Camaruche, la ***pointe Milou,*** l'un des quartiers les plus résidentiels de Saint-Barth. On peut y voir des maisons de rêve, accrochées à la falaise par on ne sait quelle prouesse technique.

Juste avant Grand-Cul-de-Sac, ***Marigot,*** minuscule port bordé d'une cocoteraie dépouillée depuis le dernier cyclone. Un peu plus haut sur la gauche, pénétrer dans le Guanahani ; au rond-point, aller en face et là, descendre l'escalier qui mène à l'***Anse Maréchal,*** l'une des jolies plages de cette partie de l'île. Si vous n'avez pas encore commencé votre collection de coquillages, c'est le moment ou jamais.

GRAND-CUL-DE-SAC (97133)

Grande baie de sable blanc admirablement protégée, où se sont installés des complexes hôteliers. Sa barrière de corail en fait sans doute la plage la plus sûre pour les jeunes enfants et les débutants en planche à voile.

Où dormir ?

Les Ondines : *☎ 05-90-27-69-64. • les.ondines@wanadoo.fr • stbarth-lesondineshotel.com • Doubles 250-850 € pour 3-5 pers selon taille, situation et saison ; petit déj et transfert depuis l'aéroport inclus. Promo en été. Piscine et kayaks à dispo.* Petit hôtel charmant, joliment décoré, situé directement sur la plage de Grand-Cul-de-Sac. Propose 8 suites avec 1 ou 2 chambres (65-160 m²). Toutes sont spacieuses.

et disposent de lits *king size,* d'un petit salon, d'une cuisine super équipée, d'une grande salle de bains carrelée et d'une terrasse privée... face à la mer. Piscine et kayaks à dispo. Très bon accueil et tranquillité assurée.

Où manger ? Où boire un verre ?

Prix moyens

Restaurant Beach Bar O'Corail : *plage de Grand-Cul-de-Sac. ☎ 05-90-29-33-27. Tlj sf lun 9h-18h. Snacks et plats 10-25 €.* Les pieds dans l'eau, dans une ambiance très relax, *O'Corail* propose une cuisine simple et bonne avec, en vedettes, poissons et fruits de mer (pêchés directement par le frère de la patronne) : cassolette de langouste, daube de poulpe, *tataki,* lambis (en saison), le tout à prix encore abordable. Mêmes proprios que le club de plongée à côté (voir ci-après).

La Gloriette : *après Le Sereno ; petit parking sur la gauche pour les clients. ☎ 05-90-29-85-71. Tlj midi et soir, sf mer. Plats 20-25 €. Également des pizzas le soir 10-15 €.* Ici encore, tables éparpillées sur le sable et balayées par les alizés, avec, en toile de fond, la baie protégée de Grand-Cul-de-Sac avec ses eaux turquoise. Un endroit bien agréable pour déjeuner. Pour la sieste, quelques transats sur la plage pour les clients du resto. Très bon accueil. Et pour les amateurs de rhum, petite boutique attenante proposant un beau choix dudit breuvage.

Le bar de l'hôtel Le Sereno : *à gauche en arrivant à la plage de Grand-Cul-de-Sac. ☎ 05-90-29-83-00. Tlj 7h-22h30.* Très agréable pour boire un verre dans un cadre chic avec, en point de mire, le beau panorama de la plage et de la baie. On peut aussi y manger, mais c'est cher.

À faire

– **Sports nautiques :** possibilité de louer des **planches à voile** (à partir de 14h) à droite de l'hôtel *Les Ondines,* et de faire du **kitesurf** à la *Kitesurf School,* un peu après le loueur de planches à voiles. Pour le **jet-ski** ou le **kayak** et **canoë,** s'adresser à *Ouanalao Dive* (voir ci-après : « Club de plongée »).

Plongée sous-marine

Club de plongée

Ouanalao Dive : *plage de Grand-Cul-de-Sac. ☎ 05-90-27-61-37. 06-90-63-74-34. • ouanalao.dive@gmail.com • ouanalaodive.com • Sorties tlj à 9h, 11h et 14h30. Plongées à partir de 75 € ; baptême 85 €.* L'école de plongée est affiliée aux organismes PADI et FFESSM et propose donc des formations fédérales, du baptême au Niveau 3, et des formations PADI du « Discover Scuba Diving » au « Dive Master ». Le patron, Turenne Laplace, est très sympa et saura vous proposer les plus belles plongées. Elles se font à proximité des îlots proches de Saint-Barth, dans un milieu riche en vie sous-marine. Plongées à la demi-journée sur des sites plus éloignés mais peu fréquentés pour plongeurs certifiés quand les conditions le permettent.

Nos meilleurs spots

Les Grenadins *(carte Saint-Barthélemy : nos meilleurs spots de plongée,* ***13****)* **:** îlet rocheux tout en longueur. Plongeurs débutants et de Niveau 1. Corail à profusion en forme de boules, de doigts, de cerveaux piquetés à maints endroits par des plumets. Le côté nord des Grenadins est caractérisé par une succession de marches de 10 m de large. Très beau point de vue au pied vers le massif. Houle sur le haut de ces marches, à la base même des Grenadins.

L'îlet Toc Vers (carte Saint-Barthélemy : nos meilleurs spots de plongée, **14**) : *au nord de Saint-Barth.* Succession de rochers émergeant comme un chapelet de perles. Sous la surface, cela ressemble plutôt à une montagne avec des pics. Platier creusé par une succession de petits canyons. Visite autour des pâtés coralliens de 1 m de haut, eux-mêmes encerclés par un petit mur. À l'intérieur de l'enceinte : entrée des canyons et d'un tunnel de 7 m de long où deux plongeurs pénètrent de front. Fond pavé de galets. Pour plongeurs de tous niveaux selon le lieu du mouillage.

DANS LES ENVIRONS DE GRAND-CUL-DE-SAC

Quitter Grand-Cul-de-Sac pour Grand-Fond, en passant par ***Petit-Cul-de-Sac.*** Coin très résidentiel assez sauvage, plusieurs beaux points de vue sur la mer. La route se rétrécit et le paysage prend un aspect sauvage. On retrouve la mer, sur la côte sud. C'est par là, vers le bout de la pointe Toiny, que Rudolf Noureïev avait acquis une somptueuse demeure reconnaissable à son immense terrasse en teck (avis aux amateurs : elle se loue... on n'ose pas vous dire combien).

Grand-Fond : image du Saint-Barthélemy d'autrefois. Cases typiquement de Saint-Barth, murets de pierre délimitant la route et les propriétés... Ça ressemble drôlement à la Bretagne ! On est tout au bout de l'île et pourtant, Gustavia n'est qu'à 6 km... Les baignades y sont interdites, mais la balade est belle. À l'Anse de Grand-Fond, laisser la voiture à côté de la plage de galets, traverser cette plage et aller en direction de Morne-Rouge. Après environ 30 mn de marche, vous trouverez des piscines naturelles : calme assuré ! On se prendrait presque pour Robinson... Mais attention, tout le long de la balade : falaises, sols friables, chemin rocailleux, etc. Éviter donc de faire cette balade avec de jeunes enfants et prévoir de bonnes chaussures. Tongs à proscrire !

SALINES (97133)

Partagée entre les hameaux de *Petite-Saline* et de *Grande-Saline,* cette zone est l'une des plus sauvages de l'île. L'endroit commence toutefois à être fréquenté par des gens qui veulent être un peu au calme, loin de l'agitation (relative) de Gustavia. On a exploité la grande saline jusqu'en 1972, aujourd'hui rendue à ses occupants naturels, les oiseaux.

Où dormir ?

Fleur de Lune : *à **Grande-Saline** ; au-dessus du restaurant* Meat & Potatoes. *☎ 05-90-27-70-57. • fleurdelune.sbh@gmail.com • saintbarthgitefleurdelune.com • Min 2 nuits. Chambres d'hôtes à partir de 130 € (avec petit déj et voiture en basse saison), cottages (2 pers) à partir de 210 €, et une villa 4 pers à partir de 3 150 €/sem. Plus cher pdt vac de Noël. Attention, on règle 50 % du montant à la résa.* 5 chambres et cottages dans le jardin de la maison des propriétaires. Récents, confortables et conviviaux, avec une déco actuelle épurée et de très bon goût, font de *Fleur de Lune* un lieu de villégiature de charme sur Saint-Barth. Espace commun super agréable avec une petite piscine. TV et AC dans les chambres, superbes salles de bains avec lavabo en pierre. Enfin, possibilité de goûter la cuisine créole de Maryse, un soir par semaine, sur réservation. À deux pas, la grande et très belle plage de Salines.

Où manger ?

Le Grain de Sel : *à gauche juste avt le parking de la plage de Grande-Saline. ☎ 05-90-52-46-05. Tlj (sf lun hors saison) 8h30-22h30. Plats env 12-27 € le midi, env 20-30 € le soir ; menu-enfant env 12 €.* Grande terrasse aérée, face à la Grande-Saline. Carte simple : salades, *burgers,* grillades, tartare de thon. Idéal pour se restaurer pendant une journée de plage, déguster une glace maison ou boire un verre aux heures trop chaudes. Le soir, spécialités créoles, certaines assez rares comme le *bébélé de Marie-Galante* (soupe de tripes), les ouassous à la bière ou encore (parfois) le ragoût de requin ! Bon accueil.

Santa-Fé : *sur la route de Lurin, entre Salines et Gustavia. ☎ 05-90-27-61-04. Tlj sf mer, midi et soir. Carte env 13-39 €.* À 2 km de Salines, sur les hauteurs. On conseille d'y venir le midi, c'est non seulement moins cher (choix de salades et sandwichs) mais, surtout, on profite de la magnifique terrasse qui offre une vue époustouflante sur la mer et les îles au loin ! Ne pas hésiter à faire le détour, d'autant que la cuisine a bonne réputation aussi.

À voir

L'Anse de Grande-Saline : après la saline, c'est la fin de la route. De là, vous atteindrez à pied (200 m) l'une des plages les plus sauvages de l'île. La plage principale est plutôt familiale ; celle qui se trouve au nord, après les rochers, est plus isolée et moins habillée. Prudence quand même, l'endroit est idéal pour cramer : aucun arbre pour se protéger.

Pour rejoindre Gustavia, prendre à droite avant l'étang, vers Lurin, et, à la hauteur du restaurant *Santa-Fé,* quitter la route principale pour descendre vers la ***plage de Gouverneur.*** Au passage, vue unique sur la baie de Saint-Jean et Salines. La descente sur Gouverneur, sur près de 2 km, a aussi un côté magique. On a l'impression de basculer dans un rêve, d'entrer dans la carte postale ! Ne pas se laisser impressionner par les panneaux disposés sur la route, il y a bien un parking à l'arrivée à la plage, mais il est petit. Plage moins familiale qu'à Salines (davantage de courant). Mais le site est superbe.

Plongée sous-marine

Nos meilleurs spots

L'île Coco *(carte Saint-Barthélemy : nos meilleurs spots de plongée,* ***11****)* **:** île rocheuse émergée comme un dôme minéral de 20 m de haut, à - 10 m à sa base, du côté sud-ouest. Gros blocs rocheux au pied, créant ainsi beaucoup de volumes. Sorte d'île sous-marine, en parallèle avec l'île Coco. Semblable à une arête de 3 m de large qui s'arrête à - 5 m. L'île Coco abrite ce site de la houle et du vent. Pour plongeurs de Niveau 1 suffisamment amarinés pour résister à la houle de surface.

Les Roches-Rouges *(carte Saint-Barthélemy : nos meilleurs spots de plongée,* ***12****)* **:** deux roches émergeant d'environ 2 m au-dessus de la surface se trouvent au sud de Saint-Barth. Bateau mouillé sur - 12 m sur un tapis de coraux façonnés par la houle. À l'intérieur, parfois, un requin gris caraïbe. Un autre canyon, de 10 m de long, permet, par son architecture, de réaliser des photos au grand-angle ou, grâce aux gorgones qui en tapissent la paroi, de réaliser de la macrophoto. Gros barracudas, tortues carettas ou olivâtres, raies-aigles. Tarpons nombreux en hiver, lorsque la mer agitée soulève des particules. Requin-nourrice vautré sur le fond à - 18 m. Pour plongeurs de Niveau 1 expérimentés.

ANSE DES FLAMANDS (97133)

À 2 km de l'aéroport et à 3 km de Gustavia, parmi les plus belles baies de l'île. Assez peu fréquentée, sinon par les quelques clients des hôtels voisins. Plage de sable fin bordée de cocotiers, un avantage par rapport à Gouverneur et Salines, mais beaucoup plus ventée aussi. Sur la plage même, belle brochette de villas à louer, les pieds dans l'eau. Le long de la route qui passe derrière la plage, petit quartier assez populaire avec son *épicerie Sainte-Hélène,* vraiment typique.

Où dormir ?

Auberge de Terre Neuve : *à gauche, sur les hauteurs, avt d'attaquer la descente vers la baie des Flamands. Loc et résas auprès de l'agence* Gumbs Car Rental *à l'aéroport de Saint-Jean : ☎ 05-90-27-75-32. • gumbs.car.rental@wanadoo.fr • auberge-de-terre-neuve.com • Forfait bungalow + voiture de loc 140-170 €/j. selon confort en hte saison ; en basse saison, 90-120 €. Réduc de 10 % sur présentation de ce guide.* Une dizaine de bungalows tout confort avec kitchenette et terrasse. Le tout très bien tenu dans un jardin fleuri. Belle vue en prime. Une des adresses les moins chères de Saint-Barth.

Auberge de la Petite Anse : *BP 153 ; sur le chemin qui mène à la plage de Colombier. ☎ 05-90-27-64-89. • apa@wanadoo.fr • auberge-petite-anse.com • Doubles 100-200 €/nuit selon saison. Forfait bungalow + voiture de loc. Résa 2 nuits min et 2 sem min pdt les fêtes de fin d'année.* 8 petites bâtisses construites au bout de la route, dans un cul-de-sac. Tranquillité garantie. Au total, 16 studios avec chambre à lit double, clim, salle de bains privée et kitchenette. Terrasse surplombant la mer (réserve maritime). Plage isolée en contrebas, idéale pour les enfants.

Où manger ?

Wishing Well, chez Rolande : *dans la rue principale, après L'Île-de-France, en allant vers Petite-Anse. ☎ 05-90-27-51-42. • chezrolande@hotmail.fr • Tlj sf dim soir et lun soir. Snacks env 10 €, repas env 30 €. Apéritif maison offert sur présentation de ce guide.* C'est le petit resto vraiment typique des Antilles, comme il n'y en a plus à Saint-Barth. Tables sous la tonnelle avec nappes en plastique imitation madras. Sur place ou à emporter, les plats sont simples mais bons. Cuisine créole ou grillades (entrecôtes énormes). Fricassée de langoustes du vivier. Mais on peut aussi grignoter seulement sandwichs, *burgers* ou paninis et profiter de la plage. Ambiance familiale mais pas uniquement, avec une petite aire de jeux pour les enfants. Excellent accueil de Rolande.

La Langouste : *resto de l'hôtel* Baie des Anges, *qui donne sur la plage. ☎ 05-90-27-61-63. Tlj sf mar hors saison. Congés : de fin août à mi-oct. Repas env 50 €.* On mange au bord de la piscine, face à la baie d'un bleu profond, dans un cadre vraiment plaisant. Cuisine de qualité, en partie axée sur la langouste (sortie toute fraîche du vivier). Après le déjeuner, on peut profiter de la magnifique plage des Flamands.

Balade à pied

➢ Après l'*Auberge de la Petite Anse,* au bout de la route, un sentier longe la mer pour atteindre la ***plage du Colombier.*** Une balade agréable à flanc de falaise et au milieu des cactées. Compter 20 mn de marche pour atteindre cette superbe baie (intéressante pour la plongée de surface). Admirer également les voiliers au mouillage.

COLOMBIER (97133)

Petit village qui s'étend sur les hauteurs. Au bout de la route qui continue vers le nord-ouest, après le village, une table d'orientation avec une vue inoubliable sur la côte nord et sur les îles Pelé, Le Boulanger, Chevreau, Saint-Martin...

Où dormir ?

Le P'tit Morne : *à 100 m avt le bout de la route, sur la gauche. ☎ 05-90-52-95-50. • info@timorne.com • timorne.com • Studios 2 pers 105-220 € selon saison et confort. Min 2 nuits en hte saison. Pour nos lecteurs, 1 bouteille de vin rosé est offerte sur présentation de ce guide.* Une douzaine de studios avec cuisine extérieure et terrasse, construits à flanc de colline, à 100 m au-dessus de la mer. Déco assez simple mais sympa. Également 3 studios *deluxe*. Vue splendide sur les petites îles. Piscine. Possibilité de location de voitures en basse saison. Excellent accueil.

À voir. À faire

La plage du Colombier : amateurs de plongée de surface, à vos masques ! Après la table d'orientation, prendre le sentier pentu qui descend (assez sec) à travers une végétation de sous-bois. Vous atteindrez en 20 mn la plage du Colombier. Accessible seulement à pied ou en bateau, c'est dans ce lieu calme que David Rockefeller (le petit-fils de l'autre) avait construit son pied-à-terre. Tout ce qu'il y a de plus simple, bien entendu. Il accapare toute une presqu'île !

Plongée sous-marine

Nos meilleurs spots

Le Tombant de Colombier *(carte Saint-Barthélemy : nos meilleurs spots de plongée,* ***18****)* ***:*** tombant au pied d'un des trois îlots rocheux qui caractérisent l'Âne-Rouge. Seul véritable « mur » immergé plongeable autour de Saint-Barth. Réservé aux plongeurs confirmés. Bateau mouillé à - 13 m. Trois îlets rocheux minuscules posés sur ce plateau émergent de l'eau. Deux pitons de 8 m de haut remontent d'un fond sableux, comme deux aiguilles. Base avoisinant 3 m. Banc très volumineux de lutjans. Pénétrez à l'intérieur du banc, les poissons s'écartent et se resserrent après votre passage. La paroi du tombant forme un mur superbe à admirer à contre-jour. Près de la pointe du récif, raies pastenagues ou, plus rarement, raies-aigles. Plus loin, roche culminant à - 24 m, hérissée de gorgones-éventail.
La seconde grotte, plus petite, arbore moins de couleurs. Photos au grand-angle adaptées à ce site. Pour plongeurs à partir du Niveau 1 selon la profondeur et la météo.

L'Âne-Rouge *(carte Saint-Barthélemy : nos meilleurs spots de plongée,* ***19****)* ***:*** *au sud-ouest de l'île Petit-Jean.* Départ de la balade au pied des deux îlots rocheux qui émergent respectivement à + 10 et + 20 m. Bloc rocheux de - 13 à - 17 m, avec une grotte, laissant juste la place à un plongeur, et deux niches aux parois couvertes d'éponges encroûtantes. Banc de carangues. En contournant une énorme roche, à - 21 m, découverte de raies-aigles lorsque l'eau est trouble. Niches de tortues carettas. Balade pour plongeurs débutants avec bateau mouillé sur - 5 m et pour confirmés lorsque la descente le long du bout de l'ancre s'effectue sur - 12 m.

Nos meilleurs spots au nord-ouest de Colombier

L'île Fourchue – l'Îlette *(carte Saint-Barthélemy : nos meilleurs spots de plongée,* ***15****)* **:** explo des soubassements de cet îlet satellite. Zone d'une grande richesse corallienne. Une bande du platier de 60 m de large entoure l'îlet. Raies pastenagues ou raies-léopards en escadrille au-delà de la zone corallienne. Vers la sortie de la baie, amoncellements de blocs rocheux de 6 m de haut, créant des passages assez larges pour deux plongeurs de front. Entre - 18 et - 25 m, souvent du gros : requins et raies. Le tour de l'îlet peut s'effectuer en 10 mn en se laissant porter par le courant, sans palmer. Pour plongeurs à partir du Niveau 1.

L'île Fourchue – la Baleine *(carte Saint-Barthélemy : nos meilleurs spots de plongée,* ***16****)* **:** vue d'avion, elle ressemble à une baguette de sourcier, avec ses deux branches. Les deux extrémités sont à explorer. La pointe sud est constituée par la pente de l'îlet et s'enfonce directement jusqu'à - 12 m. Aspect lunaire à cet endroit, avec de gros blocs coralliens sur le sable et des requins-nourrices. Entre ces pics nichent les tortues. Au pied du piton, sur la zone de sable, raies-léopards et raies pastenagues. À faire par temps dégagé, car sans luminosité, l'aspect du fond est vraiment dépouillé. Plongeurs à partir du Niveau 1.

Groopers *(hors carte Saint-Barthélemy : nos meilleurs spots de plongée,* ***17****)* **:** poignée d'îlets rocheux perdus au nord-ouest de Saint-Barth. Plongeurs de niveau 1. Seul *Petit Grooper* se visite sous la surface de l'eau. Trois îlets rocheux émergent de 4 à 5 m au-dessus de la mer. L'espacement entre eux crée un effet « Venturi », d'où un courant très important. Platier étendu uniquement vers le sud à - 15 m (où le bateau est mouillé) et parsemé de pâtés coralliens creusés à leur base par des anfractuosités. À la jonction galets-sable, requins-nourrices. Zone suffisamment brassée pour servir de réserve de chasse aux requins. Passer le canyon entre les îlots à - 7 m. Coraux râpés, usés par le passage intense du courant.

ANSE DES CAYES (97133)

Petite baie peu fréquentée, sauf par les surfeurs. La plage est exposée aux alizés. On peut continuer par la route jusqu'à l'Anse des Lézards.

Où dormir ? Où manger ?

Le Nid d'Aigle : *Anse des Cayes, BP 532. ☎ 05-90-27-75-20. • lenidaigle@wanadoo.fr • saint-barths.com/niddaigle • En descendant vers l'Anse des Cayes, prendre à gauche au carrefour en T puis de nouveau à gauche après le dos-d'âne ; ensuite montez... en 1re, car c'est très raide. 2 nuits min : compter 90-100 €/nuit ou 700 €/sem selon saison. Pas de petit déj. CB refusées.* Tenue par Ginette, une sorte de villa proposant 2 chambres et 1 studio pourvu d'une cuisine équipée. Ventilation naturelle grâce aux alizés. Petite piscine sur une vaste terrasse avec vue magnifique sur la mer et les baies de Saint-Jean et de Lorient.

Chez Yvon : *en descendant vers*

l'Anse des Cayes, c'est sur la droite, au niveau d'une petite place. ♿ Ouv midi (sf dim) et soir. Plats env 10-18 €. CB refusées. Salades, *burgers* (pas chers du tout), omelettes, spécialités créoles. Une adresse sans chichi aucun, aux antipodes de la branchitude gustavienne, fréquentée par les habitants du quartier.

COROSSOL (97133)

Petit village de pêcheurs près de Gustavia, dont la population s'apparente encore aux Normands qui débarquèrent il y a trois siècles. C'est aussi le quartier de l'île où la coiffe traditionnelle a été portée le plus longtemps. Les vieilles femmes proposent de superbes chapeaux (les panamas) et divers objets artisanaux fabriqués à partir des fibres de latanier séchées au soleil.

– Grande ***fête patronale*** le 25 août (régates, feux d'artifice). Messe au pied du rocher où trône la statue de Saint Louis.

Où manger ?

|●| ***Au Régal :*** *à l'entrée du village sur la gauche en venant de Gustavia. ☎ 05-90-27-85-26. Tlj sf dim et lun soir. Plats env 10-18 €.* Café-snack créole simple et sympa. Bon accueil. Grillades, langoustes grillées et assiettes créoles sont au menu. C'est le bar du village, temple du football (déco uniquement constituée de photos de joueurs, de bannières de clubs), idéal pour nouer des contacts.

À voir

Saint Louis : en arrivant à la mer, sur la droite, une statuette du bon vieux Saint Louis (patron de Corossol) trône sur un gros rocher. Faites-vous expliquer l'histoire par les anciens du village, ils en sont fiers.

les ROUTARDS sur la FRANCE 2015-2016

(dates de parution sur • *routard.com* •)

DÉCOUPAGE de la FRANCE par le ROUTARD

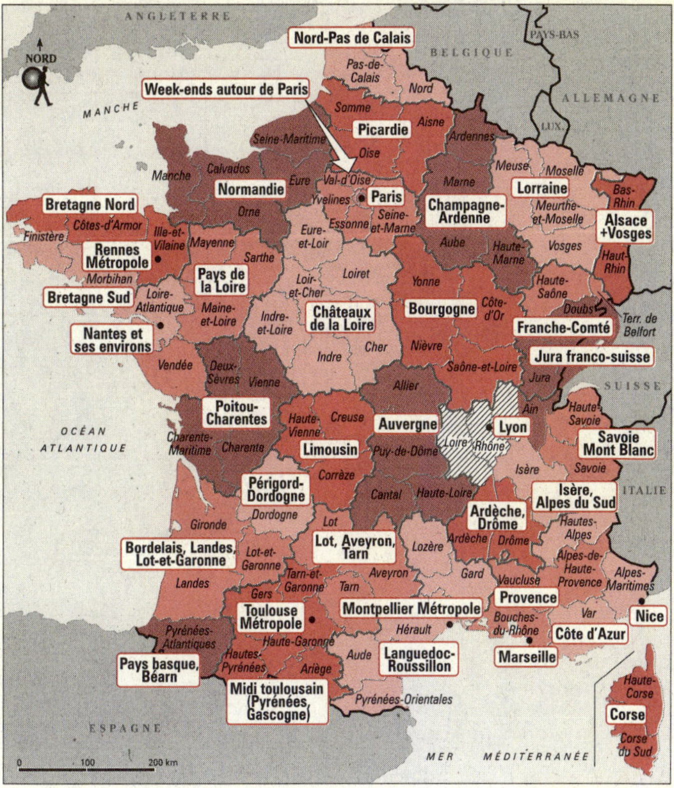

Autres guides nationaux

- La Loire à vélo (février 2015)
- Les grands chefs du Routard
- Nos meilleurs campings en France
- Nos meilleures chambres d'hôtes en France
- Nos meilleurs hôtels et restos en France
- Nos meilleurs sites pour observer les oiseaux en France
- Tourisme responsable

Autres guides sur Paris

- Paris
- Paris à vélo
- Paris balades
- Restos et bistrots de Paris
- Le Routard des amoureux à Paris
- Week-ends autour de Paris

les ROUTARDS sur l'ÉTRANGER 2015-2016

(dates de parution sur • routard.com •)

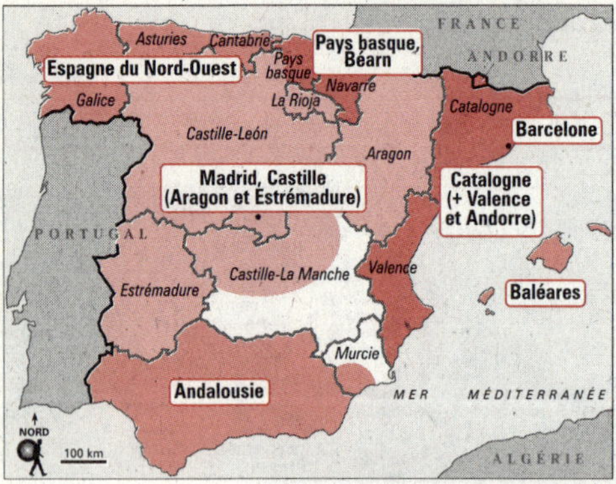

DÉCOUPAGE de l'ESPAGNE par le ROUTARD

DÉCOUPAGE de l'ITALIE par le ROUTARD

Autres pays européens

- Allemagne
- Angleterre, Pays de Galles
- Autriche
- Belgique
- Budapest, Hongrie
- Crète
- Croatie
- Danemark, Suède
- Écosse
- Finlande
- Grèce continentale
- Îles grecques et Athènes
- Irlande
- Islande
- Madère (mai 2015)
- Malte
- Norvège
- Pologne
- Portugal
- République tchèque, Slovaquie
- Roumanie, Bulgarie
- Suisse

Villes européennes

- Amsterdam et ses environs
- Berlin
- Bruxelles
- Copenhague
- Dublin
- Lisbonne
- Londres
- Moscou
- Prague
- Saint-Pétersbourg
- Stockholm
- Vienne

les ROUTARDS sur l'ÉTRANGER 2015-2016

(dates de parution sur • routard.com •)

DÉCOUPAGE des ÉTATS-UNIS par le ROUTARD

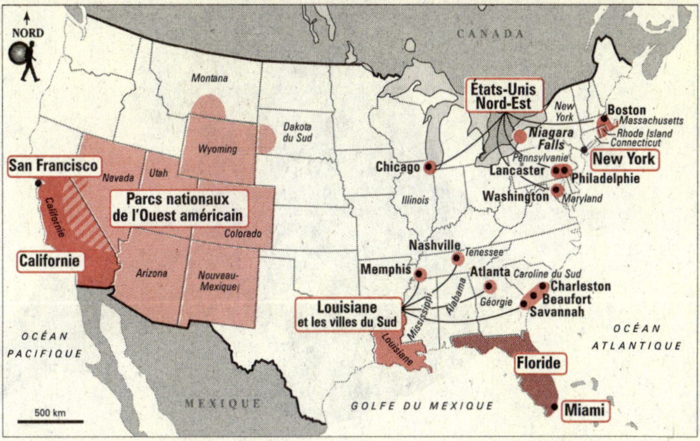

Autres pays d'Amérique

- Argentine
- Brésil
- Canada Ouest
- Chili et île de Pâques
- Équateur et les îles Galápagos
- Guatemala, Yucatán et Chiapas
- Mexique
- Montréal
- Pérou, Bolivie
- Québec, Ontario et Provinces maritimes

Asie

- Bali, Lombok
- Bangkok
- Birmanie (Myanmar)
- Cambodge, Laos
- Chine
- Hong-Kong, Macao, Canton
- Inde du Nord
- Inde du Sud
- Israël et Palestine
- Istanbul
- Jordanie
- Malaisie, Singapour
- Népal
- Shanghai
- Sri Lanka (Ceylan)
- Thaïlande
- Tokyo, Kyoto et environs
- Turquie
- Vietnam

Afrique

- Afrique de l'Ouest
- Afrique du Sud
- Égypte
- Kenya, Tanzanie et Zanzibar
- Maroc
- Marrakech
- Sénégal
- Tunisie

Îles Caraïbes et océan Indien

- Cuba
- Guadeloupe, Saint-Martin, Saint-Barth
- Île Maurice, Rodrigues
- Madagascar
- Martinique
- République dominicaine (Saint-Domingue)
- Réunion

Guides de conversation

- Allemand
- Anglais
- Arabe du Maghreb
- Arabe du Proche-Orient
- Chinois
- Croate
- Espagnol
- Grec
- Italien
- Japonais
- Portugais
- Russe
- G'palémo (conversation par l'image)

Le Routard Express

- Amsterdam (septembre 2014)
- Barcelone
- Berlin
- Bruxelles (septembre 2014)
- Lisbonne (septembre 2014)
- Londres
- Madrid
- New York
- Prague
- Rome
- Venise

Nos 1200 coups de cœur

- France (octobre 2014)
- Monde

INDEX GÉNÉRAL

A

B

C

INDEX

D

E-F

G

H-I-J-K

L

INDEX

M

N-O

P

R

S

OÙ TROUVER LES CARTES ET LES PLANS ?

Les **Routards** *parlent aux* **Routards**

Faites-nous part de vos expériences, de vos découvertes, de vos tuyaux. Indiquez-nous les renseignements périmés. Aidez-nous à remettre l'ouvrage à jour. Faites profiter les autres de vos adresses nouvelles, combines géniales... On adresse un exemplaire gratuit de la prochaine édition à ceux qui nous envoient les lettres les meilleures, pour la qualité et la pertinence des informations. Quelques conseils cependant :

– Envoyez-nous votre courrier le plus tôt possible afin que l'on puisse insérer vos tuyaux sur la prochaine édition.
– N'oubliez pas de préciser l'ouvrage que vous désirez recevoir.
– Vérifiez que vos remarques concernent l'édition en cours et notez les pages du guide concernées par vos observations.
– Quand vous indiquez des hôtels ou des restaurants, pensez à signaler leur adresse précise et, pour les grandes villes, les moyens de transport pour y aller. Si vous le pouvez, joignez la carte de visite de l'hôtel ou du resto décrit.
– N'écrivez si possible que d'un côté de la lettre (et non recto verso).
– Bien sûr, on s'arrache moins les yeux sur les lettres dactylographiées ou correctement écrites !

En tout état de cause, merci pour vos nombreuses lettres.

Les Routards parlent aux Routards :
122, rue du Moulin-des-Prés, 75013 Paris

e-mail : • ***guide@routard.com*** •
Internet : • ***routard.com*** •

Routard Assurance *2014*

Routard Assurance et Routard Assurance Famille, c'est l'Assurance Voyage Intégrale. Dépenses de santé et frais d'hôpital pris en charge directement sans franchise jusqu'à 300 000 € + caution + défense pénale + responsabilité civile + tous risques bagages et photos. Assurance personnelle accidents : 75 000 €. Très complet ! Tarif à la semaine pour plus de souplesse. Tableau des garanties et bulletin d'inscription à la fin de chaque *Routard* étranger. Pour les départs en famille (4 à 7 personnes), demandez le bulletin d'inscription famille. Pour les longs séjours, contrat Plan Marco Polo « spécial famille » à partir de 4 personnes. Pour un voyage éclair de 3 à 8 jours dans une ville de l'Union européenne, bulletin d'inscription adapté dans les guides villes avec des garanties allégées et un tarif « light ». Également un nouveau contrat Seniors pour les courts et longs séjours. Si votre départ est très proche, vous pouvez vous assurer via Internet • *avi-international.com* • ou par fax : 01-42-80-41-57, en indiquant le numéro de votre carte de paiement. Pour en savoir plus : ☎ 01-44-63-51-00.

Édité par Hachette Livre (43, quai de Grenelle, 75905 Paris Cedex 15, France)
Photocomposé par Jouve (45770 Saran, France)
Imprimé par Jouve 2 (Quai n° 2, 733, rue Saint-Léonard, BP 3, 53101 Mayenne Cedex, France)
Achevé d'imprimer le 28 juillet 2014
Collection n° 13 - Édition n° 01
36/2223/2
I.S.B.N. 978-2-01-245898-7
Dépôt légal : juillet 2014